外国法学精品译丛
主编 李昊

德国合同法

（第2版）

[德] 海因·克茨（Hein Kötz） 著
叶玮昱 张焕然 译

Vertragsrecht
(2. Auflage)

中国人民大学出版社
·北京·

图书在版编目（CIP）数据

德国合同法：第2版/（德）海因·克茨（Hein Kötz）著；叶玮昱，张焕然译. --北京：中国人民大学出版社，2022.1
（外国法学精品译丛）
ISBN 978-7-300-29855-9

Ⅰ.①德… Ⅱ.①海… ②叶… ③张… Ⅲ.①合同法—德国 Ⅳ.①D951.636

中国版本图书馆CIP数据核字（2021）第182065号

外国法学精品译丛
主编 李 昊
德国合同法（第2版）
［德］海因·克茨（Hein Kötz） 著
叶玮昱 张焕然 译
Deguo Hetongfa

出版发行	中国人民大学出版社		
社 址	北京中关村大街31号	邮政编码	100080
电 话	010－62511242（总编室）		010－62511770（质管部）
	010－82501766（邮购部）		010－62514148（门市部）
	010－62515195（发行公司）		010－62515275（盗版举报）
网 址	http://www.crup.com.cn		
经 销	新华书店		
印 刷	唐山玺诚印务有限公司		
规 格	185 mm×260 mm 16开本	版 次	2022年1月第1版
印 张	30.25 插页1	印 次	2024年6月第3次印刷
字 数	650 000	定 价	128.00元

主编简介

李昊，北京大学法学学士、民商法学硕士，清华大学民商法学博士，中国社会科学院法学所博士后。现任中南财经政法大学法学院教授、博士生导师。曾任北京航空航天大学人文社会科学高等研究院副院长、北京航空航天大学法学院教授（院聘）、博士生导师。德国慕尼黑大学、明斯特大学、奥地利科学院欧洲损害赔偿法研究所访问学者。兼任德国奥格斯堡大学法学院客座教授、中国网络与信息法学研究会理事、北京市法学会理事、北京市物权法学研究会常务理事兼副秘书长、北京中周法律应用研究院理事兼秘书长、北京法律谈判研究会常务理事、北京市金融服务法学会理事、北京市海淀区法学会理事，《燕大法学教室》和《北航法律评论》主编、《月旦法学杂志》副主编、《中德私法研究》和《法治研究》编委。著有《纯经济上损失赔偿制度研究》、《交易安全义务论——德国侵权行为结构变迁的一种解读》、《危险责任的动态体系论》、《不动产登记程序的制度建构》（合著）、《中国民法典侵权行为编规则》（合著）等多部书稿。在《法学研究》《清华法学》《法学》《比较法研究》《环球法律评论》等期刊和集刊发表论文五十余篇。主持“侵权法与保险法译丛”“侵权法人文译丛”“外国法学精品译丛”“法律人进阶译丛”“欧洲法与比较法前沿译丛”等多部法学译丛。

代译序

什么是理想的法学教科书

李 昊

2009年上半年，我曾受《法治周末》之约，撰写过一篇小文《德国法学教科书漫谈》，择拾如下。

每一个初入德国法学之门者，必读之书定为德国教授所著教科书。笔者读硕士之时，梅迪库斯教授所著《德国民法总论》方由邵建东教授译成中文引入国内，一时洛阳纸贵。然当时习德文的法学者颇少，德文法学教科书更为罕见。及笔者2004年负笈德国，方得于慕尼黑大学图书馆大快朵颐，每日图书馆阅读疲倦之暇，便至图书馆楼下的小书店，翻阅新近出版的德国法学著作，耳濡目染，逐渐得窥德国法学教科书之堂奥。

德国的法学教科书通常可分为两类，即小型教科书（Kurzlehrbuch）与大型教科书（Großlehrbuch）。

Brox（布洛克斯）教授所著《民法总论》《债法总论/各论》，梅迪库斯教授所著《民法》《债法总论/各论》即属前者。该类教科书以篇幅简短、内容扼要著称（当然，我们看到梅迪库斯教授所著的《债法总论/各论》译成中文时已成大部头著作），多集中于对德国民法基本概念和制度的介绍和阐述。小型教科书最大的优势就是时效强、更新快。由于近年来德国民法修订频繁，民法教科书往往未过一两年即出新版，以2002年德国债法以及损害赔偿法修订前后为甚。另外，小型教科书价格也非常便宜，新书多为20欧元左右（不要换算成人民币，否则仍显昂贵）。而且这些教科书多是一两年便修订一次，每年在图书馆淘汰旧书时购买，往往仅需0.5至1欧元，这也让囊中羞涩的中国留学生得以保有一些原版的德文法学教科书。

后者中经典的如德国贝克出版社所出的绿皮书系列，包括拉伦茨教授所著的《德国民法通论》《债法总论/各论》，鲍尔/施蒂尔纳教授所著的《物权法》，以及德国Springer出版社出版的“法学与政治学百科全书”中属于法学部分的著作，如弗卢梅教授（已于2009

年1月28日仙逝）所著的民法总论三部曲、拉伦茨教授所著的《法学方法论》等等。大型教科书多奠基于作者自己的理论体系，借以对相关领域阐幽发微，因而部头颇为庞大。以译成中文的鲍尔/施蒂尔纳教授所著的《物权法》为例，竟然煌煌两大巨册。这种以理论体系建构为特色的教科书不讲求时效性，这也导致它的修订过程比较漫长。以拉伦茨教授的《债法总论》为例，至今使用的仍是1987年出版的第14版。

如果仔细翻阅德国法学教科书，无论是大型的还是小型的，均具有如下特点。

1. 由名家撰写

德国法学教科书多由各大学成名的法学教授撰写，偶尔可以见到由律师撰写的教科书。这与德国的法学教育体制有关，在各大学法学院，大课通常只能由教授讲授，因而，与之配套的教科书也多由教授基于其讲义撰写而成。而且德国大多数法学教科书都是教授独著而成的，不像国内的教科书多采主编制。

如果在翻阅德国民法教科书后，我们还会发现，德国教授撰写的民法教科书中以民法总论最为常见，似乎没有写过民法总论就不能称其写过民法教科书，可见德国法学抽象思维已经深入德国法学家的骨子里了。

2. 通常附有缩略语表和参考文献

如果翻阅德国法学教科书会发现大多数教科书在目录后都会有一个缩略语表，各教科书所附缩略语表内容则略有不同，其中部分为各种法学期刊或者经典教科书的缩略语，如德国常见的法学杂志NJW、JuS、JZ等，部分为德国法学专有名词的缩略语，如无因管理即可略为GoA。这可谓德国法学教科书的一个特色。同时，多数教科书在每章或重要的节次前会提供一个主要参考文献的目录，这可以引导学生在从事研究时有针对性地去查找阅读资料。对于中国留学生而言，查找资料最方便的途径莫过于此。

3. 多援引判例并常常通过小的案例来阐释具体的问题

德国法学教科书最大的特点就是与实务结合紧密。各种教科书中必然会援引重要的法院判例，并加以归类。而小型教科书在阐述具体问题时，也会结合判例设计小的案型帮助初学者来理解复杂的法律制度。这是由于德国法科学生最终的目标是通过国家考试，而国家考试的主要内容即是案例分析，在日常的教科书中结合判例加以阐述，有助于学生掌握判例的基本观点，并加以运用。与此相配套，德国还出版有大量的案例练习书和判例汇编书，而评注书也多是对法院判例的分析整理，目的都在于帮助学生掌握案例分析的基本工具。

4. 师承修订

德国的法学教科书虽然种类繁多，但生命力最长的是那些被奉为经典的教科书。在最初的作者去世后，这些经典教科书便多由其后人或学生修订。如鲍尔（Fritz Baur）教授所著的《物权法》其后便由教授之子Jürgen Fritz和学生Rolf Stürner教授（弗里茨·鲍尔和罗尔夫·施蒂尔纳教授）续订，韦斯特曼（Harry Westermann）教授所著的《德国民法的基本概念》和《物权法》也由其子Harm Peter Westermann教授续订。当然，也存在一些经典教科书并非由原作者的后人或学生修订的情况，如拉伦茨教授的《德国民法通论》后来便由与其并无师承关系的 Manfred Wolf 教授（曼弗雷德·沃尔夫教授，其《物权法》已由吴越和李大雪教授译成中文）续订。续订后，教科书的书名页便会写明本教科书由谁奠基，由谁修订，作者一栏也随着时间越变越长。

反观国内的法学教科书，是否也有很多可以向德国学习之处呢？

历时十年，该文反映的德国法学教科书的外在特征仍不过时，缺憾的是，没有进一步揭示出德国法学教科书与其法教义学及法典化的关系。就民法而言，可以说，作为 19 世纪民法法典化典范的《德国民法典》的五编制体系即奠基于该世纪萨维尼、普赫塔和温德沙伊德等法学大家基于对古罗马《学说汇纂》进行研究而形成的潘德克顿教科书及由此演化出的近代民法的概念体系之上。法典化之后的法学教科书则要进一步关注法典的解释和适用，促进法教义学的形成和发展。在此，小型/基础教科书和大型教科书/体系书发挥着不同的作用。德国小型/基础法学教科书最重要的作用就是以通说为基础，借助最精炼准确的语言来表达最为复杂的概念，并借助案例的导入和判例的引入，让抽象概念具象化，奠定学生的基础法学知识体系。而大型教科书/体系书则是在小型/基础教科书的体系之上凝聚作者的学术睿见和思想体系，通过对关键问题的深入分析促进法教义学的发展，进而开拓学生的思维和视野，使其形成更广博的知识结构。

早在 2001 年，谢怀栻先生就在其讲座《民法学习当中的方法问题》中提到了在专与博的基础上来学习民法。[①] 2019 年 8 月 15 日，在谢怀栻先生诞辰 100 周年纪念日之际，该讲座稿又以《谢怀栻先生谈民法的学习与研究》为题在微信朋友圈广泛传播，今日读来仍振聋发聩。

我看到有一些民法书，总觉得他们介绍民事权利，不是整体地从体系上介绍，而是零零碎碎地遇到一点介绍一点。我觉得这样不好。我认为学习民法要首先了解民法的全貌，然后对于民法的基础知识要有一个大概的认识：民法讲权利，什么是权利；民法讲义务，什么是义务；民法讲法律关系，什么是法律关系。当然这些东西你要彻底地搞清楚，不是一开始就行的。但是大体上是可以知道的。比如说我们民法学界直到最近还存在这种情况：讨论这样的问题，讨论民法讲的权利关系。特别是最近制定物权法，所以引起争论：物权法讲的是人与人的关系，还是人与物的关系？**这样的问题在西方国家一百年以前就透透彻彻地解决了，现在我们中国还有人又提出来。**现在还有很有名的法学家提出这个问题：物权究竟是人与人的关系还是人与物的关系？法律关系都是人与人的关系，怎么会有人与物的关系呢？所以这就说明开始学民法就应该把基础概念给学生讲清楚。法律就是解决人的关系，哪里有解决人与物的关系的呢？至于说法律牵涉到物，这是必然的，它是涉及到物，但是它主要的目的不是解决人与物的关系。……所以我就觉得很奇怪的是，有人

① 谢怀栻：《民法学习当中的方法问题》，载王利明主编：《民商法前沿论坛》（第 1 辑），北京，人民法院出版社 2004 年版，第 39 - 41 页。

现在还提物权是人与物的关系。这就是最初学民法时没有把民法学清楚。

那么最初应该怎么样弄清楚这些基本的知识呢？从学生学习方面来说，开始学的时候绝对不能把学习面搞得太广了，**应该抓住一两本书认真地读**（介绍书是导师的责任了）。先不要看外面有这么多民法书，本本都买来看，这样用不着。有的书里面甚至有错误的东西，你学了错误的东西将来就很麻烦了。开始抓住比较好的书，好好地研究透，脑子里有了民法的全貌、基本理论、基本知识，然后再去看别的书都可以。

这就是说看书应该越多越好还是少而精好？学的范围应该多好还是少好？这就是一个博与专的关系，我们做学问都会遇到这样的问题。我很赞成胡适讲的一句话："为学要如金字塔。"**做学问要像建金字塔一样，基础要广，而且要高。**高和广是一对辩证关系，基础越广才能越高，基础小而要建一个高建筑那是不可能的。但是高与广又不是我们一下子就能决定的，我们为了广，什么书都拿来读，那也是不可能的。我一定要把所有的书都读完，再来建高，那也不可能。**高与广是相互循环的，先高一下，就感觉我的基础不行了，就扩大基础，然后再高一下，如此循环。**所以，读书不要一开始就把所有的书都拿来读，先还是少一点、精一点，等到基础需要的时候，再扩大一下基础。

从谢老的文字中也可以看出，一本经典的法学教科书对于法科学生的基础概念的正确养成具有多么重要的地位，而且谢老提出的质疑也让人反思，作为法律继受国，法学教科书究竟应该怎么写。

德国作为近现代民法理论的滥觞国，其法教义学的理论架构已臻完善，理论和实践互动产生的通说已然形成，民法教科书的撰写和修订则可按部就班进行。反观中国近现代，作为民法继受国，清末民律继受自日本，民国民法则主要继受自德国，并参酌瑞士民法、日本民法、法国民法和苏联民法等。民法理论的继受则与民法典的继受相辅相成。教科书也有着内容和形式上的渐进转型过程，从早先的单纯照搬外国理论，进行简要的法条释义，到逐步有意识地由日入德，建构自己的体系。作为这一时期转型的代表性民法教科书可举例有三：一则为梅仲协先生之《民法要义》。作为概要性的民法教科书，梅先生有意识地追溯到民国民法的源头——德瑞民法进行理论阐述，不局限于民国民法体例，而以体系性为标称。该书亦借鉴德国法学教科书的体例，采用段码体系并提供了法条索引。梅先生还借助执掌台大法律系之便严限学生修习德文，实现了民法理论由日转德。[①] 二则为民国民法五立委之一的史尚宽先生所著之六卷本的民法全书。其特点为取材广泛，涉猎德日法英诸国法律，注重探本溯源，并结合参与立法之便，阐幽发微，该全书可谓有民法体系书之实。三则为王泽鉴先生所著之八册民法教科书，堪称华文世界民法教科书之典范。该系列教材奠基于先生一贯所倡的民法学说与判例的互动研究以及比较民法的研究，教材内容以德国法为根基，并广泛征引日本法和英美法，同时注重示例的导入和判例的引入，致力于台湾地区民法通说的形成，颇具德国基础法学教科书之神，而又不像德国教科书那样

① 参见谢怀栻先生为梅先生的《民法要义》所撰序言。

囿于一国。三位先生均具有留学欧陆背景，梅仲协先生留学法国，史尚宽先生遍历日德法，王泽鉴先生则留学德国，三者均精通德日英三国语言，其所撰教科书之厚重和旁征博引自有由来。

中华人民共和国成立后，我国曾经历了数十年的法律空窗期。自 1986 年《民法通则》颁布以来，我国民商事法律体系重现生机，日趋完善，2020 年民法典正式颁行。伴随着法律的发展，我国的民商事审判实践也日渐丰富，网络与大数据技术也进一步推动着民事司法和案例研究的转型。虽然此间我们的民商法教科书在借鉴我国台湾地区，以及日本、德国甚或英美私法理论的基础上层出不穷，也不乏偶见的精品，但与德国、日本乃至我国台湾地区的民商法教科书相比，我们所缺乏的仍是能够为广大法科生奠定准确的概念体系，并与审判实践互动，致力于形成通说的法学教科书。既有的民商法教科书或者局限于对法条的罗列和简要阐述，或者作者基于不同的学术背景和留学经历而阐发自己独特的学术观点，在基础概念的分析和外国法例的介绍上也存在诸多错讹，抑或人云亦云，对审判案例的关注也远未达到理想状态，学生并不能有效地借助阅读教科书形成准确的概念体系，并将之加以妥当运用，这也直接造成各地司法实践的差异化。究其成因，除我国现行立法粗疏，缺乏体系考量，并且立法理由无法有效呈现外，现有民法理论和清末民国时期的民法传统出现割裂，学术界对国外尤其是继受母国的基础民法理论不够熟稔及与现今民法学说发展无法有效接续也是重要原因，诸如法律行为的普适性和适法性之争、债与责任的关系之争以及物权行为与债权形式主义之争等等皆因此而来，而民法理论、民事立法和民事司法实践之间的疏离感及相互角力，也造成了我国现有法学教科书无法有效承载法教义学的重任。

正是基于自己对德国和中国民法教科书的阅读体验，我希冀能够回到中国民法理论的源头去探寻民法概念体系的原貌，梳其枝蔓、现其筋骨，促进中国民商法教科书的转型。2009 年，甫入教职的我就在人大社启动了“外国民商法教科书译丛”的翻译计划，第一批曾设想择取德国、日本、法国和意大利诸国的经典民法教材，邀请国外留学的民法才俊译介引入。当时留学海外的民法人才尚不如今日之繁盛，最后仅推出德国民法教科书 4 本和日本民法教科书 1 本。自 2012 年始，陆续出版了布洛克斯和瓦尔克的《德国民法总论》（第 33 版）、韦斯特曼的《德国民法基本概念》（第 16 版）（增订版）、吉村良一的《日本侵权行为法》（第 4 版）、罗歇尔德斯的《德国债法总论》（第 7 版）以及多伊奇和阿伦斯的《德国侵权法》（第 5 版）。参与的译者中除 2018 年年初不幸罹难的大军外，其他诸位今日已成为各自领域的翘楚。第一批中还有两本经典作品迟至今日尚未最终完成出版（比得林斯基的《私法的体系和原则》以及《日本民法争点》）。

第一批译著的推出恰逢其时。鉴于德国债法在 2002 年进行了大幅修订，国内尚无最新的德国民法教科书译作跟进，本译丛中的多部译著受到广泛欢迎，尤其是《德国民法总论》多次加印，部分译作甚至因为断货而在旧书市场上被炒作到数百元不等。译丛的装帧设计也从最初的大 32 开变为 16 开本。

市场对译丛的积极反响也催生了本译丛第二批书目的诞生。第二批遴选的书目中除第一批未及纳入的传统合同法、亲属法和继承法教材外，侧重选择了国内尚不熟悉的德国商法教材。译丛的译者也更新为 20 世纪 80 年代中后期甚至 90 年代出生的新一批中国留德法科生。该批译著最早问世的为 2016 年出版的慕斯拉克与豪的《德国民法概论》（第 14 版），2019 年又推出了莱特的《德国著作权法》（第 2 版）。而第一批书目也将根据最新版次修订后陆续推出，2019 年即更新了布洛克斯和瓦尔克的《德国民法总论》（第 41 版）。借 2019 年改版之机，本译丛采用了更为精致的封面设计和更为精良的纸品。现负笈德国波恩大学的焕然君在网络媒体——微信公众号上对本译丛也进行了图文并茂的推送①，使其为更多的学子所知悉。

由于本译丛所选书目以德国基础民商法教科书为主，读者阅读时自当手边备有《德国民法典》② 和《德国商法典》等法律的条文参照阅读，对于中国法无规定或有不同规定者，自当斟酌差异及其理由，对于相似规定，则可比较有无细微差异，甚或是否为形似而实非，更重要的是要体悟民商法的重要基础概念之内涵及其体系以及司法之运用，以便形成个人体悟之架构。而欲深入学习者，尚可借助译著所附之参考文献，按图索骥，进行深入的专题阅读。对德国民法脉络的掌握也有助于对其历史渊源罗马法的学习，并可以以其为参照促进对属于德国法系的奥地利、瑞士、希腊乃至受到德国民法或多或少影响的日本、韩国、意大利、法国和俄罗斯诸法域民法的理解。

这套译丛是我所主持的数部外国法译丛的“头生子”，虽然自策划起算来已逾十年，拖延久许，但作为我初入法学出版领域的敲门砖，有着别样的意义！译丛得以推出要真诚地感谢人大社法律分社的杜宇峰女士，无论是选题的报送还是版权的联系，她都不辞辛劳！感谢施洋等诸位编辑的辛勤耕作，为译丛的及时出版和质量完善提供了有效的保障！感谢诸位年轻译者一直以来的支持，能够忍受我的催稿督促！

借助两批书目的译介，本译丛将基本完成德国民商法基础教科书的体系化引入。我期待能够通过对国外尤其是德国和日本最新的经典基础民商法教科书的引介，回到我国民法体系的理论源头去探寻准确的民法概念体系，为学生学习民商法和学者进一步深入研究提供更为准确的参照，同时为我们形成自己的民商法教科书体系迈出第一步。如有所成，当幸甚焉！

---

① 即“杰然不瞳”于 2017 年 5 月 30 日发布的《德国民法教科书中译本：书目概览》。

② 北大出版社的台译本采中德对照方式，有德语基础者可参照双语阅读。

序

这本有关“合同法”的书在很多方面不同于传统债法教学模式和立足于教学的教科书（参见第一版序言）。尽管如此，本书还是被法学学生接受了；当然，这也可能是因为《法学教室》杂志将本书选入“2009年度培训书籍”（Ausbildungsbuch des Jahres 2009）。在修订第二版的过程中，我考虑到近几年有为数众多的法律生效，这些法律是为了回应欧盟指令以及欧洲法院公布的判例，并且还要填补法律文本的漏洞并修改编辑错误；在此期间也有很多问题被联邦普通法院裁决了。将那些向学生强调合同法基本特征所需的细节写进一本书里，让这些细节变得通俗易懂，同时为那些学生们感兴趣并有助于理解事物的法政策学、法经济学考虑留下一定的空间，这样的工作实非易事。无论如何我都不会放弃时不时地提醒各位读者，那些不断增加的、为消费者保护而制定的规则事实上往往无法保护消费者；人们认真思考后就会发现，这些规则反而是在惩罚消费者。

海因·克茨

2012年5月

第一版序

温斯顿·丘吉尔曾说，开篇的几句话总是很难的，尤其是说话者想用它来求婚或者给书作序。事实上，我在写这本书的时候内心是挣扎的，因为本书在一些内容上不同于传统教科书，这对学生来说显得很不寻常。不同之处主要体现在“材料”（Stoff）上。本书讨论的是合同法，即那些与合同的成立和有效性，以及合同一方当事人请求另一方履行合同或者当另一方不履行或不正常地履行时表示合同已完结或主张损害赔偿有关的规则。每个来自外国的法律人都会将如此裁剪一本教科书的材料视为世界上最自然的事情，但德国的情况却有所不同：我们到今天都还没有一本专门讲合同法的教科书，并且这一领域的专门课程也相当罕见。造成这一情况的原因是《民法典》并不知道“合同法”的一般概念，因此也没有将这一领域中的重要规则以一个封闭的整体展示给人们，而是将其拆分放在法典中相距甚远的位置。因为合同也是一个“法律行为”，所以人们有时在《民法典》总则中找到一些规则；因为合同成立了“债务关系”，所以人们在“债务关系法”中找到另一些规则。一个合同法规则在债务关系法中的位置取决于该规则是适用于全体债务关系还是只适用于某些个别债务关系，前者被称为“一般债法”，而后者被称为“特别债法”。没有人会拒绝对经过深思熟虑和精心雕琢的《民法典》体系献上自己的敬意，但问题却是，人们在选择和整理教科书的材料时是否必须严格遵循这一体系。本书给出的答案是否定的：本书将通过现实的观察描述合同法规则，而不取决于它们在法典中的位置。据此，合同法主要涉及三个问题，本书也将根据这三个问题展开：如何成立有效的合同（第2章到第8章）？合同和开始合同磋商会产生哪些义务（第9章）？根据哪些规则判断一方当事人可以请求履行合同，通过解除、通知终止或撤回以结束合同或者有权请求损害赔偿（第10章到第12章）？通过整理材料让本书的读者在未来能够以法律人的身份更好地在欧洲法律空间中活动，而《民法典》一意孤行的体系在这一空间中虽然不时地受到赞美，但没有人考虑过以它为标准统一欧洲合同法。

即使有限制材料的必要性，我也无法抗拒来自尽可能生动形象并接地气地描述有趣的案例和案例类型的诱惑；尤其是当它们是源自判例时，进而表明合同法的规则并不是“书本上的法律”而是“行动中的法律”。本书也会时不时地指出外国法以及一路高歌猛进的欧洲合同法一体化进程。我在有需要的场合会高唱合同自由的赞歌，有时也会尝试借助经济学的思维方式展示现行法要求的、可以用于合同法的解释空间，而这一解释空间正是为了确定那些通过有限资源推动节约型交往并进而帮助增加整体财富的行为的动机。

缩略语

德文缩写	德文全称	中文含义
Abs.	Absatz	（法条中的）款
ABGB	Allgemeines Bürgerliches Gesetzbuch（Österreich）	《奥地利通用民法典》
ABl.	Amtsblatt der Europäischen Gemeinschaften	《欧盟公报》
AG	Aktiengesellschaft	股份有限公司
AGG	Allgemeines Gleichbehandlungsgesetz	《一般平等对待法》
AktG	Aktiengesetz	《股份法》
AO	Abgabenordnung	《税法通则》
Art.	Artikel	（法条中的）条
BAG	Bundesarbeitsgericht	联邦劳动法院
Bamberger/Roth	*Heinz Georg Bamberger/Herbert Roth*, Kommentar zum Bürgerlichen Gesetzbuch, Band I（§§ 1-610）	班贝格、罗特：《民法典评注》，第一卷（第1条至第610条）
BB	Betriebsberater	《企业顾问》（期刊）
BeurkG	Beurkundungsgesetz	《公证证书做成法》
BGB	Bürgerliches Gesetzbuch	《民法典》
BGB-InfoV	BGB-Informationspflichten-Verordnung	《民法典信息义务条例》
BGBl.	Bundesgesetzblatt	《联邦法律公报》
BGH	Bundesgerichtshof	联邦普通法院
BGHZ	Entscheidungen des Bundesgerichtshofs in Zivilsachen	《联邦普通法院民事判决汇编》
Bork AT	*Reinhard Bork*, Allgemeiner Teil des BGB, 3. Aufl. 2011	波克：《民法总论》，2011年第3版
BRAO	Bundesrechtanwaltsordnung	《联邦检察官法》
Brüssel I-VO	Verordnung（EG）Nr. 44/2001 des Rates über die gerichtliche Zuständigkeit und die Anerkennung und Vollstreckung von Entscheidungen in Zivilsachen	《布鲁塞尔条例I》，即《欧洲联盟理事会关于民商事诉讼管辖权与判决的承认和执行的第44/2001号（欧共体）规定》
BVerfG	Bundesverfassungsgericht	联邦宪法法院
v. Caemmerer/Schlechtriem/Bearbeiter	*Ernst v. Caemmerer/Peter Schlechtriem*（Hrsg.）, Kommentar zum Einheitlichen UN-Kaufrecht 1995	凯莫尔、施莱希特里姆主编：《〈联合国国际货物销售合同公约〉评注》，1995年版

续表

德文缩写	德文全称	中文含义
CISG	United Nations Convention on Contracts for the International Sale of Goods（Übereinkommen der Vereinten Nationen über Verträge über den internationalen Warenkauf）	《联合国国际货物销售合同公约》
EG	Europäische Gemeinschaft	欧洲共同体（中文简称：欧共体）
EGV	Vertrag zur Gründung des Europäischen Gemeinschaft	《欧共体条约》
EGBGB	Einführungsgesetz zum Bürgerlichen Gesetzbuch	《民法典施行法》
ErbbauVO	Verordnung über das Erbbaurecht	《地上权条例》
EuGH	Gerichtshof der Europäischen Gemeinschaften	欧洲法院
EWG	Europäische Wirtschaftsgemeinschaft	欧洲经济共同体
Faust AT	*Florian Faust*，Bürgerliches Gesetzbuch，Allgemeiner Teil，2. Aufl. 2007	富奥斯特：《民法总论》，2007 年第 2 版
FernUSG	Fernunterrichtsschutzgesetz	《远程授课保护法》
Flume AT	*Werner Flume*，Allgemeiner Teil des Bürgerlichen Rechts，2. Band，(das Rechtsgeschäft)，4. Aufl. 1992	弗卢梅：《民法总论（第二卷）：法律行为论》，1992 年第 4 版
FS	Festschrift	祝贺文集
GG	Grundgesetz für die Bundesrepublik Deutschland	《德国基本法》
GmbH	Gesellschaft mit beschränkter Haftung	有限责任公司
GmbHG	Gesetz betreffend die Gesellschaften mit beschränkter Haftung	《有限责任公司法》
GBO	Grundbuchordnung	《不动产登记簿法》
GWB	Gesetz gegen Wettbewerbsbeschränkungen	《反竞争限制法》
HGB	Handelsgesetzbuch	《商法典》
Hirsch AT	*Christoph Hirsch*，Schuldrecht，Allgemeiner Teil，7. Aufl. 2011	希尔施：《债法总论》，2011 年第 7 版
Huber	*Ulrich Huber*，Leistungsstörungen，Band I und II (1999)	胡贝尔：《给付障碍》，第一卷和第二卷，1999 年版
InsO	Insolvenzordnung	《破产法》
JuS	Juristische Schulung	《法学教室》（期刊）
JZ	Juristenzeitung	《法学家报》（期刊）
KG	Kammergericht	柏林地方高级法院
Köhler AT	*Helmut Köhler*，BGB Allgemeiner Teil，35. Aufl. 2011	科勒：《民法总论》，2011 年第 35 版

续表

德文缩写	德文全称	中文含义
Kötz EVR	*Hein Kötz/Axel Flessner*，Europäisches Vertragsrecht，Band I（Abschluss，Gültigkeit und Inhalt des Vertrages，Beteiligung Dritter am Vertrag），1996	克茨、弗莱斯纳：《欧洲合同法（第一卷）：合同的订立、效力和内容以及合同中第三人的参与》，1996 年版
Laranz/Wolf	*Karl Larenz/Manfred Wolf*，Allgemeiner Teil des Bürgerlichen Rechts，9. Aufl. 2004	拉伦茨、沃尔夫：《民法总论》，2004 年第 9 版
Leipold	*Dieter Leipold*，BGB I Einführung und Allgemeiner Teil，6. Aufl. 2010	莱泼尔德：《民法导论与民法总论》，2010 年第 6 版
LM	*Fritz Lindenmaier/Philipp Möhring*，Nachschlagewerk des Bundesgerichtshofs	林登迈尔、莫霖：《联邦普通法院参考资料》
Looschelders AT	*Dirk Looschelders*，Schuldrecht，Allgemeiner Teil，9. Aufl. 2011	罗歇尔德斯：《债法总论》，2011 年第 9 版
Looschelders BT	*Dirk Looschelders*，Schuldrecht，Besonderer Teil，6. Aufl. 2011	罗歇尔德斯：《债法各论》，2011 年第 6 版
Medicus AT	*Dieter Medicus*，Allgemeiner Teil des BGB，9. Aufl. 2006	梅迪库斯：《民法总论》，2006 年第 9 版
Medicus/Lorenz SchR AT	*Dieter Medicus/Stephan Lorenz*，Schuldrecht I，Allgemeiner Teil，19. Aufl. 2010	梅迪库斯、洛伦茨：《债法总论》，2010 年第 19 版
Medicus/Lorenz SchR BT	*Dieter Medicus/Stephan Lorenz*，Schuldrecht II，Besonderer Teil，15. Aufl. 2010	梅迪库斯、洛伦茨：《债法各论》，2010 年第 15 版
MK-*Bearbeiter*	Münchener Kommentar zum Bürgerlichen Gesetzbuch，Band I（§§ 1－240）6. Aufl. 2012；Band II（§§ 241－432）6. Aufl. 2012；Band III（§§ 433－610，CISG）6. Aufl. 2012；Band IV（§§ 611－704）5. Aufl. 2009；Band V（§§ 705－853）5. Aufl. 2009	《慕尼黑民法典评注》，第一卷（第 1 条至第 240 条），2012 年第 6 版；第二卷（第 241 条至第 432 条），2012 年第 6 版；第三卷（第 433 条至第 610 条，以及《联合国国际货物销售合同公约》），2012 年第 6 版；第四卷（第 611 条至第 704 条），2009 年第 5 版；第五卷（第 705 条至第 853 条），2009 年第 5 版
Mugdan	*B. Mugdan*，Die gesammten Materialien zum BGB für das Deutsche Reich，Band I und II，1899	穆格丹：《德意志帝国民法典立法资料全编》，第一卷、第二卷，1899 年版
NJW	Neue Juristische Wochenschrift	《新法学周刊》
NJW-RR	Neue Juristische Wochenschrift，Rechtsprechungs-Report Zivilrecht	《新法学周刊·民事判例报道》
Nr.	Nummer	（法条中的）项
NZA	Neue Zeitschrift für Arbeitsrecht	《新劳动法杂志》
OHG	Offene Handelsgesellschaft	普通商事合伙

续表

德文缩写	德文全称	中文含义
OLG	Oberlandesgericht	地方高级法院
OR	Schweizerisches Obligationenrecht	《瑞士债法》
Palandt/ Bearbeiter	Bürgerliches Gesetzbuch，71. Aufl. 2012	《帕兰特民法典评注》，2012 年第 71 版
PECL	Principles of European Contract Law，Parts I and II（ed. *Ole Lando/Hugh Beale*）2000；Part III（ed. *Ole Lando/Eric Clive/André Prün/Reinhard Zimmermann*）2003	《欧洲合同法原则》，第一部分、第二部分，2000 年；第三部分，2003 年
Prot.	Protokolle der Kommission für die zweite Lesung des Entwurfs des BGB，Band I 1897	《立法委员会民法典草案二审议事录》，第一卷，1897 年
RegE	Regierungsentwurf eines Gesetzes zur Modernisierung des Schuldrechts，Bundestagsdrucksache 14/6040 vom14. Mai 2001	2001 年 5 月 14 日的《债法现代化法政府草案》
RG	Reichsgericht	帝国法院
RGZ	Entscheidungen des Reichsgerichts in Zivilsachen	《帝国法院民事判决汇编》
Rn.	Randnummer	边码
Rom I-VO	Verordnung（EG）Nr. 593/2008 des Europäischen Parlaments und des Rates über das auf vertragliche Schuldverhältnisse anzuwendende Recht	《罗马条例 I》，即《欧洲议会和欧洲联盟理事会关于合同之债准据法的第 593/2008 号（欧共体）规定》
Rüthers/Stadler	*Bernd Rüthers/Astrid Stadler*，Allgemeiner Teil des BGB，16. Aufl. 2009	吕特斯、施塔特勒：《民法总论》，2009 年第 16 版
Schlechtriem/ Schmidt-Kessel AT	*Peter Schlechtriem/Martin Schmidt-Kessel*，Schuldrecht Allgemeiner Teil，6. Aufl. 2005	施莱希特里姆、施密特-凯瑟尔：《债法总论》，2005 年第 6 版
Schlechtriem BT	*Peter Schlechtriem*，Schuldrecht Besonderer Teil，6. Aufl. 2003	施莱希特里姆：《债法各论》，2003 年第 6 版
SGB	Sozialgesetzbuch	《社会法典》
StGB	Strafgesetzbuch	《刑法典》
StVZO	StraÖenverkehrszulassungsordnung	《道路交通许可法》
Tz.	Textziffer	边码
UWG	Gesetz gegen den unlauterenWettbewerb	《反不正当竞争法》
Verh. DJT	Verhandlungen des Deutschen Juristentages	《德意志法学家大会会议记录》
vgl.	vergleiche	参见
VOB	Vergabe-und Vertragsordnung für Bauleistungen	《建筑工程发包与承包规定》
VVG	Versicherungsvertragsgesetz	《保险合同法》

续表

德文缩写	德文全称	中文含义
WEG	Wohnungseigentumsgesetz	《住宅所有权法》
WM	Wertpapiermitteilungen	《有价证券通讯》
ZEuP	Zeitschrift für Europäisches Privatrecht	《欧洲私法杂志》
ZGB	Zivilgesetzbuch	《德意志民主共和国民法典》
ZHR	Zeitschrift für das gesamte Handels-und Wirtschaftsrecht	《商法与经济法整体杂志》
ZMR	Zeitschrift für Mietrecht	《租赁法杂志》
ZPO	Zivilprozessordnung	《民事诉讼法》
Zweigert/Kötz	*Konrad Zweigert/Hein Kötz*，Einführung in die Rechtsvergleichung，3. Aufl. 1996	茨威格特、克茨：《比较法导论》，1996 年第 3 版

目　录

细目 Contents

第一章
合同法的基础

第一节 合同法在民法典体系中的位置

承租住房、购买冰箱或者委托修理工修理汽车的人订立了一个合同，即使非法律人士也能够认识到这一点。这些情形有一个共同点：一方承诺支付一定数额的金钱，另一方为此承诺提供对待给付，即愿意将住房交付使用、送交（liefern）冰箱或者维修损坏的汽车。当事人彼此承诺，也就此达成了一致：任何一方对另一方负担特定给付，任何一方亦可向另一方要求此种给付，即便外行人也明白，此时显然存在一个合同。当外行人拥有一定的抽象财产时，如果有人告诉他，通过合同承诺的给付可能具有完全不同的特性和价值，有时可能仅持续数秒，有时可能持续多年，直到当事人彼此完全提供给付进而合同履行完毕，他也不会对此产生疑惑。因此，合同不仅存在于出售报纸或黄油的场合，也会出现在以百万价款出售飞机或者企业的场合。无论一方承诺另一方交付使用的是蹓桨小舟、机动车、住房、公寓楼还是摩天大楼，也无论交付另一方使用的是一个小时、一个周末、二十年还是无固定期限，它们并无任何区别。即使只是一方承诺提供给付，也可能存在合同，只是这样的情形并不常见。这是因为，在对方没有许诺任何对待给付的情况下，自己为何要承诺支付金钱、移转土地所有权，提供法律建议或者和另一方进行交易？然而，这样的情形还是有的。此时，双方当事人也是通过合同达成一致，尽管主要只有一方当事人负有提供给付的义务。 1

有时，双方当事人会就合同是否有效成立、如何解释以及一方基于合同有权从另一方那里要求什么的问题发生争议。如果双方无法有效解决争议并进而诉诸法院，则法官会依据包含在**“合同法”**概念下的法律规则进行裁判，而它们构成了本 2

书的研究对象。有些合同法规则仅在争议的合同显示出明确特征时方可适用，例如涉及买卖合同（Kaufvertrag）、租赁合同（Mietvertrag）或者雇佣合同（Dienstvertrag）的情形。而其他合同法规则却可以适用于**全部**合同，因而经常被称为**"一般合同法"**（allgemeines Vertragsrecht）。例如，一方以其于缔约时无行为能力或者被另一方恶意欺诈或者为其订立合同之雇员缺乏足够的代理权限为由主张合同无效，则无论被主张为无效的合同究竟是买卖合同、租赁合同、雇佣合同还是承揽合同，原则上都以同样的规则判断这些问题。

3 大部分合同法规则位于《民法典》**第二编**。该编的名称是"债务关系法"，也就是包含根据第 241 条第 1 款的定义具有如下特征的法律关系的规则：一方——被《民法典》称为"债权人"——有权请求另一方——"债务人"——给付。此种债务关系尤其存在于债权人可以请求债务人提供其**通过合同**承诺的给付的场合。不过，债务关系也存在于债权人的请求权直接**产生于法定规则**（gesetzliche Regelung）的情形。

4 因此，第二编不仅包括关于买卖、租赁、承揽、雇佣合同和其他特定的**合同债务关系**（vertragliche Schuldverhältnisse）的规定，也规范**法定债务关系**（gesetzliche Schuldverhältnisse）。例如，债务人的**侵权行为**（unerlaubte Handlung）引起损害而必须赔偿损害，债权人有权"请求给付"（第 823 条以下）；债务人致债权人遭受损失而取得利益，但是不能援引允许其保有该利益的原因，则存在法定债务关系，债权人基于法律——即基于**不当得利**（ungerechtfertigte Bereicherung）的规定（第 812 条以下）——有权请求债务人给付，也就是要求返还所获利益；某人在他人未委托的情况下为该他人处理事务，则在其和他人之间产生**"无因管理"**（Geschäftsführung ohne Auftrag）的法定债务关系（第 677 条以下）。法定债务关系也可能出现在家庭法或者继承法中，例如亲属或配偶之间的扶养费请求权（参见第 1601 条以下、第 1360 条以下、第 1569 条以下）。某人遗嘱赠与侄子银质鼻烟盒也产生法定债务关系：此时，侄子是债权人，他作为受遗赠人基于法律可以向继承人要求转让鼻烟盒的所有权（第 2174 条）。有时让外国人觉得惊奇的是，《民法典》将基于合同与基于侵权行为产生的债务关系视为同源之木；尤其是那些来自英美法系的法学家认为合同责任与侵权责任之间没有任何真正的内在联系，因此将"合同法"与"侵权法"视为完全独立的法律领域予以对待。《民法典》则不是如此：它认为无论是在买卖还是在侵权行为中，一方均有权向另一方"请求给付"，以至于两者皆被归入债法，甚至会在同一课程和同一教科书中加以处理。

5 尽管第二编包含具体类型的合同——如买卖、承揽或雇佣合同——的规则，但并不存在**"一般合同法"**的封闭性规则。尽管第二编中有"约定债之关系"一章（第 311 - 360 条），但它处理的可能只是随机组合的个别问题的大杂烩，例如，一方没有提供承诺的对待给付或未如承诺的那样提供对待给付，另一方在满足什么条件的情况下可以解除合同（第 323 条）。然而，对在实践中与此密切相关的问题，即是否可在同样的条件下请求**损害赔偿**（Schadenersatz），却定位于他处，具体来说是第 280 条以下，也就是标题名为“债务关系之内容”的一章。在这一章中，以提取公因式的方式拎出的规则不仅适用于约定的债务关系也适用于法定债务关系。债权人能够解除的只能是合同，而损害赔偿却也可能存在于法定债务关系，例如，某人因他人的侵权行为而遭受损害时可以要求赔偿损害。

然而，一般合同法规则也见于《民法典》**第一编**。例如，在标题“合同”之下 6
的第 145 条至第 157 条主要解决如何通过要约和承诺产生合同以及如何解释的问题。尽管这些规则主要针对债务合同，例如买卖、租赁、承揽和雇佣合同等债务合同，但立法者并没有将其纳入关于债务关系的第二编，而是将其置于第一编，即《民法典》总则编中。之所以如此为之，是因为在债法之外也存在基于“合同”产生特定法律效果的情形。

例如，在**家庭法**（Familienrecht）领域，双方当事人在户籍登记处官员面前陈 7
述其结为夫妻的意愿，则意味着订立了一个合同（第 1310 条），或者夫妻双方于离婚后订立扶养合同（第 1585c 条）。在**继承法**（Erbrecht）领域，被继承人不仅可以单方面通过遗嘱也可以通过与他人签订继承合同来确定继承人；由此带来的后果是，（与通过遗嘱确定继承人不同）他此后不能再单方面将“约定继承人”以外的人指定为其继承人（参见第 1941 条、第 2274 条以下）。

在**物权法**（Sachenrecht）中，特定法律效果也往往取决于当事人之间是否达成 8
合意。尤其是对于移转动产所有权而言，让与人必须与受让人签订一个**“物权合同”**（dinglicher Vertrag），也就是“就所有权的移转达成合意”（第 929 条第 1 句）。不动产的转让也是如此：此时的物权合同被称为“转让不动产所有权的合意（Auflassung）”，该合意必须由当事人（或其代理人）在公证员面前表达出来并由其记录在案（第 873 条，第 925 条）。如果所有权人以其动产为他人提供质押或以其不动产为他人提供抵押或设定其他物权，那么也必须有物权合同（第 873 条，第 1204 条第 1 款）。如果某人从他人处受让债权，即与他人就自己取得债权达成合意，也需订立一个物权合同（第 398 条；边码 1219、1220）。

尽管“物权合同”和“债权合同”均被纳入第 145 条以下意义上的“合同”， 9
然而不仅应该严格区分两种合同（**“分离原则”**，Trennungsprinzip），并且于个案中独立审查其效力（**“抽象原则”**，Abstraktionsprinzip，参见边码 378 以下）。例如，艺术爱好者打算将其绘画藏品卖给画廊、送给博物馆或为担保贷款而将画交给银行，必须进一步区分该艺术爱好者与画廊签订了买卖合同（第 433 条）、与博物馆签订了赠与合同（第 516 条、第 518 条）还是与银行签订了担保合同（《民法典》并未规定），并进而负有转让藏品所有权的义务。然而这些合同只是为他设定了转让所有权的义务；作为单纯的**“负担行为”**，并不直接影响藏品之上的所有权关系。

只有在出现了**“处分行为”**之后，也就是双方依据第929条就所有权的移转达成一致并签订了“物权合同”，画廊所有者、博物馆或银行才能取得绘画藏品的所有权；而且第929条还要求实际交付绘画藏品。如果艺术爱好者在交易完成后试图取消交易，例如，向画廊主张其就藏品的真正价值对自己进行了恶意欺诈或者经多次催告后仍未支付价款，或者向博物馆主张自己在履行赠与后陷入了困境而没有藏品将无法维持生活（参见第528条），或者向银行主张其未提供贷款或者以违反善良风俗的方式利用了自己曾经陷入困境，这时候就必须弄清楚“负担行为”与“处分行为”之间的区别。在此需要区别的第一个问题是，此种抗辩对于**负担行为**的影响，尤其是它是否会导致买卖、赠与或者担保合同无效。另一个问题则是，此种抗辩是否也会导致**处分行为**无效，以至于取得藏品所有权的艺术爱好者并没有失去对画作的所有权。尤其是，即使负担行为自始无效或者之后被撤销，处分行为也依然有效，所有权因而移转。此时，所有权虽然移转了，但因为他在没有有效合同——“没有法律上原因”——的情况下取得了所有权，所以必须依据不当得利规则重新将所有权移转给艺术爱好者（第812条）。

10 根据第145条以下，欠缺合意——通常是缺乏针对要约的承诺——则合同不成立，此外还存在大量可以导致合同无效的其他事由。例如，买卖、租赁或者承揽合同或者任何一个其他债务合同的缔结者可以主张，其在缔约之际没有行为能力，受对方当事人欺诈或胁迫而签订合同，合同违反形式规定、违反其他法律规定或违反善良风俗，或者并未由本人而是由一个没有授予必要的代理权的第三人签订了合同，因此合同无效。判断所有这些抗辩能否成立的法律规则是第104条至第185条。这些法律规则主要针对债务合同，因而属于一般合同法的范畴。然而，立法者希望它们不仅适用于债务合同和其他合同尤其是物权**合同**，而且一般性地适用于**“法律行为”**（Rechtsgeschäft）。“法律行为”系指如下意志表达：表达者试图以此引起特定的法律结果，因为该结果作为意志表达的后果为现行法所认可，所以也确实实现了此种结果。首先，任何**合同**都是法律行为：此时所追求的结果，即双方当事人共同所欲的法律约束，并为此目的而作出了**意思表示**（Willenserklärung）。然而，法律行为也可能仅由一个意思表示构成，称为**“单方法律行为”**（einseitiges Rechtsgeschäft）。

11 例如，意思表示构成“单方法律行为”的情形可以是，设立或撤回遗嘱（第2247条、第2253条）、撤销合同（第143条）、通知终止合同（例如参见第314条）、解除合同（例如参见第323条）、同意合同（第182条）或者根据情势变更请求调整合同（第313条）。意思表示构成“单方法律行为”的也可以是，某人表示抵销对应债权（第388条）、授予代理权（第167条）或者撤回之前授予的代理权（第168条）。此外还可以是，丈夫撤销其于婚姻存续期间所生孩子的父亲身份、儿子撤销其父亲设立的遗嘱或者股东撤销股份公司股东大会决议（参见第1600条以下、第2078条以下，《股份公司法》第243条以下）。尽管《民法典》声称第104

条至 185 条的规则同样适用于所有这些法律行为，既适用于父亲身份的撤销，也适用于租赁合同的终止，既适用于遗嘱的设立，也适用于代理权的撤回；但显而易见的是，与第 104 条至 185 条中的一般规则相比，特别规则优先适用于许多法律行为。

毫无疑问，《民法典》是一个精雕细琢和充满艺术感的体系，其源于立法者细致地区分了合同和法定债务关系、债权与物权合同、合同与其他法律行为以及法律行为与意思表示以及由一个还是数个意思表示构成的法律行为。此外，据以裁决实质问题的规则被尽可能地以提取公因式的方式纳入体系，这就导致了密切相关的生活过程经常被归入完全不同且散落于各处的法律规定。《民法典》的概念、体系尤其是其“总则编”并非由《民法典》编纂者首创，而是源于 19 世纪的潘德克吞法学。它们是潘德克吞法学在旷日持久、倍极艰辛的教义一般化过程中从实际法律素材中提炼出来的。其间自有让人尊重甚至令人赞叹的学术成就，这一点在外国亦往往得到认可，并在一些新的民法典中也留下了印记，而也有一些国家的法典化却未受此影响。在彼处，所有的问题，例如涉及行为能力，违法或背俗无效，因错误、欺诈或胁迫可撤销或者代理的问题，均以最实用的方式被规范，即**合同法**中，与关于“法律行为”的一般规则不同，仅存在类似于下述内容的规定：“债法关于合同成立、履行和撤销的一般性规定也适用于其他民法上的关系”（《瑞士民法典》第 7 条即是一例，《法国民法典》第 1324 条、《奥地利普通民法典》第 876 条亦如此）。 12

“总则编”的优点和弱点以及相关文献参见 *Zweiger/Kötz* S. 143 ff.；*Ranieri*，Europäisches Obligationsrecht（2. Aufl. 2003）11 ff.；*Koschaker*，Europa und das römisches Recht（2. Aufl. 1953）279 ff. 13

本书研究合同法，即合同订立、内容和效力以及合同履行责任和违反合同责任的规则。本书的阐释并不严格以《民法典》的“法定顺序”和概念为准，也就是不受所涉规则究竟位于民法典“总则编”、“债法总则”还是“债法分则”的影响；讨论的对象有时涉及“意思表示”，有时涉及“法律行为”，有时仅适用于合同债务关系，但有时也适用于“物权合同”或者“法定债务关系”。本书更多的是根据实践中出现的合同法问题的内在联系来编排内容。因此，本书首先研究的是有关合同是否成立（第二章）、合同是否有效（第三章至第六章）、合同嗣后可否因一方当事人撤销而归于无效（第七章）以及在并非一方当事人自己而是代替他为其行事的代理人实施行为时是否受合同或者合同上表示的约束（第八章）的规则。之后则是有关**合同的义务群**（Pflichtenprogramm）的规则（第九章）：当事人双方彼此负担哪些义务？该义务在磋商阶段即已出现还是出现在合同订立之后？再之后研究双方当事人可以寻求的三种主要法律救济，即合同履行请求权（第十章）、当事人一方基于特殊事由嗣后**终止**（aufheben）合同的权利（第十一章）、因对方违反义务请求**损害赔偿**的权利（第十二章）。有时候，合同当事人之外的**第三人**可以主张合同请求 14

权或者必须履行合同义务；合同承诺的给付也有可能由多个债务人负担，或者多个债权人可以要求给付，而第十三章将讨论这些内容。

15 此种内容编排并非原创。由于在德国，不仅法学文献而且教学活动安排依然始终严格遵循民法典的“法定顺序”，因此它看起来也许显得异乎寻常。在国外，情况却并非如此。于彼处，关于合同法的教科书和教学活动几乎俯首皆是，努力谋求欧洲法律统一的活动亦将合同法作为目标（边码 19）。考虑到这一点，本书将不断提醒年轻的德国法律人做好下述准备：他们将来会不得不日益在欧洲法律领域内活动，而《民法典》的高度概念化尽管经常获得认可，但却很少有机会发挥体系性或范本性的影响，无论大家对此是否感到遗憾。

第二节　欧洲合同法

16 德国合同法规则日益受到欧洲共同体法律规定的影响。于对共同市场发挥必要作用之处，欧洲共同体均有权对成员国的法律进行“调适”（参见《欧洲共同体条约》第 3h 条），欧洲共同体主要通过发布**指令**（Rechtlinien）行使该权力。所有成员国必须在一定期限内“转化”指令，也就是将指令融入国内法，然后在国内产生效力（参见《欧洲共同体条约》第 249 条第 3 款）。对于合同法而言，旨在确保在所有成员国为特定交易提供**最低限度消费者保护**（Mindesverbraucherschutz）的指令尤其重要。例如，消费者与企业经营者实施了一个“上门交易”由此获得“消费贷款”或者于不动产之上的“分时使用权”，消费者以“远程交易”或者“电子商务交易”的形式购买了货物或者服务或者与经营者签订了动产买卖合同。尽管与此相关的重要规则位于《民法典》（例如参见第 13 条、第 312 条以下、第 355 条以下、第 474 条以下、第 481 条以下、第 488 条以下）中，但其实它们均源于欧洲共同体的指令；这一点也适用于《民法典》中关于审查一般交易条款在消费者合同中是否滥用因而无效的规定（第 305 条以下）。只要《民法典》中的规定源于指令，那么就不能简单地按照通常的法律解释规则进行解释，而是必须**“合乎指令”**（richtlinienkonform），也就是在解释时必须将指令的目的考虑进去（参见例如 BGH NJW 2002，1881）。如果在具体案件中，对指令的目的和理解转化该指令的德国法规则存在疑问，那么受理该案件的德国法院有权将解释问题提交欧洲法院，德国联邦普通法院甚至有义务如此做（《欧洲共同体条约》第 234 条），案件随后必须按照欧洲法院对指令所作出的有约束力的解释那样进行裁决（参见边码 249、764、964、978、986 的举例）。

17 经由指令进行法律统一通常是有益的，但也并非毫无代价，它导致成员国的合同法始终只是被碎片化地调适，而其余部分却依然有效。因此，指令与经由转化颁布的规则在成员国的法律秩序中往往显得格格不入；它们通常并不能与成员国的法律秩序无缝对接。即使在指令适用的领域，成员国的合同法也并没有被统一：或者是因为指令在成员国的转化不同或者法院的适用不同，或者是因为指令仅仅旨在提供最低限度保护，只要它在结果上与指令所要实现的消费者保护强度一样或者比其更高，那么不同的国内法将被继续适用。

因此，法学界很早就呼吁欧洲法律一体化不应当仅仅通过指令，而应同时通过 18
其他途径推动，即在欧洲就**“欧洲共同私法”**的基础达成一致，从而为欧洲统一**全部合同法**顺利进行创造前提条件。

为此开辟了不同的道路。荷兰法学家 Ole Lando 于 1980 年成立了欧洲合同法 19
委员会。该委员会提交了几乎包括一般合同法全域的**“欧洲合同法原则**（PECL)”。该原则备受关注，其虽非有效的法律，却被一些人视为欧洲合同法典的第一草案。参见 *v. Bar/Zimmermann*（Hrsg.），Grundregeln des Europäischen Vertragsrecht，Teil I und II（2002），Teil III（2005）。“欧洲合同法原则”第一、二部分刊印于 ZEuP 2000，675，第三部分刊印于 ZEuP 2003，895。在冯·巴尔的领导下，欧洲合同法委员会的工作由**欧洲民法典研究组**及其分小组继续推进。研究组针对不同的合同类型甚至侵权法、不当得利法发布了建议稿。由学者组成的另外一个团队——欧洲私法研究组（acquis communautaire）——聚焦于能否从现行的共同私法以及欧洲法院为此作出的裁判，也就是**“欧洲共同体现行私法**（acquis communautaire)”中找到合同法的一般规则与原则（参见 Principles of the Existing EC Contract Law (Asquis Principles)，Contract I（2007），ZEuP 2007，735，1152）。最终慢慢产生了以比较法为基础、旨在努力证实下述问题的研究文献：在欧洲私法尤其是合同法的某些领域，已经存在被普遍接受之规则的基础构成（参见例如 *Kötz*，Europäisches Vertragsrecht [1996]）。所有这些进展均被记录、评论于“欧洲私法杂志（ZEuP)”中，并在具体研究中予以深化（参见例如 *Basedow*，Europäische Vertragsrechtsvereinheitlichung und deutsches Recht（2002）；*Zimmermann*，Die Europäisierung des Privatrechts und die Rechtsvergleichung（2006））。

欧洲理事会于 2003—2004 年间制订了一个旨在实现“更为融合之欧洲合同法” 20
的“行动计划”。为实施该计划，委托学者组成团队起草“共同参考框架”。

参见 *v. Bar/Clive*（Hrsg.），Principles，Definitions and Model Rules of Euro- 21
pean Private Law，Draft Common Frame of Reference，Full Edition 2009。富有争议的是，为缓解或者消除现行欧洲私法的碎片化特征，欧洲的法律调适将来究竟应采取何种途径。尽管欧洲议会早就呼吁制定适用领域广泛的欧洲合同法典，然而时机尚未成熟。欧洲理事会主要采取了两种举措：一方面，它于 2008 年提交了《消费者权利指令》草案，试图将现有的消费者保护指令合并在一起并使之协调一致。

当然，它并没有审查现有的规则根据迄今为止总结的经验是否有意义以及合目的（参见 *Eidenmüller*，*Faust*，*Grigoleit*，*Jansen*，*Wagner*，*Zimmermann*，Revision des Verbraucher-Acquis（2011））。另一方面，指令草案试图引入（充满争议）如下原则：规则应约束成员国，国内法规则——与现行法不同——不能再对其进行有利于消费者的修正。由于各国的抗议，最后发布的指令限制于上门交易与远程交易合同（ABl. 2011 L 304/64－88）。参见 *Unger* ZEuP 2012，270。

21a 此外，欧洲理事会提交了**"欧洲共同买卖法"**条例草案，根据其英文标题（"欧洲共同买卖法"），往往将之称为"CESL"。参见 KOM（2001）635。该条例规范买卖合同、数字内容供应合同以及与出卖人签订的关于买卖标的物安装、修理或维护等**"紧密相关服务"**的合同。欧洲共同买卖法适用于*所有*合同，包含一般合同法的规则，例如合同订立与解释、错误、欺诈与胁迫以及一般交易条款控制，但不包括代理、债权让与、抵销、合同因背俗而无效的规则。另外，欧洲共同买卖法接纳了现行有效的全部关于消费者保护的指令，在某些地方甚至扩大了对消费者的保护。即使合同双方当事人都是企业，只要至少一方是"中小企业"，即年销售额不高于 5 000 万欧元的企业，就适用欧洲共同合同法。重要的是，欧洲共同合同法并没有明确规定适用前提，而只适用于当事人有*明确约定*或者合同是*"跨国界"*的时候。"跨国界"指的是合同当事人的住所位于不同的国家，而其中至少有一个是欧盟国家。如果一方当事人是消费者，只要消费者提到的通信地址、送货地址或账单通知地址位于另一方交易营业地之外的其他国家，那么合同就是"跨国界"的；当然，此时只要其中一个国家是欧盟国家即可。详情参见 *Staudenmayer* NJW 2011，3491 以及对 CESL 的批评参见 *Eidenmüller*，*Jansen*，*Kieniger*，*Wagner*，*Zimmermann* JZ 2012，269。

第三节　合同法的自由与强制

一、合同自由

22 私法自治思想支配着私法。意思自治意味着每个人都可以自由决定下述事项：在法律制度框架内组织自己的生活关系，处置自己的财产，在遗嘱中指定某人作为自己的继承人，选择何种职业，从事何种经营活动，或者为了实现一些目的而与其他人组团合作。《德国基本法》第 14 条保护所有权和遗嘱自由，第 12 条保护职业和营业自由，第 9 条保护结社自由，这些都是私法自治的特殊形态。此外，《德国基本法》第 2 条第 1 款保障了普遍行动自由以及**合同自由**（Vertragsfreiheit）。据此，每个人都可以自由决定是否订立一定内容的合同或者拒绝订立合同（"缔约自由"）。另外，他和缔约伙伴一起自由决定合同的内容、事后变更原来的约定或者废止整个合同（“内容自由”）。合同自由只在法律制度框架内有效，它包括那些用于判断合同是否有效以及约定是否可实施的规则，而这些规则就属于**合同法**。

出于合同自由，法律制度作出了一个有利于人的自主决定的价值决断。人们可以据此宣称，法律制度的这个决断自证其成，不需要任何其他理由。但是，从经济的角度表明合同自由蕴含另一项原则：人们必须致力于促进物尽其用，并且在物资有限的世界中最大限度地满足自己的需求。 23

现代经济被视为一种决策学（Entscheidungswissenschaft），其核心问题是个人在决策情境中会如何行为。由于世界上的资源紧缺，远不足以满足人们的个人愿望，问题随之出现。在资源不足的环境中，个体如何在可用的行为选项中作出选择？同时假定，人们会理性地作出行为，比较不同选项的收益和成本并增加自己的财富。受上述条件的约束，只有在每个当事人都认为会从中获益时，他们才会缔结合同。之所以会为某个商品付款，是因为他相信商品的价值高于（约定的）价款；相反，出卖人之所以交易，是因为他相信（约定的）价款高于商品的价值。履行完合同后，当事人的地位都会优于从前：双方都变得富有了，没有人因此变得更穷。试想一下，当这样的交换完成了千百万次后，所有的参与者获得的收益以及社会的整体收益都会增加。只要商品、服务紧缺并且人们怀有无限的期望，他们就会通过缔结合同以及交换的方式实现一个相对最优的结果，而通过交换从别人手里拿来的商品和服务的价值在自己这里会更高。交换的场所被人们称为市场，而一个承认合同自由原则的经济制度被称为市场经济。 24

那些希望通过合同自由和合同法律制度实现福利增长的人，只需要问自己一个问题，必须订立多少个合同才可以获得日常所需的东西，比方说一个家具？为了一个砍伐树木的合同，或者一个将原料运到锯木厂的合同，或者对原料进行加工的合同，家具生产商不仅购买了木料，还订立劳动合同、厂房土地租赁合同以及购买机器和油漆的合同。他通过与银行签订贷款合同获得了必要的资金，为了保护自己的工厂免受火灾的风险而订立了保险合同。他委托设计师绘制家具草图，同时委托经销商销售自己的产品，而这个经销商自己也租赁营业场所、雇用员工、印制广告、购买包装材料，最后才出售家具。这真是一连串的合同，虽然每个当事人在缔约时都只试图为自己获取利益，但从整体来看，他们借助短缺有限的资源最大程度地满足了个体需求，由此增加了所有人的收益。 25

二、合同法中的惩罚

如果当事人不相信另一方会履行合同，那么也就不会缔结合同。信守诺言和不背弃承诺虽只是道德戒律，但在一些情况下必须迫使人们遵守。当合同当事人不提供给付或者不像约定的那样提供给付，那么合同法会以**惩罚**（Sanktionen）相威胁。 26

当经济交往限于简单的交换行为时，双方都将履行这一交易，并且当事人早在缔约之初就能轻易地确认给付的合约性，此时不需要这些惩罚。然而今日不同往昔，一方或者双方当事人一般是在**将来**提供承诺的给付，并且往往在对方提供给付的很长一段时间后，才会发现（标的物）特性是否真正符合合同的期待。在这些合同中存在合同当事人机会行为的风险，例如在收到对待给付后拒绝提供给付，或者在交易看似对自己不利时拒绝履行合同。之所以这样做，可能是因为他已经就承诺的给付以更高的价格提供给了第三人，或者在完成给付的过程中出现了缔约时未曾考虑到的费用。此时，合同法必须鼓励制止机会行为并确保对合同履行的信赖。如果没有合同法，那么有关未来给付的合同要么不出现，要么只有在额外条件的情况下才出现。例如，一方当事人要求对方提供质物或者其他形式的担保，同时约定违约时质物或者担保将归自己。通过这种方式，合同法节省了相关的“交易成本”，使缔结有关未来给付的合同变得简单，确保了由这些合同带来的社会整体利益。

27 人们不应该忽略**法律外的惩罚**，这些惩罚同样会激励当事人严守合同。当事人希望能在未来继续和对方交易以及希望降低重复交易的概率，这些都会激励当事人履行合同。一方当事人不履行或者不及时履行合同义务，又或者过快地躲到合法的理由之后（以逃避履行合同，译者按），这些在商人交往中屡见不鲜：这些行为会导致声誉减损，后果甚至比某些法律的惩罚更严重，敦促了当事人尽其所能遵守合同，不通过诉讼而是通过双方协议的方式解决争议。

28 与商人合同实践相关的实证研究证实了上述发现。参见 *Kötz* EVR S. 19。当人们观察其他国家法律制度时，也会有相似的发现。虽然法律常以惩罚威胁违约行为，但实践中这些惩罚却没有意义，因为一些国家缺少高效的法院系统和执行机构。因此，在很多发展中国家，例如经济飞速发展的印度，人们在没有运转良好的法院系统的情况下也会履行合同。如何解释这一现象呢？就印度而言，企业可能忽略来自法律之外的惩罚，有时不是从第三方那里获得必需的产品和服务，而是直接由自己生产并由此控制整个产业链。

三、强制缔约

29 由合同自由原则可知，人们不可违背自己的意思而被强迫缔结合同。在此，现行法规定了一个例外：如果某人就自己提供的商品或服务处于垄断或市场操纵地位，对方当事人迫切需要这种商品或服务而其他供应者无法满足这一需求，那么拒绝缔约的行为将给对方当事人带来重大不利。有时法律直接规定强制缔约，例如能源供应企业（《能源经济法》第 10 条）或者运输服务（《旅客运输法》第 22 条），以及占据市场操纵地位的供应某一商品或服务的企业，“无正当理由”而拒绝向客户提供商品或服务，从而滥用市场操纵地位（参见《反竞争限制法》第 20 条）。除此之外，从《民法典》第 826 条中可以得出同样的结果：向公众提供重要商品和服务的人，如果他没有正当理由拒绝了一个没有其他替代方案的客户，那么就是违反善良风俗。此时，客户享有损害赔偿请求权，即要求恢复到假如损害人不存在滥用行为的状态（《民法典》第 249 条第 1 款），这里指的就是缔结合同。

30 如果双方都援引了《基本法》保护的利益，那么就很难判断拒绝缔约是否有“正当理由”。歌剧、音乐会或者体育赛事的举办者能否拒绝将入场券卖给一个尖刻的、爱胡乱批评的记者（参见 RGZ 133，388；*Eidenmüller* NJW 1991，1441）？如果政党的纲领有违该报纸的编辑条例，或者担心刊登启事将威胁到类似业务，那么拥有地区垄断地位的报纸发行商可以拒绝刊登一个政党的启示。参见 BVerG NJW 1976，1627；OLG Köln NJW-RR 2001，1051。另外，在**《一般平等对待法》**（AGG）中也会见到类似于强制缔约的规定。这些规定意在确保平等对待男性和女性，避免某人因为种族、民族、信仰或者世界观，由于身体或精神上的残疾，由于年龄或性别而受到不公的对待（《一般平等对待法》第 1 条）。不公对待禁令主要适用于劳动法，但根据《一般平等对待法》第 19 条到第 21 条的规定，也适用于一般私法领域。例如，出租人出租住宅、旅馆老板接待投宿的客人、保险公司承保、社团纳新、私立学校招生，等等。可以讨论的是，如果出租人声称他不愿意与同性恋者生活在同一个屋檐下，那么他是否违背了道德戒律。然而，如果他只是表现的不像一个被期待的好人，那么他绝不会因为不缔结租赁合同就受到法律的惩罚或者强制。当然，法律也并非绝口不提此事。如果拒绝缔约是出于一个**“正当理由”**（sachlicher Grund）（《一般平等对待法》第 20 条），或者缔约或者实施合同不算**大宗交易**（Massengeschäft），那么原则就不存在一个不被允许的不公对待。在房屋出租中，大宗交易指的是出租人拥有 50 套以上可供出租的公寓（参见《一般平等对待法》第 19 条）。出现不被允许的不公对待后，受害人并不享有缔结合同的请求权，即不存在严格意义上的强制缔约（参见 MK-*Thüsing* § 21 AGG Rn. 17 ff.；Palandt/*Grüneberg* § 21 AGG Rn. 7）。但他可以请求不作为或者损害赔偿，尤其是赔偿因此遭受的精神损失（《一般平等对待法》第 21、22 条）。

四、法效意思

31 由合同自由理念可知，当事人仅在他们主观上*希望*受合同约束的范围内，或者根据客观事实可推知的其希望受合同约束的范围内，受到合同的约束。如果这一条件不成立，那么即使存在一个无关错误、欺诈或胁迫且受到当事人充分肯定的约定，也不会出现一个具有法律拘束力的义务。被邀请吃晚餐并在约定的时间站在大门外的人，不能向法院起诉要求东道主支付打的的费用。某人出于情谊向别人提建议、答应把信带到邮局、保管东西或者在别人外出旅行时照看房屋，此时欠缺必要的法效意思。此时只出现了**“情谊关系”**（Gefälligkeitsverhältnis），没有合同义务。因此，也就不可能有因违反合同义务引起的损害赔偿请求权，而是只有基于侵权行为而产生的损害赔偿请求权。

32 通常考虑的是当事人是否“希望”有法律约束。但是，当人们仔细观察判例后就会发现，法院常常基于其他完全不同的理由确定当事人的“意思”。虽然当事人*明示地*达成了关于约定的法律约束；在此，当事人的意思起决定作用。但是，他们一般不会想到这个约定应不应该有法律效果。当法院确定当事人“意思”的时候，大多会采用拟制。虽然联邦普通法院强调承诺人的法效意思，但同时补充道，这不是当事人的“内心意思”，而是“通过给付的行为和给定的客观情况，并根据诚实信用原则，同时考虑商业习惯，断定给付受领人达成了这个意思”（BGHZ 21，102，106 f.）。这取决于事务对于参与者来说有什么经济意义，又有怎样的交易或私人语境，以及另一方不提供或者错误地提供了承诺的给付会给对方带来多么严重的损失。这个问题在下述情形中尤其关键：专家就咨询给出了错误或者不完整的答复，对方要求损害赔偿，而他以自己是无偿咨询并进而构成情谊行为为由进行辩解（参见 BGH NJW 2009，1141）。

33 测试的结果还包括，一些义务具有法律拘束力，而另一些则没有。参见例如 BGHZ 123，126：银行向客户提供投资咨询，银行必须履行哪些义务？几个人约定好一起买固定号码的彩票，那么他们毫无疑问地相互负有分摊买彩票的钱和分享奖金的义务。然而有疑问的是，其中一个参与者本应该把填了号码的彩票交到兑票点，但他不小心把彩票夹到书里，事后又忘记放在哪里了，那么其他参与者能否要求这个人赔偿没能中百万巨奖的损失？德国联邦普通法院否定了此案中的损害赔偿，因为受托人负有一个以正常履行委托事务为内容、有法律拘束力的义务，同时还承担了一个不仅高得离谱而且会直接导致否认其经济存在的风险。“没有一个参与者，在事先想到并且明确讨论了这个问题之后，还会承担这一风险或者期待其他人承担这一风险”。但是，如果“几个商人基于一个计划好了的投机想法而一起合作、分享高收益，那么结果就会有所不同”（BGH NJW 1974，1705，1707）。参见边码 660、718。

34 即使当事人不负有具有法律拘束力的给付义务（如果他没有或错误地提供了给付，他也不负有损害赔偿责任）。但基于客观事实可以得知，当事人应负有**保护义务**（Schutzpflicht）（《民法典》第 241 条第 2 款；边码 491 以下）：当事人负有避免对方遭受损失的义务，为了这个目的，他们必须像交易要求的必要注意那样行为。

35 参见 *Faust* AT S. 28 中提到的案件：两个同事搭伙开车上下班并为此约定了一个时间表，通过这个事实可以得知，他们并不希望让自己负有具有法律拘束力的驾车义务，双方有权在任何时间、出于随便什么理由反悔，并且无须为此赔偿对方因搭乘公共交通工具或自己开车而支出的费用。但在这个案件中，双方负有具有法律约束力的保护义务，谨慎行为以保护对方免遭损害。如果其中一个同事没有及时告知对方取消预约，那么他就是过失地违反了保护义务，并引起了损害赔偿责任。如果此时另一个同事因为车坏了而不得不搭乘出租车，那么他就可以要求损害赔偿，但赔偿数额不得高于打的费以及因及时告知取消而支出的费用之间的差价。如果某人负有具有法律拘束力的无偿给付义务，那么没有或错误提供给付仍旧会引起责任。但是在这种情况下，由于他不能通过提供给付得到什么回报，因此常常减轻他的责任（参见《民法典》第 521、599、690 条）。一般来说，即使不是因为违反合同义务而是因为侵权行为导致的责任，仍旧可以减轻他的责任。参见边码 718。

五、合同法中的强制

（一）一般强制规则

合同自由意味着当事人可以如其所欲地缔结合同并确定合同的内容。然而，合同自由也有其界限。即使当事人真诚地期望一个合同，合同也可能因为某些强制规定而不成立、可撤销或者无效。合同法中的强制规则在大多数情况下显得理所当然，但人们必须要问，这些规则为什么是正当的。之所以允许法律制度有时否认合同自由，大多是因为从经济学的角度来看，允许合同自由会引发市场失灵。我们首先关注一般强制规则，这些规则原则上适用于*所有*合同，无论这个合同是买卖合同、承揽合同、租赁合同还是雇佣合同；这些规则也不考虑一方当事人与另一方当事人相比处于经济弱势地位或者缺乏经验，因此更需要受到法律的保护。 36

根据第 134 条和第 138 条的规定，违反**法定禁止**（gesetzliches Verbot）或者违反**善良风俗**（die guten Sitten）的合同无效。虽然上述规则限制了合同自由，但是限制的理由却与经济学视角下的正当化合同自由的理由相同（边码 22 以下）。如果当事人为了增加自己的利益而以违法的方式给他人或者社会整体造成了损失，那么从经济学的角度来看，就不能适用合同自由。例如，合同违法了《刑法典》的规定，以法律禁止的方式从事竞争，或者违反了《打击黑工法》（Gesetz zur Bekämpfung der Schwarzarbeit）的规定，或者违反了法律制度关于社会道德或者性生活作出的（未写明的）基本评价规则，而这些规则涉及禁止与基本权利相违背的歧视或者保障个人的行为自由（边码 197 以下）。 37

合同法中的强制规则还包括，当事人必须**负责任地**（verantwortlich）作出决定。只有在合同当事人深思熟虑地、理性地作出决定，并且他的意思形成没有受到欺诈或者其他被禁止的操控行为影响的情况下，才会出现福祉效果（wohltätige 38

Wirkungen）。而这个效果正是我们所期望的，即合同自由能够不仅有利于个人也有利于整体。某人在缔约时不具备必要的判断力而被视为没有**行为能力**（geschäftsfähig）（第104条以下，边码131以下），或者对方**恶意欺诈**（arglistig getäuscht）（边码335以下）或不法胁迫（bedroht）（边码364以下）或**利用**他人处于急迫情势、无经验、欠缺判断力或意志薄弱（第138条第2款，边码229），或者对方在磋商过程中隐瞒了必须公开的信息而**使对方陷入错误**，这些都欠缺上文提到的条件（边码507以下）。此外，还有关于不允许合同一方就某一点恶意沉默的规定（第444条、536d条、第600条、第639条）。某人在家门口、自家住宅内、马路上、自由行的火车上或者公共交通工具上被对方"突袭"并订立了合同，此时很难说他负责任地作出了行为。虽然这样一个"家门口交易"（Haustürgeschäft）仍旧生效，但消费者可以在一段时间内撤回，并且不需要指明任何理由（第312条以下；边码985条以下）。有时候，强制性规定要求采用某一**形式**（Form）——例如书面形式或者公证书形式——订立合同。这是因为，立法者希望当事人在签字之前再仔细考虑一番（第125条；边码163条以下）。

38a 合同法中的一些强制规则旨在避免合同一方当事人在缔约之前遭遇与合同内容相关的巨细靡遗的建议，而他不值得为了审查这些建议花费极高的费用。这种情形尤其是指，合同一方试图**通过一般交易条款**（AGB）来事先确定合同的内容。出于这个理由，强制规则授予法官审查一般交易条款适当性的权限（边码241以下）。

（二）保护消费者的强制规则

39 立法者希望通过合同法中的一些强制规则来保护**"合同弱势方"**的利益，尤其是**消费者**的利益。这些规则很少出于德国立法者的法政策构思，更多的是出于欧盟指令的规定。当文本引起歧义时，必须进行"合乎指令"的解释（边码16、17）。

40 1. **信息义务**（Informationspflicht）。一些规则使消费者的缔约对方——即经营者——有义务在缔约之前"清楚并完整地"提供有关消费者权利和义务的信息，这样一来，消费者就能知道缔约对他来说意味着什么（参见 *Fleischer* ZEuP 2000, 772）。但由于需要告知的信息是如此众多且复杂，使得相关法律规定显得如此数量庞大且巨细靡遗，因此立法者不希望将它们全写进民法典。消费者订立了一个远程销售合同或者消费信贷合同或者旅游合同，民法典只规定了一小部分经营者在缔约前必须提供的信息，而大多数则由《民法典施行法》第246条、第247条和——涉及旅游合同时——第238条，以及"民法有关信息和证明义务的特别规定"明确（参见第312e条、第491a条、第651条第3款）。

41 立法者希望通过有关信息义务的细节规则来实现社会的良知。但这些规则是否真能有助于达成这个愿望以及能否事实上更好地保护消费者，还存在疑问。消费者在缔约之前不会花费时间和精力，而这些是他在区分重要与不重要的过程中——应对“信息过度”——必须付出的东西。

2. **撤回权**（Widerrufsrechte）。立法者希望通过那些赋予对某些合同的撤回权的强制规定来保护消费者。据此，消费者有权在订立合同以后，在一定时间内毫无理由地**撤回**合同（边码 985 以下）。在家门口交易中授予撤回权（第 312 条第 1 款）是正当的，因为消费者此时是被“突袭”了，并且这种情况下不清楚他能否负责任地作出决定。 42

远程销售合同（第 312d 条）中赋予消费者撤回权也是正当的，因为他是在“使用了远程交流服务”的情况下购买了商品，而没有事先拿到并检验商品。这尤其是指，消费者通过典型的邮购交易的方式——即基于商人提供的商品清单并通过预订单——或者基于网上提供的信息并通过电子邮件的方式获得了商品或服务（第 312b 条第 2 款）。当然，消费者只需为自由选择支付很少的费用，是在商店里还是网上购买商品，是有撤回权还是没有撤回权。为什么在远程交易的情况下应赋予他强制性的撤回权？如果出卖人依据法律负有向消费者提供撤回权的义务，后者必须为此支付附加费，那么这原本也是足够的。行使撤回权而给出卖人造成的费用完全由买受人承担，而正是他们决定撤回并且为此支付了必要的附加费。消费者订立了一个分时居住权合同或者长期休假产品合同或者消费信贷合同，此时他也享有撤回权（第 485 条第 1 款、第 495 条第 1 款）。这些合同往往涉及法律上异常复杂的交易，并且消费者将长期受到经济上的约束。人们一直在问，为什么消费者应该在订立合同的两周内想清楚是否行使撤回权，而这个期间有可能远远不够他作出决定的。在一些情况下赋予撤回权是因为，消费者在磋商阶段因出卖人的操纵技巧而低估了合同的风险，出于这个理由可以事后——在不受这类技巧的影响下——重新考虑这件事。有关赋予撤回权的详细理由参见 Eidenmüller AcP 210（2010）67。 42a

3. 调整合同内容。为了保护合同弱势方，更多强制规定直接确定了合同的内容。它们就是对合同自由的明确限制。当然，被保护的一方还可以自由决定是否订立合同。如果他决定缔约，那么合同的内容就是确定的。磋商自由只存在于两个领域。一是，允许当事人协商没有被强制法覆盖的内容。当然，这往往是指极少数的重要内容。另外人们必须考虑到，如果想要让这些约定生效，这些约定大多将作为一般交易条款而成为合同的一部分；而如果想让其生效，必须符合第 307 条以下的内容控制。二是，那些有关赋予弱势一方更好法律地位的约定是有效的，因为强制规定的目的已经达到了。因此，这些规定也常常被称为“半强制的”。 43

立法者通过信息义务、撤回权和调整合同内容为一些合同类型的弱势方织起了一张严密的强制规则网，以至于人们可以将其称为“被调整的合同”。上文提到的规定了撤回权的消费者合同——从“家门口交易”开始——都属于这类合同。只要买受人是消费者，他从经营者那里得到了一项（无论是全新的还是二手的）动产，甚至这样一种平常的**买卖合同**也是被调整的合同（第 474 条以下；边码 602 以下）。 44

旅游合同也是被调整的合同，即使此时人们不称弱势一方为“消费者”而是“旅游者”（第 651a 条以下；边码 673、674）。房屋租赁合同（Wohnungsmietvertrag）同样是被调整的合同，此时的合同弱势方是承租人。为了保护承租人的利益设置了大量的强制规则，例如规定出租人对房屋瑕疵负有的责任，明显限制出租人的解除权，租金既不能高于合理的数额也不能因为供需关系而随意提高（边码 736 以下）。最后，**劳动合同**（Arbeitsvertrag）也是被调整的合同（边码 653、654）。

45 合同弱势方会因对方的经济优势而不得不订立一个侵害自身利益的合同，此时必须限制合同自由，这也是那些有关调整某些合同的强制规则的出发点。这样的想法会博得人们的好感，但不能忘记世上没有免费的午餐，这一点尤其适用于消费者保护。一旦一方当事人根据强制法而承担了合同清算的风险，那么他就会通过提高价格将费用转嫁给顾客或者那些不需要保护的人。法律不应该纵容那些不该保护的顾客，他们为防范上文提到的风险所支出的费用少于将风险推给合同“强势”方而造成费用。需要考虑的另一点是，有关承租人和消费者保护的强制规则会明显提高供给费用，以至于提供廉价租房或者廉价二手车变得非常不经济，最终使原本出于好意的承租人和消费者保护化为泡影。

46 4. “消费者”和“经营者”。只要强制规则针对的是消费者，那么它们只能适用于消费者合同，即——根据第 310 条第 3 款中的定义——“在经营者和消费者之间”订立的合同。至于如何理解“消费者”和“经营者”，则由第 13、14 条规定。消费者是既不以营利活动也不以独立的职业活动为目的订立合同的任何自然人（第 13 条）。经营者可以是自然人，可以是法人，也可以是有权利能力的合伙。他们在缔约时“从事营利活动或独立的职业活动”。就像很多其他法律定义那样，第 13 条和第 14 条也会引起各种各样的区分问题和矛盾。人们必须冷静地忍受这一切，因为立法者也曾想放弃第 13、14 条。作为替代方案，委托法官个案判断，审查双方当事人之间在经济能力、磋商技巧以及专业知识方面存在的差异，以至于必须借助强制规则保护弱势一方。但如此一来，法律就会变得不明确。

47 希望通过第 13、14 条为“消费者”和“经营者”这两个概念指明清楚而简单的要件不过是一个假象。实践表明，总是存在疑问。例如，消费者从个体商人、合伙或者有限责任公司那里买了一辆二手车，即使出卖人的经营活动并不涵盖销售汽车，而是税务咨询或者销售卫生保健用品，此时也是以“经营者”的身份在实施行为。一旦二手车买卖合同对于出卖人来说是“主营范围外的副业”，那么就构成第 474 条意义上的消费品买卖（BGH NJW 2011，3425）。虽然磋商买卖二手车的是两个专业的商人，但买二手车的商人不是以自己的名义而是以其他人的名义订立了合同，并且出卖人知道合同相对人是消费者。此时，商人就不是法律意义上的买受人，而买卖合同也就成了“消费品买卖”。如果合同双方当事人都是消费者，那么就不存在消费者买卖合同。但是，如果出卖人是以商人的名义磋商二手车买卖，并且由商人承担交易产生的经济风险，那么这个合同就不是消费者买卖合同（边码609、610）。如果某人想以消费者的身份购买二手车，但为了排除瑕疵担保（违反第475条第1款）并据此享受更低的价格而假装成一个经营者，那么他就不能主张该合同是第474条第1款第1句中的消费品买卖（BGH NJW 2005，1045）。同理，虽然买受人是一个自然人，并且为了私人使用目的购买商品，但出卖人从对方的话语和其他事实可以得到一个清楚而明确的结论，即买受人是为了营利或者独立的职业活动而使用商品，那么此时也不构成消费品买卖（BGH NJW 2009，3780）。某人希望成为洗衣房的"初创人"，并因此以经营者的身份实施行为，只要他为此目的从银行贷款不超过50 000欧元，那么他仍旧是以消费者的身份实施行为（第507条）。

（三）与合同自由分道扬镳?

有人认为，合同自由原则在当今合同法中已不再重要，并且很快就会退出历史舞台。为此，人们指出了受调整合同的推广与普及，而"保护弱者"也越来越多地支配起合同法中的其他内容。因此，"合同正义"取代了现代福利国家中的合同自由，即进一步强化"保护合同弱势方"、平衡"结构上的弱小"，并且把合同改造为一种基于合作、团结、关怀和公平的法律关系。 *48*

至今为止还没有提到一些可以用来说明人们仇视家父主义——认为应该转变"合同正义"和"保护弱势方"的风向——的证据。即使一个自由合同法的捍卫者也早就认识到，当今社会常常缺少那些能够引起对合同条款进行负责任的协商、保证合同自由能够产生福利效果的条件。如果一方当事人在订立合同时，因为年龄原因或者病理性的判断力脆弱而无法作出一个理性的决定，或者对方让他陷入了错误、利用了他的无知或天真、趁他陷入窘境而获取了非法利益，那么就不存在上文提到的条件。人们用来描述为什么合同当事人不能受合同约束的原因的那些概念总是模糊的，又因为在越来越复杂的社会中作出一个负责任的决定需要比之前多得多的信息，因此与以往相比这些概念更需要被解释。法院依据强制规则审查单方事先拟定的一般交易条款的合理性，它不援引保护经济弱势者的需要，而是基于顾客理所当然地不会审查条款——因为审查会产生"交易成本"——而不得不面对合同另一方事先会利用这一事实（参见边码55以下、78、79）。 *49*

有关这些问题的详细、基础性的论述参见*Kramer*，"Die Krise" des liberalen Vertragsdenkens（1974），还有*Drexl*，Die wirtschaftliche Selbstbestimmung des Verbrauchers（1998）；*Canaris*，Wandlungen des Schuldvertragsrechts-Tendenzen zu seiner "Materialisierung"，AcP 200（2000）273。 *50*

需要格外小心的是，合同法在什么地方被要求顾及**公正分配财产**。税法和那些有关平衡公民财富差异、为了帮助穷人而加重富人负担以及帮助陷入困境又无力自 *51*

救的人的转移支付规则，都旨在服务于公正分配财产。但是，这些任务对于合同法来说却是陌生的。然而，人们还是可以发现那些有关被调整的合同——例如住房租赁合同——的规定是基于上述考量的。如果一方面出现了人们确实需要保护的证据，另一方面借助合同法的分配而产生的费用少于通过税法或者国家转移支付实现的分配所需的费用，那么合同法就应当尽力实现分配目的。但这两个证据很少同时出现。

六、任意的合同法

52 称合同法中的某些规则是任意的，指的是这些规则只有在当事人没有作出其他约定的情况下才发生效力，所以人们也称之为“顺从的”或者“可通过协议变更的”规则。问题是，为什么立法者认为这些规则是必要的？合同自由总是允许当事人自己决定合同的内容。虽然他们不能不理会强制法，但除此之外都是自由的。为什么他们不完整地利用这一自由？为什么立法者准备了大量的任意规则？

53 经验表明，当事人经常有限地利用围绕合同内容形成的自由，而放着很多可以自由决定的地方不管。甚至有时候连合同主要义务都没有具体形态，而只有基本特征；更不用说那些为履行主给付义务做准备、补充、保障的附随义务了。此外，当事人在合同中经常只字不提保护义务。

54 主义务、从义务和保护义务之间的区别参见边码 484 以下。例如双方当事人约定，一方支付一定价款，而对待给付是送交电子数据处理器，常见的情况是，当事人没有在合同中约定送交处理器或者支付价款的具体时间；也可能没有约定当出卖人因仓房着火、员工罢工或者前一个供货商没有送货而未能送交处理器时，买受人享有什么权利和请求权。电子数据处理器在运输的过程中损坏了，或者处理器存在可修复或不可修复的瑕疵，或者没有同时送交使用说明书，此时又该如何处理？

55 合同是**“不完整的”**，这一点不能归罪于当事人的无知或者懒惰。如果当事人满足于不完整的合同，那么他们就是理智地作出了行为。合同磋商并非没有成本，而是需要支付费用，即有**交易成本**（Transaktionskosten）。当事人早在磋商时就必须确定风险的期待值，即估算风险实现的可能性以及由此给自己造成的损失，起草有利于己方的风险分配建议，评估对方提供的建议并据此推进协商，此时就出现了交易成本。如果交易成本高于当事人没有进行上述磋商而带来的损失，那么没有一方当事人会就此类磋商享受利益。如果在履行合同的过程中只有百分之一的可能会出现某一风险并给一方造成 500 个单位的损失，而当事人为估算风险必须支付了 5 个单位，那么对他来说还是不磋商为好。合同当事人在日常现金交易或者买卖二手车、租用脚踏游船、上补习课或者修理电视机时，与其说是过失，不如说是出于合理的原因而不作出面面俱到的约定。

相反，人们也可以说明为什么完整的合同在实践中只有两类。第一类是那些给付对价极高的合同，例如以建设化学工厂、建造大型客轮或者买卖知名企业为内容的合同。这时候，在合同中就双方的义务（和义务违反时的惩罚）作出巨细靡遗的规定就显得很有必要。第二类合同涉及的商品或服务的价值虽然不大，但双方当事人**频繁**地订立合同，以至于他们有强烈的动机为拟定一般交易条款投入时间和金钱，并重复地将它作为合同一部分提供给客户。 56

其实还存在一种当事人愿意为规划合同义务而支付高额磋商费用的合同。这尤其是指**长期**合同或者不定期合同，例如合伙合同和长达几年的供应合同。当事人不大可能在磋商过程中预见到未来环境的变化，以及在新环境下哪些行为是符合约定的。有时候，当事人通过约定“重新磋商条款”来解决这一问题，使自己负有在环境发生变化时（有中立的调解人参与）就调整合同进行磋商的义务。证据表明，不同的法律文化会影响到当事人就利用一个清晰的关于义务规划的规则所持有的谨慎。德国的法律人常常惊诧地发现，他们的英美同事为了订立国际合同而拟订的合同草案是如此详尽和巨细靡遗。参见 *Kötz*，Der Einfluss des Common Law auf die internationale Vertragspraxis，FS Heldrich（2005）77f。 57

如果一个合同由于上文提到的原因而变得不完整，并且借助合同（补充）解释也于事无补，那么《民法典》中的任意规则作为“备用”规则就正好可以拿来补漏。立法者为某些规律的、反复出现的情景寻找一个符合双方当事人典型利益的规则，由此创造出了这些任意规则。换言之，任意法（das dispositive Recht）所包含的规则，是那些理性而诚实的当事人在磋商过程中、在无须考虑交易成本的情况下就那些疑问会作出的约定。“可以说，任意法总是模拟磋商结果的倒影”（*Huber* I S. 47）。当然，任意法不只是发挥着填补漏洞的积极作用，它还可以减少交易成本。这是因为，如果当事人出于特别理由想避开任意法，那么他们只需就这些内容进行磋商。任意法可以减少交易成本还表现在，立法者总是采用清晰和准确的语言，所以当事人可以使用这些法律概念，让合同语言变得精确。 58

《民法典》债法总则，即第二编的前七章（第 241 条到第 432 条）中存在大量的任意规定（dispositive Vorschrift）。其中一部分规定适用于包括法定债务关系的全部债务关系，而另一部分仅仅适用于合同债务关系（第 305 条到第 360 条）；第 320 条到第 327 条则仅适用于双务合同（边码 485）。此外，只要涉及合同债务关系，那么就还有“特别债法”（第二编第八章）的任意规定。为此，立法者区分了不同类型的合同并为每一种类型的合同安排单独的一章。在每章的开头都有关于某种类型合同的“法律定义”的规定，而这些规定都在描述典型的主义务。如果合同具有第 433 条、第 535 条或者第 631 条规定的特征，那么就说该合同是买卖合同、租赁合同或者承揽合同，而每章中的法律规定——包括任意和强制规定——会适用于相对应的合同。 59

60 经常被人们忽视的一点是，那些所谓的开场白规定——例如第433条——只有定义功能，而不能单独拿来作为请求权基础（参见 *Medicus/Lorenz* SchR AT Rn. 136）。出卖人必须向买受人交付买卖标的物并移转所有权，其理由并非第433条，而是出卖人和买受人之间相互负有合同义务。因此，存在一个常见但无伤大雅的错误，即出卖人根据第433条负有交付并移转物的所有权的义务。

61 出于合同自由这一基本原则，当事人可以随意约定合同内容，并且不受限于《民法典》为具体类型的合同所准备的规则。例如，他们可以对买卖、租赁或承揽合同的一般模版作出巨大的改动，以至于立法者为这些类型的合同而准备的任意规则变得不再合适，并且必须通过补充解释的方法填补合同漏洞（边码68）。另外，当事人也经常在一个合同中融合了不同类型合同的因素，人们称其为**"混合合同"**（gemischter Vertrag）。

62 详细内容参见 *Medicus/Lorenz* SchR BT § 128。住宅所有人将其中一间交给一个学生使用，但对待给付不是支付租金，而是提供服务，即定期给草坪割草、照管游泳池、照顾住宅所有人年老体弱的妻子或者给孩子们补课。此时，人们一般会将各自类型合同的任意法适用于双方当事人的给付，第536条以下适用于住宅所有人的给付，第611条以下适用于学生提供的服务。合同一方承诺支付报酬，另一方承诺交出一个房间和其他给付，例如完成约定的工作、送交并移转某物的所有权、料理事务；如此就出现了一个住宿合同，正如旅游经营者和客户之间达成的合同。只要涉及旅店经营者负有的交付无瑕疵客房的义务，就适用第536条以下的规定。如果旅店的厨房为顾客上了一道难以下咽的菜，那么就适用第651条和第433条以下；如果旅店经营者没有寄出或者转交顾客的邮包，那么就适用第675条。土地的所有人负有在他的土地之上搭建楼房并将房屋和土地转让给取得人，就出让人负有转让土地的义务而言，取得人主张的是买卖法上的请求权；而就履行或者瑕疵履行有关搭建楼房的义务，则适用承揽合同法的规定（参见 BGHZ 60，362）。人们关于"混合合同"可以得到的结论是，不再适用标准的任意规定，或者完全不存在类似的规定；之后就只能通过"补充的合同解释"来填补漏洞。

七、合同解释

63 当事人可能没有就合同义务作出全面、完整的约定，并且不能通过任意规则填补这些漏洞：这或许是因为任意法的缺失，或者虽有任意法但出于一些原因而不符合具体的合同。此时，法官不能用掷骰子的方法作出决定，而是必须尝试通过**解释合同**来获取规则。合同解释不仅涉及当事人未约定的那些内容，还涉及当事人虽有口头或书面约定但对表述赋予了不同含义、由此引起意义不明或者多义的内容。通过解释可以确定哪一个才是在法律上起决定性作用的意义。

(一) 对模糊的表述进行解释

根据第 133 条的规定，解释意思表示时必须探究真意，而不得拘泥于词句的字面意义。但这并不意味着，表意人的真意就是法律上起决定性作用的意义。对于合同来说，由于（至少）有两个当事人，他们通过各自的表示形成了一个需要解释的表述，此时并不一定适用第 133 条。只有当双方当事人的意思指向*同*一内容，即各自的表示具有相同的意义时，“真意”才会在法律上起到决定性作用。之后生效的是双方之间互相重合的意图，而不是表达所具有的通常的或字面的含义：**误载无害真意**，Falsa demonstratio non nocet（参见 RGZ 99，147；BGH NJW 1984，721）。 *64*

常常是每一方当事人都对有问题的表述加入了另一种意义，有可能是他们在缔约时就持有不同的观点（但他们没有发现或者期望歧义会被忽略），也有可能是他们之后才有机会去思考表述的“射程”并发现两人的想法不同。针对这些情形，需要根据第 157 条以“照顾交易习惯，以诚实信用所要求的方式”解释合同。诚实信用只要求人们考虑到，每一个指向合同的表示都意味着一个社会沟通行为；由于表意人必然知道另一方对该表示加入了一定意义并基于信任作出了某些安排，因此他必须对自己的表示负责。这一点不仅适用于那些为订立合同而作出的表示，也适用于那些为撤销、通知终止、解除、变更合同内容以及作为生效条件的第三人同意而作出的表示。在所有这些情形中，对表示进行解释并非意在确定表意人“希望”的东西。起决定性作用的是**客观相对人视角**（objektive Empfängerhorizont），即考虑到具体情况，表示对于那些处于与表示相对人同样地位的理性人具有的含义。具体情况包括会影响到表示意义之确定的全部情况。首先，人们会根据一般的语言习惯去理解表述的含义。当然，一个理性的人也会想到，表意人可能对表示加入了不同于通常意义的含义。其次，如果双方当事人都属于同一个交易圈，那么就需要根据该圈的交易习惯去理解表示。具体情况还包括，当事人在磋商的过程中为了说服另一方缔约而提交了说明书或目录。 *65*

在一则教科书式的判决（BGH LM § 133（C）Nr. 17）中，两块相邻土地的所有人签订了合同，被告负有不在与原告土地相对的工厂建筑物的墙壁上安装“窗户”的义务。之后，被告为了采光在墙体上开了洞并贴上了玻璃砖。问题是，他是否安装了“窗户”并由此违反了合同义务？上诉法院认为，应该根据原告通过约定想要达成的目的去解释“窗户”的概念。她不希望邻居透过窗户“窥探”自己的土地，也不希望邻居的噪声传到自己这儿或者往自己的土地扔东西。而当邻居只是在墙体上贴了玻璃砖时，则并不存在上述危险。然而，联邦普通法院不同意这一观点：根据德语语言的一般习惯，只要是通过在墙体上开洞将光线引入室内的都是“窗户”。上诉法院就约定的目的所说的，虽不算错但不全面。原告也可以在未来将自己的建筑物延伸到两块土地的边界。但这种行为违反了建筑法的规定，因为建筑 *66*

物的施工不能阻碍邻居的采光权。而在本案中，邻居贴玻璃砖正是为了采光。参见 BGH LM §133（Fb）Nr. 4：土地买卖合同约定，买受人对作为出卖人的汉堡市负有“在土地上建造住宅”的义务。之后买受人建造了一座房子，房子一层是商店，其余楼层则是公寓。德国联邦普通法院认为，根据德语语言的一般习惯，一个在公寓之外还有商店的房子也被称为“住宅”。但可以想到的是，作为建筑规划开发商的汉堡市可能会在一个更窄的、由规划法得出的并且是在能约束原告的意义上使用了“住宅”这一概念。在 BGHZ 20，345 中，影星 Paul Dahlke 无偿允许被告摄影师把自己的肖像印在摩托车上并且将照片公开，有疑问的是，这一许可是否使被告有权将照片交给摩托车的生产厂家用来制作广告。基于本案中原告作出允许表示时的具体情况，联邦普通法院对上述问题给出了否定回答并支持了原告的诉讼请求。

67　在一些外国民法典中有告诉法官在出现两种可行解释结果时应该优先选择哪一种的解释规则。《民法典》的制定者们也预见到了这样的解释规则，但他们认为给予法官“超越实践逻辑的指导”并不是立法者该管的事情（*Mugdan* I 437；参见 *Kötz* EVR § 7 IV)。事实上，**“模糊规则”**在现实中被证明是有用的。据此，对一个模糊的约定，采用“不利于提供者的解释”（contra proferentem）：因为他本可以明确内容。一方当事人不仅起草了合同条款，并且在合同订立时向另一方提出并进而构成一般交易条款（参见第 305 条第 1 款第 1 句）；该条款有疑义的，作对提供者不利的解释（第 305c 条第 2 款）。对于一个没有提供清楚表述的人来说，理性的结果是他预见到了任意法并且在有疑义时视任意法为合理的，从而获得全部或部分免责。

（二）合同补充解释

68　当事人约定的东西才是他们承诺的。如果约定模糊，那么首先应该解释约定（边码 64 以下）。如果当事人对有疑问的内容完全没有作出约定，即合同出现了漏洞，那该怎么办？一般来说，可以通过任意规则填补这些漏洞。但是，常常不存在可以利用的规则，尤其是立法者可能压根就没有想到某一合同类型，因此也就没有为它准备相应的任意规则。在其他情形中，虽然存在任意规则，但由于当事人恰恰不想利用立法者建议的规则（BGH NJW 1975，1116），或者从现实的利益状况来看他们想要的结果与立法者借助任意法得到的结果不符，因此也就不适合用来填补漏洞。这时候就需要通过“合同补充解释”来填补漏洞。合同补充解释旨在探求当事人的意思，由此得出的结论应优先于任意法（BGHZ 74，370，373 f；参见 *Medicus* AT Rn. 340 ff；Bork AT Rn. 532 ff.；*Larenz/Wolf* § 28 Rn. 99 ff.）。

69　有时是《民法典》第 157 条，有时则是第 242 条证明了合同补充解释的权限。法官在补充解释合同的过程中，“在遇到当事人原本会约定并且根据诚实信用原则和交易习惯会注意到的内容时，必须鉴于合同全部目的查明他们会作出什么样的表示。”

BGHZ 16，71，类似 BGHZ 77，301；BGHZ 84，17。在 BGHZ 16，71 中，两位医生约定交换自己的诊所。因为其中一位医生不喜欢新地方，九个月后他打算回到之前的地方执业；但他的同行担心自己的患者会回到原先他们信任的医生那儿，所以对此并不热心。他向法院请求禁令，禁止被告回到原先的地方执业。无论是合同约定还是任意规则都不支持原告的不作为请求权，尽管如此，德国联邦普通法院还是支持了他的诉讼请求。法院认为可以通过合同补充解释得出返回禁令，并且基于下述理由将该案发回上诉法院重审：在考虑到具体情况和交易习惯的基础上，可以得出有关“地点和时间限制”的返回禁令。 70

上文提起的判决中的返回禁令在功能上与竞业禁止相似。例如合伙协议或公司协议可以约定，合伙人或股东在离开企业后的一段时间内不得从事竞争业务，即不得从事与企业相同的业务。在企业买卖合同中，出卖人往往对买受人负有不得与卖出的公司进行业务竞争的义务。每一个为签订合伙或公司协议或者买受人提供咨询的律师，如果在合同磋商的过程中没有坚持竞业禁止的约定，那么他就是犯了错误。缺少这一约定时，可以事后通过合同补充解释的方式将其纳入合同。 71

RGZ 117，176。同理，如果合伙协议或公司协议中存在开放的问题，并且没有合适的任意法，那么也可以进行补充解释。参见 BGH NJW 1979，1705；BGH NJW 1982，2816；BGHZ 123，281，285；BGH NJW-RR 2005，1619。当事人在国外租了一辆车，约定共同承担费用并轮流驾驶，那么就可以通过补充解释合同得出，每一个人只就自己的过失向其他人负责，并且还应该排除一般过失（gewöhnliche Fahrlässigkeit）（BGH NJW 2009，1482）。如果当事人之前对有疑问的内容作出了约定，但经过时间的推移这些约定不再被视为有效，那么也可以进行合同补充解释。例如，承租人负有在生活费用上涨超过 10%的情况下相应增加支付租金的义务，但由于没有取得市政当局的许可，该“价值担保条款”被认定为无效。这时候就可以通过合同补充解释得出一个相似的条款，当事人已考虑到了这一点，因此不需要获得市政当局的许可。BGH NJW 1967，830；BGHZ 63，132；此外 BGH NJW 1996，3001。如果之前达成的约定涉及一般交易条款，根据《民法典》第 307 条以下被认定为无效，而此时又缺少任意法（参见第 306 条第 2 款），那么可以通过合同补充解释填补这一合同漏洞（BGHZ 60，353，362；BGHZ 90，69，75；BGHZ 120，108，132；BGHZ 137，153，157；此外边码 125、281、487、1016 以下）。 72

（三）基于《民法典》第 242 条的合同补充

如果合同没有完整地规定当事人的义务群（Pflichtenprogramm），那么判例常常会借助第 242 条对合同进行补充；一方当事人“根据诚实信用并照顾交易习惯”后会负有哪些作为或不作为的义务。虽然第 242 条的文义只涵盖当事人“如何”履 73

行义务，而不涉及义务的成立，但人们在很久以前就已经抛弃了这种观点。

74 根据第157条进行的合同补充解释应止于何处，根据第242条进行合同补充应始于何地，这不是一个可以准确回答的问题。这主要是因为这两条规定都涉及“诚实信用”和“交易习惯”。判例也并不在意清楚的界限，而是常常同时援引两条规定，并且认为谈到这两个法律规定是完全多余的。但是，第157条关系到“解释”合同，所以更确切地说，合同补充解释是为具体合同量身定制的，似乎是对约定的义务进行**“量体裁衣式”**（maßgeschneidert）的补充。如果不能通过典型的利益状况**一般地**得知合同当事人是否负有一定的给付或保护义务，那么建议回到第242条（参见 *Schlechtriem/Schmidt-Kessel* AT Rn. 142 ff.）。

75 应当以第242条为依据，补充合同约定的**保护义务**（边码491以下）。保护义务不是为了保证合同约定的给付交换，而是为了确保固有状态：保护义务应该是，在当事人磋商或者履行合同的过程中，保护其已有的权利、权益或者利益不会因为磋商对方或合同相对人的行为而受到损害。因此，保护义务与当事人订立的合同的具体特征无关。缺少关于保护义务的约定，这不能说是一个可以通过补充解释而被填补的合同“漏洞”。这尤其适用于一个在合同磋商阶段就应该注意到的保护义务，而此时合同根本没有成立。

76 与此相反，合同补充解释旨在回答这样的问题：例如出卖人或者承揽人是否或者如何具体地准备、实施或履行以保障主给付为目的的从义务，即包装待发货的商品或工作、挑选合适的运输路线和承运人、发送发货通知、告知承运人需要注意的事项、为规避运输风险而购买保险，等等。租赁合同的典型特征是，出租人负有“将租赁物以对于合于合同的使用为适合的状态交给承租人，并使租赁物在使用租赁期间保持这一状态”的义务（《民法典》第535条）；如果出租的是商铺，那么这里的义务还包括“保护承租人免受竞争的一般义务”。这意味着，出租人不能将房子里的另一个房间交给从事相同业务的另一个承租人使用。然而，他不是必须避免任何有形的、令人不适的竞争，而是“通过权衡具体情况、根据诚实信用并顾及当事人利益确定，确定应在何种程度上避免竞争”（BGHZ 70，79，81；另参见 RGZ 131，274；BGH NJW 1979，1404 和边码729，731）。

（四）法经济学视角下的合同补充

77 针对当缺少合同明确约定时如何完善合同约定的义务群的问题，立法者和判例并没有为实践提供多少支持。究竟是依据有关合同补充解释的规则还是借助第242条解决问题，它们都只说了“诚实信用并照顾交易习惯”，因此两者并没有什么差别。但就一些情形而言，法经济学视角下的具体标准拥有绝对优势。

78 必须提醒人们的是，交易成本很高，以至于当事人没有兴趣订立一个“完备的合同”。因此，用来填补不完备合同之漏洞的方法就是，当事人在不需要支出交易成本的情况下会如何处理相关问题；他们可以无偿使用全部信息，以此来估计其中一方或者双方承担一定的合同风险或义务的利弊。有时，当事人会找到一个对双方都有利的解决方案。例如，围绕一定的合同风险究竟应该由A还是B承担的问题：如果A为规避风险而花费的费用比B少，那么就由A承担。如果提到的风险是不可规避的——例如涉及不可抗力（höhere Gewalt）——或者虽然可以规避风险但为此支出费用是不经济的，而A为对抗风险来临——例如投保——支出的费用少于B，那么也由A承担风险。在这两种情况下，A都可以通过要求B支付更高的价格或者自己支付更低的价格将成本转嫁给B。由于支付更高的价格或者接受更低的价格对B来说好过自己承担风险，因此他也会同意A的做法。

虽然在具体案件中总是缺少那些人们为根据成本计算不同解决方案所需的信 79
息，但可以借助“检测类别”（Prüfungsraster）进行可信的估测。以买卖合同为例，燃油运输的风险大多是客户预定的油量不符合他们的油罐，导致部分燃油漏了出来并造成了损失。如果双方对分配这一风险没有作出约定，那么应该如何补充解释该合同？这时候需要考虑的是，哪一方当事人为规避风险支出的费用更少。这个人无疑是燃油供应商，因为燃油是在他的地盘被灌入油罐的。他为选择合适的、用于测量油箱容量的专业人员并配置整套装备的花费，一定大大少于客户作为非专业人士拒绝信赖油表而支付的费用。因此，通过合同补充解释得知，供应商在罐装过程开始之前就负有交易习惯必要的注意，检查油罐是否能够装下预定的油量，由此填补了合同漏洞。如果供应商疏忽检查并违反了义务，那么他就必须根据第280条第1款的规定赔偿因燃油从油罐溢出来而导致的损失（另参见边码275）。当合同一方当事人通过一般交易条款免除了自己的责任或者将一定的合同风险转嫁给客户，那么就必须根据第307条判断这样的条款是否因为“违反诚实信用原则而不适当地”损害了客户而变得无效；一旦条款无效，之后也适用同样的“检测类别”。这是因为交易成本过高，而客户没有细看并磋商合同条款；如果条款以不利于客户的方式与当事人在磋商阶段达成的内容不一致，那么这样的一般交易条款也是无效的，参见边码273以下。最后，在立法者应该提供任意法作为参考的地方，同样的“检测类别”也极有助益。“完备的合同”概念可参见*Schäfer/Ott*，Lehrbuch des ökonomischen Analyse des Zivilrechts（4. Aufl. 2005）401 ff。

第二章 合同订立

第一节 当事人合意

80 当事人就愿意相互负担给付并允许向对方要求给付达成有拘束力的同意，合同随即成立。一般来说，一方当事人向另一方提出**要约**（Angebot，Antrag）并且另一方**接受**了，就说达成了有关合同的合意。《民法典》第 145 条以下（也包括《联合国货物销售合同公约》第 14 条以下）规定了成立合同的形式，即通过要约和承诺（Annahme）。但在一些情形中，没有人会质疑合同的订立，另外，评估一方或另一方的行为究竟是“要约”还是“承诺”要么不可能要么脱离实际。双方当事人用了很长时间磋商合同，或者他们的律师或公证员准备了合同文本，之后双方同时在文本上签字；这时候就很难说谁作出了要约谁作出了承诺。日常生活中的现金交易，双方的同意常常视具体情况而定：一边是出卖人将香烟放在柜台上，另一边是买受人将钱放在柜台上，到底哪个行为才是要约？又如，双方在磋商过程中先后作出了表示，在发出表示的同时又收到了对方的表示。此时，是否以及何时出现合意的问题离不开另一个问题：一方是否发出要约而另一方承诺，或者另一方拒绝后又作出相反的要约。

81 要约和承诺是**意思表示**的特别形式，受《民法典》第 116 条到第 144 条“提取公因式”的一般规则的调整（参见边码 11、12）。例如，第 130 条规定了意思表示“到达”相对人，第 116 条到第 118 条规定了意思表示无效，第 119 条到第 123 条规定了意思表示因错误、欺诈或胁迫而可撤销。所有这些规则都是意思表示的一般规则，因此也适用于要约和承诺。

第二节 要约

一、《民法典》第 116 条到第 118 条

非出于真意作出的要约，而“真意的欠缺不至于被人误解”，那么这个要约就是无效的（第 118 条）。 82

社员 A 在社员大会上“戏谑地”表示，为了帮助社团度过财务危机，他将提供 10 万欧元的无息贷款。如果 A 认为社团董事把这个表示当成玩笑而没有当真，那么这个要约就是无效的。即使社团董事期盼 A 是认真的，并且也是这么认为的，这个要约仍旧无效。但是在这种情况下，依据第 122 条 A 必须赔偿社团因信赖自己的表示而遭受的损失。如果 A 希望被大会当成救世主，而这个想法应该被理解成是认真的，并且也的确被认为是认真的，那么结果就会有所不同。此时，A 在心里作出了对所表示的并不意欲的保留，这个要约就是有效的（第 116 条第 1 款）。如果相对人知道这项保留，即社团明知 A 没有承担义务的意思，那么该要约无效（第 116 条第 2 款）。 83

其他情况还有**“虚伪行为”**（Scheingeschäft）。如果当事人是为了误导第三人而虚伪地作出了表示，那么这个表示就是无效的（第 117 条第 1 款）。 84

就上文提到的情形，如果社团董事担心令人绝望的经济状况会引起股东会强烈不满而与 A 协商，A“虚伪地”作出要约，而社团董事“虚伪地”表示接受，那么就出现了一个虚伪行为。有关虚伪行为的典型例子是：双方约定了土地买卖合同，实际价格为 100 万欧元，但为了节省费用而“虚假地”写成了 80 万欧元，并以该价格做成了公证书。根据第 117 条第 1 款的规定，这份公证过的合同（合同价款为 80 万欧元）是无效的，而双方当事人之间实际想达成的买卖合同（合同价款为 100 万欧元）也是无效的。对后一个合同适用第 117 条第 2 款和第 125 条、第 311b 条：以 100 万欧元为价款的合同必须经公证认证（边码 168）。 85

二、明确的要约

某个人只是对另一个人说，他在考虑订立合同，或者准备就合同的内容进行磋商，这还不是要约。一个有效的要约必须是“明确的”，即明确地指出了交易的必要之点（essentialia negotii），而通过相对人作出的承诺表示达成了一个包含能够被法院执行的规则的合同。对于买卖合同来说，包含买卖标的物和价格的要约就是 86

"明确的"。一旦对方接受要约，则要么通过强制法或任意法规定，要么通过合同补充解释或援引第242条形成合同的其余部分（边码63以下）。即使交易的必要之点是通过补充解释要约才被确定的，该要约仍旧是"明确的"。例如，一个意在达成买卖合同的要约没有指明价格，但如果处于要约相对人地位的理性人从要约人的行为以及具体情况中可以得知对方要求的价格或者对方准备支付的价格，那么这样的要约依旧是"明确的"。

87 某个人参观画廊并且向老板表示"想买下这幅睡莲"，如果此时画廊里只展出了一幅睡莲画并且标签里写了价格，那么可以确定买卖标的物和价格，而这个要约就是明确的。反之，如果画廊里展出了两幅睡莲画，并且通过解释无法得知要约指的到底是哪一幅画，那么这个要约就是不明确的；此时并未成立合同（参见边码130）。大经销商供应商品但没有提到价格，这时候可以从这一行的惯例或者之前与同一当事人订立的合同中得知，以合同订立时相同规格和质量的产品的市场价来确定供货价（参见《联合国货物销售合同公约》第12条第1款和第55条）。旨在达成承揽或雇佣合同的要约没有提到报酬，这个要约仍旧可以是明确的；参见第612条第2款、第632条第2款和第653条第2款。

三、法效意思（Rechtsbindungswille）

88 合同成立的前提是当事人希望合同有拘束力（参见边码80）。任何一个通过要约和承诺达成的合同，提出者早在要约中就已经表达了，他希望在要约被相对人接受后就受到合同的约束。如果缺少这样一个约束意思，那么就不存在要约，而只是**要约邀请**（invitatio ad offerendum），即一个向相对人发出的、希望由后者提出要约的请求。如果一个表示被认为是"无约束的"或"可随时改变的"，或者以另一种方式明确表达了希望相对人提出要约，那么这个表示就不是要约。如果缺少这些提示，那么就一个处于相对人相同地位的理性人会如何理解表示以及表意人的行为；尤其是，根据具体情况他是否能够认识到，表意人对不立即受合同约束具有值得保护的利益。例如，表示相对人可以了解到，表示不仅仅向他而是同时向很多人作出。如果表意人手上只有有限的商品，那么通过承诺表示达成超过他履行能力的合同对他来说就存在风险。有时候，表意人还有另一种值得保护的利益，即允许他检验对方是否足够真诚或有无足够的支付能力。陈列菜单或价目单、寄送商品清单、在报纸上刊登启事、为异地交易合同做广告宣传（参见第312b条），这些向不特定人群作出的表示都不是要约，而仅仅是要约邀请。

89 出卖人将商品和价格展出在橱窗、货架、展览会、跳蚤市场或者网页上，原则也不不构成出卖人的要约。因为此时存在强有力的理由——买受人也可以认识到的理由——认为，出卖人拥有"最后的话语权"，即应该由他来决定是否通过承诺表示订立合同。例如，如果展出的商品是最后一个并且之前已经被另一个顾客买下了，或者将商品从橱窗中拿出来需要花费特别的费用，或者不想卖给未成年人、之前通过“逐客令”撵走的一个爱发牢骚的人，或者只想将商品卖给商贩而不是消费者，这些情况下都允许出卖人作出否认。

四、要约生效

要约**生效**（wirksam）后，它就具有了法律上的效力。从这个时候开始，要约人就受到了要约的“约束”（参见第 145 条）；从这个时候开始，要约将通过承诺而完满地变成合同。最后，要约生效的时间也决定了它的及时性。例如，业主在招标书中写明，工程公司的要约必须在 5 月 31 日之前到达；这也意味着，要约在 5 月 31 日之前**生效**的，它就是及时的。 90

判断要约生效的时间，只要当事人没有其他约定，就按照《民法典》为**意思表示**生效而设定的一般规则。这些规则——尤其是第 130 条——不仅适用于要约，也适用于那些旨在接受要约或者通过解除、通知终止或撤回而**结束**合同的表示。虽然第 130 条只适用于那些“对他人发出的”因而**“需受领的”**（empfangsbedürftig）意思表示，但在合同法中这一条件必然会被满足；这是因为，合同法只涉及那些表意人向相对人——即那些他希望与之进行磋商或者缔约的人——作出的表示。其次，第 130 条并不适用于那些虽然属于“需受领的”意思表示但相对人与表意人处于同一空间内或者双方正打着电话或正在开视频会议的情况。此时，当相对人收到表示或者表意人当面将记载着表示的文件交给相对人时，该表示随即生效。当表示是通过信件、电报、传真、电子邮件、使者或者电话应答机的方式向相对人作出时，可以用第 130 条来判断这些表示的生效。 91

根据第 130 条的规定，表意人作出表示并且到达相对人时，该表示——正如其他需受领的意思表示——生效。 92

要约随着表意人的意思而向相对人发出，就说**作出了**要约。例如载有要约的信件被投进了邮筒，或者表意人委托了一位使者并让他将邮件带去邮局或交给相对人。如果信件是在不存在表意人意思的情况下向相对人发出的——写信的人还没有完成正式的表述或者还在思考，而他的配偶或者办公室的雇员拿走了载有要约的信件并寄出——那么这个要约还没有被作出因而没有生效，而合同也不会因为相对人接受了要约而成立。但是，如果写信的人认识到了错误寄出信件的风险并且可以采取避免该风险的措施，但他却没有这么做，那么他出于缔约过失而对相对人负有损害赔偿责任，损失指的是相对人将到达的要约视为“已作出”而遭受的损失。 93

根据第 130 条的规定，表意人作出了要约，当要约**“到达”**相对人时生效。到达指的是，相对人**事实上知道了**要约。要约已进入相对人的**控制范围**因而他可以随 94

时了解要约，此时也说该要约已到达。

95 根据这一经验法则，表意人承担要约**根本没有**进入相对人的控制范围或者**比预想来得更迟**的风险。例如，他的**"表示使者"**（Erklärungsbote）——即一个被表意人指定并委托转达表示的人——在半路上弄丢了载有要约的文件，或者交给了错误的相对人，或者不利的天气导致他很晚才将文件投入相对人的邮箱或者**"受领使者"**（Empfangsbote）。只有要约人（而非相对人）有能力判断不同的寄送方式引起的丢失或延迟的风险，而他可以从中选择一种成本低于损失的方式。只要要约进入了相对人的控制范围，经验法则就颠倒了：这时候，要约人可以期待，进入了相对人控制范围的表示会在通常的时间内被相对人了解。这一期间经过后，表示就到达并生效了，而不论相对人是否真的知道或者在这一期间经过后才知道要约。

96 要约于 5 月 10 号周五傍晚被扔进了相对人的信箱，就说要约已进入相对人的控制范围。如果信件被交给了一个"受领使者"，即基于相对人的指示或者出于交易习惯而有权接受表示的人（例如要约相对人雇用的办公人员、与要约相对人居住在一起的家庭成员或者他的邻居），那么要约也已进入相对人的控制范围。即使相对人第二天才去查看自己的信箱或者使者第二天才把信交给他，也不影响要约在 5 月 10 日已到达的事实。与之不同的是，相对人去查看自己的邮箱或者受领使者将信交给要约相对人需要经过一段通常的时间，那么在这段时间经过后要约到达。如果一个要约（或者类似的表示）在 12 月 31 日下午被扔进了相对人的信箱，而作为一个商人的他在除夕的中午就结束了营业，那么该要约在经过一天后——即 1 月 2 日——才到达（BGH NJW 2008，83 以及 *Faust* JuS 2008，651）。如果根据当事人的约定，最迟必须在 12 月 31 日作出要约，那么这个要约就是不及时的，除非除夕是在周六、周日或者国定假期（参见第 193 条）。表示虽然进入了相对人的控制范围，但因为信箱被盗或被爆竹炸毁了或者相对人因住院、监禁、出差或度假而根本没法查看信箱，以至于相对人完全不可能在通常时间内了解该表示，仍旧不影响到达的时间（参见 BAG NJW 1989，606 和 2213；BGH NJW 2004，1320）。这些风险都发生在相对人的控制范围内，由于他可以通过花费比要约人更少的费用来规避或减少风险，例如安装防盗的信箱或者委托一个处理信件收发的代理人，因此应该由他承担相关风险。

97 一个要约（或者其他需受领的表示）收到相对人**应答机**的自动回复或者通过**电报**或**电子邮件**发送给相对人，那么也适用上述规则。如果要约被接受器或电子邮箱存储了，那么该要约就进入相对人的控制范围。如果相对人需要在通常的时间内阅读被存储的表示，那么该表示在期间经过后到达（参见第 312e 条第 1 款第 2 句）。[①] 因此，相对人承担比多于通常时间听取应答机、打印传真或者查阅邮箱的风险。

① 该句已删除。——译者注

只有当表意人为表示而选择的传达方式是相对人根据具体情况可以有所指望的时候，上述规则才有效。邮寄信件的方式总是可以指望的，而只有当相对人在信纸或网页上写了传真号码或电子邮箱地址或者用其他方式告知表意人这些信息时，通过传真或者电子邮件传达表示的方式才是相对人同意的方式。 98

如果要约或者其他表示根本就没有进入相对人的控制范围，那么它也就没有到达。但是，因相对人自己的原因而导致表示没有到达的，而他主张表示没有到达或晚到了，那么他可能被认为滥用了权利。例如，相对人毫无正当理由地拒绝接收信件或者通过其他方式阻止或拖延表示的投递。邮递的信件被打上了“相对人不知缘由地迁居”的附注而被退回，或者相对人明知信件由邮局保存而他故意不去取信，此时该如何处理？根据案件的具体情况相对人有足够的动机指望表意人的表示并且后者无须费心表示能否到达相对人，那么表示视为已到达；不满足这些特别条件，那么就不出现“拟制的到达”。但是表意人可以进行第二次尝试。如果第二次尝试不迟延地成功了，那么根据第 242 条的规定，相对人不能主张表示没有及时到达。 99

参见尤其是 BGHZ 107，205；BGHZ 67，271，275；BGH NJW 1983，929，930；BGH NJW 1996，1997。第 130 条是**任意性的**。因此，当事人就表示的到达约定了比第 130 条规定的更严或更松的条件，这样的约定原则上是有效的。但是，如果这样的约定是以**一般交易条款**的形式达成的，并且这一关于表示到达的条款有利于使用者或者不利于顾客，那么只有在它满足了第 308 条第 6 种情况、第 309 条第 13 种情况、第 207 条规定的要求的情况下，这样的条款才是有效的。银行在一般交易条款中写道，银行将写着客户当前地址的书面表示交给邮局并经过通常的邮递时间后视为到达客户的，这一条款就是无效的。 100

五、要约失效

（一）撤回（Widerruf）

要约的撤回只有先于要约或者与要约同时到达相对人时才是有效的（第 130 条第 1 款第 2 句）。一旦撤回迟于要约到达相对人，它就是无效的；相对人可以接受该要约从而成立合同。第 145 条确认了这一点，要约人受到要约的“约束”。这意味着，只要要约到达了相对人，要约人就不能再有效地撤回该要约。 101

大多数域外法律制度则认为，只要撤回的表示在相对人发出承诺表示之前到达相对人，要约就能被有效撤回（参见 *Kötz* EVR S. 21 ff.，37 ff.）。虽然《联合国货物销售合同公约》第 16 条第 1 款也遵循这一原则（同《欧洲合同法原则》第 2：202 条），但若具体情况表明应当排除撤回要约的，就不适用这一原则；尤其是当要约人为要约的接受确定了期间或者以其他方式表达了要约是不可撤回的（参见 102

《联合国货物销售合同公约》第16条第2款）。

103 但是，根据第145条要约人可以排除要约的约束力。如果他表示要约是“无约束的”或“可随时改变的”，那么就意味着他根据第145条“排除了约束力”，即他保留随时撤回要约的意愿。

104 这些或者类似条款也可能意味着表意人根本没有作出要约，而是向相对人发出了一个要约邀请。究竟作出的是可撤回的要约还是要约邀请取决于人们如何解释这个表示。在BGH NJW 1984，1885中，经营者以“根据我们可支配的进行调整”这样的表达提供飞机租赁，联邦普通法院出于该案的特殊情况认为这是一个可撤回的要约。有疑问的是，撤回的表示是否必须在承诺表示到达之前作出，还是说不迟延地作出即可。联邦普通法院不需要回答这一问题，因为在承诺表示到达要约人之后他有过错地迟延作出了撤回表示，因此要约没有因撤回而失效，而是通过承诺达成了合同。

（二）拒绝要约、承诺期间经过

105 根据第146条的规定，如果相对人向要约人表示**拒绝**要约或者没有**及时地**承诺，那么要约失效。要约人可以指定期间（第148条），其他情况则根据第147条第2款确定期间的长短。如果承诺的表示迟到了，那么合同不成立，而该承诺被视为新要约（第150条第1款）。

106 例如，二手车经销商在周二给他的客户寄了一封信，信中表示他将提供一款汽车而该要约的有效期为两周；如果该信于周三到达客户，那么就必须通过解释明确该期间到底是从周二还是从周三开始起算。由于经销商对客户能够准确计算期间享有利益，因此通常从周二开始起算（《联合国国际货物销售合同公约》第20条第1款中的）。有疑问时，根据第186条以下计算期间。在上问提到的情形中，周二不计入期间内（第187条第1款），而是从周三0点开始起算。根据第188条第2款，期间结束于与事件或时点所在当日相应之日的日末终了，即经销商发出要约的那个周二之后的两周的24点。至于承诺表示只需在这个时间作出还是必须在这个时间到达，必须另作解释；出于上文提及的原因应该作出有利于经销商的决定，即承诺表示必须在此之前到达。如果期间的最后一天是周六、周日或法定节假日，那么根据第193条的规定，有疑问时是接下去的工作日的24点。

107 要约人没有指定期间的，向**在场者**发出的要约，只能**立即**予以承诺（第147条第1款）。向**不在场者**发出的要约，即通过信件、传真或电子邮件作出的表示，只能在要约人通常情况下可期待收到答复时为止，予以承诺（第147条第2款）。期间的长短取决于利益权衡，而要约人通常希望一个**较短的**期间。这是因为，例如要约人以某一价格出卖商品，他在该期间内承担商品的市场价格上升的风险或者第三人出价更高而他却因没有相同种类质量的商品而不能接单的风险。相反，要约相对人通常希望一个**较长的**期间，因为他可以深思熟虑并利用市场行情的变化，他有更多的时间去决定接受或拒绝要约。其次，期间的长短也取决于要约和承诺表示在途花费的通常时间。再次还得考虑合理的思考时间。当接受要约关系到购买公寓时，那么期间就可以是 4 周；如果提供的商品或者服务的价格波动剧烈，而更长的思考时间意味着相对人有机会实施不利于要约人的投机行为，那么期间可能只有几天甚至短至几小时。最后，必须将承诺表示的传达时间也计算在内（参见 BGH NJW 2010，2873 Tz 11 f.）。

当事人磋商合同，他们可以自由决定要约人在作出要约后应受一定期间的约束。但是，如果通过一般交易条款达成了这样的约定，那么就必须适用特殊规则。例如，经营者向顾客发出了要约邀请，并且在订购确认单上加入了顾客在一定期间内受到要约约束的一般交易条款；如果这个约束期间是“不合理的长”（或者“不足够确定的”），那么依据第 308 条第 1 种情况该条款就是无效的（边码 561）。家具经销商向顾客发出了关于可供出售的家具的要约邀请，此时联邦普通法院认为三周的期间是“不合理的长”（BGHZ 145，139）。当涉及购买汽车的要约时，四周的期间则是“不合理的长”（BGHZ 109，359），除非出卖人已经将汽车安置妥当（OLG Frankfurt NJW-RR 1998，566）。当约定的期间是“不合理的长”时，则根据第 147 条第 2 款确定期间长短（参见第 306 条第 2 款；边码 280 以下）。 108

（三）要约人死亡或丧失行为能力

要约人在作出要约后死亡的，该要约仍旧可以到达相对人并生效（第 130 条第 2 款）。与之不同的一个问题是，要约相对人接受要约并对要约人的继承人或者法定代理人作出承诺的，能否成立合同。第 153 条对此做了肯定回答，除非要约人“另有意思”。“另有意思”尤其指要约人的要约涉及取得买卖标的物或者提供给付，而该物或给付只能由他个人提供。上述规则也适用于要约人在作出要约后丧失行为能力的情形。 109

第三节　承诺

一、承诺表示

要约被接受后——即通过向要约人发出承诺表示——合同成立。承诺表示指的是，承诺人在他的表示中明确表达了自己将受到合同的约束，而合同的内容与要约的条件重合。如果表示仅仅是确认收到了要约，或者虽然接受要约但对此做了“扩张、限制或者其他改变”，那么就不是承诺表示（参见第 150 条第 2 款）。 110

111 正如要约或其他任何需受领的意思表示，当且仅当承诺表示**到达**要约人时生效（第130条，边码94以下）。到达的时间决定了承诺表示是否摧毁了一个可承诺的要约或者要约因第146条的规定而消灭。例如，承诺表示于周五到达，而要约人指定的和根据第147条第2款规定情形得出的期间是周四或者更早的时候，那么要约在承诺到达之前就已经消灭了。但是，迟到的承诺表示并非全然无效，而是根据第150条第1款的规定该表示是新要约，对方可以决定是否接受。

112 承诺表示虽然迟到了，但它是被及时作出的并且“在通常的运送情形下”本可以在期间内到达要约人，此时适用第149条：如果要约人应当认识到承诺表示是因不通常的运送过程的迟延而迟到了，那么他必须毫不迟延地——即没有过错的迟延（第121条第1款）——将承诺表示迟到一事告知对方，否则承诺表示视为及时到达而合同成立。《联合国国际货物销售合同公约》第21条亦然。

二、通过可推断的行为（schlüssiges Verhalten）的承诺

113 不一定必须通过特别的承诺表示来接受要约，要约相对人也可以通过其他方式明确表达出接受要约的意思。合同可以通过可推断的行为而成立。

114 参见BGH NJW 2010，2873 Tz. 18。人们常说，要约相对人通过“默示的意思表示”表达了接受要约的意思。这一表述容易引起误解，应该避免使用。单纯的默示——即什么都没做——一般来说并没有法律上的意义（参见边码119、120）。取而代之应该是“可推知的”或者“可推断的行为”，即要约相对人的行为是规范推论所允许的并且表明他希望接受要约。

115 要约人通常期望承诺表示能够到达，这样一来，他就可以得知合同是否以及何时成立。但有些时候，要约人表示放弃有关特别承诺表示的要求的，他就不会在意此事。根据第151条的规定，如果要约人明确表示或者默示放弃此种要求，或者表示“根据交易习惯是不可期待的”，那么就无须对要约人表示承诺。虽然第151条所言的情形不需要特别的承诺表示，但仍需以一定的“可推断的行为”表明要约相对人有接受要约的意思，即从客观第三人的角度来看，行为表明他希望接受要约。

116 如果可推知的承诺意思是在要约失效后才作出的，那么合同当然不成立。根据第151条第2句而不是第147条第2款确定要约是否因期间经过而失效，即根据要约规定的期间和类似情况。

117 可推断的行为常指要约相对人开始履行合同。例如，某人根据商品目录在邮购商那里书面订购了商品并作出了要约，邮购商并未做任何表示而是直接发货。又如，出卖人为了备好被订购的商品，与第三人达成了补偿交易，或者将顾客寄给他的、填有与商品价格相同金额的支票交给银行兑换。如果订立合同将给要约人带来明显损失，那么通过可推断的行为的承诺就必须满足特别严格的条件。例如，在一

个债务免除的案件中，债务人对债权人负有 1 000 欧元的债务，债务人寄给了债权人一张超过 100 欧元——或者只超过 10 欧元——的支票，并且明确表示支票送达就意味着免除剩余债务的承诺（参见 BGH NJW-RR 1986，415；BGHZ 111，97，101 ff.；BGH NJW 2001，2324）。与之相反，如果订立合同将为作出要约的一方带来利益，那么就必须慷慨地看待这个问题。例如，阿姨想替自己的外甥还债，于是她给债权人寄去了一张签了字的保证表示；只要债权人之前曾要求提供保证，那么收到书面文件就意味着订立保证合同。

参见 BGH NJW 1997，2233；BGH NJW 2000，276；BGH NJW 2004，287。 118
律师将书商寄给他的专业书放进自己的图书馆或者盖上律所的印章，这就是一个可推断的行为。但如果书商寄给他的不是一本专业书而是一本烹饪书或旅行指南或其他与实施“自由职业行为”无关的书籍，那么就不能适用上面提到的规则。因为律师是第 13 条意义上的“消费者”，所以此时适用第 241a 条。这一条款不幸被放置在第 241 条和第 242 条之间，它并不是立法技术的杰作。该条款只是说，仅仅“供应未订购的商品”（或者提供未订购的商品）并不能成立供应商对被供应者的请求权。而当供应商不是经营者并且被供应者也不是消费者时，同样适用这一规则。因此这一规定必然有与其原文不同的其他含义。只有当消费者支付了要求的价格或者明确作出了承诺表示时，才会成立以未订购的商品或服务为内容的合同；他通过其他方式作出了承诺意思，即通过“可推断的行为”，则合同不成立。欠缺这一条件的，则不仅排除合同请求权，还同时排除法定请求权，例如被供应者损坏、利用该商品或者将商品转让、赠送给第三人而引起的请求权（参见例如 MK-*Finkenauer* § 241a Rn. 7 ff.）。

三、通过沉默的承诺

沉默者未作出表示。原则上，沉默并不是一个能从中推断出沉默者一定意思的 119
行为。受领人对到达的要约没有作出任何反应，即使要约人在他的要约中单方表示相对人三周内不拒绝即视为承诺，此时合同也不成立。然而，该原则存在例外。有时在法律规定中可以找到例外。例如，根据《商法典》第 362 条的规定，商人——例如运输企业——的营业行为是为他人处理事务，他必须不迟延地答复以订立合同为目的而作出的要约。如果他不这么做，那么他的沉默被视为接受要约，当然前提是，他与要约人之前就有“交易联系”。基于这样一种已经存在的交易关系或合同关系，一方的沉默被视为接受对方的要约。判例认为，如果双方已进入磋商阶段并且已就全部的实质内容达成合意，而一方基于磋商的结果向另一方作出要约，那么对方的沉默被视为接受要约。

参见 BGH NJW 1995，1281；BGH NJW 1996，919；BGHZ 1，353。出卖人 120

自己规定了，如果迟延四周以上的，他可以要求比原先约定的更高的价格。四周后他果真要求更高的价格，而买受人对此毫无反应。联邦普通法院认为，买受人的沉默意味着接受出卖人提出的新要约，因为基于已知情况和“诚实信用原则要约相对人的异议是必要的”。迟到或更改了的承诺表示因第150条的规定被视为新要约，对这一要约的沉默有时也被视为承诺（参见边码122、124）。对**商业确认函**的沉默也被视为承诺：双方就合同进行了磋商，并且要么已订立了合同要么认为订立合同的时机已经成熟，这时候一方常常会给另一方发一封“确认函”，其内容涵盖了磋商的全部要点。在这种情况下，如果另一方认为函件并没有准确地记录双方约定的内容或者压根还不想订立合同，那么他必须不迟延地提出异议。一旦他沉默了，那么他之后可能就不能再主张抗辩。当然，双方当事人都必须是商人，因为商人都是冷静的、精于计算的人（BGHZ 11，1，3；BGHZ 40，42，44）。如果发出确认函的一方故意写错了约定的内容并且对相对人不仔细阅读函件抱着侥幸心理，那么就不适用上述规则。因为很难窥探人们的内心并且相对人很难证明发出确认函的人存在故意，所以判例规定了其他例外：如果确认函的内容显著不同于双方之前约定的内容，那么发出确认函的人就不能期待相对人会对此表示同意，此时沉默将不被视为接受要约。

四、迟到的承诺

121 如果承诺迟到了，那么一般来说合同不成立。这尤其是指，要约失效后承诺表示才到达，而要约失效可能是要约人有效撤回了要约（边码101以下）或者另一方之前已经拒绝了要约（边码105），也可能是因为已经过了要约人指定的期间（第148条）或者根据具体情况确定的期间（第147条第2款）。然而，迟到的承诺也可以例外地导致合同成立。相对人及时作出了承诺表示，但因为不通常的运输而延迟到达了，此时适用第149条（边码112）。如果承诺出于其他原因迟到了，而要约人视迟到的承诺是及时的并且通过相应的表示或者可推断的行为——例如发货——向对方明确表达了这个意思，那么合同仍旧成立。第150条第1款规定了这一情况：迟到的承诺被视为“新要约”，并且适用有关要约的一般规则（边码107以下）。

122 如果要约人对“新”要约**无动于衷**，那么合同还成立吗？承诺表示虽然迟到了，但要约人必然知道相对人及时作出了要约，那么他的沉默被视为承诺（参见第149条；边码112）。但如果承诺表示迟延作出，那么原则上可以被视为无效，并且相对人没有义务提醒另一方表示迟到且合同并未成立。但是，如果相对人必然能够推知另一方已经及时作出了承诺表示并且根据情况他本可以及时作出，那么结论就会有所不同。此时就允许认为相对人应该有少许耐心，他可以通过简短的书面或者电话提示将事情弄清楚。参见RGZ 103，11，13；BGH NJW 1951，313；BGH

NJW 1986，1807。在刚刚提到的那种情况下，某人向银行申请贷款并得到了银行给的一张申请表。根据申请表记载的一般交易条款，银行在收到贷款申请后有 6 周的承诺期间。银行在收到贷款申请的 4 周后表示承诺，客户对此沉默。由于银行遵守了 6 周的期限，因此银行的承诺本应是及时的，但根据联邦普通法院的观点，这一期限违反了第 308 条第 1 项（参见边码 561）。此时应根据第 306 条第 2 款适用第 147 条第 2 款的承诺期间。联邦普通法院委托上诉法院审查这一期间是否应该被遵守，同时提示上诉法院注意：一是如果银行错过了这个期间，那么它作出的（迟到的）承诺表示能否依第 150 条第 1 款被视为“新要约”。二是如果客户之后对此没有明确表示，那么依据诚实信用，他的沉默能否被视为可推知的承诺。（a. a. O. S. 1809；另参见 *Flume AT*. S. 651 *ff*.；*Faust AT*. S. 55 *f*.）

五、更改的承诺

承诺对要约表达了毫无保留的同意，合同才会成立。如果承诺增加、限制或补充了要约的内容，那么合同不成立。这样一个“更改的”承诺被第 150 条第 2 款视为**“新”要约**，或者**“反要约”**；它的内容则取决于解释。某人向对方以一定价格提供 50 箱菊苣沙拉，对方表示自己想买 80 箱，那么他究竟是接受了 50 箱沙拉的要约的同时作出了购买 30 箱沙拉的要约，还是拒绝了 50 箱沙拉的要约而作出了购买 80 箱沙拉的要约。这一表示也有可能意味着，对方虽然作出了一个反要约，但并没有拒绝原先的要约；也就是说，反要约被拒绝时他仍旧可以接受原先的要约。 123

反要约被接受了，合同才成立。此时，仍会出现关于单纯的沉默在满足哪些条件的情况下会构成承诺的问题。某人订购商品并作出了购买商品的要约，出卖人虽然接受了该要约，但在“订单确认”中单方指出合同包含由他拟定的一般交易条款。根据第 150 条第 2 款，出卖人作出了反要约，买受人的沉默不意味着他接受该要约（参见边码 122）。如果他不是单纯地沉默，而是开始履行合同，即无异议地接受了寄给她的商品，只要满足了第 151 条规定的前提，那么这一可推断的行为将构成对反要约的承诺。同样需要判断的情况还有，买受人在被指示了一般交易条款的情况下接受了出卖人的要约，而出卖人没有因适用买受人拟定的一般交易条款而获利，并且出卖人安排运输工作，即将写着买受人地址的商品交给了物流商。如果双方当事人都是商人或者根据具体情况可知他们像商人那样交易，那么就适用这些规则；如果要约人在要约中通过所谓的“防御条款”谨慎地指出，自己无论如何不会接受另一方拟定的一般交易条款，那么就不适用这些规则。 124

如果**双方当事人**坚持自己拟定的一般交易条款具有决定性作用，并且无视双方的歧异而开始履行合同，这时候就会很难决断。根据至今提到的规则，必然有一方当事人“开了最后一枪”，即在履行合同之前最后指出了由他拟定的一般交易条款。 125

这虽然是一个符合事实的解决方案，但是人们却不以为然，毕竟谁“开最后一枪”只是偶然现象。因此联邦普通法院认为，此时合同成立，只是那些互相冲突的一般交易条款不构成合同的组成部分；而由此出现的漏洞，则通过任意法和合同补充解释予以填补。（参见 BGHZ 18，212；BHGZ 61，282，287 ff；BGH NJW 1985，1838；BGH NJW 1995，1671。相同的是《欧洲合同法原则》第 2：209 条，不同的是《联合国国际货物销售合同公约》第 19 条第 1 款；参见 *Schlechtriem*，Internationales UN-Kaufrecht（4. Aufl. 2007）Rn. 92）。

第四节 不合意

126 当事人就核心内容（“必要之点”）达成了一致，则合同成立。对于买卖合同来说，只要求当事人就买卖标的物和价格达成了一致；如果通过对表示进行解释可知，送交何种买卖标的物以及支付多少价格，那么这就足够了（边码 86）。对于当事人本可以达成一致但未达成一致的其他问题，有强制法时适用强制法，没有强制法时则适用任意法；当缺少上述规则或者上述规则不合适时，则通过补充的合同解释或者援引第 242 条予以查明。有时候，当事人虽订立了合同但并未就某一点达成一致（不合意），此时合同是否成立？围绕是否出现合同约束的问题，虽然当事人的意思最终将起决定性作用，但至少第 154 条和第 155 条为人们准备了两项辅助规则。

一、公开的不合意

127 “公开的不合意”指的是，当事人虽然订立了合同，但他们故意搁置了一个“哪怕仅根据一方的表示本应达成合意”的内容。根据第 154 条第 1 款第 1 句的规定，此时“合同未被订立”。但这一规则只适用于“存疑时”。当事人虽然认为需要调整某一内容，但仍旧可以在没有作出调整的情况下订立合同并且愿意受到合同的约束，此时合同成立。例如，双方磋商一个租赁合同，虽然他们并未就租金高低达成一致，但出租人将房屋交给承租人使用并且承租人也已搬进新居。此时可以如此理解当事人的意思，即租赁合同虽已成立但允许双方之后再行协商；如果协商不成，则根据第 315 条以下，由出租人或者在紧急情况下由法官“根据公平裁量”予以确定（参见 BGHZ 41，271，275；BGH NJW 1983，1727）。这种情况还包括：双方当事人在他们的表示中都坚持适用自己拟定的一般交易条款，但他们无视这一不合意而是开始实际履行合同；由此明确表示出，对他们来说，合同本身比适用哪一方拟定的一般交易条款更重要（参见边码 125）。

二、隐藏的不合意

“隐藏的不合意”指的是，当事人订立了合同但他们没有发现，双方“事实上”就某一点根本没有达成合意。有时候，他们可能忘记或者忽略了一个有问题的点。此时如果可以认定，纵然没有关于此点的合意，当事人仍旧愿意受合同的约束，那么“所做的约定有效”（第 155 条）。之后则以一般规则填补合同漏洞（边码 68 以下）。 128

也有可能当事人相信双方已达成了合意，但其实由于他们对有问题的点所做的表示即使经过解释仍存在**多种含义**，因此“事实上”没有达成合意。当然，这种情况很罕见并且只会出现在教科书里。 129

例如，双方约定用“Dollars”支付价款，德国的出卖人认为是美元，买受人则认为是澳元，而通过对表示进行解释得出的结论既可以是用美元也可以是用澳元支付价款。例如，买受人是澳大利亚人，他的通常居住地在悉尼，而他本该用一家澳大利亚的银行签发的支票支付价款，此时约定的就是澳元。认为是美元的出卖人就必须思考，自己是否可以根据第 119 条以下基于错误而撤销合同。在 RGZ 104, 265 中，双方互相发出的电报是如此的相似，以至于从文本中无法推知谁才是酒石酸的买受人谁又是酒石酸的出卖人。帝国法院认为，合同因不合意而不成立；但这是不正确的。在交换电报之前原告就已将价格目录发给被告，因此理应理解为，被告为了向原告**购买**商品而发出电报；原告也应如此理解被告发来的电报。如果事实上的确存在不合意（正如边码 87 中的案件），只要不合意涉及必要之点——例如买卖标的物的同一性或者价款的高低，那么合同不成立。除此之外合同成立，并且根据一般规则填补那些因不合意而形成的漏洞（边码 64 以下）。 130

第三章 行为能力

第一节 总论

131 只有当某人具有法律规定的最低程度的理解力和判断力因而被认为“有行为能力”时，他才可以通过合同而使自己负有义务。因此，有关儿童、青少年或者不能负责的成年人在满足何种条件的情况下有行为能力的规则是必要的，他们进而可以有效地参与交易，尤其是订立合同。

132 某人年满 18 周岁就是**成年了**（volljährig），他有行为能力（第 2 条）。但如果成年人患有精神疾病，即他处于不能自由决定意思的精神错乱的状态，那么他就是无行为能力的（第 104 条第 2 款）。另外，有完全行为能力的人在丧失知觉或暂时的精神错乱的状态下作出了意思表示，这个表示也是无效的（第 105 条第 2 款；边码 139）。

133 难以决断的问题是，在满足何种条件的情况下**青少年**（Jugendlicher）可以从事法律上有效的行为。总是有这么一些人，他们虽未成年但已具有了和成年人一样的判断力和理解力。尽管如此，《民法典》还是规定了**呆板的年龄界限**。未满 7 周岁的儿童无行为能力（第 104 条第 1 项），而青少年人满 18 周岁时具有完全行为能力。至于处于两个时间点中间的 11 周岁的未成年人，则是**“限制行为能力”**（beschränkt geschäftsfähig）（第 106 条）；但这并不意味着，在个案中根据个人心智的发展可以认定他可是一个成熟的人。而根据第 107 条到第 113 条的规定，作为限制行为能力的青少年可以单独从事*某些交易*；反之，他不能有效地从事其他交易，即便他有时具有必要的判断能力因而原本不需要受到法律的保护。

134 保护交易的想法支持着呆板的年龄限制：青少年的交易伙伴必须能够借助简单的工具就知道交易是否有效，或者必须满足其他条件；而简单的工具就是提交记载有出生日期的身份证。如果交易伙伴毫无过错地认为青少年已成年，那么这一工具还是没办法保护他。如果对方是成年人，而交易伙伴没能看出来他因患有精神疾病而丧失了行为能力，那么结果也是一样的。但是，在下列情形中保护交易的想法会败下阵来：某人错误地认为未成年人已成年或者成年人有行为能力而与之交易，并且根据具体情况也允许他这么认为，他也必须承担因此遭受的损失。合同没有成立因而没有违反合同，所以他不能要求损害赔偿；另外，他也几乎不能基于侵权行为要求损害赔偿（第 826 条），除非无行为能力或限制行为能力人具有侵权能力（第 827 条、第 828 条）并且他们用非常狡猾的伪装方式欺骗对方认定自己有行为能力。

第二节 无行为能力

无行为能力人不能有效地参与交易。他作出的意思表示无效。无论是他还是对方作出了要约，他订立的合同都不成立。在第一种情况下，无行为能力人作出的要约根据第 105 条第 1 款的规定而无效；在第二种情况下，向他作出的要约根据第 131 条第 1 款的规定而不能到达，因而也是无效的。无行为能力人不能通过自己的行为参与交易，而是必须通过他的**法定代理人**。未满 7 周岁的无行为能力人的法定代理人是他的**父母**（第 1626 条以下、第 1629 条）；如果他没有父母，或者父母没有或者被剥夺了监护权，那么由家事法院为其指定**监护人**（Vormund）（参见第 1773 条以下、第 1793 条）。因精神疾病或者其他原因而丧失行为能力的成年人，由家事法院为其指定一个**照管人**（Betreuer）（参见第 1896 条以下、第 1902 条）。某些尤其重要、结果重大的交易——例如出卖和转让一块属于无行为能力人的土地——需要法定代理人获得**法院的批准**（gerichtliche Genehmigung）（参见第 1821 条、第 1822 条、第 1643 条第 1 款和第 1908i 条第 1 款）。 135

无行为能力人**有权利能力**（rechtsfähig），他能够负担义务、享有权利。他的法定代理人可以以他的名义行为并由他负担义务、取得权利，他也可以通过继承取得权利、负担义务。通过死因处分（通常来说是通过遗嘱）或者法定继承而成为继承人的人，即使他在继承开始时还是婴儿或者尚未出生但已被孕育为胎儿的，他仍可以成为属于遗产的出租土地的所有人和出租人（第 1 条、第 1923 条第 2 款）。若是想要变更或终止租赁合同，承租人和作为出租人的婴儿——通过作为法定代理人的父母——就必须为此订立合同。这个婴儿也是以将土地卖给第三人以及转让土地所有权为内容的合同的当事人。但是，通过他父母订立的这类合同需要获得家事法院的批准（第 1643 条第 1 款、第 1821 条第 1 款第 1 项和第 4 项）。例如，如果家事法院查明，孩子的父母对第三人负有金钱债务并且希望通过将土地以友情价转让给第 136

三人的方式完全或部分清偿债务的，家事法院会拒绝批准。如果孩子的父母希望**自己**取得土地，那么就会出现利益冲突的风险（参见边码448、459）。

137 成年的无行为能力人也可以例外地订立有效的合同。根据第105a条的规定（2002年8月1日生效），当成年的无行为能力人从事“用金额不高的资金来履行”日常生活交易并且双方已经履行完毕给付和对待给付时，合同视为有效。一个住在养老院里、患有阿尔兹海默症的人买了一支牙膏，只要他已经付钱了，那么日用商品店的老板就不能要求他返还这支牙膏。当然，横竖日用商品店的老板也不会有这种念头。人们不禁要问，立法者是否没有其他更要紧的事情去做，而只是制定一些没有什么现实意义的规定并由此引起一堆法教义学上的疑问。参见例如 *Casper* NJW 2002，3425；*Heim* JuS 2003，141；*Lipp* FamRZ 2003，721；*Kohler* JZ 2004，348。

138 判例认为，某人有可能是**“部分无行为能力”**（partiell geschäftsunfähig），即他不能作出与*某些特定事务有关*的表示（参见 BGHZ 143，122；BGH NJW-RR 2002，1424）。如果一个丈夫的嫉妒达到了病理学程度，那么他就不能委托一个私家侦探去调查自己的妻子或者从珠宝商那里购买珍珠项链作为礼物；对于这些以激励妻子忠诚为目的的合同来说，他是无行为能力的。反之则不能说，由于某人在上文提到的交易的具体案件没有正确估计法律后果，因此是**“相对无行为能力的”**（relative geschäftsunfähig）。一个硬朗的老妇，生活完全自理，为了增加自己的储蓄而购买了风险极高的有价证券，那么她与银行之间签订的这个合同就可能因第138条的规定而无效或者因第123条的规定而可撤销。但是，不能因为她无法正确判断交易的经济效果，就根据第104条第1项和第105条第1款的规定认定合同无效。尤其是人们不可能责备老妇的亲戚，没有及时在家事法院提出要求指定**照管人**（参见第1896条、第1903条）。持有不同观点的人（例如 *Leipold* AT S. 125），不得不面对以下反驳：所有合同的效力会因为对合同一方当事人精神上的过高要求而存疑，这会导致严重的法律不确定性。

139 如果某人喝醉了或者由于其他原因而处于“无知觉或者**暂时的精神错乱**的状态”，那么他作出的意思表示也是无效的。这不是因为他在醉酒时是无行为能力的，而是由第105条第2款直接规定的。醉酒时某人仍旧有行为能力，因此，扔进他信箱的书面表示根据第131条第1款[①]的规定已经到达了。

第三节　限制行为能力

一、原则

140 满7周岁但未成年的人是**限制行为能力人**。这意味着，他可以有效地从事某些

① 原文如此，应为作者笔误，正确条文应该是“第130条第1款”。——译者注

交易，但其他交易则不行。就哪些交易有效而哪些交易无效的问题，立法者态度不一。一些外国法律制度——例如英国法——认为，对未成年人**有利的**（nützlich）合同视为有效。有利的指的是，一方面，未成年人在合同中承诺的给付符合一种从他的年龄和个人发展来看都合理的需求；另一方面，未成年人的对待给付从他的收入关系和生活方式来看也是合适的。德国法、奥地利法和瑞士法的规定则有所不同：合同的效力原则上取决于未成年人的**父母**（或者其他法定代理人）是否**已经同意了**合同，合同订立之前是通过“允许”，合同订立之后则是通过“追认”。虽然父母在作出决定的时候，会考虑交易对未成年人来说是否是有利的，但人们不能就此认定，如果父母不同意就允许青少年单独作出决定。有时候很难判断合同对未成年人来说是否是“有利的”，德国法正确地将决定的权利交给了父母，由此来避免困境。但是，这样做有它的代价。一方面，它重在限制青少年的行为能力，至于是否符合他的利益则反而不那么重要了。另一方面，只要父母尚不知晓合同订立以及尚未作出判断，人们就必须忍受合同效力的不确定。

二、允许

根据第 107 条的规定，未成年人的意思表示原则上必须得到父母或其他法定代 141
理人的同意。这一规则首先适用于那些会引起**合同**成立的意思表示，即向另一方作出要约或者接受另一方的要约。另外，第 107 条同样适用于那些会单独地引起法律后果的意思表示，即“**单方意思表示**”（边码 11）。

通常情况下，**父母**根据第 1629 条的规定享有照顾未成年子女的权利，并进而 142
根据第 1629 条的规定享有法定代理权。由于父母作为“共同代理人”而“共同地”代理自己的孩子，因此原则上也必须由父母双方共同作出第 107 条要求的允许表示。但很少会说，仅母亲或父亲一方的允许意味着缺少有效的允许。这是因为，不仅在有迟延危险的情形中父母一方的允许已经足够了（第 1629 条第 1 款第 4 句），并且主要是根据具体情况可知父母一方已经授权另一方，当未成年人从事日常生活交易时替自己作出允许（边码 414）。

（一）法律上纯获利益的行为

未成年人因纯获法律上利益的意思表示不需要父母的允许（第 107 条）。 143

1. 债法上的合同。债法上的合同在没有取得父母允许的情况下原则上不生效。 144
未成年人向另一方作出订立此类合同的要约，由于合同成立意味着他将负有义务并在违反合同时引起责任，因此这个表示在法律上并不是纯获利益的，在没有取得父母允许的情况下不生效。另一方向未成年人作出要约，要约可以**到达**未成年人并进而生效（参见第 131 条第 2 款第 2 句）。这是因为，要约的到达给未成年人提供了一个机会，在父母允许的情况下通过承诺表示使合同成立；在这个意义上，要约对未成年人来说是纯获利益的。但是，因为合同成立会给未成年人带来不利，所以他不能自己接受这个要约。

145 至于合同对未成年人来说是否在**经济上有利**则无关紧要。即使未成年人明显低于客观价值买到了某物或者明显高于客观价值卖出了某物，该买卖合同在没有获得父母允许的情况下仍旧不生效。另外，另一方负有允许未成年人无偿使用某物或者无偿为未成年人照料事务的义务，这类合同在没有获得父母允许的情况下也是无效的。虽然在这些情况下未成年人不负有提供对待给付的义务，但他们有义务根据第604条的规定向对方返还借用物，或者根据第670条的规定支付为执行委托而支出的费用。此外，订立一个对他来说非常实惠的**使用借贷合同**（Leihvertrag）或者以**委托**（Auftrag）为目的的意思表示对未成年人来说也不是纯获利益的，在没有获得父母允许的情况下是无效的。当合同涉及赠与时，即通过合同约定了未成年人可以从对方当事人那里当场（通过"即时赠与"）或者将来（通过"赠与允诺"，参见第516条、第518条）无偿取得某物时，这些债法上的合同是有效的。

146 有疑问的是，《民法典》是否通过将虽没有获得父母允许但对未成年人来说获利丰厚的合同视为无效，由此走到了保护青少年的对立面？虽然人们可以以父母可以事后追认该合同（第108条第1款，边码158以下）来反驳，但这并不是一个令人满意的回答。毕竟，只要父母不知道这个交易，他们就不可能表示追认并且该表示也不会到达，那么合同相对人就可以随时通过单方撤回使交易失效。只要他在达成交易的时候不知道对方是未成年人，他就可以撤回（参见第109条，边码161）。为什么仅仅因为某人足够幸运，碰上的合同相对人是未成年人，他就可以在发现交易对自己不利后从合同中脱身？其他法律制度认为未成年人的合同原则上有效，并且只允许未成年人而不是合同相对人主张合同无效，以此来避免荒谬的结果（参见*Kötz* EVR S. 152 f.，157）。

147 2. 物权合同。根据分离原则和无因性原则，债法上的合同和**物权合同**不仅是两个不同的合同，而且必须分别检查是否是纯获利益的合同并在没有获得父母允许的情况下生效。未成年人将买卖标的物交给买受人或者从出卖人那里获得了购买的东西，接下来的问题——与买卖合同的效力无关——就是，双方是否订立了有效的物权合同，即根据第929条的规定就转让买卖标的物的所有权给取得人达成了合意；未成年人是买受人时，他是取得人，未成年人是出卖人时，对方是取得人。如果卖出的不是动产，而是土地或者债权或者其他权利，也存在同样的问题。第一种情况下的物权合同被称为**不动产所有权转移合意**（第873条、第925条），第二种情况则被称为**债权让与**（Abtretung）（第398条、第413条）。

148 未成年人没有获得父母允许而**让与**（veräußern）某物，尤其将该物的所有权转让给取得人，这样的物权合同是无效的。这是因为，这样的合同导致未成年人丧失了所有权，因而不是法律上纯获利益的。未成年人卖掉了自己的摩托车并且送交给买受人，他仍旧是所有权人，可以根据第 985 条要求返还摩托车。未成年人购买了摩托车并支付了价款，那么他仍旧是这些钞票的所有权人。但一般来说，他保留钞票所有权的时间很短。只要出卖人将这些钞票放进自己的钱柜并且和其他钞票混在一起了，那么根据第 947 条和第 948 条的规定未成年人就丧失了所有权；出卖人用这些钞票来偿还债务或存进银行账号，根据第 932 条的规定债权人或银行成为所有权人而未成年人丧失所有权。在这两种情形中，只要买卖合同无效，则未成年人仅保留由第 812 条规定的、对出卖人的价款返还请求权。

有争议的是，如果未成年人向取得人转让的是不属于自己的物的所有权，那么还适用上述规则吗？一些作者认为此情形中的物权合同是有效的，因为这对未成年人来说虽然不是纯获利益的，但至少没有带来任何损失；而这样的**“中性行为”**（neutrales Geschäft）不需要获得父母的允许。让人费解的是，善意取得人为什么不可以取得属于未成年出让人的物的所有权，但却可以取得属于第三人的物的所有权呢？正确的应该是，在第二种情形中，同样否认基于善意可以取得所有权。这一观点 *Medicus* AT Rn. 567 f.；*Faust* AT § 18 Rn. 22；不同观点 *Bork* AT Rn. 1008。 149

当未成年人基于物权合同**取得**某物时，规则就会有所不同。当取得的是**动产**时，物权合同对未成年人来说就是法律上纯获利益的。未成年人购买了某物，只要他和出卖人根据第 929 条的规定达成了所有权转移合意并且将物交付给他了，他就成了所有权人。至于买卖合同是否有效则无关紧要。如果买卖合同无效，那么未成年人虽然根据第 812 条以下的规定必须返还取得的所有权，但这个返还请求权对他来说没有法律上的不利，因为第 818 条第 3 款和第 819 条确保了未成年人在履行完返还义务后的境况不会比履行之前更差。他只需要返还现存的东西，并且他不负有投入自己其他财产的责任。 150

更加难解的问题是，取得土地所有权对未成年人来说是否是法律上纯获利益的，因而不动产所有权转移合意无须获得父母的允许？由于未成年人的父亲或母亲经常会希望在继承开始之前就将土地转让给自己的孩子，因此这个问题很具有实践意义。如果这种情况下要求父母对不动产所有权转移合意作出同意，那么就会因为存在利益冲突风险而需要为此指定一个“补充照管人”。 151

参见第 181 条、第 1643 条和第 1909 条。根据判例的观点，如果在一个土地上以有利于第三人或者同时有利于父母的方式设立了土地抵押权，那么这样一个有利于未成年人的不动产所有权转移合意是法律上纯获利益的，不需要为此指定一个补充照管人。但是，对于未成年人来说，存在一个第三人或者父母基于土地质权而对他们的土地实施强制执行并公开拍卖的风险（参见《民法典》第 1147 条和《民事诉讼法》第 866 条）。但是，未成年人只是丧失了土地，没有丧失其他的东西。因 152

此，取得这块被负担了土地质权的土地的所有权对未成年人来说是法律上纯获利益的。另外，未成年人需要承担土地上的公共负担这件事，对他来说也不构成法律上的不利益（BGHZ 161，170，177）。但是，如果这块土地被租出去了而作为取得人的未成年人根据第566条的规定进入到租赁合同中（BGHZ 162，137，140；边码733、734），或者未成年人应获得房屋的所有权并因此承担起《业主共同体公约》(Gemeinschaftsordnung) 为他和其他房屋所有权人规定的义务，那么就不是法律上纯获利益的（参见《住宅所有权法》第10条以下和BGHZ 187，119）。

153 3. 单方法律行为。第107条同样适用于未成年人的意思表示构成“单方法律行为”的场合。例如，通过父母作为法定代理人以子女的名义订立租赁合同或者未成年人订立了租赁合同并获得了父母同意，出租了将属于未成年人的整栋别墅或其中一间公寓而在他的父母没有表示允许的情况下，未成年人作出的通知终止是无效的。这是因为，通知终止引起合同的结束并使未成年人失去租金请求权，这对他来说构成法律上的不利益。至于通知终止租赁合同后未成年人能够以明显更高的租金重新出租，并为自己带来经济上的利益，人们并不需要考虑这一点。

154 从第111条第1句的规定还可以看出，即使未成年人作出的通知终止事后被父母追认，它仍旧是无效的。这样一来，承租人就无须忍受效力未定的状态了。另外，即使父母同意了通知终止，只要允许表示不是和书面的通知终止同时到达承租人，承租人仍旧可以不迟延地指出通知终止是无效的（第111条第2句和第3句）。然而，这一规则并不是强制的。如果承租人请求父母澄清并可从中认识到他并不在乎效力未定的状态，那么就应当允许父母事后“追认”通知终止的表示。不是作为出租人的未成年人，而是承租人作出了通知终止的表示，根据第131条第2款的规定，表示在到达未成年人父母的时候生效。另根据第1629条第1款第2句的规定，表示到达父母一方即可。

（二）允许的解释和形式

155 如果未成年人的意思表示对他来说并不是法律上纯获利益的，那么只有在父母已经**允许**的情况下，该意思表示才是有效的（第107条）。第182条和第183条规定了什么是“允许”。允许是父母或其他法定代理人“事先同意”某个有意行为的意思表示。未成年人想要订立合同，那么他的父母必须在他作出要约或者接受要约之前就明确表示，他们同意这个有意为之的合同。根据第182条的规定，父母可以对未成年人或者合同对方当事人作出允许的表示，并且在需允许的意思表示还未被作出前可以撤回允许。父母虽然没有**明确**表示允许，但通过**“可推断的”**行为得知，一个理性的观察者在结合事实后认为存在同意的意思，这同样构成允许的意思表示。

156 在有疑问的情形中需要通过**解释**来确定允许的承载范围（Rn. 63 ff.）。例如，通过解释可以得知，允许不针对单个行为，而是针对**一定范围的行为**。例如，父母允许他们16岁的女儿参加为期数日的自行车游或者加入一个体育社团，这就意味着，他们允许了那些与自行车游或者社团成员地位通常相关的合同或者法律行为。他们的女儿可以在自行车游期间订立以购买生活用品、修理自行车、在青年旅舍投宿（但不是五星级宾馆）为内容的合同。他们的女儿也可以在体育社团的社员大会上对变更章程或者提高会员费作出有效的同意或者反对。第112条和第113条也可援引同样的基本思想，在非常罕见的情形中，法定代理人允许未成年人订立**雇佣或劳动合同**或者（在家事法院同意的情况下）独立**从事经营行为**。此时，只要未成年人订立的合同或者实施的单方法律行为涉及承担或停止雇佣或劳动关系或者从事经营行为，那么他的行为能力视为没有受到限制。

父母或者经过父母同意的第三人偶尔也会给未成年人一些**资金**——一般是钱——以供他自由支配，而这些资金专用于某一目的或者被称为“零花钱”。这时候，通过可推断的行为可以得知，父母对未成年人用这笔钱履行的所有合同表示了允许。父母给未成年人200欧元用于买自行车，只要未成年人订立了购买自行车的合同，即使他半路弄丢了这笔钱或者把这笔钱挪作他用而致使他仍负担着支付价款的债务，这个合同仍旧是有效的。然而，这并不符合父母的意思。根据第110条的规定，只有在未成年人不仅承诺了合同约定的给付，并且他还事实上用交给他的资金**“实现”**给付——用这笔钱购买自行车——的时候，才能说未成年人订立的合同获得了父母的允许并进而有效。不符合上述条件的，则买卖合同不生效。但是，它只是**“待定的无效”**（schwebend unwirksam），因为未成年人可以用交给他的资金支付价款从而事后使合同有效。只要满足了第110条规定的条件，那么不仅是债法上的合同，同时也包括物权合同——未成年人意图使出卖人成为钞票的所有人而用交给他的资金支付价款——全都视为自始有效。反之，如果是未成年人成为自行车的所有人，那么为此必要的物权合同对他来说就是法律上纯获利益的（边码147以下）。父母给儿子200欧元或者祖母在获得父母同意的情况下给孙子200欧元，但这笔钱并不是特意让他购买自行车，而是允许他“自由支配”。在这种情况下通过解释可知（边码63以下），父母并没有允许儿子订立以购买自卫手枪或带有纳粹标志的旗帜或一剂海洛因为内容的合同。上述规则也适用于儿子用可自由支配的零花钱购买大乐透的情形。根据第110条的规定，儿子与大乐透商家订立的合同是有效的，但中奖后用奖金购买豪车的合同则是无效的（参见RGZ 74，234）。 157

三、追认

如果未成年人作出的与订立合同有关的要约表示或者承诺表示对他来说不是法律上纯获利益的，那么在欠缺父母或其他法定代理人的允许的情况下合同无效。从 158

第108条第1款的规定可以得知，这样的合同只是**“待定的无效”**；父母或其他法定代理人事后表示同意的，合同仍可有效。这样一个事后的同意就是**“追认”**（第184条第1款）。此时出现了一个**待定状态**；表示追认后合同视为自始有效，拒绝追认后合同终局地无效，待定状态也随之结束。只要待定状态持续，未成年人的合同相对人就不知道自己是否必须为了履行合同而准备给付或者在已经提供给付的情况下可以要求返还。同样不知所措的情形还包括：父母虽已追认或者拒绝追认，但不是向合同相对人而是**向未成年人**——根据第182条第1款——作出了上述表示，并且合同相对人对此并不知情。《民法典》试图通过赋予合同相对人不同的结束这一状态的可能性，以此来避免由待定状态导致的不合理结果。

159 根据第108条第2款的规定，合同相对人可以催告父母就追认作出表示。一旦被催告，那么父母在催告前向未成年人表示的追认或对追认的拒绝随即失去效力。父母可以重新考虑，但此时的表示必须**对合同相对人**作出。另外，父母必须在限定的时间内，也就是接到催告的两周内作出表示；不表示追认的，视为拒绝追认。

160 从第108条第2款清晰的表述中可知，催告只是使父母之前表示的**追认**无效，并不涉及**允许**的效力，而允许则是未成年人的父母在合同订立之前就已作出的同意。即使另一方催告父母就追认作出表示，父母的允许和获得允许的合同仍旧有效（有争议。参见Bork AT Rn. 1031）。

161 此外，第109条通过下述方式保护了相对人：他可以作出放弃合同的表示，**撤回**并让合同终局的无效，以此来结束待定状态。撤回的表示既可以向未成年人也可以向他的父母作出，但是必须“在追认之前”。撤回必须在追认的表示到达自己或未成年人之前到达。另一方在订立合同的时候知道对方是未成年人，那么他就不配享有法律的保护，即他没有撤回权。虽然另一方知道未成年的事实，但未成年人违背实情地声称已得到父母允许，那么另一方仍旧可以撤回。从上述规则可以得出这样的结论：即使撤回的目的不是结束一种不确定状态，其动机仅仅是撤回人希望退出一项后来被认为糟糕的交易，以此使未成年人通过达成一项对他有利的交易而获取应得的好处，那么也应该允许撤回（边码146）。

162 未成年人并未和第三人订立合同，而是向他作出了一个单方的、需受领的意思表示，那么这个表示并不是待定的无效；只要未成年人已征求父母的允许，但被父母拒绝了，那么根据第111条第1句的规定，这一意思表示就完全是无效的。如果第三人知道未成年人的表示欠缺父母的同意，那么类推适用第180条第2句（参见边码472）：此时，未成年人的表示被视为待定的无效，父母可以事后表示追认并进而使该表示有效。

第四章 形式要求

第一节 形式自由作为原则

合同原则上不需要满足特殊的形式。当双方口头就愿意受到合同约束达成一致——即使缺少明确的表示也可以通过“可推断的行为”达成——时，合同成立。然而，形式自由也存在例外。有时候，立法者会为某些法律行为——主要是某些合同——规定一个特殊的形式（**“法定的形式要求”**；边码 165 以下）；另一些时候则是当事人自己约定某些交易需要满足特殊的形式（**“约定的形式要求”**；边码 189 以下）。 163

法律人将形式自由视为原则，而将法定的形式要求视为例外。事实上，人们观察家庭法和继承法的时候就会发现，有关形式的规定比普罗大众所想的要少得多。一般人认为，除非将合同写在纸上并且由双方签字，否则他们不受合同约束。他们非常惊讶地发现，即使购买的大宗股票、飞机或者客运轮船价值数百万欧元，口头约定的买卖合同也是有效的。一般人总是会援引这一观点：绝大多数现实生活中的合同都是书面的，只有在涉及日常生活、双方即时履行的现金交易时，才可以口头达成合同。其实，书面合同作为原则是出于两个原因。第一个原因是交易发展的合理化，经营者通过书面文件可以建立起整个交易，他可以借此检查不同部门的库存，生产约定的给付并将其包装、发货或者通过其他方式送到客户手中，将债权计入账簿以及控制支付流程等。第二个原因则是，每个经营者都希望根据自己准备的一般交易条款来提供给付。要实现这一点，就必须将这些条件写进事先拟定好的文本里，之后交给客户并让他签字。正因如此，今时今日的生活中才会出现立法者虽未要求书面形式但书面形式却大行其道的现象。 164

第二节 法定的形式要求

一、形式目的

165 遵守有关形式要求的规则会阻碍民商事交易，因为人们必须将文本写在纸上并由参与者手书签字。因此，立法者只有在追求某些特定目的的时候才会明确有关形式要求的规定。

166 首先提到的是**证明目的**（Beweiszweck）。如果当事人只达成了口头约定，那么他们之后可能会对是否以及何时订立有效的合同和它的内容产生分歧。虽然上述分歧是不可避免的，但如果当事人书面做成了表示和合同，那么就可以明显减少分歧。在之后的程序中，当事人必须通过提交文件来证明合同的内容和订立的时间，而不是仅仅通过证人证词。如此一来，便可减少分歧并减轻法院的工作。

167 除了证明目的之外，另一些有关形式要求的规定也具有**警告目的**（Warnzwek）。某个想作出具有法律上意义重大的表示的人，如果他注意到了形式要求，那么他就会三思而后行。如果一个交易意义重大，或者一方当事人承诺了无偿给付，由于他不接受对待给付而需要保护他免受疏忽的慷慨大度或轻率地承担风险，那么就出现了对有关形式规定的需求。因此，一个为他人债务提供保证的表示只有在具备书面形式后才有效（第766条）。虽然人们可能在短短的几秒内就作出了保证的表示并签字，尤其是当债权人把准备好的文件放在保证人的面前并要求他在划线的地方签字的时候。他们仍旧会认为，这已不再是没有约束力的磋商，而是关系到是否出现了法律上可实现的约束。只要商人在他们的商业经营范围内从事交易，立法者就认为不需要保护或警告他们。因此，商人作出的保证表示在不具备任何形式的情况下仍是有效的（《商法典》第350条、第343条）。

168 有时候，立法者并不满足于“简单的书面形式”，而是要求交易必须满足“**公证证书**”的形式。这意味着，如果当事人想要作出一个有形式要求的表示或者订立一个有形式要求的合同，那么他们就必须在公证员——独立的、受过法学教育的、由国家为这一目的而任命的公务人员——面前当场就磋商作出意思表示。公证员会做成一个证书，他在当事人面前朗读证书的文本，当事人对此表示同意并最终由当事人和公证员签字。这个过程虽然既费时又费钱，因为公证员自然不会免费做这件事，但它对当事人来说仍是有利的。这是因为，具备专业知识的公证员会特别留意证书上记载的内容是否清晰地表达了当事人的意思。如果当事人必须在公证员面前作出表示，那么就能很好地实现警告目的。当然，公证员起到的主要还是**咨询功**

能：作为中立的第三人的公证员，必须留意当事人是否清楚明白某一交易法律上的承担范围，避免错误或疑义，并使那些没有经验和不熟练的当事人免受损害（参见《公证书证法》第 17 条）。出于这个理由，《民法典》尤其规定了必须以公证证书形式做成**土地买卖合同**（第 311b 条第 1 款）和**赠与约定**（第 518 条）。

有关形式要求的规定常常还具有**清楚区分**合同磋商和合同订立的目的。尤其是对于那些经过了长期准备和磋商才订立的合同，很容易会出现关于双方是否在磋商过程中的某一具体时间点已经达成一致并进而受到法律上的约束的争议。立法者要求以书面形式甚至公证证书形式做成合同，只要合同还未满足特定的形式，那么就可肯定地说当事人仍享有决定的自由。每一个磋商的人都知道，他在磋商过程中口头地或以信函方式作出的表示都不具有法律上的效力。他也知道，他可以中断磋商并且不需要为此赔偿损失（另参见边码 504 以下）。但他也知道，只要对方没有将表示以预定的形式写在纸上，他就不能信赖这样的表示。 169

无数的、不断增加的规定是出于完全不同的原因，它们要求那些与需要保护的人群——尤其是**消费者**（第 13 条）订立的合同具备书面形式。这些规定有时要求整个合同满足形式要求，有时则要求某个以订立合同为目的而作出的表示满足形式要求。例如，消费者贷款合同（第 492 条）、与消费者贷款合同的媒介相关联的合同（第 655b 条）、分时居住权合同（第 484 条）、远程授课合同（《远程授课法》第 3 条）或者建立教育关系的合同（《职业教育法》第 15 条）必须使用书面形式。立法者一边规定书面形式，一边则通过替代书面形式的方式为订立合同开了口子。其实，立法者真正关心的不是遵守书面形式，而是通过书面形式去提醒那些在合同订立前后需要保护的一方，合同的复杂程度往往远超过他们处理紧迫信息的能力。有关形式要求的规定首先服务于**信息目的**，例如必须为信贷合同的消费者提供数量充足的、法律上明确规定的信息，尤其是“实际的年利息”（参见第 492 条第 1 款和第 2 款）。消费者在家门口购买了商品，虽然可以口头订立这个合同（事实上可能很少出现），但消费者必须被书面告知可以在两周内撤回合同、可以向谁表示撤回以及撤回的法律后果。只要告知不是以书面形式作出的，那么就不起算撤回期间（第 312 条、第 355 条第 1 款和第 2 款；边码 958 以下）。 170

二、形式种类

（一）书面形式

法律规定了书面形式的，就必须做成证书并由做成证书的人“亲笔签名”（第 126 条第 1 款）。如果法律要求合同采书面形式——例如一年期以上的住房租赁合同（第 550 条第 1 句）——那么载有合同文本的证书必须由双方当事人签字。通常情 171

况下，合同文本会被记载于好几份措辞相同的证书中；此时，任何一方在为另一方而指定的证书上签字就足够了（第126条第2款）。出租人在租赁合同原件以及复印件上签字并且把两份证书寄给承租人，只要承租人在这两份文件中的任何一份上签字，合同就满足了书面形式。但是，只有当由承租人签字的证书根据第130条的规定到达出租人时，他作出的表示才生效。与此不同，单纯的**交换信函**并不满足书面形式。如果出租人把签了字的租赁合同寄给承租人，而承租人只是通过信函的方式确认他同意该合同，这样做就并不满足书面形式。

172 在保证合同中，法律只要求保证人作出的表示必须满足书面形式（第766条）。保证人必须亲笔签名自己作出的表示。虽然他不需要——像法国法规定的那样——在证书中亲笔书写自己愿意承担的最高金额，但证书必须明确他担保的是哪一笔债务、谁是债务人以及谁是债权人（参见BGHZ 132，119）。如果保证的表示在形式上是有效的，那么另一方——往往是银行——的表示就可以以口头形式作出，或者通过一个足以表明他接受保证表示的“可推断的行为”作出（边码117）。保证人虽然在保证表示上签字了（即满足了书面形式），但他却保留了该证书并且只给银行发去了证书的影印版或传真，那么这时候保证合同仍未有效成立。这是因为，该保证表示必须依照第130条的规定以法律规定的形式到达银行。如果保证人为签了字的表示制作了一份副本，那么他必须将原件交给银行（参见BGHZ 121，224）。这一规则也适用于其他任何一个立法者为需受领的意思表示规定了形式要求的场合，例如对住房租赁合同的通知终止（第568条第1款）或者对劳动合同的通知终止（第623条）。

（二）电子形式

173 法律规定了书面形式，而电子形式常常可以替代书面形式，即作出表示的人可以对这些需满足形式要求的表示进行“电子签名”（第126a条）。作出表示的人首先需要将表示做成“电子文件”，这样一来就可以通过电子邮件传送或者直接放在网上。之后，他必须将其名字附加于该文件。最后，他必须依照《签名法》将合格的电子签名加到电子文件上。如果可以以电子形式做成合同，那么每一方都必须就合同文本制作一份措辞相同的文件并进行电子签名。然而，立法者其实并不确定，电子形式能否在任何情况下都能起到书面形式所具有的警告功能。立法者规定，例如在消费者信贷合同和保证表示的场合，电子形式并不能替代书面形式（第492条第1款第2句、第766条第2句）。

（三）文本形式

174 尤其是在合同一方是消费者的场合，立法者经常会要求另一方在订立合同之前、当时或之后以书面形式发出特定的信息。如果信息的提供者每次都必须根据第126条的规定做成证书并签字，那么这无疑既耗时又费钱。因此，法律常常允许以

“文本形式”（第126b条）替代书面形式（参见例如第312c条第1款与《民法典施行法》第246条1和2，第355条第1款第2句[①]）。据此，表意人在一种证书——例如信件、电子邮件或者传真——或者其他可以持续复制的载体——例如软盘或者CD——上作出表示即可。这样的表示不需要签名，但它必须指明表意人的身份以及“表示的终结”，最后还要写上“该表示无须签字”。

（四）公证认证

某些表示必须满足公证认证形式，尤其是那些对国家机关作出的表示，例如社团登记机关、土地登记局、商事登记机关（参见《民法典》第77条、《不动产登记法》第29条和《商法典》第12条）。根据第129条的规定，表示必须以书面做成，并且表意人的签名必须由公证员加以认证。表意人必须在公证员面前表示缔约，之后公证员将他的认证附注写在证书上，以此表明签字是由一个他亲自证实——一般是通过出示身份证——的人作出的。公证员并不需要关注表意人是否真正愿意作出表示以及他是否真正理解表示的法律后果（参见《公证书证法》第39条、第40条）。 175

（五）公证证书

立法者要求某些尤其重要的交易需做成公证证书，包括某些单方法律行为，例如子女允许——由他的法定代理人代理——被收养的表示（第1746条和第1750条）。某些合同也需要做成公证证书，例如有关被继承人的配偶或者亲属对被继承人作出的拒绝未来发生的法定继承的合同（第2348条），某人负有以现有财产或者将来获得的遗产尽数转让给他人的义务的合同（第311b条第3款和第2371条），某人负有转让或者取得土地所有权义务的合同（第311b条第1款）。在赠与承诺场合，只要求承诺人的表示做成公证证书（第518条）。 176

有关公证员需要如何做成公证证书的规则由**《公证书证做成法》**（Beurkungdungsgesetz）规定。《民法典》本身只规定了，公证员只需要将要约做成证书之后再将承诺做成证书（第128条）。住所位于汉堡的人将位于汉堡的一块土地卖给了住所位于慕尼黑的人，将买卖合同做成公证证书就意味着，汉堡的公证员先将出卖人的要约做成公证证书，之后由慕尼黑的公证员将对该要约的承诺做成公证证书。有疑义时，该买卖合同在将承诺做成公证证书时，而不是直到该公证证书到达出卖人时，就已经成立了（第152条）。有时候，即便有一方由于生病或旅行而不能及时亲自参与公证证书的做成并且也无法为此指定代理人，双方当事人——例如出于税收原因——仍旧希望尽快达成合同。在这种情况下，只要公证行为发生于12月31日，并且出卖人自己作出的要约以及由某个第三人——例如公证员的雇员—— 177

① 该条已修改，现行法为第312d条。——译者注

以买受人名义作出的承诺被做成了公证证书，那么合同就满足了形式要求。买受人必须追认第三人作出的未经授权的行为（第177条第1款；Rn. 467 ff.），追认的法律效果回溯至被追认的行为作出的时候（第184条第1款）。即使买受人于一月或者更晚的时候才表示追认，合同也已于12月31日生效。即使被追认的交易需要做成公证证书，追认也不需要满足形式要求，即不需要做成公证证书（第182条第2款）（BGHZ 125，218）。但是，这个追认需要做成**公证认证**，否则土地登记局不会接受登记（《不动产登记法》第29条）。

三、违反形式要求的法律后果

（一）无效

178 如果法律行为欠缺法律所规定的形式，那么原则上无效（第125条第1句）。至于是否以其他方式实现了立法者通过形式要求想要实现的目的，则在所不问。某人口头允诺保证或者在信件中承诺赠与某物或一定数额的金钱，即使保证人或者承诺人是富有经验的人士，并且他经过深思熟虑后才作出表示或者甚至为此咨询过律师，这些都不影响表示本身原则上是无效的（第125条第1句、第766条和第518条）。虽然他此时并不需要接受有关形式要求的规定的保护，但以第125条第1句为根据认定保证表示或赠与承诺的效力仍具意义，否则有可能会引起法律上的不确定。这是因为，个案中其实很难确定表意人是否具有足够的经验，以至于他不需要受到形式要求带来的警告。

179 在某些情形中，只要承诺人事实上履行了承诺的给付，形式瑕疵就可以被事后**“补正”**（geheilt）。某人支付了他在信中承诺赠与的金额，他事后就不能主张因自己的承诺没有做成公证证书从而导致承诺无效，他也不能主张因给付欠缺法律上的原因而可根据第812条的规定要求返还。根据第518条第2款的规定，形式瑕疵“通过履行约定的给付补正”。这一规则也适用于保证人口头作出保证的表示后实际履行主债务的情形（第766条第3句），以及土地买卖合同并未做成公证证书但买受人通过合意和登记取得土地所有权的情形（第311b条第1款第2句）。之所以允许“补正效果”，主要是因为自由履行了给付的人并没有受到人们通常所想的那种精神力量上的折磨（例如痛苦）。

（二）违反形式要求的其他法律后果

180 没有以法律规定的形式订立合同而导致合同无效，这样做有时候是没有意义的。有些被视为第125条第1句的特别法的规定，会为这种情况指明其他法律后果。当事人没有根据第492条的规定订立书面的消费者贷款合同，或者合同证书没有涵盖第 492 条规定的全部信息，此时如果认定合同无效，那么消费者有可能会遭受极大的损失：他不得不根据第 812 条的规定向贷款人归还已收到的贷款。因此，第 494 条第 2 款规定，只要消费者接受或者利用了贷款，那么违反形式要求的合同仍旧生效；至于那些证书没有涵盖的信息，则以任意法的规定加以补充。消费者能够以法定利率——第 246 条规定的是 4%的年利率——利用贷款对他来说意义重大。因此，立法者对违反了形式要求的惩罚做了如此规定：一方面保护消费者对履行贷款合同所具有的利益，另一方面敦促贷款人以书面形式及时、全面地告知消费者第 492 条要求的内容。

当事人口头订立或者通过可推断的行为得出的租赁合同原则上也是无效的。只 181
要租赁物不是动产而是住房（第 550 条）、土地、商铺或者其他类似的空间（第 578 条），那么就必须以书面形式达成期间确定的租赁合同以及一年以上的租赁合同（参见 BGHZ176，301）。当事人没有遵守书面形式的规定，租赁合同并非无效。这是因为，租赁合同一旦被认定为无效，承租人就必须返还租赁物。此时，租赁合同被视为是“不定期的”。与第 542 条第 2 款的规定不同，只要满足了法律规定的一般条件——在住房租赁合同的场合是第 573 条以下，在土地和其他类似空间是第 578 条以下——那么最早在口头约定的租赁期间届满时，可以通过一般的通知终止结束租赁合同。

（三）维持因形式瑕疵而无效的合同

谁被要求履行合同约定的给付，他便可主张合同因没有遵守法定的形式要求而 182
导致合同无效。但是，判例认为在一些情形中主张形式瑕疵构成**滥用权利**，有违诚实信用，故而不被允许。实践中，即使土地买卖合同没有以公证证书的形式做成而（根据第 311b 条第 1 款和第 125 条第 1 句）被认定为无效，买受人仍旧可以要求完成土地所有权的移转。然而，这种情形只是例外，即只有当“根据当事人的关系和具体情况并结合诚实信用原则，不宜使具有形式瑕疵的合同请求权落空”时，才允许当事人继续主张合同请求权（BGHZ 12，6，10）。出于诚实信用而不宜允许主张形式瑕疵的情形例如，出卖人有“**特别严重的违反诚信义务的行为**”，并且主张形式瑕疵对“另一方来说不仅刻薄而且是**完全不可忍受的**”（参见例如 BGH NJW 2004，3330；当前的判例）。就这一问题并没有明确的答案，而是必须结合具体的案件类型和案件背景，在个案中解决法律明确性和实质正义之间的冲突。

第一种案件类型就是一方有故意欺骗的行为。例如，土地的出卖人为了能够在 183
土地价格上涨时通过主张合同有形式瑕疵而拒绝履行合同义务，从而故意欺骗了茫然无知的买受人，说合同只需要以书面形式订立。在这种情况下，出卖人就不能主张合同因形式瑕疵而无效。如果法官驳回了受骗的买受人提出的有关履行合同的诉讼请求，那么这位法官就会被认为是由出卖人实施的有计划的欺骗行为的同伙（参见 BGHZ 29，6）。

184 在第二种案例类型中，情况则有所不同。在此双方都知道土地买卖合同必须满足形式要求。然而买受人因为相信出卖人绝对会履行合同而放弃公证，即使买受人的依赖之后落空，他也不值得保护。

185 RGZ 117，121：被承诺获得土地权利的一方放弃了公证，因为另一方向他声明自己“没有犹太习俗”，他是贵族并通过“贵族之言”来保证自己承诺的履行。而 BGHZ 48，398＝NJW 1968，39 的观点是不正确的：此案中，即使被告只是信誓旦旦地对原告说，自己作为高贵的商人言必出行必果，原告要求履行未满足形式要求的合同的诉讼请求也被法院支持了。虽然原告一般会满足于以书面形式订立合同，因为在公证员面前将合同做成公证证书有损被告的威严并且显得没有礼貌、不尊重他人，但他其实纯粹只是希望对方履行而不是对合同履行享有一种被确保了的权利。因此，应该由原告自己承担风险。另外，判决不应该受到买受人是否已经履行了自己负担的义务并因出卖人陷入支付不能而不能再行取回的影响，也不应该考虑“高贵的人”或“高贵的商人”是否在订立合同的当时还是事后决意不履行合同；如果被告订立合同时就决意不履行合同，那么整个行为就是故意使原告陷入错误之中，而根据第 826 条或者第 823 条第 2 款和《刑法典》第 263 条的规定负担损害赔偿责任。

186 第三种案件类型则存在一些问题。双方当事人在订立合同的时候没有想到或者忽视了合同需要做成公证证书。也可以是，合同虽然做成了公证证书，但因为之前没有发现的技术瑕疵而无效，例如公证员没有当场朗读合同的附件或者没有将附件添加进文件里。也可以是，双方当事人知道合同必须做成公证证书，但是他们约定以后再做或者不经意地把这事儿给忘了。如果双方当事人之后有了不同的想法，或者出卖人出于别的原因对履行合同失去了兴趣，那么在买受人提出履行之诉的情况下出卖人能否以形式瑕疵为由抗辩?

187 这些案件中的出卖人原则上可以援引形式瑕疵。虽然买受人不能要求履行合同，但他并非束手无策。他享有因缔约过失而引起的损害赔偿请求权，例如，一个正直且有相关经验的出卖人本应了解合同的形式要求，并且他必须向毫无经验的买受人指出这一点（BGH NJW 1965，812）。同样，出卖人虽然向买受人指出了形式要求，但出卖人拖延着不把合同做成公证证书；或者出卖人向买受人承诺自己将率先履行有形式瑕疵的合同约定的给付并将买受人的风险降为零，以此使买受人信赖合同的效力（参见 BGH NJW 1992，1037）。

188 判例在另一种案件类型中也支持了履行请求权。在 BGHZ 16，344 中，被告将自己的土地拆分为多个小块的土地租给拓荒者并且签了租契（书面形式，并非公证证书形式）。根据租契，只要拓荒者在五年内准时履行合同义务，那么被告将小块土地的所有权转让给拓荒者。八年后，其中一个拓荒者起诉被告，要求他转让土地所有权，被告则援引形式瑕疵。被告以富有经验的人的身份和毫无经验的拓荒者做生意，并且拓荒者信赖一个被保证了的法律状态，所以法院支持了原告的诉讼请求。相同的是 BGH NJW 1972，1189：此案中，买受人年迈且毫无经验，住房应该选在自己的养老地，于是交出了自己所有的积蓄作为购房款；如果此时只支持他对因合同磋商过程中的过错引起的损害赔偿请求权，那么他将不得不另觅他处并且很有可能暴毙途中，所以法院支持了他提出的履行请求权。

第三节　约定的形式要求

如果双方当事人在磋商过程中约定合同需要做成证书的，那么它就必须符合书面形式；有疑义时则应认为，只有在做成证书的情况下，合同才被有效订立（第 154 条第 2 款）。第 125 条第 2 句则规定了法律后果：当事人就法律行为约定了某一形式，而法律行为并不满足形式要求，有疑义时，该法律行为无效。 189

一般来说，有关书面形式的约定构成了已订立合同的一部分。人们将其称为“书面形式条款”，就未来变更、补充、结束合同而达成的约定都必须符合书面要求。有时双方当事人也会约定，某些单方合同表示——例如通知终止、解除或者第 323 条第 1 款规定的指定期间——也必须以书面形式作出。当事人希望借助这样的书面形式条款可以避免在下列问题上发生争执：是否以及如何通过口头约定或可推断的行为事后改变合同，例如提高或降低之前约定的合同价款，延长租赁合同的期限或者推迟货物运输的时间。约定书面形式条款也可以是为了起到警告功能：当事人不希望面对因只需口头改变合同内容而使自己的决定过于仓促的危险。设定这一目的也符合第 125 条第 2 句规定的法律后果，即约定或者表示因欠缺书面形式而无效。 190

双方当事人约定未来的约定或表示必须满足书面形式、电子形式或文本形式，根据第 127 条的规定，有疑义时，约定或表示需要符合第 126 条、第 126a 条和第 126b 条规定的形式。此时当然适用某些缓和规则。例如，如果约定将来变更合同必须符合书面形式，那么有疑义时，当事人就变更合同达成的合意也可以以交换信件的方式做成（第 127 条第 2 款；边码 171）。 191

虽然当事人通过书面形式条款实现的目的看起来理智又合理，但近距离观察后就会发现，在很多案件中根本不值得写下这样的条款。 192

当书面形式条款成为合同**一般交易条款**的一部分时，这一点表现得尤为明显。第 305b 条规定，“个别的合同约定”优先于一般交易条款。即使不是在合同订立之前或当时，而是在合同订立以后达成了“个别的合同约定”，它也同样优先于一般交易条款。当事人事后口头达成了一个约定，而这个约定以有利于客户的方式改变 193

了原先的合同，那么这个约定优先于所有一般交易条款，当然也包括构**成一般交易条款的书面形式条款**。因为订立书面合同意味着一个**推定**，即以书面形式做成的约定**全面、正确地**描述了合同的内容，所以客户负担事后达成约定的举证责任。尽管如此，还是可以推翻这个推定。如果客户可以证明在合同订立前后口头变更或者补充了合同，那么对方根据第 305b 条就不得援引构成一般交易条款的书面形式条款（详情参见 MK-*Basedow* § 305b Rn. 5）。需要注意的还有第 309 条第 13 项：据此，需向使用人或第三人发出的通知或表示受到比书面形式更为严格的形式要求的条款无效。

194　如果书面形式条款并不构成一般交易条款而是构成**个别的合同约定**（Individualvereinbarung），那么当事人想要实现的目的往往会落空。这是因为，法院曾在一长串判决中指出，当事人事后通过口头形式变更合同的内容，如果他们此时根本没有想到书面形式条款，那么就意味着他们已经默示地放弃了书面形式条款（明确该观点的是 BGH NJW 1965，293）。即使这些书面形式条款是当事人个别约定的，它们事实上也不起作用。在默示的放弃书面形式条款的情形中，判例要求当事人必须“就希望口头约定的决定性作用达成一致”（BGH NJW 1962，1908；BGH NJW 1965，293；BGHZ 66，378）。这时候人们必须考虑到，每个具有法律效力的约定，都必然是当事人共同希望的。

195　人们应该根据《联合国国际货物销售合同公约》第 29 条（也包括《欧洲合同法通则》第 2：106 条）的规定来解决这个问题。据此，包含有书面形式条款的合同虽然不能通过其他方式（即不同于书面形式的方式）变更或者终止，但一方当事人可以基于自己的行为表明将不援引这样的规定，当然前提是对方信赖这个行为。

196　如果双方当事人同时做了“双重保险”，不仅约定了书面形式条款，还约定了只能用满足了书面形式条件的约定废止这一书面形式条款，那么判例就会一直承认书面形式条款（BGHZ 66，378）。当然，这一规则只适用于*商人之间*约定了这一“高水平的”书面形式条款的情形。但是，至于上述规则为何不能适用于非商人身份的人达成的个别的合同约定，则没见到有什么具有说服力的理由（例如 *Medicus* AT Rn. 641 ff.）。

第五章 违反法律和善良风俗的合同

合同自由是现行法原则，当事人可以自由协商确定合同的内容。然而，现行法为合同自由划定了界限。当事人诚恳地希望受到合同的约束，并且满足了所有关于形式要求的规定，深思熟虑后才作出表示，他的行为也没有受到错误、欺诈或胁迫的影响；即便如此，如果合同违反了**法定禁止**或者违反了**善良风俗**并进而出现了为法律制度所不允许的内容或追求一个不受欢迎的目的，那么它仍旧是无效的。这意味着，即他没有确立合同义务，法院不会支持当事人提出的履行请求权或者因不履行或瑕疵履行而引起的损害赔偿请求权。另一个问题则是，当事人是否至少可以互相要求返还基于无效合同而给付给对方的东西。 *197*

第一节 法律禁止的合同

根据第134条的规定，违反法定禁止的合同无效。这一规定也适用于“单方法律行为”，例如遗嘱或通知终止（边码11）。但是，违反了法定禁止的合同，只有“除法律另有规定外”才是无效的。 *198*

即使法律规范并没有被视为“形式意义上的法”，而是构成法规或者由地方或其他公法上的社团公布的章程的一部分，它仍旧可以是法定禁令（参见《民法典施行法》第2条）。《民法典》中的强制性规定并不是法定禁止，它们不禁止而仅仅是限制当事人对决定合同内容的自由。例如，如果作为合同组成部分的一般交易条款不满足第307条到第309条规定的要求，那么这个条款就是无效的，此时不需要考虑第134条。类似的还有第475条，据此，经营者不得援引如下约定，该约定构成其与消费者订立的合同的组成部分，并且以不利于消费者的方式背离了第433条以下的规则。 *199*

200 即使出现了法定禁止，也只有“除法律另有规定外”，违反禁令的合同才会无效。究竟是否如此，法定禁止本身并没有明说。人们只能通过**法律解释**来确定，根据它的意义和目的，法律是否要求违反禁令的合同必须无效。如果当事人订立的合同违反了刑法，那么该合同一定是无效的。某人为了唆使对方作伪证而订立了合同，那么对方就不能要求唆使者支付承诺的报酬；即使他没有遵守约定而在法庭上说了实话，他也不负有因瑕疵履行而引起的损害赔偿责任。同样，如果销赃者向小偷承诺买下盗窃物，或者其他人向公职人员承诺为违规行为支付“封口费”，或者为了不让雇员说出商业秘密而支付报酬，这些约定都是无效的（《刑法典》第259条、第331条，《反不正当竞争法》第17条）。

201 当事人并没有实施明确的应受惩罚的行为，而只是违反了一个立法者为实现特定的经济、社会和法政策目的制定的法定禁止。此时，很难回答法律是否另有规定——即合同虽然违反法定禁止却仍旧有效——的问题，例如，家具经销商在12月24日的14点以后或者在工作日的20点以后向顾客卖出了一个大组合柜，他的这一行为违反了《商店停止营业时间法》（Ladenschlussgesetz）第3条。当他没有在规定的时间内关门歇业时必须为此支付罚金，因此他的行为是违反法规的。这部法律虽然是为了保护经销商的员工免于周日、业务的工作，确保他们在节假日能够休息，但立法者不希望为了这些目的而否认在商店关门歇业后成立的合同，也不希望剥夺双方因合同而取得的请求权。因此，经销商与顾客订立的买卖合同是有效的。如果法定禁止是为了实现一个预防目的，而不仅仅是对违反者苛以刑罚、罚金、撤回行政许可或者其他处罚，那么结果就会有所不同。根据判例，这样的情形可以是指，某人并没有被允许以律师或者税务师的身份开业，但他却这么做了并且有偿地为客户提供了法律或税务方面的咨询；此时，他的行为不仅仅是应受惩罚的，并且他与客户订立的合同因违反了《法律及税务咨询法》（Rechtsberatungs-und Steuerberatungsgesetz）而无效。

202 参见 BGHZ 37，258；BGH NJW 1995，3122；BGH NJW 2000，1560；BGZ 132，229。即使依照法律的规定某人没有足够的资质，但他提供的咨询并非毫无价值。他可以根据第812条的规定，向受咨询的一方要求一笔他本该向有资质的律师支付的报酬。但是，如果提供咨询的一方明知自己违反了法定禁止，那么他就不享有这一请求权（第817条第2句；BGH NJW 2000，1560）。

203 判例对于违反《打击黑工法》（das Gesetz zur Bekämpfung der Schwarzarbeit）的行为的法律后果还存在争议。根据该法，没有登记在手工业目录中的人，提供了手工业给付（大多是建筑给付），因不需要为收入和销售额缴税也无须为员工支付社会保险费，他取得了经济上的利益，这一行为就是应受处罚的。判例认为，如果委托人没有认识到违反了法定禁止，即在订立合同的时候不知道承揽人是“黑工”，那么这个构成“黑工”的承揽合同是有效的。因此，当承揽人尚未履行建筑给付时，委托人虽然不得基于有效的合同要求对方履行，但是委托人可以将此事委托给一个登记在手工业目录中的承揽人并且请求“黑工”支付因委托他人而产生的费用。如果身为“黑工”的承揽人履行了给付，而给付存在瑕疵，那么委托人享有瑕疵担保请求权。

BGH 89，369 和 BGH NJW 1985，2403（有 Canaris 写的备注）。联邦普通法院的观点引起了一个棘手的结果，即黑工虽然违反了法律，但是基于有效的合同可以请求约定的报酬。而 Canaris 持不同的观点，即合同只是“单方面的”（halbseitig）无效：该法只是在涉及黑工的请求权时认定合同无效，而在涉及无恶意的委托人的合同请求权时，则认为“法律另有规定”。如果**双方当事人**在订立合同的时候都知道违反了法定禁止，那么此时委托人的行为也是应受处罚的（参见 BGHZ 85，39）。只要黑工已经履行了给付，那么他就可以根据第 812 条以下的规定要求返还取得利益（BGHZ 111，308）。这一观点虽然存在争议，但通过使黑工不享有约定的报酬并苛以补税款和社会保险的义务，得以实现法律追求的威慑效果。相反，法律的目的也并不在于使委托人可以无偿保有对方基于无效合同而提供的建筑给付。他必须返还客观价值：这个客观价值往往低于约定的报酬，这是因为，如果黑工的给付存在瑕疵，那么委托人也不享有合同请求权。 204

第二节　违反禁令的处分行为

第 135 条到第 137 条——正如第 134 条——的内容涉及违反禁令的合同的效力。但是，这些规定仅仅适用于那些被称为**“处分行为”**的合同。违反了法定让与禁止、机关的让与禁止或约定的**处分禁止**，在满足什么前提的情况下这些合同仍旧是有效的？ 205

实务中最重要的处分行为就是**移转**（Übereignung），即一种“物权合同”，某物的所有权人通过它与取得人约定由后者成为该物的新的所有权人（动产参见第 929 条，不动产参见第 873 条和第 925 条）。同理，当债权或者其他权利被让与给新的权利人时，也会出现“物权合同”；此时的处分行为被称为**“债权让与”**（第 398 条、第 413 条）。上述这两种处分行为常常被称为“让与行为”（Veräußerungsgeschäfte）。并非转让，而是在某物、某债权或者权利之上以有利于取得人的方式设定了质权或者（土地）抵押权、役权或者其他限制物权，这也构成处分行为。第 135 条到第 137 条中所言的“让与”或者“让与禁止”，指的都是“处分”和“处分禁止”的概念。 206

第 135 条中的**法定让与禁止**在现实中毫无意义，并且《民法典》中也没有它的栖身之处（除了第 437 条）。与之不同的是第 136 条言及的**法院或其他机关的让与** 207

禁止，现实中最重要的情形就是法院基于原告的申请，通过“临时处分”禁止被告以有利于第三人的方式处分某物，尤其是向第三人转让该物的所有权。如果被告无视“临时处分”，违反了法院的让与禁止并且向第三人转让了该物的所有权，那么处分行为因违反第 136 条、第 135 条的规定而变得**“相对无效”**。虽然第三人原则上取得了该物的所有权，但并非针对原告。对于原告来说，被告一直都是所有权人，除非第三人在取得所有权的时候是善意的，即他不知道或者非因重大过失而不知道临时处分（第 136 条、第 135 条第 2 款和第 932 条）。

208　与法定让与禁止和法院或机关的让与禁止不同的是所有权人通过“法律行为”——现实中指的是合同——设立一个**法律行为上的处分禁止**。根据第 137 条第 1 句的规定，这样一个处分禁止是无效的。立法者希望以此来避免所有权因私人约定而变得不能让与，以及（避免）将其作为不可交易之物（rex extra commercium）而从交易中剔除出去。这一规则不适用于当事人约定的债权不可让与的情形，即当事人约定了**债权让与禁止**（第 399 条；边码 1233 以下）。如果某物的所有权以违反禁令的方式被转让了，那么即使第三人知道让与人受制于约定的让与禁止，他仍旧可以取得所有权。

209　父亲将一幅名画送给了自己的女儿，并约定无论如何都不能将该画转让给第三人。女儿没有遵守这一约定，即使第三人知道父女俩之间的约定，他仍旧可以取得该画的所有权（第 137 条第 1 句）。根据第 280 条的规定，女儿违反了对她而言有效的义务，所以必须承担损害赔偿责任（第 137 条第 2 句）。但在现实中，父亲很少会这样做，因为他很难预计并证明因女儿违反义务而遭受的损失。相反，他可以和女儿约定一个无视让与禁止时的**违约金**（边码 1066）。但是，这种约定在家庭成员之间是很少见的。

210　如果父亲了解到自己的女儿在和古董商 X 就买卖该画进行了磋商，那么该如何处理？此案中，法院可以基于当事人的申请颁布针对被告女儿禁止让与该画的临时处分。如果她仍旧将该画转让给 X，那么该行为对父亲来说就是无效的。对父亲而言，女儿仍旧是该画的所有权人。当他对女儿享有债权并通过判决要求对方履行时，他可以要求法院执行员扣押该画。但是，如果 X 是善意的，那么就不适用上述规则。因此，父亲最好是将临时处分一事告诉 X。

第三节　违反善良风俗的合同

一、概述

211　根据第 138 条第 1 款的规定，**“违反善良风俗”**的法律行为无效。至于如何理解该条款，法条本身未置一词。从《民法典》编纂时期以及之后的法院判决中可知，当法律行为违反了**“所有有公平正义思想的人的体面感”**时，它就违反了善良风俗。然而，只要提到“体面感”，那么即使是这样一个表述也是不确定并且具有误导性的。但总归有一点是确定的，那就是它并不取决于某个人的评价，尤其是法官自己关于某事物的个人观点，而是取决于一般的标准。在此起决定作用的是一般的原则和法律制度的评价标准，用今天的话来说就是**“公共秩序”**（öffentliche Ordnung）这一概念。所有这些描述都不会改变一个事实，即善良风俗的概念必须放在具体的语境下理解。在实务中，个案总可以被归入某个案例类型；之后再思考，在这种类型中应根据哪些具体的规则去区分法律允许的与法律不允许的。

当事人约定的行为违反刑法上的规定，这一约定因第 134 条的规定而无效（边码 200）。如果当事人知道或者可以知道他们的行为是为了欺骗第三人，或者造成了一种有利于欺骗第三人的情形，那么就适用第 138 条。牙科技师有义务将自己制造假牙的一部分报酬还给牙科医生，而牙科医生则从他的患者或者医保公司获得了全额的报酬，这一约定因第 138 条的规定而无效（OLG Köln NJW-RR 2002，1630）。出于同样的原因，一个关于买卖雷达探测器的合同也是无效的（BGHZ 183，235）。同理，虽然银行知道他的客户事实上已经破产了，但银行仍旧贷款给他，就为了向其他债权人欺瞒该客户的真实经济状况并因此获利。在拖延破产的情形中，银行与客户之间的贷款合同无效。另外，被欺骗的债权人可以根据第 826 条的规定要求银行承担损害赔偿责任（参见 *Kötz/Wagner* Rn. 473 ff.）。合同有时候首先被视为违反善良风俗，但同时也被立法者所禁止，进而因第 134 条的规定而无效。这一规则适用于委托人和律师约定了**视结果而定的报酬**（Erfolgshonorar），即只有在胜诉时才支付约定金额的报酬。早先的判例认为这样的约定是违反善良风俗的（参见例如 BGHZ 34，64），但之后被立法者禁止了（《联邦律师法》第 49b 条第 2 款）。这一禁令被联邦宪法法院视为“过度的”，进而是违宪的（NJW 2007，979）。再之后，立法者用另一个规则替代了原先的禁令：如果委托人是因为自身的经济状况而根本无法在不接受这一约定的情况下开启诉讼程序，那么就允许约定视结果而定的报酬。参见 Kilian NJW 2008，1905。 212

判例认为，如果从关于合同内容、动机和目的中得出的整体特征与善良风俗不符，那么这一法律行为——多半是合同，偶尔也可能是单方法律行为，例如遗嘱——就是无效的（例如 BGHZ 146，298）。这并不意味着当事人自己必须明知行为是违反善良风俗的。若不如此，那么只要当事人毫无顾忌地认为他的行为是合法的，不法的合同就被视为有效。正确的观点是，当且仅当双方知道了关于行为违反善良风俗的事实，合同即无效。此处的知道指的是，某人看到、听到或者因轻过失或重大过失而忽视了相关事实。 213

如果合同因其客观内容违反了第 138 条第 1 款，那么构成上文所述规则的一个 214

例外。即使当事人错把另一个事实当真而没有发现本应用于判断的事实，合同仍旧是无效的。某人将自己的全部财产让与给他的债权人，那么这个合同因第138条第1款的规定而无效（参见边码217）；即使当事人错误地以为债务人还有其他可供支配的财产，该合同仍旧是无效的（参见BGHZ 94，268，272）。

二、案件类型

（一）违反性伦理

215 尤其是在性伦理领域，今日被视为有效的合同在之前很长的一段时间里被认定为无效。早先的判例认为，将土地出租用于经营妓院的合同因违反善良风俗而无效。如果根据个案的具体情况——例如双方约定了高得离谱的租金——可知，承租人只是为了能在经济上剥削妓女，那么这样的合同即使在今天也是无效的（BGHZ 63，365）。观点上的转变也发生在如下情形中：一个已婚男人为了将情妇留在身边，送东西给她或者承诺支付赡养费或者指定她为人寿保险的受益人或者直接将她写入遗嘱。因为这种资助或馈赠减少了该男子的财产或遗产，所以也就不利于他的亲属。即便如此，也只有当资助或馈赠仅仅是为了性交易时才是违反善良风俗的；而如果资助或馈赠是出于其他动机，例如在私情结束之后继续保障情妇的生活开支，那么它就不违背善良风俗（参见BGHZ 53，369；BGH NJW 1984，2150）。至于接受资助或馈赠的人是否结婚、是男人还是女人还是双方是同性，这些都无关紧要。同居而未婚的双方在合同中约定，结束同居的一方必须向另一方支付金钱；如果有权利的一方因为例如放弃自己的公寓或者中断自己的事业而遭受了损害，那么对方就不能（以合同违反善良风俗为由）抗辩。但如果一方只是为了吓退对方结束同居关系的意愿并进而限制了对方随时行使权利的自由，那么这样的约定就是违反善良风俗的（OLG Hamm NJW 1988，2474）。

216 在《性工作者保护法》（Prostitutionsgesetz）出台后，妓女在提供性服务后享有可被执行的嫖资支付请求权；即便如此，妓女与皮条客之间达成的合同在今天看来仍旧是无效的（参见*Armbrüster* NJW 2002，2763）。联邦普通法院认为，经营者有偿向另一方提供**色情电话服务**的合同是无效的（BGH NJW 1998，2895）。另外，客户按下0190开头的号码后运营商有偿提供色情电话服务为内容的合同也是无效的（参见BGH NJW 2004，1590）。

（二）限制行为自由

217 根据自由的法律和经济制度的基本原则，如果合同过度限制了某人个人的或经济的行为自由，那么这样的合同就绝不能被视为有效。某人将其财产转让给其他人，而他在此之后会失去自我安排的能力并陷入沮丧，那么这样的合同就是无效的。例如，建筑商承诺将工程款债权让与给银行，如果银行在此之前已经让债务人将其全部剩余财产转让给自己，并进而剥夺了他作出经济和商业决定的自由，那么这样的合同以及为了履行合同而为的债权让与都是无效的。

BGHZ 19，12，18；BGHZ 44，158。另参见 BGHZ 22，347：本案中，一位作家承诺将自己未来的所有作品交给被告出版社出版。如果被告拒绝出版或者提供了与其他出版社相比不利的条件，那么原告可以与其他出版社协商。法院认为该约定“单方地给作家施压，将他的经济和个人自由限制到了不可容忍的程度”。即便如此，如果作家是一个饱受失败摧残的青年，而出版商看到了他的天赋，愿意在 2 年内以每月 1 000 欧元的补助金资助他的第一本书并为之面临极高的风险，那么判断结果就应有所不同。那些因终生供稿义务而将这种情形中的合同视为无效的人，必须忍受未来无人会订立这样的合同以资助处于同样逆境中的作家的结果。 218

约定一方负有不得与对方竞争的义务的合同，也会因不法限制行为自由而无效。**竞业禁止**（Wettbewerbsverbot）常见于劳务合同，尤其是劳动合同（区别参见边码 653、656）。雇主往往会关心雇员在劳务关系结束后跳槽到竞争企业，或者自己建立公司并利用之前积攒的客户资源和专业知识。另一方面，对于那些受制于竞业禁止的人来说，这无疑严重阻挠了劳动力的变现。因此，只有在竞业禁止符合强制性规定的情况下，即例如《商法典》第 74 条以下（针对雇员）、第 90a 条（针对商事代理人），这些约定才是有效的。例如，在企业买卖的场合，出卖人负有竞业禁止义务，不挖走之前的客户并且不利用与货源和销售机会有关的知识。又如，具有股东或合伙人身份的销售员、律师或经济师在离开企业后的一段时间内负有竞业禁止义务。 219

在 BGH NJW1979，1605 中，企业的股东负有离开公司后 10 年内不得在经营地 25 公里内设立或者经营或者入职相似企业的竞业禁止义务。法院认为这一期间过长，因为离开企业的股东早已不能再利用之前积攒的人脉和资源，对企业来说也早已构不成任何重大威胁。就“限缩后继续有效”（geltungserhaltende Reduktion）的竞业禁止请参见边码 240、282 以下。 220

原油加工企业或啤酒供应商负有在 5 年、10 年、20 年甚至更长的时间内按需向某加油站或餐馆提供燃油或啤酒的义务，这样的合同也会碰到与上文相似的问题。如此长时间受制于合同的人，的确是被严重限制了经济自由。然而，另一方面，如果人们只允许很短的约束期并进而减少了另一方投资信贷的维持和财产的出让，那么对于一个处于资本弱势的加油站或餐馆的经营者来说是不公平的。 221

判例认为可以订立为期 15 年的啤酒供应合同，例外情况下可以延长到 20 年。这一切视个案中的具体情况而定，例如供应的范围是否涉及餐馆所有的酒类品种还是仅仅是一部分，是否有约定最低供应量，以及啤酒供应商的资本支出高低。参见 222

BGH NJW 1972，1459；BGH NJW 1979，865；BGH NJW 1992，2145。还需要注意的是，过长的约束期（过度的竞业禁止同样）不仅仅因第138条的规定而无效，而更是因违反了德国法及欧盟法中关于竞业禁止的规定而无效（《反竞争限制法》第1条，《欧共体条约》第81条）。此处另参见边码249、282以下中关于“限缩后继续有效”的过长的约束期。

（三）保证合同

223 所有人都知道为他人承担保证（Bürgschaft）是风险行为。具有完全行为能力的人在保证证书上签字，并且他没有因恶意欺诈或不法胁迫而作出该表示，那么他就不应在风险实现时怨天尤人。但如果保证人是在非常急迫的情况下或者毫无经验地作出了表示，并且对方知道该事实且厚颜无耻地利用了这一事实，那么结果就会有所不同。尤其难以决断的情形是：信贷机构按常规要求债务人，为保证自己发放的贷款而提供来自债务人亲属的保证。于是问题便出现了：当保证人为了自己父亲、配偶、生活伴侣或其他近亲的债务作出保证时，那么它在满足什么条件的情况下会因第138条第1款而无效？首先，联邦普通法院倾向于认为，亲属不仅用现有财产并且不得不赌上自己一生的钱财为他人债务保证，这样的保证也是有效的（参见例如 BGH NJW 1989，1605）。但之后在联邦宪法法院的判决影响下，判例的观点缓和了许多。当保证对保证人来说是**明显是过分了**，并且他只是出于对债务人的情感依赖而提供了保证，那么这种保证就会因为违反了善良风俗而无效；此时，贷款机构必然知道这些事实并且为了自己的私利而利用了这些事实。

224 参见例如 BGHZ 137，329；BGH NJW 2002，744 和 746；BGHZ 151，34；BGH NJW 2005，971。当保证人的自由收入还不足以支付主债务的利息时，就说保证是明显过分的（BGHZ 146，37；BGH NJW 2000，1182）。保证人无须拿自己的一生来冒险，因为他可以在破产程序中经过六年的良好表现期而享受余债免除，并因此在经济上开始新的生活（1999年1月1日正式实施的《破产法》第286条以下）。[①] 但是，余债免除的目的并不是正当化贷款机构“利用那些财务过度负担夫妻为满足自己不切实际的利益的薄弱意志”的行为（BGH NJW 2009，2671，2674）。当贷款机构可以证明保证人并非出于利他的观念而是**追逐经济上的利益**，例如他将成为通过贷款取得的土地的共有人或者企业的共同经营者，那么此时的贷款机构就享有相应的请求权（参见 BGH NJW 1999，135）。英国法甚至要求贷款机构证明，亲属在作出保证表示之前已要求获得来自独立的律师的建议并且后者在适当的时间内表示了赞同。当例如根据保证表示的字面含义，妻子只以自己转让给丈夫的财产为限为他的经营债务提供保证，那么信贷机构的请求权也是可实现的（参见 BGHZ

① 从2020年10月1日起针对消费者的良好表现期已缩短为3年。——译者注

151，34）。是否适用这些规则，与亲属的责任是否涉及某个保证，以及他是否对接受贷款具有个人利益从而“作为借款人”承担责任之间毫无关系（BGH NJW 2009，2671）。

即使不是亲属提供的保证，只要保证对保证人来说是明显过分的，那么它仍旧会因第 138 条第 1 款而无效。在这种情形中，保证人必须是出于其他原因而处于强制状态，并因此不能自由、负责地作出决定。此外，债权人必须知道保证人处于被迫状态并且为了自己的私利而利用了这一事实。例如，保证人是债务人的雇员，他因害怕银行不贷款给雇主后会被雇主辞退才提供了保证，那么这个保证对他来说就是明显过分的。 225

BGHZ 156，302。另参见 BGHZ 125，206；BGH NJW 1997，1980；BGH NJW 2001，815。即使对保证人来说不是明显过分的，保证也可能无效。例如，丈夫跪下求他的妻子为自己在经营活动中产生的债务提供保证，妻子出于“情感上的依赖”不可能拒绝这一请求；如果她之前继承了 100 万欧元的遗产，那么因保证而承担的责任就不是明显过分的。但如果债权人知道妻子的窘境，在没有让她获得来自独立律师的建议的情况下确认了保证，那么这一保证就是无效的。即使没有满足第 138 条第 1 款规定的前提，保证人仍旧可以提出其他抗辩：他是因为债权人、债务人或者其他第三人的故意欺诈或不法胁迫而作出了保证表示，那么他可以依第 123 条的规定撤销该表示（边码 335 以下）。即使保证没有因第 138 条的规定而无效，也没有因第 123 条的规定而变得可撤销，保证人仍旧可以以债权人违反了保证磋商期间的合同成立前的义务并对此存在过错而需承担损害赔偿责任为由，不再受保证的约束（第 280 条第 1 款、第 311 条第 2 款、第 249 条；边码 362、363、509、510）。虽然债权人并不负有向保证人清楚解释由保证引起的风险的义务，但如果他就风险的方式和范围对保证人做了错误的陈述或者故意低估了风险，那么就构成义务违反（参见 BGH NJW 2006，845；边码 344）。如果保证人不仅仅想从保证中解脱出来，还想要求对方赔偿因信赖保证的成立而支出的费用，那么因缔约过失而产生的责任对保证人来说意义重大（参见 BGHZ 99，101）。 226

（四）给付与对待给付不对等

一般来说，合同的有效性不取决于给付与对待给付之间是否处于适当关系。只要某人有行为能力，并且完成了订立合同的整个过程，即有考虑的可能并作出了负责的决定，那么即使这是一笔亏本交易，他仍旧受合同的约束。但这一原则终究违背了一个事实，即给付与对待给付的等价（Äquivalenz von Leistung und Gegenleistung）是交换正义（iustitia commutativa）的普遍命令。虽然《民法典》的制定者们始终坚信，第 138 条中的规则足以应付一切。但关于“不适当的合同是存疑的”想法明显符合人们的正义感，以至于帝国议会在最后一小时内补充了第二款：如果 227

给付与对待给付处于**明显的不对等关系**，一方利用另一方“**处于急迫情势、无经验、欠缺判断力或意志力显著薄弱**”而订立了合同，那么这个合同就违反了善良风俗并进而无效。

228 判例发展出了有关第 138 条第 2 款中“明显的不对等关系”的经验法则。当明显不利的一方负担的给付双倍高于他可以向对方要求的对待给付时，就出现了“明显的不对等关系”。土地的客观价值是 60 万欧元，如果双方约定的价格低于 30 万欧元或者高于 120 万欧元，那么就出现了“明显的不对等关系”（参见 BGHZ 160，9，16 f.；BGH NJW 2006，3054）。又如，借款人是消费者，他承诺的利息至少是同类贷款的市场利息的两倍以上，那么这个贷款合同也出现了“明显的不对等关系”（细节参见 BGHZ 104，102；BGHZ 110，336）。因为债权人没有向保证人承诺对待给付，所以第 138 条第 1 款不适用于保证合同。

229 一旦出现“明显的不对等关系”，如果明显不利的一方想要主张合同无效，那么他必须证明自己在订立合同时处于“急迫情势”或者由于无经验、欠缺判断力或意志力薄弱而订立合同。此外，他还必须证明对方当事人明知自己的窘境和“明显的不对等关系”或者对方轻率地不理会这一切。当不满足这些条件——尤其是利用对方的急迫情势、无经验、欠缺判断力或意志薄弱——时，交易不会因第 138 条第 2 款而是会因第 138 条第 1 款而无效；其前提是，一方明知“明显的不对等关系”并且他在“卑劣思想”的驱使下试图获利。获利者——例如以极低价格购买土地的买受人——可以通过证明自己信赖（有瑕疵的）估价报告来推翻这一推定。但一般来说，一旦出现了“明显的不对等关系”，就很难再动摇有关“卑劣思想”的推定（细节参见 BGHZ 110，338；BGHZ 146，298；BGH NJW 2006，3054；BGH NJW-RR 2008，1436）。

第四节 法律后果

230 违反法定禁止或善良风俗的合同无效。只要一方已经履行了给付，那么他就可以根据第 812 条以下的规定要求返还。但这样的不当得利请求权常常因第 817 条第 2 句而落空。

231 根据第 817 条第 2 句的规定，给付人对于违反法定禁止或善良风俗的行为同样存在过错的，不得请求返还。当然，如果只有给付人的给付行为违反了法定禁止或善良风俗，那么他当然不享有不当得利请求权。虽然第 817 条第 2 句并没有提到这种情形，但判例把它“更正”了。

232 有疑问的是，这样的法律后果真的合适么？尤其是人们问到，违反了法定禁止或善良风俗的合同是否能够部分的或者以改变了的形式继续生效，甚者，当第 817 条第 2 句排除了不当得利请求权后，还能否例外地允许返还给付。

当合同违反**法定禁止**时，上述问题的答案取决于通过解释得出的法定禁止的目的。它不仅决定合同是否有效（边码 200 以下），还决定了在去掉违反法定禁止的部分条款后合同剩余部分是否有效。同理，当合同违反善良风俗时，善良风俗虽不是法定规则，但它像法定规则一样追求着震慑人们不为非作歹的目的。违反了法定禁止或善良风俗的合同当事人能否全部或部分要求返还给付的问题，取决于究竟是拒绝返还请求权还是（即便存在第 817 条第 2 句的规定却仍）允许全部或部分返还给付更能够实现禁令的震慑目的。 *233*

司法实践中下述权衡意义重大：人们在判决文书中常常发现其他理由，例如合同当事人明知使用雷达预警接收器不被允许，那么有关获得该设备的合同就会因第 138 条的规定而无效（边码 212）。至于买受人是否会因第 817 条第 2 句的规定而失去买卖价款返还请求权，联邦普通法院认定以远程销售合同的方式购买该设备的买受人可以依据第 312d 条的规定主张撤回权：如此一来，即使合同无效，买受人仍旧享有买卖价款返还请求权（BGHZ 183，235 和 *Looschelders* AT Rn. 172）。承租人在房屋租赁合同中向出租人承诺了高到不被允许的租金（租金暴利；参见边码 736），那么租赁合同不会因这个理由而依第 134 条被视为无效，而是承租人只需要支付金额被允许的租金并可以要求返还超出的部分。参见 BGHZ 89，319；BGH NJW-RR 1990，276。 *234*

同样需要考虑的是，合同在去掉违反法定禁止或善良风俗的条款或保留被允许的剩余内容后，能否继续有效。此时，适用第 139 条，即关于部分无效的规定。 *235*

当法律行为的一部分无效时，原则上整个法律行为无效，除非“能够认为除去无效的部分后该法律行为仍会被实施”。这里的法律行为首先指合同，而法律行为的一部分指的是合同个别条款。个别条款依第 134 条、第 138 条而无效，如果双方有明确的意思或推定的意思，他们在订立合同的时候就知道条款无效却仍旧订立了合同，那么合同的剩余部分仍旧有效。例如，承揽人为了避免交税，与定作人约定不提供账单，那么这个约定就是无效的（《民法典》第 134 条、《税法通则》第 370 条）。至于整个承揽合同是否无效，则取决于双方当事人在不存在有关不提供账单的约定的情况下是否还会订立合同。 *236*

参见 BGHZ 176，198。当事人订立了多个合同，并且这些合同以“同生共死”的方式被“绑”在一起，此时也适用第 139 条。当事人以这样的方式订立了两个以不同土地为标的的买卖合同，或者承租人租下了一间商铺同时向出租人购买了办公设备。如果其中一个合同因违反法定禁止或善良风俗（第 134 条、第 138 条）或形式瑕疵（第 125 条）或被撤销（第 142 条）或缺少第 108 条第 1 款和第 177 条第 1 款要求的允许而无效，那么就适用第 139 条。当个别条款只是因违反了以保护合同 *237*

一方当事人为目的的强制规则而被认定无效时，不适用第139条。例如，一个一般交易条款依第307条以下的规定，或房屋的承租人拒绝了减少租金的权利（违反了第536条第1款和第4款的规定），或经营者不能在他与消费者的关系上主张有利于他的买卖合同中的条款（根据第475条第1款的规定）。虽然上述条款都是无效的，但合同的其余部分仍旧有效，与第139条无关。在一个一般交易条款无效的情形中适用第306条第1款，而在后两种情形中则认为受保护的一方对继续实施合同（去掉无效条款）具有重大利益，而立法者希望保护这一利益（参见BGHZ 184，209 Rn. 29）。

238 有争议的是，在满足什么条件的情况下，法官（由第139条保护的法思维出发）可以认定违反善良风俗的约定缩小至被允许的程度而合同的剩余部分继续有效。如果是因给付与对待给付之间的不对等关系或者保证人承担的“明显过度的”责任（边码223以下）导致合同违反善良风俗，那么就无须考虑上文所说的**“限缩后继续有效”**（geltungserhaltende Reduktion）。面对这些案件时，法官会将有伤风化的、高得离谱的价款减少到合理的程度，将有伤风化、低得离谱的价款增加到合理的程度，或将保证的金额限制在可以忍受的、符合善良风俗的范围内（BGHZ 68，204，207；BGH NJW 2009，1135 Tz. 12 ff.）。这样一来，合同一方当事人势必会想尽一切办法实施违反善良风俗的行为，而第138条所蕴含的**预防目的**（Präventionszweck）也就完全落空了。

239 但是，也存在无数的、预防目的不起作用的情形。例如，违反善良风俗的合同条款有利于一方当事人，但他在订立合同的时候没有认识到他仍可以主张合同有效并进而没有促使剩余内容有效的动机。此时就存在足够的理由，认定改造后的合同继续有效，即允许“限缩后继续有效”。

240 联邦普通法院认为约束餐馆和啤酒供应商长达24年的供货合同违反了善良风俗，应将合同期减至16年；此外，餐馆在10年后不愿意继续履行合同，判令其支付约定的违约金，金额高达剩余6年内可预见的啤酒销售额的15%（BGH NJW 1974，2089；另参见BGH NJW 1972，1459；BGHZ 74，293；BGH NJW 1992，2145）。这一规则同样适用于约定竞业禁止的范围、事件或区域超过了被允许的界限并进而违反了善良风俗的情形。例如，从位于慕尼黑的事务所离职的律师负有5年内不得在巴伐利亚州执业的义务，由于这个竞业禁止的期间和地理范围超过了合理的界限，所以应对其加以限制。如果这个律师在退出律所后立马在慕尼黑重新执业，那么在前律所提起不作为之诉的时候，他就不能抗辩说整个竞业禁止无效。法官必须审查是否应该在时间和地点上缩小竞业禁止的效力，以替代律所提出的诉讼（不同观点BGH NJW 1977，3089和BGH NJW 2005，3061）。在涉及一般交易条款的案件中，联邦普通法院也曾允许“限缩后继续有效”（参见例如BGHZ 107，351和BGH NJW 2001，815）。约定的利息过高导致贷款合同无效的，原告并不是依第 812 条而是第 817 条第 2 句要求返还已经提供的“给付”，即借款人可以在约定的时间内保留资本（RGZ 161，52；BGH NJW 1983，1420，1422 f.）。另外，借款人在此期间无须支付利息，更无须支付如文献中声称的“市场普遍利息”。贷款人失去了利息请求权；因为只能通过这种方式才能达到震慑目的，即确保他不会实施违反善良风俗的借贷行为。若不如此，那么他大可在约定过高的利息一事上放手一搏，反正最终至少可以收到“市场普遍利息”（正确的观点 BGH NJW 1983，1420，1422 f.；BGH NJW-RR 1989，622，624 和 *Wagner* AcP 206（2006）352，367 f.）。

第六章
一般交易条款

第一节　功能和保护目的

241　现代交易避不开一般交易条款（AGB）。现实中几乎不存在内容与一般交易条款无关的合同，合同标的物价值尤其巨大或尤其小的除外（参见边码 55 以下）。如果合同标的物价值巨大，例如出卖、出租或重建大型货船、报纸印刷机或者办公大楼，那么对交易双方来说，才值得为磋商投入大量的时间和精力，并最终达成由"双方详细地商讨的条款"组成的合同（第 305 条第 1 款第 3 句）。恰好相反的是那些购买日常所需的小额商品，此时就不值得为磋商支付费用，而代之以（任意的）法律规定或者一般交易条款。

242　对于那些处于两者之间的情形来说，一般交易条款意义重大。对经营者来说，由于他可以借机标准化自己的交易流程、简化组织并减少所需费用，因此由他准备并且无差别适用于其与客户关系的一般交易条款就是合算的。如果人们将一般交易条款扔在一边，那么可以根据任意性规定确定合同的内容。然而出于不同的原因，这一条路对经营者来说既无吸引力也不具实操性。现代的交易形式发展迅速，《民法典》根本不了解这些新东西，更别提对细节予以规范了：从一开始就缺少法定的任意规则。有时候虽然有这些规则，但是不够用、存在漏洞或者不够明确。最重要的是，即使存在这些规则，经营者也有为使合同变得有利于自己而将一般交易条款纳入合同的强烈动机。

243　第 305 条以下的强制规定旨在规范将一般交易条款纳入合同、为它设置界限以及条款无效的法律后果。虽然大家都认同这些规定的必要性和强制性，但就其正当化的内在理由却存有争议。很多人声称，规则的目的在于保护合同弱势方。客户在面对由经营者提供的一般交易条款时毫无“说不”的能力：双方的磋商能力并不相同，客户的经济、智力、信息和心理能力明显弱于经营者，因此不能适当地将自己的利益写入合同并达成公正的合同条件。

这些思考并没有触及到问题的核心。它们与下述事实不符，在今时今日的交易中，一般交易条款并不仅仅用于毫无“说不”能力的客户，同样也用于经济实力、谈判能力相当的合同双方当事人。当经营者委托承运人运输货物、委托仓库管理人看管货物、委托保安公司押送货物或者与银行、信贷咨询公司或保险公司订立合同的时候，他也有可能不得不接受摆在他面前的一般交易条款。此时，他并不是出于经济上的或其他方面的弱势而“屈服于”对方提供的一般交易条款，毋宁是他不值得支付交易成本；而该费用产生于分析一般交易条款并据此作出判断，之后要么为了改变条款而进行磋商，要么不得不继续寻找能够提供更优一般交易条款的合作方。提出一般交易条款的经营者对上述情况了如指掌，他可以指望自己的客户——无论客户是经营者还是消费者——出于已经提到的原因接受一般交易条款，而不是另找他人。因此，他可以在不惧怕处罚的情况下拟定有利于自己的一般交易条款，并通过这种方式将合同履行过程中的风险全部转嫁给客户。第 305 条以下的目的就在于，为经营者的算计设定界限。 244

将一般交易条款纳入合同以及内容控制的正当性并不在于保护处于弱势的合同当事人。客户为了避免承担过高的（用经济学的术语来说）交易成本而在不进行内容审查的情况下接受了一般交易条款，这会在当事人之间引起信息不对称并最终导致市场失灵，而立法者是想通过第 305 条以下来阻止这些后果的发生。参见 *Kötz* JuS 2003，209；MK-*Basedow* vor § 305 Rn. 2－6；从这一角度的思考导致对一般交易条款进行内容控制，参见边码 272 以下。 245

第二节　一般交易条款的概念、纳入合同和解释

一、一般交易条款的概念

根据第 305 条第 1 款第 1 句的规定，一般交易条款是指为数量众多的合同而预先拟定的、由合同一方当事人（即使用人）在合同订立时向另一方提出的合同条款。 246

一般交易条款必须是**“合同条款”**（Vertragsbedingungen），即成为合同内容的规则。当然，这里的合同不包括家庭法、继承法和公司法中的合同（参见第 310 条第 4 款），指的只是所有的债法（边码 6）和物法（边码 8）上的合同。其次，被称为一般交易条款的合同条款必须是**“为数量众多的合同而预先拟定的”**。也就是说， 247

它必须在合同订立之前就已拟定完毕并准备纳入未来订立的合同。一般来说以书面形式呈现，但也可以被储存在“大脑中”，例如使用人指示自己的工作人员熟记某些合同条款，在订立合同的时候手书将其写入合同文本（BGH NJW 2005，2543）。一般交易条款的使用人不需要亲自拟定条款，例如汽车修理厂可以将由专业协会撰写的“维修条款”纳入合同，或者出租人交给承租人一份从报业那里拿来的租赁合同模版，或者在土地买卖合同中纳入标准手册（Formularhandbuch）中的内容。合同条款“为数量众多的合同”所用指的是，使用人抱有多次使用——一般来说最少三次——的意图而使用这些条款。至于合同条款是否被写入“标准合同”，或者是否“构成合同外的特别组成部分”，即例如作为附件的合同证书或者有单独签字的合同背面（第305条第1款第2句），则无关紧要。作为单独的合同条款提供给客户的也算一般交易条款，例如记载于车票、在维修单据背面、在洗车间或停车场入口处的指示牌以及在旅馆或医院病房的衣柜提示牌上的条款。

248 使用者必须向另一方**“提出”**合同条款。这不意味着使用者在经济上的强势地位引起了合同当事人之间就合同执行权力的不平等，而是指使用者必须在占用了单方的形成权力的情况下将条款提升为合同的基础（BGHZ 184，259 Tz 12，16）。很少会存在下述情况：条款虽然由一方预先拟定，但另一方据此提交自己的文本建议并进而可以自由决定是否接受对方的建议（BGHZ 184，259）。其次，如果使用者与客户**“详细商谈”**合同条款（第305条第1款第3句），那么这种条款就不是由使用者“提出的”。然而这一点并不容易被证明，尤其是当使用人可以事后——例如通过手书将增加部分写入书面合同文本——修改合同条款的时候。判例认为，即使用人在磋商的过程中明确告知客户他有修改条款的打算，并且客户了解条款的范围并事实上接受了条款，也只有在非常例外的情况下才会“详细商谈”不可变更的合同条款。

249 参见BGHZ 104，232；BGHZ 143，103，112；BGH NJW 2005，2543。之所以要对一般交易条款进行强制性的内容控制，是因为客户会全盘接受这些条款；否则，他就不得不为了与使用人磋商或者寻找能够提供更优条款的提供者而支出经济上并不划算的费用（边码243、244）。基于这一事实，人们在文献中（参见*Berger* NJW 2010，465；*Miethaner* NJW 2010，3121）常常能见到下述观点：双方都是经营者，他们虽然全盘接受了这些条款，但还是可以就合同进行磋商，并且出于交易的重大经济意义而值得对一般交易条款予以讨论；此时，这些一般交易条款就应该被视为“详细商谈的”。客户是消费者而使用人是经营者，合同条款则构成“消费者合同”的一部分（边码46以下），关于构成一般交易条款的前提以有利于消费者的方式被拆分为三点（参见第310条第3款）。首先，不是由经营者而是由第三人——例如公证员以标准手册为基础撰写——纳入合同的，这些条款仍旧被视为“由经营者提出的”（第310条第3款第1项；BGH NJW 2010，2873）。其次，预先拟定的条款不是为了数量众多的合同而只是为了这一次交易，只要消费者能够证明自己“无法影响”条款的内容，那么仍构成一般交易条款（第 310 条第 3 款第 2 项；BGHZ 176，140）。最后，被纳入消费者合同的一般交易条款，在依第 307 条判断其适当性时需要考虑“伴随合同订立时的事实”（第 310 条第 3 款第 3 项）。由此可见，一个根据通常的事实经受住了第 307 条要求的内容控制考验的一般交易条款，当在具体案件中保护消费者显得如此必要时，这个被纳入消费者合同的条款也有可能被视为不适当并进而被认定为无效（参见 MK-*Basedow* § 310 Rn. 70 ff.）。第 310 条第 3 款之所以为消费者合同提出特殊规则，是因为德国立法者必须通过制定有关一般交易条款的规定来回应 1993 年 4 月 5 日的欧盟指令。这一指令将范围限制在“消费者合同中被滥用的条款”。该指令同时允许各个成员国的立法者将内容控制适用于经营者之间以及消费者之间订立的合同（参见该指令第 8 条）。然而，需要注意的是，一旦涉及消费者合同，那么就必须以合乎指令的方式解释第 307 条以下；如果对是否属于条例规定范围尚存有疑问并且有关决定事关重大的，那么在满足某些前提的情况下必须将案件提交欧洲法院。参见 MK-*Basedow* § 305 Rn. 50 ff.。

二、纳入合同

第 305 条第 2 款包含了一般交易条款成为合同组成部分的前提的详细规则。尤其是，使用者在之前或最晚在“订立合同当时”向客户明白地提示一般交易条款，并使对方有可能以“可合理期待的方式”知悉条款的内容。毫无疑问，这一规则的用意是极好的，至于事实上会不会用到就是另一回事情了。这是因为，这一规则以客户事实上会（有可能）仔细审查条款的范围并且根据实际情况得出结论为前提，然而实际上他不会这么做。客户在驶入停车场前认真阅读挂在墙上的一般交易条款，并根据上面的内容摸着自己的脑袋决定到底是开进停车场还是另找提供更优条款的停车场，这一行为看起来匪夷所思。但第 305 条第 2 款终究是为法官提供了便利：他可以否认一般交易条款已纳入合同，以此免去对该条款进行内容审查的辛劳。 250

根据第 305 条第 2 款第 1 项的规定，一般交易条款纳入合同的第一个条件是，使用人在订立合同的时候**明白地提示**该条款将构成合同的一部分。口头（例如通过电话）订立的合同，虽然只需要口头明白地提示，但从使用人的角度来看这么做与其目的不符：这是因为，之后一旦与其客户起争执，使用人必须加以证明；除非使用人在通电话的时候有证人在场或者将通话录音，否则很难成功。如果书面订立合同并将一般交易条款打印在了合同书的背面，那么使用人必须将提示写在正面并且确保，对处于平均水平的客户来说无须费力就能看到这一提示（BGH NJW-RR 1987，113）。如果使用人自己接受一般交易条款，那么特别提示就是无关紧要的。 251

当使用人“在订立合同的地方以显而易见的布告”提醒客户一般交易条款或者在布告中清楚写明条款，例外地不需要特别提醒。但是，这一例外只适用于“唯克服过巨困难才可能明白地提示时”。这尤其是指，通过可推断的行为订立的合同并且在使用人和客户之间并未发生个别交流；或者参与者虽然对话了，但就具体事实而言，经济上不值得为特别的口头提示支付费用。当客户将硬币投入吞币处并租用了一个储物柜，或者在自动贩卖机上购买商品，或者将车开进停车场或洗车房，或者将衣服交给一个经营者清洗、保管或保养，这时候仅仅一个布告就足够了。

252 对将一般交易条款纳入合同来说，只有一个关于该条款的布告是不够的。使用者必须能够让客户在合同订立前或合同订立时以可合理期待的方式**知悉**一般交易条款的内容（第 305 条第 2 款第 2 项）。因此，客户在作出具有约束力的表示——这里指的是要约或者承诺的表示——的时候必须拿着写着一般交易条款全部文本的文件。如果客户在收到使用人的书面要约时，上面只写着一般交易条款会随后寄给客户，或者条款公布于使用人的营业场所，或者只说可以在书商那里弄到条款，或者只说在之前订立合同的时候已经告知过条款，那么这些一般交易条款都不会成为合同的组成部分。如果是在使用人的营业场所内订立合同，只要将一般交易条款的内容写在布告上并展示在明显的位置，并且客户无须多费力气寻找就能知悉条款的，那么这些一般交易条款就成为合同的组成部分。

253 需要注意的是，必须在**“合同订立的时候”**满足第 305 条第 2 款规定的条件。当合同依照一般规则已经成立，客户在收到事后发给他的账单或者送货单时才知道合同中有一般交易条款以及条款的内容，那么就不符合“在合同订立的时候”这一前提。如果病人在进入病房后才在放置于室内的布告上发现医院关于接收条件的提示及其具体内容，那么也不符合前文提到的条件。同样的情况还包括：旅店客人将车停在旅店附属的停车场，客人在前台拿到钥匙、进入客房打开衣柜的门后，才发现了写着旅店经营者排除或减轻汽车在停车场内失窃或损坏的责任的布告；停车场、剧院或者游泳池的经营者必须在顾客将车驶入停车场（并非在自动付款机）或者在售票窗口（并非在门票的背面）时就尝试（通过将一般交易条款写在布告上的方式）排除自己的责任。

254 最后，客户必须对适用一般交易条款**“表示同意”**（第 305 条第 2 款最后）。这指的是，当满足了第 305 条第 2 款第 1 项和第 2 项规定的条件后，通过客户作出的明确表示或可推断的行为得出，他认为包含一般交易条款的合同对自己具有约束力。

255 即使在日常交易中第 305 条第 2 款中的规则有时也会引发难题。例如客户通过打电话的方式预订了 5 000 升燃油，经销商可以在电话中提示一般交易条款。但是，他并不能确保对方能够知悉一般交易条款；除非他在通话中逐条朗读，而这样做非常不切实际。此时应该怎么办？经销商在通话结束后将印有一般交易条款的订货确认函发给客户，或者在输送燃油的时候将这样一封确认函塞给客户，此时需要区分这两种情形。电话谈话内容表明，客户虽然提出了要约，但经销商并未接受，此时合同未成立，那么之后发送或者当面交出的订货确认函依第150条第2款的规定被视为经销商的新要约，客户必须通过例如可推断的行为（如告知司机通往油罐的道路）的方式接受该新要约。如果在电话中合同（不包括一般交易条款）已经成立了，那么发送或当面交给订货确认函被视为经销商的要约，该要约的内容是向客户建议通过纳入一般交易条款的方式事后修改已生效的合同；此时，客户必须表示接受该要约。如果经销商没有给出任何书面文件，而是在通话结束后立马发货，那就真是棘手了。通说认为，第305条第2款第2项在例外情况下并不是强制性而是任意性规定。经销商在通话时向客户提示一般交易条款，客户默认了这一提示并且没有再要求发送一般交易条款；此时，他默示地拒绝了对能够知悉一般交易条款的确保。"这样做虽然很冒险，但也很合情理。因立法者极度冷漠而引起的错误，必须通过非教条的做法来补救"（MK-*Basedow* § 305 Rn. 67）。经销商也可以通过依据第305条第3款的规定与客户签订框架协议的方式来避免这些问题；他可以当面交给或者发送一般交易条款，并且与客户事先约定好，之后有关送交燃油的合同都必须适用这些一般交易条款。

根据第310条第1款第1句的规定，客户是经营者并且在职业或营业活动中订立的合同，则不需要满足第305条第2款和第3款规定的形式要求（第13条）。这尤其是指，使用人在订立合同的时候没有提示或者没能确保客户能够知悉条款，这些一般交易条款仍旧构成合同的一部分。必要且充分的条件是，客户知道或者应知使用人的交易通常建立于某些一般交易条款之上。这尤其是指，在某些领域以统一的形式使用一般交易条款——例如德国标准运输条款（Allgemeine Deutschen Spediteurbedingunen ADSp）或者银行的一般交易条款，即"行业内通用的"一般交易条款；另一种情形可以是，使用人与客户之间有长期的交易关系，双方在之前的同类型合同中已经纳入一般交易条款，客户无论是之前还是现在都未反对过这一点。 256

即使使用人已经完成了第305条第2款规定的信息告知，但如果一般交易条款"如此**不同寻常**以至于使用人的合同相对人无须考虑他们"，那么该条款不构成合同的一部分（第305c条第1款）。在此，立法者理智地认为，客户根本就不会或者不会花费精力去读这些条款。在这种情形中也允许人们相信，处于平均水平的客户完全不需要接受包含上述一般交易条款的合同。 257

作为条款使用人的供货人送交并安装了天线，下述一般交易条款并不构成合同的一部分：供货人有权在某期间内维修设备并且客户有义务为此支付报酬。即使因为客户只应在合理的期间内受维修合同的约束并且使用人的瑕疵履行责任被合法地限制了，而使隐藏于一般交易条款中的维修合同符合了第307条以下的内容控制，它仍旧不构成合同的一部分。如果设备的供货人还想有继续提供维修的权利，那么 258

他必须就此与客户达成单独的约定。同理，儿子为了买房而向银行贷款，父亲为此提供保证；如果条款的内容是“儿子归还了此笔贷款但仍对银行负有其他金钱债务的，父亲仍需继续保证”，那么这个一般交易条款不构成由银行拟定的保证合同的一部分（参见 BGHZ 126，174；BGHZ 130，19，24）。有时候，一般交易条款不同寻常不是因为它的内容，而是因为条款使用人在一个客户完全不会注意到的地方插入了该条款。例如，有关出租人只就故意或重大过失对租赁物的瑕疵承担损害赔偿责任的条款，其之所以不同寻常不是因为它的内容，而是因为它被写在了名为“抵销和留置”一节中（BGH NJW 2010，3152）。

三、解释

259 有关合同解释的一般规则原则上也适用于包含一般交易条款的约定需要解释的情形。然而，必须考虑到一般交易条款不是为某个合同相对人而是为未来数量众多的客户提出的事实。因此，必须“**依据客观标准**，同时排除个案中的偶然和相对人的个人观念”来确定一般交易条款的内容含义（BGHZ 22，109，113）。这指的是，一个没有受过法学训练的、具备人们通常期待的交易经验的客户会如何理解有争议的一般交易条款。

260 有时候，解释一般交易条款不会得出一个明确的结论，而是得出两个不同的、于法有据的结论；其中一个结论有利于客户，另一个则不利于客户。此时适用第 305c 条第 2 款中的“**疑义规则**”。据此，“有疑义时，作对使用人不利的解释”。因一般交易条款的疑义而引发的风险应由使用人承担，这是因为，相比于客户，使用人能够以更少的成本避免该风险，即拟定通过解释只会得出一个明确结论的一般交易条款。

261 由第 305c 条第 2 款的疑义规则可知：第一步，对作不利于客户的解释而得出的条款，依据第 307 条以下的规则予以审查，未通过者则视为无效。第二步，对通过审查的条款再适用第 305c 条第 2 款，对该条款作有利于客户的解释，经过这番解释后得出的条款才是有效的。参见 BGHZ 176，244 和 MK-*Basedow* § 305c Rn. 33 ff。实践中，该疑义规则常在保险合同中发挥作用，尤其是有疑义的标准保险条款（AVB）排除或限制了保险公司的加入义务。例如马厩的所有人为自己饲养的马匹订立了责任险，而根据标准保险条款，牵引马车的马匹并不在投保范围内；此时若作不利于客户的解释，那么那些虽然主要被用于马术活动但有时也会被用来牵马车的马匹所造成的损失，保险公司就无须理赔。法院认为，在此应作有利于客户的解释：除非马匹只用于或者主要用于牵引马车，否则保险公司不能拒绝理赔。参见 OLG Oldenburg NJW-RR 2004，1029。在 BGHZ 63，333 中，旅店经营者在旅店停车场入口处竖了一块写有“停车自担风险”的牌子。有疑义的是，如果因停车场本身的瑕疵而损坏了旅店客人的汽车——例如停车场内有不易被发现的深坑或者腐烂的树木倒塌了——那么是否还可以依该一般交易条款排除旅店经营者的责任？联邦普通法院认为，应对该条款作有利于客户的解释，即“停车自担风险”仅仅适用于第三人偷窃或损坏汽车的情形。

如果双方在合同订立之前或者之后作出了**个别约定**，即“详细地商谈”了合同条款（第 305 条第 1 款第 3 句），那么根据第 305b 条的规定，当它不同于一般交易条款时，则优先适用个别约定。首先，必须通过解释确定个别约定以及一般交易条款的含义。一旦两者不同，那么个别约定优先。例如，使用人与客户订立了买卖合同，合同中的一般交易条款写明，不受交货日期的约束或者允许超期交货，或者必须额外为约定价格支付增值税，又或者允许从其他生产商手中购买同种类的商品以代替合同约定的商品；此时，虽然使用人可以主张推定书面形式订立合同以及纳入合同的一般交易条款的完整性和正确性，但这一推定可被推翻。如果客户可以证明，在合同订立前后通过个别约定确定了具体的交货日期或者约定的价款就是最终报价，那么就不适用上述一般交易条款。如果个别约定是以书面形式——例如手写的合同书的补充——作出的，那么就可以相对比较容易地完成举证责任。即使很难证明口头约定，它仍旧优先于一般交易条款。从具体情况得出合同双方的共同意思也优先于一般交易条款。如果从磋商的内容可知，客户只对合同指明的生产商有兴趣，并且使用人知道或者应该知道这一情况的，那么此时也出现了与之对应的个别约定。客户拒绝接受从其他生产商手中购买的同种类商品，而使用人是在援引一般交易条款的情况下为履行合同而提供这些商品，客户的行为并不构成受领迟延。如果个别约定只是以口头形式或者通过双方可推断的行为得出的，那么即使一般交易条款规定了口头约定只有在满足书面形式或者只有在使用人书面确认后才生效，仍旧优先适用个别约定（参见边码 193）。 262

只有当个别约定生效时，它才会优先于一般交易条款。如果客户与使用人的雇员达成了个别约定，而该雇员欠缺必要的代理权，那么这样的个别约定就是无效的。虽然人们在有关书面形式的一般交易条款中可以看到使用人排除或者限制员工的代理权，但是只有当“使用人在合同证书中供客户签字那一栏的上方明白地指出不应该在意代理人的口头表示”的时候，这一条款的效力才会被承认（MK-*Basedow* § 305b Rn. 14）。 263

第三节　内容控制

一、适用范围

第 307 条到第 309 条规定了可以生效的一般交易条款需要满足哪些内容上的要 264

求，人们将其称为一般交易条款受制于**内容控制**。只有当合同条款在第 305 条第 1 款规定的技术意义上构成了一般交易条款、符合第 305 条第 2 款的规定、符合一般规则并且是由商人提出的时候，才会对这样的条款进行内容控制（边码 256）。如果一个一般交易条款因其“不寻常”而未能成为合同的一部分（第 305c 条第 1 款）或者因被个别条款“碾压”而未被列入考虑（第 305b 条），那么它也无须接受内容控制。

265 最后，只有那些“用来约定偏离或补充法律条文的规定”的一般交易条款才需接受内容控制（第 307 条第 3 款第 1 句）。这一不甚明了的表述主要是出于下述思想：如果一般交易条款只是在重复法条的内容，以至于即使去掉这些条款也可直接适用任意性规定，那么法官根本不需要考虑第 307 条到第 309 条的规定就可以径自宣布条款无效。一旦提到的一般交易条款只是对**“给付的描述”**，即只是确定了当事人在合同中约定的给付的范围，那么它也无须接受内容控制。法官不应扮演“价格警察”的角色，即对不合理的过低或过高的价格予以增减。同样，他也无权调整针对合同价款而承诺的对待给付——例如买卖标的物或服务的特性。只要涉及双方主给付义务，人们就可以打包票地说，当事人在合同订立的时候会就此给予足够的注意和考虑。虽然一般交易条款涉及主给付义务，但同时也关系到躲开客户的注意或分配很少可能实现的风险的附加问题，以至于客户即使睁大眼睛也会厌恶为此支付必要的交易成本，此时允许对一般交易条款进行内容控制（边码 245）。时刻需要注意的是，对第 307 条第 3 款第 1 句的解释必须与 1993 年 4 月 5 日公布的欧盟指令的第 4 条第 2 款中的规定相协调（边码 249）。只要与消费者订立的合同中的一般交易条款涉及合同的“主标的”或者价格和对待给付的合理性，那么就不允许对其进行内容控制。参见 *Kötz* ZEuP 2012，332。

二、第 307 条中的一般条款

（一）适当性控制

266 根据第 307 条第 1 款第 1 句的规定，“违反诚实信用原则而不适当地有损于使用人的合同相对人的”一般交易条款无效。即使第 307 条第 2 款规定了有疑义时必须认定不适当地有损于相对人的两种情形，一是条款“与所偏离的法律规定的重要的基本思想相抵触”（第 307 条第 2 款第 1 项），二是条款“限制因合同性质而发生的重要权利或义务，致使危及合同目的之达成”（第 307 条第 2 款第 2 项），第 307 条第 1 款中的一般规则仍不甚明确。而第 308 条中关于“有评价可能性的条款禁止”则更加精确。据此，只在符合条件的情况下，例如规定的期间不适当地长、解除理由不够明确或者报酬完全不合理时，某一条款会被视为无效。通过第 309 条所言的条款禁止，立法者甚至声称这些条款禁止在没有评价可能性的情况下仍旧可以适用。然而，立法者在此却忽略了一个事实：第 309 条中出现的概念，例如过失（第 7 项）、事物的惯常运行（第 5a 项）、使用人的责任范围（第 12a 项）等都是需要解释的，并且没有评价则任何解释都是不可能的。

第 307 条中的一般条款创造了一个**“兜底要件”**，即只有在未出现第 308 条和第 309 条中的具体的条款禁止时，才会适用第 307 条中的一般条款。然而，不能因此就否定第 307 条是内容控制的**根基**。事实已经表明，有很多一般交易条款都不构成第 308 条和第 309 条所言的条款，而人们必须根据第 307 条予以审查。其次，即使某个一般交易条款被列入第 308 条和第 309 条，它仍旧可以因为不适当地有损于客户并进而违反第 307 条的规定而无效。例如，使用人在一般交易条款中表示，他虽然愿意为因自己的故意或过失行为而引起客户的损失负责，但他不对自己的一般过失负责；这样的一般交易条款虽然符合第 309 条第 7b 项的规定，但经常会被认为因违反第 307 条的一般条款而无效（边码 1122 以下）。最后，当一般交易条款构成使用人与“经营者”（第 14 条）或者“公法上的法人”（例如与乡镇、国立高校或者公立的储蓄机构或地方银行）订立的合同的一部分时，那么第 307 条就是一个独立的审查标准。 267

参见第 310 条第 1 款第 1 句。如果合同是由身为经营者（第 14 条）的使用人和另一个经营者订立的，那么就不适用第 308 条和第 309 条。但这不意味着，如果两个经营者在交易中使用了被第 308 条和第 309 条禁止的条款，这些条款就会生效；而是必须依第 307 条中的标准予以审查，若不满足则无效（第 310 条第 1 款第 2 句）。事实上，判例认为，即使是两个经营者之间的一般交易条款，在违反第 308 条和第 309 条的情况下也是无效的。除非出于特别理由可以证明条款的适当性；可以从“商事交往的习惯和惯例”中得出这些理由（参见第 310 条最后），也可以指从合同发展过程中出现的某个风险虽不由消费者但可由经营者承担；这是因为，经营者意图发展自己的业务或者避免费时费力的法庭解释，或者他本可以通过购买保险的方式以更小的代价来规避风险。参见 BGHZ 90，273，278；BGHZ 103，316，328 f.；BGHZ 174，1，5。 268

判例认为，使用人借助有争议的一般交易条款以不当地牺牲客户——无论客户是消费者还是经营者——为代价实现自己利益的，而这一利益本不值得保护，那么就构成第 307 条第 1 款所言的“不适当地有损于”（参见例如 BGHZ 90，280，284；BGHZ 143，104，113；BGH NJW 2005，1774）。这尤其是指，依照任意性规定本应由使用人承担合同的某个风险，但在没有任何正当理由的情况下将风险转嫁给了客户。 269

例如，根据第 652 条中的任意性规定，某人为了卖房而接受房屋中介的帮助，只有当房屋买卖合同因中介的工作而成立时，他才负有支付报酬的义务。据此，中介承 270

担委托人完全靠自己寻找有意向的人并与之订立合同的风险。虽然中介可以通过约定——委托人有义务让有意向的购买人去找中介，并且在订立合同的时候拉上中介，或者即使房屋买卖合同并不是因中介的工作而成立的，委托人仍需支付报酬——将这一风险转嫁给委托人，但这样的约定有违中介合同的法定“范本”，以至于只有以个别约定的方式而不是一般交易条款的方式成为合同的一部分并进而生效（参见边码 666）。

271 当一般交易条款排除或者严重限制了使用人因违反“重要的”合同义务引起的责任，以至于“威胁到了合同目的的实现”，那么这样的一般交易条款就是“不适当地有损于”客户（无论他是消费者还是经营者）（第 307 条第 2 款第 2 项）。合同义务何时是“重要的”？何时构成——如判例所指——一个**基本义务**（Kardinalpflicht）？无论如何，这不取决于具体义务是主义务还是从义务（参见边码 484 以下、1123 以下）。只要违反义务会给客户造成重大损失，并且因为客户缺少必要的专门知识或技术手段或者无法获得合适的保险而无法通过可期待的自救来避免损失，那么保护义务、照顾义务或信息义务也可以是基本义务。

272 这表明，当法官必须决定某一条款是否“不适当地有损于”客户、是否偏离了类似可适用的任意性规定的重要的基本思想、是否限制了使用人的“重要的义务”，是否从“本质上侵蚀了”客户的法律地位、是否“摧毁了合理的风险分配”的时候，他们手中可以用的不过是一些立法者为内容控制而制定的意思不甚明确的标准。虽然法官可以以法院之前已经拒绝了这些或者类似的条款为由，认定一个一般交易条款是无效的；但仍旧没有解决一个问题，即法官是否可以不将自己困在固定思维中，而是对一般交易条款予以适当性控制并进而使它变得可以被审查。

273 当人们记起对一般交易条款进行内容控制的保护目的时，脑中就会形成一个大致的思路。客户之所以没有细看一般交易条款，主要是因为相关的交易成本；当客户阅读、认真思考、就条款内容和使用人磋商或者因条款内容不利于自己而寻找其他提供者的时候，他就需要为此支出费用（边码 244）。条款使用人可以通过下述方式利用客户的理性行为来为自己谋利：当人们想到当事人会对相关问题进行磋商并且达成一个双方赞同的解决方案而产生的交易成本，客户就不会接受一般交易条款，但使用人可以通过一般交易条款将由此产生的风险转嫁给客户。由此出现了一个审查一般交易条款的标准：当一个有争议的一般交易条款中包含原本会引发磋商行为的风险分配规则，那么就没有动机将该条款视为无效。相反，如果条款中的风险分配规则以不利于客户的方式偏离了双方在不考虑交易成本情况下会达成的约定，那么这个条款就是无效的。这是因为，使用人明知并且期望客户会出于上文提到的理由、不细看条款而直接接受，此时他就会不择手段地将条款纳入合同。

274 这一切取决于，当人们设想双方会通过磋商来解决问题、认为当事人都会理性地行为并致力于实现双方利益的最大化的时候，应该由谁承担文中所言的风险。此时，应该由可以以更低的成本规避风险——即更有能力阻止风险或者更有能力使自己免受损失——的一方承担风险。如果为此付出的成本高于风险带来的损失，那么规避风险的措施要么是不可能的，要么虽可能但并不经济；此时，就由可以以更低成本解决问题的一方承担风险，尤其是指通过购买保险的方式规避风险。

在 BGH NJW 1971，1036 中，联邦普通法院认为，以燃油供应商排除对客户预订的燃油因不符合由他提供的油罐而外漏的损害赔偿责任为内容的一般交易条款无效。想要得出这一结果的人，都会以该条款“不适当地有损于”客户、“完全没有公正可言”、从“本质上侵蚀了”客户的法律地位或者“以不可期待的方式”减少了客户的权利为理由。然而，更符合事实且更有说服力的理由应该是：供应商可以以更低的成本避免燃油外漏的风险，而在假想的磋商中会由他来承担这一风险；这是因为，他的职业范围包括将燃油输入油罐。他为选任合适的工作人员、对油罐进行检查并为此配置必要的专业设备而支付的费用，必定小于客户作为消费者和非专业人士在每年一次的罐装过程为了保护自己免受油罐技术问题困扰而支付的费用。虽然供应商会以更高的报价作为接受风险的条件，但总好过客户自己承担风险，所以他也就乐意付更多的钱。其他判决也表明，法院常常从法经济学的视角出发对一般交易条款进行内容控制。参见 *Kötz/Schäfer*，Judex oeconomicus（2003）201 ff.；MK-*Wurmmest* § 307 Rn. 40 ff. 以及文中提到的文献。当然，判例也免不了会遭受批评。银行享有在一般开户费用之外要求特别报酬的权利，例如客户不是在银行柜台而是通过自动取款机提取现金，或者银行告知客户账户被债权人申请冻结或者因余额不足而不能接受转账申请等；长久以来，联邦普通法院认为上述一般交易条款无效（参见 BGHZ 124，254；BGH NJW 2000，651；BGHZ 146，377）。这样的判例导致了银行会将因这些服务产生的额外费用计入一般开户费用并进而使全部客户分摊这些费用。由于这一解决方案会引起客户之间的交叉补贴，毕竟部分客户会出于某些原因而不愿意或不能通过自动取款机取款，或者放任自己的账户冻结或无所谓告不告知余额不够；一旦出现这种情况，就不允许假想的磋商。此外，联邦普通法院通过判例给了当事人错误的激励：客户知道这笔费用不是由自己而是由全体客户承担的，而银行为了能够让自己的开户费用更具竞争力，会不遗余力地挑出那些支付能力较弱且特别“难搞”的客户，并对这些客户加以“惩罚”；这一结果恰恰与判例想要达到的目的背道而驰。 275

（二）透明度控制

根据第 307 条第 1 款第 2 句的规定，如果一个一般交易条款**“不明白且不易懂”**，即**“不透明”**，那么它就是不适当地有损于客户并进而无效。如果条款是如此的不明白且表述含糊不清，或者条款是如此不一目了然，以至于处于中等水平的客户根本不知道或者只有在花费额外精力的情况下才能知道条款的意思并无法据此作 276

出决定，那么这样的条款就是“不透明的”。这一切取决于使用人拟定的一般交易条款所针对的客户群的理解能力。例如，一般交易条款规定的年金贷款的利息或者人身保险的赎回价值是如此复杂，以至于只有专业人员才有能力计算，这样的条款就是不透明的（BGHZ 112，115；BGHZ 165，12，20 f.）。

277 第 307 条第 1 款第 2 句中的透明度要求是为了确保客户能够理解摆在他面前的一般交易条款，其前提是客户阅读了相关条款。然而，这样的观点是站不住脚的（边码 250）。因此，依照其内容，一般交易条款不适当地有损于客户，就不应该轻率地指责该条款是不透明的。只有那些有清晰的文本并且文本已符合第 307 条第 1 款第 1 句要求的适当性控制的一般交易条款，才有可能会被视为是“不透明的”。参见 MK-*Wurmnest* § 307 Rn. 54 ff。

三、一般交易条款不纳入合同或者无效后的法律后果

278 全部或者个别的一般交易条款没有被纳入合同或者条款无效的，不会导致整个合同无效。

279 根据第 139 条的规定，法律行为部分无效原则上会导致整个法律行为无效。但是，这一规则并不适合于包含一般交易条款的合同。虽然也存在一些客户或者使用人乐得见到整个合同无效的情形，但是双方的利益在此都不值得保护：一方面，通过剔除一般交易条款，客户的利益已经得到了足够的保护；另一方面，如果使用人仍旧可以主张整个合同无效并进而将由他拟定的、无效的一般交易条款引起的风险转嫁给客户，那么此时客户多半仍旧希望继续履行合同（剔除一般交易条款后）。

280 正是出于上述原因，第 306 条第 1 款规定当一般交易条款未被纳入合同或者无效时，**“合同的其余部分仍旧有效”**。根据第 306 条第 2 款的规定，以法律规定填补因剔除一般交易条款而形成的漏洞，即根据**任意性规定**。例如，使用人在一般交易条款中禁止买受人抵销其买卖价款请求权，这一条款依第 309 条第 3 项的规定无效，之后便依据第 387 条以下的规则确定买受人的抵销。同理，一般交易条款以不被允许的方式排除或者限制了客户的留置权或者因使用人违反义务而引起的损害赔偿请求权，或者一般交易条款规定了不适当的长的事后补充履行期间或者合同对客户的约束期长于 2 年（第 308 条第 2 项、第 309 条第 9 项），这些条款都是无效的。上述情形中，如果双方根本没有就这些内容作出约定，那又该如何处理呢？有时候，在剔除一般交易条款后发现根本没有可以替代适用的规则：双方订立了买卖、承揽、居间或者其他任意法规定了的合同，而有关这些合同类型的任意法并没有明确一般交易条款所涉及的内容。例如，居间人在一般交易条款中写道，即使他没有成功地促成交易，他仍旧可以为他的工作要求报酬；除了能够认定该一般交易条款因违反第 307 条而无效之外，并不能得出其他结论（参见边码 270）。

281 第 306 条第 2 款的基本思想是，在剔除了一般交易条款后，应该以对客户及使用人都适当的规则予以填补。多数情况下，通过（现存）任意法替代一般交易条款或者直接让一般交易条款（无替代地）落空就足以实现这一基本思想。这一基本思想有时又会要求，通过**合同补充解释**来填补合同的漏洞。一旦欠缺合适的任意法或者根本不存在任意法，就必须依照第 306 条第 2 款的规定，“以单方面有利于客户的方式构造完整的合同”（BGH NJW 2010，2873）。一般交易条款规定了买受人必须以交货当天的标价作为购买新车的价格（BGHZ 90，69 和边码 632），或者孩子早已不再住校而父母却只能在这一学年结束时通知终止寄宿合同并支付到这一天为止的寄宿费；上述一般交易条款依第 307 条的规定而无效，并允许进行合同补充解释（BGH NJW 1985，2585；BGHZ 120，108 和边码 1008）。不同的观点见 BGHZ 143，103：此案中，一家燃油公司与加油站订立了一份为期 6 年的合同，并在一般交易条款中约定燃油公司享有在履行合同的五年后继续延长合同期限的“期权”（Option）。由于 11 年的期限对于当事人来说不适当的长，因此联邦普通法院认定该“期权条款”无效。它同时拒绝了通过合同补充解释或者“限缩后继续有效”的方式，进而不允许燃油公司将合同延长到五年（2 年或 3 年）；这是因为，合同的第一个期间已是 6 年，而这个期间对于双方当事人来说都是适当的并且符合他们的利益。

282 只有当一般交易条款因违反了第 307 条到第 309 条的规定而使合同出现漏洞时，才会适用上文提到的规则。由于条款虽然遵守了第 307 条到第 309 条规定的要求，但它并未被从合同中剥离出来而是被**减少**到适当的、符合第 307 条到 309 条规定的范围，那么此时合同就不存在漏洞，也就不适用第 306 条第 2 款。然而，判例以及主流观点并不允许这样的**“限缩后继续有效”**的方案。这是因为，一旦允许这么做，无疑是鼓励使用人将不被允许的条款做成合同的内容，并进而期待客户会错误地将其视为有效；同时，法庭上的其他客户也只会得到一个将条款内容限缩的判决，而这一结果对他们来说比将条款整个地从合同中剔除出去并代以任意法来得更糟糕。

283 例如 BGHZ 84，109，115；BGHZ 91，375，384；BGHZ 143，103，118 f.；BGHZ 146，377，385。但是，只有当个案中确实出现了所描述的滥用危险并且出于预防的目的有必要整个地剔除一般交易条款的时候，才能同意判例的观点（参见边码 238 以下）。这样的情形比人们认为的要少得多。例如，出卖人在有关二手百科全书或者二手电视机的买卖合同中，通过一般交易条款约定了买受人的瑕疵请求权的诉讼时效为 1 年，这一条款整体上符合第 475 条第 2 款中的要求。尽管如此，联邦普通法院认为，如果该条款没有明确地顾及到第 309 条第 7 项，也就是说没有明确规定该条款不应适用于因二手百科全书或者二手电视机的瑕疵引起的买受人的身体伤害或因出卖人重大过失而引起的类似损害，那么它就是无效的（参见 BGHZ 170，31；BGHZ 174，1）。联邦普通法院在其他案件中继续发展了这一技巧，虽然它口头上并没有放弃“限缩后继续有效”的禁令，但通过“换汤不换药”的方式得出了一个同时顾及双方当事人利益的结果（参见 MK-*Basedow* § 306 Rn. 13 ff; *Hager* JZ 1996，175）。尤其是当一般交易条款整个地被视为不适当进而无效时，将合法的部分从不合法的部分中剥离出来，并从合同中去除后一部分（参见 BGH NJW 2003，2899）。有些时候，合同（补充）解释也能帮上忙。例如，使用人将一批货卖给了一个经营者，并通过一般交易条款约定了在保留“正确且准时地自己运输”情况下的不履行责任；当人们按照字面理解这个条款时，该条款因第 307 条的规定而无效。人们也可以先用第 307 条去审查这一条款，之后再如此解释它：只有使用人证明通过与某一供货商的“一致的补偿交易”（kongruentes Deckungsgeschäft）来确保自我运输，而正因为这个供货商的爽约而导致他不能向客户交货时，使用人才可以援引这一条款（BGHZ 92，396，398 和边码 305、914）。

四、团体诉讼（Verbandsklage）

284 有关无效的不适当一般交易条款的规定（第 307 条到第 309 条）首先只是“书本上的法律”，只有当具体案件中的客户向法院起诉并主张一般交易条款无效的时候，条款实际的效力才会变成“行动中的法律”。虽然从法政策来说希望客户实施“为权利而斗争”的行为（正如鲁道夫·冯·耶林在 1872 年发表的同名书籍中指出的那样），但从现实理由来看，这么做对客户而言往往没有意义。这是因为，客户或者他委托的律师审查一般交易条款并在与使用人磋商的过程中或者在法庭上主张条款无效的行为会产生交易成本，而这笔成本往往大于客户在接受无效条款的情况下会给他带来的损失。这一事实使经营者决定不让步，并进一步鼓励他明知条款违法却继续使用并且期待大多数客户不会站出来反对。即使经营者与其中一个客户对簿公堂，他仍旧可以只输这一场官司而继续将违法的条款提供给其他客户并以此获利。

285 因此，为了让不适当的一般交易条款从交易中彻底消失，立法者还提供了另外一条道路：针对使用人提起**“团体诉讼”**，而这个团体——尤其是**消费者团体**——诉讼附有一项以判决停止使用某个违反第 307 条到第 309 条规定的一般交易条款的申请。有时候，有诉权的团体只需提出**“正式警告”**（Abmahnung）：它是一种威胁，即如果使用人不作出相应的义务表示并借此保证在违反义务的场合承诺支付一定数量的违约金，社团就会提起诉讼。一旦胜诉并且法院作出了有利于消费者社团的不作为判决，那么法院同时会在判决中指出，使用人在违反不作为义务的情况下必须向国库缴纳一定数额的秩序罚款（Ordnungsgeld，《民事诉讼法》第 890 条）。《不作为诉讼法》（Unterlassungskalgengesetz）对团体诉讼的细节进行了规定。

第七章

错误、欺诈、胁迫

第一节　一般的意思错误

原则上，只有当双方当事人作出的表示包含一个自己愿意受合同约束的充分的意思的时候，合同才会被承认是有效的。一旦欠缺这个条件，那么表示就存在“**意思瑕疵**”。意思瑕疵具有完全不同的形式和后果。如果一个表示存在尤其严重的意思瑕疵，那么它就是无效的。其他存在意思瑕疵的表示虽然有效，但是表意人可以事后通过撤销使之无效。如果已经过了除斥期间（Ausschlussfrist），那么即使表意人撤销有意思瑕疵的意思表示，它仍旧是有效的。 286

尤其严重的意思瑕疵中的第一类是那些存在“**明知的意思瑕疵**”（bewusster Willensmangel）的情形，由第116条到第118条规定（参见边码82以下）。如果表意人在作出意思表示的时候就保留了他不希望这一表示，只要相对人知道表意人的保留，那么意思表示就是无效的（第116条）。在虚伪行为中，即表意人与相对人通谋而只是虚伪地作出表示（一般是为了欺骗第三人），那么该意思表示也是无效的（第117条）。最后，如果表意人并不想让自己受到合同的约束，仅仅为了“戏谑”而作出意思表示，并且期待欠缺真意不至于被人误解，那么这样的意思表示也是无效的（第118条）。 287

《民法典》没有规定其他两种意思瑕疵。第一种也是很少出现的一种情形是表意人欠缺行为意思（Handlungswille）。例如，某人在无意识或催眠的状态下或者受到了不可抗拒的物理强制而作出了行为。这时候就存在一个严重的意思瑕疵，并且没有人会质疑在这种情况下欠缺有效的意思表示（参见第105条第2款）。某人虽有行为意思，但不知道自己作出的行为会被认为是一个有法律意义的表示，此时又 288

该如何处理？这样一种**“欠缺表示意思”**（fehlendes Erklärungsbewusstsein）的情形可以是，一个网球明星在签字的时候以为只是（给粉丝）亲笔签名，但事实上他手头拿着的是一份合同证书。另一个典型情形就是被称为“特里尔红酒拍卖”的教科书级案例：该案中，某人在拍卖会上只是向他的朋友打了个招呼，而拍卖人将挥手这一行为理解为发出要约。又如，银行对客户作了通知，银行认为这项通知并不重要，但没有认识到通知会被理解为银行为客户对第三人的债权提供了保证。有争议的是，上述情形中的意思表示究竟本就无效还是基于错误而可撤销？做决定时应该考虑到，个案中谁的利益优先：是行为人对无效合同的利益，还是另一方将行为人的表示视为有效而合同成立的利益。因此，网球明星并没有作出有效的意思表示，而那位向朋友打招呼的拍卖会访客以及银行则作出了有效的意思表示并进而导致合同的成立。这是因为，后两位当事人在尽到交易要求的谨慎的情况下会知道，他在具体情境下作出的行为给别人以表示的表征。同理，某人通过“可推断的行为”给出了表示的表征，或者他的行为会被相对人认为具有某种意义并且相对人确实这么认为了。例如，书商以出卖为目的给律师寄去了一本专业书，而律师错以为他早就购买了这本书，在这本书上盖上了律所的图章并放进自己的图书馆。这时候就可以说，通过律师这一“可推断的行为”，合同得以成立；这是因为，他若是尽到了必要的注意，就会发现这个错误。

289 参见 BGHZ 91，324（＝NJW 1984，2279，附加 Canaris 作出的批注）。BGHZ 109，171，177；BGH NJW 1995，953；BGH NJW 2005，2620；BGHZ 184，35 Rn. 19；*Faust* AT § 21 Rn. 24 f. 拍卖会的访客、银行和律师可以根据第 119 条第 1 款的规定，基于错误而撤销他们的意思表示，之后合同被视为自始无效（第 142 条第 1 款）。即便如此，他们必须在第 121 条规定的期间内表示撤销。另外，即使他们可以在法律规定的期间内成功撤销意思表示，但由于必须赔偿相对人因撤销而遭受的损失，因此这么做并非一本万利。

290 剩下的关于意思瑕疵的情形在实践中颇为重要。它们指的是，表意人虽然作出了表示并且希望自己受到合同的约束，但是意思的形成、表达或者传达是有缺陷的。而这一切要么是由于表意人在欺诈或胁迫的作用下作出了表示，或者他自己存在法律上重要的错误。第 119 条到第 124 条规定了这三种意思瑕疵。

291 根据第 119 条、第 120 条和第 123 条的规定，当事人可以通过撤销来消除**意思表示**。如果通过意思表示订立了合同，那么撤销的究竟是意思表示还是合同？事实上，如何作答并不重要。某人在错误、胁迫或欺诈的作用下发出要约，另一方接受了要约，合同成立；即使他只是想撤销要约，但该行为总是导致合同无效。因此，出于简化用语的考虑，将其称为合同撤销也并无坏处。与此不同，如果撤销的是授予意定代理权的表示（第 167 条）、解除某合同的表示（第 323 条）、同意某合同的表示（第 182 条）或者通知终止的表示（第 314 条），那么撤销的就仅仅是**表示**。

第二节 错误

一、一般归责原则

有时候，某人在订立合同的时候抱有某些设想和期望，而它们之后被证明是不切实际的。此时，他能否主张因错误而撤销合同。无论怎样允许表意人出于因他人恶意欺诈引起的错误而撤销（边码 355 以下），但如果错误是因其他原因产生的，那又该如何？是否取决于错误是“本质的”或“根本的”？取决于错误出现于形成意思的阶段还是在将意思表示于外的阶段？取决于发生错误的人（der Irrende）在尽到交易要求的注意的情况下本可以避免犯错？取决于相对人是否明知或应知错误？此外，还存在其他很多支持或反对因错误而作出的表示的有效性的理由。因此，人们无须惊讶事实上并不存在解决这一问题的单一标准。 292

然而，人们仍旧可以区分两种不同的观点。第一种基于**意思说**（Willens-theorie）：据此，之所以法律上承认和执行合同义务，是因为负有义务的当事人**希望**受约束。虽然意思表示由意思和表示共同组成，但是，正如萨维尼在他的《当代罗马法体系（第三卷）》（1840 年）第 258 页指出的，“意思是唯一重要并被认为有效的，因为意思是内在的、不可见的结果，我们需要一个能够识别它的标记”。然而，如果意思是唯一决定因素，如果表意人期望的与表示受领人可以且实际上理解的内容不一致，那么表意人就可以撤销这个表示并使之无效。 293

意思说显然没有顾及相对人的利益，而这一利益正是**表示说**（Erklärungstheorie）所关切的。只要涉及对表示进行**解释**，就必须承认表示说。这取决于“客观相对人视角”，即一个理性的表示受领人根据事实会如何理解这一表示（边码 65）。在此适用表示说时得出的结果仅仅是，因他持有与有效性不一致的期望和观点而致使他出现了错误，那么原则上他必须在作出表示之前就转身返回。基于因错误而作出的表示而订立的合同，交易安全和交易信赖会要求另一方在此情境下也可遵守合同的有效性。只有当出于特别理由无须保护对已成立的合同的信赖时，才允许背弃合同的有效性。信赖不值得保护的情形可以是，他自己**引起了**对方的错误；或者他**明知或者应知**出现了错误，或他出于诚实交易的考虑负有告知义务而仍旧没有将此事告诉对方。 294

正如《民法典》制定者就错误规则讨论的那样，他们并未在没有任何实质性修改的情况下引入意思说或表示说（Protokolle I S. 106 f.）。即便如此，他们最后也没有在第 119 条中达成妥协。这一法条一方面支持，应该区分一方当事人*形成*以订 295

立合同为目的的意思的阶段和将*该意思转化为表示*的阶段。如果某人在形成意思的阶段就已经发生了错误，那么这是一个法律上无须关注的**动机错误**。与之不同的是，某人在形成意思的阶段没有发生错误，而是在将该意思转化为表示的过程中发生了错误，那么他就有权撤销该意思表示。因此，第119条*第1款*规定了第二种情况中的撤销。另一方面，*萨维尼*和《民法典》制定者们认为，单纯的动机错误不会引起撤销；这是因为，一方当事人的动机常常指的是他的期待、设想、意图或计划，它们只是对订立合同的期望，而对方并不知道或者无须对此加以关注，因此不应该由对方承担相关风险。之后立法者将第119条第2款写入《民法典》：即使是动机错误，一旦涉及“在交易上被认为重要的人的资格或者物的特性”，那么它就是“必须关注的”。

296 比较法研究表明，第119条中的解决方法是独一无二的。参见ZEuP 2007，247和*Kötz* EVR S. 260 ff.。统一该领域的国际（私）法文件中的所有建议都认为，原则上应该由发生错误的一方负责，而不取决于错误究竟是在哪一个心理过程中出现的；错误涉及动机还是合同标的的特性，关系到过去还是未来，是事实上的还是法律上的，这些都无关紧要。只有当相对人出于特别理由必须为错误负责时，才例外地允许撤销。根据《欧洲合同法原则》第4：103条的规定，一方向另一方作出了不正确的陈述并由此导致相对人产生了错误，或者一方明知或应知相对人发生了错误，或者双方当事人都发生了同样的错误，那么就允许撤销。如果错误是不可原谅的，即存在重大过失或者依照合同应该由发生错误的那一方承担风险，那么他无论如何也不享有撤销权。虽然对德国法来说这些评价并不陌生，但它们常常是间接地发挥作用；另外有争议的是，这些评价在什么范围内符合第119条的规定。

二、因错误而撤销的适用范围

（一）解释先于撤销

297 只有在通过解释确定表示的内容后，即一个理性的人在考虑到事实的情况下会如何理解这一表示，才可以继续考虑是否存在错误（边码65）。这是因为，只有在人们知道表示意味着什么之后，才可以判断表意人通过表示是否*希望*其他东西并进而在作出表示时发生了错误。如果表示的相对人与表意人对表示的理解是一致的，那么就适用他们一致认为的东西。此时就不存在错误，也就不出现撤销。如果双方当事人就出卖某块土地达成了一致并且本会（通过达成土地所有权转移的合意）转让土地，那么即使双方没有注意到为买卖合同和土地所有权转移的合意而做成的公证证书上的土地编号是错误的，被出卖的仍旧是这块土地并且其所有权被转让了。

此所谓，误载无害真意（falsa demonstratio non nocet）（vgl. BGHZ 87，150；BGH NJW 1984，721；BGH NJW 2002，1038；Rn. 64）。双方磋商时以欧元为货币单位，但一方在书面要约中错写成了美元：如果另一方立即发现了错误，并认为对方的真实意思毫无疑问是欧元，那么就以欧元计价；此时当事人就不能基于错误而撤销。（参见 RGZ 66，427）。

据此，帝国法院在"卢布案"（RGZ 105，406）中作出了正确的决定。此案中，一个在莫斯科的人希望获得 3 万卢布的贷款并和贷款人约定，他应该在柏林根据当时的汇率以帝国马克还款。双方当事人以为当时的汇率是 1 卢布等于 25 芬尼，借款人便签下了 7 500 帝国马克的欠条；而事后表明，1 卢布事实上只值 1 芬尼，所以借款人只想还 300 帝国马克。如果认为依照双方当事人的意思应以当时的汇率计算还款金额，那么借款人的主张就是正确的。虽然双方约定时的计算结果是 7 500 马克，但双方事实上一致希望的只是一个无害的计算错误。如果认为贷款人将 7 500 帝国马克视为*最终金额*并且借款人也知道或者根据事实应该知道这一点，那么结果就会不同。 298

在极少数情况下对为达成合同而作出的表示进行解释会得出无法补救的多重含义，此时就是**"隐藏的不合意"**（versteckter Dissens）。一旦它涉及根本内容，那么合同就没有成立，也就不需要予以撤销（边码 129、130）。 299

（二）合同中的风险分配优先

合同关乎风险的分配。究竟由谁承担某个风险端视合同的约定而定；如果约定的不清楚或者有漏洞，那么就通过解释而定。法官必须遵照合同中的风险分配，他不可以通过允许一方当事人基于错误而撤销来"赦免"本依照合同应由他承担的风险。 300

《荷兰民法典》第 3：228 条第 2 款明确规定，当错误"依照合同的本质、交易习惯或者案件的事实应该由发生错误的一方负责时"，他就不享有撤销权。《欧洲合同法原则》第 4：103 条也表达了相似的内容。据此，当"错误的风险由他承担或者根据事实应由他承担"，那么发生错误的一方就不能撤销。 301

这一点在那些具有投机和侥幸内容的合同中表现得非常明显。某人下注赌某匹赛马会取胜或者投机某股票价格的升降，如果之后由于另一匹赛马跑赢了或者股票价格的升降与自己预想的相反，那么他就不能以自己判断失误为由并基于错误而撤销合同。同理，即使保证人未发觉债务人已丧失了支付能力，他也不能基于错误而撤销保证合同。另外，在跳蚤市场或古玩市场上订立的合同对于双方当事人来说也是风险交易。例如，买受人从出卖人那里获得了一份旧乐谱，无论是买受人之后发现这个乐谱是现代的赝品而毫无价值，还是出卖人表示这有可能是莫扎特的手稿，买受人都不能基于错误而撤销合同（参见 AG Coburg NJW 1993，938）。 302

303 在一个发生在荷兰的非常有名的案件中，出卖的标的是一件在马斯河中发现的、不知来历的、被认为是纯银打造的酒杯。买受人用了几年时间、为确定其来历花费了大量的时间和金钱之后才最终确认，这酒杯是造于公元二世纪的古希腊双耳银脚杯。当出卖人知悉此事后，便想基于错误撤销合同。然而，他并没有成功，因为他明知这笔交易的风险性质。另外，本案中存在着关于弄清有可能具有极高艺术价值的物品的来历的一般利益。对于买受人来说，如果他一旦调查成功就必须将物品还给出卖人，那么他就不会有动力去为了弄清物品的来历而投入必要的费用。排除撤销权会导致，即使之后发现物品的真实价值和实际支付的价格之间严重脱节，合同也仍旧有效；这一点对风险交易来说无疑是正确的。另外，考虑到第 138 条的规定，只要买受人的行为并无恶意，那么这一不相称就不会影响到合同的效力。

304 如果买受人、承租人或者委托承揽人完成某项工作的定作人之后发现物品不能像在订立合同时所设想的那样被使用，那么又该如何处理？原则上，通过合同被允诺获得某物的人应承担该物的**使用风险**（Verwendungsrisiko）。因此，购买了新婚礼物的人，即使他订立合同时不知道婚礼被取消了或者婚礼之后被取消了，他都不能撤销买卖合同。购买了待建地块的人，之后被指出来这块土地不是建设用地而是自然保护区域，他也不能撤销买卖合同。订立了租赁合同的公务员，之后并没有如先前预期的那样从原辖区调离或者他出于其他“个人原因”无法使用新公寓，他也不能撤销租赁合同（第 537 条；边码 742、805、1019）。对他来说只有一个选择，即通过正常的通知终止（ordentliche Kündigung）结束合同，但他需为此遵循约定或法定的期间。

305 如果某人在合同中承担了**购置风险**（Beschaffungsrisiko）或者作出了**担保**（Garantie），那么结果也是一样的（边码 1101 以下）。例如，种类货物（Gattungswaren）的出卖人没有准时交货，而根据事实交货属于购置风险，那么他对买受人负有赔偿迟延损失的责任（第 280 条、第 286 条）或者代替给付的损害赔偿责任（第 280 条、第 281 条）；他不能以订立合同时错误地认为不会出现交货障碍或者他有能力克服障碍为由撤销合同。如果出卖人不想为这些交货障碍负责，那么他就必须*自己在合同中提前做好安排*，例如保留“正确地自己供货”[①]（richtige Selbstbelieferung）或者约定由买受人承担出现某些障碍——武装冲突、自然灾害、进口禁令——的风险（边码 914）。

305a 出于相同的理由，如果买受人错误地认为商品具有某一特性但事实上却没有，那么他享有**瑕疵请求权**（Mängelansprüche），而不是第 119 条第 2 款规定的撤销权。即使通过约定完全排除了出卖人的瑕疵责任，这一规则仍旧适用。例如，一幅

① 在供货商没有交货的情况下，无论供货商是否需要为不供货负责，都能免除他的准时交货的义务。——译者注

画的买受人在合同中与出卖人约定，免除出卖人在画为赝品时的责任；此时，他就不能以自己错误地认为该画是真品为由，依据第 119 条第 2 款而撤销合同。这是因为，被追求的风险分配会变得几乎毫无价值（BGHZ 63，369，376 ff.）。如果瑕疵责任不是通过合同被排除，而是通过约定或者通过第 434 条、第 435 条、第 437 条、第 438 条和第 442 条被附加了某些条件或者期间，那么又该如何处理？立法者认为，此时的风险分配不仅是适当的、具有决定意义的并且是优先的；因此，买受人也不能援引第 119 条第 2 款，即基于错误而撤销合同。由此可知，买受人主张瑕疵请求权，例如根据第 437 条第 1 项和第 439 条要求除去瑕疵或交付没有瑕疵的物，而出卖人想以自己对买卖标的物的特性存在错误为由撤销合同并进而使买受人的请求权落空，这时候**出卖人**也没有撤销权。

判例和文献中的主流观点是，买受人不能根据第 119 条第 2 款基于对物的特性发生的错误而撤销合同，而在危险已经转移给买受人——即已经将物交给买受人——后则绝不可撤销合同（参见 *Flume* AT § 24，3；*Medicus* AT Rn. 775；*Medicus/Lorenz* SchR BT Rn. 177 ff.；*Looschelders* BT Rn. 173 f.，*Bamberger/Roth/Faust* § 437 Rn. 177 ff.）。物本身不存在瑕疵而只是欠缺了买受人误以为具备的特性，买受人则不享有瑕疵请求权，此时又该如何处理？他仍旧不能根据第 119 条第 2 款的规定撤销合同。出卖人送交了合于合同的商品，他就已尽到了自己的责任。即使商品没有符合买受人的期待，但由于只有买受人自己知道自己的期待而且没有尝试去达成有关特性的约定，因此物不具有期待的特性便落入了买受人的风险范围（不同观点 BGH NJW 1979，160；BGHZ 78，216，218）。由于承租人或定作人希望撤销更甚于瑕疵请求权，因此应该根据第 119 条第 2 款的规定撤销租赁合同或承揽合同，此时同样需要考虑上文所说的内容。 306

三、表示错误和内容错误（第 119 条第 1 款）

根据第 119 条第 1 款的规定，表意人“根本无意作出这一内容的表示”（“**表示错误**”）或者在知道事情的状况和合理地评价情况时就不会作出该表示（“**内容错误**”），那么他可以撤销该表示。由于表意人并不是在形成意思的阶段发生了错误——若如此则仅仅是动机错误——而是在将意思外化为表示的过程中发生了错误，因此立法者认为这些错误是特别严重的。当表示的相对人根据情况可以认定指向订立合同的表示是有效的时候，那么就必须由他自己来决定是否撤销；同理，当错误源于发生错误的人的过错的时候——有可能是因为重大过失——此时也必须由表示相对人来决定。相对人可以避免因长期等待来自表意人的撤销表示而引起的不利后果（第 121 条）；如果这招不成功，那么他可以通过第 122 条享有损害赔偿请求权（边码 333、334）。 307

308 如果表意人在作出表示时说错了、写错了、弄错了，并因此根本不想作出这一表示，那么就说出现了表示错误。如果不是表意人自己而是“表示使者”（传达人）——即为传达而使用的人或机构（第120条；边码327以下）——说错了、写错了或弄错了，那么也构成表示错误。最后，如果某人通过电子交易渠道作出了表示，因在作出表示时按错了键盘或者电脑硬件出了问题而生成了错误的表示，那么此时也出现了表示错误（参见*Faust* AT S. 167 ff.）。在内容错误的场合，表意人虽然表达了自己想要表达的内容，但是他却对相对人会赋予并可以赋予该内容的意义发生了错误。有时候很难区别第119条第1款规定的两种错误，尤其是当表示偏离了被认为的客观意义，以至于可以说表意人“根本无意作出这一内容的表示”。由于表示错误和内容错误的法律后果是一样的，所以区分两者一般来说意义不大。

309 内容错误可以指，某人想让安装工人Heinz Müller修理自家的暖气设施，但他却错误地委托了另一个同名同姓的安装工人。内容错误也可以是，饲养员向有意向的买家展示了名为Hexe和Nixe的两匹赛马，他在经过一番思考后书面决定购买“Hexe”；但其实他原本想买的是“Nixe”，只是弄错了两匹马的名字。有争议的是，买受人没有搞错马匹的名字，他想买的就是那匹牵到他面前的、名叫“Nixe”的马，只是他错误地以为这匹马是去年获得德比马赛冠军的赛马（参见MK-*Armbrüster* § 119 Rn. 77）。根据判例，某人希望处分自己的银行存款，但错误地认为自己的表示具有完全不同的“客观”含义，而银行则可以将该表示理解为承诺保证并且也真是这么理解的，此时构成内容错误（参见BGH NJW 1995，190）。即使某人在“欠缺表示意识”的情况下作出了一个有效的表示（参见边码288、289），他也可以基于表示或内容错误撤销该表示。当某人发生了“法律后果错误”，例如将自己的车租给熟人，他希望从中获得租金但他却以“借”为名——即无偿使用——提供了该车并且相对人接受了要约，此时也认为存在内容错误。双方订立了租赁合同，出租人就交易的法律上的附属效果发生了错误，此时就不构成内容错误；例如，出租人没有认识到，若汽车刹车在交付时存在瑕疵，那么根据第536a条的规定，无论他是否存在过错都需要为承租人因为刹车失灵而遭受的损失负责（边码727、728）。

310 即使存在表示错误或者内容错误，但如果表意人在作出表示时明知这一事实的，即错误和表示之间没有因果关系，那么表意人就没有撤销权。同理，当错误仅仅涉及无关紧要的附属内容，以至于表意人通过撤销使合同落空的行为从可理解的认知来看根本就毫无意义，那么表意人也没有撤销权。但是，出于这些理由而排除撤销的情形在实践中基本不存在。

四、性质错误（第119条第2款）

311 买进或者卖出某物的人，一般会对该物的特性有明确的想法。如果某人就行动理由（Beweggrund）发生了错误，即**动机错误**，那么它就属于发生错误的人的风险范围并且被立法者视为无关紧要。差不多一直到立法程序快结束的时候，立法者才“为了符合交易需求以及现代的法律发展”而将“性质错误”规定为撤销理由（Protokolle I S. 114）。然而，今时今日的人们普遍认为，立法者并没有作出一个清晰的法政策学纲领并且第 119 条第 2 款的规定本身是失败的。

根据第 119 条第 2 款的规定，当错误关系到**“人的资格或物的特性”**并且“在交易上被认为是重要的”，那么就可以撤销。判例将物的**“特性”**——这里的物既可以是第 90 条中的物也可以是债权或权利——理解为，某物根据它的自然属性而具有的特征（例如油画的真伪、首饰的含金量、机动车的制造年份和里程数、土地的大小和位置、肥料的化学成分），或者因确定某物对它周边环境的法律或经济关系而对该物的使用和价值具有重大影响的特征（例如土地之上能否建造建筑、土地是否无负担或者土地抵押权的顺序）。 312

对很多疑难问题的解答与其说是依靠确定的、规范的、可理解的理由，不如说是一场围绕“性质”概念内涵的投机。例如，第三人而非出卖人享有某物的所有权，这一点并不是买卖标的物的“性质”（BGHZ 34，32）。另有疑问的是，餐馆经营者的啤酒销售额或者企业的盈利能力是否是“性质”？双方订立了土地买卖合同，渗入的油污染了地表并使这块土地变成了被污染区域，那么这无疑涉及土地的“性质”；如果土地所有人是一家有限责任公司，而买受人买到的不是土地而是该公司的股票，那么上述事实就不构成“性质”。还有疑问的是，购买了出租房的买受人错误地认为房子是空的或者所有的公寓都已经租出去了并且所有的租客都有支付能力或者年租金可以上升到一定的数额，那么这些是否构成“性质”？然而需要注意的是，如果买受人对买卖标的物的性质发生了错误，那么所有这一切期待都是无关紧要的；因为他不能根据第 119 条第 2 款撤销合同，而是对出卖人享有瑕疵请求权（边码 305 a）。 313

人们一致认为，性质错误必然涉及**与价值塑造有关的事实**（wertbildende Faktoren）。因此，仅仅与物的价值有关的错误是不够的。虽然不好反驳某物的价值也属于它的“性质”，但是当买受人或出卖人错误地估计了买卖标的物的价值并且以过低的价格卖出或过高的价格买进的时候，此时若允许他们根据第 119 条第 2 款的规定撤销买卖合同，那无异于是摧毁了交易安全。第 119 条第 2 款要求，涉及性质的错误必须**“在交易中被认为是重要的”**。如何准确地理解它却颇有争议。若仅仅是一方当事人——即想要撤销的那一方——认为性质是重要的，那无论如何是不够的。另一方面，判例并没有要求双方当事人必须让性质变成合同内容的一部分，而只需要双方以某种方式承认合同依赖于性质即可（BGHZ 16，54，57 f.；BGHZ 88，240，246）。人们可以说，如果性质依照与此相关的交易习惯被认为是重要的，那么就构成第 119 条第 2 款所言的性质错误。 314

315 参见 *Larenz/Wolf* § 36 Rn. 38 ff.，*Bork* AT Rn. 845 ff.；*Köhler* § 7 Rn. 21。某人过度负债、有犯罪前科、怀孕了或者没有登记在手工业行业目录中（即黑工），这些无疑构成人的资格。人的资格是否在交易中被认为是重要的，则取决于交易的类型。支付能力对授予贷款来说就是在交易中被认为重要的，而对保证来说就不是。对授予机要职位来说，侵吞财产的犯罪前科就是在交易中被认为重要的，而虐待动物或过失的身体伤害的犯罪前科就不是。职位申请人怀孕的事实是否构成人的资格，则取决于她申请的是长期职位还是为圣诞节而招募的临时工（参见 BAG NJW 1992，2173）。同理，某物是新的还是二手的，是真的还是假的，是 20 世纪的还是 17 世纪生产的，这些都构成物的性质。当然，如果从合同或整个情况可知，新旧、真假或者历史来历只落入这一方或另一方的风险范围，那么这些性质就不是在交易中被认为重要的（边码 302 以下）。

316 对于性质错误来说，如果发生错误的人“在知道真实情况并且可理解的认知后不会作出”表示，那么他才可以撤销该表示。人们必须要问，一个理性的人，即人们设想的不偏执、无主观情绪且不愚蠢的人，在了解到真实情况后是否会订立合同。

317 RGZ 62，201，206。在 BGH NJW 1988，2597 中，出卖人卖出了一幅被误认为是杜韦内克所画的油画并送交给买受人。事后证明这幅画出自莱布尔之手，出卖人想依据第 119 条第 2 款撤销买卖合同。买受人反驳道，他会为两个画家的作品支付相同数额的买卖价款，所以错误并没有给出卖人带来任何经济上的损失，即使他当时知道了真实情况仍旧会订立合同。联邦普通法院并没有支持这一观点：出卖人作为一个慕尼黑人，他对出自同为慕尼黑人的莱布尔之手的作品怀有特别的尊敬，这一点是可以理解的。因此，出卖人可以撤销买卖合同并要求返还该画。至于他是否享有第 985 条规定的所有人返还请求权还是第 812 条规定的不当得利返还请求权，则取决于他撤销的仅仅是买卖合同还是同时包括物权合同。根据分离原则，买卖合同和物权合同相互区分，而根据抽象原则，买卖合同无效不会影响到物权合同的效力（边码 9）。上诉法院接受了这一观点，而联邦普通法院则将其推翻了。参见边码 380、381。

五、计算错误

318 根据第 119 条的规定，只有当表意人发生了表示错误或内容错误（第 1 款）或者（交易上被认为重要的）性质错误（第 2 款）的时候，他才可以撤销该表示。若是发生了其他类型的错误，则不能依据第 119 条撤销。但是，如果另一方过失地或者无过错地**造成**或**促进**了错误的出现，那么就很难再接受这个结论了。同样有争议的是，另一方**明知**或**应知**发生了错误。

现实中，一般在**计算错误**的场合会出现这一问题。确定合同价款（或者合同承诺的其他给付的范围）的依据是一个计算基础或者计算方式并且其中一方在具体计算时发生了错误，导致他在表示中说了“错误”的价款或弄错了给付的范围。有时候通过解释合同可以得知，依照双方当事人的共同意思，计算基础（并非价款）具有决定意义；合同中所记载的价款，只不过是“无碍的错误标记”，而双方当事人事实上已经就价款达成了一致（边码 64、297）。即使不能通过解释合同，也仍旧可以说计算基础在合同磋商阶段是公开的，从而被双方当事人接受为“交易基础”（Geschäftsgrundlage）。当双方**就交易基础发生共同错误**时，只要支付原定的价款对承诺了价款的那一方来说“在考虑到个案的全部情事，特别是合同特定或法定的风险分配的情况下是不能合理期待的”，那么就可以根据第 313 条的规定“调整”价款（参见边码 1009 以下）。 *319*

只有在符合特别条件的情况下才可接受这样一个“共同错误”。例如，土地买卖合同的双方当事人约定的买卖价款为 790 000 德国马克，并且双方一致认为这一金额正好是年度租金的 11 倍；如果出卖人弄错了年度租金并进而错误地计算了买卖价款，他也不能要求将买卖价款上调到 990 000 德国马克。这是因为，在土地买卖合同的场合，就价款计算发生的共同错误本身一般并不是引起调整合同价款的正当理由（BGH NJW 1981，1551，1552；类似 BGH NJW-RR 1995，1360）。双方约定租赁餐馆的月租为 1 800 德国马克，他们一致认为该餐馆每年能卖出至少 2 万升啤酒；如果事实证明 2 万升的啤酒销售量完全是天方夜谭，那么就可以调整租金（BGH NJW 1990，567；参见 BGHZ 46，268，273 和边码 1021、1022）。满足了第 313 条规定的条件，但调整是“不可能的”或者对那个提供变更后的给付的当事人来说是“不可期待的”，那么另一方可以根据第 313 条第 3 款的规定解除合同。例如，以“交易所价格 100 欧元”卖出了股票，双方都没发现真实的交易所价格是 150 欧元，那么此时就交易基础发生了共同错误（参见 RGZ 94，65）。将价格上调 50 欧元对于买受人来说完全就是“抢劫”，是“不可期待的”，所以出卖人只能选择解除。之后的结果应与他可以基于错误撤销合同一样。事实上，一些学者认为此时应允许依据第 119 条撤销（参见 *Singer* JZ 1999，342，346 f.）。无论如何应当赞成的是，在第 121 条规定的期间内行使第 313 条第 3 款规定的解除权，并且解除权人必须根据第 122 条的规定赔偿损失（有争议）。 *320*

如果通过合同解释没能得出“就交易基础发生了共同错误”，那么就只是“**单方的计算错误**”。“某人依据自认为正确、实际上不恰当的计算基础确定了价款并进而发出了要约，这个风险应由他自己承担”，这一错误只是动机错误，他无权撤销要约（BGHZ 139，177，181）。 *321*

如果计算错误是另一方引起的，例如他在合同磋商过程中或者在公告中告知对手错误的信息或者违反义务不告知正确的信息，那么结果就会不一样。只要不存在 *322*

恶意欺诈并进而适用第123条，判例就会继续否认此类情形中的撤销权；即便如此，发生错误的人可以主张对方存在缔约过失并要求结束合同作为损害赔偿。例如，一家建筑公司在计算他的定价时错误地估计地基的挖掘面积是100平方米而不是200平方米，他订立的是以该（错误的）价格为准的合同；但是，如果是委托人引起了这一错误，例如过失地指出地面挖方最多100平方米，那么承揽人可以要求结束合同。参见RGZ 95，58；BGH NJW 1998，302 und 898；边码362、363。

323 如果另一方**知道**发生了计算错误，那么也适用特别规则；他有意地不去了解错误，则同样视为“知道”。此时，他负有向发生错误的人指出错误的义务；若他不指出错误，那么就负有因缔约过失而引起损害赔偿责任（BGH NJW 1980，180）。其他判决允许发生错误的人以不合法地主张权利为由进行抗辩：接受了要约并进而订立合同的人，明知道发生了计算错误还主张该错误，这无疑有违诚实信用。

324 参见BGH NJW-RR 1995，1360；BGH NJW 2001，284（针对双方错误）；BGHZ 139，177。联邦普通法院在最后一则判决中指出，不仅仅要求对方明知计算错误，还要求证明履行合同对于发生错误的人来说是“完全不可期待的，因为他会因此面临严重的经济困境”（a. a. O. S. 185）。但是，它没有阐明以下几个问题：为什么在另一方明知错误并且为了自己的利益利用了错误外，还需要考虑发生错误的人能否轻易补救自己遭受的损失还是因他经营的是小本买卖、财力不足而遭受重创。

325 最后一种情形是，虽然另一方不知道发生了计算错误，但这个错误对他来说是“可知的”。由于错误是“可知的”意味着发生错误的人通过调查能够自己发现错误，因此原则上他应继续受到要约的约束。但是，被提供要约的一方没有义务进行调查。公布建筑计划的人不需要去关注，要约人有没有发生计算错误、有没有正确地计算落地面积或者有没有正确计算施工现场的设备所需的成本。如果计算错误非常明显，以至于对方无须费力调查就能得出要约所指有误的结论，那么发生错误的人就可以撤销要约。

326 具有说服力的论证见*Fleischer* RabelsZ 65（2001）264。此外在文献中广为流传的观点是，不仅仅是计算错误也包括所有的动机错误，如果错误是由另一方引起的或者另一方明知或因重大过失而不知该错误，那么就类推适用第119条第1款或者第2款，允许发生错误的人撤销。例如*Singer* JZ 1999，342；*Fleischer* RabelsZ 65（2001）264；参见*Larenz/Wolf* § 36 Rn. 48 ff.，上述文献同时提供了更多的证据和反证。

六、误传（第120条）

327 某人在作出表示时说错了、写错了或者犯了一个类似的错误，那么他就可以根据第119条第1款的规定基于“表示错误”而撤销表示。根据第120条的规定，这一规则也适用于不是他而是为传达而被使用的“人或机构”发生了错误的场合。老板让她的秘书购买一张汉莎航空飞往帕尔玛（马略卡岛）的机票，如果秘书因耳背理解错了、没听清楚或者说错了，买了另一家航空公司的机票或者汉莎航空飞往拉斯帕尔马斯（加纳利群岛）的机票，那么就适用第120条。如果这个被秘书误传的要约被航空公司接受了，那么合同就以他理解得那样成立了。老板可以依据第120条撤销表示并进而引起合同无效，但是他必须根据第122条的规定赔偿损失。

但是，汉莎航空可以通过在收到撤销表示后立即申明会交给老板一张飞往帕尔马的机票并且进而让合同以老板想得那样生效，从而避免撤销（主流观点参见*Larenz/Wolf* § 36 Rn. 126[①]；*Medicus* AT Rn. 781；《欧洲合同法通则》第4：105条）。只有当某人的意思表示被他的“表示使者”误传，而不是某人以代理人的身份为被代理人作出意思表示的时候，才能适用第120条。某人委托他的朋友在一个收藏家那里搜寻油画并为他购买，如果这个朋友在与收藏家磋商的过程中说错了或者写错了，那么委托人不是依据第120条而是依据第119条第1款撤销；另根据第166条的规定，只有在朋友本人发生了表示错误的情况下，才能够撤销（边码439以下）。 328

如果表示使者并没有误传表示，而是**受领使者**（Empfangsbote）没有正确地将表示转达给相对人，那么就不适用第120条。 329

K（买受人）亲自（不是通过表示使者）将买卖价款为100元的要约告知V（出卖人），如果该要约不是向V而是向V指定的“受领使者”或者根据交易观念被视为受领使者的人——例如住在同一公寓内的妻子——作出的，那么该表示依据第130条以上述内容到达V。如果受领使者在转达过程中写错了或者说错了，那么由于V自己选定了受领使者并且他（以更少的成本）可以提前预防错误，所以这一风险应由V承担。如果这一错误导致V以为K的报价是150元，那么就必须区别对待下述两种情况。V表示“我接受150元的报价”，那么根据第150条的规定，V作出了一个新要约，K可以自己决定是接受还是不接受。V表示“我接受”，那么合同以100元的价格成立，因为K是以这一报价理解V作出的承诺表示并且依照情况他也可以这么理解。V可以根据第119条第1款的规定基于内容错误撤销承诺表示，但是他必须依照第122条赔偿损失。 330

如果表示使者**故意**传达了与本应传达的不同的内容，那么应该如何处理？第120条并没有明确规定，由此引起了长时间的争论。 331

上例中，如果老板的秘书觉得加纳利群岛比马略卡岛更适宜疗养，因此故意与汉莎航空订了一张飞往拉斯帕尔马斯的机票。依照主流观点，此时构成代理人无代理权而实施法律行为。这意味着，旅客运输合同并没有成立，除非老板认为加纳利 332

---

① 原文如此，应为作者笔误，正确应为边码113，即“Rn. 113”。——译者注

群岛是一个更好的选择并类推第 177 条第 1 款追认该合同。如果他不那么做，那么不存在其与汉莎航空的合同。汉莎航空可以类推第 179 条要求秘书赔偿损失；只有例如当老板明知秘书不负责任却仍委托他订票并且进而构成缔约过失，此时老板才必须赔偿汉莎航空的损失。另外一些学者希望在故意错传的情况下仍旧适用第 120 条：与汉莎航空订立的合同成立，虽然老板可以撤销该合同，但是必须依照第 122 条赔偿损失；由于“事务主人通过设立使者制造了故意错传的风险”，因此这一结果也合情合理。*Faust* AT § 29 Rn. 14，人们可在此文中找到关于该争议问题的说明。

七、损害赔偿（第 122 条）

333 有时候人们认为，《民法典》在意思说的影响下对发生错误的人的保护过于慷慨了，即使在相对人对合同成立的信赖占优的情况中仍允许发生错误的一方撤销合同。然而，那些发生了错误并且通过付出更多谨慎本可以避免错误的人，有义务赔偿损失（第 122 条）。撤销合同的人，不需要向对方赔偿**履行利益**（Erfüllungsinteresse），又称为**积极利益**（positives Interesse），即他没有义务使对方保持在合同仍生效的状态。他只需要赔偿对方**信赖利益**（Vertrauensinteresse），又称为**消极利益**（negatives Interesse），即赔偿的金额正好使得对方恢复到其在“不相信表示有效性”时的状态，就像被撤销的交易从未发生过那样。信赖利益有时候可能高于履行利益，此时赔偿的信赖利益不能超过履行利益。

334 V 向咖啡供货商 K 送去了咖啡样品并发出了以 20 000 欧元价格卖出一定数量的同种类咖啡的要约，K 在仔细检查样品后接受了该要约。过了不久，K 又收到了另一个供货商发出的以 19 000 欧元价格提供同样数量、同种类咖啡的要约。由于 K 已经满足了自己的需求并且认为自己受到与 V 之间的合同的约束，因此他拒绝了后一个要约。之后，K 将这一批咖啡以 30 000 欧元的价格卖给了一个烘焙作坊。V 在约定送交日期之前拒绝履行合同，他援引第 119 条第 1 款的规定，主张自己错误地将事实上更好的咖啡当成样品交给了 K。此时 K 的积极利益是 10 000 欧元，因为如果合同继续生效，那么他可以向 V 支付 20 000 欧元后以 30 000 欧元的价格卖出这一批咖啡。K 的消极利益是 11 000 欧元，因为如果他和 V 之间的交易从未发生过，那么他可以以 19 000 欧元的价格买进这一批咖啡，之后再以 30 000 欧元的价格卖给烘焙作坊。此外，可能还存在 K 因相信与 V 订立的合同的有效性而支出的费用，例如他为了接收咖啡而派了货车，而这辆货车现在不得不空车返回。根据第 122 条第 1 款的规定，此时 K 只能要求赔偿积极利益，即最多 10 000 欧元。根据第 122 条第 2 款的规定，如果他在订立合同的时候“明知或因过失而不知（应知）”样品被搞错了，那么他不能要求赔偿损失。

第三节　欺诈

一、恶意欺诈

某人因他人恶意欺诈而作出意思表示，他可以根据第 123 条第 1 款撤销该表示。若基于表示而合同成立，那么撤销的就是合同。撤销的后果是——正如因错误而撤销那样——合同自始无效（第 142 条；边码 388）。欺诈和错误的共性在于，被欺诈的人在错误的影响下作出了表示，所以他同时享有第 119 条规定的撤销权。然而，被欺诈的人总是会选择依据第 123 条而撤销合同，因为这么做会给他带来好处。即使因欺诈而引起的错误只关系到动机错误，一个并非在交易上被视为重要的错误或者出于其他原因而没有满足第 119 条规定的全部条件，被欺诈的人仍旧可以撤销。其次，弄错了买卖标的物特性的买受人，只要该错误是出卖人恶意欺诈引起的，那么他不是根据第 119 条第 2 款（边码 305a）而是根据第 123 条撤销合同。最后，被欺诈的人也不需要毫不迟延地表示撤销（第 121 条第 1 款），只需要在察觉欺诈的一年内表示撤销即可；在此期间，他可以静待事态发展，看看究竟是撤销还是维持合同对自己更有利。当然，只有在他能够证明自己受到对手的恶意欺诈时，他才可以主张所有这些好处。 335

某人知道真实情况却仍旧作出表示，并且他明知表示是不正确的而使另一方陷入错误，此时就构成欺诈。至于他是否亲自主动作出了不正确的表示还是在回答呈交给他的问题时作出了不正确的表示，这一点无关紧要；在极其例外的情况下，被提问的一方有“说谎的权利”（边码 349 以下）。如果某人在合同磋商过程中明知对方已经陷入错误，而根据具体情况他负有告知错误的义务但他却没有这么做，那么就构成恶意欺诈（边码 340 以下）。如果某人在作出表示时认识到表示有可能是对的、也有可能是错的，那么也构成恶意欺诈。例如，二手车经销商想要卖出一辆车，他完全不知道该车的真实性能却仍旧在与客户磋商的过程中作出该车从未发生过事故的表示。 336

参见 BGHZ 63，382；BGH NJW 1980，2460；BGH NJW 1981，1441。另参见 BGHZ 168，64：此案中，二手车经销商没有对二手车进行技术检测却仍旧声称该车为无事故车辆，而“没有向买受人说清楚自己其实并不知道这辆车是否真的没有发生过事故”，此时构成恶意欺诈。如果经销商是买受人，而出卖人相对于经销商来说完全没有关于该车是否系无事故车辆的观念，那么又该如何处理？此时虽然经销商被骗了，但他在没有检查的情况下直接给出他收到的信息的行为是否构成对 337

客户的欺诈则取决于具体情况：如果他有可能查知出卖人的信息有误却仍旧将该信息告知客户，那么就构成恶意欺诈；如果他确信出卖人的信息是正确的，那么不构成欺诈，客户不能根据第123条撤销买卖合同。即便如此，如果经销商存在缔约过失，例如根据情况他不应轻信出卖人的表示并且他不能在不做任何检测的情况下将信息告知客户。此时，客户虽然不能依照第123条撤销买卖合同，但他可以以对方存在缔约过失为由要求损害赔偿；而该请求权可以指向买卖合同恢复原状，引起的后果和因恶意欺诈而撤销之间并无二致（参见边码362、363）。

338 一般来说，实施欺诈的人也意在给被欺诈的合同相对人造成损失或者对此抱着放任的态度，但是否真得如此则无关紧要。即使约定的买卖价款等于买卖标的物的客观价值或者甚至低于客观价值并且出卖人也知道这一点，此时买受人不仅没有受到损失而且赚到了，但只要出卖人通过明知的不正确陈述引起合同订立，那么买受人就可以依据第123条撤销合同。这是因为，基于欺诈而撤销的规则并非意在保护被欺诈的人免受损失，而在于确保他能够依据真实的前提形成订立合同的意思。当然，虽然他此时有权撤销合同，但他往往会选择继续维持合同。

339 如果欺诈并没有**引起**合同订立，那么就不存在撤销权。这是因为，即使没有欺诈，被欺诈的人仍旧会订立合同。例如，某人识破了对方的欺诈把戏却仍旧订立合同。还有一种比较罕见的情形——被欺诈的人是“决意的正犯”（omnimodo facturus）：即使他收到了正确的陈述，他仍旧会以同样的条款订立合同。例如，经销商欺骗说是无事故车辆，客户识破了诡计却仍旧订立了合同并支付了买卖价款，即便之后他后悔了，他也不能要求返还价款：他既不能依据第123条撤销合同，也不能依据第437条主张瑕疵请求权（第442条第1款第1句）。如果客户没有识破诡计，例如他仍认为这辆车是无事故车辆，而他之所以没有发现这一点，是因为他只是想把这辆车变成废铁或者将其作为零配件“仓库”，此时又该如何处理？一般来说，客户如果知道事实就会以更低的价格买下这辆车，所以此时他可以撤销。即使客户因为自己的原因甚至是因重大过失而没有发现事实，例如他几乎没有费力去进行事后调查而若这么做其实可以发现该车曾经历过事故，他仍旧可以撤销合同。此时他也享有瑕疵请求权（参见第442条第1款第2句）。但是，如果买受人只是由于（对方）一句空虚的赞美或者单纯的价值判断就发生了错误，而理性的人全然不会当真，那么就不适用上述规则。为客户缝制晚礼服的裁缝在合同磋商阶段夸下海口说，穿上它就犹如格蕾丝·凯莉（美国著名女演员，代表作《后窗》《上流社会》）在世，即使之后证明穿上晚礼服后的客户与常人无异，她也不能撤销合同。

二、不告知引起的欺诈

340 一方在合同磋商阶段发现对方就合同重要内容存在错误，而他没有将此事告知对方，此时也会构成恶意欺诈。一方虽然自己没有具体的想法，也就不可能发生误解，但另一方却隐瞒了自己知道或应知的情况，而了解这些情况对对方的决定至关重要，此时也会构成恶意欺诈。现实中，一方知道的常常比另一方多，并且他为了自己的利益而利用信息优势也无可厚非。即便如此，一旦他基于法律上的理由有义务告知对方并放弃自己的信息优势，那么他不告知正确信息的行为就构成恶意欺诈。

需要决断的是，在满足什么条件的情况下当事人负有信息义务。这一问题（《民法典》的制定者已经认识到）不是法律所能解决的（Motive I S. 208），所以第123条并没有给出答案。联邦普通法院通过判例给出了一般公式，真实情况会挫败一方的合同目的并进而对他的决定至关重要，只要根据交易惯例他可以期待被告知真相，那么另一方在磋商阶段就负有该义务。 341

例如 BGH NJW 1979，2243。一般来说，没有人必须将严重关系到意思形成的全部情况告知交易相对人。相反，人们应考虑到如下原则：订立合同的人必须自行决定此事是好是坏。另一方也可以利用这一点：当被问及具体情况时，他也无须将自己知道的全部告诉另一方（BGH NJW 1987，673）。帝国法院早已表示，“在买卖的场合，不能过度扩张信息义务；出于买受人与出卖人之间相互冲突的利益，依照交易惯例双方通常不应期待对方会将全部涉及价格形成的市场关系——尤其是那些关于价格涨跌的市场信息——告知自己，而是必须自己从其他没有参与交易的人手中获取上述信息”（RGZ 111，233，234 f.；另参见 BGH NJW 1983，2493）。 342

事实上，法律规范应该鼓励市场竞争，让个人觉得搜集与商品和服务的价值潜力、利用可能性和销售机会有关的信息是值得的。如果人们有义务将全部情况告知对方并且放弃信息优势，而这些信息依赖特别的知识和经验，需要人们特别费力地寻找，并且只有在仔细观察市场关系变化的情况下才能搜集到关于商品资讯、供货渠道、销路的信息，那么上述目标就会落空。一个经营者为了找到一块有石油储备前景的特定区域花费甚巨，那么他就不需要在土地买卖的磋商阶段告知出卖人自己掌握的情况。粮食商人为了小麦的运输向船主长期租借货仓，他不需要告诉船主小麦在未来会有好收成并询问是否应该提高租金。同理，艺术品鉴赏家利用自己的专业经验和知识调查了某件艺术品在市场上的真实价值，而出卖人和其他潜在买家却并不知情；纵使这件艺术品价值连城，他也不需要将自己知道的告诉出卖人，而他为调查而支付的费用也不会变得毫无价值。 343

参见 BGH NJW 1983，2493：本案中，某人希望以不高于12万马克的价格购买一台电脑，而出卖人在磋商阶段给出了与之匹配的要约，同时他表示这个报价只是价目单的三分之二；买受人接受了要约并在合同上签了字，但是出卖人没有将电脑生产商已经大幅度降价的消息告诉买受人。根据联邦普通法院的观点，因为“对于出卖人来说，从诚实信用原则中不能推导出他负有将市场关系——尤其是生产商降价以及自己因此受惠——告知买受人的义务”，所以买受人不能依据第123条撤 344

销该合同（a.a.O.S.2494；另参见BGH NJW 1981，2050；BGH NJW-RR 1996，429）。对债务人享有债权的银行向保证债务的保证人描述的债务人财产状况可以不同于实际情况；只能说，如果保证人提出了相关问题，那么银行必须如实回答。若是银行完全没有将债务人的财产状况告诉保证人，由于“向保证人披露主债务人的状况和双方的交易关系对债务人来说是不可期待的”，因此不作为不构成欺诈（BGH WM 1956，885，888；同理 RGZ 91，80）。在 BGH LM § 123 Nr.52 中，电视剧的制片人（享有利用该电视剧的权利）委托他的合同伙伴，为他争取到在德国电视台播放该电视剧的机会；如果成功了，那么支付给他一半的报酬，之后若还能以1万美元的价格卖出该剧，将获得另一半报酬。然而，制片人隐瞒了他已经以830万元马克的价格将播放电视剧的权利交给德国电视一台的事实。联邦普通法院认为，该行为构成恶意欺诈，而一审和二审法院都作出了相反的判决，同样的还有 *Kötz* in FS Ulrich Drobnig（1998）563 = *Kötz*，Undogmatisches（2005）246。

345 如果一方是偶然或者在没有特别为此支出费用的情况下从其他人那里获取了信息，那么就负有告知义务。同理，如果一方为获得信息而需支出的成本明显低于另一方，或者基于咨询合同负有搜集并提交信息的义务并因此从另一方那里获得了报酬，那么他也负有告知义务。另外，参与者之间是否存在信托、合伙或者亲戚关系也会影响到告知义务的有无。

346 某人拥有采矿企业的股份，某天早上他突然得知矿井渗水，于是闪电般地冲到股票交易所将手里的股票尽数卖给不知情的买家，此时也构成恶意欺诈（参见 RGZ 111，233）。同理，土地的卖家向有意购买的人隐瞒了自己在占有该土地期间未对其进行改造或未使其具备建造房屋的的条件，而他知道或应知这些信息对买受人的决定至关重要，此时也构成恶意欺诈。例如，出卖人明知出租房没有获得建造许可或者被行政机关宣布为不能居住的（BGH NJW 1979，2243），或者被蛀的房梁虽已整修但仍会再次被蛀（BGH NJW-RR 1987，1415），或者出卖的土地之上以前建有加油站或垃圾场或是堆放化学废料的地方并进而有变成污染区域的风险（BGH NJW 1995，1549；BGH NJW 2001，64），此时出卖人不能隐瞒上述情况。如果他这么做了，那么买受人可以依据第123条撤销合同。同理，如果商铺的承租人在合同磋商阶段没有向出租人说明自己意图（只是）经营销售纳粹服装，那么出租人也可依据第123条撤销合同（BGH NJW 2010，3362 和 Emmerich NJW 2011，2321）。在二手车交易中，经销商必须将自己知道的或者他认为可能存在的车辆瑕疵告诉有意向购买的人，而这些信息对买家的决定至关重要。当然，经销商可以隐瞒琐碎的损害（BGH NJW-RR 1987，436）。但是，他必须告知买受人这辆开了3年的二手车曾遭受过严重的车祸并且有必要大修（BGH NJW 1977，1055；BGHZ 74，383，391 f.；BGH NJW 1982，1386）。另外，他也不能低估车祸和修理费用；如果他不确定是否有过车祸，那么他必须告诉买受人，他怀疑该车是事故车并且自己没有就此做过调查。

判例和文献认为，依照诚实信用或交易惯例，客户可以指望二手车经销商公开严重的瑕疵，由此为后者的告知义务提供了根据。然而，诚实信用和交易惯例要求的往往是那些从经济学视角来看合目的的、有意义的结论。人们只需设想，双方在磋商过程中，经销商是否有义务告知或者是否有权利保持沉默。这种情形应适用第一种方案，因为经销商手中握有相关信息或者他可以通过较少的精力就搜集到这些信息，所以他因转告对方而要求增加的价格明显低于客户为搜集有关车辆特性的信息而需付出的费用。此时并不值得付出磋商费用，所以事实上磋商并不能决定告知义务和调查义务的归属。一旦私人约定因这一理由而出现了漏洞，那么法律制度就需要为此提供一个规则：若双方及时发现漏洞，那么他们会如何在磋商阶段填补该漏洞，亦即，双方会约定经销商有义务告知信息。关于告知义务的法经济学论证参见 *Adams* AcP 186（1986）453；*Kötz*（Rn. 344）尤其是 *Fleischer*，Informationsasmmetrie im Vertragsrecht（2001）。 347

三、被允许的欺诈

某人欺骗了别人，这不仅违背道德，而且被法秩序视为不被允许的，即违法的或不法的。虽然第 123 条只要求胁迫而非欺诈必须是不法的，但是立法者只不过是认为欺诈理所当然地具有不法性。另外，在特别情况下允许某人不说真话，即便他知道或猜测对方会因此陷入错误。然而，这只是例外情形。二手车经销商可以隐瞒琐碎的损害，但如果有意向购买的人明确询问了，那么他必须将自己知道的或者推测的信息告诉对方。如果他不说，那么就构成恶意欺诈。 348

如果信息涉及欺诈人的**个人特征和特性**，并且法秩序认为应当保护上述信息不被另一方（被欺诈人）用来做决定，那么就例外地允许欺诈。因此，并不是不问青红皂白地就必须告知这些信息。即使另一方询问了，只要不回答或含糊其辞会被视为对所提问题的肯定或否定，那么他就可以作出不真实的陈述。实践中，这一问题大多出现在建立劳动关系的场合，尤其是申请工作岗位的人被问及宗教信仰或政治面貌，或者是否残疾、怀孕、患有艾滋病、过度负债、有犯罪前科等。此时出现了两个问题：一是，工作岗位的申请人是否必须公开这些情况？二是，如果雇主询问此事，而根据实际情况他只能隐瞒真相，那么他能否说假话？ 349

如果工作岗位申请人**有犯罪前科**，那么又该如何处理？由《联邦中央登记法》（Bundeszentralregistergestz）第 53 条的规定可知，虽然某人有犯罪前科，也被判刑了，但在考虑到刑罚的严重性以及宣判后的一段时间内从刑罚登记册中删去了或者没有再被收入犯罪记录中的事实，他就不能再被称为“有犯罪前科”。即使没有满足上述条件，只有当有无犯罪前科对是否能够胜任工作岗位具有决定意义时，工 350

作岗位申请人才必须回答雇主直接提出的问题。想要获得编制警察岗位的人，则必须公开全部的犯罪前科（参见 BGH NJW 1999，3653）。想要成为货车司机的人，就不能隐瞒之前因交通事故而遭受的刑罚。想成为会计或者窗户清理工的人，就不需要告知上述信息。只要被允许隐瞒犯罪前科，雇主也就不能主动询问。如果雇主这么做了，那么这些问题就是**不法的**。如果申请人如实回答就会丧失工作机会，那么他就可以故意答错这些不法的问题，雇主提出的不法问题还包括，他想知道女性申请人有无怀孕。如果怀孕就意味着丧失工作机会，那么申请人对雇员的提问享有“说谎的权利”。

351 参见 BAG NJW 1993，1154；BAG NZA 2003，848 和《一般平等对待法》第1条、第3条和第7条（边码30）。有关申请人性别、年龄、民族、种族、宗教信仰、世界观和性取向的问题违反了《一般平等对待法》的规定并被视为是对被问者的歧视，那么也是不法的。例如，在房屋租赁合同的磋商阶段，有意承租的人对出租人撒谎说自己是基督徒、异性恋者和 CSU（基社盟）成员，而事实上他信仰伊斯兰教、是同性恋者或 SPD（社民党）成员，出租人之后不能因此解除租赁合同。如果提问者是借此搜集被问者的信息，而被问者花了特别的费用、精力和专业知识才弄到了这些信息，法律因之保护被问者保留这些信息的利益，那么关系到上述信息的问题也是不法的（边码343）。某位逛跳蚤市场的音乐爱好者凭借自己对音乐史的了解，认定某古谱系名家手稿并以极低的价格买了下来，出卖人就不能以性质错误为由撤销该合同（边码302）。即使出卖人要求买受人公开其对这本乐谱颇感兴趣的理由，而买受人以欲将词谱装饰音乐室搪塞了过去，出卖人也不能以恶意欺诈为由撤销合同。如果提问针对的信息对一个理性人所做的决定来说无关紧要，那么也不能以恶意欺诈为由撤销。而例外情形可以是：某人是 HSV（汉堡足球俱乐部）的死忠粉，他只想把自己的二手车卖给其他死忠粉，那么他不仅可以询问有意向购买的人喜爱哪支球队，在被骗的情况下还可以撤销合同。因为此事关系到合同自由，合同自由使他有权“将自己的决定取决于客观上不恰当的理由”。正确的观点见 *Faust* AT § 22 Rn. 5，有关合同法中的谎言的话题详见 *Mankowski* JZ 2004，121，尤其是 *Wagner*，Lügen im Vertragsrecht，in：Zimmermann（Hesg.），Störungen der Willensbildung bei Vertragsschluss（2007）59。

四、第三人欺诈

352 某人在欺诈的影响下作出了表示，而大多数情况下是被欺诈人的合同相对人实施了欺诈行为。一旦被欺诈人的表示引起了合同的成立，那么一般来说是出于合同相对人的欺诈。但如果是因第三人欺诈引起的，那又该如何？根据第123条第2款第1句的规定，如果撤销相对人知道或者应知第三人实施了欺诈，那么就可以撤销表示。

某人订立了买卖合同并且已经获准从银行那里获得贷款来支付价款，如果出卖人恶意欺诈了买受人，那么买受人虽然可以撤销买卖合同，却不能撤销与银行订立的贷款合同；除非他能够证明，银行知道或者应知出卖人的欺诈行为。若是不能，那么他将继续受到贷款合同的约束。如果他因此不能履行合同，那么他必须赔偿银行遭受的损失，并且他还要看一看能不能从出卖人那里补偿回来。 353

合同一方当事人主张不是亲自而是自己的代理人、委托人、磋商辅助人或其他辅助人实施了欺诈行为，此时合同仍旧可以被撤销。这些辅助人并不是第 123 条第 2 款第 1 句意义上的第三人。这是因为，某人为了自己利益而让辅助人进行合同磋商，那么辅助人实施的欺诈也应归咎于他。至于他是否知道或应知辅助人实施了欺诈则无关紧要；同样无须考虑的还有，他是否精心挑选或充分监督辅助人，是否下达指示并确保辅助人的行为不偏离自己的指示。某人向德意志银行购买了投资基金的份额，如果他在份额的保值和风险上被骗了，那么无论是德意志银行还是银行的董事会成员、其他机关、部门领导、代理人、全权代表或其他雇员实施了欺诈行为，他都可以根据第 123 条第 1 款的规定撤销合同。那些虽然不记录在银行工资表单中的人，但在销售基金份额的业务上与银行长期合作并因此被列入银行经营组织的独立经营者，也不属于第 123 条第 2 款第 1 句意义上的第三人。 354

参见例如 BGH NJW 2006，1955 und 2009；BGH NJW 2007，361。出卖人欺骗了买受人，为资助买受人支付合司价款而放贷的银行与出卖人有长期合作关系，并且出卖人委托银行准备贷款合同、给予指示并且配有必要的申请表格，那么也做相同处理。在这种情况下，买卖合同和贷款合同紧密地联系在一起，以至于形成了“经济上的统一”(wirtschaftliche Einheit)；如果买受人和借款人是消费者，那么两者就是第 358 条意义上的“关联合同”。即使不满足第 358 条规定的条件，也仍旧可以认为，与撤销相对人紧密合作或者为自己利益而参与合同磋商的独立经营者并不是“第三人”。 355

第 123 条第 2 款第 1 句中的第三人也可以指那些既没有参与可被撤销的交易也没有影响合同的订立，但以中介或者类似的中间人的身份不偏不倚地维护了*双方*利益的人。例如，保证人之所以会和银行订立保证合同，是因为*债务人*向他隐瞒或谎报了保证风险并进而构成了恶意欺诈。此时，银行可以主张债务人的欺诈实乃第三人的欺诈，以此抗辩保证人的撤销表示。如果银行要求债务人去和保证人磋商，准备并交给债务人印有其函件抬头的保证文件，那么债务人仍是“第三人”。 356

参见 BGH NJW 1962，1907；BGH NJW-RR 1992，1105。承租经营的人（用益承租人）与当事人约定，用益承租人承受前一个用益承租人的债务。如果前一个用益承租人就债务的种类和范围实施了欺诈行为，一旦用益承租人向用益出租人表示撤销用益租赁合同，那么他就必然会主张前一个用益承租人是“第三人”（参见边码 1267）。 357

即使“第三人”实施了欺诈行为，并不意味着撤销相对人已黔驴技穷。这是因为，被欺诈的人只有在证明撤销相对人知道或者“因过失”而不知道（即应知）第 358

三人的欺诈的情况下，才有权撤销合同（第 123 条第 2 款第 1 句，第 122 条第 2 款）。债务人（即“第三人”）欺诈了保证人，银行虽不知道此事，但根据情况他必然已生疑窦且只需略加调查即可发现欺诈行为，保证人可以撤销与银行订立的保证合同。这种情形可以指，银行想放一笔贷款给已经火烧眉毛的客户，并且他知道客户请求自己毫无交易经验的妻子用人身保险或自己的土地作为抵押来为此笔贷款提供保证。这时候，陷入经济困境的丈夫向自己的妻子故意缩小或隐瞒了责任风险，银行就必须为这一欺诈行为负责。银行应该如何清除这一猜疑呢？它必须在丈夫不在场的情况下向妻子说明风险的种类和范围，或者建议她咨询律师或其他中立的第三人。

五、损害赔偿

359 因恶意欺诈而订立合同的人可以依据第 123 条撤销合同，以此不再受合同约束。然而，仅仅这样无法令他满意。这是因为，他可能因为信赖合同的有效性而进行了安排，没有办法无成本地恢复如初而遭受了损失。他也有可能已经（与第三人）订立了另一个合同，一旦他发现有欺诈行为并撤销原来的合同，那么他就不可能以同样优惠的条件订立一个新的合同。此时，被欺诈的人可以主张在磋商阶段存在合同成立前的债务关系（第 311 条第 2 款第 1 项），合同相对人必须在交易中尽到对自己利益的必要注意和照顾（第 241 条第 2 款），而欺诈行为明显构成有过错地违反了注意义务（第 281 条），据此要求对方赔偿损失。凭借**因缔约过失**（culpa in contrahendo）而引起的损害赔偿请求权，被欺诈的人可以要求赔偿**信赖损失**或“消极利益”，即恢复到没有发生欺诈且合同没有成立时的状态，尤其是那些因相信合同有效而支出的费用，如果他能够证明若没有发生欺诈便可以与第三人订立条件更为优惠的合同，那么他可以要求赔偿履行与第三人间的合同本应获得的收益。所有这些请求权都可以用来论证，恶意欺诈被视为**不法行为**并且欺诈人的责任源于第 823 条第 2 款（结合《刑法典》第 263 条）和第 826 条。

360 被欺诈的人往往会考虑，究竟是撤销合同还是继续维持合同并要求**代替给付的损害赔偿**（Schadenersatz statt der Leistung）对他来说更有利。例如，出卖人向买受人故意隐瞒了土地之前被用作垃圾场并且地表已被有毒物质污染的事实；对买受人来说更有利的方式不是撤销买卖合同，而是继续维持合同并且在满足第 437 条第 3 项的情况下要求出卖人赔偿因清理土地以使其具有合同约定特性的状态而遭受的损失。

361 参见 BGH NJW 1991，2900。由于撤销会导致合同无效并依据第 812 条以下返还双方已经受领的给付，而这么做要么很复杂要么出于其他原因显得不划算，因此常常不建议当事人基于恶意欺诈而撤销。例如，当合同的标的是一家企业并且买卖双方已经履行了合同，之后买受人发现出卖人谎报了销售额或盈利额；对买受人来说更有利的解决方案既不是依据第 123 条撤销合同，也不是要求代替给付的损害赔偿（因为此时很难确定损失），而是以出卖人存在缔约过失为由要求赔偿损失，而损失就是买受人以过高的价格买下了企业。买受人已经支付了合同价款，那么他可以要求返还一部分价款（由法院估算确定），并且对数额的估算与能否证明出卖人会同意以更低的价格卖出企业无关。参见 BGHZ 69，53，56 ff.；BGHZ 111，75，82 f.。

一方没有恶意欺诈对方，而是**过失地**引起了对方的错误，例如告知错误或不完整的信息或者负有告知义务却隐瞒了正确信息，那么相对人也可以基于缔约过失请求损害赔偿。在此种情形中，不出现基于恶意欺诈的撤销（边码 336、337），但陷入错误的当事人有损害赔偿请求权。作为买受人的他不仅可以要求赔偿因以过高价格买进商品所遭受的损失（边码 361），而且可以以“恢复原状”的方式（第 249 条）请求损害赔偿，即**废除**那个买受人只因错误、不完整或违反义务而隐瞒的信息而参与的合同。 *362*

例如 BGH NJW 1998，302；BGHZ 111，75，82 f.。判例认为，一方在合同磋商过程中告知对方错误的信息或向对方隐瞒了信息以至于引起了错误，此时就构成恶意欺诈，而被欺诈的人可以通过第 123 条终止合同。这一观点虽然屡遭批评，但其作为法官造法，原则上值得赞同。联邦普通法院反驳道，欺诈撤销的规则和缔约过失责任的规则追求不同的目的，尤其表现为，后者——不同于第 123 条——以存在损失为前提，并且因相对人的过失而陷入错误的一方的损失并不是在订立合同的时候就已经存在了，而是待明确了履行合同会给他带来不利并进而引起财产损失的时候才出现；人们必须拿着放大镜去寻找不满足这一前提的真实案件。由于因过失违反合同成立前的信息义务的责任并非意在填补损害，而是——正如第 123 条那样——意在通过施加损害赔偿责任鼓励当事人如实告知并基于充分、完整的信息订立合同，因此联邦普通法院的论证难以服众。事实上，联邦普通法院的观点导致了荒谬的结论，被欺诈的人在发现欺诈事实一年后将失去撤销权（第 124 条），而因相对人的过失而陷入错误的一方却可以在第 195 条、第 199 条规定的诉讼时效期间内主张终止合同的请求权。除非要求当事人在第 124 条规定的除斥期间内主张终止合同的请求权，否则无法反击这一反驳。充分的论证见 *Fleischer* AcP 200（2000）91。 *363*

第四节 胁迫

一、不法胁迫

因受到不法胁迫而作出了意思表示的人，可以依据第 123 条撤销该表示；如果 *364*

该表示引起合同的订立，那么可以撤销该合同。胁迫指的是，一方要求对方作出特定的表示并且声称，若是不作出这一表示将面对不利。即使胁迫的人只是虚张声势，事实上并没有能力或意愿实施胁迫，只要被胁迫的人当真了，那么仍旧构成胁迫。如果被胁迫的人识破了对方是在虚张声势，却仍旧作出了对方期望的表示，那么胁迫行为并非作出表示的原因，他也就不能撤销表示。

365 如果一方只是提醒对方，若不作出其所期望的表示就会引起或可能引起不利，那么这不是胁迫而是单纯的**警告**。某人明确告知磋商伙伴，若他拒绝订立合同则作为商人的声誉就会毁于一旦，这并不是胁迫而是警告。他明确说了，会动用自己一切力量减损对方的声誉，例如在自己的交易伙伴面前编排对方的不可靠或冥顽不化，此时就构成胁迫。有些时候，胁迫和**不法地利用窘境**之间会出现重合。参见BGH NJW 1988，2599：银行发现了雇员侵吞财产的行为，以向检察机关提出刑事指控为由要挟雇员的家人抵押土地来担保实现损害赔偿请求权。雇员的家人按要求作出了书面表示，之后又想毁约。对此，联邦普通法院既用因胁迫而撤销的规则（第123条）也用以违背善良风俗的方式利用对方的窘境的规则（第138条）判断该表示的有效性。这是因为，当事人声称，银行的代理人利用了雇员家人的无知和无经验，并且他们也没有时间去仔细思考并咨询独立的第三人。

366 第123条规定的可撤销不仅要求有胁迫行为，还要求胁迫人的行为是**不法的**。这就是这一法条的问题所在。

二、胁迫手段的不法性

367 如果用于胁迫的手段是不法的，那么胁迫就是不法的。因此，不允许对另一方施压：威胁对方，若不作出其期望的表示就殴打他、烧他家房子、在法庭上做不利于他的伪证或者向有关单位举报。如果雇主威胁雇员向检察机关揭发盗窃行为或基于重大原因立即通知终止劳动合同，只要雇主知道或者根据情况应当知道雇员没有犯罪，那么雇主的胁迫行为就是不法的。如果确实存在对盗窃行为的深切怀疑，并且一个处于相同情况下的理智的雇主会采取以上措施，那么这样的胁迫就是合法的（BGH NJW 1997，676；BAG NJW 2004，2401）。律师也可以以败诉威胁委托人，使委托人同意提高报酬（BGHZ 184，209 Ts 35.）。一方威胁对方作出其期望的表示，否则就向媒体公开事实，如果媒体报道本身并不违法而只是关系到出版自由，那么胁迫也不是不法的（BGH NJW 2005，2766）。经营者也可以威胁自己的客户，如果不订立他期望的合同或者作出其他一个他所期望的表示，那么他就不再供货。但如果经营者占有“市场垄断地位”并且断货行为意味着不法地滥用了这一地位，那么胁迫行为就是不法的（《反限制竞争法》第26条以下）。同理，工会威胁船主增加海员的工资或者缴纳一定数额的社会基金，否则就要求工会成员罢工并且阻止船只出海，这样的行为也是违法的。当且仅当胁迫行为限于合于法律规定的劳动争端的范围内，该行为才是合法的。

不法也可以指，即使某人依法负有做某事的义务，但他以不作为相威胁。例如，报纸出版商出于特别理由负有印刷某启事的义务，即出现了“强制缔约”（边码 29 以下），那么他就不能威胁委托人订阅报纸或者以后都必须在他这里公布启事或者向第三人捐款，否则就不刊登该启事。 *368*

合同一方当事人要求变更已订立的合同——尤其是提高价格或者报酬——并且向合同相对人施压，如若不然则不履行合同，这种情形并不罕见。如果胁迫人知道或者料到自己的胁迫行为意味着**合同违反**（Vertragsbruch），那么这样的胁迫就是不法的。因此，雇主不能以扣留工资威胁雇员同意变更劳动合同。同理，承诺送交 100 扇窗户的承揽人在交货了 50 扇窗户后告诉定作人，若不同意加价或者继续下订单就拒绝送交另外 50 扇窗户。双方对正确解释合同存在争议的，例如承揽人认为自己可以交付 100 扇窗户而定作人相信双方约定送交的只是 50 扇，此时如果承揽人以不交货威胁定作人必须同意接受 100 扇窗户，那么胁迫就是不法的（但参见 RGZ 108，102 以及正确的批评见 *Flume* AT S. 538 ff.）。如果承揽人说的是实话，自己陷入经济困境并且只有在提价的情况下才可能送交 50 扇窗户，那么又该如何处理？这里的承揽人的表示可以被视为单纯的警告，提醒对方自己快要陷入破产，若不加价则自己的生意就完了。因此很多人认为，接受了余下的 50 扇窗户的定作人，不可以以不法胁迫为由要求返还已支付的、增加了的价款。 *369*

三、胁迫目的的不法性

即使胁迫手段对被胁迫人来说是严重的，它却常常是合法的。例如，某人可以以揭发犯罪行为、符合约定地通知终止合同、通过强制执行实现对债务人的债权或者以债务人丧失支付能力为由申请开启破产程序相威胁，让对方向法院澄清有争议的问题。如果胁迫行为追求的是一个不法的**目的**，尤其是被胁迫人履行负担的给付将违反法定禁止或者有违善良风俗，那么也不能以合法的手段相威胁。如果一方想让对方在法庭上作伪证、支付封口费或不法侵害第三人，那么他就不能以起诉、揭发犯罪行为或以其他被允许的手段相威胁。正确的观点是，被胁迫人在胁迫压力下作出了约定并可能已经履行完毕，这个约定早因违反第 134 条、第 138 条而无效并且无须再依据第 123 条予以撤销了。 *370*

由此可知，胁迫人对被胁迫人作出的表示并不享有法律上的请求权，所以胁迫行为追求的目的并非不法。对一家有限责任公司享有债权的债权人，他虽然不能基于法律上的理由要求业务执行人或者大股东亲自为公司债务保证，但是承担保证本身既非法律禁止亦非不被允许。如果债权人以向法院提交申请并开启对有限责任公 *371*

司财产的破产程序威胁上述人员承担保证的，这一胁迫行为并非不法（BGH NJW 1997，1980；BGHZ 184，209 Tz. 36）。

四、手段与目的连结的不法性

372 即使胁迫人的手段合法并且胁迫行为追求的目的也是合法的，只要为实现那个目的而采取这一手段是不被允许的，那么胁迫也是不法的。如果在手段和目的之间欠缺内部联系并且毫不相关的两者被人为地连结在一起，那么胁迫就是不法的。例如，银行发现自己的柜员侵占了财产，如果他为了让这个柜员在认错书中书面确认自己的赔偿义务，或者为了保证实现自己的赔偿请求权而让柜员质押手中的油画，或者为了让柜员同意终止劳动关系，或者为了将柜员调职到档案室，银行可以以揭发犯罪行为相威胁。但是，如果银行是为了让柜员向儿童援助机构捐款或者撤回对经营咨询成员的竞选或者结束与银行总裁夫人的情人关系，那么以揭发犯罪行为相威胁就是不法的。

373 如果银行以揭发犯罪行威胁柜员的妻子（不是柜员），让她为丈夫的债务提供保证或者向银行质押自己的财产或者让与担保，那么问题就会变得棘手。揭发犯罪行为是被允许的威胁手段，并且法秩序也不反对让妻子共同承担债务，所以银行通过胁迫行为追求的目的也是合法的。然而，联邦普通法院认为手段与目的之间的连结是不被允许的，因此银行的胁迫也是不法的，除非妻子参与了丈夫的犯罪行为或者因犯罪行为而获益（BGHZ 25，217）。例如，妻子教唆自己的丈夫侵占财产或者以侵占的财产满足自己享乐，那么银行可以胁迫妻子并且妻子不能依据第123条撤销保证。此时，妻子可以主张责任风险远远超过了财产关系并且银行利用了她的无经验或窘境或以其他方式不法地侵害了她的决定自由，而根据第138条的规定该保证合同无效，以此对银行的支付请求权提出抗辩（边码223、224，边码365）。如果银行错误地认为自己有权实施胁迫行为，例如确信妻子教唆丈夫犯罪，无论银行是否存在过失，胁迫都是不法的（如此 Medicus AT Rn. 820 和主流观点；不同的观点 BGHZ 25，217，224 ff.）。正确的观点至少是，如果银行明知相关事实，但仍旧错误地认为自己的行为是被允许的，那么胁迫就是不法的。

第五节 撤销的实施和后果

一、撤销表示

374 一个有效的撤销不仅需要满足第119条、第120条、第123条规定的撤销理由，撤销权人还必须主张自己的撤销权，即作出撤销表示。

根据第 143 条第 1 款的规定，“通过向撤销相对人作出表示”来撤销。在合同的情形中，撤销相对人则是合同相对人（第 143 条第 2 款）。例如，想要通过撤销将要约从世上抹去的人，如果该要约已被承诺并且合同成立的，那么他就必须向合同相对人作出撤销表示。如果他在通知终止或者解除了一个合同后想要撤销通知终止表示或解除该表示，那么他也必须这么做。可若撤销的要约还未被接受，那么就向要约到达的那个人作出撤销表示（第 143 条第 2 款第 1 句）。如果双方没有作出其他约定，即使法律要求表示或者合同需要满足形式要求，撤销表示也无须满足形式要求。上述规则不区分撤销的原因究竟是错误（第 119 条、第 120 条）、欺诈还是胁迫（第 123 条）。 375

必须通过解释来查明表示是否以撤销为意；即使表示中并没有出现“撤销”这一词，回答仍旧可以是肯定的。只要能够从一方的表示或者可推断的行为中得出他不想让交易继续的意思就足够了，尤其是合同一方当事人表示或者足够明确地认识到，他不想履行合同或者他要求对方返还之前基于合同已经给付的东西。 376

参见 BGHZ 88，240，245；BGHZ 91，324，333 f.；BGH NJW-RR 1995，859。即使出现了“撤销”这一词，也并不一定意味着当事人真的希望法律意义上的撤销。普通人常常并不清楚撤销带来的后果，即溯及既往地否定合同并且毁掉因合同而享有的全部请求权。例如，被恶意欺诈了的合同一方当事人要求赔偿履行利益的损失，而履行利益只能通过主张因合同引起的代替给付损害赔偿予以实现，那么他原本是不会对合同相对人使用“撤销”这个词的。同理，如果一方想要通过解除或者通知终止合同或者依据第 313 条变更合同，此时在解释的时候应认为该表示并非旨在放弃合同。只有在确定当事人并不追求第一条道路（合同这条路）后，才能继续检查他的表示是否应被理解为撤销合同并且该表示也追求这一目的。 377

有时候可能会对撤销表示涉及哪些交易存在疑问，这尤其会发生在双方订立了买卖合同或其他意在转让所有权的合同并且履行合同导致取得人（一般是买受人）已经获得了所有权的情形。此时根据“分离原则”和“抽象原则”（边码 9），**买卖合同**（债权行为）和**物权合同**（物权行为）互相分离，分别判断两者之中是否出现撤销理由并且当事人对其表示了撤销。判断的结果可能是，两个合同都有效或者都无效，也可能是一个有效而另一个因被撤销而无效。例如，买卖合同的订立本身不存在错误，而出卖人走错了货架，误将一件丝质衬衫当成棉布衬衫交给买受人，而买受人拆开包装后就将衬衫放进了衣柜；此时，出卖人依据第 119 条第 1 款作出的撤销表示，只是针对物权合同，所以仅物权合同无效。由此可见，出卖人仍旧是衬衫的所有权人，可以依据第 985 条主张返还请求权。 378

如果出卖人有过错地迟延作出意思表示并进而依据第 121 条第 1 款丧失了撤销权，由此导致撤销无效的，那么物权合同是不可撤销的并且该合同是有效的。虽然 379

买受人是衬衫的所有权人，但是他却不能保留衬衫。这是因为，出卖人可以根据第812条的规定要求买受人返还衬衫的所有权；即使买受人基于有效的物权合同获得了丝质衬衫的所有权，但此时欠缺以丝质衬衫为标的的买卖合同，所有权的取得没有“法律上的理由”，依据第812条应予以返还。

380 通常的情况是*两个*交易存在同一个意思瑕疵，而撤销表示“一石二鸟”。例如，出卖人因买受人的欺诈或胁迫而订立了买卖合同，如果出卖人是在欺诈或胁迫的作用下将商品的所有权转让给买受人，那么买卖合同和物权合同都是可撤销的（第123条），两者通过及时的撤销表示而无效。如果出卖人在订立买卖合同的时候对在交易上被认为重要的特性发生了错误并将商品的所有权转让给买受人，他发现错误后便依据第119条第2款的规定作出撤销表示，有争议的是，此时两个法律行为是否都无效。

381 参见*Grigoleit* AcP 199（1999）379，396 ff.；*Leipold* § 18 Rn. 57；上文边码317。人们应当看清的是，物权合同是否无效的问题对学术授课的意义大于司法实务。只要返还的还是钱，而买受人是在错误或欺诈或胁迫的作用下支付了这一笔钱，那么上述问题就没有意义。在非现金付款的场合，付款人转让的不是钞票的所有权，而是将价款汇到收款人的银行账户。在现金付款的场合，付款人将特定钞票的所有权转让给收款人；即使双方订立的物权合同是可撤销的并且最终因撤销而无效，由于付款人也绝对不可能说钞票或硬币是独一无二的，以至于能够满足《民事诉讼法》第253条第2款为成立第985条中的返还请求权所做的要求，因此付款人事实上不能实现这一请求权。转让其他种类的物的所有权并且取得人还占有该物的，只有当针对取得人的财产开启破产程序的时候，有关依据第985条返还所有权还是依据第812条返还不当得利的问题才有实际意义。只有在出让人依据《破产法》第47条的规定“取回”该物时，即作为该物的所有人主张该物“并不属于破产财团”，他才能真正地拿回该物。

二、撤销期间

382 如果一方当事人是在错误、欺诈或胁迫的作用下做成了某项交易或订立了某个合同，那么该法律行为仍旧会生效。只要该法律行为是可撤销但还未被撤销，那么行为的无效性就是待定的。立法者试图缩短这一状态的期限，并在第121条和第124条规定了撤销权行使的**除斥期间**。至于除斥期间是否经过，则必须由法官来判断。即使另一方无视或者因没有接受法律咨询而未提出除斥期间经过了的抗辩，法官也必须依据已知的案件事实思考这一问题。

（一）错误

383 根据第121条第1款第1句的规定，基于错误的撤销必须**毫不迟延地**作出，虽不是立即但必须是不能**“过错地迟延”**。对于所有期间来说，有决定意义的常常不是其长度而是它的**开始**。在基于错误而撤销的场合，撤销权人发现撤销理由后——即得知自己或表示使者发生了错误——开始起算期间。如果他不知道错误，即使他是因为过失而不知道，那么期间也不起算。成为合同当事人的企业——个体商或者法人，如有限责任公司——享有撤销权，即使该商人或法人的机关不知道错误，但只要那些要么被授权可以以企业名义作出撤销表示，要么依照其组织结构可知手握相关信息的人员发现了错误，那么就开始起算除斥期间（参见第 166 条和边码 439 以下）。任何情况下，只要自意思表示作出时起已经过了 10 年，该撤销权随即消失（第 121 条第 2 款）。

期间一旦开始起算，那么就必须不能“过错地迟延”作出撤销表示，即不会长于一个处于相同情况下的理性人在尽到“为交易所必要的注意”（第 276 条第 2 款）并且考虑了相对人受保护的利益后确定的时间。虽然准许撤销权人有判断和思考的时间，但这一时间不应过短或过长，尤其是不能让撤销权人借此让相对人负担成本。据此，向银行购买有价证券（而这些价值变动剧烈的有价证券是在股票市场上交易的）的人，必须在得知自己发生了错误的当天作出撤销表示。 384

正如其他任何一个意思表示，撤销表示在到达撤销相对人时生效（第 130 条）。例外情况则是，在期间开始起算之前就发出了撤销表示，但直到期间经过后才到达撤销相对人，这一表示仍被视为是及时作出的（第 121 条第 1 款第 2 句）。 385

（二）欺诈和胁迫

被恶意欺诈或不法胁迫的人必须在一年内作出撤销表示（第 124 条第 1 款），自撤销权人发现撤销时或急迫情势结束时开始起算撤销期间（第 124 条第 2 款）。自意思表示作出时起已经过 10 年的，基于欺诈或胁迫的撤销被排除（第 124 条第 3 款）。 386

一旦被欺诈或被胁迫的合同当事人错过了第 124 条规定的撤销期间，合同将被视为终局地有效。然而，根据当事人被欺诈或胁迫的事实仍旧可以得出某些权利。欺诈或胁迫行为构成不法行为的（第 826 条），一旦欺诈人或胁迫人主张合同履行请求权，那么被欺诈或胁迫的一方可以提出第 834 条规定的抗辩[①]并以此拒绝履行合同（BGH NJW 1969，904）。即使他错过了第 124 条第 1 款规定的撤销期间，他仍旧可以主张欺诈或胁迫行为构成缔约过失并进而享有损害赔偿请求权（BGH NJW 1995，2361）。但若是他想以废止合同的形式要求损害赔偿的，那么就必须遵守第 124 条第 1 款规定的撤销期间（有争议，参见边码 363）。 387

① 根据上下文，第 834 条应系作者笔误，有关条文应该是第 838 条。——译者注

三、撤销的后果

388 有效的撤销需要满足以下三个条件：出现第 119 条、第 120 条或第 123 条规定的**撤销理由**；撤销权人依据第 143 条**表示**撤销并且遵守第 121 条、第 124 条规定的**撤销期间**。满足了这些条件后，被撤销的行为依据第 142 条第 1 款“视为自始无效”。合同一旦被撤销，那么就不能再从中得出因义务违反而引起的履行请求权或损害赔偿请求权；只要双方之前基于被撤销的合同提供了给付，那么他们可以依据第 812 条以下要求返还。

389 被撤销的合同涉及**持续性债务关系**（Dauerschuldverhältnis，边码 994、995）并且当事人在作出有效的撤销之前已经提供了给付，甚至有可能履行完毕整个合同，此时就适用特别规则。若是双方依据第 812 条以下返还全部给付，无疑会引起一系列结算问题，尤其是当事人已履行合同很长时间了（有时候甚至长达数年）。在劳动合同中，虽然允许当事人撤销合同，但是撤销只是嗣后（ex nunc）地发挥效力，而合同——正如被通知终止那样——面向未来的（pro futuro）无效（参见 *Bork* AT Rn. 960）。相似的问题也会发生在租赁合同（参见 BGH NJW 2009，1266 和 *Faust* JuS 2009，178）和合伙合同中（参见 BGHZ 63，338，344 f.）。

390 买受人获得被买卖标的物的所有权并且在出卖人有效撤销物权合同之前将该物出让给第三人，那么第 142 条第 1 款规定的回溯效果就会导致第三人从无权利人手中取得该物，此时就需要考虑第三人在满足什么条件的情况下被视为善意并进而取得所有权。由第 142 条第 2 款以下可知，在这种情形中也可以适用第 932 条第 2 款，而结果取决于第三人在获得该物的时候是否明知或出于重大过失而不知物权合同是可撤销的（参见 BGH NJW-RR 1987，1456）。

第八章 代理

第一节 代理的要件

在一个彼此分工的社会中，如果不能由他人为合同的当事人来磋商和订立合同的话，那么这个发展中的分工系统就会无法运作。假设你是一名经营报刊亭、开手工艺品店或者从事艺术品贸易的个体经营者，那么你尚且能够亲自和供应商与收货人订立所有的合同；然而，一旦生意做得更大，尽管你还能亲自去订立更为重要的合同，但剩下的那些合同就必须让其他人代你去订立了。也就是说，你将无法亲自去购进经营所需的货物、无法亲自去雇用职员、无法亲自去刊登广告，以及无法亲自去出售产品；相反，你会把订立为此所必需的合同的相关事务交给采购部门的人、进口公司、人事主管、广告商、销售部门的员工或是商务代表去做。一个人把订立与自己相关的合同的这件事交给其他人去做，这种情况还可能出现在：他想要借此来利用他人的专业知识或生意网络，例如，某人委托拍卖商拍卖一幅画、土地所有人把跟建造和管理出租公寓有关的事务交给建筑师或者不动产管理人，又或是作家、钢琴演奏家、歌手或职业运动员不再亲自和出版商、演出举办者或赞助商签合同，而是为此目的聘请了“代理人”（Agent）。出于各种不同的原因，所有这些人都不能或不愿亲自去订立合同，而是利用了劳动分工的优势，委托他人“为自己”、“代自己”、“为了自己的利益”、“在自己的委托下”或是“为了自己的需要”去跟第三人订立合同、作出或者受领对合同的订立过程来说重要的表示。 391

从经济功能的角度看，所有这些情形之间并无太大差别。为了对此进行法律上的分析，产生了一个叫“代理”（Stellvertretung）的特殊领域：在这些情形中，受 392

托人（Beauftragter）为了委托人（Auftraggeber）的利益与第三人（Dritter）订立合同，使合同直接在委托人和第三人之间成立。这种方式的要件被规定在第 164 条第 1 款中。也就是说，如果一个经营者委托他的人事主管雇用职员、委托进口商购入必需的原材料、委托广告商在电视上刊登广告或者委托商务代表销售成品，那么只有当第 164 条第 1 款中的两个要件同时满足时，该经营者才能自己成为这个由受托人和第三人订立的合同的一方当事人：第一，人事主管、进口商、广告商或商务代表在订立合同时必须**"以经营者的名义"**（边码 394 以下）；第二，该经营者必须授予了他们相应的**"代理权"**（边码 411 以下）。

393 关于代理的规定不仅适用于某人为他人和第三人订立合同的情形，此外，当某人想用其他方式为他人实施法律行为（rechtsgeschäftlich handeln），即为他人撤销合同、作出解除或通知终止的表示使合同终结、主张抗辩权、追认合同或是授予代理权时，也必须要满足第 164 条第 1 款中的这两个要件：以他人名义实施行为以及相应的代理权。第 164 条第 1 款还适用于代理人为被代理人订立**物权合同**（dinglicher Vertrag）。例如说，代理人以被代理人的名义买了一个东西，当出卖人把该买卖标的物交付给代理人时，代理人通常也要以被代理人的名义订立物权合同，即代理人与出卖人还要就"被代理人是该物的所有权人"这一事项达成物权合意。但是，只有当被代理人获得对该物的占有，他才能根据第 929 条取得所有权。该条件是否满足，不是根据第 164 条以下的规定来判断的，因为占有的取得和丧失不是法律行为，而是"事实行为"（Realakt）。因此，此时具有决定性的是物权法中的规定，特别是第 855 条：根据该规定，当代理人作为"占有辅助人"（Besitzdiener）为被代理人行使对该物的管领力时，被代理人自己即成为该物的占有人。同样，被代理人也可以根据第 868 条取得占有，只要他与代理人达成合意：代理人取得对买卖标的物的直接占有（unmittelbarer Besitz），但却是为了被代理人而占有。通过这种方式可以使被代理人成为"间接占有人"（mittelbarer Besitzer）。

第二节 以他人名义实施行为

一、显名原则

394 以他人名义实施行为不仅仅指，当某人在和第三人进行合同磋商时**明确**（ausdrücklich）表明不是他自己，而是另外一个人才是合同当事人的这种情形。根据第 164 条第 1 款第 2 句，只要能从**"情事"**（Umstände）中看出他是作为"代理人"（Vertreter）签订合同，即他是想要"被代理人"（Vertretener）成为合同一方的，也足以算是“以他人名义”。也就是说，当某人的表示以及他的其他行为——根据“客观受领人的视角”——可能被理性人在考虑到相关情事和明显的利益状态的情况下理解为：他不是把该事务“作为自己的事务”（als Eigengeschäft）而去实施法律行为的，而是希望该法律行为直接为被代理人带来有利或不利的效果。尽管大多数人都会说，以他人名义必须**“显名”**（offenkundig）——这是显而易见的——但是，只要这种“显名性”可以从情事中被看出来就已经足够了。当然，为了保护第三人，“显名原则”仍然是必要的，因为第三人必须要能知道，谁是他的合同缔约方、他为谁的支付能力和合同忠诚（Vertragstreue）承担风险。

因此，当管道工接受了维修一个供应多个私人公寓的锅炉的委托时，房屋的所有权人才是合同当事人——即使管道工不认识他们，不是所有权人、而是物业管理人委托了管道工，并且物业管理人已向管道工公开了自己的身份（BGH NJW-RR 2004，1017）。此外，即便建筑师订购了一批瓦片，并要求供货商将这批瓦片送到特定的建筑工地，但根据通常的情事，他不是想以自己的名义、而是想以业主的名义实施该行为；因此，只要建筑师之前被授予了充分的代理权，那么合同就直接在瓦片的供货商和业主之间成立——即使供货商在合同订立时并不知道业主的名字（参见 OLG Brandenburg NJW-RR 2002，1099）。同样，若一名司机开着印有其建筑公司标签的车在供货商那里订购一批瓦片，并立即将瓦片装上了车，即便是在这种情况下，合同的当事人依然是这个建筑公司的老板，供货商是否把这个送货司机认成了老板、供货商是否知道这家建筑公司的法律形式（正确地、错误地或是根本不知道），都是无关紧要的。然而，此处的前提是存在一个**“与企业相关的事务”**（unternehmensbezogenes Geschäft），也就是说，合同内容和相关情事能够导向这一结论：根据参与人（Beteiligter）的意愿，某个特定的企业理应成为合同的当事人。同样，谁就要约、承诺或是保证的表示签下了自己的名字，也并非以自己的名义实施行为，只要他能证明他的表示涉及的是“与企业相关的事务”——因为签名上的额外附注、信头上的函件或者其他情事都可以表明，这理应是以特定企业的名义作出的表示（参见 BGHZ 62，216；BGH NJW 1995，43；BGH NJW-RR 2006，109）。 395

通常来说，房屋的承租人对于出租人是谁是无所谓的；因此，即便是共同继承人中只有一个人跟承租人进行合同磋商并在合同上签下自己的名字，作为房屋所有权人的继承人共同体（Erbengemeinschaft）同样成为租赁合同的当事人。此外，若某人在旅行社为一个 10 人旅行团订购机票，那么只有当涉及他自己的飞机票时，他才是以自己的名义；对于其他人的机票，他则是以其他旅客的名义订立的，即使订单上的“客户”一项只签了他自己的名字，并且他在预订时还不知道这些旅客的名字（BGH LM § 164 Nr. 3；OLG Köln NJW-RR 1991，918）。但是，如果他不 396

能及时地指明其他旅客的名字，那么他就要像“无权代理人”（Vertreter ohne Vertretungsmacht）那样对合同的另一方承担责任（第 179 条；边码 467 以下）。合同的另一方是航空公司，旅行社是以该公司的名义作出的涉及空运合同（Luftbeförderungsvertrag）成立与履行的全部表示（**“积极代理”**，aktive Stellvertretung）。在合同履行的过程中，一旦**旅客**（Fluggast）作出的表示到达**该旅行社**，那么它们就会对航空公司产生有利或不利的效力；在这个意义上，旅行社是航空公司的**“消极代理人”**（passiver Stellvertreter）。

397 在合同磋商过程中作出表示的，通常都是以自己的名义。如果某人声称并非以自己名义，即主张他是以他人名义实施行为因而不能成为合同当事人的，那么他就要承担举证责任。若他虽然可以证明自己*想要*以他人名义实施行为，但却不能同时证明这个想法是明显可以被看出来的（erkennbar），那么他就会被置于这种境地：就像他是以自己的名义实施这一行为似的，即他就像是为“自己的事务”订立了合同。虽然他并不想实施该行为，但根据第 164 条第 2 款，这种情况是“不被考虑的”（außer Betracht）。从中尤其可以得出一个结论：尽管表示的客观内容与其主观意愿不符，但他却无权根据第 119 条第 1 款规定的内容错误（Inhaltsirrtum）来撤销该表示。

二、行为归属于其所关涉的人

398 显名原则（Offenkundigkeitsprinzip）的目的是保护第三人：他应该要能知道，合同是在他和谁之间成立的。但是在第三人对“谁是合同另一方”无所谓的情况下，“显名原则”就可以有例外，例如日常生活中的现金交易。当第三人是出卖人，且买卖价款是以现金支付给他时，那么“该行为所关涉的人”才被视为他的合同另一方，即代理人想要为其实施行为的人——即使这种意愿在合同订立过程中是该第三人看不出来的。

399 父亲在假期出游前委托他的儿子为他买一套邮集，并让儿子把它保存在自己的住处，直到他旅游回来。在这种情况下，尽管是儿子用自己的名义在与出卖人进行合同磋商，并且还是以自己的名义订立的买卖合同，但只要儿子是*想要*为父亲实施行为，并且已通过现金支付了买卖价款，那么父亲才是该买卖合同的当事人。物权合同的成立同样也是对“该行为所关涉之人”而言的，即父亲；由于父亲同时也成为已交付给儿子的邮集的间接占有人（第 868 条），该邮集的所有权也就直接从出卖人转让给了父亲。相反，儿子并非该邮集的所有权人，因此，儿子的出租人对其不享有出租人留置权（Vermieterpfandrecht，第 562 条以下；边码 739），即使出租人在无重大过失的情形下以为这位儿子就是邮集的所有权人，亦然。即便是儿子的债权人扣押了房子里的邮集，他也同样不享有扣押担保权（Pfändungspfandrecht，

《民事诉讼法》第 804 条）。同样，当妻子买了一台冰箱并且是用现金支付的，此时，夫妻双方成为冰箱的共同所有人——只要妻子在订立合同时是这么想的，而不论这种意愿出卖人是否能看出来（参见 BGHZ 114，74，79）。但是当妻子是用分期付款的方式来购买冰箱时，情况就有所不同了：尽管出卖人也可以向丈夫请求支付买卖价款，但却不是因为妻子代理丈夫订立合同，而是因为有第 1357 条的特殊规定（“钥匙权”，Schlüsselgewalt）。

三、冒名行为

有时会出现这种情况：某人在与第三人订立合同的时候用的不是自己的名字，而是另一个人的名字，又或者是一个凭空想象出来的名字。我们把这种情况叫做“冒名行为”（Handeln unter fremdem Namen）。如果合同另一方的真实名字对第三人来说根本不重要的话，即他对合同另一方的身份根本不在乎——当然也就不可能对此有错误认识——那么就无须适用代理的特殊规定。旅馆老板是要和亲自来到前台的人签订合同，因此，不论房客在登记簿上写的是自己的名字、影星的名字抑或凭空捏造的名字，对旅馆老板来说都没有区别：合同在旅馆老板和这位房客之间成立。同样，当某人冒用他人名字签订合同，并且用该他人的身份履行合同中所约定的给付义务时，也不需要适用代理的规定。此时，合同另一方对其合同相对方所用名字的真实与否是无所谓的。例如，当 A 冒用 B 的名字卖掉自己的书或是二手车，并且立即把它交付给买受人。此时，不论是买卖合同还是物权合同都是在 A 和买受人之间成立。如果书或者二手车事实上属于 B 的话，那么只要买受人是善意的，即他无重大过失地认为 A 就是所有权人，他也能取得所有权（第 932 条；参见 OLG Düsseldorf NJW 1989，906；*Bork* AT Rn. 1409）。 400

但是，当第三人就是想要和被冒名者签订合同时，情况就有所不同了。这种情况通常出现在，当行为人用别人的名字对第三人作出了书面或电话的要约时：如果第三人对此作出承诺的话，他就希望此名字的真正拥有者（der wirkliche Inhaber des Namens）能够保持不变，因为否则的话，他认为的合同相对方、他能向其主张合同履行请求权的人就不存在了。因此，在这种情况下就必须要区分，被冒用的名字的真正拥有者是否向冒名者授予了代理权（Vertretungsmacht）——或者说是——意定代理权（Vollmacht）：如果是的话，那么合同就在授权人（Vollmachtgeber）和第三人之间成立；如果不是，那么冒名者就会被视为“无权代理人”，这就意味着，冒名者要自己向第三人承担履行合同或者代替给付的损害赔偿的责任，除非被冒名者事后追认了这个合同（第 177 条、第 179 条第 1 款）。 401

例如，老板委托一名职员为他预订一次豪华巨轮游，即便是职员出于对炫富行 402

为的狂热而自称是老板，并在合同上签上了老板的名字，合同的当事人仍然是这位老板。相反，当这个职员为了恶作剧而在电话里冒充他老板订购了一批包含隐晦或色情内容的书，并让书店把书送到老板家时，只有当老板确实喜欢这些书，并且通过自己的行为表明他想要向书店履行合同（例如支付了书的价款），因而根据第177条第1款追认了该合同时，老板才能成为合同的当事人。否则，书店就只能根据第179条向职员主张履行合同。当然，只有当书店能够证明在电话里下单的就是这个职员时，它才会考虑这一主张。

四、作为传达人实施行为

403 根据第164条以下的规定，以被代理人名义向第三人作出自己的表示的，是代理人；相反，如果某个人的行为根据情事会被理解为他是在向第三人转述另一个人的表示时，那么他就不是代理人，而是**传达人**（Bote）。区分代理人和传达人的关键在于，行为人是以什么样的身份出现在第三人面前的：如果第三人能看出来，行为人只是给他转达其委托人已经确定的表示，那么该行为人就是传达人；反之，当行为人给第三人留下的印象是他有一定的决定自由，那么该行为人就是代理人。由于传达人没有作出自己的表示，因此7岁以下的儿童也可以成为传达人；相反，由于代理人是亲自作出自己的表示的，所以虽然他不必具备完全行为能力，但至少应该具备限制行为能力（第165条、第106条）。

404 这一区分是与实践相关的，例如当传达人或代理人发生**错误**（Irrtum）时：如果*传达人*由于疏忽转达了另一个不同于他应当要转达的表示，那么委托人可以根据第120条和第119条撤销该表示；相反，如果*代理人*由于疏忽作出了一个与他内心所想不同的表示，那么只要代理人在作出表示时发生的是第119条中所规定的错误（第166条；边码439以下），他的委托人——被代理人——才可以根据错误撤销该表示。当然，在这种情况下，若授予代理人的代理权也同样包括了“撤销表示”（Anfechtungserklärung），那么代理人也可以以被代理人名义作出撤销的表示。但是当传达人或代理人**故意**转达或作出不同于他们应当要转达或作出的表示时，传达人和代理人之间的区别就不存在了。因为在这种情况下，第179条不仅适用于代理人，根据通说，该规定也对传达人适用。结论是，委托人只有在事后作出追认，他才受该表示的约束（边码467以下）。然而，根据第130条，若一个向传达人或代理人作出的表示是否**到达**其表示对象（Erlärungsadressat）有疑义时，区分传达人和代理人还是重要的：如果某人想对A作出表示，但实际上却对X作出了，此时，若X是A的*代理人*，那么只要该表示一到达X，它也就同时到达A；相反，若X是A的*传达人*，那么该表示到达A的时点就要取决于X是被视为A的表示传达人（Erklärungsbote）还是受领传达人（Empfangsbote）——这一判断标准跟其他转达风险的分配是相同的（参见边码95、96)。

五、为他人利益的行为

那些看不出来是以他人名义签订合同的人将自己成为合同当事人。这同样要适用于这一情形：某人受了他人的委托去订立合同、他有义务为委托人去处理该事务。例如，某人订购了一单货物，如果他是以自己的名义订立合同的，那么他就有义务亲自去受领货物和支付价款，即便事实上是第三人委托他购买这批货物、这批货物是第三人指定的并且可能甚至还要“直接”让出卖人送交给这个第三人的。同样，当银行在客户的委托下买进或卖出有价证券，银行自己才是买卖合同的当事人。当广告商受顾客的委托在杂志出版商那里刊登广告、牙医受病人的委托向技工订做假牙，情况也是一样的。尽管广告商和牙医自己是合同的当事人，但此处并不涉及真正的“自己事务”——他们不是为了“自己的利益”去订立这些合同的，而是为了**他们的“委托人的利益”**，使得该行为的经济结果有利于其委托人；当然，该行为的风险也应该由委托人承担。人们把这些情形叫作**“间接代理”**(mittelbarer oder indirekter Stellvertretung)。只有清楚地了解“直接代理”——它被规定在第164条以下——和“间接代理”之间存在严格的区分，才不会误解“间接代理”这一名称。 405

如果某人委托艺术商为其向第三人购买一幅画，那么从*经济学*角度看，双方想要达到的结果是：委托人最后成为这幅画的所有权人，他也将最终为此支付买卖价款；反过来说，委托人要向艺术商支付垫款，并向其支付辛苦努力的佣金。而从*法律*角度看，重要的是艺术商在买画的过程中是否以委托人的名义、是否在被授予的代理权范围内实施行为。如果是的话，那么就是“直接代理”，合同直接在出卖人和委托人之间成立。如果不是，即委托人出于某种不愿对外透露自己身份的原因而将受托人“派上前去”，也就是说双方约定，尽管受托人是“为了委托人的利益”，但受托人要*以自己的名义*与出卖人订立合同，那么就是“间接代理”：艺术商必须作为买受人支付这幅画的买卖价款；此外，只要出卖人出于所有权转让的目的把这幅画交付给了艺术商，艺术商也就同样以自己的名义订立了物权合同，他也就因此而取得了该画的所有权。但是艺术商却不能保有这幅画，因为在他与委托人之间的内部关系中存在一个事务处理合同（Geschäftsbesorgungsvertrag)，根据该合同，他有义务向委托人交出这幅画，并且使委托人取得该画的所有权（参见第675条、第667条)；但与此同时，他也可以向委托人请求偿还他所支出的费用，特别是作为买卖价款的垫款（参见第675条、第670条)，以及向其请求支付约定的报酬（边码661以下、676以下、706和707)。 406

当艺术商受到委托为了委托人的利益、但却以自己的名义去**卖**一幅画时，以上 407

规则仍可准用。但在这种情况下要区分的是：*买卖合同*在艺术商和第三人之间成立；该合同不会因为卖出的这幅画不属于艺术商而不生效力（unwirksam，边码538）。从中可以得出结论：第三人只能向艺术商主张送交该画的履行请求权，并且，当交付给他的这幅画出现瑕疵时，他也同样只能向艺术商主张瑕疵担保请求权（Gewährleistungsansprüche）。当艺术商把这幅画交付给第三人时，该第三人也就成了该画的*所有权人*——尽管艺术商是以自己的名义订立第929条中的物权合同，而且艺术商也确实不是该画的所有权人。因为委托人*授予*了艺术商对该画的处分权（Verfügung）。在此，被授予的是转让所有权的处分权（第185条第1款）。因此，该画所有权的转让是生效的（wirksam），即便第三人明知该画并不属于艺术商所有。

408 艺术商是以自己的名义来订立合同的，从这一点可以得出，作为买受人或出卖人，他基于该合同所取得的所有请求权和权利都将归入*他的财产*之中，因而这些财产就可能被他的债权人扣押，或者当他破产时被破产管理人列入破产财团（《破产法》第35条、第148条）。当艺术商为了委托人的利益*买进*一幅画时，他对送交该画的请求权、在送交之后他所取得的对该画的所有权，都将成为他的财产；当艺术商为了委托人*卖出*一幅画时，他对买卖价款的请求权也将成为他的财产。对委托人而言，其中隐含着巨大的风险。如果他委托艺术商购买一幅画，并且已经为此预付了买卖价款，那么他的风险就是，艺术商在执行这一委托之前就陷入了支付不能，或者是买到的这幅画被艺术商的债权人给扣押了；如果艺术商受托卖出一幅画，并且基于授权已经向第三人转让了所有权，那么此时委托人的风险就是，用于支付该画的买卖价款会被用于清偿艺术商的其他债权人。虽然委托人不能完全排除这类风险，但他却可以通过以下方式降低风险：提前把他对艺术商的请求权转让出去，或是提前（即通过预先的物权合意以及预先的占有改定，antizipiertes Besitzkonstitut）把该画的所有权转让掉（参见 *Baur/Stürner*，Sachenrecht，18. Aufl. 2009，§ 51，Rn. 31 f.）。

409 实践中更为重要的“间接代理”出现在：某人作为**“行纪人”**（Kommisionär）以符合营业的方式，“为他人（委托人）利益，而以自己的名义买进或卖出货物或有价证券”（《商法典》第383条）。当**承揽运送人**（Spediteur）与运送人（Frachtführer）约定运输委托人的货物时，原则上承揽运送人用的是自己的名义，并且自己将成为运输合同的当事人（《商法典》第453条）——即使承揽运送人知道其委托人的身份。行纪人和承揽运送人都是为了委托人的利益才签订合同的。属于“间接代理人”的还有被委托人指派的**“稻草人”**①（Strohmann）和从委托人那

① 稻草人指的是那些为他人（幕后人）达成交易或实施法律行为的人，而幕后人往往不愿、不能或不被允许以自己的名义从事上述行为。——译者注

里获得土地、企业或其他财产标的的**“托管人”**（Treuhänder）：当“稻草人”或“托管人”与第三人签订合同时，尽管他们是以自己的名义，但他们实际上是为了委托人的利益。

德国法上严格区分“以自己名义的行为”和“以他人名义的行为”，这种做法不应导致以下误解，即二者——从它们的经济功能角度看——是完全不同的。因为在英美普通法中，这两类行为都被称为**“代理”**（agency）。虽然人们普遍认为，根据第三人在订立合同时看得出委托人想要自己成为合同当事人（本人身份公开的代理，disclosed agency）还是看不出（本人身份不公开的代理，undisclosed agency），所涉及的利益风险是不同的，因此应适用不同的规则；但根据普通法的观点，这两种情形涉及的都是同一种生活事实：某人受委托为了他人的利益与第三人产生合同关系。《欧洲合同法原则》同样接受了这一观念（参见第 3：101 条以下）。跟普通法类似，《欧洲合同法原则》尤其详细地规定了，在“被代理人身份不公开的代理”情形中，只要满足特定要件，委托人就有权直接“越过”（Durchgriff）代理人向第三人提起诉讼、第三人亦有权直接“越过”代理人向委托人提起诉讼（参见 *Kötz* EVR S. 332 f.，364 ff.）。 410

第三节　代理权

一、法定代理

若某人作为代理人作出意思表示，只有当他在“其代理权限内”时，该表示才能对被代理人产生有利或不利的效力（第 164 条第 1 款）。当某人作为“消极”代理人为被代理人受领第三人的表示时，也需满足这一要件（第 164 条第 3 款）。大多数情况下，代理人的代理权都是基于法律行为，即被代理人表示出他的意思：由代理人向第三人作出表示和受领第三人的表示，并使这些表示对自己产生有利或不利的效力。相反，当代理权是直接基于法律规定而产生，因而不取决于被代理人的同意时，它就被称为**“法定代理”**（gesetzliche Vertretung）。例如，某人无行为能力或仅仅在一定范围内是有行为能力的，针对这些情形，法律会规定法定代理。尤其是，父母有权照顾其未成年的子女，因而他们也有对子女的法定代理权（第 1626 条第 1 款、第 1629 条）。如果未成年人不在父母照顾之下，例如父母去世了或者父母的照顾权被剥夺了，那么家庭法院会为他指定一名**监护人**（Vormund），这名监护人同时也是其法定代理人（第 1773 条、第 1793 条第 1 款）。**照管人**（Betreuer）、**保佐人**（Pfleger）的代理权同样是基于法律规定的（例如参见第 1896 条、1902 411

条、1909 条以下）。诸如已登记社团、股份有限公司、有限责任公司等法人是完全没有行动能力的（gänzlich handlungsunfähig），它们是通过其**机关**（Organe）来行动的，也就是通过其董事会（《民法典》第 26 条、《股份法》第 78 条）或业务执行人（《有限责任公司法》第 35 条）。从法人方面看，这些机关就是法人的法定代理人。最后，以下这些人也同样是法定代理人，例如由被继承人指定的**遗产执行人**（第 2197 条）或者由破产法院指定的**破产管理人**（《破产法》第 27 条）。他们在法律规定的范围内管理他人的财产、处分财产的标的以及就财产所有人（Inhaber des Vermögens）——继承人或破产人（Gemeinschuldner）——所享有权利和负担义务的事务实施法律行为。

二、意定代理

（一）意定代理权的授予和范围

412 当代理权是“通过法律行为”授予时，它就被称为**“意定代理权”**（Vollmacht）；与此相对应，授出意定代理权的人是“授权人”（Vollmachtgeber）、被授予代理权的人是“被授权人”（Bevollmächtigter）（参见第 166 条第 2 款）。使得代理权得以形成的法律行为是授权人作出的需受领的意思表示（第 130 条），即该意思表示必须要么到达被授权人——此为**“意定代理权的内部授予”**（Innenvollacht）——要么到达与代理行为相对的第三人（**意定代理权的外部授予**，Außenvollmacht）（参见第 167 条第 1 款）。在实践中经常出现的情况是，授权人首先进行内部授予，然后又对第三人发出“特别通知”（besondere Mitteilung）或是又对公众发布“公告”（öffentliche Bekanntmachung），例如通过报纸广告或在交易场所里张贴传单，用以表明他之前已经进行过意定代理权的内部授予了（参见第 171 条第 1 款）。

413 意定代理权可以就某一项特定的法律行为而授予（**特定代理权**，Spezialvollmacht），也可以就某些同类别的法律行为而授予。若授予的是**概括代理权**（Generalvollmacht），那么该代理权的范围原则上就包括全部的法律行为。授权人还可以把意定代理权授予给两个或两个以上人，并且规定他们只能共同实施代理行为（**共同代理**，Gesamtvertretung）。例如，一个经营者有两名非常信任的职员，但为了保险起见还是希望他俩共同代理自己，那么他就可以指定这两名职员为“共同经理人”（Gesamtprokuristen，《商法典》第 48 条第 2 款）或者授予他们在实施特定法律行为方面的共同代理权。

414 共同代理的实践意义主要是针对法定代理的情形。特别是，如果没有“迟延危险”（此时只能由母亲或父亲一方立即作出行动），那么父母只能共同代理其子女（第 1629 条第 1 款的第 2 句和第 4 句）。如果只有母亲一方以子女的名义与第三人订立合同，那么她之前必须得到父亲的**授权**（ermächtigt）；虽然此时她必须以子女的名义，但不必同时以父亲的名义来实施行为。第 182 条至第 184 条的规定可以准用于该授权。也就是说，父亲可以事先、也可以事后，可以对母亲、也可以对第三人进行授权。授权还可以通过可推断的行为作出。当涉及“消极代理”即第三人向未成年人作出表示时，该表示只要到达父母一方即已足够（第 1629 条第 1 条第 2 句）。所有这些规则同样适用于其他共同代理的情形——例如《商法典》第 125 条第 2 款第 2 句和第 3 句、《股份法》第 78 条第 2 款和第 4 款——甚至在法律没有明确规定时依然适用。

通常来说，意定代理权是通过**明示**的意思表示来授予的；例如它可以是以口头形式或书面形式作出的，或者是经公证人公证认证或做成公证证书来作出的。若考虑到相关情事可以从被代理人的行为中得出，他想要授出意定代理权，亦已足够。这时我们会说他是通过**“默示行为”或“可推断的行为”**（stillschweigendes oder schlüssiges Verhalten）来进行授权的。如果授权人的表示并未明确划定意定代理权的**范围**，那么就要根据一般的解释规则来确定，应当如何来理解这一表示、根据该表示代理权的范围如何：如果他向代理人作出该表示（内部授权），那么要问的就是，该代理人可能会如何理解它；如果他向第三人作出该表示或是向他们公开宣告，那么关键就要看该第三人是怎样理解的。例如，当一位商人授予他的职员或者配偶一方授予另一方**“银行代理权”**（Bankvollmacht），但并未明确划定银行款项所涵盖的交易范围，那么这一代理权通常就应当被理解成：被授权人只允许处分现有的存款，只要这一处分行为落在交易习惯或者共同家政的范围之内。相反，如果代理人超支了被代理人账户中的存款或者以被代理人的名义在银行办理了信贷，那么这就不是该银行代理权所涵盖的交易范围了。 *415*

被授权人是否可以授予他人**复代理权**（Untervollmacht），也就是他是否被允许将意定代理权又授予给第三人，让该第三人也能实施被授权人*自己*原本要以授权人的名义去实施的特定法律行为，这通常也是一个需要解释的问题（边码 457、473）。谁授予某人特定的“地位”，也就是授予了他这一范围的意定代理权，即该代理权涵盖了为完成该地位上的任务所涉及的惯常法律行为。例如，当业主委托建筑师去执行建筑工程时，其中也包含了对其的（默示）授权，即建筑师对通常与这一委托相关的法律行为亦有代理权。也就是说，建筑师可以把该建筑工程分包给建筑工人，只要它没有落在惯常任务之外——例如要完成一个远超计划建筑总款的额外工程——那么建筑师的行为就对业主产生有利或不利的效力（参见 BGH NJW 1978, 995）。当然也会出现临界情况，即第三人对代理权的范围有疑义时，他必须询问授权人。但询问又耗钱又耗时，特别是在商人间的交易中，因此避免这一询问可以带来巨大利益。因此《商法典》第 54 条规定，被授权“经营某一项商事营业事务或是某一类属于该商事营业的事务”的**代办人**（Handlungsbevollmächtigte），其代理 *416*

权可以扩及由“经营此类事务通常所产生的”一切行为。虽然经营者可以禁止他的商事代办人实施某些特定的法律行为，但只有当第三人知道或应当知道这一禁止事项时，他才可以向第三人提出此项主张（《商法典》第54条第3款）。同样，**店铺职员**也被视为有出卖货物或受领货物的代理权，只要出卖或受领是在“一个这样的店铺里”通常所能发生的（《商法典》第56条）。立法者走得更远：如果某人被任命为**经理人**（Prokurist）、普通商事合伙的**合伙人**、有限责任公司的**业务执行人**或是股份有限公司的**董事会成员**，那么根据法律，他们拥有尤其广泛的代理权；并且对这一代理权的任何限制都在与第三人的外部关系中不生效力（参见《商法典》第50条、第126条；《有限责任公司法》第37条第2款；《股份法》第82条第1款）。对此，只有当存在明显的**代理权滥用**时，判例才会承认某些例外（边码460以下）。

417 当授权人并未向代理人授予特定的“地位”，因而也并未向其授予实施与该地位相关的惯常法律行为的代理权时，情况就有所不同了，特别是在代理权只包含某一特定事务的情形下（“特定代理权”）。此时，原则上是授权人有权决定，由他授出的代理权范围如何。因此，若某人委托他的熟人卖一辆二手车、授予其相应的卖车代理权，并表示“我希望这车至少要卖8 000欧元”，那么首先需要问的就是，这一表示——通过正确的解释——到底是什么意思。这一表示可以是对内部关系中义务的具体化，也就是说，尽管这位熟人应当以卖出8 000欧元为目标，但当他尽了合义务的努力仍然不能成功时，也可以允许他以更低的价格卖出。根据这种解释，如果该熟人以7 000欧元的价格向感兴趣的买家卖出这辆车时，虽然他需要向委托人赔偿损失，但买卖合同却是被代理权所涵盖的，因而对委托人有约束力。相反，如果这一表示中包含对代理权的真正限制，那么当该熟人以7 000欧元的价格向第三人卖出时，他就是无权代理人；只要授权人不追认（参见第177条），合同对其就没有约束力。这种结果也不是不公平的：谁签订合同——当他的另一方使用代理人时——谁就需要承担该代理人欠缺代理权的风险。为了防范这种风险，他例如可以在合同订立前询问一下授权人，或者提出条件：“我有权保留自己的给付，直到授权人作出同意该合同的表示”。

418 当某人知道某个特定的人以代理人的身份为自己实施法律行为，却有意地让这一行为发生，即**“容忍”**该行为，从而导致第三人在签订合同时根据该情事有理由认为并且也确实认为该行为人就是拥有代理权的代理人，那么也可以认定，此时代理权是通过可推断的行为授予的。

419 同样观点亦可参见*Flume* AT § 49，3和*Faust* AT § 26 V。相反，判例和主流理论认为，在**“容忍代理权”**（Duldungsvollmacht）的情形中，涉及的并非通过默示行为授予的代理权，而是被代理人通过对代理人行为的容忍制造了一个代理权的**权利表象**（Rechtsschein）。例如参见BGH NJW 1997，312，314；BGH NJW

2002，2325，2327；BGH NJW 2005，2986；*Bork* AT Rn. 1556 f. 以及本书边码438。当然，联邦普通法院（BGH）也作出过判决，认为表示者虽然缺少“表示意识”（Erklärungsbewusstsein），但当他尽到交往中所必要的注意，应当知道他的表示会被理解成某种特定内容时，那么该表示也是具有约束力的（边码 288、289）。这在容忍代理权的情形下并无不同。这一争论当然并没有太多实践意义，因为根据这两种观点能得出相同的结论，即代理权被视为已授予，因此合同也就被视为成立。

（二）意定代理权与基础行为

代理权的授予不会没有原因（grundlos），代理权的目的来源于**基础行为**（Grundgeschäft），该行为将被代理人与代理人联系起来。在绝大多数情况下，基础行为是一个合同，根据该合同，一方有义务为其委托人执行特定任务或者处理事务，在此过程中（同时）要与第三人相接触，并与之订立合同，这些合同直接对委托人产生有利或不利的影响。因此，代理权的目的、内容和期限都仅仅取决于存在于授权人与被授权人之间的合同的目的、内容和期限。尽管如此，区分意定代理权与“作为意定代理权授予基础的法律关系”——正如从第 168 条第 1 句所得出的——仍然是有意义和有必要的。也就是说，在受托人与第三人订立的合同是否产生对委托人有利或不利的效力有疑义时，判断的标准仅仅是，受托人是否以委托人的名义实施行为、该行为是否以充足的代理权为基础。反之，在受托人同第三人实施法律行为的过程中，他是否履行了合同义务或是违反了合同义务因而必须向委托人给付损害赔偿，这一疑义仅仅取决于*合同*以及该合同中所约定的义务群（Pflichtenprogramm）。 420

因此，当一个商人以其委托人的名义向买受人出卖一辆二手车，只要这个合同是在商人的代理权范围内，即便不是这位买受人、而是某个第三人向其开出最高的要价，商人所订立的合同同样对委托人有约束力。因为正是代理权决定了该商人在对第三人的“外部关系”中能够做哪些对委托人产生有利或不利效力的事；相反，合同只是决定他在与委托人的内部关系中应当做什么和允许做什么，以及他是否会因为无缘无故地拒绝最高要价将车以更低的价格卖给买受人而承担赔偿义务。 421

除此之外，这样一种观点也会经常出现，即认为代理权的授予是“**抽象于**”作为其基础的合同的，换句话说，这两个行为不仅仅要相互区分，而且二者的效力也需要单独判断；这种判断模式可能会导致这一结果：代理权是有效的，但合同却是无效的或者不再是有效的。尽管如此，在实践中，代理权与合同在绝大多数情况下都是一同产生和消灭的。这一结论不仅可以从第 168 条第 1 句得出——当作为其基础的合同失去效力时，例如因为通知终止、解除、到期或是清偿而终结，代理权也 422

同样**消灭**，还可以从成立的合同一开始就并不生效而得出——如此一来，代理权也同样并未**产生**。如果合同违反了法律或善良风俗（第134条、第138条），或者根据第119条、第120条以及第123条被撤销，那么通常而言授予代理权的表示也带有同样的瑕疵，因此它同样是无效的。此外，在其他情形中，这还符合（推定的）当事人意思，即在合同不生效力的情况下，代理权也应当不产生。其背后的理由通常是，当事人把代理权与合同作为一个“行为整体”（Geschäftseinheit），并希望借此达到二者同时产生和消灭的目的。

423 参见BGH NJW 1988，697，698；BGH NJW 2002，2326。——人们喜欢以“校园案”（Schulfall）来支持代理权的“抽象性”，在这一案例中，某人委托了一名限制行为能力人，并同时授予他代理权：根据第108条，委托合同是效力待定的，因为受托人负担了义务；但相反，代理权是有效的，因为它不能给限制行为能力人带来法律上的不利益，因此授权人对他作出的授予代理权的表示是有效的（第131条第2款第2句）。当然，此处也可以根据授权人的意思使代理权无效（这一结论同样出现在*Medicus* AT Rn. 949）。如果据此，合同和代理权都不生效，那么限制行为能力人就成了无权代理人，但是他无须承担由此产生的不利益（第179条第3款第2句）。

424 综上所述，当合同不生效或消灭时，在绝大多数情况下代理权也同样要被视为不生效或消灭。尽管如此，在这些情形中还总是必须要审查，是否从第170条至173条所规定的事由中，或者至少从其他类似的事由中产生了代理权的**权利表象**——当第三人签订合同时，他是基于对该表象的信赖或是能够信赖该表象的（参见边码431以下）。

（三）意定代理权的形式

425 根据第167条第2款，授予代理权的表示无须“使用就该代理权所涉法律行为而定的形式”。对于需要以特定形式追认的法律行为而言，亦同（第182条第2款）。尽管如此，这一点却是得到承认的，即只要该形式规定所产生的相同拘束力对授权人而言是有实际意义的，就好像该法律行为本身所带给他的效力一样，那么针对代理人实施法律行为所规定的形式同样也适用于授予该代理权的行为。例如，某人被授予代理权去订立合同，根据该合同，他应当卖出授权人的土地或者为授权人购进土地，并需要作出为不动产所有权转移所必需的“合意”（Auflassung），那么根据第311b条、第925条，只要该代理权是**不可撤回的**（unwiderruflich）、因而授权人通过代理权的授予受到这样的约束，就好像是他自己作出这些表示一样，则不仅买卖合同和所有权转移的合意本身需要做成公证证书，授予实施该法律行为的代理权的行为——与第167条第2款的规定相反——同样也需要做成公证证书。即使代理权是可撤回的，但根据授权人的内心想法，该代理权的授予将产生事实上的约束力，那么结论亦同。例如授权人考虑到，被授权人会立即使用代理权去订立土地买卖合同——因为根据情事，这样做会对他自己很有利（参见 BGH NJW 1979，2306）。保证表示（Bürgerschaftserklärungen）的生效原则上需要书面形式（第 766 条），此时，授予作出保证表示的代理权这一行为同样需要用书面形式——尽管存在第 167 条第 2 款的规定——这一点是得到普遍承认的（BGHZ 132，119）。在消费者贷款合同的情形下，不仅该贷款合同需要用书面形式，消费者授予他人订立贷款合同的代理权的行为同样需要用书面形式（第 492 条第 4 款第 1 句）。因此，文献中的普遍观点认为，所有关于形式的规定——尽管有第 167 条第 2 款的规定——只要它们是为了防止仓促行事、鼓励谨慎考虑的，就应当同样适用于被保护人授予实施该法律行为的代理权的意思表示（但请参见 BGHZ 138，239：根据该判决，授予订立夫妻财产合同的代理权无须采用第 1410 条为夫妻财产合同所规定的形式）。

（四）意定代理权的终止

1. 消灭。当意定代理权的授予是附一定期限或解除条件时，期限到期或条件 *426* 成就之后，意定代理权就消灭（第 158 条第 2 款、第 163 条）。此外，当基础行为即代理权授予所依据的法律关系——绝大多数情况下是合同——消灭时，意定代理权也消灭（第 168 条第 1 句）。例如，商人委托他的雇员将货物送往其顾客处，并授予他收款代理权（Inkassovollmacht），当劳动合同因解雇而终止或是经双方同意而终止，该代理权也就消灭。当合同被解除或者合同到期，抑或受托人已经为委托人处理了委托事务，即他已经“用完”了为此目的而授予的代理权，亦同。即使委托人死亡，意定代理权是否在委托人死亡后存续这一问题也是取决于作为该代理权授予基础的*合同*。如果该合同是委托合同（第 662 条以下），那么只要当事人没有另外的约定或是从情事中不能看出有另外的约定，委托合同——以及在此基础上所授予的代理权——在委托人死亡后存续（第 672 条第 1 句）；此时，是否想要以及是否有权通过撤回来终止代理权，就是委托人的继承人的事了（边码 427、428）。但是当*受托人*死亡时，情况就有所不同了：有疑义时，不仅委托合同根据第 673 条消灭，同时，为执行该委托而授予的代理权亦根据第 168 条第 1 句而消灭。这一规则准用于基础行为虽不是委托合同、但却是有偿的事务处理合同（第 675 条；边码 661 以下）。

2. 撤回。即使是基础行为存续，原则上意定代理权也可以随时由授权人撤回。 *427* 撤回的意思表示与授予一样，都是要么向被授权人作出、要么向与代理行为发生关系的第三人作出（第 168 条第 2 句、第 167 条第 1 款）。因此，即便是劳动合同存续，授予雇员的收款代理权也可以被雇主撤回。

从第 168 条第 2 句中可以得出，意定代理权的授予也可以是**不可撤回的**；这一 *428*

不可撤回的内容可以从被代理人明示的意思以及假设的当事人意思中得出。然而，这一不可撤回的意定代理权对被代理人的行为自由而言是一个巨大的限制，因为他虽然仍可以亲自与第三人订立他授出的代理权所涉及的合同，但由于该代理权是不可撤回的，他不再能解除这一曾经授出的代理权。因此，判例采这样的立场：只有从基础行为中得出，代理人对于不可撤回性有自身值得保护的利益，该意定代理权才能被视为是不可撤回的。属于这类情形的有：贷款人为了担保他在银行的贷款，（不是通过不动产抵押，而是）授予银行不可撤回的代理权，根据该代理权，当贷款人未及时还款时，银行有权向第三人转让贷款人的土地所有权；该意定代理权的授予需要做成公证证书（边码425）。此外，若出卖人并不亲自向买受人转让土地所有权，而是通过向买受人授予不可撤回的代理权，让该买受人以出卖人的名义向第三人转让或者通过“自我行为”（边码449以下）向自己转让该土地所有权，在这种情况下，即使该代理权是不可撤回的，当出现“重大原因”时，它也是可以被撤回的。

429 3. 撤销。如果被授权人已经利用代理权同第三人实施了法律行为，那么授权人要是想避开该行为的约束力，现在才撤回意定代理权或是设法使作为其基础的合同以及该代理权都消灭，就没有用了。因为无论是代理权的撤回还是代理权的消灭，其效力都是面向未来的（*pro futuro*），也就是从撤回的意思表示到达后生效或是消灭事由出现的这一刻开始。授权人只能通过基于错误或由于被欺诈或被胁迫的代理权撤销，才能在这个世界上创造出**回溯的效力**（第142条）。例如，当授权人对被授权人的身份产生本质错误，或者在确定代理权的范围时写错了或说错了。但是在这种情况下，不论代理权是内部授予的还是外部授予的，授权人的撤销表示都要**向第三人**作出，因为这主要涉及否定被授权人同第三人已经实施的法律行为的效力。撤销的法律效果是，该法律行为对授权人没有约束力，因为它是由无权代理人实施的。另一方面，第三人可以请求因该交易的丧失而产生的信赖损失的赔偿，即他可以选择，要么根据第179条第2款向无权代理人请求赔偿，要么——特别是当该无权代理人无支付能力时——准用第122条直接向授权人请求赔偿。

430 所有这些问题在文献中都是非常有争议的，即使这些争议在实践中——正如我们可以从缺少相应的判例这一点清楚地看到——并无太大意义。例如参见 *Faust* AT § 28 Rn. 8 ff.；*Leipold* AT § 24 Rn. 37 f.；*Bork* AT Rn. 1470 ff.；MK-*Schramm* § 167 Rn. 107 ff.。

（五）基于权利表象的意定代理权

431 若某人虽然是以他人名义与第三人订立合同、是以他人名义向第三人作出意思表示的，但却缺少足够的代理权，那么该合同原则上是不对被代理人产生法律效力的，除非被代理人追认无权代理人的行为（边码467以下）。该意定代理权是从未被有效地授予、还是后来被授权人撤销或撤回，抑或消灭了，又或是代理人超出了代理权的界限，都是无关紧要的。然而，在有些情形中，代理人在实施法律行为时虽然出于这些原因欠缺代理权，但却存在代理权的**权利表象**（Rechtsschein），并且第三人基于对该权利表象的信赖而与之订立了合同。在这种情况下，足够的代理权被视为已授予。当然，只有在满足特定要件时，才适用这一规则：一方面，这一权利表象必须以被代理人可归责于自己的行为为基础；另一方面，根据具体情事，第三人对该权利表象产生的信赖已达到了值得保护的程度。《民法典》对这些一般规则中的一系列法定要件作了详细规定（参见第 170 至第 173 条；边码 432 以下）。此外，判例将这些规则扩张适用到其他类似的案件中（边码 437 以下）。

1. 根据第 170 条至第 173 条的表见代理权（Rechtsscheinvollmacht）。若授权人通过向与代理人发生关系的第三人作出相应的意思表示，将代理权进行了有效的外部授予，那么此意定代理权为了该第三人的利益会一直被视为有效，直到授权人向第三人通知代理权已消灭（第 170 条）。要是他不通知，那么代理权在实施法律行为的过程中是否真实存在，就对第三人没有影响。在此情形下，该第三人可以主张存在代理权的权利表象。然而，当他在同被授权人实施法律行为的过程中根据其他情事知道或应当知道代理权不存在时，即使授权人没有向其通知代理权消灭的事实，他也是不值得保护的（第 173 条）。 432

针对授权人通过意思表示首先向被授权人授予代理权，然后又将存在该内部授权的事实“以特别通知的形式”向一个或多个第三人宣告的情形，第 171 条遵循了同样的基本思想；若代理权存在的事实“以公告的形式”向公众宣布，亦同。此时，根据第 171 条*第 1 款*，代理人从未被授予代理权或者代理权自始无效的，或者根据第 171 条*第 2 款*，代理权在宣告时仍然存续，但后来由授权人撤回或消灭的，获知宣告内容的人可以信赖代理权的权利表象。对第三人的保护直到“该宣告被以发布宣告同样的方式撤回之时”；第三人在实施法律行为时知道或应当知道代理人缺少代理权的，同样不受保护。后者的结论是从第 173 条中得出的，它必须同样适用于该条并未提及、但明显是被遗漏的情形，即第 171 条第 1 款规定的代理权从未被授予、因而也从未产生的情形。 433

最后，善意第三人同样还可以信赖授权人制造的这种权利表象，即他把**代理授权书**（Vollmachtsurkunde）交给了被授权人（第 172 条）。若被授权人在实施法律行为的过程中向第三人出示了代理授权书，那么当第三人依据该法律行为向授权人提出请求时，授权人就不能主张他事实上从未授出过代理权、代理权的授予是自始无效的或者代理权虽然一开始有效但在此期间被撤回或消灭了；他同样不能主张，他已经在内部关系中对被授权人的代理权作了更为严格的限制，以至于这一范围要比代理授权书上（经正确解释）的字面含义小得多。然而，代理授权书必须由授权人“递交”给代理人，因此，当代理人从授权人那里偷了代理授权书，或者通过其 434

他方式违背授权人的意愿将代理授权书据为己有，则该要件并不满足（参见 BGHZ 65，13）。同样，当授权书并非真实，也就是并非从授权人处而来的，而是由代理人或其他人伪造的，那么也同样无法满足这一要件。此外，代理授权书还必须以**原件**的形式出示。在授权书做成公证证书的情况下，出示代替（在公证人处保存的）原件的"公证证书"即已足够。

435 参见《公证证书做成法》第 45 条、第 47 条。虽然代理权不存在或不再存在，但被授权人却仍对第三人使用代理授权书，授权人要如何防范这种风险呢？根据第 175 条，授权人可以向代理人要求返还授权书，也就是说，不仅仅是"在意定代理权消灭后"，而且在代理权未被有效授予的情况下亦可要求返还。此外，他还可以通过"公告的方式宣布授权书无效"（第 176 条）。最后，当可能未经授权的授权书被出示在第三人面前时，他还可以向第三人指明这一问题：只要他让第三人知道授权书是不正确的，那么他就使该第三人成为第 173 条意义上的恶意第三人。

436 即便是根据第 170 条至第 172 条出现了代理权存在的表象，根据第 173 条，尤其是当第三人在实施法律行为的过程中"应当知道"代理权的欠缺，即他由于未尽到交往中必要的注意而对出示在其面前的代理授权书毫不怀疑、不作事后调查，特别是忽略了向所谓的授权人进行询问，那么他就不能信赖该表象。这里的问题是，无权代理人的行为所导致的风险归于本人（Geschäftsherr）还是第三人？此时，风险应当由能以更低的成本来规避风险的一方承担。换言之，判断的标准是：本人为阻止代理权表象的产生原本所能采取的措施会给他带来多少成本；这一成本将会跟第三人为认清真实情况所采取的措施成本相比较。

437 2. 表见代理权的其他情形。根据主流判例，当缺少第 170 条至第 172 条的要件时，也可能构成表见代理权。虽然某人没有代理权，但他却像代理人一样同第三人实施了法律行为，在这种情况下，尽管被代理人对表见代理人（Scheinvertreter）的行为毫不知情、因而也并未对此进行"容忍"，但他原本只要"尽到合理的注意义务就肯定能够知道或阻止"该行为的，也可以认定存在表见代理权。在此情形中，只要"能够根据诚实信用原则认为，当被代理人尽到符合交往所要求的注意时，代理人的行为对他而言就不是隐秘的"，那么第三人就可以依据该法律行为向被代理人提出请求。

438 对此参见 BGH LM § 167 Nr. 17；亦可参见 BGH NJW 1991，1225；BGH NJW 1998，1854。例如，当一名职员暗地里搞到公函、印章以及企业老总或者经理的仿真签名，并利用这种手段与善意第三人订立合同，那么当企业缺少原本可以阻止不受允许地使用公函和印章或可以立即揭露职员错误行为的内部防范措施时，表见代理权就成立。然而，许多作者持这种观点：这种表见代理权只有在商人的交易往来中才被允许，否则，第三人就只能被赋予主张信赖损失的赔偿请求权，即根据他的选择，其要么向无权代理人主张（第 179 条），要么依据合同磋商过程中的过错向被代理人主张（第 280 条第 1 款、第 311 条第 2 款和第 3 款、第 278 条）。对此参见 *Flume* AT § 49，4；*Medicus* AT Rn. 969 ff.；*Bork* AT Rn. 1560 ff.；不同观点，例如参见 *Larenz/Wolf* § 48 Rn. 25 ff.。如果被代理人已经知道，某人像代理人一样在第三人面前以自己的名义行事，但却对此不采取任何行动——尽管对他而言这么做是可能的——那么就存在**"容忍代理权"**（Duldungsvollmacht）。但这一"容忍代理权"不应被视为一个（在事实上不存在的）代理权的表象，而是要被视为在事实上已由默示行为授出的代理权（参见边码 419）。

第四节　意思瑕疵和信息状态的归入

若一方是通过其代理人来订立合同的，那么当*代理人*在作出意思表示时发生第 119 条中的错误或是受到第 123 条中的欺诈或胁迫，该方就可以基于错误或者由于被欺诈或被胁迫撤销合同。这一点可从第 166 条第 1 款中得出，其背后的理由在于：通过代理行为，虽然只有被代理人享有权利和承担义务，但关键的意思表示却是由*代理人*单独作出的，并且是以*代理人*的想法、预期和意图为根据的。尽管在此情况下只有合同当事人享有撤销权，但常见的是，由合同一方授出的代理权——当它被正确解释时——也同样涵盖了撤销权，即代理人同样有权作出撤销表示。此外，代理人为被代理人所订立的合同的法律效果取决于"知道或应当知道特定情事"，这一点同样要以代理人为判断基准：从第 166 条第 1 款中同样可以得到此时"并不考虑被代理人，而要考虑代理人"的结论。换句话说：代理人的信息状态要归入（zurechnet）被代理人。因此，如果代理人为被代理人购买了某物，并以被代理人的名义与出卖人订立为此所必需的物权合同，那么当*代理人*是第 932 条第 2 款意义上的恶意时，被代理人就不能取得该物的所有权，即便被代理人自己可能是善意的，即无重大过失地认为出卖人就是所有权人。同样，虽然被代理人在买卖合同订立时并不知道买卖标的物存在瑕疵，但只要代理人对此知情，那么作为买受人的被代理人也就不享有第 442 条第 1 款第 1 句的瑕疵担保请求权。 439

第 166 条第 1 款同样适用于这种情形：损害赔偿请求权是基于第 311 a 条第 2 款，且债务人抗辩说他"在合同订立过程中并不知道给付障碍的事实，而且不必对这一不知情负责"。例如，一名汽车商以顾客的名义卖掉顾客的一辆二手车，并与买受人约定，车是"没出过事故的"（unfallfrei）。如果买受人拿到的车是"事故车"，那么买受人虽然不能请求事后补充履行——因为这对出卖人而言是不可能的（第 275 条第 1 款；边码 798 以下），但出卖人却要向买受人承担"代替给付的损害 440

赔偿”的责任（参见第275条第4款）。如果致使该车成为“事故车”的事故发生在合同订立之后，那么该责任的依据是第280条和第283条；如果发生在合同订立之前，那么该责任就以第311a条第2款为依据。根据第166条第1款，在后一种情形中，关键要看汽车商是否已经知道车的事前损坏，或者他虽然不知道，但这一不知情是否是基于他的过失。另一个问题就是，在此情形中，买受人能否因汽车商在合同磋商过程中的过错而享有对他的损害赔偿请求权（边码533、534）。

441 第166条第1款的规定可能会导致不公平的结果，因为它使得这种卑鄙手段成为可能：恶意的人为了让自己期望的法律行为最终有效，就派出一名善意的人，并让他作为自己的代理人去订立合同。为了杜绝这种情况的发生，第166条*第2款*规定，当被代理人授予代理人**“特定指示”**（bestimmte Weisungen），并且代理人是根据该指示实施具体行为时，就例外地——不同于第1款的规定——要以*被代理人*的知道或应当知道为判断标准。

442 例如，艺术商授权他的职员从一位特定的卖家手里买一幅特定的画，并让自己取得对画的所有权，那么，当艺术商是第932条第2款意义上的恶意时，即使他的职员在订立物权合同时是善意的，艺术商也同样不能取得所有权。然而需要注意的是，第166条第2款并不排斥第1款的适用，而仅仅是对第1款的补充。因此，当艺术商自己是善意的，但他的职员却是恶意时，艺术商同样不能取得所有权。尤其是当被代理人并未授予“特定指示”、因而并未亲自促成代理人实施具体行为，导致第166条第2款的要件不满足时，就必须维持第1款的适用。例如艺术商向他的职员授予买画的概括代理权，若职员基于这一代理权从一个非所有权人手中购得一幅特定的画，并且对此是善意的，那么艺术商同样能成为所有权人，即便他自己对此是恶意的。这一结果可能招来批评，因为这会变相怂恿艺术商委托特别单纯、幼稚和涉世未深的人去帮他购画；而且，此处也同样缺少令人信服的理由，为何当艺术商并非自己、而是由他的代理人来实施行为时，就应该产生对他有利的结果，而无论他是否同样就该具体的行为授予了“特定指示”。谁要是信服这些反驳理由，就必须类推适用第166条第2款。

443 从另一个角度看，第166条第2款的规定同样使立法者陷入了些许狭隘的境地。根据字面表述，该款只适用于“知道或应当知道特定情事”。但是判例和文献却倾向于将该款亦适用于意思瑕疵。例如，一方当事人与另一方磋商时就某些合同的本质内容达成一致，但却是基于错误或在欺诈或胁迫的影响下对该内容表示承认的，那么这一方就可以类推适用第166条第2款并根据第119条和第123条撤销该合同，即使是他在最后订立合同时委托了代理人，并且该代理人并未陷入错误、被欺诈或被胁迫。

444 在一起恶意欺诈的案件中，BGHZ，51，141，144 ff. 就采此种观点；亦可参

见 *Faust* AT § 28 Rn. 21；*Medicus* AT Rn. 899，902；不同观点，参见 *Bork* AT Rn. 1656，1659。相反，没有争议的是，当被代理人想通过追认来使无权代理人为其订立的合同生效时，亦需适用第 166 条第 2 款：例如，没有足够代理权的代理人从非所有权人那里购得一个物，并且他以为、而且有理由认为这个人就是所有权人，那么当授权人是恶意时，他就不能根据第 177 条第 1 款通过对效力待定物权合同的追认来取得该物的所有权（RGZ 161，153，161）。

第 166 条也同样没有回应实践中非常重要的一个问题：这样一些人的信息状态是否同样必须归入经营者，即他们虽然并未*作为代理人*参与到合同的订立过程中，但他们却至少受委托在企业中对这些信息进行搜集、分类和加工。例如，在一家分工明确的大型汽车企业内部有采购部和销售部，职员 A 负责采购、职员 B 负责销售。那么当 A 知道他为企业采购的二手车存在瑕疵，但之后却由不知情的 B 将这辆车以企业的名义卖给了第三人时，结论如何呢？如果 A 或 B 将在此期间所获知的信息忘记了，或者 A 或 B 在此期间被企业开除了，又会如何呢？对此应当认为，如果企业违反义务并未采取组织上的防范措施——该防范措施是为了确保到达采购部的信息能够被*储存*下来，并及时地向销售部转达或是在销售部查询时能够被*读取*——那么当该企业卖出这辆二手车时，A（它的**“知情代理人”**，Wissensvertreter）所获知的信息就要归入它，因此该企业须对买受人承担责任。 445

对于这一广泛讨论的问题，例如可以参见 BGH NJW 1996，1205；BGHZ 109，327，330 ff.；BGHZ 117，104；BGHZ 132，30，34 ff.；文献方面，例如 *Bork* AT Rn. 1665 处附有更多文献方面的指引。 446

第五节 代理权的界限

一、概述

谁授出意定代理权，谁就要承担风险，即代理人虽然在代理权的范围内行事，但却把好处都装进自己或与其亲近之人的口袋，或者代理人所实施的法律行为违背了授权人的利益。无疑，授权人可以通过限制代理人可为其实施法律行为的范围来限制该风险，但这经常是说的比做的容易。例如，虽然经营者禁止他的经理人为其订立他认为有风险的特定合同，例如他可能会因此而作为保证人为他人的债务承担责任、合同会因此而多约束他 2 到 5 年，或者他有义务支付超过特定数额的价款。但这一禁止在他和第三人的外部关系中是不生效的。所以，经营者仍要受到经理人违反禁止性规定为其所订立的合同的约束；只有当该法律行为如此不同寻常，以至于它落在 447

"经营商事营业"（der Betrieb eines Handelsgewerbes）——*任何一种*商事营业！——"所带来的"交易范围之外，才不适用以上原则（《商法典》第49条、第50条）。同样，有限责任公司的股东尽管可以将其业务执行人的代理权限制得如此之紧，例如规定他只有经过股东的同意才能实施特定的法律行为，但这却完全不能改变这一事实，即这种对业务执行人代理公司的职权的限制，对第三人"没有法律效力"（《有限责任公司法》第37条第2款）。在其他情形中，只有当第三人"知道或应当知道"代理权的限制时，该限制对他才是生效的（参见《商法典》第54条第3款）。即使对代理权的限制在法律上是被准许的，在实践中它们也经常难以实现。有时，在授出代理权的那一刻，授权人的想象力还不足以想象出他不愿让代理人实施的法律行为。此外，在其他情况下，准确定义这类法律行为是不可能的或者是很困难的，以至于由此产生的费用不值得授权人去这么做。因此，防止这样一类法律行为给授权人造成不利后果就是有必要的，即虽然授权人并未明确禁止代理人实施这些法律行为，但代理人这么做要么就是在**"滥用代理权"**（边码460以下），要么就因为涉及**"自我行为"**（Insichgeschäft）而导致滥用的风险（边码449以下）。

448 在涉及未成年人或者出于其他原因需要照管或保佐之人的**法定代理**时，滥用代理权的风险尤其大。因为被代理人非但不能自己授出代理权，而且不能对此进行限制，更不能亲自监督代理权的正确行使或是通过撤回代理权的方式去制止即将发生的滥用行为。对此，立法者通过对法定代理人设置特定的代理权禁止来预防利益冲突的风险。如此一来，虽然未成年人的父母享有广泛的代理权（第1629条），但是当父母以未成年人的名义将属于未成年人的财产赠与第三人时，只要该赠与不是例外地符合"道德上的义务或为礼仪所必须作出的考虑"，例如赠与的目的是赡养陷入穷困的姑姑，那么合同是无效的（第1641条、第134条）。此外，根据第1629条第2款，第1795条中所规定的全部法律行为都禁止父母代理，尤其是其中的第1项：在子女（由其父母代理）和与父母有直系血亲关系的人（例如亲兄弟姐妹或者被代理子女的祖父母和外祖父母）之间的法律行为。在这些情形中，只有当子女不是由其父母，而是由家庭法院指定的**补充性保佐人**（Ergänzungspfleger）代理时，合同才是有效成立的（第1909条）。最后，第1643条规定，当父母以子女名义实施第1821条和第1822条第1项、第3项、第5项、第8项至第11项中规定的法律行为，或者拒绝遗产或抛弃应继份时，虽然这都是可以被代理的，但必须得到家庭法院的批准，法律行为才是有效的（gültig）。所有这些规定同样也适用于监护人与被监护人之间的法律关系（参见第1795条、第1804条、第1821条和第1822条），此外也适用于以上所提及的在具体情况下明显对子女或被监护人极为有利的法律行为。

二、自我行为的禁止

（一）自我缔约与多方代理

若某人被授予了代理权，但他却想以这种方式缔结合同，即他以被代理人的名义发出要约，*并以自己的名义*作出承诺，那么此时利益冲突的风险就显而易见了。因为，一个应当“尽可能好地”为授权人卖出二手车的代理人，如果他被允许*自己*去买下这辆车的话，那么这就会促使他将车以更低的价格卖给自己。因此，根据第181条，“代理人不能以被代理人的名义同自己实施法律行为”。即使在具体的情形中能够确定代理人是考虑到授权人的利益的，即他同自己订立合同就好像他和第三人订立合同似的，这样的**自我行为**亦是不生效的。但是在这种情况中，第181条并不希望使这一自我行为彻底的、无可挽回的无效；而是应该这样来理解该条的规定（与其字面意思相反），即它想要这样来对待自我行为，就好像代理人在订立合同时缺少代理权一样——该合同是效力待定的。因此，当授权人审查了该合同并觉得它符合自己的利益，那么他就可以通过事后的追认来使得它生效。 449

在绝大多数情况下，该自我行为都是代理人与自己订立合同。但实际上第181条是适用于一般意义上的“法律行为”的。当涉及自我行为时，该规定使代理人作出或收到的需受领的单方意思表示同样不生效力。例如，当房屋的所有权人向他的管家出租这个房屋，那么这位管家既不能作为出租人的代理人与作为承租人的自己订立废止租赁的*合同*(Mietaufhebungsvertrag)，也不能通过单方的通知终止来终结租赁合同，不论他是作为承租人作出通知终止的意思表示并作为出租人的代理人受领该表示，还是他以出租人的名义向自己作出表示。这一通知终止根据第180条是不生效的。 450

根据第181条，如果某人被当事人双方授予了代理权，并希望以“被代理人的名义……与作为第三人的代理人的自己”实施法律行为（**多方代理**，Mehrvertretung），以此种方式实施的自我行为同样是不生效力的。这种情况例如会出现在：土地所有权人向一家有限责任公司出卖土地，并授权该有限责任公司的业务执行人作为自己的代理人——该合同不会被公证人做成公证证书，因为在订立合同时，只有一个既作为出卖人的代理人，又（以业务执行人身份出现的）作为买受人的代理人的人在场。 451

（二）被允许的自我行为

若被代理人在自我行为实施前已对此表示**“允许”**（gestattet），那么第181条就不适用了：因为“对同意者不造成损害”（*Volenti non fit iniuria*）。例如，在买 452

卖土地时经常会出现，只要买卖价款打到公证处的托管账户上，买受人和出卖人就都授权公证处主任以他们各自的名义作出转移土地所有权的合意。尽管这毫无疑问是多方代理的情形，但只要合同双方都授予了公证处主任“不受第181条限制”的代理权，这一合意仍然是有效成立的。**默示的**允许（stillschweigende Gestattung）也同样在允许的范围内。当然，若授权人并未明确表示其想要承担自我行为的风险，那么在假定他有此想法之前，必须要谨慎。

453 当被代理人出于某种原因本来就对代理人负担给付义务，之后代理人以被代理人的名义向自己履行了该给付时，第181条也同样不适用。例如，一家有限责任公司欠了它的业务执行人工资，那么当业务执行人把工资转到自己的账户上时，就存在自我行为；尽管如此，该行为是生效的，因为支付工资是在履行有限责任公司本来就存在的债务。当然，这里的前提是，工资请求权已到期并且是完全可执行的；要是工资请求权还未到期或者有限责任公司有权以损害赔偿请求权来抵销该工资请求权，那么业务执行人就不能自行转账了。

454 当自我行为不是由代理人，而是由为他人利益、但却是以自己名义来行事的某人来实施的，即该自我行为是作为“间接代理人”的人和他自己所实施的，那么这也不属于第181条所规范的情形。属于这种情况的有：当某人作为行纪人为委托人的利益、但却以自己的名义出售委托人的一批货物时，他干脆通过“自行介入”（Selbsteintritt）来购买这批货物。此时同样存在利益冲突的风险，但这种情况并不是由第181条，而是由《商法典》第400条以下的规定来规制的。

（三）对第181条的扩大与限缩

455 第181条的立法目的（*ratio legis*）在于阻止“同一个人来代表彼此冲突的不同利益……因为这种自我缔约总会带来利益冲突的风险，因而给一方或另一方造成损害”（BGHZ 56，97，101）。当然，第181条的文义并未明确表述出这一思想，因为考虑到法律的安定性，“利益冲突”这一不确定性概念应当避免写进法律条文中。尽管如此，司法却总是要对这一问题进行探究，即第181条能否类推适用于并非严格意义上的自我行为、但也同样明显造成与此类似的利益冲突的法律行为。这类情况，例如会出现在：一家有限责任公司的业务执行人出于个人使用的目的购买了一艘游艇，但却是以公司的名义向贷款银行提供的保证。在此，第181条的构成要件并未满足，因为该业务执行人虽然是以公司的名义，但并未与他自己缔约，而是与银行缔约。第181条对此亦可适用吗？同样的问题也会出现在，业务执行人以公司的名义把属于公司的土地以“友情价”卖给了他的儿子，而不是他自己；此外，父母以其16岁儿子的名义从他奶奶那里购买土地，使他也许会因此而有义务支付极高的买卖价款，因为父母算到奶奶将会以遗嘱的方式把这块土地慷慨赠与他们。

针对以上所有情形，判例都认为（类推）适用第 181 条是不被准许的。当然，它们只能因此而坚持这一观点，即以上提到的法律行为可能被其他方式剥夺了效力，尤其是关于代理权滥用的规则（边码 460 以下）。此外，父母不能代理子女向奶奶购买土地的结论，已经可以从第 1629 条第 2 款第 1 句、第 1795 条第 1 款第 1 项中得出了。 *456*

当代理人企图要手段规避第 181 条时，判例会例外地适用该条的规定。例如有限责任公司的业务执行人以公司的名义将属于公司的土地卖给自己，但却并不以买受人的身份出现——因为这样的话就会导致自我缔约——而是让他的朋友成为自己的代理人与公司订立该合同。若业务执行人为了实施该法律行为指定了一名“复代理人”（Untervertreter），并使其以公司的名义将土地卖给自己，亦同。参见 BGHZ 112，339，343 以及 MK-*Schramm* § 181 Rn. 10，24 ff.。 *457*

一个相反的问题是，尽管第 181 条的要件满足，但利益冲突的风险并不存在或在具体的案件中并不会实现时，是否无须考虑适用该条的规定？判例对此进行了区分：当基于个案审查（Einzelfallprüfung）能够得出该自我行为已考虑了所有相关者利益的结论时，就没有充分理由拒绝适用第 181 条。但是当“第 181 条的立法目的……在某个界限分明的法律领域绝不能实现”时，就可以放弃适用第 181 条（BGHZ 56，97，102 f.）。 *458*

截至目前，只有一个唯一的案型被判例视为这种“界限分明的法律领域”，即父母对其未成年子女实施赠与，同时作为子女的法定代理人以子女的名义作出订立赠与合同和物权合同的意思表示。尽管这里存在自我行为，且毫无疑问必须适用第 181 条（第 1629 条第 2 款第 1 句、第 1795 条第 2 款），但是只要可以认定受赠与的子女通过该意思表示纯获法律上的利益，那么法院就不考虑第 181 条的适用（BGHZ 94，232）。不仅是父母赠与子女的动产，还包括不动产——即便是有第 181 条的规定——赠与都是有效的，除非赠与的土地是已经租出去的、赠与的不动产涉及的是私有住房（Eigentumswohnung）或是由于其他事由，子女取得该不动产“并非纯获法律上的利益”（本书边码 151、152，具体参见 *Faust* AT § 28 Rn. 37，42；*Bork* AT Rn. 1593 f.，1599）。在这些情形中，指定一名补充性保佐人是不可避免的（第 1909 条）。 *459*

三、代理权的滥用

若代理人以他人名义订立了合同，并且遵守了授予他的代理权的范围，那么即使是他不顾被代理人的特定指示，或者以其他方式违反了他原本应当在他与被代理人的内部关系中所要履行的义务，被代理人仍要受到该合同的约束。这类义务违反尤其会出现在代理人享有广泛且不受限制的代理权的情形中，例如他享有法定代理 *460*

人的地位（边码411、448），又如他被经营者授予经理权或者被有限责任公司的股东任命为公司的业务执行人（边码416、447）。这种情形同样会出现在，代理权是可以被限制的，但授权人却并未运用这一限制，导致代理人违反了他在自己与授权人之间的内部关系中所承担的义务。

461 导致这种义务违反的情况例如有：姑姑授予侄子不受限制的概括代理权，侄子却以姑姑的名义为自己的债务对银行提供担保。同样，当被代理人授予代理人实施特定法律行为的“不受第181条限制”的代理权时，也会出现义务违反：代理人实施的自我行为尽管不会因第181条不生效力（边码452），却会因为严重损害授权人的利益而导致出现与代理人不被允许实施该内容的自我行为相类似的后果。

462 原则上，被代理人要承担其代理人在具体情形中违反义务使用意定代理权的风险。但是在这种情形下，他可以凭借对代理人的损害赔偿请求权来自我安慰。只不过他仍要受到代理人与第三人订立的合同的约束。这同样意味着，在具体情形中，第三人原则上不需要考虑代理人是合乎义务还是违反义务地行使代理权。然而，他要承担的是代理人*缺少*对该法律行为的代理权的风险（边码417）。只有当代理权存在时，第三人原则上才能信赖该法律行为对被代理人产生有利或不利的效力。

463 判例在两种案型上偏离了以上原则，这两种案型被总结为**“代理权的滥用”**（Missbrauch der Vertretungsmacht）。

464 第一种案型是代理人与第三人相互**“串通”**（Kollusion）：双方以相同的故意使得合同成立，并且他们两个都知道，该合同将会对被代理人造成损害或被代理人是不会同意订立该合同的。例如，一家建筑公司的业务执行人被一个建筑师贿赂，因而与这位建筑师订立了建筑合同，使公司负担支付过高报酬的义务，那么所有这些约定——不论是贿赂约定还是建筑合同——都因违反第138条而无效。相反，当建筑合同中约定的是合理的报酬时，情况就不同了。此时，合同虽然没有违反第138条，但建筑师还是不能主张该合同是有效力的。因为虽然该合同是被业务执行人（不受限制的）代理权所涵盖的，但业务执行人和建筑师都很清楚，尽管合同内容是合理的，公司也是不会同意一个其业务执行人因受贿——进而滥用了其代理权——而订立的合同的。参见BGHZ 141，357；BGH NJW 1989，26。

465 在第二种案型中，由于第三人是**恶意的**，因此他不值得被保护。这种情况出现在，第三人一开始就*知道*代理人在滥用代理权，然而却还是跟他订立了合同。此外还有一种恶意的情形，即第三人虽然不知道代理权滥用的事实，但是代理人**以一种如此明显令人怀疑的方式**滥用了代理权，以至于滥用的风险是**显而易见的**，因而该第三人原本不应该在进行询问或通过其他方式确信该行为与其表象不同是符合被代理人的利益之前就与这位代理人订立合同。

466 当然，这一询问义务只有在这种情况下才是存在的：滥用代理权的风险是如此明显，以至于任何一个理性人在相同的情况下都会不由地产生怀疑，代理人通过他的行为违反了被代理人托付的义务（Treupflichten）。这有时不是很好判断。例如，父母以17岁儿子的名义指示银行将儿子在银行账户中的10万欧元转到父母的私人账户上，该如何判断呢？在儿子成年后，他可以向银行主张该转账委托是不生效的且银行因此有义务消除他账户上的欠款吗？自我行为在这里是不存在的，因为父母虽然作为儿子的法定代理人，但他们并未与自己、而是与银行达成了转账协议（边码455）。明显的代理权滥用也不存在，因为只要不存在特殊的怀疑因素，银行就可以认为，父母是出于充分的理由要求儿子对其进行支付的，例如因为他们以自己的方式为儿子垫付了遗产税或买卖价款，或者是为他清偿了在其土地上的土地债务。要与之作出不同判断的情形是：有限责任公司的业务执行人在银行借出了一大笔个人贷款，并通过以下方式对此进行担保，即他以公司的名义由公司对银行提供保证，或者将公司对第三人的债权让与银行。此时就必须要求银行通过对公司股东的谨慎询问来弄清楚，该保证或债权让与是否是真实的。如果银行没有询问就订立了该合同，那么合同就因滥用代理权而不生效，除非它根据第177条由（被正常代理的）公司事后追认。参见BGH NJW 1988，3012；BGHZ 113，315；BGHZ 127，239；BGH NJW 1999，2883；BGH NJW 2004，2517。

第六节　无权代理

一、第三人与被代理人的法律关系

（一）合同

若代理人虽然是以他人名义与第三人订立合同，但却缺少代理权——此时我们通常称其为**“无权代理人”**（*falsus procurator*）——那么合同在被代理人和第三人之间就不成立。代理人*为什么*缺少代理权是不重要的——关键不在于无权代理人是从来没有代理权、是作出其意思表示时已经被撤回了代理权或代理权已消灭还是虽然有代理权但却没有涵盖已订立的合同。偶尔也会出现这种情况，即合同虽然是由无权代理人订立的，但它却非常讨被代理人的喜欢，所以被代理人想让该合同有效。因此，第177条第1款规定，在此情形中，合同并非终局无效，而是**效力待定**（schwebend unwirksam）[①]，也就是说被代理人可以事后进行**追认**使其完全有效。 467

“效力待定”这一思想对于另外一些情况来说也是合适的，即被代理人虽然不 468

① “schwebend unwirksam”在德语里的字面意思是“悬置的不生效”或“待定的不生效”，此处基于全书译名统一的考虑译作“效力待定”。——译者注

必受到某人为他订立的合同的约束，但他如果对此感兴趣，亦可通过追认来使其生效（wirksam）。因此，若某人为他实施了未受允许的自我行为（边码449）或者“冒用他的名义”（边码400以下），就可以类推适用第177条第1款；同样，若作为传达人的某人故意作出与他应当作出的内容有所不同的意思表示（边码404），或者当他在与第三人进行合同磋商的起初并未透露被代理人的名字，但后来却没能及时将其告知第三人时，亦同（边码396）。

469 追认（Genehmigung）是需受领的单方意思表示，须根据意思表示的一般规则来解释，并且可以因错误或者欺诈或胁迫而被追认人撤销。追认也可以以默示的行为作出；但追认人在此情形下必须是知道或已考虑到合同是效力待定的（BGH NJW 1997，312，313）。对于追认，还须适用第182条和第184条的特别规定。因此，被代理人既可以向第三人，也可以向无权代理人作出追认（第182条第1款）。追认有溯及力，即让合同自始生效（von Anfang an wirksam，第184条第1款）。它不需要采用为合同本身所规定的形式（第182条第2款）。然而，如果立法者规定的形式是为了防止仓促行事，那么就有充分理由认为，追认也必须以这种法律所要求的形式作出。

470 如此规定的原因要比第167条第2款的（边码425）更为清楚，因为效力待定的法律行为只需通过追认就能生效，也就是说此时它对被代理人有了同样的约束力，就好像他在注意到为此规定的形式后亲自订立的一样。例如，侄子以他富有的姑姑的名义向银行为自己的债务提供保证，尽管他没有代理权，却让银行信赖姑姑事后会同意该法律行为，那么如果银行的信贷专员后来打电话给姑姑并让她在电话中作出追认的表示，就是不满足形式要求的。对此参见 *Medicus* AT Rn. 976，与此不同的主流观点与判例，参见BGHZ 125，219；BGH NJW 1998，1482，1857。

471 只要被代理人没有作出追认或者没有拒绝追认，就会存在待定状态（Schwebezustand），而第三人对该待定状态的结果有着重要的利益。如果他觉得这一效力待定的合同对自己是不利的，他就可以根据第178条通过**撤回**（Widerruf）来结束这一待定状态；这一撤回的意思表示只需向无权代理人作出就足够了。但是，当第三人在订立合同时是睁一只眼闭一只眼的（sehendes Auges），也就是说他此时已经知道了无权代理人缺少代理权，那么他就不享有撤回权；在这种情况下，他只能祈祷被代理人不会追认该合同。若第三人拥有撤回权，他也不该用太长的时间去考虑。因为一旦被代理人追认该合同，并且追认的意思表示到达第三人或无权代理人，撤回权就消灭了。然而大多数情况下，第三人会认为合同对他是*有利的*，因而他的兴趣在于使其生效。此时，第三人可以根据第177条第2款对被代理人进行催告，促使被代理人作出追认或拒绝追认合同的意思表示，从而使待定状态得以确定。若被代理人在催告到达之后保持沉默长达两周，那么就视为他拒绝追认。

（二）单方意思表示

若某人以被代理人的名义作出了单方意思表示，却缺少代理权，例如他通知终止了合同、解除了合同或是撤销了合同，那么根据第 180 条第 1 句，该意思表示原则上（并非效力待定、而是）完全不生效。此时的情况与合同的订立有所不同。如果与第三人订立*合同*的另一方是由其代理人代理的，那么该方就要自己承担因代理权欠缺所导致的待定状态的风险。但是当代理人向第三人作出*单方意思表示*（einseitige Erklärung）时，情况就有所不同了，此时，该第三人不必享有待定状态。当第三人对所必需的代理权是否存在有所怀疑时，他可以根据第 180 条第 1 句拒绝这一不生效的意思表示；甚至当虽然代理权存在，但是第三人出于怀疑要求代理人出示授权书的原件，而代理人却不能出示时，亦同（第 174 条）。然而，第 180 条第 1 句同时受到第 2 句的极大限制。因为根据第 180 条第 2 句，若代理人声称他有代理权，且第三人对该代理权的欠缺“不表示异议”或者甚至“同意了代理人无代理权地实施行为”，那么该单方法律行为同样是效力待定的，即可以由被代理人追认。 472

二、第三人的请求权

若被代理人拒绝追认因而导致合同终局地不生效（endgültig unwirksam），这通常会给第三人造成损害，例如第三人原本可以通过合同履行所获的利益丧失了，又如他因信赖合同的成立所投入的成本现在变得毫无意义。在这种情况下，第三人通常只能向第 179 条寻求帮助，即**要求无权代理人承担责任**。这里的无权代理人也可以是复代理人（Untervertreter），例如“本代理人”（Hauptbevollmächtigter）并未向其授予有效的复代理权，又如“本代理人”自己本就缺少代理权。在后一种情形中，即使复代理人向第三人公开自己的代理权是“本代理人”授予的，他还是要根据第 179 条承担完全的责任（有争议；持此观点的有 *Leipold* AT § 26 Rn. 25 ff.；持不同观点的如 BGHZ 68，391）。 473

当第三人因为知道或只要尽到交往中所必要的注意就应当知道代理权欠缺的事实因而不值得被保护时，他对无权代理人的请求权就被排除了（第 179 条第 3 款、第 122 条第 2 款）。然而，只有当对代理权的怀疑是显而易见的，而第三人却不进行询问时，才能认为他有过失。此外，当无权代理人是限制行为能力人时，他也无须承担责任。虽然他的意思表示根据第 165 条是有效的，但是保护未成年人的思想却要求排除他们的责任，除非他们所实施的法律行为得到了作为其代理人的父母的同意。 474

当第三人未出于过失认为代理人是有代理权的，那么代理人就要承担责任。该责任的内容是什么，取决于无权代理人是否知道代理权欠缺的事实。如果他知道却 475

仍以被代理人的名义与第三人缔约，那么他就是故意误导第三人。在这种情况下，根据第 179 条第 1 款，第三人可以进行选择，要么要求其“履行”，要么向其主张“损害赔偿”。若第三人选择损害赔偿，无权代理人就必须向他给付“积极利益”，即假如该第三人与被代理人的合同成立且该合同被双方正常履行时他所能得到的金额。

476 在实践中，第三人选择要求“履行”的情形只会出现在履行的内容是支付金钱的情形。对于*其他的*给付内容，无权代理人自己（不像被代理人那样）通常是没有能力完成的。“履行”的请求权基础并非合同——在第三人与无权代理人之间不存在合同关系——而是“法定的债务关系”。在这一法定之债中，无权代理人当然必须承担相同的给付义务，就像被代理人在合同有效的情形下会作出的给付一样；同时，无权代理人也当然享有所有的抗辩（Einwendungen）与抗辩权（Einreden），就像被代理人在此情形下能够对第三人的合同请求权所提出的抗辩与抗辩权一样。有争议的是这个有趣的问题：若被代理人在合同有效的情况下自己都无法履行，例如因为他在合同订立时就已经丧失支付能力或是在合同订立后丧失支付能力，无权代理人是否仍要向第三人承担“履行”（或是损害赔偿）的责任？采肯定说的理由是，代理人明知自己缺少代理权却仍与第三人订立合同，换句话说就是在故意蒙蔽第三人，因此他的行为必须受到“惩罚”，从而减轻第三人就被代理人无支付能力所承担的风险。但关键的其实是这一考虑因素：合同的任何一方，包括第三人，都必须要为与自己缔约的另一方的无支付能力承担风险，因此根据第 179 条第 1 款，第三人不能再被置于被代理人有支付能力或是一直保持有支付能力的境地，而是应当被置于假如存在代理权的境地。

477 若无权代理人“不知道代理权的瑕疵”，也就是——无过失地——误认为自己有代理权，他同样需要向第三人承担责任（第 179 条第 2 款）。尽管如此，此时他只需赔偿“消极利益”，即第三人“因信赖该代理权而遭受的损失”，也就是他以为该合同是生效的（wirksam）因而为准备和履行该合同所花费的金钱和努力，或是为此而放弃的其他可获利的交易。

478 然而，消极利益超出积极利益的那部分是无须赔偿的。例如，如果第三人原本可以从他与被代理人的法律行为中获益 1 000 欧元，那么即使第三人因信赖该合同的有效而拒绝了另一项可以给他带来超过 1 000 欧元利益的法律行为，无权代理人也只需赔偿 1 000 欧元。部分观点认为，若无权代理人无论如何都不可能知道代理权的瑕疵时，就不应适用第 179 条第 2 款，换言之，此时要免除无权代理人的赔偿责任。虽然无权代理人在此情形下是“无辜的”，但“更加无辜的”是第三人；所以，此时必须仍授予第三人对消极利益的赔偿请求权。

479 第三人能否将无权代理人的责任归咎于其**在合同磋商过程中的过错**呢？若无权代理人的过错仅仅在于，他尽管知道自己代理权的瑕疵或者因过失以为自己有代理权，却仍与第三人订立合同，那么对此问题就要持否定回答。因为这种情形没有被第 179 条所规定（有争议）。但是如果无权代理人在合同磋商的过程中通过其他方式误导第三人，例如不同于任何一个谨慎的人在此情况下都会被期待的那样行为，有过错地不进行警告、不给予提示或者不提供咨询，那么可以考虑的是第 280 条第 1 款、第 241 条第 2 款以及第 311 条第 3 款所规定的责任。这种结果很少会出现，因为只有在以下情形中，代理人才会因为合同磋商过程中的过错而承担责任，即他引起了第三人对自己的特别信赖，或者他对合同的成立有着个人的直接经济利益（边码 533、534）。

尤其是，当无权代理人无支付能力导致他的责任在经济学上无价值时，这一问题就变得重要起来：第三人是否可以因无权代理人在合同磋商过程中的过错而对被代理人享有请求权？该请求权的前提首先是，在被代理人与第三人之间存在第 311 条第 2 款所规定的合同磋商过程中的债务关系，例如通过被代理人自己或是通过经他授权的代理人的行为。其次必须存在第 280 条第 1 款中的义务违反。若被代理人自己有过错地给第三人造成无权代理人享有代理权的印象——此时通常会存在容忍代理权（边码 418、419）——那么代理人被视为在事实上拥有代理权，合同也因此而成立。若代理人在合同磋商过程中违反了保护义务，那么被代理人只有在为合同磋商的目的将代理人作为辅助人而使用时，才需要承担第 278 条所规定的责任；此外，该保护义务的违反还必须与被代理人委托给他的任务之间存在内在关联。参见 BGHZ 92，164，175；BGH NJW-RR 1998，1342；亦参见 *Bork* AT Rn. 1618；*Faust* AT § 27 Rn. 13。 480

第九章 合同义务

第一节 合同义务总论

一、给付义务

481 根据第 311 条第 1 款，法律行为性质的债务关系是通过当事人订立合同而成立的。若合同有效成立，则合同的任何一方都可以向另一方请求履行合同，即该方根据合同约定所要履行的给付。这一点是不言而喻的，但第 241 条第 1 款仍再一次地对此进行了强调：据此，债权人——用该条的说法——“有权向债务人请求给付”。债权人的这一权利相应地就是债务人的义务。当债务关系是合同关系时，债权人有权请求或债务人有义务作出哪些给付，首先要**从合同本身**即当事人在合同里对此所作的**约定**中得出；若这类约定含义不清、有多种含义、相互矛盾或者并不完整，那么就必须通过对合同的**解释**来查明，当事人约定履行的具体合同义务是什么，以及不履行该义务时彼此所享有的权利是什么（边码 63 以下）；若合同中缺少此类约定，那么当事人的义务通常要从《民法典》里的“备用”（Reserveordnung）规定中得出。这些规定被统称为**“任意性法律”**（dispositives Recht），因为只有在当事人并未于合同中另作“安排”（disponiert）时，它们才帮得上忙，即只有在这种情况下才可以适用这些规定（边码 52 以下）。

482 第 241 条第 1 款可能会令人产生这种印象：债权人似乎只能向债务人请求唯一的“给付”。但显而易见的是，债务人在一个合同或在同一个合同中可以承诺履行多个不同的给付。例如，若承租人租了房，那么通常来说他在租赁合同中不仅有义务支付租金，而且有义务提供租金担保（参见第 551 条）或者承担在租赁关系持续期间和结束时的“外观修缮”义务。同样，出租人也不仅有义务将租赁住房交给承租人使用，而且有义务于特定期间内在住房中安装暖气设备、允许承租人在租赁住房内养动物或者允许承租人将租赁住房中的特定房间转租给次承租人。此外，合同约定的给付还可以是——正如第 241 条第 1 款第 2 句清楚地规定——**不作为**（Unterlassen）。例如，从租赁合同的约定中或基于对租赁合同的解释得出，承租人不能在租赁住房的阳台上搭建抛物面天线（Parabolantenne）来接收卫星信号，或者不允许在 23 点以后演奏乐器。

大多数合同争议所涉及的都是，遵守合同的一方是否可以向他的合同相对人主张他所享有的三种主要法律救济途径中的一种：履行请求权、损害赔偿请求权以及终止合同的权利。在所有这三种情形中，最重要的是要看对合同义务的具体约定。若合同一方请求另一方**履行**（Erfüllung）合同，那么要清楚的就是，现在所受领的具体给付跟合同中约定的给付是否相同；同样，当合同一方请求**损害赔偿**（Schadensersatz）时，即不论是他除此之外还要坚持让另一方履行合同，还是他放弃其履行请求权，将合同视为已终止，然后请求代替给付的损害赔偿——即使是此种损害赔偿请求权，也要以另一方“违反债务关系中的义务”（此时就是指合同义务）为前提（第 280 条第 1 款）。最后，当一方想要**终止**（aufheben）合同，尤其是当他想解除合同时——即使是这一解除权，也要以债务人“未作出或未作出符合合同约定的”已到期给付为前提（第 323 条第 1 款）。在此，同样必须非常详细地确定的是，根据合同，债务人有义务作出或不能作出哪些具体行为；只有这样，才能衡量“实际行为”（Ist-Verhalten）与“应为行为”（Soll-Verhalten）之间相差多少因而属于未履行“约定的给付”、“违反”了合同义务或“未作出或未作出符合合同约定的”给付。 483

若合同当事人在合同中约定了多个给付——这是一般的情形——那么在主给付（Hauptleistungen）和从给付（Nebenleistungen）之间作出区分，即相应地在**主义务**（Hauptpflichten）和**从义务**（Nebenpflichten）之间作出区分通常是合目的的。当事人最重要的就是履行主义务，它决定了合同的性质，并因此使这些不同性质的合同被划分为买卖合同、租赁合同或贷款合同；反之，基于从义务所负担的给付一般是伴随主义务的，它们为履行主给付义务做好准备、作出补充、提供保障或支持。 484

大多数情况下，合同的目的都在于两种主给付的交换，这两种主给付相互之间的联系是：一方承诺作出主给付恰恰是为了、也仅仅是为了得到另一方作出对待给付的承诺。例如，出卖人有义务把买卖标的物交付给买受人并使其取得该物的所有权的原因仅仅在于，买受人会向他支付约定的买卖价款。对于这种情形，我们可以说买卖合同当事人之间的主义务是**“互为原因的”**（synallagmatisch），也就是在“我给你是为了你给我”（*do ut des*）的意义上相互关联，这种合同被称为**“双务合** 485

同”（gegenseitige Verträge）。实践中所有重要的合同几乎都属于双务合同，即双务合同不仅包括买卖合同（第433条），还包括使用租赁合同和用益租赁合同（第535条、第581条）、雇佣合同和承揽合同（第611条、第631条）以及贷款合同（第488条）。根据合同自由的原则，当事人还可以订立其他——《民法典》中没有详细规定的——双务合同。例如，原告和被告为结束法律争议而订立的合同，根据该合同，被告有义务支付一定数额的金钱、原告有义务撤诉（参见779条）。若劳动者同意提前终止劳动合同并同时得到雇主现金赔偿的承诺，那么这也同样是一个双务合同。

486 不是“双务合同”的合同是很少见的。在这种合同中，合同一方向另一方承诺作出主给付，但另一方却没有义务作出对待给付。例如在使用借贷合同（第598条）的情形中，某人有义务将一幅贵重的画无偿地交给博物馆用作为期三个月的展览。虽然博物馆也负有一定的合同义务，例如它必须谨慎地对待该画、保护该画不被偷、确保该画免遭损坏或灭失的风险；但履行这些义务并非对待给付意义上的，因为它们并不是出借人将该画借给博物馆的原因。类似的情形是，某人根据合同有义务无偿地为合同相对方处理事务（第662条：委托）或者无偿地保管合同相对方的物（第688条、第690条）。

487 **从义务**通常是当事人在合同中以特别的约定确定下来的。例如，延期支付部分买卖价款的土地买受人有义务为了出卖人的利益向其提供担保，也就是使该土地负担“剩余价款抵押”（Restkaufgeldhypothek）。又如，在购买土地时，买受人有义务向出卖人负担建造特定建筑、有义务建造不超过特定楼层的楼房或是有义务在土地上建造住房而不能建造营业用房。若当事人之间没有此类约定，那么从义务有时就要从任意性规定中得出了。例如某人在合同中承诺处理事务，那么他对委托人的首要义务就是执行该事务（主义务）；此外，他的从义务是“向委托人给予必要的通知，根据委托人的请求就该事务的状况进行答复，并在执行委托后提交计算报告”（第666条）。对于从义务，常常也会出现既没有相关约定、也缺少相应任意法的情况。这个时候就必须通过对合同的（补充性）解释——根据交易习惯、商业惯例和诚信原则的要求——来查明从义务是否存在以及它们的内容是什么。例如，在特定的情况下，出卖人有义务为买受人实施正确的行为：在合同订立和将买卖标的物交付或寄送给买受人之间的这段时间里确保该物没有灭失、被盗或损坏的风险，将该物包装好并选择运输线路和运输方式，以降低运输风险，使得该物能够在不晚于买受人所要求的时间到达。同样，出卖人也可能有义务及时告知买受人货物已寄送的事实，并向买受人交付其所需要的文件（例如车辆通行执照、原产地证明、仓单或提单）——买受人凭借这些文件可以证明自己是正当的所有权人，或者使第三人成为该物的所有权人。

488 在合同终止时，承租人有义务返还租赁物（第546条）、借款人有义务偿还贷款（第 488 条）。“从义务”的概念不适合用在这一**“返还义务”**（Abwicklungspflicht）上，因为对于出租人和贷款人，在合同终止时收回租赁物或贷款具有相当重要的意义（*Huber* §§ 41 II 2，44 I 2 对此有过精辟论述）。但是，“返还义务”也不涉及互为原因的主义务（synallagmatische Hauptpflichten），因为出租人向承租人承诺交付使用租赁物的原因并不在于要求其返还租赁物，而是为了获得租金。

上述关于合同的主义务、从义务以及返还义务的思考也许能就当事人在合同中所约定的多样化的“义务群”给出一个有用的概览。但其实，对不同的义务种类作出区分在法律上的意义并不大。 *489*

当遵守合同的一方根据第 280 条请求损害赔偿时，区分不同的义务种类是完全没有意义的。因为违反任何一种合同义务都足以满足损害赔偿的要件之一，而不论该义务是主义务、从义务还是返还义务。但是，当遵守合同的一方想要终止该合同，即根据第 323 条解除合同以及/或者根据第 281 条请求代替给付的损害赔偿时，情况就有所不同了。在其他要件都已满足的情况下，若违反的是互为原因的主义务，那么这些权利是毫无疑问的。但是在其他情形中就要小心了：若给付义务到期后未被履行或者被以不符合合同约定的方式履行，那么这同样违反了从义务，此时，虽然第 323 条和第 281 条对此也能适用，但却会存在这种风险，即遵守合同的一方因另一方违反了微不足道且不太重要的义务就可以终止这一合同。尤其是在这种情形中，遵守合同的一方会被怂恿去这么做：合同订立后，市场关系发生了改变，终止该合同对他来说有利可图，因为他可以通过这种方式使自己从合同的约束中解放出来，并以对其更有利的条件与其他人订立同样的合同。《民法典》试图通过第 281 条第 1 款第 3 句、第 323 条第 5 款第 2 句去解决这一问题：据此，债务人虽然没有按约定履行合同义务，但如果这种义务的违反是“不显著的”（unerheblich），那么债权人就无权请求代替给付的损害赔偿或解除合同。对此还可参见边码 953、1187。 *490*

二、保护义务

与给付义务（第 241 条第 1 款）相区别的是**保护义务**（Schutzpflichten），它有时也被称为“与给付无关的从义务”（nicht leistungsbezogene Nebenpflichten）。第 241 条第 2 款是这样描述保护义务的：根据债务关系的内容，当事人有“顾及另一方的权利、法益和利益的义务”。因此，保护义务应当保护当事人在由债务关系而导致的接触中不遭受因一方违反义务的行为而可能给另一方造成的损害。如果说给付义务的目的在于为合同当事人创造出他们希望通过该合同所追求的**利益**（Vorteil），那么（与给付无关的）保护义务就是要防止在此过程中他们已有的财产状态受到侵害而产生的**不利益**。这种侵害可以是身体或健康的损害、所有权或其他类似所有权的权利的损害，还可以是侵害其他的“利益”，即由于相关者（Betrof- *491* fene）违反保护义务，致使合同一方处于不利的境地，例如使该方丧失交易机会、为该方增加在其实现对第三人债权过程中的困难或是通过其他方式使该方遭受财产损害。

（一）合同保护义务

492 使保护义务得以产生的债务关系可以是合同（第 311 条第 1 款）。在这种情形中，保护义务是附随着给付义务的（hinzutreten）。

493 例如车商向顾客卖了一辆车，若他根本不向买受人送交该车、晚交该车、交付的车不符合约定的特性或者并未将车辆通行执照一并交付，那么他就违反了**给付义务**；若他对顾客身体受伤的风险并未施加此种情事下应有的防范，例如忘了在交易场所挂一块醒目的牌子提醒刚擦过的地板很光滑，导致前来提车的顾客滑倒并摔伤大腿，那么顾客就可以因车商违反**保护义务**而根据第 280 条第 1 款向其请求损害赔偿。以下论断也是正确的：若某人由于合同相对方违反谨慎义务的行为而遭受了身体或其他第 823 条第 1 款所保护的权利或法益的损害，他同样可以根据关于**侵权**责任的规定——此时即第 823 条第 1 款——享有请求权。但是若他援用第 280 条，那么他所处的法律境地就会更好，因为在这种情况下，根据第 278 条，另一方就必须要为其辅助人的失误而承担责任（并且不能主张第 831 条的免责证明）；此外，从第 280 条第 1 款第 2 句可以得出，违反义务的这一方有义务承担他无须为违反义务负责的举证责任。但在行使第 823 条第 1 款的请求权时，受害人要承担证明加害人做了违反谨慎义务行为的举证责任。

494 保护义务的目的不仅在于防止身体损害或物的损害的发生，它也可以使当事人有义务保护彼此免遭**一般财产损失**（allgemeine Vermögensschäden）。

495 例如，若合同一方向另一方请求后者在事实上并无义务向前者负担的东西，或者尽管他在事实上不享有解除权的情况下依然解除合同，那么他就违反了顾及义务（Pflicht zur Rücksichtnahme）。在这种情况下，如果他需要对义务违反负责的话，那么他就必须向合同相对方赔偿其因反对这一不成立的请求权而产生的损害（BGH NJW 2008，1147；BGHZ 179，238；边码 638、1079）。同样，合同一方在履行合同的过程中不能以不忠诚的方式破坏另一方的企业机会，或者为自己的利益而利用另一方的商业秘密、顾客信息或者销售渠道，或将这些好处给予第三人。例如，若几个人之间订立了合伙协议（Gesellschaftsvertrag），其共同目的是一起经营工厂，那么当第三人请求某一合伙人将属于合伙企业经营领域范围内的专利交由其使用时，该合伙人就必须首先把这一交易机会提供给其他的合伙人；若他不询问其他合伙人就成立自己的商号（Firma），为的是使自己的商号能使用该专利，并独享由此所获的收益，那么他就违反了义务（边码 681）。当广告代理商在制作广告的过程中为顾客提供咨询时，它必须主动向顾客指出，其所希望的广告形式（Werbemaßnahme）

是违反《著作权法》或《反不正当竞争法》因而是不被准许的，是会导致相应责任的（参见 BGHZ 61，118）。驾校的负责人必须为了学员的利益为其购买保险，以防学员在驾驶课程中造成事故并因此有义务向第三人承担责任。

即使产生保护义务的合同**已终止或被履行**，保护义务还是有可能被违反。例如，在使用租赁合同终止后，营业场所或诊所的出租人必须允许先前的承租人将指示其新地址的牌子继续挂一段时间。彻底履行完买卖合同的出卖人——他已经将存放在森林里一定数量的木头的所有权转移给了买受人——若他把之前的买卖忘了，又一次将存放在森林里的同一批木头卖给另一位买受人，那么他也违反了保护义务（参见 BGH LM § 362 Nr. 2）。生产商卖了一辆新车并送交给了买受人，而买受人此时却发现刹车装置在特定温度下会失灵：对此，若生产商不向买受人指明刹车失灵的风险或者不将该车以“去除瑕疵”的目的“召回”，那么他就违反了保护义务。同样，若雇主在某证明中作出了关于其劳动者的不真实或误导性的答复，他也是违反了保护义务，不论他是在劳动合同终止之*前*还是之*后*在这份虚假的证明上签字的。 496

若一方违反了他基于合同本来需要注意的保护义务，那么当他需要对义务违反负责时，根据第 280 条第 1 款，他就有义务向合同相对方赔偿其由此产生的损害。也就是说，他要承担的责任是向合同相对方赔偿**“消极利益”**（negatives Interesse），也就是赔偿他的**“信赖损失”**（Vertrauensschaden），即合同相对方要被调整到若保护义务被注意到他本该会有的状态。不同于第 122 条和第 179 条中所规定的情形，根据该款所产生的损害赔偿数额在具体案件中可能会高于履行利益（参见边码 333、334）。例如，合同一方因另一方违反保护义务遭受身体损害，或者属于他的物被损坏或毁坏。若合同一方因另一方违反保护义务不能再履行合同，而是想要解除合同并且/或者请求积极利益即代替给付的损害赔偿，那么只有当违反保护义务是如此得严重，以至于他不能被期待再受到合同的约束且受领债务人的给付时，他才有权这么做（第 282 条、第 324 条；边码 972、1194）。 497

（二）合同成立前的保护义务（vorvertragliche Schutzpflicht）

产生保护义务的债务关系不一定是合同之债。根据第 311 条第 2 款，这种债务关系在合同成立前就可以产生，即当事人在**合同磋商的开始**（第 1 项）、**准备合同的过程中**（第 2 项）以及**类似法律行为上的接触**（第 3 项）都可以产生债务关系。在这些情形中，债务关系仅限于保护义务，因为给付义务只有到合同成立时才会出现。立法者在第 311 条第 2 款中将以前被判例所承认的因**合同磋商过程中的过错**（Verschulden bei Vertragsverhandlungen，*cupla in contrahendo*）而产生的责任加以法典化，对此既不愿限缩也不想扩大，这样就能在解释第 311 条第 2 款时随时运用至今所积累的素材，即相关的判决和文献。 498

499 立法者在第311条第2款中所规定的三种合同成立前的法律行为接触类型是否真得有必要，是可以存疑的。因为很明显，当事人在进行合同磋商时总是意味着已经开始了合同的准备，因此第1项规定的其实是第2项的特殊情形。所以，第2项所规定的“合同准备”这一情形是更一般化和更重要的，尤其是其中也同样提到了（对其他三项都非常重要的）合同成立前的保护义务产生的原因，即出现了这一情况：“就可能发生的法律行为上的关系，一方为另一方提供了影响自己权利、法益和利益的可能性，或者将其托付给了另一方。”

500 因合同磋商过程中的过错而产生的责任在实践中有很大的适用范围。为了对此加以研究，最好是分出几类特定的**案型**，对每一种案型都加以确定，出于什么原因、为了什么目的才需要认定保护义务。

501 1. **交往安全义务**（Verkehrssicherungspflichten）。第一种案型涉及的是这样一种保护义务，它的目的是防止交易场所、楼梯间、地板、扶手、电梯等发生**事故风险**（Unfallgefahren），并由此确保为了合同的准备或产生法律行为上的接触而出现在这些场所里的人免遭身体、健康以及所有权的损害。

502 当出现这些情形时，根据外国的法律制度，事故的受害人享有的是基于侵权行为的损害赔偿；但相反，在德国，他（还）享有的却是因合同磋商过程中的过错而产生的请求权。主要原因在于，这样一来就能够不适用第831条这一错误规定，而是适用第278条。参见上文边码493以及*Kötz/Wagner* Rn. 307 ff.。帝国法院早已坦率地承认，受害人享有“类合同”请求权的实质原因在于，他应当可以向有支付能力的债务人主张该请求权。在RGZ 78，239中，原告在被告的百货商店看地毯，但却被商店职员没放稳的地毯滚轮给砸伤了。帝国法院赋予原告对百货商店经营者的“类合同”损害赔偿请求权，其理由是：若经营者“仅根据第831条［而非根据第278条］而不一定向原告承担责任的话——他只要成功地证明这是由多半没什么钱的职员所造成的，就能使自己免责”，那么这样的结论是“违背普遍法感的”（第240页）。同理，若顾客在尚未与百货公司经营者订立合同前就因地板上的菜叶而滑倒——因为清洁人员对此有所疏忽或是并未及时清理——那么百货公司经营者同样要对顾客承担责任（BGHZ 66，51）。

503 事实上，第311条第1款第2项和第3项[①]几乎是围绕事故损害而规定的，即某人在准备合同或建立类似法律行为的关系的过程中所遭受的损害。在实践中，此种接触最常见的情形是：经营者为了吸引和赢取顾客而邀请公众参观其交易场所，某人接受邀请后走进该场所，随后遭受了事故。若某人以这种方式进入经营者的可控领域，那么即使他并无订立合同的意图，合同成立前的债务关系也能根据第311条第2款而产生。因为，即使是身无分文的人只想在经营者的场所里暖和或凉快一

① 原文如此，实为作者笔误，正确的条文应当是第311条第2款第2项和第3项。——译者注

下，他也有可能因为看到了店里的陈列品而想去购买。再如，邮递员为了送信、工商监督局的工作人员为了审核食品部门的卫生规定，又或是法院执行员（Gerichtsvollzieher）为了扣押而非为了购买商品而进入了经营者的场所，那么此时虽然不存在第 2 项所规定的情形，却存在第 3 项意义上的“法律行为上的接触”。但是，若某人偶然经过经营者的橱窗，被它吸引而久久驻足，却被脱落的采光井栅格砸伤，那么这就超过了第 311 条第 2 款的界限了，此时他只能根据第 823 条以下来主张损害赔偿请求权；而他的律师必须要看到，如何才能用另一种方式使得被错误规定的第 831 条变得无害（对此的建议，参见 *Kötz/Wagner* Rn. 298 ff.）。

2. **合同磋商的中断**（Abbruch von Vertragverhandlungen）。第二个案型的特征是：当事人共同对合同进行磋商，他们也许已经就合同的必要内容达成了一致。此时，合同一方认为，为了最终订立该合同，还需办理某个手续或作出一些安排，例如进行投资、放弃一个交易机会、拒绝第三人的合同要约、请求政府批准或者委托律师起草合同等；若合同另一方此时却**中断了合同磋商**或使得该合同落空，那么就会产生这一问题，即后者是否可能因违反了保护义务导致沮丧的前者有权请求赔偿其因信赖该合同成立而作出的安排一场空的损失。 504

原则上，对这一问题的回答应当是否定的。因为根据合同自由的基本原则，每个人不仅可以自由决定要订立合同，而且可以自由决定不订立合同，也就是有中断合同磋商的自由。仅仅从某人已开始合同磋商这一事实中并不能得出结论说，仅当他拥有具备令人信服、有说服力或是非常充分的理由时，他才可以不负赔偿义务地中断合同。换句话说，这个问题所涉及的其实是，在哪些情况下必须要作出不同的判断，即设置例外。当然，没有人会被允许故意欺诈其磋商相对方，例如虽然他已经决定不会接受相对人的要求，却还是要求相对人作出或修改要约。在其他情况下，一方承担赔偿义务的前提必须是，他作出了不真实的或误导性的陈述，导致另一方认为最终订立合同的可能性非常大，或是加强了另一方的这一认识——尽管他知道或能够算到另一方会因信赖自己的表示而作出对该方不利的安排。同样，若一方虽然没有作出不真实或误导性的表示，但却在知道另一方发生错误的情况下而不去澄清——尽管他有这一义务——他也违反了保护义务。当然，保护义务的存在前提不仅仅是另一方信赖了合同的成立，而且要求该信赖必须是**值得保护的**，即一个理性的、谨慎的人在同样的情况下也会认为肯定能订立合同，并且为此付出了同样的人力物力。例如在这些情形中就是缺少这一要件的：合同的必要内容尚未确定；某人由于轻信了相对方看似真实的表示而拿钱打了水漂；或者在土地买卖的磋商过程中，一方虽然声称合同肯定会成立，但实际上并非如此，因为不仅是该方、而且另一方心里都清楚，从法律上看，在实施买卖土地的法律行为时，所有的意思表示如果不经过公证人做成公证证书的话，就都是不能当真的（第 311 b 条）。 505

506 例如参见 BGH NJW 1967，2199；BGH NJW 1975，43 和 1774；BGHZ 92，164，175、176；BGH NJW-RR 1989，627；BGH NJW 1996，1884；BGH NJW-RR 2001，381。

507 3. **效力障碍**（Wirksamkeitshindernisse）。若某人在合同磋商期间不指明他知道或应当知道的可能会阻碍合同生效的情事，并且他的磋商相对人对此并不知情或需要付出不合比例的费用才能够得知，那么他同样违反了合同成立前的保护义务。例如，合同因缺少必要的官方批准而不生效，那么，若一方虽然知道该合同需要政府批准，却不向毫不知情的磋商相对方指明这一点——尽管他知道此情事对磋商相对方而言非常重要——他就违反了保护义务。同样，若合同不成立可归因于其中一方的责任范围，且该领域对于另一方而言不是公开可见的，那么也存在违反保护义务的情形。

508 例如，某出卖人和汉堡的一位购房者磋商卖出他坐落在慕尼黑的土地，那么一旦他决定暂时不卖这块土地，而是自己继续保有，或者决定将该土地卖给第三人，他就应当在无过错的情况下毫不迟延地将此事告诉这位汉堡的购房者。如果他不这么做，他就必须向汉堡的购房者赔偿所有费用，例如从汉堡赶到慕尼黑的费用，这些费用是购房者根据情事认为必要的费用；此外，购房者还可以要求出卖人赔偿计划变更后自己所作出的安排的费用，因为出卖人本应告诉购房者这一事实。在 BGH NJW 1984，866 中，原告想要以 1 200 万欧元的价格购买一船的煤油，因此就与作为被告的银行磋商，由被告开具信用证，借此原告可以对买卖价款的支付进行担保。在信用证开具期限到期的前几天，原告向值班的银行职员询问，银行能否及时开具此信用证。虽然职员知道，银行内部的审查委员会是否会批准开具该信用证仍是不确定的，但他却告诉原告，让原告不要担心。后来，银行拒绝开具信用证，出卖人因此而解除了与原告之间的买卖合同。所以，原告请求被告银行赔偿他因此而产生的所失利益（entgangener Gewinn）。联邦普通法院支持了该请求权，其理由是：只要原告能证明，如果该职员告诉原告的信息是准确的，原告本来仍可以及时得到其他银行开具的信用证。同样参见 BGHZ 99，101：某人通过一般交易条款订立了合同，在该条款中，他单方面地表示，若合同根据第 138 条全部无效，那么“当合同相对方因信赖该条款或该合同的效力而付出了无益的费用时”，条款的使用人“只有在有过错时才负担损害赔偿义务”（第 107 页）。此外还可参见 BGHZ 18，248，252；BGH NJW 1965，812；BGHZ 116，251，257 ff.；BGHZ 142，51，60 ff.；BGH NJW 2010，2873 Tz. 24。

509 4. **不受期待的合同**（unerwünschte Verträge）。最后一个案型的特征同样是一方在合同磋商过程中由于过失而作出了不真实的、不完整的、误导性的表示，或是违反说明义务不告知相对方对订立合同而言非常重要的信息，例如他因低估了重大的风险、不作出警示、不澄清误解而违反了合同成立前的保护义务。但与前一种案型不同的是，在本案型中，**合同是有效成立的**——当然，该合同是另一方所不希望订立的，或者是加重该方负担的——因为如果他被告知了真实、完整的信息，他根本不会订立这一合同，或是会订立一个对其更有利的合同。

因此，他可以根据第 280 条第 1 款请求赔偿信赖损失，即将其调整至若他被告知因违反义务而没有被告知的信息时本该会有的状态。例如，若一个律师得到了委托人的授权，为了委托人的利益跟某银行交涉，但在订立授权合同（Mandatsvertrag）时却没有告知委托人，他或者他所在的社会民主党的一个党员已经接受了同一家银行的授权会*为了该银行的利益*处理另一些事务；此时，只要该委托人能证明，他要是得知真实的信息就不会订立该授权合同，那么他就可以请求损害赔偿（参见 BGHZ 170，186）。该方当事人也可以这样来主张损害赔偿请求权，即主张“恢复原状”（第 249 条）：请求将自己从不受期待的合同或负担过重的合同里解放出来，或者从合同的约束中解脱出来。若住宅的买受人被告知了错误的信息，即他打算用来购买该住宅的贷款的利息和本金可以用他出租该房可预计得到的租金和节税来完整地偿还，那么当订立的合同不能达到此目的时，他就可以请求从该合同中解放出来，也就是将该合同视为无效（BGH NJW 1998，302；BGH NJW 2006，845；边码 362、363）。若不请求“恢复原状”，则他还可以在维持合同对其仍是有利的情况下以这种方式请求损害赔偿，即将他从合同因另一方违反保护义务而对他造成的不利之中解脱出来。例如，若买受人在合同磋商过程中被告知了不真实的或不完整的信息，那么他可以请求这一数额的损害赔偿，即他因（对方）违反保护义务而多付出的费用，或者他因此而为买卖标的物多支付的价款（BGHZ 111，75；BGHZ 114，87，94；BGH NJW 2001，2875；BGH NJW 2006，3139）。对买受人更有利的是，如果他能证明若他被告知真实的、完整的信息，那么他会和出卖人订立另外的合同，或者会和第三人订立合同：在这种情形中，他可以请求的损害赔偿数额是他履行这一原本可以订立的合同所能获得的利益。参见 BGH NJW 1988，2234，2236、2237；BGH NJW 1998，2900；BGH NJW 2006，3139。 510

5. **违反保护义务与瑕疵担保请求权。**有争议的是，若**出卖人**虽然在合同磋商过程中向买受人告知了不实的信息或者不向买受人告知真实的信息，且该信息涉及的是**买卖标的物的特性**或涉及第三人能否对该物主张权利，买受人是否还享有因出卖人违反合同成立前的信息义务而产生的请求权？很明显，在这种情形中，当送交的买卖标的物有物的瑕疵或权利瑕疵时，买受人可以主张第 437 条所规定的权利。但有疑义的是，买受人是否可以不主张第 437 条中的权利，而是主张因出卖人过错违反合同成立前的说明义务而产生的损害赔偿请求权——当后者显得对他更有利时？根据判例和主流观点，应当对此作否定回答，除非出卖人就买卖标的物的特性对买受人进行了恶意欺诈（BGHZ 180，205）。因为出卖人对物的瑕疵和权利瑕疵 511

的责任（第434条以下）是被作了详细和封闭的规定的；此时，尤其看不出以下做法的理由：在买卖标的物的瑕疵是可以消除的情况下，为何不给出卖人一个事后补充履行的机会，而是要立即请求从对出卖人不利的合同中解放出来（边码510）。值得思考的还有：第437条第3项中的请求权在买卖标的物交付后的2年内即完成消灭时效（第438条），而因合同磋商过程中的过错而产生的损害赔偿请求权的消灭时效期间却为3年（第195条），并且要从请求权发生且买受人对此知情或由于其重大过失对此不知情之年的年末起算（第199条）。

512 6. **损害赔偿的范围。**若谁违反了合同成立前的保护义务，则根据第280条第1款，只要他不能证明他"无须对义务违反负责"从而使自己免责，他就有义务"赔偿因此而发生的损害"（边码1072以下）。违反保护义务而产生的损害类型自然是完全不同的；所以责任范围可能是有疑义的。根据一般的经验规则，通过给付损害赔偿，受害人必须被恢复到若义务被正确履行他本会所处的状态。也就是说，可以赔偿的是所有、也只有这些为防止保护义务被违反为目的而产生的损害（参见边码1043、1044）。例如，若某人在被要求的范围内不能保障磋商相对方免遭危险——这些危险在相对方使用某人可控的交易场所时产生，或是从由某人送交的买卖标的物中产生——那么他必须赔偿相对方因其违反义务而遭受的身体或健康侵害或者相对方其他财产损坏或毁坏而产生的损害。若该保护义务的目的是要顾及另一方的其他"利益"（参见第241条第2款），那么责任范围就要取决于被保护的是哪些利益、需要赔偿的损害是否正是归因于对这些利益的侵害。

513 可以通过一个案型来更形象地说明这一点，其中违反保护义务的情形是：某人错误地发布了关于某建筑工程的招标通知或者是没有注意到招标和竞标所依据的规则。例如，某乡镇发布了建造室内游泳池的招标通知，但是在招标书里并没有说明它目前正缺钱去执行这一计划，并且不确定什么时候能有钱，那么如果它最终仍没有钱因而未发布中标公告，并且能确定承揽人若获知完整信息是不会投标的，它就必须向事实上对此进行投标的承揽人赔偿其由此产生的费用（OLG Düsseldorf NJW 1977，1064；BGHZ 139，259，261；BGHZ 173，33）。若该乡镇在招标书里错误地计算了必要的工程量，那么投标时因此少报了价格且以该价格中标的承揽人可以通过以下方式主张损害赔偿：要么让自己从该合同中解放出来，要么请求乡镇支付超出中标价格的部分以弥补其过多支出的费用（参见边码509、510）。若该乡镇在作出中标决定的过程中违反了它在公开招标时所应遵守的规则，那么承揽人——若他投的标因为这个原因而没有中标——就不仅可以请求消极利益即他为投标事宜所投入的费用，甚至还可以请求履行利益即所失利益的赔偿；当然，这一赔偿的前提是承揽人能够证明在该乡镇遵循正确的招投标程序时他本应可以中标（BGHZ 120，281；BGHZ 139，273；BGH NJW 1998，3636和3640）。不同的情况是：若根据招标书而制作的投标书是及时且完整的，但却因发布招标者有过错地认为它是迟延和不完整的而被拒绝，因而根本不能被纳入审查程序中。根据判例，若投标人能证明，要是其投标书能进入审查程序就肯定会中标，他才能请求履行利益；但是若他不能完成这一较为困难的证明，那么他将什么也得不到。当然，在这种情形中，他也应当享有损害赔偿请求权。虽然损害赔偿的数额不是他投入投标事宜所产生的费用，但应该是他投的标所能中标的**概率**所拥有的（根据《民事诉讼法》第 287 条由法官估算的）价值。与本书不同的观点参见 BGH NJW 1983，442；参见边码 1041 以及 *Kötz/Schäfer*，Judex oeconomicus（2003）Rn. 266 ff.。

（三）有利于第三人的保护义务

514 产生第 241 条第 2 款意义上的保护义务的债务关系，不仅可以是当事人之间的合同（上文边码 492 以下），也可以是当事人之间开始合同磋商、准备合同以及类似法律行为上的接触而形成的债务关系（上文边码 498 以下），根据第 311 条第 3 款第 1 句，这种带有保护义务的债务关系还可以对自身不应成为合同当事人的第三人而产生。因此，**“保护效力及于第三人的合同”**（Vertrag mit Schutzwirkung für Dritte）在如今的《民法典》当中占有一席之地，在此之前，它一直是由补充的合同解释（边码 68 以下）所支持的、从“制定法”——也就是第 242 条这一一般条款——中“推导出来”的制度。换句话说，这一制度是经由法官的法律续造而成型的习惯法：先前的判例已经承认，保护义务不仅仅存在于合同当事人或合同磋商当事人之间；在特定条件下，保护义务也可以是向第三人负担的，因此结论是：受益的第三人虽然不能自己请求合同给付，却可以主张因违反保护义务——有时也可以因违反给付义务（边码 524）——而产生的**损害赔偿**。合同当事人或合同磋商当事人与受益的第三人之间存在的是第 311 条意义上的“类似于法律行为的”（rechtsgeschäftsähnlich）债务关系。这就意味着，受益的第三人可以根据第 280 条第 1 款享有损害赔偿请求权——他无须跨越侵权法中的重重障碍，而是可以分享合同法中的优待。

515 然而，从第 311 条第 3 款中仅仅可以得出“保护义务是可以针对第三人的”；但某人在什么**前提条件**下才应对第三人承担保护义务，第 311 条第 3 款却保持沉默。此时，起到关键作用的仍是一直以来对此问题进行过思考的判例和文献（对此参见联邦普通法院的原则性判决 BGH NJW 1996，2927）。据此，首先，当该第三人处在**“靠近给付”**（Leistungsnähe）——人们乐于使用这一概念——的状态中，即合同一方对另一方所作出的给付，该第三人同样可能接触到，因此从违反谨慎义务所作出的给付中产生的风险，该第三人也同样可能遭受到，那么出于对第三人有利的考虑，合同的保护效力同样及于此第三人。例如，若承揽人在定作人的家里修理煤气浴水炉，那么不仅仅是定作人自己，而且包括定作人的家属、清洁人员、在他家过夜的客人甚至是每一个经过定作人同意进入他家的人都有可能遭受因修理失误而造成的爆炸危险（参见 RGZ 127，218）。其次，作为给付对象的合同债权人还必须对处于“靠近给付”状态的第三人享有**值得保护的利益**。最后，由于将第三人纳入保护义务的范围显著地扩大了合同债务人的责任风险，因此还需要债务人在订立合同时已经知道这一情事，或者这一情事对他来说无论如何都是**可以被知道的**。

516 即使以上条件都满足了，根据联邦普通法院的观点，若第三人是没有**“保护需要的”**，那么他同样不会被纳入保护义务的范围。当他“针对相同的人已享有同样内容或至少是与他若被纳入保护范围本应享有的请求权内容相同的合同请求权”时，他就是没有“保护需要的”（BGHZ 133，168，173 以下；同样观点参见 BGHZ 70，327，330；BGHZ 129，136，169；BGH NJW-RR 2011，462）。但该观点背后的理由即“只有这样才能避免保护范围漫无边际地扩大”，却不令人信服。即使是联邦普通法院自己也承认，在一个实践中非常重要的案型中，第三人的“保护需要”并非关键：作为被告的某专家，其目的其实是想防止原告向合同相对方无理由地支付价款，因为对方没有支付能力，原告付出去的钱很可能拿不回来。又如，建筑方与住宅开发商订立合同，有义务为其建造住宅，并且有义务向买受人告知准确的建筑进程，以确保买受人尽早地向开发商支付买卖价款。那么，若建筑方违反义务告知了买受人错误的信息，买受人就可以作为受益第三人向建筑方请求损害赔偿，而建筑方不能以此抗辩，即买受人因享有对开发商的损害赔偿请求权而没有保护需要（BGH NJW 2009，217；同样观点参见 BGH NJW-RR 2004，1356）。

517 在**第一种案型**中，第三人的损害是基于他的受第 823 条第 1 款所保护的权利、法益受到侵害，尤其他的身体或所有权遭受了侵害。此时，将第三人纳入合同的保护范围并赋予他合同上的赔偿请求权，“只是一种使第 278 条得以适用并规避第 831 条的权宜之计”。

518 *Schlechtriem/Schmidt-Kessel* AT Rn. 753 即持这一合理的观点。又如可以参见以下判例：RG JW 1937，737（在房屋所有权人和乡镇之间关于输送饮用水的合同中，合同的保护效力亦及于因喝了含铅的饮用水而遭受损害的房屋居住者）；BGHZ 49，350；BGH NJW 2010，3152（在关于交易场所的使用租赁合同中，合同的保护效力及于经承租人同意进入该租赁区域的、且因该区域出现瑕疵而遭受损害的人及其所携带的物）；BGHZ 33，247（在工厂主和承揽人之间关于运送和安装混凝土面板的合同中，合同的保护效力及于因错误安装面板而遭受损害的工厂主的雇员）；BGH NJW 1965，1757（在社团和酒店之间关于使用用于社团庆典的宴会厅的合同中，合同的保护效力及于因地板打滑而摔伤的社团成员）；BGH NJW 2007，989（在医生和患者关于人工流产的合同中，合同的保护效力及于孩子的生父，不论该患者是否会同他结婚）；BGH NJW 2009，142（在关于出租停车位的合同中，合同的保护效力及于经承租人同意把车停在其租用的车位上的人）。但是也请参见 BGH NJW-RR 1990，726；BGH NJW 1994，2231：在出租人和建筑承揽人的承揽合同中，合同的效力不及于承租人——他的物因承揽人有瑕疵的工作而受到损坏。产生有利于第三人的保护义务的债务关系，在绝大多数时候——就像在刚刚论述的几个案例中——都是合同之债（第 311 条第 1 款）。但有利于第三人的保护义务还可以从合同准备时（第 311 条第 2 款）的债务关系中产生：百货商店经营者不仅对走进商店并与自己建立法律行为上接触的母亲有保护义务，而且对跟着母亲一起进入商店的女儿也有保护义务（BGHZ 66，51）。

有利于第三人的合同之保护效力通常扩及至允许该第三人进行“进攻”，即赋予他（根据合同法进行判断的）损害赔偿请求权；但也可以扩及至使该第三人能够进行“防御”。例如，若合同中约定了限制责任条款，或者根据合同，一方理应可以对另一方的起诉援用消灭时效的抗辩，那么该合同就应当被解释成：当合同当事人向合同以外的第三人主张因其侵权行为而产生的请求权时，该第三人也应当可以援用限制责任的约定或请求权已完成消灭时效的抗辩。其前提是，合同当事人对该第三人的保护存在明显的利益。参见 BGH NJW 1962，388；BGHZ 49，278；BGHZ 61，227，233、234 以及边码 522。 519

第二个案型的典型特征是，第三人并无身体或物的损害，而是遭受了纯粹财产损失（reines Vermögensschaden），因而对侵害者——即便是他有过失——*并不享有*第 823 条第 1 款的侵权损害赔偿请求权。典型的情形是，信贷机构、审计师、税务师、律师、建筑师或者其他基于其专业知识而被委托的专家，他们需要在鉴定或答复中对某企业的财产状况或支付能力，或者财产标的的价值进行说明。若他们在作出答复时是有过失的，那么*委托人*就可以请求他们赔偿其身为鉴定人违反合同义务所导致的损害。然而，若该鉴定到了*第三人*手里，并且该第三人由于信赖这份鉴定的正确性而因此遭受了损害，又该如何呢？根据普遍的判例，只要鉴定人在订立合同时是可以知道他的鉴定对第三人（同样）是具有决定意义的，即该第三人会将这份鉴定作为其作出决定的基本依据，那么该第三人同样会被纳入以该鉴定为成立基础的合同的保护范围内。 520

例如参见 BGH NJW 1984，355；BGHZ 127，378；BGH NJW 1998，1059；BGH NJW-RR 2002，1528。在 BGH NJW 1987，1758 中，一人有限公司的股东想要卖掉自己的企业，所以向有购买意向者 V 出示了有关该公司经济状态的中期报告。该中期报告是由被告审计师基于该公司的委托所出具的，但由于过失而过分乐观地估计了该企业的状况。出于对这份中期报告的信赖，V 买下了该公司，当然——他很快就发现——该公司是负债累累因而是毫无价值的。向审计师请求损害赔偿的不是 V，而是 V 的贷款银行（Hausbank）——该银行由于信赖 V 出示的中 521

期报告而向V发放了与买卖价款等额的贷款，并让V将其在有限责任公司中的股权质押给自己。当银行的贷款和质押权都落空之后——因为该公司是无价值的、该中期报告是有错误的——它向审计师请求损害赔偿。联邦普通法院认为，在该公司和审计师之间关于中期报告的赔偿的合同中，合同的保护效力不仅要向有利于V方向的扩及，而且要向有利于银行的方向扩及，因为根据情事很容易得出："被告基于其职业经验能够预计到买受人将其贷款用于支付买卖价款。"根据情事，专家并不总是能"预计到"他会影响哪些第三人。只要他对此表达地并不清楚，那么就保护第三人的范围限制而言，重要的是保证债务人对其责任风险是可估算的（BGH NJW 2004，3035，3038 持此观点）。例如，当债务人的风险责任范围是他在合同订立时就已经接受的、可以根据他的期望值计算出来的、以他的酬金为基础的或者在一定情况下被保险所涵盖的，即属于这种情况。只要没有超过这一风险的范围，之后在具体案件中到底是谁引发了对专家不利的风险，对后者而言就是无所谓的。例如，若审计师接受企业老板的委托，但却因过失而预估该企业的售价是1 000万欧元，实际上它的价值只有200万欧元，那么他承担的责任范围就在800万欧元以内，无论购买企业所用的超出的那部分价款是由一个买受人支付的、还是由多个买受人按各自份额支付的，是由一家银行"资助"的、还是由多家银行"资助"的。同样，当银行的信贷风险通过保证或保险合同被全部或部分地降低了，那么审计人也要对保证人或保险人承担相应的责任（对于保证，BGH NJW 1998，1059 持此观点）。相反，当企业的买受人从他的银行或卖家那里得到了通常的企业设备或卖方信贷作为担保，那么审计人就不再对银行或送货商承担责任，因为这样的话就会超过他当初承担的风险范围了。与此相同的情形是，房地产开发商负责建造一栋有50个住户的建筑，委托专家对其中某一特定的住房进行价值评估，但专家却因过失给出了过高的估价：若开发商把这份鉴定书出示给其他49个住房的买受人看，则专家不对他们承担责任。当审计师的合同义务是根据《商法典》第316条以下审查有限责任公司或股份有限公司的年终报告时，将第三人纳入合同的保护范围就需要有严格的特殊条件：此时，若审计人因出现失误而要向委托他进行年终审查的公司承担责任，那么他只有在这种情况下才同样要对第三人承担责任，即他知道他正在为第三人的利益而作出"特别的给付"（参见 BGHZ 138，257；BGHZ 167，155；BGH NJW 2009，512）。

522　针对这一责任，专家可以通过以下方式进行自我保护，即在鉴定书里明确表示，"此鉴定书只能由委托人进行内部使用"、"没有我的同意，委托人不能将此份鉴定书交由第三人使用"或者是"我仅以委托人告知的信息为依据制作的此份鉴定书"。此外，原则上专家还可以针对受益第三人的起诉提出所有他与合同相对方若进行诉讼本应享有的抗辩。因为，很有可能的是——可以这么说——第三人原则上所享有的权利并不比专家的直接合同相对方多（参见第334条）。例如，若专家对其委托人的责任有特定的最高上限——但是对公开聘任的专家的责任限制是很少被允许的——或者委托人的赔偿请求权已完成消灭时效，那么专家也可以向第三人主张责任限制或消灭时效已完成的抗辩。此外，他还可以请求受益的第三人将其赔偿请求权和其根据第254条相对于合同另一方而言的共同过错进行抵销。

参见BGHZ 33，247；BGH NJW 1965，1757；BGHZ 56，269。然而，有保护义务的一方对第三人的责任不超过他对直接合同相对方的责任的原则在有些情形中会被判例所限制。例如参见BGHZ 127，378：在此案中，想要卖掉自己土地的所有权人委托了建筑专家出具一份价值鉴定，却向专家恶意隐瞒了建筑瑕疵，因此得到了一份有针对性的、自己明知就不真实的鉴定书。尽管专家可以针对*委托人*提出恶意抗辩，但是他却不能向*买受人*主张这一抗辩，理由是第334条这一任意性规范在合同中已经被委托人和专家通过默示的方式给排除了。同样的结论也出现在BGH NJW 1998，1059：在此案中，专家在没有询问的情况下就接受了委托人的错误陈述，因此对委托人的土地作出了过高的价值评估。尽管如此，他仍然要对贷款人和保证人承担责任——该贷款人和保证人由于信赖此份不真实的价值鉴定书而接受了为担保买受人支付给土地所有权人的贷款而在其土地上设立的不动产担保物权或者保证。在文献中，这一判例受到批判，学者们给出的建议是，专家——通常是经国家批准的专家——的责任期间不应长于他与委托人订立的鉴定合同（Gutachtensvertrag）所具备的保护第三人效力的长度（*Canaris* ZHR 1999，206就持此建议）。此外，专家的责任应直接从第311条第3款第2句中推导出来，即他“特别地引起他人的信赖，并因此而显著影响［与第三人的］合同磋商或合同订立”（对此参见边码533、534以及*Looschelders* AT Rn. 207 a，219；*Medicus/Lorenz* SchR AT Rn. 110 f.）。在普通法中，专家责任的依据是侵权行为。对德国法而言，这条途径也曾被建议过（参见*Schlechtriem/Schmidt-Kessel* AT Rn. 757；*Kötz/Wagner* Rn. 491 a）。 523

专家——他的鉴定书成为第三人作出决定的基础——的责任是基于第280条第1款，即以他违反义务为前提。若谁出具了有错误的、带有误导性的或者不完整的鉴定书，违反的就不是第311条第3款所规定的保护义务了，而是给付义务，乃至是主给付义务。判例亦认为，第三人的请求权不仅从违反保护义务中，而且可以从违反主给付义务中产生（例如BGH NJW 2004，3420，3421）。与此不同，以下这些判决的结论就不是那么不言而喻的了：律师接受委托人的委托，要让第三人得到财产利益。然而，这一财产利益却因律师的咨询失误而落空了，因此该第三人失去了本是为其而准备的财产利益。此时，该第三人被视为有权向律师请求赔偿其由此而产生的损害。例如，当律师被委托去修改委托人的遗嘱，不让他的老婆继承，而是让他的子女继承。若律师履行的给付义务有缺陷，例如在有过错的情况下迟迟不 524

开始修改遗嘱，导致明显有生命危险的委托人在此之前死亡，那么其子女作为律师合同的受益第三人就有权向律师请求损害赔偿。

525 BGH NJW 1995，51；类似的还有 BGH JZ 1996，141 附有 *W. Lorenz* 的评论；BGH NJW 1977，2073；BGH NJW 1995，2551；MK-*Gottwald* § 328 Rn. 118。

（四）事务管理人以及其他第三人的保护义务

526 对第三人有保护义务的债务关系可以被设计成：第三人是保护义务的**债权人**，因此可以从违反保护义务中推导出他的请求权（边码 514 以下）。但同样可能出现的情况是，第三人**负有**保护义务，因此虽然他不是合同当事人，但当他违反保护义务时也要承担**责任**。这种**"第三人责任"**（Dritthaftung）甚至是第 311 条第 3 款的立法者所首先想到的情形。这一点可以从立法理由中看出（RegE S. 163），也可以从第 311 条第 3 款第 2 句的规定中得出，即第三人责任"尤其"会在这种情况下产生："当第三人特别地引起他人的信赖，并因此而显著影响合同磋商或合同订立时。"

527 当然，不能忘记的是，"第三人责任"涉及的毕竟是例外情形。原则上，合同的权利义务——同样也包括保护义务——产生于合同当事人之间，以及根据第 311 条第 2 款，也产生于准备合同或有了类似法律行为上接触的人之间。没错，虽然在合同订立的过程中，第三人的角色越来越重要，因为他们会为了实际上的合同当事人的利益而作为其代理人、磋商辅助人、受托人、经纪人、财产托管人等事务管理人参与其中，或者他们在处理事务时拥有对合同具有决定意义的信息。但这些自己虽非合同当事人却要像合同当事人一样承担责任的第三人，必须被当作一种例外，否则就要突破合同概念的边界了。

528 因此，第三人**自己成为合同当事人**的情形至今都不属于此处所说的第三人责任。例如，若有限责任公司的业务执行人为公司订立了合同，但是在合同磋商的过程中亲自为公司的合同债务提供了保证（第 765 条），那么，当公司无支付能力时，他就要根据保证合同而作为保证人承担责任。

529 在两种案型中，这一第三人责任会被例外地予以肯定。

530 在第一种案型中，第三人对自己以各种方式参与的合同磋商至合同订立有**"个人的直接经济利益"**。若他只是因法律行为的成立而获有酬金、佣金或者其他有偿报酬，或者他由此能获得其他利益，还不足以满足这一要件。例如，若有限责任公司的业务执行人就某一合同进行磋商，而根据该合同，银行将会贷款给该公司，或者生产商会接受以信贷的方式向公司卖出货物，那么该业务执行人对合同磋商的成功就有着非常显著的个人利益。若他不仅仅是业务执行人，而且是该公司的股东——或许甚至还是一人有限公司的股东（Alleingesellschafter）——并且之前他已经用自己的私人财产向公司的债权人提供了担保，或者亲自作为公司的保证人，那么他必须要预计到，当磋商失败、公司破产时，他会失去股权或自己为债权人提供担保，或者债权人会要求他承担保证责任。即使在这样的情形中，联邦普通法院还是会否认业务执行人对此拥有“个人的直接经济利益”因而应作为第三人承担个人责任（详细参见 BGHZ 126，181，189、190；更缓和的观点参见 BGH NJW 1988，2234）。

判例的严格态度背后有两个理由支持：第一，谁若与有限责任公司订立合同，就应该非常清楚，公司只以公司财产对其债权人承担责任（《有限责任公司法》第 13 条第 2 款）。谁要是疏忽了这一点，并且就他基于合同而取得的对公司的债权接受其他的担保——例如公司的股东或业务执行人或者其他的第三人为公司的债务所作的保证，或者以他们的私人财产提供担保——那么他就必须自己承担公司的财产无法偿还债务的风险。第二，法律制度必须激励私人将资本投入企业中。只有当投资者能够选择企业的法律形式时，并且这些法律形式能够确保即使因企业倒闭而导致投入的资本丧失，投资者所应承担的责任也不会波及他们的其他财产，这种激励才是足够强的。若合同磋商是业务执行人以公司的名义进行的，但他却因过失而作出了关于公司金融给付能力的不完整或误导性的陈述，或者违反了其他保护义务，此时如果公司的债权人可以“直索”股东的私人财产的话，就会削弱这一激励机制。 531

从另一方面看，有限责任公司的业务执行人也可能对债权人承担因侵权行为的个人责任，也就是说，既可以根据第 823 条第 1 款（参见 BGHZ 109，297；对此的论述参见 *Kötz/Wagner* Rn. 320 ff.），也可以根据第 826 条——当业务执行人是故意侵害债权人，且他的行为违反善良风俗时。此外，若业务执行人在公司出现无支付能力时违反《有限责任公司法》第 64 条第 1 款的规定，就公司的财产有过错地不去申请破产程序，而是怂恿债权人继续为公司提供信贷——若他遵守义务申请破产程序，债权人是绝不可能向公司提供此信贷的——那么他也可以根据第 823 条第 2 款承担责任。 532

第三人的个人直接经济利益只有在这种情况下才会被肯定，即他在合同磋商过程中“就像在处理自己的事务一样，因而应被视为该事务经济上的主导者”（BGH NJW 1997，1233，1234）。例如在 RGZ 120，249 中：被告购买了一块土地并已完成支付，后来他想把这块地转卖给原告。在与原告进行合同磋商时，他由始至终表现出他就是出卖人的样子。由于他尚未作为所有权人被登记在土地登记簿里，所以“出于形式上的原因”，最后他们之间订立了这样的买卖合同，即目前仍在登记簿里的人作为出卖人，被告作为出卖人的代理人。在此，被告在事实上就是该事务的“经济主导者”，因此，帝国法院因被告违反说明义务而使其承担对原告的责任，这一判决结果就是合理的。以下情形也同样如此：顾客想要购买二手车，车商就像出卖人一样告知顾客各种信息、向顾客作出允诺、与顾客磋商价格，但到了最后，当 532 a

双方达成合意时，却向顾客坦白说：出于“技术”原因——以前经常是为了规避增值税的目的——该买卖合同并不是在顾客和他之间，而是在顾客和委托他卖掉二手车的人之间成立的——属于这类出卖人的尤其会是在购买新车时将二手车折价卖给车商的人。

533 在第二种案型中，第三人承担责任的合理性在于，他作为他人的代理人、媒介人、财产托管人、受托人等——这些人经常被统称为——**“事务管理人”**（Sachwalter）参与到合同磋商的过程中，通过这种关系引起他人**对自己的高度信赖**，并因此显著影响合同的成立（参见第 311 条第 3 款第 2 句）。例如，若车商以所有权人的名义卖出一辆二手车，但自己并未成为合同当事人——因为他很显然是为所有权人而进行合同磋商的，所以在此过程中仅仅是媒介人——尽管如此，只要他对买受人来说是以非常权威的、有二手车买卖丰富经验的专业人士身份出现，并因此使买受人产生这种印象，即车商自己担保其关于车辆特性的陈述的真实性，那么他也要像合同当事人一样对买受人承担责任（参见 BGHZ 79，281；BGH NJW 2010，858，859）。某人以自己的可靠性和坦诚所赢得的“通常的磋商信赖”，当然还不能满足这一要件；若合同当事人信赖了第三人的专业知识，这同样是不够的。除此之外必需的是，该第三人还“引起他人对自己的”高度信赖（第 311 条第 3 款第 2 句），也就是说，他的意思很明显地指向，他将担保由他刚刚亲自所处理的事务，或者担保他所做的表示的真实性和完整性。因此，第三个要件就是，另一方当事人在事实上信赖了第三人所作出的担保或其表示的真实性和完整性，或者根据情事，该方当事人对此可以信赖。若一个理性人在相同的情况下不会轻而易举地把第三人的表示当真、不会相信第三人所做的担保，并且出于这一原因要么与该事务保持距离，要么会通过另一种可期待的方式在这一风险面前保护自己，那么就并不满足这一要件。

534 出于以上这些理由，联邦普通法院在边码 530 所提及的案件中所得出的结论是：有限责任公司的业务执行人并没有引起他人的“高度信赖”，因此他作为第三人的个人责任并不成立（BGHZ 126，181，189）。作出不同结论的是 BGHZ 56，81：在此案中，业主在建筑完工前陷入了经济困境，因此将之后对建筑工程的监督工作都交给了第三人，并且出于这一目的给第三人授予了广泛的权限。第三人与建筑工人进行合同磋商，双方就合同草案达成一致，然后让业主签了字。若此时第三人没有将业主的真实经济状况告诉建筑工人，那么他就必须赔偿建筑工人因业主的无支付能力而产生的损害。同样，在 BGH NJW 1997，1233 中：在被告把车卖给 E 之后，他的职员又介入了 E 把该车转卖给原告的合同磋商中。在此过程中，该职员违反真实情况声称 E 只是个“稻草人”，在 E 背后的被告才是买受人值得信赖的真正的合同相对方。从这两个判决中可以很清楚地看到，“高度信赖”也可以不通过第三人自己的表示，而是通过第三人的履行辅助人（第 278 条）——他就好像“第四人”（Vierter）一样——在处理该委托事务时所作出的表示而引起。

实践中非常重要的一种“事务管理人责任”（Sachwalterhaftung）的特殊情形是**招股说明书责任**（Prospekthaftung）。若一家投资公司为了筹措某个项目的资金而寻找投资者，它通常会向他们出示招股说明书或者其他的宣传材料。在招股说明书里，会写明投资者的风险、他可期待的收益以及税收优惠；此外，还会有审计师、税务师或者律师确认这些陈述真实无误的内容。若投资者因信赖不真实的、有漏洞的或者有误导性的招股说明书而失去了投资款，只要审计师、税务师或律师对招股说明书的瑕疵是应当负责的，并且投资者信赖了或理应信赖他们的专业知识，那么——除了投资公司和发起人之外——他们也同样要对投资者承担损害赔偿的责任（参见 BGHZ 77，172；BGHZ 111，314；BGHZ 145，187）。 535

第二节 买卖合同中的义务

一、义务内容概述

在一个不断发展的经济社会中，买卖成为最重要和最常见的交换行为：买卖涉及的是买卖标的（Kaufgegenstand）与货币的交换。通常情况下，买卖的标的是物，就这种情形，第 433 条对合同双方规定了具备以下特征的主义务：出卖人必须把出卖的物交付（übergeben）给买受人，并且使买受人取得该物的所有权；此外，该物必须以符合合同约定的特性送交（liefern）给买受人，即“没有物的瑕疵和权利瑕疵”；与之相对，买受人必须向出卖人支付约定的买卖价款（Kaufpreis），并且有义务收取（Abnahme）该物。 536

能够作为买卖标的的首先是“物”（第 90 条），也就是说要么是动产——第 90 a 条规定的“动物”与物的地位相同——要么是土地或与土地类似的权利，例如住宅所有权。根据第 453 条，关于物的买卖的规定准用于出卖人卖出“权利或其他标的”，即被买卖的可以是债权（例如要求支付买卖价款的请求权、要求返还贷款的请求权等）、工业产权（例如专利、商标、外观设计等），此外还可以是出卖人作为遗产的共同继承人、土地的共同所有人或公司的股东所享有的权利（例如有限责任公司的股权等）。属于第 453 条意义上的“其他标的”的例如有企业、诊所或律所、特定的广告或商业创意、拥有的专有技术（Know-how）以及未申请专利的发明等。 537

买卖合同在以下情形中仍然是有效的：某物在合同订立时并不属于出卖人所有，为了履行该合同，出卖人从这一刻起才必须从第三人那里获得该物。例如，某 538

人卖了一块土地或一幅特定的画，但这块土地和这幅画在合同订立时还不属于他，若后来因为土地或画的所有权人不愿意把土地或画的所有权转让给出卖人（或直接转让给买受人），导致出卖人无法履行该买卖合同，那么他就应当根据一般规则承担买卖合同不履行的责任。若某人把同一个物同时卖给了两位买受人，那么这两个买卖合同都是有效的。出卖人可以根据自己的意愿来履行两个买卖合同中的任何一个，并向另一位买受人承担不履行的责任。若他决定了要对哪位买受人更好，使这位买受人取得所有权，那么要问的就是，另一位沮丧的买受人是否可以向取得所有权的买受人请求返还买卖标的物？在极少数的情况下，根据《民法典》第826条、《反不正当竞争法》第1条连同《民法典》第249条，这是可能的。对此参见边码781、782以及*Kötz/Wagner* Rn. 626。

539 甚至当买卖标的在合同订立时尚不存在时，买卖合同依然有效。农民可以卖掉明年收割的庄稼、狗饲养员可以卖掉母狗下一胎要生的幼崽。若庄稼被暴风雨摧毁或者母狗在生幼崽前死掉，那么即使出卖人对这些情事无须负责，只要他作出了收割庄稼或母狗生育幼崽的“担保”，他也同样要向买受人承担责任（参见边码1106以下）。但是若合同是附条件生效的，即合同是以庄稼的收割或幼崽的出生为生效条件时，那么出卖人就无须承担责任。

540 最后，当买卖标的物在合同订立时尚不存在——因为它从这一刻起才需要由第三人来制造——合同亦有效。例如，若出卖人出售一艘他委托造船厂制造、但尚未动工的船，或虽然完工但尚未置于基尔港的船。但是，当某人承诺送交自己亲自制作或生产的物时，情况就有所不同了。在此，决定合同特征的主给付义务不是转移物的所有权，而是制造一个物，也就是说，合同一方的义务在于提供必要的劳务。因此，此处涉及的是一个承揽合同（第651条①以下）。根据第651条②，只要合同一方有义务将**自己待制作或待生产的物**送交给另一方，同时该物是**动产**且为**可替代物**，那么这类承揽合同也要被当成买卖合同来对待。可替代物是指“在交易中通常按数量、大小或重量来确定的动产”（第91条），也就是成批生产的物或者是如此常见，以至于销售给众多顾客的都是具有相同特性的物。若合同一方待制作以及之后待送交的物并非是可替代的（例如一套定作西装、为有特殊要求的顾客量身定做的机器、表格、商品手册或带有公司标识的信纸），则除了买卖法的规定之外还要适用第651条③第3句中所谓的关于承揽合同的法律规定。

541 买卖合同当事人的义务被规定在第434条至第479条中。这些规定中的大部分都是可约定变更的（abdingbar）或者是“任意性的”（dispositiv）。除非该买卖合

① 作者此处应为笔误，因为承揽合同（Werkvertrag）被规定在第631条以下，而非第651条以下。——译者注
② 根据最新修订的现行《德国民法典》，该条的序号被改为第650条。——译者注
③ 根据最新修订的现行《德国民法典》，该条的序号被改为第650条。——译者注

同涉及的是第 474 条意义上的**"消费品买卖"**，即该买卖合同以动产为标的，且出卖人为经营者、买受人为消费者：在这种情形中，根据第 475 条，这些在实践中最为重要的关于买卖合同的法律规定就是强制性的（zwingend），但这种强制性当然仅限于当事人所做的约定不得*对买受人不利*(边码 602 以下)。一条对*所有买卖合同*都适用的强制性规定是第 444 条：据此，排除或限制出卖人因物的瑕疵而产生的责任的约定在以下范围内是无效的，即出卖人恶意不告知该瑕疵，而买受人本可因该瑕疵享有请求权。虽然买受人在这种情况下可以因恶意欺诈而撤销整个买卖合同（第 123 条），但这样的话他就必须向出卖人返还有瑕疵的买卖标的物（第 142 条、第 812 条）。取而代之的是，他可以根据第 444 条使得合同得以维持，并根据第 437 条主张因出卖人恶意不告知瑕疵的请求权——对此，出卖人不得主张双方关于责任排除的约定。对此参见第 444 条以及下文边码 616、617。

需要注意的是，在特定条件下还需考虑其他规定，例如当买卖合同是作为**"上门交易合同"**（第 312 条以下）、**"远程销售合同"**（第 312 b 条至第 312 d 条）、**"分期供应合同"**（第 510 条）或是**"分时居住权合同"**（第 481 条以下）而订立时。例如，若买卖的是商品或有价证券，那么除了《民法典》中关于买卖的规定，还要适用《商法典》中的第 373 条至第 376 条。又如，买卖合同至少对于一方而言是"商行为"的，即他是作为商人在商事营业的范围内订立的该合同；若买卖合同对双方而言都是商行为，那么还要适用《商法典》第 377 条和第 379 条。 *542*

对于大多数**"国际买卖合同"**，不是适用《民法典》的规定，而是适用**《联合国国际货物销售合同公约》**（CISG）。这一公约尤其要适用于营业地在不同"缔约国"的当事人之间所订立的买卖合同（《公约》第 1 条）。使《公约》在国内生效的"缔约国"目前有将近 70 个，其中包括了世界上最重要的商业国家。但是，当事人也可以约定《公约》不适用于他们之间的合同。在这种情况下合同就要适用德国法；但有时，若当事人没有选择适用德国法或未作出关于法律适用的约定，此时根据国际私法的规则也可能会适用其他国家的国内法（参见《罗马条例 I》第 3 条以下）。 *543*

二、出卖人的义务

（一）买卖标的物的交付（送交）

若当事人订立了买卖合同，则出卖人有义务"将物交付给买受人"（参见 433 条第 1 款第 1 句）。当出卖人使买受人取得对物的直接占有即事实上的支配力时，该物就已被"交付"（第 854 条第 1 款）。若买受人本来就已占有了该物，例如博物馆购买一幅本来就已从所有权人那里借来的画，那么根据 854 条第 2 款， *544*

当事人只要就买受人此后应成为该物的自主占有人达成合意就足够了（参见第872条）。

545 同样，此时当事人也有一定的空间作出不同的约定。例如，买受人可以在双方都同意的情况下让出卖人把该物交付给特定的第三人，而非自己——因为他想把该物转卖给该第三人（“延伸交易”，Streckengeschäft）或者出租给该第三人。若买卖合同订立时该物就已经处在第三人的直接占有下，例如因为出卖人将其出租给了第三人、储存到了第三人的仓库或放在承揽人处修理，那么双方可以约定，出卖人须将对第三人的返还请求权让与给买受人，并将让与的事实告知第三人。此外，双方还可以约定由出卖人对该物继续保持一段时间的直接占有，并在这段时间内作为“占有媒介人”为买受人行使对该物的占有（第868条）。若为了买受人能够取得对买卖标的物的直接占有，该物必须运输到买受人处，那么双方通常会约定，出卖人有义务将该物交付给承运人，由他负责将其交付给买受人（“寄送买卖”，Versendungskauf；参见第447条以及下文边码587、838以下）。

546 根据《联合国国际货物销售合同公约》第30条，出卖人有义务向买受人“送交”货物。“已送交”（geliefert）意味着，为了使买受人取得对货物的占有，出卖人完成了根据合同内容——如有必要还可根据《公约》第31条以下——他有义务作出的行为。这一规定与第433条第1款第1句并不冲突。“送交”（Lieferung）是为了强调出卖人所做的**行为**（Handlung），而“交付”（Übergabe）则侧重于该行为所要达到的**结果**（Erfolg），亦即使买受人取得对货物的占有。参见 *v. Caemmerer/Schlechtriem/Huber* Art. 30 CISG Rn. 5。

547 1. 送交地点。根据第269条第1款，债务人应作出给付的地点即为**给付地**（Leistungsort）。若债务人是出卖人，且所负担的给付是送交买卖标的物，那么给付地此时也被称为**送交地**（Lieferort）；因此该地点指的就是出卖人最终履行其送交义务的地点，即最后作出的能使买受人取得占有的行为的所在地。

548 合同当事人甚至有时立法者也会把“给付地”或“送交地”说成是**“履行地”**（参见《民法典》第447条第1款和《民事诉讼法》第29条）。这个词的意思其实指的无非就是给付地或送交地。需要与这一地点作出区分的是对争议**有管辖权**的法院所在地。若合同当事人都是商人，那么他们可以通过“管辖协议”（Gerichtsstandvereinbarung）来确定有管辖权的法院（参见《民事诉讼法》第38条）；否则就要适用《民事诉讼法》第29条关于“履行地的特别审判籍”的规定：据此，在有争议的债务履行地的法院有管辖权，也就是说，在第269条所规定的给付地的法院有管辖权。由此可以得出，只要双方并无有效的管辖协议对此作出另外的约定，则对于判断出卖人是否履行了合同约定的送交义务的问题，送交地的法院有管辖权。此规则同样适用于国际买卖合同，例如当买受人的住所地在德国，而出卖人的住所地在欧盟的另一个成员国时（参见《布鲁塞尔条例I》

第 5 条第 1b 项)。

第 269 条规定，给付地是债务人在合同订立时的住所地，或者——当债务人从事经营活动时——在债务人的营业所在地。但这一规定仅仅是辅助性的。对于债务人最后要在哪一地点作出给付的问题，首先要根据当事人对此所做的约定，其次是“从情事中、特别是从债务关系的性质中”推知。给付地要取决于债务人的义务——特别是出卖人的送交义务——是**往取之债**（Holschuld）、**寄送之债**（Schickschuld）还是**赴偿之债**（Bringschuld）。若买卖合同中约定或从情事中推知，出卖人必须准备好买卖标的物等候买受人来取，那么就是**“往取之债”**，在这种情况下，出卖人的住所地就是给付地。若约定的是出卖人必须将买卖标的物寄送给买受人（或买受人指定的第三人），即为了该目的必须将该物交付给承运人，例如火车、邮政或者其他的陆路、水路和空运承揽人，那么就是**“寄送之债”**，尤其是在“寄送买卖”的情形中（第 447 条以及边码 587、838 以下）。同样，在这种情况下，给付地也是出卖人的住所地，因为无论如何，货交承运人通常都会发生在出卖人的住所地。最后，当约定的是出卖人有义务自己（或让别人）将买卖标的物运输到买受人的住所地，并在这里将该物交付给买受人时，那么就是**“赴偿之债”**，在这种情况下，给付地是买受人的住所地。 549

与给付地相区别的是**结果地**（Erfolgsort）。结果地，是指出卖人对买受人负担的结果所发生的地点，即买受人取得买卖标的物的占有（及所有权）的地点。在往取之债和赴偿之债中，结果地与给付地是在同一个地点，即在往取之债中都是出卖人的住所地、在赴偿之债中都是买受人的住所地。在寄送之债中，给付地和结果地分别在两个不同的地点，因为出卖人在自己的住所地通过将物交付给承运人已完成了给付，而买受人要在自己的住所地才取得占有（和所有权），即当承运人把物交付给他时。 550

就货物的运送，若出卖人向买受人作出了承诺——例如出卖人说好了要把卖出的钢琴或家具运到买受人的住处，或者把卖出的燃油输到买受人的油罐里——那么就尤其要认定为**赴偿之债**。同样，当发货商的义务不仅仅是向买受人发送其在商品目录中所订购的货物，而且有义务将该货物送到买受人的住所，并在那里使买受人取得对该物的占有，那么此时通常来说不能认定为寄送之债，而是要认定为赴偿之债，尤其是当买受人是消费者时，因为消费者不同于商人，他不能组织起货物的运输、不能根据不同的运输途径选择成本最低的方式以及不能通过保险将运输风险降到最低。但是当合同双方都是商人时，情况就有所不同了。若是这种情况的话，那么仅仅从这一情事，即出卖人承诺由其承担寄送的费用或由其“免费”运送，还不能推知双方订立的就是赴偿之债（第 269 条第 3 款）。通常来说，从这种约定中仅仅可以得出，出卖人虽然必须承担寄送的费用，但也要认定它为寄送之债，即出卖人只要把货物交付给承运人，那么根据合同，他就完成了就送交买卖标的物而言他 551

须做的一切。

552 在商事交易中，出卖人的送交地点这一问题，以及哪一方必须组织货物运输、对运输风险进行投保并承担由此产生的费用的问题，通常会由贸易术语（Handelsklausel）来确定。

553 在这些贸易术语中，具有特殊意义的是由国际商会制定的**《国际贸易术语解释通则》**（Incoterms），如“工厂交货”（ab Werk），船上交货（FOB），船边交货（FAS），成本、保险费加运费（CIF），目的港船上交货（DES）等。例如，若买卖合同中约定，出卖人应当将货物从斯图加特运到汉堡，然后再用船将其从汉堡运送到“巴尔的摩 CIF”，那么根据《商法典》第 346 条、《联合国国际货物销售合同公约》第 9 条第 2 款，该条款的含义可以从国际商会主编的国际贸易术语定义中获知（该内容刊印在 *v. Caemmerer/Schlechtriem* Anhang V）。这一条款尤其意味着：(1) 一旦货物在汉堡以合同约定的特性和包装越过船舷，出卖人就完成了他为履行送交义务所要做的一切。从这一刻起，买受人要承担货物损坏或灭失的风险。(2) 出卖人必须自费申请出关许可以及办理关税手续。(3) 出卖人必须自费去办理此种情事下所普遍使用的运输单证——根据该运输单证，买受人有权在巴尔的摩向海上承运人请求返还货物。(4) 出卖人必须选择合适的海上承运人，并自费与其订立将货物从汉堡港运送到巴尔的摩的某个特定港口的运输合同。(5) 出卖人必须自费办理保险并将保险单（Police）寄给买受人。若买卖合同中并无就运送或寄送所产生之费用的分担的约定，则要适用《民法典》第 448 条这一相当不完整的、但《联合国国际货物销售合同公约》第 31 条至第 34 条却作了相当详尽规定的兜底条款（Auffangregelung）。

554 2. 送交时间。出卖人不仅有义务作出合同所约定的必要行为以将买卖标的物送往送交地，他还必须在合同所确定的**时间点**作出该行为。从这一时点开始，买受人有权请求送交，因而他的送交请求权“已到期”（fällig）。从到期时起，买受人就可以向出卖人提起诉讼，要求法院对出卖人作出实施该行为的判决——该行为正是出卖人根据合同约定所要履行的送交义务。然而，买受人也可以在送交请求权已到期而出卖人仍未送交时对出卖人进行催告，使之陷入迟延，并根据第 280 条第 1 款和第 2 款、第 286 条请求延误损害（Verzögerungsschaden）的赔偿。在满足特定的额外要件时，买受人甚至可以拒收已送交的物并请求代替给付的损害赔偿（第 280 条第 1 款和第 3 款、第 281 条）或者解除合同（第 323 条）。

555 与送交地相同，送交时间也是由合同约定的。根据第 271 条第 1 款的兜底规定，买受人可以“立即”请求给付，此时也就是指送交买卖标的物。但这一规则很少能被适用，因为当事人在合同磋商的过程中大多数时候都会想到约定送交时间，因此，即使没有这类约定，或者该约定是以不特定的形式存在的，“从情事中推知出”——正如第 271 条第 1 款所表述的——送交时间也总是可能的。这就意味着，要通过（补充的）合同解释来查明当事人的意思，在此过程中，首要的就是要从“情事”中推知。

参见 MK-*Krüger* § 271 Rn. 5。《联合国国际货物销售合同公约》中的规定亦无不同，也就是说，若合同中缺少关于送交时间的约定，出卖人必须根据《公约》第 33（c）条“在订立合同后一段合理时间内交货”。这两个问题必须区分开：买受人从何时开始**能够**请求送交，即他的送交请求权已到期，以及出卖人从何时起**可以**送交，即他的送交义务是**可履行的**（erfüllbar）。对后一个问题，《公约》第 55 条第 1 款[①]有一个清楚的解决方案：据此，买受人可以自由决定其是否要收取出卖人在合同约定的日期*前*所送交的货物。相反，根据第 271 条第 2 款的规定，出卖人在“有疑义时”同样有权在到期前履行送交义务。然而对此通常会根据情事认为买受人在面对不合时宜的提前送交时——例如因为他的仓库或架子没有多余的地方存放货物，或者他与应当将货物运到其收货人处的承运人约定了一个更晚的装船日期——那么买受人可以拒收提前到达的货物，且并不违反他的收取义务（参见第 433 条第 2 款；边码 633 以下）。否则的话买受人就会因为拒收货物而不仅陷于受领迟延（其法律效果尤其被规定在第 300 条至第 304 条），而且会因为违反了收取货物的义务而承担第 280 条第 1 款和第 2 款以及第 286 条所规定的由其导致的延误损害的赔偿责任。 556

若合同中约定了确定的送交日期或特定的送交期限，那么一旦该日期或该期限经过，而出卖人未送交，那么买受人的送交请求权就已到期。 557

在这种情形中，出卖人就他的（已到期）送交义务已陷入**迟延**（Verzug），买受人无须再为此作出特别的催告（第 286 条第 2 款第 1 项：日期代人催告）。在迟延发生后，出卖人就要向买受人承担第 280 条第 1 款和第 2 款以及第 286 条所规定的延误损害的赔偿责任（边码 1148 以下）。若从当事人的约定中可以得出买卖标的物的准时送交是如此重要，以至于合同和该时点——一个被帝国法院常用的表述是（RGZ 51，347，348；RGZ 101，361，363；BGHZ 110，96）——**“共生死”**，那么当出卖人延误了送交日期时，他的责任会更重：这种情况即为**“定期行为”**（Fixgeschäft）。在定期行为中，虽然出卖人对固定期限有所延误，但买受人仍可要求出卖人履行其合同，即要求出卖人送交买卖标的物并请求其赔偿延误损害——只要这么做是符合买受人目的的；但是，他也可以解除整个合同（第 323 条第 1 款和第 2 款），为此，他无须等到为出卖人的事后补充送交设置履行期限。此外，第 325 条清楚地规定了，即便是他解除了合同，他也仍有权在不设置事后补充履行期限的情况下向出卖人请求代替给付的损害赔偿（第 281 条第 1 款和第 2 款）。在**“绝对** 558

① 原文如此，应为作者笔误。正确的条文应当是《公约》（CISG）第 52 条第 1 款，该款规定：“如果卖方在规定的日期前交付货物，买方可以收取货物，也可以拒绝收取货物。”——译者注

的定期行为”（absolutes Fixgeschäft）中，情况就更有所不同了：在这种情形中，遵守时间对于给付而言是如此得重要，以至于如果没有遵守时间的话就会被视为**给付不能**（unmöglich），因此就会出现第 275 条第 1 款所规定的情形。这就意味着，在这种情况下，买受人的解除权要根据第 326 条第 5 款、第 323 条进行判断，他的代替给付的损害赔偿请求权则要根据第 283 条、第 280 条第 1 款进行判断。尽管如此，“绝对的定期行为”在买卖合同中出现的非常少。即使是出卖人有义务“最晚在 12 月 15 日”把 100 棵“圣诞树”送到商人那里，他却有所延误，但送交义务也并不会因此而陷入“给付不能”，因为商人对此仍有利可图，即到 12 月 20 日之前出卖人还可以事后补充送交。但是当烘焙师不在 5 月 10 日把用糖衣写着“5 月 10 日生日快乐”的蛋糕送出去，那么情况就有所不同了。由于定作人在 5 月 10 日之后确实还是能吃到蛋糕，所以有些人就认为，烘焙师不应被视为给付不能，而应被视为可事后补充履行的（nachholbar），并且定作人应被赋予选择权，或者选择解除合同——这当然是无须设置补充履行期间的——或者/并且可以请求代替给付的损害赔偿。

559 总而言之，需要注意的是，只要不是另有约定，那么出卖人在送交日、在送交期到期前或者在经由“通知”而确定的时间点实施了合同约定的**送交行为**，他都算是遵守了送交时间。也就是说，在寄送之债中，出卖人有必要把货物及时地交给承运人——他所需要做的也仅仅是这样。因此，若合同约定的**结果**即买受人取得占有和所有权到了送交期之后才出现，也并不对出卖人造成影响。

560 经常会出现的情况是，虽然合同中说了送交时间，但却表达得不是很确定，导致买受人的送交请求权从何时开始才被视为到期这一点存有疑义。例如，合同中约定，应当“立即”“时间尽可能地短”“尽早”“尽可能地快”“最快”送交；或者是合同中虽然约定了送交期限，但却明显是“无约束力的”“可随时更改的”。这些情形要像合同就送交时间根本没约定过那样被对待：此时必须在考虑所有情事的前提下对合同进行解释，确定一个合适的、考虑到双方利益的期限；据此，出卖人必须在该期限内送交，买受人在该期限经过之后才可以主张出卖人陷入了迟延。就该期限的确定而言，重要的例如有：买卖标的物在出卖人的仓库里是否仍有库存，或者如果该物需要出卖人去购得、去制作、去寄送、去准备或是要从更远的仓库去取的话，通常需要花费多少时间。若买卖标的物必须要去获取或者在路上会碰到特别的送交障碍等情事是不能被买受人所知道的，那么只有当出卖人在合同磋商时已向买受人做过提示时，在确定期限的合理性时才能考虑这些情事。若买受人对迅速交付有特别利益时，以上规则亦予准用。

561 若合同中关于送交时间的约定是以**一般交易条款**的形式订入合同中的，则要适用另外的标准。例如，当顾客是第 13 条意义上的消费者，若出卖人（即一般交易条款的使用者）为送交买卖标的物所确定的期限是“不适当地长或不够特定的”

（第 308 条第 1 项），那么这类条款是不生效的。当送交期限的起始点或持续期是顾客难以精确获知的（例如“尽可能地快”），该送交期限即为**“不够特定的”**。而**“不适当地长”**则例如，买受人应受自己就购买新建住房所发要约的约束长达近 5 个月（BGH NJW 2010，2873）；再如，某送交期限允许家具商在超过约定的送交日之后的 3 个月内完成交付（BGH NJW 1983，1320）。若出卖人必须自己承担自行送交的延误风险，那么他就不能简单地通过一般交易条款将该风险转嫁到买受人头上；相反，他应该通过个别约定的方式来确定一个相对合适的送交期。由于顾客也许是不能参与到一般交易条款的拟定过程中的，而且他也不能选择更具给付能力的送货商（即送货更快的送货商），因此竞争法的思想在此是适用的。同样参见 BGH NJW 1984，2468 以及 MK-*Wurmnest* § 308 Nr. 1 Rn. 12 ff. 。

3. 其他关于送交义务的约定。除了送交地点和送交时间，当事人可以就送交 *562*
义务的其他方面作出约定。对此，《民法典》恰好能提供帮助，因为它作了一些规定。据此，当缺少约定导致合同出现漏洞时，这些规定能够进行填补；或者当约定不完整时，这些规则可以对此进行补充。

例如，当事人可以约定出卖人应提供**分期给付**（Teilleistungen），即出卖人需 *563*
要将分成不同部分的货物（分期）送交，以履行其送交义务。属于这种情况的特别是**连续供应合同**（Sukzessivlieferungsvertrag）。在这种类型的合同中，供应总量或者是确定的，需要——通常是根据买受人的“通知”——分批供应（**分期供应合同**）；或者是不确定的，但出卖人有义务根据买受人的需要、在特定的时间段或在不特定的时间向买受人分批供应（**采购合同或供应合同**）。例如，当啤酒厂与旅店主人达成合意，每个月给他供应一次啤酒，供应量是根据旅店主人“通知”啤酒厂其所需要的量。但是，当合同中缺少关于对分批供应的约定，而出卖人只交付了约定的 500 袋水泥中的 350 袋，那又该如何处理呢？根据第 266 条这一兜底规定，出卖人无权进行分批供应，这样一来，理应就可以避免出卖人“肢解”其送交义务从而给买受人造成额外费用的风险。然而，当根据具体情形买受人并不会产生此种额外费用，或者交付买受人的部分供应仅仅是少于合同约定量的一点点——例如出卖人由于疏忽只装了 490 袋——那么就不适用第 266 条。如何得出这一点？可以通过对合同的补充性解释（上文边码 68 以下）来查明当事人的合意：根据该合意，一定数量的分批供应是被准许的。同样，也可以通过这种方式：根据第 266 条，买受人虽然有拒绝分批供应的权利，但在具体的情事中行使该权利有可能会违反诚信原则，因此拒绝是不被准许的。在这种情况下，买受人若是拒绝就会同时陷入受领迟延和债务人迟延。对此参见边码 633 以下、1128 以下。

其他关于出卖人送交义务的任意性规定很少有实践意义，因此在这里就不再详 *564*
述了。属于这类情形的例如有，为**选择之债**（Wahlschuld）而规定的第 262 条以下。例如，若 15 000 千克的油以这种方式卖出，即出卖人或（更常见的是）买受人可以选择，出卖人应供应多少数量的润滑油、齿轮油或液压油（参见BGH NJW 1960，674）。若当事人约定，出卖人应当向第三人、而非买受人进行供应，那么根据第328条以下，在一定情事下这可能会是一个**为第三人利益的合同**（参见边码1199以下）。

（二）转移所有权、转移权利

565 1. 物的买卖。若买卖的是物，则出卖人单纯地将该物交付（或送交）尚不能完全履行买卖合同中的义务。他还必须使买受人取得对该物的所有权（参见第433条第1款第1句）。如何才能转移所有权？这被规定在《民法典》的“物权编”中。若涉及的是**动产**，则起决定性的是第929条以下。根据这些规定，出卖人与买受人达成合意向其转移所有权以履行他的转移所有权义务（第929条第1句）。此外，他还必须把该物交付给买受人，或者根据第930条和第931条与买受人约定“代替交付的方式”（Übergabesurrogat）。

566 对所有权的取得而言，第929条第1句规定了出卖人和买受人应就所有权转移达成合意，即相互之间订立一个“物权合同”，该合同唯一的内容就是“转移所有权”。这一“物权合同”要与买卖合同相区分：买卖合同只是为出卖人创设了所有权转移的义务，而订立物权合同则是在履行该义务，即把所有权转移给买受人。未受过法律训练的门外汉会觉得这一人为的区分过于烦琐，甚至当有些法律人回忆起以下结论时，也会有惊讶的反应：某人在商店里买了一个东西，接过它并付了钱，这个过程中，他不仅订立了一个买卖合同，而且订立了另外两个物权合同（其中一个是为了转移纸币或硬币的所有权、另一个是为了转移买卖标的物的所有权）。当然，通常来说可以认为，在订立买卖合同或交付买卖标的物和现金时，当事人通过默示的意思表示达成了必要的物权合意——即便是他们既没说话、也未曾想到过这一点。

567 同样不要忘记的是这一区分：买卖合同是**“负担行为”**（Verpflichtungsgeschäft），物权合同是**“履行行为”**（Erfüllungsgeschäft）。因为这两个行为不仅相互区分或“分离”（因此称之为“分离原则”），而且物权合同的效力也并不取决于——或者说是“抽象于”——买卖合同的效力（因此称之为“抽象原则”）。从**分离原则**（Trennungsprinzip）中可以得出结论，即买卖合同的订立对于买卖标的物的所有权而言并无影响。也就是说，买受人虽然可以通过买卖合同取得对所有权转移的请求权，但并不能直接取得所有权；因此要避免这样说：“因为某人买了一个东西，所以他就成了所有权人。”从**抽象原则**（Abstraktionsprinzip）中可以得出结论：买受人通过有效的物权合同加上交付给他的买卖标的物，一定能够取得对该物的所有权，即便后来买卖合同自始无效、被撤销或者由于其他原因变得无效。因此，下面这句话同样犯了一个严重的专业性错误：“由于买卖合同因错误被撤销因此自始无效了，所以某人就不能取得对交付给他的物的所有权。”

若买卖的是**土地**，则要适用第 873 条：据此，买受人若要取得土地的所有权，就要满足两个要件：第一，当事人必须就所有权转移达成合意。也就是说，这里同样必须有一个物权合同，这一土地所有权转移的合意被称为“Auflassung”。根据第 925 条第 1 款（就跟第 311 b 条中的买卖合同一样），该合意需要做成公证证书才是有效的。当然，仅仅有做成公证证书的合意还不足以转移土地的所有权，买受人取得土地所有权的第二个要件是，他已经作为所有权人被登记到不动产登记簿里。 568

决定所有权转移的物权法规定虽然是强制性的，但它也允许当事人在一定范围内作出约定，例如以何种形式来交付：是采取第 929 条的“交付”还是其他“代替交付的方式”。同样，当事人也可以作出有利于出卖人的所有权保留的约定。当出卖人立即将买卖标的物交付给买受人，但买受人之后才能向他支付买卖价款时，所有权保留对出卖人就是有利的。若在这种情形中约定了所有权保留，那么根据第 449 条第 1 款，有疑义时，必须认为出卖人虽然已在交付买卖标的物时就与买受人达成所有权转移的合意，但只有当停止条件成就即买受人完整地支付了买卖价款时，物权合同才开始有法律效力。也就是说，买受人在取得该物之后只是获得了在经济上使用它的可能性（参见第 446 条第 1 款第 2 句），而并未取得对它的所有权；他取得的只是一个法律上受保护的地位，该地位被称为**“期待权”**（Anwartschaftsrecht）。说他在法律上受保护是因为，第一，他最终取得所有权不再取决于出卖人的任何意志或出卖人为订立物权合同所做的准备，而仅仅取决于他自己是否完整地支付买卖价款。第二，从另一个方面看，若出卖人——依仗自己仍享有所有权——在条件未成就期间与第三人达成转让该物所有权的合意或将该物出质给第三人，出卖人的债权人在该物被强制执行的过程中将其扣押，又或者破产管理人试图为了出卖人的债权人的利益而将该物变价出售，都不能对买受人造成不利：根据第 161 条第 1 款，所有这些处分行为对买受人都会在这一刻失去效力，即买受人完整地支付了买卖价款因而使条件成就——此时，该物的所有权转移给了买受人。若买受人迟延支付买卖价款，则出卖人可以根据第 323 条解除合同，并向买受人请求返还一直属于自己所有的买卖标的物。若这一买卖合同涉及的是与消费者订立的分期付款交易，那么经营者只有在消费者未付款的金额达到特定的最低数额时才能被准许解除合同（第 508 条第 2 款第 1 句、第 498 条第 1 款）。 569

第 449 条第 1 款所规定的所有权保留考虑的是当事人在此种情形下的利益，即买受人希望在条件未成就期间保持对买卖标的物的占有，并对其进行经济上的利用。但是，当这个前提并不满足时，例如因为买受人是经营者，而且他在支付完买卖价款并取得所有权之前又将该物转卖给顾客并与其达成转移所有权的合意——对此出卖人是知道并同意的——那么该如何呢？此外，若买受人是建筑工程承揽人或 570

生产商（Fabrikant），他们想在建造大楼或生产机器时将这些卖给他们并已运过来的、尽管还未支付价款的买卖标的物——例如水泥或开关元件——投入使用，那么根据第946条和第950条，其法律效果就是出卖人有失去他所保留的所有权的风险。为了预防这一风险，法律实践发展出了一类合同条款，根据这类条款，第449条第1款中所规定的“简单的所有权保留”被改造成**“延长的所有权保留”**（verlängerte Eingentumsvorbehalt）。据此，出卖人授权买受人可以将尚未支付买卖价款的买卖标的物通过正常的交易途径转移给其顾客（第185条第1款）。同时，当事人还约定，为了对出卖人进行担保，买受人现在——也就是提前——将其未来对顾客享有的买卖价款债权让与出卖人。若买受人是建筑工程承揽人，那么他将要自己对定作人的承揽报酬请求权提前让与给出卖人；若买受人是生产商，那么根据判例，当事人可以通过约定“加工条款”达到这一目的，即“为了”出卖人的利益而对该买卖标的物进行加工，因此出卖人相对于第三人而言就被视为第950条意义上的“制作者”（Hersteller），因此能（按份）取得对被制作之物的所有权。参见边码1232，更详细的论述请参见物权法、尤其是担保法领域的文献。

571 若在土地买卖合同中约定，买受人可以在之后——也许还是分很多期的——支付买卖价款，那么出卖人就不能通过所有权保留来获得担保。因为这样一来就会使土地所有权转移的合意（Auflassung）以完整支付买卖价款为停止条件。而根据第925条第2款这一强制性规定，附条件的土地所有权转移合意是不生效的（unwirksam）。当然，出卖人可以通过其他方式来获得担保。例如他可以要求买受人为其尚未支付的买卖价款提供不动产担保物权（如土地债务或抵押权）。在这种情况下，土地登记簿里会同时登记着作为新所有权人的买受人以及作为不动产担保物权人的出卖人。若买受人不支付余下的买卖价款，则出卖人可以根据第323条解除合同；或者，他还可以不解除合同，而是根据不动产担保物权启动对土地的强制执行程序（第1147条），该程序通常是采用强制拍卖的途径实现的（《民事诉讼法》第866条），其法律效果是，出卖人可以从拍卖所得价款中获得对剩余买卖价款债权的清偿。

572 2. 权利以及其他标的的买卖。若买卖的是权利或其他标的，则应当准用关于物的买卖的规定（第453条）。这意味着，出卖人要通过将出卖的权利转移给买受人的方式去履行他在买卖合同中的义务，也就是使买受人成为权利人。为履行该义务，出卖人应当按照此种权利如何转移的规定去做。若买卖的权利是出卖人对第三人享有的债权，则它需要通过债权让与来转移，也就是说根据第398条，出卖人要与买受人订立一个合同，其内容不是别的，而是关于“从此刻起买受人应代替作为旧债权人的出卖人成为新债权人”的合意（参见边码1215）。该合同同样是一个物权合同，必须要与买卖合同相区分。通常来说，我们可以认为在买卖合同订立时，当事人同时也以默示的方式订立了为履行该买卖合同所必需的债权让与合同（边码

567、1219、1220)。

根据第 413 条，关于债权让与的规定（第 398 条以下）应准用于“其他权利”(andere Rechte) 的转让。然而，大多数“其他权利”的转让依据的是特殊的规定，这些特殊规定要优先于第 398 条以下进行适用。例如，股东对有限责任公司所享有的成员权的转让，要优先适用《有限责任公司法》第 15 条；专利权的转让要优先适用《专利法》第 15 条；商标权的转让要优先适用《商标法》第 27 条。若买受人在所有权保留的情况下取得了对物的占有，并将期待权出卖，那么关于期待权的转让就要适用第 929 条以下：期待权的出卖人与期待权的买受人之间达成关于期待权转移的合意，并且出卖人将期待权所涉之物交付给买受人或者与买受人约定代替交付的方式，通过以上方式，出卖人履行了他在买卖期待权合同中的义务（参见 BGHZ 28，16，21 f.)。 573

第 453 条同样适用于买卖“其他标的”(sonstige Gegenstände)。若买卖的是未获专利的发明、商业秘密、商业创意、中奖机会或者专有技术，那么出卖人就必须向买受人告知信息或向其交付文件、结构图、设计图、彩票等，因为买受人需要这些东西以便从买卖的标的中获得为其所期待的用益。 574

“其他标的”同样也可以是企业。**企业买卖**有两条不同的途径：第一条途径是，企业“承担者”(Träger) 将其卖出，也就是说，企业是被作为企业唯一所有人的个体商人或者被经营企业的合伙或公司卖出。在此，买卖的是企业资产 (assets)，该资产作为一个整体构成了该企业。在这种买卖合同中——用行话来说通常是**“资产买卖”**(assets deal) ——出卖人虽然有义务转让整个企业，但他履行该合同的方式却是，将每一个属于企业财产的标的都根据其所适用的法律规定转让给买受人：例如根据第 873 条和第 925 条转让土地、根据第 929 条以下转让动产、根据第 398 条转让其对企业客户的债权以及根据为保护工业产权所制定的特殊规定转移其权利，等等。也就是说，此时涉及的是这样一个买卖合同：买卖标的既是物、也是权利和“其他标的”。第二条途径是只有当企业承担者是一个合伙或一家公司（例如一家有限责任公司或一家股份有限公司）时才有可能的：在这种情形中，企业可以通过这种方式转让给买受人，即组织成员 (Gesellschafter) 将其全部份额 (shares) 都卖给买受人。在这种**“份额买卖”**(share deal) 中，买卖标的仅仅是成员在组织体中的份额 (Gesellschaftsanteile)，因此，此时涉及的是纯粹的权利买卖 (Rechtskauf)。例如，若被卖出的企业是有限责任公司的形式，那么当该有限责任公司自己作为出卖人——由其业务执行人来代表——将全部属于公司资产的标的都卖给买受人时，就是“资产买卖”；而在“份额买卖”中，有限责任公司的股东 (GmbH-Gesellschafter) 是出卖人，他们卖的是自己在公司中享有的股份。 575

（三）无瑕疵的给付

根据第 433 条第 2 款，出卖人有义务“使买受人取得没有物的瑕疵和权利瑕疵的 576

物”。这就意味着，出卖人必须向买受人送交“符合合同约定”特性的物，或者——像《联合国国际货物销售合同公约》第 36 条第 1 款[①]中所表述的那样——“符合合同规定”的特定的物。若该物缺少此种特性，那么它就存在第 434 条所规定的“物的瑕疵”或者第 435 条所规定的“权利瑕疵”。若买卖的标的不是物，而是权利或其他标的，那么根据第 453 条第 1 款，这些规定也要予以准用。

577 1. 物的瑕疵。若买卖标的物的“事实特性”（Istbeschaffenheit）与其“应有特性”（Sollbeschaffenheit）不符且对买受人造成不利，那么就存在物的瑕疵。“事实特性”指的是出卖人为履行合同而向买受人提供的、买受人从出卖人处受领的作为履行合同之物在事实上所拥有的性质。若物的事实特性和其应有特性存在差异，且该差异对买受人来说是不利的，那么他就可以通过几种不同的方式来应对。首先，他可以拒收这一向其提供的有瑕疵的物，并向出卖人主张**履行合同**，即要求其送交无瑕疵的物。若出卖人就其送交无瑕疵的物的义务已陷入迟延，则买受人除了这一履行请求权外还可以向出卖人请求延误损害的赔偿（第 280 条第 1 款和第 2 款、第 286 条）。此外，当出卖人认为买受人无权拒收买卖标的物并诉请其支付买卖价款时，买受人还可以根据第 320 条所规定的**“未履行合同的抗辩权”**来进行抗辩（边码 897 以下）。但是，若买受人（没有拒收，而是）已经将有瑕疵的物**作为履行而受领了**，那么情况就有所不同了。他这么做，通常是因为他在受领时以为该物是没有瑕疵的，但后来才发现了瑕疵；若他在受领时发现了物的瑕疵却仍然受领，他的权利亦不会受到影响，除非他**在合同订立时**已经知道了该瑕疵（第 442 条）。若买受人受领了该物，但该物却有瑕疵，那么此时他就享有第 437 条所列举的权利和请求权。也就是说，他尤其可以请求**事后补充履行**（Nacherfüllung），即根据他的选择，或者请求出卖人送交没有瑕疵的物，或者请求出卖人去除瑕疵（第 437 条第 1 项、第 439 条）。此外，在特定条件下，买受人也可以——特别是当他为事后补充履行所设定的期间经过却仍无效果时——**解除**（zurücktreten）买卖合同或**减少**（mindern）买卖价款（第 437 条第 2 项）。最后，他还可以请求**损害赔偿**（第 437 条第 3 项）。另外，若出卖人不根据第 439 条进行“事后补充履行”，即去除送交之物的瑕疵或送交无瑕疵的替代物，那么买受人同样可以针对出卖人的买卖价款之诉主张第 320 条中的抗辩权。

578 买卖标的物的应有特性要如何确定呢？为此，第 434 条（承揽合同中的类似规定是第 633 条第 2 款）设置了一把用于审查的“梯子”。在这个梯子中，法律预先规定了三个“梯级”，只有在审查完优先一级的标准后仍无法确定应有特性时，才能根据下一级的标准进行审查。根据第 434 条第 1 款第 1 句[②]，首要的标准——也

① 原文如此，作者该处实为笔误。正确的条文应当是《公约》第 35 条第 1 款，该款规定：“卖方交付的货物必须与合同规定的数量、质量和规格相符，并须按照合同所规定的方式装箱或包装。”——译者注

② 根据最新修订的现行《德国民法典》，与该句类似的内容被规定在第 434 条第 2 款第 1 句第 1 项。——译者注

就是第一步——是**“约定的特性”**，即当事人就买卖标的物的种类、质量和性质在合同中所做的约定。换句话说，重要的是当事人的意思；因此有时人们把这个标准叫做“主观的瑕疵概念”（subjektiver Fehlerbegriff）。当事人想要什么，可以从书面的明示约定中得出；只要买卖合同没有例外地被要求具备特殊形式（正如第311 b条所规定的），那么亦可从口头的约定中得出。偶尔还会出现这种情况，即当事人的意思不是通过言语或书写，而是“默示”（konkludent），也就是通过一定的行为来表达的，那么可以根据情事推知当事人某个特定的共同意思。买卖标的物的特性必须是“约定的”，这并不意味着当事人双方都必须要为此共同作出行为，例如，即使出卖人在合同磋商过程中以特定的方式描述了他要卖的物的性质，而买受人对此并未说过什么话就决定要购买，我们也可以马上就认定，出卖人的表示已被当事人作为关于特性的约定而订入了合同。

关于特性的约定，大多数时候都会涉及买卖标的物的特定物理特征，例如土地的面积，货船的航行速度或载重量，汽车的燃油消耗、马力数、维修保养状态或装配，吊车的起重力，机器的功率，等等。 579

有时，关于特性的约定会用惯用语来表达，要对此进行解释（上文边码63以下）才能知道其具体意思。例如，某人买了一辆二手车，该车被商家描述为**“已经车厂检验”**，那么被约定的内容是，这辆车必须具备这样的性质，就好像它“在一个为此而准备的车厂里经过了详细的外部检验——该检验是专业人员在运用了为此而普遍使用的技术手段（如升降架、制动试验台）下进行的——因此可通过此种检查发现的瑕疵已经被消除”（BGHZ 87，302，307）一样。若机动车卖出时写着**“可供驾驶的”**，那么它就不应有如此严重的瑕疵，以至于在技术监督协会质检的过程中（《道路交通许可法》第29条）被归入“交通不安全的”类别（BGHZ 122，256，261）。若买受人购买了一台**“经过彻底检修的”**打印机，那么就视为双方已约定，打印机不仅要运行良好，而且要处于这一状态，就像它所有出现磨损痕迹的零件都已被修复好或被修理成具备接近新零件的性能一样（BGHZ 128，307，310）。 580

当事人也可以将与买卖标的物的特定物理性质没有直接关系、但是有法律上或经济上关系的特征作为特性约定的对象，这些特征需要和它们周围的环境相适应，且对于使用买卖标的物而言是很重要的。例如，土地所具有的可建造房屋的属性、某楼房不具备合同所约定的可眺望属性、约定好的租金金额、购买的饭店所能带来的啤酒营业额等。当事人还可以约定，卖出的机器要跟买受人处的电流强度和电压强度相匹配、根据测量可以放进买受人的工厂车间或者可以安装在买受人已有的机器设备上，等等。 581

如果当事人没有关于特定属性的约定，那么这一性质就要从第二步的审查中得出，即当事人所认为的买卖标的物的特定**用途**是什么。在这种情况下，当该物是 582

“适合于合同预定的用途”的，那么它就“没有物的瑕疵”（第 434 条第 1 款第 2 句第 1 项[①]），也就是说，如果没有这一特性，该物就不适合于该用途。例如，若买卖合同（根据第 311 b 条还须做成公证证书）中约定的土地上建的是“住房”，那么如果房子里没有供暖设备或没有电网，那么这块土地就是有瑕疵的。因为这样的话——至少在阿尔卑斯山北部——它就不能被用作“住房”。同样存在瑕疵的情形有：虽然买卖的住房是适合居住的，但却因缺少建筑许可而不被允许居住（参见 BGHZ 114，260）；房屋的建筑立面中安装了石棉水泥板，因此会存在买受人在装修过程中被排出的石棉粉末损害健康的风险（BGHZ 180，205）。虽然买卖标的物本身没有瑕疵，但一般的买受人只有在产品手册的帮助下才能正确地使用该物，而当该产品手册却没有和该物一起交付、手册的内容存在漏洞或是让人难以理解时，该物就同样不适合于合同预定的用途。

583 若某人在购买时已经向出卖人说明，他想要到野外去使用橡皮艇，那么该橡皮艇就必须拥有适合于这一用途的性质。若作为专卖店老板的出卖人向顾客卖出该极限运动装备，并且也能够让顾客从他这里获知其所必需的专业技能——用以认清为该用途所购得的运动装备应当满足怎样的要求——那么这就是合适的。但是当买受人是从旧货商或私人那里购买该橡皮艇时，就要做不同的判断了。虽然买受人向出卖人指明了计划的用途，但是当出卖人缺少专业知识——而缺少该知识他就不知道指明该用途有何意义——并且买受人根据情事知道或应当知道这一点的，那么这一用途就不能订入合同，因而也不能被视为“合同预定的”用途（《联合国国际货物销售合同公约》第 35 条第 2 b 款对此作了明确规定）。

584 若既缺少关于特性的合同约定，又不能从合同预定的用途中推知此种属性，又该如何确定买卖标的物的应有特性呢？在这种情况下，买卖合同就存在漏洞。如何填补该漏洞，被规定在第 433 条第 1 款第 2 句第 2 项[②]，这也是审查的第三步：据此，若买卖标的物不适合于**“惯常的用途”**，并且不具有同种类的物**“通常”**所具有的、买受人可以**期待该种类的物**所拥有的特性，那么该物就被视为有瑕疵。此处的关键不在于买受人在具体情形中所期待的特性，而是购买同种类的物的一般水平的理性买受人通常所期待的特性。

584 a 在两个极富启发的判决中（BGH NJW 2008，53 和 1517），一辆卖出的二手车在交付买受人之后被发现是“事故车”，也就是之前遭受过事故损害的车，因而即使该损害已通过正规方式去除，其商业价值也要比同种类“无事故的”车更低。因为许多顾客会担心，“事故车”可能还会有隐藏的损害或者是之后更容易遭受损害。

① 根据最新修订的现行《德国民法典》，与该项类似的内容被规定在第 434 条第 2 款第 1 句第 2 项。——译者注

② 原文如此，应为作者笔误，正确的条文应当是“第 434 条第 1 款第 2 句第 2 项”。根据最新修订的现行《德国民法典》，与该项类似的内容被规定在第 434 条第 3 款第 1 句第 1 项和第 2 项 a。——译者注

因此，联邦普通法院认定，事故车缺少第 434 条第 1 款第 2 句第 2 项[①]所规定的特性。然而，若事故只是造成了微小损害，或者卖出的二手车如此老旧或质量如此之差，以至于之前遭受的事故对其价值评估几乎没有造成影响，那么就要作出不同判断了。与此不同的是，用了 4 年以上的二手车被彻底地重新喷漆，联邦普通法院作出了不同判决（BGHZ 181，170）。只要没有明示或默示地约定必须要有原始喷漆，那么这样的车就应被视为没有瑕疵，即使一般水平的买受人——跟"事故车"的情况完全类似——会担心，重新喷漆不仅会遮蔽更细微的涂膜损伤，而且会"涂覆"（kaschieren）大面积的车身锈蚀。

最后，若买卖标的物缺少**生产商**（有时同时也是出卖人自己）在**公开表示**中所指明的、买受人因此所能期待的性质的，该物同样存在瑕疵（详请参见第 434 条第 1 款第 3 句[②]）。 584 b

例如，若手表生产商在广告中声称，他生产的手表在 25 米深的水里也是防水的，那么，当买受人在没到 25 米的水里就发现该手表不防水时，他就可以向出卖人主张物的瑕疵，即使这一防水的属性既没有在买卖合同中约定、也不能从合同预定的用途或同种类手表惯常的用途中得出。虽然出卖人可以通过证明他不知道或不应当知道该广告来对此严格责任进行抗辩，但是这一证明只能由作为私人的出卖人（privater Verkäufer）提出。 585

若买卖标的物在合同订立时没有瑕疵，但后来才出现瑕疵——例如因为它在出卖人的仓库里或在运往买受人的途中腐烂或损坏——那么要问的就是，该物必须**在哪个时间点**没有瑕疵。根据第 433 条第 1 款第 1 句，要以风险转移的时间点为判断标准（对此请参见边码 835 以下更详细的论述），也就是根据第 446 条，在买卖标的物**交付**给买受人——或经买受人同意的第三人——之时。若买卖标的物在这个时间点没有瑕疵，而是在此之后才出现瑕疵，且出卖人对后来出现的瑕疵无须负责，那么他就不承担瑕疵责任。但并不少见的是，物的瑕疵在风险转移之前就已经存在，只是在这个时间点仍是隐蔽的，直到后来才显现出来或是可被发现的：滑雪板带的瑕疵要到冬天开始使用时才是可被发现的，但这一瑕疵却是夏天卖出滑雪板并交付给买受人时就已经存在的。 586

在寄送买卖中，风险转移的关键时点是，出卖人把买卖标的物交付给承运人（第 447 条）。但要注意的是，当买受人是第 13 条意义上的消费者时，第 447 条是不能适用的（第 474 条第 2 款）。例如，在伍珀塔尔的某人向在多特蒙德的经营者订购了一个警报装置，并请求该经营者将其寄送到他在伍珀塔尔的住址。若该装置 587

---

① 根据最新修订的现行《德国民法典》，与该项类似的内容被规定在第 434 条第 3 款第 1 句第 1 项和第 2 项 a。——译者注

② 根据最新修订的现行《德国民法典》，与该句类似的内容被规定在第 434 条第 3 款第 1 句第 2 项 b 和第 2 句。——译者注

在运输途中损坏，且出卖人对此无须负责，那么当买受人是第 14 条意义上的经营者时，他就不享有物的瑕疵请求权，因为该装置在交付给承运人的时点还是正常的。但是当买受人是消费者时，情况就不同了。因为此时即使他让出卖人寄送买卖标的物，无瑕疵的属性也要以他取得对该物的占有之时为判断时点；而该物在伍珀塔尔交付时，该装置是有瑕疵的（同样参见边码 842 a）。

588 若在诉讼程序的最后仍无法确定买卖标的物是在哪个关键时点出现瑕疵的，又该怎么办呢？这样的话，对这一问题承担**举证责任**的一方就要败诉了。若买受人拒收买卖标的物，也就是拒绝接受履行，而出卖人声称他已经向买受人提供了符合合同约定特性的物了，并主张买受人受领迟延或债务人迟延（边码 633 以下）的请求权，那么举证责任就在**出卖人这一方**。相反，若买受人已将该物作为履行而受领，但此时却因它在风险转移前存在瑕疵而向出卖人请求事后补充履行（第 437 条第 1 项、第 439 条），即去除物的瑕疵或送交无瑕疵的物，那么举证责任就在**买受人这一方**。这一关于举证责任分配的规则是从第 363 条中得出的，即使该条并未明确提及无瑕疵的给付这种情况（参见 BGH NJW 1985，2328，2329）。

589 此时，若买受人是消费者，他同样受到优待，因为第 476 条[①]规定了一个有利于他的**推定**（Vermutung）：若瑕疵是在风险转移后的 6 个月内出现的，推定该瑕疵在风险转移之时就已经存在。典型的情形是，卖出的二手车在交付后的 6 个月内出现了发动机损坏，其原因是气缸盖密封垫已损坏。

590 但有争议的是，在这种情况下，有利于买受人的推定的内容是什么？根据联邦普通法院的观点，被推定的仅仅是具体的瑕疵——此处即为损坏了的密封垫——在交付汽车时就已经存在（参见 BGHZ 159，215，218；BGH NJW 2005，3490，3492；BGH NJW 2007，2621）。从该观点中可以得出这一结论：出卖人只要证明这一瑕疵在交付时是不存在的，他就可以推翻第 476 条[②]中的推定。相反，在文献中普遍认为，该推定涉及的范围更广，即它还包括了对在交付时会导致发动机损坏的任何一种瑕疵的推定——即使是“潜伏的”基础瑕疵（持此观点的例如有 *Bamberger/Roth/Faust* § 476 Rn. 8 ff.；*Medicus/Lorenz* SchR BT Rn. 243 f.）。然而，当这一推定，即推定该物在交付时就已存在瑕疵，“与物或瑕疵的种类相抵触的”，那么第 476 条对买受人来说也是没有用的。这里的关键是，是否存在经验规律以支持这一事实，即根据情事，某一具体的瑕疵是不可能归因于交付时就已存在的瑕疵的。例如，买受人抱怨买到的二手车在挡泥板上有道划痕，但他却没有任何异议地受领了这辆车——在交付时出现的划痕对于任何一个非专业的买受人来说都是那么得显眼（BGH NJW 2005，3490，3492）。但是，当瑕疵是在交付二手车时就已经

① 根据最新修订的现行《德国民法典》，该条的序号被改为第 477 条。——译者注
② 根据最新修订的现行《德国民法典》，该条的序号被改为第 477 条。——译者注

存在抑或也许是在之后才产生的（例如因为买受人的驾驶失误或保养失误、发生事故或是承揽人的维修失误）是有疑义的，那么情况就有所不同了。若卖出的动物在交付后的3个月后被诊断出有传染病，那么当该病的潜伏期至少是2个月、最多是4个月时——这样的话它在交付前还是交付后受传染才是不确定的——对买受人有利的第476条才能适用（参见BGH NJW 2007，2619）。若用了15年之久的二手车在交付后的第3个月出现了驱动装置损坏，那么第476条就不能适用了。因为其前提是，买受人要能证明驱动装置损坏可以归因于车的某个瑕疵。但是在这么一辆旧车中，损坏不是由于*某个瑕疵*，而是由车的普遍老化磨损所导致的。

经常会出现的情况是，出卖人为买卖标的物的无瑕疵做了**担保**（Garantie）：在合同磋商的过程中，他在宣传材料（产品手册、报刊广告等）里作出了相应的表示，而买受人也对此表示同意（第151条），因而当事人就在合同中**约定了担保**。可以从第443条中得出的结论是，担保的目的在于，在买卖标的物出现瑕疵的情况下，买受人除了法定的救济方式（第437条、第438条）外，还可以根据担保约定享有请求权。由于根据第443条，决定这一请求权的种类和范围的是（经正确解释的）担保约定，那么很明显也会出现这种情况，即这种约定也会在买受人和第三人（特别是生产商）之间存在，例如因为买受人受领了生产商随买卖标的物一起送出的“担保卡”，并对其中的担保要约作出了承诺（第151条）。从第443条中至少可以看出，特性担保（Beschaffenheitsgarantie）和耐久性担保（Haltbarkeitsgarantie）是必须要区分的。若出卖人（或其他担保人）担保买卖标的物在风险转移时没有瑕疵，那么这就是**特性担保**；根据这种担保尤其能得出：即使出卖人对瑕疵没有过错，他也要对因瑕疵而产生的代替给付的损害赔偿承担责任（参见边码1109以下）。若瑕疵是在风险转移后、但却在担保期到期前出现的，**耐久性担保**仍赋予买受人瑕疵担保请求权。在这种情形中，只要该担保中没有另作约定，就要认定担保期要从买卖标的物的送出时起算：若买受人在担保期到期前发现瑕疵，他就可以根据第437条在满足其中要件的前提下享有法律救济；该瑕疵请求权的消灭时效从发现瑕疵时起算，其余则要根据第438条进行判断（对此请详细参见*Faust*在*Bamberger/Roth* § 434 Rn. 28 ff. 的论述）。 591

根据第434条第2款[①]，若出卖人有安装的义务，那么虽然买卖标的物在交付给买受人时没有瑕疵，但他或他的履行辅助人如果不当地进行了安装，该物就仍存在瑕疵。若必要的安装是要由买受人自己来进行的，而出卖人为此所附送的安装说明书却是有瑕疵的——例如它不是用德语写的或是用难以理解的语言写的，或者对一般水平的买受人提出了过高的技术能力要求——那么也同样存在物的瑕疵。 592

若出卖人送交的并非买卖之物，而是**“另一种物”**（**错误送交、另物送交**），那 593

① 根据最新修订的现行《德国民法典》，与该款类似的内容被规定在第434条第4款。——译者注

么根据第 434 条第 3 款[①]，在这种情况下也要将送交之物当作有瑕疵一样对待。也就是说，有瑕疵的给付和错误送交要同等对待。因此，若买受人买了 600 千克 A 品种的菜豆，那么送到他这里的是 600 千克 B 品种的菜豆还是 600 千克的扁豆就是没有区别的：在这两种情形中都存在物的瑕疵。虽然买受人在这两种情况下都可以立即拒收不符合合同约定的货物，并向出卖人主张履行合同或因未履行合同所产生的请求权。但一旦他受领了该货物，而到了之后才发现该菜豆是低于市场价值的，或者送过来的不是菜豆而是扁豆，那么在这两种情况下他都可以主张第 437 条所规定的请求权。当涉及的不是特定数量的菜豆、扁豆或是其他的种类物（边码 791 以下），而是仅此一个的特定物，亦同。例如，若某人在出卖人的商店里选定了一条地毯并买下，后来才发现送到他这里的、被他作为合同履行而受领的地毯完全是另一条地毯。

594 将瑕疵给付与另物送交（aliud-Lieferung）同等对待是在债法现代化的过程中才写进《民法典》的，读者初看上去可能会觉得很奇怪：真的可以把扁豆视为“有瑕疵的菜豆”吗？但将两者同等对待有其很好的理由：经验已经证明，一定要区分这两类货物——第一类货物属于买卖合同所涉及的货物种类，且出现瑕疵；第二类货物属于另一个种类因而是“另物”（aliud），因此买受人享有的是履行合同和因不履行合同的请求权（而不是因物的瑕疵而产生的请求权）——这样的做法过于拘泥于细节。例如，买受人买的是“特制上等葡萄酒”，但送到他这里的却是掺了乙二醇的酒，那么根据改革前的《民法典》，如果该酒在掺进乙二醇之前就已经是“特制上等的”，而掺了乙二醇之后才变成看起来“更好的”葡萄酒的话，那么该酒才算是“有瑕疵的”；相反，若掺进乙二醇之后它才具有“特制上等的”性质，该酒就是“另物”（BGH NJW 1989，218 就是这样判的）。若在一个案件中，当事人的利益状态是完全不同的话，那么这种钻牛角尖的处理方式就会显得更加烦琐了。但改革后就不存在这种情况了，因为买受人在这两种情况下所收到的货物的事实特性都与合同约定的应有特性不符，且对买受人造成了不利。

595 若出卖人送交的物**少于**合同约定的数量（**过少送交、缺额送交**），那么根据第 434 条第 3 款[②]，这种情形同样要跟瑕疵送交同等对待。在这种情况下，买受人同样享有第 437 条所规定的权利。尤其是当他已受领了部分给付时，他可以根据第 437 条第 1 项和第 439 条请求出卖人送交剩余数量作为事后补充履行（边码 759 以下）。若买受人知道送交给他的货物只是部分数额时，他对此可以拒收（上文边码 563），并且可以向出卖人主张履行合同，也就是请求其送交约定的总额。

596 若买卖的不是物而是**权利**，则要准用第 434 条（第 453 条第 1 款）。也就是说，

---

① 根据最新修订的现行《德国民法典》，与该款类似的内容被规定在第 434 条第 5 款。——译者注

② 根据最新修订的现行《德国民法典》，与该句类似的内容被规定在第 434 条第 2 款第 2 句。——译者注

当转移给买受人的权利缺少合同约定的应有特性时，该权利就是有瑕疵的。例如，若买卖的是贷款债权，那么在让与该债权之时，它必须要具备买卖合同中所约定的债权数额、已到期的属性以及利息等特性；如果该债权有第三人的保证或不动产担保物权的担保，那么也必须在让与时具备，就像在买卖合同中所约定的那样。若出卖人卖出一项**债权**——为履行买卖合同而向买受人让与了该债权——但买受人在针对债务人执行该债权时却发现该债务人没有支付能力，即买受人无法实现该债权，该怎么办呢？此时，若出卖人在合同中作出了债务人支付能力的担保（**"保质"**，Bonität），那么该债权就是"有瑕疵的"；若没有这一约定，那么他就不承担责任，因为针对一项不能被实现的债权，根据第 434 条第 1 款第 2 项，我们不能说它是不"适合于惯常的用途"的。

但是，当出卖人无法将卖出的权利转让给买受人，例如因为权利根本就不存在、权利属于第三人、在让与时消灭、因法律规定或约定不可转让而无法转让给买受人等，那么情况又有所不同了（边码 1226 以下）。在所有这些情形中，出卖人都要对其卖出的权利进行真实性担保（**"保真"**，Verität）。但他不是根据第 437 条承担责任，而是因为他没有履行合同中的主义务，即没有履行他使得买受人取得该权利的义务（上文边码 572）。虽然买受人在这些情形中都不能要求出卖人履行合同（第 275 条第 1 款），但他却可以根据第 326 条第 5 款、第 323 条解除合同；或者他可以请求代替给付的损害赔偿：若他在合同订立时就已经能肯定出卖人不能向其转让买卖的债权，那么该请求权的依据是第 311 a 条第 2 款；若不能，则要依据第 283 条。 597

根据第 453 条第 1 款，第 434 条也同样要准用于**其他标的**的买卖，尤其是**企业**的买卖。通常，企业买卖合同中包含了大量的约定，从中可以得出该企业在买卖中的应有特性。 598

若缺少这类约定，则被卖出的企业是否存在瑕疵就是很难回答的一个问题了。若在**资产买卖**（上文边码 575）中，出卖人虽然将每一个属于企业财产的标的都根据其所适用的法律规定转让给买受人，但由于企业是作为一个整体被卖出的，所以这也并不意味着要是一张办公椅摇晃的话，整个企业都缺少了应有特性。相反，此时的要求必须是，出现的某个瑕疵或某些瑕疵如此严重，以致损害了整个企业的价值。在**份额买卖**中，涉及的则是权利买卖（边码 575）。因此，在这些情形中是存在瑕疵的，如买卖的有限责任公司股权负担了支付追加款项的义务（Nachschusspflicht），跟合同中约定的不一样，或者该股权并无完整的投票权；相反，当有限责任公司财产中的某个具体标的存在瑕疵，则不属于份额买卖的瑕疵，如属于公司所有的营业用地受到石油污染。但是，若买卖合同涉及的是有限责任公司或股份有限公司中的全部（或几乎全部）股份，那么实际上出卖人就卖掉了企业本身；因此在这种情形中，若公司财产中的某个具体标的有瑕疵并导致企业整体价值受损，则 599

买受人可以（像在资产买卖时那样）主张第 437 条中的请求权（例如参见 BGHZ 65，246，251）。若出卖人作出了关于企业特性的不实表示，从而造成了买受人对企业的未来发展产生错误认识，那么买受人可以考虑的不是第 437 条中的瑕疵担保请求权，而是第 280 条所规定的因违反正确、完整的信息义务而产生的损害赔偿请求权（上文边码 362、363 以及 507 以下）。

600 2. 权利瑕疵。根据第 435 条第 1 句，若第三人可以就买卖之物“对买受人主张权利”，该物就存在权利瑕疵。根据第 453 条第 1 款，该句也要准用于权利或其他标的的买卖中。在这些情形中，只要买受人不“接受”第三人的权利，即买受人不接受第三人权利的存在且不接受该权利的存在给自己造成的不利，那么该买卖标的就是带有瑕疵的。例如，当买卖的土地为了第三人的利益而负担了不动产担保物权或役权时，那么它就是有权利瑕疵的。当然，在土地买卖合同中，第三人对买受人的这些权利（在减少相应买卖价款的条件下）大多数时候是“可以被接受的”。若买受人购买的是想要用来自己居住的私人住宅，却在事后才发现这套房之前就已经被租出去了，而根据第 566 条，承租人有权和买受人继续保持使用租赁关系，那么它就是有权利瑕疵的。同样存在瑕疵的情形是，买受人在毫无预感的情况下从出卖人处购买了仿瑞士名牌的手表，却被该名表的商标权利人禁止销售。然而，仅仅是第三人声称自己享有权利的这一事实还不足以构成权利瑕疵；只有当第三人的权利在事实上存在时，才能说有权利瑕疵。若第三人的权利是否存在是有疑义的，那么买受人只有在已经尝试过对第三人的权利进行抗辩却失败后，才可以向出卖人主张第 437 条所规定的因权利瑕疵而产生的请求权。如果买受人想避免与第三人发生这种冲突的话，那么他就必须要求出卖人和自己达成这一约定：根据该约定，出卖人必须承担以下责任，即保证第三人不会声称自己对买卖标的享有任何权利。《联合国国际货物销售合同公约》第 41 条[①]就作了这样的任意性规定：它希望保护买受人不遭受特殊的负担，这些特殊负担恰恰会从国际买卖合同中产生，因为第三人主张的权利通常要根据其他法域的规定来进行判断，而且关于此类争议的诉讼程序也必须在外国法院进行。

601 第 435 条第 2 句明确规定，若事实上不存在的有利于第三人的权利被登记于土地登记簿，则买卖的土地同样存在权利瑕疵。此时可能会存在这种风险，即第三人将其事实上不存在的权利出让给另一个善意第三人（Gutgläubiger），此善意第三人可以根据第 892 条取得该权利，然后他可以向土地的买受人主张自己的权利。相反，若土地登记簿中未登记的是公法税捐（如土地税）或其他公共负担，那么土地的出卖人就无须承担责任（第 436 条第 2 款）。若作为所有权人的第三人向买受人

---

① 该条规定：“卖方所交付的货物，必须是第三方不能提出任何权利或要求的货物，除非买方同意在这种权利或要求的条件下，收取货物。但是，如果这种权利或要求是以工业产权或其他知识产权为基础的，卖方的义务应依照第 42 条的规定。”——译者注

请求返还买卖标的物，也不存在权利瑕疵。因为如果出卖人没有使买受人取得所有权的话，他就违反了买卖合同中的主义务，因此他承担的就不是第437条中的权利瑕疵责任，而是根据一般规定承担履行合同的责任或因其不履行合同而产生的责任。

3. 消费品买卖中的物的瑕疵和权利瑕疵。若出卖人在订立关于动产的买卖合同 602
时是“经营者”，即正在从事“营利活动或独立的职业活动”（第14条），而买受人是第13条意义上的消费者，那么此时就是**“消费品买卖”**（Verbrauchsgüterkauf，第474条第1款）。根据第475条①，其法律效果是，大部分关于买卖合同的法律规定都获得了强制性的特征。也就是说，当事人之间所有不同于这些规定且对买受人不利的约定都是不生效的，无论这类约定是作为一般交易条款还是以个别约定的方式成为合同内容的。

对于当事人的这类约定，第475条②第1款虽然没有说它们是不生效的，而只 603
是说经营者对此“不得援用”；但这并不能阻止我们依然将这类约定描述成“不生效的”，尤其是，立法者使用这一表述仅仅想要表明：若当事人的约定根据第139条是无效的，并不能从中推出整个合同都是无效的结论。然而，这类约定只有在这种情况下才是不生效的，即在合同订立时或至少在该时间点之前，买受人就已经从出卖人那里得知了该买卖标的物的瑕疵。在该时间点之后，这类约定是被准许的，因为它们经常会出现在为调解已产生的争议所作的和解中，而立法者也不想去阻止此类和解。

属于第475条③第1款所描述的强制性规定的有第434条和第435条。这两 604
条规定了买卖标的被视为有瑕疵的前提条件。属于强制性规定的还有第437条、第439条至第443条，根据这些规定，当出现物的瑕疵或权利瑕疵时，买受人有权请求**事后补充履行**（第437条第1项）以及**解除**合同和**减少**买卖价款（第437条第2项）。因此，只要在“消费品买卖”中，任何对这一请求权和这些权利的合同限制都是不生效的。在这种情形中，将买受人的瑕疵担保请求权的消灭时效缩短至2年、在买卖二手物时将消灭时效缩短至1年的任何合同约定也都是不生效的（第475条第2款以及第437条、第438条；对于买受人的解除权和减价权，参见边码967；对于买受人的损害赔偿请求权，参见边码1127）。相反，针对买受人根据第437条第3项所享有的**损害赔偿**请求权的合同限制是生效的，除非该限制违反了其他强制性规定，特别是违反了第307条、第309条第7项和第8b项。

此外，第476条④也是一条强制性规定。据此，在满足特定要件时要作对买受 605

①②③ 根据最新修订的现行《德国民法典》，该条的序号被改为第476条。——译者注
④ 根据最新修订的现行《德国民法典》，该条的序号被改为第477条。——译者注

人有利的推定，即买卖标的物“在风险转移时就已是有瑕疵的”。对此上文已有论述，参见边码589、590。

606 把第434条和第435条这两条规定解释为强制性的，在某种程度上会让人觉得奇怪，因为它们本身只是关于买卖标的物“约定”特性的标准。无论如何也不算牵强的是，只要是关于应有特性的约定（“特性约定”），在消费品买卖的情形中也应存在合同自由。另一方面让人奇怪的是，任何关于限制买受人根据第437条第1项和第2项所能主张的权利和请求权的约定都是不生效的。这会怂恿出卖人在买卖合同中约定比实际的买卖标的物性质更差的特性，因为这样一来，出卖人限制的就不是买受人根据第437条第1项和第2项的权利了——因为这类约定是不生效的——他限制的仅仅是这些有利于买受人的权利得以产生的**事实前提**。

607 （被准许的）特性约定和（不被准许的）对买受人权利的限制之间的界限有时难以判断。若买卖的二手车在买卖合同中被描述成“未经车厂检验”、“并非没有生锈损坏”或是“事故车”，那么这就是一个没有顾及该车在事实上是否经过了车厂检验、是否生锈或是否从未发生过事故的特性约定。因为这样一来，买受人在心里就很清楚，他能够期待的是一辆有瑕疵的车。相反，若约定的内容是“卖出的车就跟你看到的一样”或“卖出的车就跟放在这里的这辆一样”，那么这类约定的目的就是想排除买受人的权利，因而是不生效的。当一个物客观上是新的，却在合同中被描述成“用过的”，那么这一约定也要被认定为不生效（BGHZ 170，31 Tz. 33）。对于很明显的案件，例如以全新价格卖出或以全新价格支付的汽车在合同中被描述成“垃圾车”、“废旧车”或者甚至是“卖废铁用的车”，那么就可以搬出第475条[①]第1款第2句的**禁止规避**（Umgehungsverbot）这台大炮来对付了。

608 对此参见 *Faust* 在 *Bamberger/Roth* § 475 Rn. 8 ff. 中的论述；*Looschelders* SchR BT Rn. 266；*Medicus/Lorenz* SchR BT Rn. 237 ff.；*Müller* NJW 2003，1975。在现行法中，这一强制区分技术的效果是令人遗憾的。更严重的是，今天德国的二手车交易都被打压了，因为二手车商更愿意把车出口到东欧或非洲，也不愿卖给德国的消费者——他们不愿承担完整的瑕疵担保风险以及至少为期一年的消灭时效。事实上，有必要问的是，为何立法者要费大力气去禁止车商在卖掉用了10年的二手车时不能排除消费者对自己的瑕疵担保请求权？况且消费者自己也非常清楚地知道，他可以以更高的价格买一辆“经车厂检验的”二手车，但却依然在知情的情况下决定以更低的价格买一辆排除了瑕疵担保请求权的车；针对这一明显存在更高风险的交易，他也可以自己进行更详细的检验，或者让懂行的朋友去检验，以此进行自我保护。这又一次证明了，立法者所作的关于消费者保护的规定，虽然出

① 根据最新修订的现行《德国民法典》，该条的序号被改为第476条。——译者注

发点是为消费者着想的，但事实上却使消费者受到了惩罚。对此同样参见 *Wagner* ZEuP 2010，243，275 f.。

根据判例，若车商在出售新车的过程中接受了顾客的二手车作为支付手段，之后又通过**“代理合同”**（Agenturvertrag）把该二手车卖给了消费者，那么此时同样存在第 475 条①第 1 款第 2 句所规制的规避行为（Umgehungsgeschäft）。虽然车商在订立“代理合同”时并未以自己的名义，而是以自己顾客的名义，即合同是在车商的顾客和二手车的买受人之间——通常也就是在消费者之间——成立的；所以此时并不存在消费品买卖。但是，若该交易的经济风险是由车商来承担——例如因为它向顾客保证该二手车能有一个特定的最低价，即双方约定，若顾客的二手车是卖不出去的或者给它的定价低于保证的最低价的，那么新车的买卖价款就要减少到这一最低价款——那么在这种情况下，根据第 475 条第 1 款第 2 句，车商——即第 14 条所规定的经营者——就应被视为二手车的“真正”出卖人，因此他必须承担相应的责任，就像他以自己的名义缔结该合同并使该消费品买卖合同成立一样。 609

参见 BGH NJW 2005，1039；BGH NJW 2007，759（Rn. 16）；*Faust* 在 *Bamberger/Roth* § 474 Rn. 7 中的论述。若经济风险不是车商承担，那么就缺少规避行为的要件；因此，合同是在买受人和（由车商代理的）出卖人之间即在两个私人之间成立。尽管如此，若买受人出于对车商的“特别信任”，即买受人在很大程度上依赖于车商的专业知识，并由于这一原因以为车商所做的关于二手车特性的表示是正确的（第 311 条第 3 款第 2 句以及边码 533、534），则应例外地认定买受人可以向（像合同当事人一样的）车商提出请求。 610

4. 关于责任的约定；责任排除。关于瑕疵责任的法律规定一般来说都不是强制性的，而是任意性的，因此当事人原则上可以对此作出不同的约定：加重、减轻甚或排除出卖人的责任。 611

加重责任的约定——根据该约定，出卖人的瑕疵担保责任要比法律规定的**更严格**——之所以是被准许的，其原因在于：第一，考虑到出卖人在合同磋商过程中相对于买受人的强势地位，除了加重他的责任外我们别无选择；第二，出卖人希望通过承担更严格的责任来赢得他在与其他经营者竞争中的优势地位。加重责任的约定的效力是毋庸置疑的。在此范围内，合同自由占据主导地位，这一点第 443 条已明确说明：在该条中，这种加重责任的约定被描述成**“担保”**。这一约定的具体范围——就跟其他的合同约定一样——要取决于它的字面意思；若该约定表述不清或存在漏洞，那么就取决于对它的（补充性）解释。 612

① 根据最新修订的现行《德国民法典》，该条的序号被改为第 476 条。——译者注

613 若出卖人对特定性质的存在或特定瑕疵的不存在进行了“担保”，那么这通常就意味着，当送交的买卖标的物缺少担保的性质，或者它出现了担保不存在的瑕疵时，即使出卖人对此**没有过错**，也就是说他即便非常谨慎仍不可能知道该物在送交时是违反合同约定的，那么他也必须承担损害赔偿义务（边码1109以下）。同样，若买卖标的物缺少“担保的”特性，买受人行使**解除权**也会更加容易。例如，出卖人在合同磋商过程中表示，他卖的这辆车行使100公里消耗12升的燃料，若该车实际的耗油量是100公里13升，那么根据一般规则，买受人虽然可以减少买卖价款，但却不能解除整个合同，因为出卖人的义务违反是**“不显著的”**（第323条第5款第2句，第441条第1款第2句）。但是，当出卖人“担保”这辆车只消耗12升时，买受人解除合同就是被准许的。因为只要缺少了被担保的性质，即使该义务违反是“不显著的”，也同样要认定它为“显著的”义务违反——让我们想想此时要是没有“担保”的情形（参见边码953）。若根据约定出卖人担保了买卖标的物不仅在风险转移时没有瑕疵，而且在此之后的一段特定时间内亦无瑕疵，那么这就是“耐久性担保”（第443条第2款；边码591）。担保约定同样可以在买受人和**第三人**之间成立，这是毫无疑问的，这一点也被第443条所明确强调。例如，从挂在收音机上的“担保卡”里所写的文字可以得出，向买受人提供特定内容担保的，不是（或不仅仅是）出卖人，而是（或同样是）作为第三人的收音机**生产商**。当买受人受领了连同担保卡在内的收音机，根据第151条，该担保就成了有约束力的约定。

614 **限制责任的约定**，其目的是**减轻**、**限制**甚至是彻底**排除**法律事先为出卖人规定的瑕疵担保责任（Mängelhaftung）。但是，若买受人是第13条意义上的消费者，那么这类约定几乎都是不生效的。这一点，可以从关于**消费品买卖**的规定中，尤其可以从第475条第1款中得出（边码602以下）。若限制责任的约定是作为一般交易条款进入合同中的，它还需要经受住第307条至第309条的内容审查。

615 与此相关的尤其是第309条第8b项：据此，“新制作的物”的出卖人（作为一般交易条款的使用人）试图减轻或排除物的瑕疵责任的一般交易条款被宣告为不生效。在消费品买卖中，这一结论已经可以从第475条中得出，因而第309条第8b项只能发挥很小的作用。但是当消费品买卖的要件不满足时，情况就有所不同了：若当事人双方都是消费者，那么第309条第8b项就可以适用；若买受人是经营者，那么第309条第8b项虽然不能适用（第310条第1条第1句），但却在提供证据方面有一定的意义，即违反第309条第8b项同时也就违反了第307条的基础规范（第310条第1款第2句；边码268）。其余关于一般交易条款内容审查的规定始终是要注意的——在消费品买卖时亦然。例如，若消费品买卖合同中约定了以下内容的一般交易条款，即出卖人在送交有瑕疵的新制作物时的**损害赔偿责任**被限制或彻底排除，那么这一条款虽然不是根据第 475 条第 1 款而不生效（参见第 475 条第 3 款），但却因违反第 307 条或第 307 条第 7 项而不生效。

若当事人通过生效的约定限制或排除了出卖人的法定瑕疵担保责任——当然，在实践中，这类约定只有在当事人双方都是经营者或都是私人的情况下才会生效（参见边码 46、47 以及 602 以下）——那么，当出卖人恶意不告知买卖标的物的瑕疵或者恶意欺骗买受人该物无瑕疵（这一点要跟不告知同等对待）时——买受人原本可以根据该瑕疵享有请求权——他也同样不能援用此类约定（第 444 条）。若出卖人“已经承担了关于特性的担保”，那么他同样不能援用这类限制责任的约定（边码 591、1109 以下），就这一点而言，第 444 条走得太远了。 616

第 444 条在许多情形中都是非常有意义的，例如，若出卖人担保他卖出的机器拥有特定的最小功率，但是在他提供的一般交易条款中却暗含了降低这一担保价值的条款，即该条款规定：买受人不能因机器的瑕疵解除合同，根本不能请求或只能请求特定数额的损害赔偿，或者只有在证明出卖人有重大过错的情况下才可以请求损害赔偿。相反，第 444 条并不适合于这些情形，例如在买卖企业的合同中，合同的内容自始至终都是由当事人共商的，并且出卖人承担担保是因为买受人这一方也接受了关于其瑕疵担保请求权的特定限制。在这些情形中，第 444 条是无法适用的，这一点在实践中并无争议；有争议的仅仅是，如何才能最妥当地处理它们。对此参见 *Faust* 在 *Bamberger/Roth* § 444 Rn. 18 ff. 的论述（附有大量的参考文献）。 617

若买受人在买卖合同订立时已经知道瑕疵的，他就不享有第 442 条的瑕疵担保请求权，不论当事人的约定是加重还是减轻了出卖人的瑕疵担保责任。若买受人在这一刻虽然不知道买卖标的物的瑕疵，但如果由于他在合同订立前没有检查或并未足够仔细地检查该物，并且这种不作为在此情事下应被视为重大过失，那么他同样不能援用自己的这种不知情。但是，若买受人因重大过失而没有发现的瑕疵是经出卖人“担保”过不存在的、出卖人恶意不告知的或者是被出卖人事先伪装成不存在的，那么就不适用此规则（第 442 条第 1 款第 2 句）。 618

判例倾向于在合同磋商阶段为买受人施加更重的检查义务（Untersuchungspflichten），以此提醒买受人注意关于买卖标的物特性的信息——该特性要么是出卖人在合同磋商时已经知道的，要么是他能比买受人以更少的成本获知的。对此参见 *Faust* 在 *Bamberger/Roth* § 442 Rn. 20 ff. 具有说服力的论述。若买受人虽然在合同订立时尚不知道瑕疵，却在送交时或在送交后立即得知该瑕疵，又该如何呢？根据现行法，他在这种情形中仍享有第 437 条的瑕疵担保请求权。此时，买受人没有义务将自己已知的瑕疵通知出卖人；他尤其没有义务去检查已送交货物有无瑕疵（并向出卖人通知已发现的瑕疵）。这一法律效果是令人怀疑的，它使买受人可以先对已知的瑕疵保持沉默，之后当他有需要时又重提该瑕疵，从而使第 437 条所规定 619

的请求权得以成立。例如在此期间，合同出于完全不同的原因变得对买受人不利，那么现在他就会想通过解除合同的方式来摆脱这一困境。毫无疑问，买受人的这一行为是恶意的。但是出卖人要如何证明这一恶意？这一问题在承揽合同中是通过第640条第2款、在德国和国际商事买卖中是通过《商法典》第377条以及《联合国国际货物销售合同公约》第38条、第39条解决的。

(四）从义务、保护义务

620 在物的买卖中，出卖人的主义务是将符合合同约定的买卖标的物送交给买受人。然而，截止到目前的论述都已表明，这一主义务经常是伴随着**从义务**的，这些从义务对出卖人履行主义务起到准备、补充或支持的作用。有时，这些从义务会被写进法律规定中，但大多数时候其基础仍是合同约定。偶尔才需要通过对合同的解释来探明。

621 例如，出卖人的从义务可以是通过特定的方式**包装**买卖标的物，将该物以特定的交通工具、走特定的交通线路**运输**到买受人处，**确保**该物在运输途中不发生灭失或损坏的风险，或者随该物一并附上为顺利进口或出口、为买受人投入运营或买受人转卖给第三人所必需的文件（政府的许可、原产地证明、产品授权证书等）。同样，出卖人也可能有义务等待买受人将购买的机器投入运营、给买受人的员工示范机器如何运行或是在一定时间内保留库存中的备用零件。若出卖人有义务到买受人处**安装**买卖标的物或是附送了**安装说明书**，那么就要适用第434条第2款：若安装不当或安装说明书有瑕疵，就要视为该买卖标的物本身有物的瑕疵（边码592)。

622 并不少见的情况是，通过对合同的解释可以得出，出卖人有义务向买受人告知如何正确地对待买卖标的物，并且有义务提醒他，在不专业地对待该物时他或其他人会面临的风险。

623 在BGHZ 47，312这一判决中，原告向工程机械商购买了混凝土搅拌机，但该搅拌机生产的混凝土是有瑕疵的，因为在湿冷的天气下，搅拌机的混合喷嘴会被水泥和冰结成硬壳后堵住。被告必须赔偿原告由此产生的损失，因为基于他“在买卖合同中的从义务”，被告原本应当在使用说明书里向原告解释混合喷嘴在湿冷天气下的正确使用方式。对于被告的抗辩理由——“这一有瑕疵的使用说明书并非由他、而是由搅拌机的生产商所写，因此他无须对该瑕疵负责，应当负责的是生产商”——被法院所驳回：被告要么由于自己的过错而缺少这一必要的知识，要么在履行从义务时已将生产商作为了其履行辅助人（第278条），因此生产商的过错要归于被告。在BGHZ 64，46这一判决中，作为理发师的原告很长时间都在使用从被告处购买的生发剂，对此产生了过敏，最后必须放弃这份工作。被告必须赔偿由此造成原告的收入损失，因为他违反了“买卖合同法所规定的从义务”，即因过失而未向原告告知该产品有损害健康的副作用这一风险。

此外，根据第 241 条第 2 款，出卖人还需承担**保护义务**，尤其是以下义务：以实际情况所要求的方式去保障其空间内的交往安全——该空间是买受人或其家庭成员以及出卖人的辅助人在合同磋商的过程中所能够进入的（边码 501 以下、517 以下）。 624

三、买受人的义务

（一）支付买卖价款

根据买卖合同，买受人有义务向出卖人支付约定的买卖价款（参见第 433 条第 2 款）。买卖价款是取得买卖标的的对待给付（Gegenleistung）。因此，支付买卖价款的义务和送交买卖标的的义务“互为原因”（上文边码 485），其法律效果是，买卖合同是“双务合同”，要适用第 320 条以下的规定。 625

1. 支付买卖价款的约定。当事人不仅要对买卖价款的数额，而且要对以何种货币付款、何时付款、付款分为几期、出卖人的哪些费用必须由买受人支付等事项进行约定。同样，双方也可以约定，买受人有权利或有义务向某个特定的第三人支付价款，或者只要买受人在特定期间内履行支付义务，他就可以获得现金折扣。若当事人作为出卖人和买受人希望受到合同的约束，但是却没有明确就买卖价款的数额作出约定，那么通常该合同就应当被解释成“商店价格”或“市场价格”，或者——就像《联合国国际货物销售合同公约》第 55 条所表述的——双方所约定的价格是“订立合同时此种货物在有关贸易的类似情况下销售的通常价格”。若合同缺少关于付款时间的约定，即从哪一刻开始买卖价款才算“到期”，或者说从哪一刻开始出卖人才能够请求支付买卖价款，那么根据第 271 条第 1 款，买受人就必须“立即”履行，即随着合同的订立而产生债权时。然而，由于买卖标的要到合同订立后的一段时间之后才会被送交，因此通常来说，可以从情事中得出，买卖价款的债权要到送交后、在有些情形中甚至要到账单寄到后才到期。若账单中写的是：买受人“最迟要在 10 月 30 日”支付账单上的款项，那么这就是买卖价款请求权的延期（Stundung），其法律效果是，该请求权被“延缓”到 10 月 30 日，因此 11 月 1 日才到期（参见边码 554）。 626

2. 现金支付或非现金支付。要区分的是，买受人是用现金支付还是用非现金支付。在现金支付的情况下，根据第 929 条至第 935 条，买受人要将必要数额的货币（硬币或纸币）所有权转移给出卖人。今天，这种方式只有在清偿日常生活中的小额交易时才是便捷的。除此之外，**非现金支付**占主导地位。在非现金支付的情况下，买受人通过使出卖人取得与买卖价款数额相等的**汇款**的方式履行付款义 627

务，也就是说，通过将这一数额汇入出卖人在信贷机构开设的账户里，从而使其获得对信贷机构的债权。只要该信贷机构有支付能力，汇给出卖人的款项已显示为其账户上的存款，且该账户并未被扣押，那么转账汇款就跟现金支付一样便捷了。

628 对于不同形式的非现金支付，请参见边码 663。根据传统的观点，买受人总是可以通过现金支付来履行买卖价款债务，反之，只有当出卖人事先表示他愿意将非现金支付作为“已负担的给付”（第 362 条第 1 款）或“代替履行的给付”（第 364 条第 1 款），买受人才可以使用非现金支付。若出卖人在其商业单据上写明其银行账号或者对先前收到的非现金支付并不表示反对，判例就会视其已默示地作出了这样的表示（参见 BGHZ 98，23，29、30）。但是，若买受人向出卖人的另一个并非其事先写明的账户里转账，则不算是履行了买卖价款债务。

629 3. 丧失风险与延误风险。一旦出卖人取得了对相应货币（硬币或纸币）的所有权，或者——在非现金支付的情况下——他写明的银行账户里被汇入了相应的款项，那么买卖价款的债权就经由清偿（第 362 条以下）而消灭（BGHZ 6，121 和 103，143，146）。然而，要是买受人虽然已经往出卖人的账户里转账，但款项却根本没有被汇入这个账户里（丢失风险），或者晚了很久才被汇入该账户里（延误风险），又该如何呢？

630 根据第 270 条第 1 款和第 2 款，在“有疑义时”，也就是当事人对此并无另外的约定时，债务人必须以“自己的风险和费用”将金钱交到债权人的住所地或者其营业所在地。这里的“风险”指的就是**丧失风险**（Verlustrisiko）。也就是说，买受人承担——就像在往取之债中那样（边码 549 以下）——买卖价款在到达出卖人的途中出于他自己无须负责的原因而丧失或错付的风险。例如，若买受人的银行账户里显示有足够的存款，他和银行订立了将与买卖价款相等的存款转到出卖人账户的转账合同，在转账过程中，他输入的指令并无错误（正确的银行账号和银行编码），但这笔款项却还是没有汇到出卖人那里，因为在支付过程中，银行的电脑系统出现了程序错误，导致这笔款项被汇到了另一个错误的账户里，那么买受人就必须再一次地对出卖人进行支付；买受人必须注意的是，他能否请求银行赔偿由此产生的损害。根据第 270 条第 4 款，债务人的住所地（或者其营业所在地）是给付地，也就是说，他在这里——就像在寄送之债中那样（边码 549 以下）——作出了为履行其付款义务所必需的行为，他也同样必须在这里（只要双方没有另外的约定）被起诉支付买卖价款（《民事诉讼法》第 29 条）。若买受人为买卖价款的支付设定了期间，则只要他在到期前作出了为支付买卖价款所必需的行为，即通过委托银行转账完成支付，那么只要他及时地委托银行，并且他的账户上有足够的存款，他就算及时地作出了给付。因此，只要买受人完成了为履行债务所须做的一切，就不会陷入迟延（或者到期后他才完成了所须做的一切，而不再陷入迟延），因此也就无须对出卖人因延期收到买卖价款而产生的延误损害作出赔偿（对此详参 *Huber* I § 5 IV）。也就是说，是由出卖人承担**延误风险**（Verzögerungsrisiko），但仅仅是在“有疑义时”。但是当双方约定，买卖价款最晚必须要在某个特定日期“打到”（即汇入）收款人的账户里，情况就有所不同了。这一不同情况主要是指，当支付的价款涉及的是**“业务往来中的报酬”**时。

4. 价格条款。较为常见的情况是，买卖价款的数额在合同订立时就已确定。 631
但是当事人也可以约定，直到合同订立后的某一时间点才确定买卖价款。若合同订立与支付价款之间隔着很长一段时间（例如在长期采购合同中，参见边码 563），出卖人就会面临以下风险：在这段时间内，他为购进、包装和运送货物所付出的费用会有所增加并且/或者支付给他的货币由于通货膨胀而失去了购买力。因此，出卖人对这类约定就有着特别的利益。**价格变更条款**（Preisänderungsklauseln）或**价值保证条款**（Wertsicherungsklauseln）能够防止此类情形的发生：当事人可以约定，当出现特定情事，例如物价指数，公务员薪水，建筑业的协议工资，一定数量的小麦价格、煤炭价格和黄金价格等出现上涨或下跌，他们可以就买卖价款进行再一次地协商，或者可以在双方一致同意的情况下——在必要的时候还可以由第三人（参见第 317 条）——将买卖价款调整至符合这一变更后的状况（**重新协商条款**）。有时双方也会约定，买卖价款要随着刚才所提的基数或类似基数的变化而变化，即自动与其同步增加或减少。这类条款会被视为是助长通货膨胀的，因而根据**《价格条款法》**（PrKG）第 1 条第 1 款原则上是不生效的。但适用该条时存在诸多例外，尤其是当商品或给付的价格会随着买卖价款的变化而发生波动时，或者当商品或给付与买卖标的物是互补品时，又或是商品或给付对于生产买卖标的物是必需的因而其价格会影响到生产买卖标的物的成本时，则上述类型的价格条款就是生效的。例如，电力能源的价格与煤炭或石油的价格、铝的价格与电的价格都是相互影响的。

对此参见《价格条款法》第 1 条第 1 款第 2 项和第 3 项。不论哪种类型的价格条 632
款，若它们不是被“详细地商定”的，而是作为一般交易条款被订立到合同之中的（参见第 305 条），那么其有效性就要受到第 307 条以下的审查。一个典型的例子是**“当日价格条款”**（Tagespreisklausel），这类条款以前曾出现在关于车辆的买卖合同中。根据该条款，在合同订立时所约定的买卖价款应当在 4 个月内均有效——因此第 309 条第 1 项考虑的就是这种情形——但“当合同订立与约定的送交时间相隔 4 个月以上时，则在送交日出卖人所提出的有效价格”才是买卖价款的数额。根据联邦普通法院的观点，若这种条款被订入与消费者的合同中，那么它就是违反了第 307 条（BGHZ 82，21）。因为根据该条的字面意思，它不允许出卖人进行“任意的提价”，即使是那种不是为了要弥补增加的生产成本，而仅仅是为了获得更高盈利的提价。因此，这一条款是无效的，然而合同的剩余部分则是有效的（第 306 条第1款），只不过双方若没有对长期运送合同中（此时十分紧要的）价格调整问题约定合适的解决方案，那么合同在此范围内是有漏洞的。由于不存在根据第306条第2款本应能够填补该漏洞的法律规定，因此联邦普通法院就自己作出决定，以这种方式来填补漏洞：借助"补充的合同解释"（边码68以下）从合同中得出这一结论，即虽然买受人在汽车送交时必须支付"当日价款"，但是若"该车的提价超过在下单和运送这段时间内所增长的普遍物价指数并非不显著的"，他可以解除该合同（BGHZ 90，69，78）。

（二）收取买卖标的物

633 若谁购买了一个物，则他不仅有支付买卖价款的义务，还有收取买卖标的物的义务（第433条第2款）。买受人必须在何时或如何收取买卖标的物，要取决于合同的约定。若买卖的是燃油并且约定的是往取之债（边码549），那么买受人必须在约定的时间从出卖人的储油库里把燃油装到一个合适的、自己已经准备好的运输工具中并运走。在寄送之债和赴偿之债的情况下（边码549以下），买受人则必须确保自己可以从开到此处的油槽车或油罐车里抽取出燃油，并存放到自己的储油库中。若买受人不准时抽取燃油，则出卖人可以诉请其收取。他可以通过提起诉讼的方式、也可以通过催告的方式使得买受人陷入迟延，并请求买受人赔偿因其延误收取而产生之损害（第280条第1款和第2款、第286条）。若出卖人为买受人设定了收取的期间，那么出卖人可以在期间经过而买受人仍未收取的情况下请求代替给付的损害赔偿（第280条第1款和第3款、第281条），并且/或者解除合同（第323条）。出卖人的所有这些权利都不取决于买受人的收取义务是否为和出卖人的送交义务形成互为原因的主义务（边码485）。

634 若买受人不收取买卖标的物，则他不仅会使得收取义务陷入迟延，而且会导致受领迟延。第293条至第304条中关于受领迟延的规定希望达到的目的是，让履行了合同约定义务的一方不会因为另一方由于某种原因——甚至可能是因为不可抗力或意外事故——不能或未准备好受领该给付而受到不利。受领迟延不仅会在买卖合同中出现，即买受人不收取送到他处的买卖标的物；而且会在承揽合同中出现，例如客户在约定的时间不去裁缝店取那件为她量身定做的衣服（边码683以下）；亦会在租赁合同中出现，例如承租人在约定的时间不搬进出租人为他准备好的住房中；还会在雇佣合同中出现，例如课外辅导老师已经在约定的时间和地点准备上课，而学生却因为生病或是没有兴趣而没来上课（边码697以下）。

635 若债权人"不受领向其提出的给付的"（第293条），则陷入迟延，但前提是向他提供的给付必须是第294条至第296条中所规定的那样：债务人必须像合同约定的那样作出给付；若无合同约定，则须像法律规定的那样履行（第294条），也就是在正确的地点（参见边码547以下）、正确的时间（参见边码554以下）、完整地履行（参见边码 563）并保证该给付拥有正确的特性。该给付还必须“实际地”被作出（第 294 条），也就是“债权人除了受领该给付外无需再做什么”（RGZ 85，415，416）。在例外的情况下，通过作出言语上的给付就足够了，例如在往取之债中，又或是当债权人表示自己已解除合同或以为合同是无效的因而绝不会受领债务人的给付时（第 295 条）。在这些情形中，作出言语上的给付通常也是不必要的，因为这纯粹是一种形式罢了（BGH NJW 2001，287，288）。根据第 296 条，若债权人必须在特定的时间点收取货物或寄送货物，而他却不实施这一协助行为，那么言语上的给付也是不必要的。例如，买受人必须在 4 月 15 日到出卖人处收取买卖标的物，但是他从这一天开始到交易结束前——无论是出于什么原因——都没有去取，那么他就陷入了受领迟延。在这种情形中，言语上的给付即通知货物已处于可取走的状态——正如它是为第 295 条中的往取之债而存在的那样——是不必要的（第 296 条）。但是，出卖人在此时不能是“无能力履行给付的”（第 297 条），即买受人尽管没有在 4 月 15 日到出卖人处取货，但出卖人在这一天其实并未准备好该货物，那么买受人就不陷于受领迟延。

若买受人在收取买卖标的物时陷入迟延，那么就会产生一系列对出卖人有利的法律效果。若买卖的是有价证券或贵重物品，那么出卖人就可以在区法院将其提存（第 372 条），或者当该合同涉及的是其他物时，出卖人可以将其拍卖所得价款进行提存（《民法典》第 383 条、《商法典》第 373 条第 2 款）。若出卖人向区法院表示放弃取回提存所得价款（第 376 条），那么就要视为他已向买受人履行了债务（第 378 条，边码 880 以下）。此外，若出卖人卖出的是种类货物，却因买受人的受领迟延而无法提供给付，那么当预存的种类货物全部因出卖人无须负责的原因丢失、灭失或毁坏从而导致出卖人履行不能时，出卖人就可以根据第 275 条第 1 款免除给付义务。根据第 300 条第 2 款也可以免除出卖人的送交义务，但通常的前提是，在灭失或毁坏前该种类物必须已经“特定化”（konkretisiert），因此买受人对出卖人的送交请求权就根据第 275 条被排除了（边码 795）。也就是说，出卖人无须再向买受人送货，但却仍可以向买受人请求支付买卖价款（第 326 条第 2 款以及边码 817、881）。甚至当嗣后履行不能是出卖人的轻过失所导致的，以上规则同样适用（第 300 条第 1 款，边码 686、845 以下）。此外，出卖人还可以根据第 304 条向买受人请求偿还因自己提供买卖标的物、因将该物保管在自己处或仓储人处以及为防止该物损坏而白白支出的费用。由于受领迟延，买受人虽然有偿还费用的义务，却没有损害赔偿的义务。但通常的情形是，他也有损害赔偿的义务，因为他有义务收取买卖标的物（第 433 条第 2 款），因此在不收取的情况下通常也同样陷入了债务人迟延（而不仅仅是受领迟延）。但是当买受人对不收取买卖标的物无须负责时，他就不承担因债务人迟延而产生的损害赔偿责任（第 280 条第 1 款第 3 句和第 286 条第 4 款）。相反，受领迟延以及与之相关的对买受人不利的法律效果却是完全不取决于那些阻止买受人收取买卖标的物的意外事故、不可抗力或是其他买受人无须负责的事由的。

（三）从义务、保护义务

637 买受人不仅有收取买卖标的物的义务，此外，他在绝大多数时候还要履行从义务，这些从义务产生于合同的约定、任意性规定或是对合同的解释或补充。

638 例如，若当事人对哪一方应承担履行合同的费用没有约定，那么就要适用第 448 条的规定。据此，买受人应承担将买卖标的物寄送到履行地以外地点的费用，或者在土地买卖中，买受人应承担将买卖合同和不动产转移合意做成公证证书的费用。若买受人虽然接受了买卖标的物，但标的物不符合合同约定，那么只要该标的物现在处于买受人的占有之下，他就必须以在此情事下应当采取的方式去保障该标的物不灭失、不遭窃或不损坏（参见《商法典》第 379 条）。当涉及的是买受人在所有权保留前提下占有的买卖标的物时，亦同。若运到买受人处的几桶润滑油或者几箱咖啡的所有权仍在出卖人处，并且买受人应当将其返还给出卖人时，亦是如此。若买受人知道或应当知道买卖标的物事实上根本没有瑕疵或使其期待落空的原因是在自己的责任范围之内，但他却仍然根据第 439 条向出卖人请求去除买卖标的物的瑕疵，那么他同样违反了从义务：在这一情形中，出卖人可以向买受人请求偿还他因检查买卖标的物和查明真实情况所产生的费用（BGH NJW 2008，1147；亦可参见 BGHZ 179，238 以及边码 495，1079）。若生产商将其销售系统设定成“在 A 国，他的产品应销售给某个商家；在 B 国，他的产品应销售给另一个商家”，那么当他与 C 国的买受人订立合同时，从合同约定或基于补充的合同解释通常能够得出：买受人的从义务是不把送交给他的产品再出口到 A 国或 B 国。

639 就买受人的*保护义务*来说，可以准用边码 620 以下的论述。例如，出卖人因向买受人运送燃油而将油罐车停在买受人的土地上，却由于买受人屋顶的积雪崩塌而毁损，则根据第 280 条第 1 款，买受人因违反合同中的保护义务而应当承担损害赔偿义务，除非他能证明，任何一个理性人在相同的情况下都不会作出跟他不一样的行为以防止该风险的发生。

第三节　完成工作的合同与提供劳务的合同中的义务

一、义务内容概述

640 有一类重要的合同，其特征是，合同一方有义务完成特定的**活动**（Tätigkeit），另一方则有义务对此支付报酬。属于这类合同的有，某人作为会计师、泥水匠、司机或者房管有偿地付出劳动（Arbeitsleistung），或者是某人有偿地为合同相对方造一座建筑或一台机器、为他补习、用运输工具将他或他的货物运到特定的地点、作为律师为他提供法律上的咨询或是作为医生为他提供医疗上的照顾。所有这些合同都是以有偿从事某些活动为基础的，因此首先涉及的问题就是，在《民法典》中，哪一些合同类型是为此而规定的。

（一）雇佣合同与承揽合同

对于以有偿从事某些活动为基础的合同，从本质上看，《民法典》为此规定了两种合同类型，即**雇佣合同**（Dienstvertrag）和**承揽合同**（Werkvertrag）。 641

在**雇佣合同**中，一方有义务“提供所约定的劳务”，另一方有义务支付“约定的报酬”（第 611 条第 1 款）。雇佣合同的标的可以是“任何种类的劳务”（第 611 条第 2 款）。也就是说，劳务是以有形劳动或是精神劳动的形式体现的，但是由普通人还是由具备特定能力的人来提供、是短期的还是长期的，或者有义务提供劳务的人须遵循合同相对方的指示或是自己对如何提供劳务有或多或少的独立决定权，都无关紧要。 642

在**承揽合同**的情形中，合同一方（承揽人，Unternehmer）有义务向另一方（定作人，Besteller）完成特定的**工作**，并使定作人取得这一没有物的瑕疵和权利瑕疵的工作。与之相对，定作人有义务支付约定的报酬（第 631 条、第 633 条）。在承揽合同中，承揽人同样必须付出劳作，即作出劳动或劳务的给付。但与雇佣合同不同的是，承揽人所负担的给付与受雇人是不同的。承揽人负担的义务是给付劳作的**成果**（Erfolg），即在他的努力下完成的**工作**（Werk），大多数时候，约定的工作是制作或修缮一个物。例如在**建筑合同**中，承揽人有义务挖掘建筑坑基、搭建建筑骨架、完成屋顶的建造、安装暖气设施、建造或扩建车库或者设计花园等。根据普遍的观念，若**建筑师**接手了建筑工程的规划或是有义务监督建筑工程是否按程序执行，那么这同样也是承揽合同（BGHZ 31，224；BGHZ 45，372，376）。承揽合同的标的还可以是对汽车进行修理和保养、对家具进行修复以及对衣物进行化学清洗等。 643

若承揽人所承诺的工作是制作或生产动产并将其送交给定作人，那么根据第 651 条[①]，该合同就要被作为**买卖合同**来对待。根据该条第 3 句，当该动产是不可替代物（第 91 条）时，*除了买卖合同的规定外*，还可以适用承揽合同法中的一些具体规定。出于不同的原因，对该条中的**买卖合同**和第 631 条以下中的**承揽合同**进行区分在实践中是重要的，例如，只有前者才有可能是第 474 条以下所规定的消费 644

① 根据最新修订的现行《德国民法典》，该条的序号被改为第 650 条。——译者注

品买卖；当合同对双方而言都是商事行为时，只有在前者的情形中，买受人才必须在收取货物之后不迟延地对其进行检查、不迟延地向出卖人通知所发现的瑕疵——如果他不想失去瑕疵请求权的话（《商法典》第377条）。

645 承揽合同法——而非买卖合同法——尤其要在这种情形下适用，即承揽人有义务在土地上进行工作，也就是在土地上安装一个建筑部件；若承揽人仅仅是负担运送这些建筑部件的义务，则适用的就是买卖法，因为即使这些建筑部件的最终目的是建造到土地上，它同样要被视为第651条[①]中的“动产”（BGHZ 182，141）。此外，当承揽人只是在已经存在的动产上进行维修、处理或修缮时，适用的同样是承揽合同法。最后，从第631条第2款可以清楚地知道，承揽人的给付无须一定要与制作或修缮物品有关，它也可以是所有其他能由劳动或劳务带来的成果，例如由建筑师、审计师、律师或其他专家制作鉴定意见书，将文本翻译成另一种语言，把人或物运输到另一个特定地点，基于合同相对方的需求制作电脑程序，广告公司的广告策划，设计广告、电视短片或艺术品等。当然，在这些情形中，当承揽人把制作好的建筑图纸、鉴定书手稿、译稿或是约定好的艺术品**“送交”**给定作人时，他们有时会在这些“动产”上署名；此时，由于他们在精神方面的工作占据了如此强势的地位，以至于第651条[②]对此并不适用，即在此适用的并非买卖法，而是承揽合同法。

646 《民法典》就承揽合同仅仅规定了20个条文（第631条至第651条[③]），很明显，这些条文并不能完全囊括各种承揽合同中的问题。对于特定的承揽合同，立法者只能亲自以更加具体的规定来应对了。对于**旅游合同**（Reisevertrag），适用的就是特殊的法律规定（第651 a条至第651 m条[④]），在该合同中，旅游经营者（Reiseveranstalter）有义务向旅游者提供“旅游”（Reise），即“整体的旅游服务”（特别是提供运输和住宿）。对于**运输合同**（Beförderungsverträge）这一巨大的领域，同样要适用特殊规则，例如，陆上货物运输要适用《商法典》第407条以下、海上货物运输要适用《商法典》第556条和第664条以下、铁路运输要适用《铁路交通条例》（EVO）、空运要适用《航空法》（Luftverkehrsgesetz），等等。就许多其他的承揽合同类型，当事人通常会约定适用特定的**一般交易条款**，尤其常见的是在建筑合同中约定适用**《建筑工程发包与承包规定》**（VOB）。

647 雇佣合同与承揽合同最重要的区别在于，应为哪一方来承担合同约定的活动不能带来双方所追求的结果之风险。在承揽合同中，承揽人要承担这一风险：原则上，只有当他完成了约定的带有一定特性的工作，并且该工作已被定作人验收，他

① 根据最新修订的现行《德国民法典》，该条的序号被改为第650条。——译者注
② 根据最新修订的现行《德国民法典》，该条的序号被改为第650条。——译者注
③ 根据最新修订的现行《德国民法典》，“承揽合同”（Werkvertrag）被规定在第631条至第650条。——译者注
④ 根据最新修订的现行《德国民法典》，这一合同类型被规定在第651 a条至第651 y条。——译者注

才能、也只有这样才能取得约定的报酬。但在雇佣合同中，报酬的对象是提供约定的劳务，而不论这一劳务能否给雇主带来其所希望出现的结果。

当一艘陷入海难的船的船主与迅速赶来的救援拖船的船长约定，船长应当把这艘船拖救到最近的港口，那么此时成立哪一种合同就要取决于当事人的具体意思：若施救人员应当尽最大的努力和谨慎的注意对沉船进行救援，并因此获得约定的报酬，那么这就是一个雇佣合同；相反，若双方约定，救援报酬只有在救援成功的情况下才能被支付，即只有在沉船被救起，也就是说要把它拖到一个更安全的地点然后停泊下来或是把它拖到港口，船主才有义务支付报酬，那么这就是一个承揽合同。在后者的情形中，若船在此之前灭失——甚至可能是在到达更安全的地点之前被不可抗力损毁——救援者就什么也得不到：他要承担“直到工作被验收时的风险”（第 644 条第 1 款第 1 句）。 648

在雇佣合同中接受劳务的一方，通常也会期待该劳务能产生特定的效果。例如谁要是委托了律师代理诉讼，他当然也会希望能够胜诉。但即便如此，双方通常还是会约定，只要律师在特定情事中为了赢得诉讼尽到了双方所期待的谨慎义务，即使是最后败诉，律师同样有权获得约定的报酬。因此，律师和委托人之间的合同通常来说是雇佣合同。 649

例外地，当双方约定律师有义务完成特定的工作时，则是承揽合同。例如，律师有义务撰写一份预测法院程序的法律鉴定书，或者其他具体的特定给付。若合同约定，律师不仅有为胜诉而付出劳务的义务，而且有亲自使之胜诉的义务，并且只有当此案在事实上胜诉时，他才能获得约定的（全部或部分）酬金（Honorar），那么此时所涉及的也是承揽合同。对此参见边码 212 中的“成事酬金”。 650

同样，医生在一般情况下没有义务使病人恢复健康，他的义务仅仅是以专业的方式为病人的健康付出最大的努力。因为当事人双方都知道，治疗能否成功“不仅仅取决于医生单方面的技术，而同样也要取决于患者生理和心理的素质，而医生对此的影响是极为有限的”（BGHZ 63，306，310、311）。相反，若医生只是承担（或者让技工作为其履行辅助人）制作假肢的义务，那么承揽合同对此就是适用的。若医生承担了美化病人的鼻子、去除病人脸上的皱纹、对病人进行隆胸或缩胸、用外科手术阻断病人的生殖或受孕能力的义务，又该如何判断呢？如果双方的意思是，患者只有在手术成功的情况下才应支付酬金，那么就是承揽合同，此时的结论是：即使医生对手术失败没有过错，他也无权向患者要求酬金；相反，若患者在手术不能产生效果的情况下仍有支付酬金的义务，那么这一合同就是雇佣合同（参见 BGHZ 63，306；BGHZ 76，259；OLG Düsseldorf NJW 1975，595）。 651

除了上述的风险分配，还有其他区分雇佣合同和承揽合同的标准。例如，当约定的是一般的持续性活动时，就有可能是雇佣合同；相反，当需要完成的是某一项 652

特定的任务或是需要达成某一特定目标时，则有可能是承揽合同，参见 BGH NJW 2002，3326 所刊登的判例节选。

（二）雇佣合同与劳动合同

653 有一类雇佣合同在实践中非常重要，即在劳动者（Arbeitnehmer）和雇主（Arbeitgeber）之间订立的**劳动合同**（Arbeitsverträge）。它的特殊性在于，合同约定的劳务地点与劳务时间从根本上说是由雇主确定的，劳动者必须根据雇主的指示来提供劳务，并且必须适应工厂的组织形式，因此劳动者所进行的劳作从整体上看是不独立的、是具有依赖性的、是由他人决定的。

654 由于所有的**劳动合同**同时都是雇佣合同，因此《民法典》中关于雇佣合同的规定总是能适用于劳动合同，有些（例如第 613 a 条、第 622 条、第 623 条）甚至**只能**适用于劳动合同。劳动合同跟其他合同一样，也具有私法属性。这就意味着，合同法的一般规定对劳动合同来说同样很重要，只不过在适用时有一些显著的限制。这些限制主要被规定在诸多特别法中，例如限制雇主通知终止劳动合同的权利、规定劳动者在生病期间能够继续获得报酬、保障劳动场所的安全性等，这些强制性规定（如《劳动时间法》、《继续支付报酬法》、《解雇保护法》以及《母亲保护法》等）意在使劳动者在经济与社会依附性面前得到保护。总之，鉴于长久以来劳动法已在《民法典》之外安家落户——它有自己的管辖法院、有自己的文献、有自己的课程设置——所以本书之后将不再对劳动合同进行论述。

655 还有一类不是劳动合同的雇佣合同，因为有义务给付劳务的一方是独立的任务执行者或自由职业者，也就是说他们所提供的劳务以及他们所要遵循的工作模式从本质上说是自由的，他们可以自己决定，或者至少可以共同参与决定工作时间。因此，如果没有例外地约定为承揽合同的话，以下这些合同都要被视为雇佣合同：与医生、理疗师、医士订立的合同，与律师、审计师、税务师、资产管理人、商事代理人（亦可参见《商法典》第 84 条以下）订立的合同，与私立学校的负责人或其他培训机构订立的合同，艺术家或运动员与他们的经纪人或代理人订立的合同，住房所有权人作为一个集体与物业公司之间的合同，股份有限公司、有限责任公司或其他法人与其董事会或业务执行部门成员之间的合同。

656 有时，判断一个特定的合同是**劳动合同**还是**当事人为独立个体的合同**（雇佣合同或承揽合同）是很困难的。但这一问题是很重要的，因为劳动法与社会保险法中的保护性规定只考虑劳动者的利益，并只对其适用，而不适用于独立的任务执行者。这一问题尤其会经常出现在**“自由的员工”**（Freie Mitarbeiter）身上：这些员工会在出版社或广播电台工作；此外还会出现在**“虚假的独立员工”**（Scheinselbständige）身上，根据他们所订立合同的字面意思，他们虽然拥有独立任务执行者的地位并承担相应的风险，但在事实上却同样像劳动者一样需要保护，因为他们是单独工作、没有同事的，通常来说也没有自己的资金、没有自己的工作模式，并长期只为唯一的合同相对方进行工作。例如参见 BGH NJW 1999, 218（“卖冰制食品的人”）以及劳动法方面的专门文献。

（三）委托与事务处理合同

657 《民法典》为以下这类合同作了特别规定，即合同一方有义务为另一方**处理事务**。若当事人除此之外还约定了，这一事务处理是无偿的，那么这一合同就被称为**委托**（第 662 条）。

658 “委托”这一表述有着不同的含义。如果谁“委托”一个商人去运送 3 000 升的燃油，那么在商人收到订立买卖合同的要约时，他就可以以“委托确认书”（Auftragsbestätigung）来对此表示承诺。但是，如果这位商人“委托”他的司机用油罐车把这些燃油送到买受人那里，这种“委托”不过是一种“指示”，商人以这种方式将自己的给付义务具体化，而司机只是他的雇员。

659 第 662 条意义上的“委托”涉及的只是**这一类合同**，即根据该合同，一方有义务为另一方无偿处理事务。例如，运动协会（由其董事会代表）请求协会成员无偿地作为教练训练青少年游泳队，一位退休者有义务管理他老熟人的证券账户、护理他家属的墓碑、为他拟定对债权人的还款计划、料理出卖他土地的事务等，这些都属于“委托合同”。第 662 条意义上的委托的成立条件是，双方虽可以约定协会成员或者退休者有权获得对辛苦付出的费用的赔偿，但是不能约定报酬。

660 除了委托，《民法典》还规定了其他合同，在这些合同中，一方有义务向另一方作出给付，却不以得到对待给付为条件。例如赠与承诺（第 518 条），以及某人有义务将物交给合同相对方使用（第 598 条至第 606 条：使用借贷合同）或者为合同相对方保管动产（第 688 条至第 700 条：保管合同）。由于某人以这种方式不计回报地为他人付出，并且一旦他在处理事务时犯错，他还要承担责任，所以他在事务交往中的地位不能更低了，而且在私人领域这也是很不正常的。因此必须要考虑的是，事务处理人、保管人或者出借人是否只是出于“情谊”、而非受到法律约束的义务才为另一方有所付出的，并且他也并不愿意为违反义务承担损害赔偿责任（边码 33）。判断这一问题的关键在于，双方是否“想要”受到法律的约束。而他们想要什么，往往只能从情事中推断，尤其是要关注该事务对双方而言具有何种经济意义、该事务是发生在交易过程中的还是仅仅是在合伙关系中的，以及当一方错误处理事务或根本不处理事务时另一方所遭受的他可以预见到的不利益有多大。例如，一桌好友结成“赌博团体”（Tippgemeinschaft），其中一名成员需要将所有成员共同购买的彩票无偿地拿到开奖处兑奖，那么以下结论就是非常有疑问的：当这位成员在处理这一事务时由于过失而错过了兑奖时间，他就有向其他成员承担损害赔偿的责任，即他必须向他们赔偿因彩票未承兑而失去的利益。对此，边码33已有过论述，另可参见BGHZ 21，102；BGH NJW 1974，1705；BGH NJW 1992，498。某人——正如第675条第2款中所说的那样——“向他人给予建议或推荐”，而该他人却向其请求因听从该建议或推荐而产生的损害，此时合同与纯粹的情谊行为的区分规则同样适用：当该建议或推荐只是“出于情谊方面的原因”而给出时，这一损害赔偿请求权就是不存在的；但当给出这一建议是出于履行合同的给付义务或保护义务的原因时，则存在这一损害赔偿请求权。

661　尽管第662条意义上的委托在实践中很少出现，《民法典》还是在第663条至第676条中详细地对此作了规定。在实践中，只有在*有偿的*事务处理中，这些规定才是有意义的，《民法典》把这种情形称为**“事务处理合同”**（Geschäftsbesorgungsvertrag）。由于这类合同涉及的总是雇佣合同和承揽合同，因此关于雇佣合同和承揽合同的规定始终也能对其适用。此外，大多数关于委托的规定也能对事务处理合同进行补充适用（第675条第1款）。事实上，这才是这些规定在实践方面的意义。

662　根据事务处理合同，一方有义务为其合同相对方处理事务，使之符合委托人的利益。委托人为此要支付报酬，但这样一来，委托人的事务就能得到专业人士的处理，这些专业人士通常是受过特殊的教育、富有特殊的经验、拥有专门的技术以及能够同时为许多其他委托人处理大量类似事物的人，因此，他们能够为处理这些事务建立合适的企业组织形式，就自己的给付要求相应的报酬。这些报酬跟委托人亲自或用他自己的人来处理事务所花的费用相比要低。属于这种情形的，例如，某人委托不动产公司来管理自己的土地、委托商事代理人来充当事务的媒介或订立合同（参见《商法典》第84条以下）、委托律师去处理租金纠纷、委托广告公司去策划和执行广告宣传、委托建筑师去监管建筑工程、委托车商去卖自己的二手车或者委托人事咨询处去寻找有足够能力的业务执行人。

663　如今，几乎没有人会在家里的雪茄盒或者枕头下藏现金了；同样不常见的是，某人用现金向自己的债权人进行支付或者从自己的债务人那里收取现金。支付通常都是以这种方式完成的，即某人和信贷机构订立事务处理合同——这类合同在《民法典》的第675 c条至第675 f条中被称为**“付款服务合同”**（Zahlungsdienstevertrag）——并在此合同的框架内委托和指示信贷机构执行付款程序。实践中更有意义的是**转账**支付。例如，当买受人通过转账来支付买卖价款时，他就是在向银行作出指示，将与该价款相等的存款从其账户中扣除，并且确保——这通常会涉及其他信贷机构——该款项会被汇到出卖人在其他银行所开的账户上。在通过**扣款程序**（Lastschriftverfahren）进行支付的情形中，是出卖人先启动的支付程序：他向自己的银行发出指示，让其在自己的账户上记入与买卖价款相等的存款，并基于买受人事先的同意，从买受人在其他银行所开的账户上扣走相应的存款。在**刷卡支付**的情形中，付款的方式是这样的：持卡人授权发卡行向第三人支付自己的账单。这些不同的付款程序具体被规定在第 675 c 条以下、《付款服务监管法》（ZAG）以及信贷机构的一般交易条款中，它们构成了银行法的重心。

（四）居间合同

664 《民法典》对**居间合同**（Maklervertrag）所作的规定（第 652 条至第 655 条）是贫乏且有漏洞的。据此，当居间人（Makler）向委托人（Auftraggeber）介绍与第三人订立合同的机会以及/或者充当合同订立的媒介，即在与第三人进行合同磋商时起到有利的参与作用，那么他可以向委托人请求支付约定的报酬——该报酬通常被称为“佣金”（Provision 或 Courtage）。

665 **房地产中介**（Grundstücks-oder Immobilienmakler）指的尤其是那些充当土地买卖合同以及土地、住宅区或商业区的使用租赁合同和用益租赁合同媒介的人。**信贷中介**（Kreditvermittler）努力使得他的客户（即借款人）和第三人（即贷款人）订立贷款合同。若该信贷媒介合同是由一方作为经营者（第 14 条）、另一方作为消费者（第 13 条）而订立的话，那么除了第 652 条至第 655 条的规定，还要适用第 655 a 条至第 655 e 条的强制性规定。此外，还有专门充当企业买卖合同或者雇佣合同与劳动合同媒介的居间人。**婚姻中介**（Ehemakler）充当的是订立婚姻的媒介。在今天，充当（非婚）同居关系的媒介与充当婚姻关系的媒介在实践中是没有区别的；二者被同等对待（参见 BGHZ 112，122）。根据第 656 条第 1 款，婚姻中介的报酬请求权是不能在法院被执行的，即便是符合合同约定的报酬请求权的要件已经满足。也就是说，婚姻中介的请求权作为“自然之债”（Naturalobligation）是不具可诉性的。但只要他的客户自愿履行，那么作为报酬请求权基础的合同约定就赋予了婚姻中介保有其所获得报酬的原因（第 656 条第 1 款第 2 句和 BGHZ 87，309）。因此，在实践中，婚姻中介可以通过在合同订立前向其客户请求垫款（Vorschuss）来改善这种状况。第 656 条第 1 款在法政策上是颇具争议的，在以前，它表达的是立法者在道德上反对有偿的婚姻中介；如今，它至少还在追求这样一个理性的目的，即通过让客户直面婚姻中介的垫款要求以防止其仓促订立合同。

666 根据第 652 条，如果居间人仅仅是介绍了订立合同的机会或是在合同订立方面发挥了作用，这还不足以让他获得报酬；除此之外，该合同还必须因为他的介绍或在他的媒介努力下确实有效地成立，即居间人的劳务必须成为合同的“原因”才行。相反，从第 652 条中并不能得出居间人有义务付出这一劳作。虽然他因此而有利可图——因为他只有通过这种方式才能使自己获得报酬的机会得以实现——但他也并不能仅仅因为什么也不做就算是违反了合同义务（与雇佣合同或承揽合同中的任务执行者不同）。然而，当事人经常会做另外的约定。例如，他们可以在合同中约定，居间人有义务付出劳作，并且即使在他的努力下合同并未订立，他也同样可以请求报酬——这就是**“居间人雇佣合同”**（Maklerdienstvertrag）。由于这类合同严重偏离了居间合同的法定模式，所以它的这一特殊内容不能由一般交易条款，而只能由个别约定来确定（BGH NJW 1965，246）。同样还有“居间人承揽合同”（Maklerwerkvertrag，例如可参见 BGH NJW 1988，967）。婚姻中介和同居关系中介在实践中总是被认为是雇佣合同；尽管如此，（除了第 611 条以下）第 656 条对此同样可以适用（BGHZ 87，309；BGHZ 106，341；BGHZ 112，122）。经常会有这样的合同约定，即客户在特定时间内要受到居间合同的约束，并且在此期间内无权委托另一个居间人去充当该事务的媒介。在这种**“单独委托”**（Alleinauftrag）的情形中，判例认为居间人是有义务付出劳作的，因此该居间合同涉及的实际上是雇佣合同或者（极少数时候）是承揽合同。

（五）保管合同

667 若谁有义务看护他人的土地或是他人土地上的房屋、防止危险的发生以及在必要时寻求他人的帮助（如消防员或警察），那么他与合同相对方订立的通常而言是雇佣合同；若他是无偿完成这项义务的，则是委托。而当某人就**动产**承担了与之类似的义务时——该动产是其合同相对方为此目的而交付给他的——那么就是**保管合同**（Verwahrungsvertrag），《民法典》在第 688 条至第 699 条对此作了特殊的、内容较多的任意性规定。例如，当某人在参观剧院或博物馆时将外套存到衣帽间并为此支付报酬，那么就适用这些规定。若某人在进入旅店、律所、诊所或澡堂时把衣服或行李放在为此而设的地方，那么虽然此时不成立真正的保管合同——因为缺少特别的合同约定——但这并不意味着当衣服或行李被偷走时保管者无须承担责任。此时，根据情事，以谨慎的注意防止放在此处的标的受到危险的义务可以从来访者与旅店主人、律师、医生或澡堂老板之间订立的合同的从义务中产生（参见 BGH NJW 1980，1096），或者从合同准备时——即使该合同最终并未成立——所产生的债务关系中产生（第 311 条第 2 款）。

668 谁要是作为旅店主人或饭店老板营利性地为他人（不仅仅是提供食物，而且）提供住宿，那么当客人的物灭失或损坏时，他们就不只是根据合同而要承担责任，除此之外，对于“因在从事这一营业中所接待客人的携入物灭失、毁坏或损坏而产生的”损害，他们还须承担特殊的责任（第 701 条第 1 款）。这一因**“旅店主人处物的携入”**的责任基础是法定的担保义务，也就是说，它不以合同的订立为前提，尤其是不以过错地违反合同义务为前提，而是仅仅与这一事实相联系，即客人被旅店主人营利性地“接待”、客人的物被“携带进”旅店主人的管控领域以及在携入后出现了物的灭失或损坏的结果——只要该结果不是由不可抗力导致的。但该责任不及于携入的车辆以及留在车辆里的物（第 701 条第 4 款）；此外，这一责任的赔偿数额有最高上限（第 702 条），例如，客人停在旅馆停车场的车辆被偷或者请求比灭失的物品价值更高的损害赔偿，当它们高于第 702 条规定的数额时，旅店主人的责任仍以法律规定的上限为准。就针对停泊车辆的灭失或损坏的责任而言，必须要注意的是，区分停车场或停车库是否有监控是有意义的：如果没有监控，那么任务执行者的义务就不是保管停泊的车辆，而仅仅是暂时把场地交给客人使用。因此，在这种情况下双方订立的其实是租赁合同形式的转移使用权的合同（边码 709 以下）。

二、任务执行者的义务

《民法典》把在承揽合同中有义务完成特定工作的一方称为“Unternehmer”（承揽人）。在以下的论述中，“Unternehmer”（任务执行者）[①] 一词也被用来指称在雇佣合同中有义务提供劳务的一方。由于我们只论述与劳动合同（边码 653、654）无关的雇佣合同，而在这些雇佣合同中，有义务提供劳务的一方对于何时或如何提供劳务均有一定的独立决定权，因此，律师、税务师、建筑师、企业顾问以及资产管理人都是任务执行者；同样，医生、私立学校的负责人以及作为自由职业者的音乐老师、网球老师或者课外辅导老师等也都是任务执行者。 669

（一）主义务

任务执行者的主义务是，他有义务作出自己与任务授出者（Auftraggeber）[②] 670

---

① Unternehmer（任务执行者），其动词形式是 unternehmen，本义是“开始进行、着手或从事某事”，加上施事者后缀“-er”变为名词 Unternehmer 之后，其基本含义就是“开始进行、着手或从事某事的人”。在《德国民法典》中，当 Unternehmer 与 Verbraucher（消费者）一词相对时（参见第 13 条、第 14 条），就引申为“经营者”（可理解为“从事经营活动的人”）；当 Unternehmer 与 Besteller（定作人）一词相对时（参见第 631 条），则引申为“承揽人”（可理解为“从事加工、运输等活动的人”）；当然，该词在经济学领域还有“企业家”的意思（可理解为“从事企业活动的人”）。但此处，作者所使用的“Unternehmer”一词并非指《德国民法典》中“经营者”或经济学意义上的“企业家”（因此不译成“经营者”或“企业家”），也并非仅仅指“承揽人”（因此只有在涉及承揽合同时才译成“承揽人”），而是在该词的原本意义上加以使用的，即泛指“开始进行、着手或从事某事的人”，含义范围囊括了承揽合同中的“承揽人”、雇佣合同中的“受雇人”（因此在涉及雇佣合同时将该词径直译成“受雇人”）、委托合同中的“受托人”（因此在涉及委托合同时将该词径直译成“受托人”）等所有在合同中需要完成工作或提供劳务的一方。所以，此处的 Unternehmer 是一个作者意义上的上位概念。当作者在一般意义上使用该词时（即同时指“承揽人”、“受雇人”和“受托人”等），需用创造一个新的译名去对译，而不能一概翻译成“承揽人”或其他。译者认为，“任务执行者”这一译法与该词的本义相近，而且可以和下文作者同样作为上位概念而使用的 Auftraggeber（任务授出者）一词形成对照，故取此译法。——译者注

② Auftraggeber（任务授出者），其构词形式为“Auftrag-”（任务、委托或使命）＋“-geber”（给出……的人）。在《德国民法典》中，该词通常用在委托合同中（参见第 662 条），与 Beauftragte（受托人，直译是“被委以任务的人”）相对，通译成“委托人”（直译是“给出任务的人”）。但此处，作者所使用的“Auftraggeber”并非仅仅指委托合同中的“委托人”（因此只有在涉及委托合同时才译成“委托人”），而且包括承揽合同中的定作人（因此在涉及承揽合同时将该词径直译成“定作人”）、雇佣合同中的“雇主”（因此在涉及雇佣合同时将该词径直译成“雇主”）等所有在合同中与完成工作或提供劳务的一方相对的另一方。所以，此处的 Auftraggeber 也是一个作者意义上的上位概念。当作者在一般意义上使用该词时（即同时指称“定作人”、“雇主”和“委托人”等），需要创造一个新的译名去对译，而不能一概翻译成“委托人”或其他。译者认为，“任务授出者”这一译法与该词的构词法本义相近，且可以与另一个上位概念 Unternehmer（任务执行者）形成对照，故取此译法。——译者注

在合同中所约定的特性的给付。在承揽合同中，承揽人的主义务是使定作人获得双方所约定的“没有物的瑕疵和权利瑕疵”的工作。但在雇佣合同中，第611条第1款只规定了，受雇人只需提供“约定的劳务”。然而，只有当该劳务没有瑕疵时，即提供的劳务具备合同约定的特性时，才算是提供了“约定的”劳务。

671 若双方订立了承揽合同，那么在何种条件下该工作才算是“没有物的瑕疵和权利瑕疵”的呢？这一问题被规定在第633条第2款和第3款，从本质上看跟第434条和第435条对买卖合同的规定正好对应。因此，上文（边码578以下）所有关于这一问题的论述同样也能对此适用。所以，此时首先也是要根据当事人的约定来确定该工作需要具备哪种特性才算是没有物的瑕疵和权利瑕疵（边码578；同样参见BGHZ 174，110）。同样，若双方对此没有约定，那么该工作就须具备适合于“合同预定用途”的特性；若无合同预定的用途，则须具备适合于“惯常用途”的特性（边码584、585）。最后，若承揽人完成的是与预定工作不同的工作，或者完成的工作量过少，该工作也要被视为有物的瑕疵（边码593以下）。尽管第633条第2款（与第434条第1款第3句）没有规定承揽人的“公开表示”——例如在产品手册、促销广告以及商品目录中对特定性质加以公开说明——对工作的应有特性而言也很关键（边码584 b），但这一“公开表示”对于认定第633条第2款第1句中的“约定的特性”来说却总是很重要的。

672 此外还要注意的是，买卖法中对买卖标的物应有特性的规定要直接适用于承揽人要完成的工作是制作或生产动产的情形。这是第651条[①]所规定的。也就是说，若承揽人制造了汽车、冰箱、花园桌椅、药品，制作了西装、假牙，或者生产了钢材、水泥或润滑油，并将其送交到客户那里，那么对于送交的标的是否符合合同约定的问题，应直接由第434条和第435条（而非第633条）来作出判断。

673 有一类特殊形式的承揽合同叫**旅游合同**，在该合同中，任务执行者即旅游经营者有义务向合同相对方提供“旅游”，即“整体的旅游服务”（第651 a条），这可以包括提供特定的运输工具，还可以包括提供宾馆住宿，允许进入网球场、滑雪道或裸体沐浴海滩，提供特定的健身器材以供使用，提供特定的医学、饮食或美容照料等。旅游经营者的主义务是使旅游“具有其所保证的特性，且无取消或减少符合通常或合同预定用途的（旅游）价值或适合性的瑕疵”（第651 c条）。

674 若旅游的事实特性偏离了合同约定的应有特性且对旅游者造成不利，那么它就是有瑕疵的。判断应有特性最重要的是旅游商品描述，对此必须字斟句酌。例如，若商品目录中写的是“宾馆位于市中心”，那么旅游者就必须忍受交通噪声；若旅游手册里介绍某宾馆是“幸福之岛和休闲度假胜地”，那么要是旅游者从宾馆走到

---

① 根据最新修订的现行《德国民法典》，该条的序号被改为第650条。——译者注

附近有人居住的地方必须走上半个小时的话，该旅游服务也是没有瑕疵的。对此可参见 *MK-Tonner* § 651 c Rn. 7 ff. 所论述的内容。

雇佣合同与承揽合同原则上并无不同。当提供的劳务不具备合同约定的应有特性时，该劳务就有瑕疵。然而也会出现这种情况：在与独立提供劳务的受雇人订立的雇佣合同中，提供的劳务性质大多数时候只是被笼统地描述，而不写明符合合同的给付所应当具备的具体特征。因此，这些特征就需要通过补充的合同解释来查明。例如，**律师**必须为委托人的利益处理事务，就像委托人根据情事可以期待一个谨慎和负责的律师所能做的那样。因此，如果他致使委托人的请求权完成消灭时效、误导委托人撰写形式无效的亲笔遗嘱或者为委托人设计的遗嘱并不能在规避遗产税方面发挥作用，那么他提供的劳务就是有瑕疵的；同样有瑕疵的情形是，他未经委托人的同意就和争议相对方达成对委托人不利的和解、不向法院递交相关文件，或者传唤的证人及出示的证据是任何一个理性的律师在此特定情形下都不会传唤或出示的。如果**医生**在诊断或治疗时作出了每个具备此种知识的谨慎的医生都不会作出的行为，那么他提供的劳务就是有瑕疵的。同样有瑕疵的情形是，在同样的状况下，一个同类型的医生原本应该能够认识到自己的诊断或治疗水平不足，因此必须将患者转诊到专家处；医生同样有义务及时并完整地向患者说明他所推荐的治疗手段所带来的风险。 *675*

（二）从义务、保护义务

除了主义务，任务执行者还有各种**从义务**，有时人们会在任意性规定中找到这些从义务。例如，若承揽合同是以费用估价（Kostenanschlag）为基础的，那么当预计会超过这一估价时，承揽人就必须不迟延地向定作人告知这一事实（第 650 条第 2 款）。根据承揽合同或雇佣合同，若任务执行者有义务为任务授出者**处理事务**，即在处理任何一件对后者有经济价值的事务时均需符合其利益，那么委托法所规定的从义务也对其适用（第 675 条第 1 款）。例如，原则上受托人虽然必须遵循委托人为执行事务所作出的**指示**，但是当指示不清或指示不全，或者遵循该指示会给委托人造成不利时，那么此时受托人（Unternehmer）就必须向委托人告知并给予他细化、补充、修改或撤回该指示的机会。只有在必须作出行动的紧急情况下，受托人未经委托人同意就偏离其指示才是被允许的；根据第 665 条第 2 款，以下情形属于这种情况，即当询问委托人或等待委托人做决定的时间延缓会引起危险时。若受托人偏离了委托人的指示，那么他必须像委托人的利益所要求的那样来执行事务，也就是受托人“可以依据情事认为，委托人在知道该状况时会同意其偏离指示”（第 665 条第 1 款）那样执行事务。第 666 条同样规定了，受托人在处理事务时要像委托人的**财产托管人**一样，据此，他必须告知委托人事务的随时状况，并在执行事务后提出计算报告（同样参见第 259 条）。最后，受托人有义务将其为执行委托 *676*

所获得的、而非根据委托合同使用或消耗过的一切都返还给委托人；此外，他还必须返还**“因处理事务而取得的”**一切（第 667 条）。

677 例如，若艺术专家有义务在拍卖中为委托人拍得一幅特定的油画，那么当落锤时，他就必须根据第 667 条向委托人返还这幅画。返还请求权针对的是交出该画的所有权，还是仅仅针对交出该画的占有，要取决于相关的物权法规则——艺术专家是自己直接先取得了所有权，还是只取得了对该画的直接占有因而所有权在此刻直接转移给了委托人（边码 406、407）？若这位专家在执行事务的过程中曾被委托人给予现金、空白支票或者代理授权书，那么只要这些东西在事务处理完后仍在专家处，他就必须向委托人返还。这是根据第 667 条所得出的结论。当涉及的是代理授权书时，这一结论也可以从第 175 条中得出。若受托人受住房所有权人的委托管理该房屋（参见《住房所有权法》第 26 条以下），却因收受了燃料商的贿金而向其订购了该房屋所需的燃油，那么根据第 667 条，他必须将收取的贿金——因为这是“因处理事务而取得的”——返还给住房所有权人；当燃料商向受托人给出的是若其不收受贿金就不可能会给出的最低价要约时，受托人同样有此返还义务（参见 BGH NJW 1991，1224；BGH NJW 2001，2476）。

678 在有些情形中，任务执行者的从义务是由强制性规定所施加的，特别是当他与消费者订立合同时。

679 若谁作为经营者订立了远程销售合同（第 312 b 条）、分时居住权合同（第 481 条）、消费者贷款合同（第 491 条）、旅游合同（第 651 a 条）或是付款服务合同（第 675 c 条），那么他的客户——特别是当该客户为消费者时——在合同订立前就应当被告知一系列信息，这些巨细靡遗的信息内容被规定在《民法典施行法》第 238 条以下以及 2002 年 8 月 5 日所颁布的《民法典信息义务条例》中。

680 在实践中有重大意义的同样还有那些没有以具体法律规定为基础的从义务。这些从义务需要通过补充的合同解释或者——在此之外——根据第 242 条去查明，也就是说，要具体地确定受托人如何才算是“依据诚实信用的要求并考虑到交易习惯”来履行义务的。从中产生了一系列各不相同的信息义务、咨询义务、提示义务、照管义务和保护义务，根据第 280 条第 1 款，对这些义务的违反将会导致受托人的损害赔偿义务。

681 谁作为建筑师设计一个太阳能供暖设备，并负责监督它的安装过程，那么他就必须告知**任务授出者**，这一设备是可以申请国家补贴的（参见 BGH NJW 1996，1889）。若任务执行者在履行雇佣合同或承揽合同时获悉任务授出者的**商业秘密**，他不可以将其转告第三人。基于其和有限责任公司或股份有限公司的雇佣合同而成为业务执行人或董事会成员的人，若他获悉了落入公司交易领域的**交易机会**，那么他不可以自己（同样也不能通过“稻草人”或在雇佣合同终止后）去利用该机会，而是应该为公司提供该机会；只有当他都得到公司的同意时，他才能将该机会为己所用（BGH NJW 1986，585；边码 495）。当**信贷机构**的董事会发言人在电视采访中发布了真实或不实的言论，或者发表了这类观点，即从中可以得知该机构的某客户已经离破产不远因而不再具有信贷资格，那么该信贷机构需要承担责任（BGH NJW 2006，830）。**房地产中介**有义务向委托人主动告知一切对订立由其充当媒介的合同有明显意义的信息。属于这类信息的，例如土地的特性（当中介的委托人要购买土地时）和买受人的支付能力（当中介的委托人是出卖人时）。以上规则也准用于**婚姻中介**：他必须主动向客户告知，有意向与其结婚的人曾因犯了重婚罪或无权使用博士头衔而被判过刑（BGHZ 25，124）。**律师**不仅有义务主动向委托人告知其对自己所享有的损害赔偿请求权，而且有义务主动向其告知这些请求权即将完成消灭时效；税务师、建筑师以及其他专业的自由职业者也有此义务（BGHZ 83，17；BGH NJW 1984，2204；BGH NJW 1985，1151 和 2250）。谁作为**承运人**或汽车修理厂的工作人员负责运输委托人的物或修理定作人的车，那么他就必须确保物或车不会灭失、损坏或是遭窃，就像在此种情事中被要求做的那样（BGH NJW 1983，113）。此时被要求做的是所有在经济上具有价值的保障措施，即当采取这些措施的成本要比未采这些措施时，委托人或定作人可能遭受的不利益要更低；而不利益的计算或估算方法是，将其在没有措施时可能遭受的损害与发生这一损害的可能性相乘（参见边码 1085、1086）。同样需要审查的是，任务执行者何时才算违反了**保护义务**（第 241 条第 2 款），例如作为律师、医生或是医院和寄宿学校的负责人并未采取足够的措施去保障委托人、患者或学生可进入的区域不发生危险事故。

三、任务授出者的义务

（一）主义务

任务授出者的主义务是支付约定的报酬。若因缺少关于报酬的约定而导致任务 682
授出者是否有义务支付或有义务支付多少报酬存有疑义，那么可能产生的问题就是，该合同是否会因欠缺对必要内容的合意而不生效（参见边码 87、130）。第 612 条、第 632 条对这一问题的产生做了预防：据此，当任务执行者通常来说仅在有报酬的情况下才会作出给付时，就视为“已默示地约定了”报酬；至于**报酬的数额**，要视为双方已就“符合税收要求的报酬”作出了约定，正如《律师报酬法》（RVG）中对律师的给付所作的规定、《医生收费规定》（GOÄ）中对医生的给付所作的规定、《建筑师和工程师酬金规定》（HOAI）中所作的规定。在必要的情况下，还可以根据“通常的报酬数额”来支付。

683 任务授出者只有在任务执行者**履行了给付**时才需要支付报酬。在雇佣合同中，这一点可以从第 614 条第 1 句中得出；在承揽合同中，第 641 条规定定作人只有在“验收工作时”才需支付。这就表示，任务执行者必须**“先履行”**，即他必须先提供劳务，该工作必须先由承揽人完成并交由定作人验收，其报酬请求权才算**到期**。当定作人有形地验收了该工作或是——通过明示的表示或者默示的行为——表达了他已从根本上**认同**（billigt）该给付是符合合同约定的，那么他就是对该工作进行了验收。若该工作存在第 633 条意义上的瑕疵，则定作人可以拒绝验收。但定作人无权因为“不重要的瑕疵”而拒绝验收（第 640 条第 1 款第 2 句）。若他在验收时已经知道了该工作重要的或不重要的瑕疵却仍然验收，那么只有当他在验收时“保留”了因瑕疵而产生的权利时，他才有权因工作的瑕疵而享有第 634 条第 1 项至第 3 项所规定的针对承揽人的权利（第 640 条第 2 款）。例如在建筑工程中，瑕疵已经写在了验收记录里，并且该记录之后由双方共同签字。就有些无形的工作来说——例如提供运输——当承揽人完成了工作并且该工作在根本上是符合合同约定的应有特性的，那么就被视为已验收（对此参见第 646 条）。

684 验收不仅会使承揽人的报酬请求权到期，而且会给承揽人带来其他有利的法律效果。尤其是验收完之后，定作人所能向承揽人主张的瑕疵担保请求权的期限也开始起算（第 634 a 条）；此外，验收之后，**“报酬风险”**（Vergütungsgefahr）就从承揽人处转移到定作人处。这意味着：若该工作在验收之后、在定作人的要求下寄送之后或者在货交承运人之后毁坏或损坏，即出于承揽人无须负责的事由，例如不可抗力、运输人或是其他第三人的过失等，那么定作人仍必须支付完整的报酬（第 644 条）。最后，验收还会导致这一效果，即定作人若想主张瑕疵担保请求权，那么他就必须承担工作在验收前就已经存在瑕疵的举证责任。

685 以上原因容易促使定作人因其所谓的或捏造的瑕疵而拒绝或推迟验收；相反，承揽人则希望自己完成的无瑕疵的、或仅有一点且不重要瑕疵的工作能被尽快验收，以使其报酬请求权到期。考虑到承揽人的这一利益，定作人的验收义务被视为**主义务**。因此，承揽人可以诉请定作人履行合同，即诉请其验收工作（参见 BGHZ 132，96）。他也可以为验收设定一个合理期间，其效果是，若期间经过定作人还不验收该工作，就要视为他已验收。这当然要以未验收的工作是无瑕疵或仅有不重要瑕疵，因而定作人有义务验收为前提（第 640 条第 1 款第 2 句）。最后，承揽人也可以委托鉴定人对工作是否无瑕疵进行鉴定。在此，若鉴定人出具**“完工认证”**（Fertigstellungsbescheinigung），则该工作同样也被视为已验收（第 641 a 条[①]）。

---

① 第 641 a 条在最新修订的现行《德国民法典》中已被删除。——译者注

686 等到定作人须依据有既判力的判决才进行验收、为定作人设定的验收期间经过或者等鉴定人作出完工认证，往往都会经过很长时间。要是承揽人为验收而准备的工作在此期间毁坏或损坏，他的报酬请求权会怎样呢？若完成的工作是无瑕疵的或者只有不重要的瑕疵的，那么根据第 293 条以下，定作人不验收就会陷入受领迟延（边码 634 以下）。其后果是，报酬风险转移给定作人（第 644 条第 1 款第 2 句），也就是说，当工作灭失或毁坏时，承揽人仍然可以向定作人请求支付报酬。这不仅适用于不可抗力、其他事故或是由第三人的过错造成的毁坏或损坏，而且适用于由承揽人自己或其履行辅助人的过错——只要不是故意或重大过失——所导致的毁坏或损坏（第 300 条第 1 款）。

687 此外，承揽人还可以根据第 286 条向定作人请求赔偿因其迟延验收而造成的损害。要是承揽人因此而耗尽了耐心，不愿再为验收而备好这一工作，并想彻底从合同中跳脱出来，那么他可以在满足第 323 条的前提下解除合同以及/或者根据第 281 条向定作人请求代替给付的损害赔偿。

688 承揽人所有的这些请求权当然都是以根据承揽合同定作人有验收义务为前提的。但是，定作人可以采取激进的手段让自己摆脱该义务：根据第 649 条[①]，若无另外的约定，他可以“在工作完成前随时”**通知终止**承揽合同，而无须说明任何事由。通过这种方式，他的验收义务就消灭了，同样，他以自己的协助措施来促成工作完成的义务也消灭了（边码 694）。然而，这一通知终止的代价是很高的：定作人仍然有义务支付约定的报酬，而只能从中扣除掉承揽人“因合同的终止而节省的费用”，参见边码 778、995。

689 即使是任务执行者有权请求支付报酬——因为他已提供了劳务（第 614 条第 1 款）、他的工作已被验收（第 641 条第 1 款第 1 句）或被视为已验收（第 640 条第 1 款第 3 句，第 641 a 条）——但是只要任务授出者在这一关键时刻**没有支付能力**，那么他对此也会束手无策。这对于任务执行者来说是个极大的风险。因为他有先履行的义务，即在他有权请求报酬之前，为了能够提供劳务或完成工作，他必须投入可观的人力物力。若任务授出者事后破产，那么他投入的人力物力全都会白费，因为该劳务或工作都是为任务授出者“量身定做”的，因而不能用作他途，或者必须变价出售。承揽人可以通过以下方式在一定程度上降低这一风险：约定预付款或分期付款（参见第 669 条连同第 675 条第 1 款），或者约定报酬按各部分进行支付，例如按期（第 614 条第 2 句）或按部分工作的验收（第 641 条第 1 款第 2 句，“按施工进度支付”）进行支付。例如，当建筑工程承包人完成了工程“自成一体的部分”，或者他安装了建筑材料或建筑部件，那么只要发包人取得对建筑部件或建筑材料的所有权，承包人就可以依据法律——也就是在没有特殊约定的情况下——请

① 根据最新修订的现行《德国民法典》，该条的序号被改为第 648 条。——译者注

求其分期支付相应数额的报酬，此时不考虑是否已验收（第 632 a 条）。

690 在有些情形中，任务执行者还可以借助第 321 条规定的**不安抗辩权**（Unsicherheitseinrede）。若合同订立后定作人出现了明显不能支付到期报酬的状况（例如他没有支付分期款项），那么（有先履行义务的）承揽人就可以保留自己的给付，通过这种方式，他就可以避免在工作中进行（更多的）投入。在这种情形中，他可以向定作人要求提供担保（大多时候是通过银行担保），并且在为此设定的合理期间经过后仍未得到担保时，根据第 323 条解除合同。

691 只要待完成的工作是制作或修缮一个被承揽人占有却属于定作人所有的动产——典型的情况是修理车辆——那么针对定作人的破产风险，承揽人就可以获得以下保护：他可以根据第 647 条依法取得对该物的**留置权**（Pfandrecht），据此他可以在满足特定要件时公开拍卖该物，并使得其报酬请求权和损害赔偿请求权可以从拍卖所得价款（Erlös）中受偿（第 1257 条、第 1228 条以下）。但是在修理汽车的情形中经常会出现的情况是，需要修理的汽车并非定作人所有，因为他是在所有权保留的情况下取得该车的，且买卖价款并未完全支付：在这种情况下，承揽人对该车并不享有留置权；即便承揽人无重大过失地以为定作人就是所有权人，因而根据第 1207 条和第 932 条以下是善意的，承揽人仍不享有留置权（BGHZ 23，153 就是这样判的）。在实践中，对承揽人有利的是，他可以将“担保物代偿条款”（Verpfändungsklausel）纳入其一般交易条款。在这一条款中，定作人表示他为承揽人在汽车上设立质权（Pfandrecht），承揽人接受了该表示。因此，质权就**通过合同**被创设了。因而第 1207 条对此也是适用的，对质权的善意取得也是可能的了（参见 BGHZ 68，323）。担保物代偿条款并不违反第 307 条的规定（BGHZ 101，307，315、316）。在对他人土地进行施工时，第 648 条赋予建筑工程承包人向发包人请求**保全抵押权**（Sicherungshypothek）的权利。但这一约定常常是没有意义的，例如该土地已经为了其他债权人的利益而负担了不动产抵押（Grundpfandrechte），又如该土地不属于发包人所有。为了填补这一漏洞，第 648 a 条[①]赋予建筑工程承包人向发包人请求**担保**的权利。在实践中，这一担保通常是让银行来提供的，即发包人与银行订立事务处理合同，据此，银行向承包人提供与其可预见的报酬请求权相同数额的担保。

（二）从义务、保护义务

692 任务授出者不仅必须支付约定的报酬，还经常要履行从义务，这些从义务的基础是合同的约定。若合同中缺少这一约定，那么从义务有时可以从法律的任意性规定中产生、从对合同的解释中产生或者通过对漏洞的填补而产生。

---

① 原第 648 a 条规定的建筑手工业者的担保现已被废除，目前的第 648 a 条是关于重大原因通知终止的规定。——译者注

1. 使合同相对方免遭生命或健康危险的义务。在雇佣合同中，根据第 618 条，雇主必须采取使其合同相对方免遭生命或健康风险的保障措施。这一义务不能被合同约定排除或限制（第 619 条）。该义务在实践中的意义主要在于它与劳动者的关系，当然，它也会被其他更为详细的关于事故保障的规定所取代。附带一提，第 618 条还可以适用于以下情形：独立的任务执行者——例如以自由职业身份工作的理疗师——在提供劳务时，由于雇主家的地板很光滑或是房间受过石棉污染而遭受损害。第 618 条同样适用于承揽合同，但可以被双方约定所变更。例如，承揽人有义务清洗定作人的画或者修理他的空调，但在执行任务的过程中掉进了因瑕疵而被遮盖的井里，并因此而受伤（参见 BGHZ 56，269，274）。 693

2. 协助（Mitwirkung）的义务。经常会出现的情况是，只有当任务授出者出手协助时，任务执行者才能提供约定的劳务或完成约定的工作，或者只有任务授出者的协助才能为任务执行者创造执行任务的前提条件。例如，只有定作人把建筑图纸提供给承揽人，或把汽车交给承揽人，承揽人才能开始建造房屋或修理汽车。同样，若学生在约定的时间并不现身，那么课外辅导老师或寄宿学校的负责人也就不能为其提供约定的劳务。 694

根据合同约定，任务授出者的协助行为可以是从义务的标的。在这种情形中，若任务授出者出于其应当负责的事由并未协助，或者作出了跟合同约定有所不同的协助，那么任务执行者就可以根据第 280 条第 1 款请求损害赔偿；在特定条件下，他甚至可以解除全部合同以及/或者请求代替给付的损害赔偿（第 323 条、第 218 条）。 695

然而，任务授出者是否有义务作出协助行为，以及是否应对义务违反负责，经常是可以先搁在一边的。因为当他不作出协助时，他通常就已经陷入了受领迟延（边码 634 以下）。针对这种情况，《民法典》赋予任务执行者权利，使他可以借助这些权利更容易地达到自己的目的。 696

第 615 条规定，在**雇佣合同**中，若雇主陷入对约定劳务的受领迟延，那么他仍须向受雇人支付因迟延而没有提供的劳务的报酬。 697

从报酬中可以扣除的只能是受雇人“因不提供劳务而节省的开支、因将该劳务另作他用而取得的利益或恶意怠于取得的利益”的数额。例如，特定时间本应在学生家里开始的课外辅导因学生生病而被其父母在电话里取消，那么辅导老师虽仍可请求约定的报酬，但报酬的数额要扣除其节省下来的车费。此外，他也不必事后弥补此次因故被取消的辅导。 698

这可能看上去有些严格：雇主出于自己无须负责的原因而无法受领劳务，却仍要为此支付报酬。但我们必须要考虑到，这里的问题其实是风险应如何分配：哪一方应当承担以下风险，即雇主不受领依合同约定所提供的劳务或雇主并不能像自己之前所想的那样利用该劳务的风险——即使该风险是由不可抗力导致的。第 615 条将这一风险分配给雇主，这一做法显然是非常合理的。因为使他不能受领劳务的情 699

事来自他自己的领域，因此由他来避免风险的成本要比由其他人来避免更低；即使是不能避免，他也可以购买保险或采取其他预防措施来降低成本。同样我们也要看到，虽然雇主必须支付不能受领的劳务，但他总还是能通过通知终止合同使自己从报酬义务中解放出来。例如，若雇主与寄宿学校负责人、芭蕾舞教练或管家订立为期一年或不定期的雇佣合同，但在合同订立后，就发生了学生长期生病、舞蹈学员摔断了双腿或孤寡老人进了养老院而导致雇主不能受领的情形，那么这绝不意味着雇主还要支付合同剩余期间的报酬。因为，雇主可以通知终止雇佣合同：当合同是不定期时，他可以根据第 621 条，在遵循通知终止期间的前提下通知终止；当受雇人提供的是“较高级的劳务”且并非属于“有固定薪资的长期雇佣合同”时，雇主则可以根据第 626 条“基于重大原因”或根据第 627 条即时地通知终止（边码 1000、1008）。

700 就**劳动法**而言，第 615 条在实践中有特殊的意义。在此，当导致停工的情事归于雇主的**“营业风险”**（Betriebsrisiko）时，或者——正如第 615 条第 3 句所表述的——当雇主“承担停工风险”时，雇主仍须支付工资。属于这种情况的有，劳动者已经准备好并且也有能力提供劳动，但实际上却不能提供，因为雇主的营业受到不可抗力，例如遭遇飓风或洪水、能源停止供应、发生火灾、供货中断、出现销售危机等而瘫痪。相反，当劳动者由于铁路交通障碍或是因为洪水而不能抵达营业地点，因而不能提供其劳动，那么这一风险就要由他自己承担。这一与时间挂钩的劳动给付不能在第二天或第三天被弥补；根据第 275 条第 1 款，劳动者就该劳动而言已是给付不能，其法律效果是，根据第 326 条，他失去了工资请求权。当停工是因为雇主的营业或其他雇主的营业被**罢工**所影响时，要适用特殊的风险分配规则（对此参见劳动法的专业文献）。

701 在**承揽合同**中，若定作人有必要实施某一协助行为却怠于实施该行为而陷于验收迟延的，承揽人就可以根据第 642 条向其请求**“适当的赔偿”**。其要件是，承揽人在约定的时间已准备好并且也有能力完成工作，却仅仅因为定作人的不作为而不能进行承揽活动——例如定作人不提供为施工所必需的施工许可或建筑图纸、不准时地将位于自己处的建筑材料运送至定作人处，或者不能及时将滑坡或渗水的工程用地恢复到适于建造的状态。若承揽人已经开始了他的工作，但由于定作人并未实施为此所必要的协助，导致承揽人不能继续完成工作，亦同。这些情形与受领迟延的情形相同，都无须考虑定作人不实施协助是否出于他应当负责的原因。适当的赔偿数额被规定在第 642 条第 2 款：承揽人在验收迟延期间必须让其劳动力全体待命，而不能将其用于他途，赔偿的数额应当要填补这部分的损失。

702 有时，不确定的是定作人是否或何时可以补充作出其协助行为。对此，根据第 643 条，承揽人可以为定作人设定一个补充实施协助的合理期间，以使该问题一目了然。若期间经过定作人仍未实施协助，那么合同就被视为已终止。承揽人以此获得将其人力物力用作他途的自由。当然，承揽人不会因此就变成跟合同被完全履行一样的状态。承揽人可以根据第 281 条请求**代替给付的损害赔偿**，即由完整的报酬减去节省的费用所得到的数额，以尽可能地达到这样的目标状态。承揽人可以自由选择是否使用这一方式，但前提是定作人有实施协助的合同义务，并且他应当对此义务违反（即不实施协助行为）负责。

那么，若定作人虽已实施了协助行为，但该行为却是有偏差的，而这一偏差导致了工作在验收前灭失、完成的工作带有瑕疵或者工作无法被完成，情况又如何呢？在这种情形中，若定作人行为的偏差在于运送了有瑕疵的材料或是作出了不合适的指示，那么承揽人可以根据第 645 条第 1 款请求部分报酬。此时同样不重要的是，定作人对由其运送的材料的瑕疵、由其作出的指示的不合适是否有过错。 703

若业主在合同中要求房屋必须用荷兰生产的特殊砖瓦建造，并且这些砖瓦由他自己来买并由承包人运到建筑工地，那么若未完工的房屋因这些砖瓦不适于造房而坍塌，他就必须根据第 645 条向承包人支付部分报酬，即使他事先既不知道也不应当知道该砖瓦是不合适的。判例将第 645 条类推适用于类似的案件：在这些案件中，只要工作在验收前因可归责于定作人**风险领域**的事由——例如他运送了有瑕疵的材料或作出了不合适的指示——而灭失、品质下降或无法被完成，那么虽然定作人对这些事由无须负责，承揽人仍有权获得部分报酬。例如在 BGHZ 40，75 中：若尚未建成的谷仓在验收前焚毁——其原因是定作人把易燃的干草储藏到谷仓里，之后干草发生了自燃——那么根据第 645 条第 1 款，他必须向承揽人支付部分报酬。尽管定作人不是出于过失而将干草储藏到谷仓里的，但由于干草对定作人来说是有用的，因此让他来承担使用干草所带来的不利益（dem Nutzen verbundenen Nachteil）风险——此处即为被储藏的干草提升了的火灾风险——就是合理的了（亦可参见 BGHZ 83，203）。 704

只要是定作人在实施协助行为的过程中有过错，例如因过失运送了不合适的建筑材料或作出了错误的指示，导致正在进行的工作灭失、品质下降或无法被完成，那么承揽人除了部分报酬外，还可以根据第 280 条和第 281 条请求定作人赔偿由此产生的损害（第 645 条第 2 款）。 705

3. 费用的偿还。若任务执行者在履行雇佣合同或承揽合同的过程中有义务为任务授出者处理事务（边码 661、662），那么后者就有义务偿还前者因处理事务而产生的费用（第 675 条第 1 款、第 669 条、第 670 条）。但是，若支付的报酬理应是包含了偿还费用的，任务授出者就无须对此再进行偿还。例如，若受托人有偿为委托人管理租赁土地，那么由此产生的电话费或邮费是不能要求偿还的，但是受托人委托律师去处理租金诉讼的费用则是可以要求委托人偿还的。若动物收容所的负责人在度假期间委托某人有偿地照顾他的狗，那么虽然喂养费是无须偿还的，但兽 706

医治疗小狗的医疗费则是需要偿还的；相反，若照顾小狗是无偿的，即订立的（不是雇佣合同或承揽合同，而）是第 662 条意义上的委托合同（边码 657 以下），那么有疑义时，喂养费也是需要偿还的。无论如何，只有当每一个理性的人在相同的情况下都会认为某一费用是“必要的”，这一费用才应被偿还。例如，给小狗喂松露牛肝就是一种不必要的费用；同样不能被视为必要费用的是，当小狗的市场价只有 50 欧元，却为治疗小狗而向兽医支付了 1 000 欧元，尽管立法者——正如我们可以从第 251 条第 2 款第 2 句中所能看出的——将动物看得特别重要。

707 第 670 条意义上的费用是自愿作出的财产牺牲。因此，受托人在处理事务过程中所遭受的损害——例如他身体受伤、开车撞树或者对第三人负有赔偿义务——就不属于费用的范围。尽管如此，判例仍将这些损害当成费用来对待，并且认为只要满足两个要件，这些损害就是应当偿还的：第一，损害必须是由委托人在合同订立时就知道或应当知道的、在处理该事务时通常会出现的风险所造成的。第二，若事务处理是有偿的，则不能假定报酬里已包含了对这一特殊风险的费用偿还。因此，若谁在邻居的恳求下去清除邻居屋顶的雪，他可以请求费用偿还（=损害赔偿）；同样，若谁在运动协会的委托下有义务（无偿或仅有少许报酬）训练青少年游泳队，却由于过失没有提醒孩子不要在水池边跳水，导致自己对孩子负有损害赔偿义务，那么他可以根据第 675 条第 1 款、第 670 条以及第 257 条向作为其委托人的运动协会请求使其免于对孩子的主义务（参见 BGHZ 89，153）。但是，如果这一损害是由受托人自己的过失所导致的，而不是每个人在此情形中迟早都会犯的过失，那么这一根据第 670 条的请求权就要类推适用第 254 条被减少或者被完全排除。

708 4. 保护义务。与任务执行者一样（边码 676 以下），任务授出者同样有义务“顾及另一方的权利、法益和利益”（第 241 条第 2 款）。例如，若谁跟出租车司机订立了运输合同或跟律师订立了雇佣合同，如果他在乘车时抽烟而过失地导致座位起火，或者他在载律师去法院的路上因自己的过失导致交通事故，进而让律师受伤，他就必须根据第 280 条第 1 款（而不仅仅是根据第 823 条第 1 款）承担损害赔偿责任。

第四节　转让使用权的合同中的义务

一、义务内容概述

709 物的所有权人可以根据合同向他人负担转让其所有权的义务。在此情形下，所有权人会卖出或赠与某物，或者将它与他人的另一个财产标的互易。然而，根据合同，所有权人也可以仅仅向他人负担**在一定期限内转让物的使用权或用益权**的义务。既然买卖合同、赠与合同和互易合同被统称为“转让所有权的合同”（Veräußerungsverträge），那么与之对应，此时涉及的就是**“转让使用权的合同”**（Gebrauchsüberlassungsverträgen）。大多数情况下都是**物**的使用权经由合同转让给了他人。但经常也会出现**权利**人允许他人对该权利进行暂时的用益。同样还有可能的是，作为整体的财产标的——例如一个（由土地、货物、存货、债权、专利权和商标权等组成的）企业—— 在一定期限内被交由他人使用或用益。

（一）使用租赁合同

在转让使用权的合同中，**使用租赁合同**（Mietvertrag）无疑是最重要的。在使用租赁合同中，出租人有义务在租赁期内将租赁物交给承租人使用，即他必须将租赁物以符合合同要求的使用状态交给承租人，并在租赁期内保持这一状态。承租人的对待给付是向出租人支付约定的租金（第 535 条）。使用租赁合同的标的只能是物（第 90 条、第 90 a 条），例如建了房或者没建房的**土地**，以及土地的成分，例如用来安装广告牌的墙或者用来摆放摊位的场地等。在实践中尤其重要的是关于建筑物里**不同场所**（Räume）的使用租赁合同；此时要区分的是**居住场所**（Wohnraum）、**商业场所**（Geschäftsraum）以及**其他场所**。最后，承租人还可以是在一定期限内获得**动产**使用权的人，例如租用汽车（这经常被说错成“借用汽车”）、马、电视剧、录像带、体育器材，或者婚礼用的燕尾服、用于游泳的泳衣和毛巾。《民法典》关于使用租赁合同的规定在一定程度上同样遵循了根据租赁物的不同种类进行编排的方式：其中，作为第一目的第 535 至第 538 条是“一般规定”，适用于以任何一种租赁物为标的的使用租赁合同；第二目是关于“居住场所使用租赁关系”的规定（第 549 条至第 577 a 条）；最后是关于特定的“其他的物”（尤其是土地、商业场所和动产）、而非居住场所的使用租赁合同（第 578 条至第 580 a 条）。 710

在使用租赁合同中，合同双方的关系有时只会持续较短的时间，例如在租用帆船一个下午或租用汽车一个周末的场合里。但通常来说并非如此：当使用租赁合同涉及的是土地、居住场所或商业场所时，租赁的时间经常是较长的，例如 5 年或 10 年，甚至是出租人或承租人的有生之年（参见第 554 条）。有时，当事人根本就没有约定使用租赁合同的期限，在这种情况下，该合同的期限就属于不特定期限，即一直持续到它被出租人或承租人通知终止，或是被双方终止合同的合意所终止为止。因此，使用租赁合同在绝大多数情况下是**持续性债务关系**（Dauerschuldverhältnisse），其特征是，当事人有义务进行持续性的行为或是经常作出重复的给付，所以给付的范围就取决于双方受合同约束的期限的长短以及在该 711

期间里必须作出的给付的多少。与之相同的情形是**雇佣合同**，只要劳务是要在一段时间内持续给付；此外还有**融资租赁合同**（边码722、723）以及**采购合同或供应合同**（Bezugs-oder Versorgungsverträge）（边码563）。在使用租赁合同中，合同当事人的义务履行是持续性的，这一事实也成了立法用语经常使用**“租赁关系”**（Mietverhältnis）一词来代替原本就很恰当的表述“租赁合同”（Mietvertrag）的原因（例如参见第542条）。同样，使用租赁合同（正如所有的持续性债务关系一样）原则上不是通过解除（Rücktritt）而终止，而是被**通知终止**（Kündigung）。根据第346条，解除的效果是，合同当事人要互相返还自合同成立时起所为的给付：要么返还原物、要么在不能返还原物时返还其价值。对于持续性债务关系而言，这不仅在技术上是有困难的，而且不符合其本质。因为即便是承租人或出租人在特定的时间点违反了合同义务因而给了另一方终止合同的事由，需要互相返还的合同内容也应该仅仅是截止到**这一时间点**；而且未违反合同的一方对此也有值得保护的利益，即合同不能溯及过去、而应当**面向未来**，也就是以通知终止的形式被终止。承租人或出租人有权作出通知终止的要件被规定在租赁合同法的众多条文中（例如参见第540条第1款第2句、第543条、第544条、第569条）。它们取代了第314条的一般规定，根据该规定，所有的持续性债务关系“基于重大原因”都能被合同当事人通知终止。

712 通常来说，出租人也同时是租赁物的所有权人。但也不是必须如此。经常出现的情形是，某人拥有一处或多处自己租来的、因而不属于他的住房，为的是与次承租人（Untermieter）订立使用租赁合同（第540条、第553条以及边码745、746）。同样的情况还有，所有权人将房屋出租给主承租人（Zwischenvermieter），并附上主承租人转租的条件，即“主承租人应以供居住为目的而将所租用的住房营利性地转租给第三人”（参见第565条）。相反，承租人在绝大多数情况下都只有对租赁物的使用权，而非所有权。

713 **住房租赁合同**（Wohnungsmietvertrag）是法律规制的重心。其中最重要的思想是**保护承租人**，该思想的出发点是，从典型的情况来看，所有权人和出租人在合同磋商过程中的地位是很强势的，相反，承租人的地位就相对较弱，因此，根据社会福利国家的要求，所有权人和出租人对与其住房相关的资产所带来的租金利益就要让位于防止承租人受通知终止和房租上涨威胁的利益。立法者试图实现这一目标的工具，经历了一个变化的过程。二战后，由于战争的破坏，住房供给非常紧张，但同时被驱逐者和被炮弹炸毁一切的人的住房需求很高，因此**住房管控**（Wohnraumbewirtschaftung）系统就被建立起来，即出租人通知终止住房租赁合同的权利被排除了，租金的数额被固定下来，以及颁布规定授予住房管理局有权将寻求住房者“安顿”在房屋所有权人处，通过这一行政行为的方式在所有权人和被安顿者之间成立租赁关系。在住房管控被废止之后，立法者不仅通过公法手段、也通过私法手段去解决这一问题。一方面，十亿税款被拨用于"社会住房建设"（sozialer Wohnungsbau），建成后的"社会住房"收取法定的低价租金，目的是让有所需求的人更容易地租到房。正如后来所表明的，许多"社会承租人"（Sozialmieter）尽管早已没有这方面的需求，却仍不肯放弃自己对社会住房的占有，为此，立法者又开始对已证明是无社会住房需求的人征收"缺少占有需求的税"，但"对社会住房已无占有需求"这一问题直到今天也没有解决。对于非社会住房尤其是旧住房而言，若收入较低的人对高出部分的租金仍负担不起，那么他们就有权向国家请求支付租金补贴（"住房津贴"，Wohngeld）。同时，立法者通过颁布大量的、但在法政策上始终受到争议的私法规定创建了**"社会租赁法"**（soziales Mietrecht），以法律强制性规定的形式确定住房租赁合同的内容，特别是大大限制了出租人的通知终止权、使根据变动的市场状况调整约定租金更加困难以及重新出租住房时租金不得超过特定数额。由于作为所有权人的出租人可以根据《基本法》第 14 条第 1 款第 1 句主张所有权的保障，但同时承租人也可以根据《基本法》第 14 条第 2 款主张所有权的社会义务，所以法院在适用《民法典》中关于租赁保护的规定以及对其进行解释时不用费很大力气就能将其作为**宪法**上的问题进行处理了。这导致的结果是，可以准许对最高法院在此领域的判决提起宪法诉愿（Verfassungsbeschwerde），进而使联邦宪法法院关于住房租赁法的判例成为丰富而又不断发展变化的法律渊源。

例如参见联邦宪法法院的以下判决：NJW 1989，970；NJW 1990，309；NJW 714
1993，2035 和 2165；NJW 1994，308 和 309；NJW 1995，1480（所有这些判决都支持出租人因"自己需要"而通知终止住房租赁合同的权利）。对此参见第 573 条第 2 款第 2 项以及边码 1005 以下。

（二）用益租赁合同

用益租赁合同（Pachtvertrag）与使用租赁合同的区别在于，用益出租人 715
（Verpächter）不仅有义务向用益承租人（Pächter）提供该物的使用权，还要向其给予用益租赁标的之**孳息的享用权**。此外，与使用租赁合同不同，可被用益租赁的不只是物，还可以是**权利**（Rechte），例如专利权、商标权或者矿藏的开采权，以及**作为整体的财产标的**，例如企业：如果企业的所有人与另一方约定，不把属于企业财产的物、权利、商业前景和机会的所有权转让给该方，而是允许其像企业的所有人一样对其进行使用、变价和用益，那么这就是**企业用益租赁合同**（Unternehmenspachtvertrag）。若当事人就农业用地作了一个类似这样的约定，那么就是**农业用地用益租赁合同**（Landpachtvertrag），对此，第 585 条至第 597 条作了非常重要的特殊规定。若合同一方得以使用的是用于营业、诊所或律所的商业场所，那么此时涉及的是使用租赁合同还是用益租赁合同就是有疑问的了。如果房屋在交付时就已经被设置和装修成让使用者立即就以为它是用于经济目的的，一般来说就要被认定为是用益租赁合同（参见 BGH NJW-RR 1991，906）。据此，当某人计划开一家餐厅，并为此目的租到了带柜台、厨房和保龄球道的房屋，那么就要认定为是用益租赁合同；相反，当律师为自己的律所租到的是一个空办公室时，那么就是一个使用租赁合同。

716 当然，使用租赁合同和用益租赁合同在实践中的区别不是很重要。因为根据第581条第2款，所有的使用租赁法反正都可以准用于用益租赁合同，只要它们不是关于住房租赁合同的特殊规定。此外，关于商业场所使用租赁或用益租赁的规定大多都具有任意法的性质（不同于关于居住场所租赁的规定），因而只在当事人未作约定时才可以适用。这是出租商业场所时经常会出现的情况，因为在此要顾及巨大的经济价值可能遭受的风险，因此当事人在起草详细的合同条款时所投入的成本是值得的。

（三）使用借贷合同

717 如果双方约定，合同一方应当允许另一方暂时**无偿地**使用一个物，那么《民法典》就把这样的合同叫做“使用借贷”（Leihe，第598条至第606条）。例如，某人在暑假期间把自己的度假公寓交给他的熟人使用、在展览期间或是长期地把自己的画交给博物馆使用，这些都属于使用借贷。若某人向他的朋友作出承诺，在自己或这位朋友的有生之年将房子无偿地交给他作居住使用，那么有疑问的就是，此时出借人（Verleiher）是否也须像赠与人（Schenker）一样受到保护，即就使用借贷合同的效力而言，是否应类推适用第518条做成公证证书的规定，以防其草率订立合同？但联邦普通法院对此表示否定（BGHZ 82，354；BGH NJW 1985，1553）。

718 由于出借人并不为自己谋利，所以必须要考虑的是，转让使用权是否仅仅是“出于情谊方面的原因”，即当事人或许根本不想受到合同的约束、不愿使自己在法律上被束缚（参见 BGHZ 21，107；边码33）。即便是希望产生法律约束力，出借人也只有在非常严格的条件下才会因违反合同义务而需承担责任。因此，若出借之物不具有出借人向借用人（Entleiher）承诺过的特性，借用人也不能因此享有对出借人的请求权，因为该物就是以它在出借之时所具备的属性被借出的，即没有任何担保；除非出借人恶意不告知物的瑕疵或权利瑕疵（第600条），或者双方对此有过另外的明示约定。若出借人违背约定根本没有把该物交给借用人使用、交出该物晚于双方约定的时间或是违反合同约定的信息义务、提示义务或说明义务而给借用人造成损害，只有当出借人是出于故意或重大过失时，借用人才有权向他请求损害赔偿（第599条）。

719 然而，当出借人已履行了合同所约定的给付而仅仅违反了第241条第2款中

（与给付无关）的**保护义务**时，以上规则就并不适用了。例如，出借人借出了自己的度假公寓，借用人到房子里拿钥匙的时候偶然走上坏了的楼梯并受伤。有争议、但同样不适用以上规则的还有这一情形：当出借之物（Leihsache）即度假公寓有瑕疵并且借用人因为该瑕疵而产生了损害时，出借人能否援用第 599 条和第 600 条关于责任减轻（Haftungsprivilegien）的规定？若度假公寓有瑕疵而不能使用，借用人因此搬到宾馆里，那么只有第 600 条所规定的特殊要件满足时，借用人才可以向出借人请求赔偿旅馆的住宿费；若借用人遭受的是**瑕疵结果损害**，例如度假公寓阳台上摇晃的扶手倒下来把借用人砸下楼梯，又该如何呢？有些作者认为，在这种情况下，不论是针对合同的还是侵权的损害赔偿请求权，出借人都有权援用第 599 条和第 600 条的规定，这种观点是有失偏颇的，参见 BGHZ 93，28（关于适用第 521 条）以及边码 35。

（四）分时居住权合同

对建筑物或住房的使用权——绝大多数情况下都是休假期间用于停留的目的——还可以通过这种方式创设：当事人之间订立**分时居住权合同**（Teilzeit-Wohnrechtevertrag），只要使用权的出让方是经营者（第 14 条）、受让方是消费者（第 13 条），该合同就要适用基于转化欧盟指令的第 481 条至第 487 条的规定。此外，对“用于休假的不动产”（Ferienimmobilie）的使用至少要在 3 年以上，即在每年的特定时间段要进行使用。最后，使用人在合同订立时必须支付涵盖全部使用期间的总价（第 482 条）。消费者在订立这类合同时会出现不够深思熟虑的风险，因此立法者通过对经营者设置强制性规定的方式对此进行保护：经营者必须向消费者递交以消费者所选择的语言拟定的带有居住产品信息的说明书。此外，经营者必须授予消费者对已成立合同的附期限撤回权，并且以第 355 条第 2 款所规定的形式明示地向其告知该权利。最后，只要撤回权还在期限之内，经营者就不能请求或受领预付款或首付款。 720

使用人是否（像承租人一样）仅对经营者享有交付使用的合同请求权，抑或经营者必须使其取得对该物进行使用的**物权**，要视情况而定。若“用于休假的不动产”坐落在德国，那么就有可能是长期居住权（《住宅所有权法》第 41 条）或役权（第 1093 条）。若该不动产处在外国，那么根据《民法典施行法》第 43 条第 1 款，若德国的法官想知道使用人是否取得了对该不动产的物权、物权的内容又是什么，他就必须适用“物之所在地法”（*lex rei sitae*）。 721

（五）融资租赁合同

与转让使用权的合同有些类似的是**融资租赁合同**（Leasingvertrag），因为在该合同中，融资租赁的出租人（Leasinggeber，类似于使用租赁的出租人）有义 722

务使**融资租赁的承租人**（Leasingnehmer）在一定期限内有偿地取得对物的使用权。但与使用租赁合同不同的是，融资租赁的出租人一开始并非该物的所有权人；相反，他有钱去购买承租人事先已在出卖人处看好的、并让出卖人根据买卖合同或承揽合同送交的物，为的是付款后取得该物的所有权，然后把对该物附有特定期限的使用权交给承租人。相应地，承租人则有义务向出租人支付月租。出租人会这样计算租金，即租金必须涵盖由他支付过了的价款、利息、运行费用和经营利润。如果交由承租人使用的以及承租人须支付租金的期限就是该物的寿命，那么在这种情况下——从经济学的角度看——就是一个“由他人提供资金的分期付款买卖”；人们把这种实践中最为重要的融资租赁合同形式叫做**“提供资金的融资租赁”**（Finanzierungsleasing）。事实上，承租人（就像分期付款合同中的买受人）得到了永久使用该物的权利；须支付的价款是由第三人也就是出租人来“预付”的，或者——像人们常说的那样——“提供资金”的；最后，他（就像分期付款合同中的买受人）必须以分期付款的形式向出租人偿还其“所提供的资金”以及利息、成本和利润。因此，对于与消费者（第 13 条）订立的金融租赁合同而言，就要准用那些旨在保护消费者免受“金融”交易中特殊风险的规定（边码 990、991）。提供资金的融资租赁合同的当事人不仅仅是消费者，在经营者（第 14 条）之间也同样可以订立。如果谁经营一座工厂、一家超市、一个宾馆或是从事建筑行业，他就需要有必要的设施（机床、办公设备、运输工具、吊车等）。如果他没有资金购买这些设施（或者他虽然有足够资金，但通过别的方法能够获得更大利润），融资租赁合同就可以为他提供出路，这同样是有利可图的——因为经营者可以把租金作为营业支出扣除，并通过这种方式降低需要被征税的营业利润。

723 有争议、但在实践中并无太大意义的是这一问题：融资租赁合同是否应被视为是使用租赁、分期付款买卖合同或是事务处理合同的特殊形式？融资租赁合同通常是作为经过当事人约定的标准化一般交易条款而受到规制的，因此在最高法院的判例中涉及的大多是：根据第 307 条的规定，特定的一般交易条款是否为不生效的，尤其是当它与“法律规定的基本思想”相抵触时（参见第 307 条第 2 款第 1 项）。联邦普通法院“首先将关于使用租赁合同的规定”认定为具有决定意义的“法律规定”（参见 BGHZ 96，103；BGH NJW 1987，1072）。尽管如此，联邦普通法院还是将此种常见的一般交易条款视为有效的：出租人使自己彻底免于对租赁物瑕疵的责任，只要他向承租人让与全部他基于买卖合同或承揽合同而享有的对出卖人的瑕疵担保请求权（BGHZ 81，298；同样参见 BGHZ 94，180）。对于金融租赁以及其他的融资租赁形式，详参 *Birsch* BT Rn. 987 ff.；*Looschelders* BT Rn. 509 ff. 及其所列出的其他文献。

二、出租人的义务

（一）主义务

出租人的主义务被规定在第 535 条第 1 款，他有义务“将租赁物交给承租人使用”。这首先意味着，出租人必须在约定的时间点使承租人取得对租赁物的占有，例如在约定的时间点将可供使用的租赁住房（连同钥匙）或者可供驾驶的租赁车辆（根据《道路交通许可法》第 24 条，还须连同驾驶证）交付给承租人。除此之外，出租人的主义务还有，他应当保持租赁物在交给承租人的那个时间点以及在此之后的整个租赁关系持续期间里拥有适合于“符合合同约定的使用”状态，这就是租赁物的**应有特性**。若租赁物的事实特性在租赁物交给承租人之时或在此后的租赁期间内偏离了**应有特性**，进而给承租人造成不利益，且这一“符合合同约定的使用”的适合性（Tauglichkeit）并非不显著的减少，那么租赁物就存在第 536 条第 1 款和第 4 款意义上的**瑕疵**。 724

若租赁物出现瑕疵，承租人首先可以主张**履行请求权**，即诉请出租人去除瑕疵。但这一诉求有时是不可能实现的，例如当租赁住房的瑕疵是住宅面积小于出租人在合同中所承诺的超过 10%以上时（边码 729）。即使去除瑕疵是可能的，承租人也经常被建议不要诉请去除瑕疵，而是通过其他方式给出租人施压，例如他可以因瑕疵而根据第 536 条第 1 款和第 2 款主张免于支付租金，即根据符合合同约定的使用的适合性是完全消失抑或部分消失而主张免付全部或部分租金。若承租人已经支付了租金，那么他可以根据第 812 条第 1 款请求返还因瑕疵而过多支付的那部分租金；若承租人还没有支付租金，那么他可以对出租人的支付租金请求提出**抗辩**（边码 785），使得租金请求权在这一范围内消灭。但承租人想要据以减免租金的瑕疵不能是由他自己的“风险领域”所引发的情事而导致的——根据第 326 条第 2 款，他要自己对此“负责”（BGH JZ 2011，428 以及 *Maultzsch* 的评论）。第 536 条的规定适用于*所有的*租赁合同。如果租赁的（并非商业场所或动产，而）*是住房*，那么第 536 条赋予承租人的防御权甚至是“不可免责的”，也就是说，他的这一权利是不能被当事人约定排除或受到限制的，不论是通过个别约定还是通过一般交易条款的形式（第 536 条第 4 款）。这还不够：根据 536 条，如果租金的 30%因瑕疵而消灭，承租人还可以对余下的 70%的租金请求权提出抗辩，即他可以在此范围内根据第 320 条第 1 款第 1 句主张**合同未履行的抗辩权**。即使他租赁的不是住房，他也同样享有这一抗辩权。 725

对此参见 BGHZ 84，42：当承租人作为消费者（第 13 条）订立租赁合同，并且关于承租人不享有这一抗辩权的约定（例如“如果承租人对租赁物的瑕疵提出主张， 726

他就有义务支付全部租金”）是作为一般交易条款成为合同内容时，这一约定就是不生效的（第309条第2a项）。若承租人根据第320条主张抗辩权，那么他尽管会被判支付租金，但也是与去除瑕疵同时履行的（第322条）。根据这一判决——即使它不再具有既判力——只要他没有在事实上去除瑕疵，那么他也就不能得到任何租金（参见《民事诉讼法》第756条）。在这种情况下，出租人同样不能等着承租人连续两个期日不支付租金然后根据第543条第2款通知终止该租赁合同，因为通知终止的前提条件是承租人“迟延”不支付租金；而承租人只有在出租人的支付租金请求权（不仅仅是到期，而且还须）具备完整效力的情况下才会陷入迟延；而当承租人针对这一租金请求权提出基于第320条的抗辩权时，该请求权即是不具备完整效力的（边码897）。

727 最后，还可能会出现这种情况，即由于瑕疵，不仅租赁物符合合同约定的使用受到限制或被排除，而且该瑕疵还给承租人造成了损害，例如承租人因住房变得没法居住而住进了宾馆、因租赁车辆的马达失灵而换了另一辆车，或者因房子天花板上的灰泥掉下来砸伤了承租人或砸坏了贵重的花瓶。在这些情况中，承租人都可以根据第536a条请求**损害赔偿**。若瑕疵是合同订立之后出现的，那么出租人仅在他须对瑕疵负责的范围内承担责任（边码731、1072以下）。但是当瑕疵是在合同订立前就存在时，情况就有所不同了：对此，第536a条规定了**担保责任**（Garantiehaftung）——出租人对此会感到害怕，因为它同样适用于那些出租人在合同订立前即使非常谨慎也不能够发现的隐蔽瑕疵，例如工匠错误地把电缆安进了灰泥里面，而出租人出租住房时在没有过错的情况下对此缺陷并不知情，直到5年后这一缺陷才导致了火灾，进而造成承租人烟中毒（参见BGHZ 49，350；BGH NJW 2010，3152边码14）。

728 原则上，出租人可以通过一般交易条款或者与*住房承租人*的约定免于承担第536a条所规定的责任（参见边码1098）。如果双方约定，承租人虽然享有第536a条所规定的请求权，但却不能以该请求权抵销租金，那么只要承租人是*住房承租人*（第556b条第2款），则这一约定无论如何都是不生效的。相反，如果出租的是土地、商业区或者动产，那么这一禁止抵销的效力就要根据第309条第3项来判断了。

729 承租人所有的这些权利——他根据第320条、第536条的防御权利（Verteidigungsrechte）以及根据第536a条的进攻权利（Angriffsrechte）——都有一个前提，那就是租赁物出现瑕疵，即租赁物的事实特性与应有特性之间存在偏差，而这一偏差所减少的“符合合同约定的使用”的适合性又不是不显著的（第536条第1款）。要判断应有特性是什么，首先要取决于合同约定，当然，也需要根据合同订立时的情事进行解释，如有必要还需进行补充性解释，就像依据诚信原则所要求的并考虑到交易习惯那样（第157条、第242条）。例如，当租赁住房的实际面积少于合同约定超过10%以上时，该住房就存在瑕疵（BGH NJW 2010，1745）。若某人租了一间位于安静别墅区的豪华套房，但房子附近有非常吵的大型建筑工地，那么这套房就是有瑕疵的。同样要认定为有瑕疵的是，噪声或者其他显著的干扰是由同一栋房子里的其他承租人造成的，例如其他承租人住房里的水管破裂、洗衣机的排水管漏水，漏出来的水严重损害了对租赁住房的使用。同样有瑕疵的情形是，住房的电表被电网运营商改建因而不能再起到指示电力消耗的作用，除非改建要“归责于”承租人，即因为承租人自己的行为才导致这一后果的（BGH JZ2011，428）。租赁住房的应有特性要有怎样的配置标准，这要取决于合同约定；如果没有约定，那么就要取决于涉及的是老房子还是新房子、住房坐落于别墅区还是工业区附近以及约定的租金与“当地通常的对比性租金”（参见第558 c条）相比是如何的（参见BGH NJW 2004，3174），等等。如果经营者为了经营商店而在一座新建的购物中心里租用了一些场所，那么当购物中心不像当事人在订立合同时所想象的那样被大众所“接纳”时，租赁物也不存在瑕疵（BGH NJW 2000，1714）。但是由于购物中心的经营者（即出租人）不能成功地赢得“主导性承租人”（Leitmieter）——他们是使用购物中心这一建筑群里的大型交易场所所预设的人群，靠他们才能吸引众多顾客——从而导致该购物中心的人流量没有达到期待值，那么也许就要做不同判断了。若商业区的出租人在并无必要的情形下给承租人找麻烦，即把同一个区域中的另一个场所出租给承租人的竞争者，而该竞争者与先前的承租人所从事的营业类别是一样的，那么出租人也没有将“符合合同约定的使用权”交给承租人。然而此处需要取决于具体情事：对于“彼此相邻的理发店和眼镜店”，要跟“两个拥有不同商品和顾客的时装店”作出不同的判断。若某人已将一片区域里的一些场所租给了一位医生，那么之后他又将其中的一些场所租给另一个全科医生抑或另一位美容整形医生，或许也不是一回事（BGHZ 70，79；BGH NJW 1979，1404）。

但是，当出现或多或少较明显的瑕疵时，始终要注意第536 b条的规定：据此，若承租人在合同订立时已经知道瑕疵的，那么不仅是第536条的租金减免权，还有第536 a条的损害赔偿请求权都要被排除；或者当承租人在受领租赁物时知道有瑕疵，但并未保留他的各项权利的，亦同。承租人因重大过失而不知道瑕疵的，与知道瑕疵的效果相同，除非出租人恶意地不告知瑕疵。但第536 b条并不排除因租赁物的瑕疵造成承租人身体、生命的损害或对他的物所造成的损害（**“瑕疵结果损害”**）而产生的赔偿请求权。至少在这种情形中，出租人还可以考虑援用共同过错（第254条）以减少损害赔偿的数额，例如当承租人搬进租赁住房时虽然已经知道天花板的灰泥松动，但依然在未保留自己权利的情况下住了进去，而且把自己贵重的花瓶放到卧室里，在灰泥掉下来砸坏花瓶后，他又根据第536 a条向出租人请求损害赔偿。 730

（二）从义务、保护义务

731 出租人的从义务大多时候是基于当事人的约定，但也可以从对租赁合同的补充性解释中得出（第157条、第242条）。例如，当关于诊所的使用租赁合同终止且医生已经搬走时，即便是合同里没有约定，出租人也必须有义务给医生一些时间用于安装新的地址牌，直到他告诉病人这一新地址。尤其是，出租人的从义务不仅是要保持租赁场所符合交往安全的状态，而且要保持公用区（例如走廊）甚至是同一栋房子里他交由其他承租人使用的区域亦符合这一状态。但是从义务也不能过度，例如出租人就没有义务对租赁住房的交往安全属性进行一般性检查；因此，当技术故障导致租赁住房出现短路而造成火灾，进而使得邻居遭受损害时，出租人无须根据第536 a条第1款（第2种情形）承担责任（BGH NJW 2009，143）。明确规定了出租人需要承担从义务的条文例如有第535条第1款第3句：根据该规定，出租人必须承担“存在于租赁物上的负担”，例如土地税、通信线路费以及供暖设备和壁炉的检查费用。但这一规定是任意性的，在实践中这一负担经常会通过合同约定转由承租人来承担。若承租人靠自己去除了租赁物的瑕疵因而支出了一定费用，那么只要这些费用是“必要的”，出租人就有义务偿还，但这一义务只有在满足第536 a条第2款的特殊要件时才能产生。对于所有其他的费用，出租人只有在成立无因管理的范围内才需向承租人偿还（第539条第1款；BGH NJW 2008，1216）。

（三）转让租赁物所有权过程中的义务

732 承租人就符合合同约定使用租赁物的请求权是针对出租人的，该请求权基于双方之间订立的合同。若出租人在租赁期间将租赁物出让给第三人，情况会如何呢？承租人不享有对第三人的合同请求权；只要他不是正好租赁了动产的话（第986条第2款），他甚至随时要向第三人返还租赁物。虽然他享有对出租人的损害赔偿请求权，但这只不过是一种无谓的安慰；此外，当出租人陷于经济窘境，他或许正想通过将租赁物出让给第三人的方式赚取差价。因此，这种对承租人的救济就没有多大意义了。

733 为了防止承租人遭受此种非常不利的后果，第566条、第578条第1款规定了“合同的法定转移”（**买卖不破租赁**）：若出租人已经将租赁的场所交给了承租人，之后他又将土地出让给第三人，那么根据法律，当第三人取得所有权的那一刻起，他就代替先前的出租人成为租赁合同的当事人，即承受全部的权利和义务。因此，承租人就必须向作为新所有权人的第三人支付租金——只要该租金是在第三人取得所有权之后到期的。相对地，承租人也可以向新的所有权人主张所有基于租赁合同的请求权，例如向第三人主张在出让后继续以符合合同约定的方式使用租赁物，也可以根据第536 a条向其主张损害赔偿——只要该损害是在出让后产生的，而不论租赁物出现瑕疵的原因是否是之前就已存在的（参见 BGHZ 49，352）。当新所有权人得知由他取得的土地全部或部分地处于承租人的占有之下，并且根据法律自己要被视为土地的出租人时，这可能给他一个不愉快的“惊喜”。第 566 条仅适用于这种情形，即土地在出让之前就已经交付承租人使用了，这种观点至少是不无疑问的。因为第三人在多数时候本应能在买卖磋商的过程中发现这一事实，或者本应可以让别人提醒自己发现这一点。无论如何，当住宅或商业场所的买受人在买卖合同中被担保该土地“没有承租人”，或者所有通常必须以书面形式订立的租赁合同（参见第 550 条）都被交由另一方来拟定时，他应该要好好地去咨询一下。

另一方面，当一个不熟悉的第三人在没有自己参与的情况下强行成为自己的新出租人，这对承租人而言也同样是一种不利。此时立法者只有在一个地方能帮助承租人了：若新的出租人由于违反合同义务须向承租人承担损害赔偿责任，那么先前的出租人对此亦要承担责任，“就像已抛弃先诉抗辩权的保证人一样”（第 566 条第 2 款第 1 句）。这在实践中的意义是，它使得新、旧出租人作为连带债务人（Gesamtschuldner）向承租人承担责任（第 773 条第 1 款第 1 项）。但是前出租人的连带责任是有时间限制的：一旦他向承租人告知了所有权转移的事实，那么他的这一责任就终止了。只有当承租人知悉该事实后在第一个准许通知终止的期日通知终止了该租赁关系，前出租人的连带责任才持续到租赁合同终止时为止（第 566 条第 2 款第 2 句）。第 566 a 条至第 567 条就不同的问题进行了规定，这些问题是新所有权人进入租赁关系中时才会出现的。例如，新所有权人是否以及在多大范围内可以对前出租人的**先行处分**提出异议，因为该处分是前出租人为了他的债权人的利益而将未来的租金债权让与或质押给债权人的，而该租金债权其实要到租赁物出让之后才到期、因而是属于新所有权人的（第 566 b 条）。若前出租人与承租人实施了关于未来租金债权的**法律行为**，例如约定了免除或延期付款，或者进行了预先支付和预先收取，那么对这一租金债权又该如何适用法律呢？对此参见第 566 c 条。 734

三、承租人的义务

（一）主义务

承租人的主义务是**支付约定的租金**（第 535 条第 2 款），或者在极少数情况下——例如在房管合同（Hausmeistervertrag）中——主义务还包括提供特定的劳务。若双方约定租金应分期（一个月、一季度）支付，那么在关于各种场所（居住场所、商业场所或其他场所）的租赁关系中，租金必须**事先**——也就是最迟在 735

各期的第 3 个工作日——支付（第 556 b 条第 1 款、第 579 条第 2 款）。对此，周六不算作工作日，所以如果 12 月 3 日是周六的话，承租人只要在 12 月 5 日前把 12 月份的租金付给出租人，也算是及时支付（BGH NJW 2010，2879）。在其他的租赁关系中，若无不同的约定，**事后**支付租金也是可以的（第 579 条第 1 款）。在住房租赁合同中经常会被约定的内容是，承租人应当承担**运行费用**（如土地税、暖气费、水费、垃圾处理费等），并且这部分费用还要跟租金一起被预先支付，但出租人每年必须从租金里扣除掉这部分费用（对此参见第 556 条、第 556 a 条）。

736　**租金额度**通常要以合同约定为准，但是在关于居住场所的租赁中，合同自由受到严格限制。对位于社会住宅区因而能获得税款补贴的住宅来说，它们的租金额度是由特别的法律规定固定下来的。对于其他住房而言，约定的租金不能超过这些法律所规定的额度，即第 138 条规定的一般性暴利禁止（Wucherverbot）、《经济刑法》第 5 条规定的特殊的暴利禁止以及《刑法》第 291 条规定的作为犯罪构成要件的租金暴利（Mietwucher）。若出租人利用住房短缺的状况要求承租人支付高于**当地通常的对比性租金**——这通常会写在**"租金参考表"**中（第 558 条第 2 款、第 558 c 条、第 558 d 条）——的 20%以上，并且承租人也对此表示接受，那么这就违反了《经济刑法》第 5 条的规定。

737　在租赁关系存续期间，当事人可以约定**提高租金**。若没有达成这一约定——例如因为出租人提出的租金对于承租人而言显得太高了——那么如果是在住房租赁合同中，出租人试图给承租人施压地通知终止，即承租人要是不同意他提出的更高的租金要求，他就要通知终止双方的租赁关系（**"租金变更型通知终止"**，Änderungskündigung；第 573 条第 1 款第 2 句），就是不生效的。在这种情形中，出租人只能根据第 558 条至第 560 条的规定来提高租金：若出租人已采取了**现代化措施**，那么他可以将由此产生的费用部分地分摊给承租人，即把年租金的额度提高（即加上）此费用的 11%（第 559 条至第 559 b 条）。另外，根据第 558 条至第 558 c 条的规定，出租人还享有——不得已时由法院来执行——要求承租人同意将**租金提高到当地通常对比性租金的水平**的请求权，但前提是租金在应当提高时已有 15 个月不变，并且提高租金的请求最早要在上一次租金提高的 1 年以后才能主张。此外还要注意第 558 条第 3 款规定的**"调整上限"**：租金不得被提高到超过承租人在提高前 3 年内所支付租金的 20%。第 558 a 条和第 558 b 条规定了正常的提高租金请求的形式和理由。由上可知，立法者给出租人设置了层层障碍，以至于我们很难想象，作为私人的出租人如何能够在没有律师的帮助下克服或避开这些障碍。不过，出租人至少还可以根据第 557 a 条和第 557 b 条的规定，在租赁合同订立时约定**分级租金**（Staffelmiete）和**指数租金**（Indexmiete），以规避事后提高租金的重重困难。

每个出租人都会面临这样的风险，即承租人没有支付能力（zahlungsunfähig）或不愿支付租金。尽管出租人可以在承租人连续两个期日都迟延支付租金的情况下（具体参见第 543 条第 2 款第 1 句第 3 项，就居住场所的租赁还可参见第 569 条第 3 款）即时地通知终止租赁合同，但单单这样还不能确保承租人事后会支付之前未付清的租金以及清偿其他从租赁关系中产生的仍属出租人的债权。为了防止出租人遭受这一风险，《民法典》赋予**出租人留置权**（Vermieterpfandrecht），该留置权是根据法律产生的，其标的是承租人享有所有权并已携入租赁房屋的物（第 562 条、第 578 条）。此外，出租人还可以跟承租人约定**租金担保（租赁押金）**。 738

对住房租赁合同而言，**出租人留置权**——与租赁押金不同——在今天已经没有太大的实践意义了。因为这一留置权的标的只能是可扣押的物（第 562 条第 1 款第 2 句以及《民事诉讼法》第 811 条），并且承租人还必须对其享有所有权。然而支付能力较差的承租人在这些物上只花费了少量的金钱——因为它们通常是承租人在所有权保留的前提下通过分期付款的方式而取得的。出租人将这些留置物以公开拍卖的方式变卖对这种承租人来说是有利的。出租人**根据善意**取得的对这些物——它们并不属于承租人，而是属于分期付款买卖的出卖人或者其他第三人——的留置权会被排除，因为出租人并非这些携入的物的占有人。尽管如此，出租人还是能取得对承租人（即所有权保留买卖中的买受人）所享有的期待权的留置权（BGH NJW 1965，1475）。同样正确的是，为了出租人的利益，一旦承租人支付完最后一期买卖价款从而将他的期待权变为完整的所有权，出租人对该物的留置权就自动产生了（参见 BGHZ 35，85）。但是大多数无力支付到期租金的承租人通常来说也同样没有能力支付到期的买卖价款，以至于分期付款买卖的出卖人会根据第 323 条解除买卖合同，使承租人的期待权以及基于其上的出租人留置权一并消灭。此外，当物从土地上被**移除**，并且这一移除是“符合惯常生活关系”的（具体参见第 562 a 条、第 562 b 条），那么出租人的留置权也同样消灭。即使在最好的情况下——例如承租人继承了高价的集邮册并把它带入了租赁住房——出租人在依据第 1257 条、第 1228 条以下对其进行变价之前也必须先取得对它的占有。在这个例子中，若承租人不愿意出于这一目的把集邮册交给出租人，那么出租人就只能依据第 1231 条诉请其交出集邮册，得到有既判力的返还判决（rechtskräftiges Herausgabeurteil）；若承租人依然不愿交出，那么出租人为了从承租人那里取得集邮册就只能让法院的执行员去强制执行了。 739

相反，**租金担保或租赁押金**可以让出租人更容易地获得租赁关系中对自己债权的清偿。因为此时承租人为出租人提供了担保，即大多数时候都是通过支付一笔金额，少数情况下会找一个保证人或者采取其他的担保方式（参见第 232 条以下）。担保的形式和额度如何，需要根据双方的约定。只有在涉及住房租赁时，第 551 条 740

才为了承租人的利益而规定了强制的最高数额（zwingende Grenzen）：据此，担保最高不能超过月租金（不算运行费用）的三倍以上。此外，当担保是通过金钱来支付时，承租人有权进行每月 3 次相等额度的分期支付，而出租人则有义务根据第 551 条第 3 款的规定将这些金额进行计息投资。

（二）从义务、保护义务

741 承租人除了有支付租金的主义务，还需要承担一系列的从义务。对这些从义务的违反将会导致出租人可以根据第 280 条第 1 款向其请求损害赔偿，在满足特殊要件的情况下甚至还可以通知终止租赁合同。

742 若承租人从一开始就**不使用**（nicht in Gebrauch）交给他的租赁场所，或者他在租赁期间内从居住场所或商业场所里搬了出去，那么这原则上并不是义务违反；但只要合同没有被通知终止或是被双方合意终止，承租人就仍有义务支付约定的租金。此外，即使承租人主张由于个人原因（例如住院、去了其他地方、得不到为购买商店设施所必需的信贷等）自己不可能使用租赁物，他也同样必须支付租金（参见第 537 条）。除此之外，只有当合同中有约定，或者根据情事可从当事人的意思中推断出承租人例外地还负有**使用义务**（Benutzungspflicht）时，他才会仅仅因为不使用租赁物而需承担第 280 条第 1 款的损害赔偿责任。例如，某人以一年为租期租用了一匹马，如果要保持马的健康，就必须让它经常运动。属于这种情况的还有，当作为购物中心经营者的出租人对承租人使用该中心的商业场所享有利益时，即承租人以此方式可以吸引有购买欲的顾客到购物中心来，从而也能提高该购物中心其他承租人的营业额。

743 此外，承租人还有使用租赁物不超过合同约定界限的义务。这一界限首先要从合同约定中得出（有时也可以从“住房注意事项”中得出，只要该事项经当事人同意成为合同内容），此外还可以从作为合同成立基础的合同目的中得出，最后可以从交易观念（Verkehrsanschauung）和具体情事中得出。例如，据此就可以判断，承租人是否被允许养小型或大型的宠物，或者根本不能养宠物，从他的住房里产生出的噪声是否超过了合理的范围（vernünftiges Maß），他是否可以经常在住房内办补习班并让学生留宿，他是否可以在住房内作为保姆照顾孩子，他是否可以在此开一家税务所，以及他是否可以自己出钱在阳台安装抛物面天线（对此参见 BVerfG NJW 1994，1147）。承租人还有**照管义务**（Obhutspflicht），即他必须谨慎地对待租赁物，就像一个理性人在同样的情况下被期待作出的那样。若承租人不顾出租人的警告继续对租赁物进行违反合同约定的使用，那么出租人就可以提起不作为之诉（第 541 条）；在非常严重的情况下，出租人甚至可以通知终止租赁合同（第 543 条第 2 款第 1 句第 2 项）。此外，出租人还可以向其请求赔偿因违反合同约定对租赁物进行使用而产生的损害。

从承租人的照管义务中还可以产生出这一义务，即承租人必须**不迟延地向出租人通知**租赁物在租赁期间所出现的瑕疵或者为保护租赁物所采取的必要措施（第536 c条；同样参见BGHZ 68，281）。若承租人怠于通知，那么他就这一未被通知的瑕疵既不享有第536条的租金减免请求权、也不享有第536 a条的损害赔偿请求权（第536 c条）。最后，从照管义务中还可以推导出承租人对出租人采取**"为维持租赁物所必需的"**措施——预防即将发生的瑕疵或者去除已经出现的瑕疵——的容忍义务。除此之外，根据第554条第2款第1句，承租人还必须容忍为租赁物的**现代化**而采取的措施，例如增设现代化的暖气设施、安装隔音玻璃窗或者新式卫生设施等。这些措施虽然提高了住房的使用价值，但承租人有时并不喜欢，因为他会因为这些设备的安装而承受更多的负担，另外他还必须考虑到出租人会根据第559条提高租金（边码737）。所以，如果在对第554条第2款规定的各种复杂利益进行衡量之后发现这些现代化措施已超出了有利于承租人的范围，那么承租人对此就不负有容忍义务（参见BGHZ 117，217）。 744

若承租人在未经出租人同意的情况下将租赁物**交给第三人**使用，他同样也是超过了符合合同约定的使用界限——尽管这有时是无偿的，但通常来说都是有偿的，即通过与第三人订立**转租合同**（第540条第1款）。例如出租人以经营面包房的目的将商业场所出租给承租人，那么该面包师就不能在营业额减少的情况下未经出租人许可把自己无须使用的场所转租给验光师；要是他这么做的话，出租人就可以向他——正如承租人超过符合合同约定的使用界限时那样——提起不作为之诉（第541条），或者甚至通知终止租赁合同（第543条第2款第1句第2项）。若承租人就转租事宜请求出租人许可，却被出租人在缺少"重大原因"的情况下拒绝（对此参见BGH NJW 2007，288），那么承租人就可以根据第540条第1款第2句，在"遵循法定期间的情况下特别地通知终止"租赁合同。但是在关于居住场所的租赁中，情况又有点不同。虽然第540条对此也是适用的，但此时承租人还有权**请求**出租人许可第三人进入租赁场所，只要承租人能够说明他的正当利益即可（参见第553条）。该利益得到判例的慷慨支持：当承租人仅仅是希望建立合租关系、而非想做其他的烦琐事项时，就可以认定存在这一利益。 745

参见BGHZ 92，213；BGH NJW 2004，56。**次承租人**的法律地位是棘手的。他与作为其次出租人（Untervermieter）的承租人订立的转租合同虽然跟其他任何租赁合同是一样的，但这一合同却只是赋予他针对合同另一方的占有本权，而非针对出租人。因此，若主租赁合同（Hauptmietvertrag）被通知终止、到期或是由于其他原因终止，那么次承租人在面对出租人的返还之诉——该诉既可以根据第985条，也可以根据第546条第2款——时，是不受保护的；他只能借此安慰自己，即他可以向自己的出租人请求第281条规定的代替给付的损害赔偿。由于次承租人并 746

不享有"持续性保护"，这对他而言是不公平的。立法者只授予以下"次承租人"这种保护，即当住房被"营利性地转租"时（参见第565条，此外参见BGHZ 84，90；BVerfG NJW 1991，2272）。

747 在今天，较为常见的合同约定是，承租人有义务对租赁物进行**外观修缮**（Schönheitsreparaturen），即在合同所确定的各个期间内对租赁场所的墙和天花板进行粉刷、装饰，并且要给暖气管、窗户和门上漆。被这些外观修缮所去除的瑕疵虽然是由"符合合同约定的使用所导致"、因而根据第538条其实应当由出租人负责的，但第538条并非强制性的，所以根据截至目前的判例，当——即便是在住房租赁合同中的——一般交易条款与第538条的规定有所不同时，也并不违反第307条（BGHZ 92，363；BGHZ 101，253；BGHZ 105，71）。在文献中，这一观点常常受到批判。但支持这一观点的理由在于，如果不这样的话，出租人就会把由外观修缮而产生的费用算进租金当中，跟承租人须自己完成外观修缮相比，这会将承租人置于一个更加不利的境地，因为在后者，承租人至少可以自己决定如何来履行这一义务，尤其是他可以决定选任工匠还是亲自来完成这一任务。此外，这对承租人而言也是个更具动力的激励，即他会谨慎地对待租赁物，从而也能降低外观修缮的成本。另外，针对这一问题，联邦普通法院也考虑到不让出租人做得太过分。例如，若格式租赁合同中约定承租人不仅有义务在固定的期限内整修租赁房屋，而且有义务在租赁关系结束时进行最终修缮（Endrenovierung），那么根据第307条的规定，这一条款会被视为不生效。但是，当这一期限只是作为一种"不具约束力的参考"时，即它只是使承租人有义务在租赁关系结束时将租赁场所以遵守该期限才会拥有的状态那样返还，那么就有所不同了。

748 参见BGH NJW 2008，2499；BGH NJW 2009，62。此外，在有些租赁合同中，还会存在这样的约定，即承租人不仅有义务对租赁物进行外观修缮，而且有义务对其进行**简易修缮**（Kleinreparaturen）——借此，出租人就从他保持租赁物具备符合合同约定状态的义务中解放出来。即使是这类约定，当它们以一般交易条款形式成为住房租赁合同的内容时，联邦普通法院原则上还是认可的。然而，只有当该约定涉及的是对租赁住房中的小部件（例如门把手、水龙头和玻璃窗）——这些小部件因经常被承租人使用从而很容易遭受损害——进行修缮，且该一般交易条款对于具体的修缮费用以及每年的总费用规定了上限（BGHZ 108，1），它才是符合第307条第2款第1项的。

749 最后，承租人还负有返还义务（Abwicklungspflicht，边码488）。他必须在租赁关系终止之后将租赁物**返还**给出租人（第546条第1款）。他不享有第273条中基于任何一种抗辩的留置权（第570条、第578条第1款），因为这些抗辩的价值跟租赁物的价值相比通常来说是微不足道的。若承租人在租赁关系终止后不及时地返还租赁物，则出租人可以向承租人请求继续支付超期租金；若物的价值高于超期租金的价值，出租人甚至还可以请求当地通常的对比性租金，其数额等同于租赁物被承租人扣留所导致的损失——既不考虑出租人实际上所遭受的损失数额，也不考虑承租人是否需要对其不予返还负责（第 546 a 条）。若出租人实际的损失高于超期支付的租金，那么根据第 546 a 条第 2 款，他还可以根据一般规定（第 280 条）向承租人请求补齐差额。但如果是在住房租赁合同的情形中，立法者会对承租人更宽容一些（参见第 571 条）。

第十章 履行请求权

第一节 总论

750 当事人订立合同，双方都相信对方会履行合同约定的义务。然而问题是，相信合同义务会被履行的当事人在信任破灭时应该怎么做。例如，出卖人没有按照合同约定的时间送交买卖标的物或者虽然按时送交，但送交的标的物欠缺约定的特性。又如，承揽人依约制造了一台机器，按照合同的规定，他应当将该机器妥善安装于定作人的工厂内，事实上他却并没有这么做。又如，承租人没有按照合同的约定支付租金或者在未获得出租人许可的情况下将房屋的一部分转租他人或者没有按照合同的约定改良房屋。又如，歌唱家表示，如果主办者不提高她的薪酬，她就不出席事先已经约好的演唱会。

751 上述情形中相信合同会被正常履行的当事人——在大多数情况下这类人被称为债权人——可以从三种不同的法律救济方式中进行选择，即履行合同、损害赔偿以及通过行使解除或者通知终止来结束合同，在特定情况下还可以组合选择不同的法律救济方式。如果合同相对人没有履行或者没有按照合同约定的那样（vertragsmäßig）履行给付，债权人首先可以要求债务人遵守合同，行使**履行请求权**（Anspruch auf Erfüllung），紧急情况下，债权人还可以提起要求作出债务人依约履行给付判决的诉讼。作为替代方案，债权人也可以通过**解除**（第 323 条）或者**通知终止**（例如根据第 314 条）以达到整体上结束合同的效果。债权人在行使上述两种请求权时，可以同时行使损害赔偿请求权（参见边码 1023 以下），尤其是债权人因为债务人在合同约定的时间内没有履行给付或者没有像合同约定的那样（nach dem Vertrag geschuldet）履行给付。此时出现的是债权人的履行请求权，而不同于该请求权的是

迟延履行损害赔偿请求权（Anspruch auf Ersatz des Verzögerungsschadens）（第 280 条第 1、2 款和第 286 条）。如果债权人想要结束合同关系，那么他可以通过解除或者通知终止达到这一目的，此时，他虽然不能再行要求债务人履行合同约定的给付，但可以要求**代替给付损害赔偿**（Schadenersatz statt der Leistung）（第 281 条）或者赔偿——正如人们所说的——**履行利益**（Erfüllungsinteresse），即赔偿一定数额的金钱，而债权人可以恢复到犹如债务人正常履行给付的状态。

即使债权人原则上可以从上述三种法律救济方式中择一行使，仍需提到**履行请求权**具有**优先地位**的理由。《民法典》中的诸多规定非常清楚地说明了立法者最感兴趣的是合同的履行，由此使得债权人结束合同或者要求代替给付的损害赔偿只位于第二位：只有给了债务人一次补救的公平机会后，才可以主张第二位的请求权。这一规则源自第 323 条第 1、2 款：只有在债权人为债务人指定给付或者事后补充履行的合理期间经过或者催告未果的情况下，他才可以解除合同。根据第 281 条第 1 款第 1 句和第 3 款，债权人主张代替给付的损害赔偿时需满足同样的要件。根据第 314 条第 2 款的规定，只有在指定期间经过或者催告未果的情况下，才可以主张针对于意定的持续性债务关系（vertragliches Dauerschuldverhältnis）的通知终止。类似规定可见于租赁合同法（第 543 条第 2 款）及旅游合同法（第 651e 条第 2 款）。 752

第二节　履行请求权的要件

一、原则

根据德国法，下述原则是不言而喻的：债权人——紧急情况下可以通过起诉——当然地享有合同履行的请求权。这一规则是不证自明的，以至于立法者从未觉得有必要在法典中予以明确。第 241 条第 1 款规定，债权关系中——尤指合同——的债权人有权向债务人请求给付。这也意味着，债权人可以在法庭上向债务人要求合同约定的给付并请求法官作出要求债务人履行合同的判决。 753

履行请求权不仅被当作攻击工具（Angriffsmittel），也可以被当作**防御工具**（Verteidigungsmittel）。例如，买受人被起诉履行支付价款义务，如果原告没有送交买卖标的物或者送交的标的物不符合约定的特性，则买受人（即被告）可以根据第 320 条的规定向对方提出**合同不履行的抗辩**（Einrede des nicht erfüllten Vertrages）。此时，虽然买受人会被判决支付价款，但出卖人必须同时履行对待给付（第 322 条、边码 897） 754

比较法表明，除德国法外的大部分欧洲大陆法制度认为，合同约定的所有义务 755

都可以作为履行请求权的标的。但是比较法也告诉我们，这一原则对于盎格鲁—美利坚法律文化圈（anglo-amerkianischer Rechtskreis）的法制度——常被称为普通法（Common Law）——并非不证自明。在此适用的是另一个规则：当债务人没有或者没有以符合合同约定的方式履行给付时，首先引起的是**损害赔偿请求权**（Schadenersatzanspruch）。美国著名法官霍姆斯曾说，“有法律效力的承诺所带来唯一结果是法律让作出承诺的人在没有履行承诺时赔偿损失”（O. W. Holmes，The Common Law［1881］301）。但这一表述言过其实了，因为即使普通法中的当事人也会起诉要求对方履行以支付金钱为内容的义务，如出卖人请求对方支付价款，承揽人请求支付约定的报酬，出租人请求承租人支付租金等。但是，如果履行请求权指向送交商品、提供服务、完成工作、合同承诺的不作为（不实施某行为或不作出某表示），那么只有当原告能够说服法官对其赔偿金钱不充足（inadequate）时，即通过这一方式他对履行合同所享有的利益不能被完全填补时，“特定履行”（specific performance）的请求才会例外地被支持。例如，作为原告的买受人要求送交购买的土地或者送交某物，而标的物是如此的罕见或者对于买受人来说具有不可估量的价值或精神利益。但是，如果原告可以通过与第三人达成的补偿交易（Deckungsgeschäft）获得买卖标的物，或者法官担心一项以履行为内容的判决将不合理地限制债务人的行为自由，或者对于法庭来说很难确保债务人是否会通过之后的行为来遵守判决，那么原告就必须满足于“违约损害赔偿”（damage for breach of contract）。

756 参见*Zweigert/Kötz* § 35 IV。履行请求权可以——对于欧洲大陆来说——是一项原则，也可以——对普通法来说——是一个例外。截然相反的态度“很大程度上由于不同法系的传统以及不同的民族利益观”（*Huber* II § 35 I 1，S. 141）。因此，要找到一个国际统一的、被成员国接受的解决方案并非易事。《联合国国际货物销售合同公约》的起草者对这一问题避而不谈。但是，根据该公约的规定，当送交的货物存在瑕疵并且构成严重违反合同的，买受人享有送交无瑕疵替代货物的请求权（第46条）。同理，出卖人不仅可以向买受人请求支付价款，也可以请求对方接受货物或者履行其他合同义务（第62条）。但是，如果一个德国或者意大利当事人在芝加哥、悉尼或者温哥华的法院起诉对方履行合同，那么该法院“没有义务作出要求履行这一义务的判决，除非法院依照其所在地的法律对不属于本公约范围的类似销售合同愿意这样做”（第28条）。《欧洲合同法原则》给出了进一步的建议：履行请求权具有优先性，除非出现例外情形，例如履行因为事实或者法律上的原因变得不可能，或者需要为此支出不成比例的费用（与德国法相似，参见第275条第1、2款；边码787以下），或者履行请求权指向具有高度人身性的给付内容（参见《民事诉讼法》第888条第2款），或者债权人可以通过与第三人的补偿交易毫不费力地实现给付内容（参见《欧洲合同法原则》第4.101条和第102条）。

二、履行请求权的内容

履行请求权的内容是请求对方履行**合同给付义务**（vertragliche Leistungspflichten），尤其是**事后补充履行**（Nacherfüllung），也可以是履行**保护义务**（Schutzpflichten）。 757

（一）给付义务的履行

债权人凭借履行请求权可以请求债务人实现**全部的给付义务**（sämtliche Leistungspflichten），包括**主义务**（Hauptpflichten）和**从义务**（Nebenpflichten）（边码484），也可以包括债务人根据合同负有**积极行为**（positives Tun）或者**不作为**（Unterlassung）的义务。出卖人可以通过向法院起诉请求买受人支付价款或者接受买卖标的物（第433条第2款），也可以请求法院作出不作为判决，禁止买受人以违反合同约定义务的方式将买卖标的物出口到某特定国家、禁止在出卖人所在国内举办的展览会上展示买卖标的物或者禁止低于某一价格将买卖标的物卖给第三人。承租人也可能被请求履行合同，包括主义务，即第535条第2款规定的支付合同约定的租金，以及从义务，例如夜晚不弹钢琴、周日不打扫地毯上的灰尘（第541条）、依约打理绿植以及允许出租人对出租物进行改造（第554条）。此时，区分主（给付）与从（给付）义务没有任何意义。 758

（二）事后补充履行

履行请求权的一种特殊形式是合同当事人请求**事后补充履行**。虽然缔约人尝试履行，但是履行的给付没有符合合同的约定，债权人可以请求债务人采取为完全履行合同义务所必需的第二次尝试。这主要涉及买卖合同以及承揽合同。合同订立后，买受人以及定作人首先享有送交无瑕疵买卖标的物或者制作无瑕疵工作的履行请求权（第433条第1款，第633条第1款）。一旦买受人将买卖标的物视为履行而接受或者定作人接受承揽人制作完成的工作，只要买卖标的物或者工作有瑕疵，履行请求权转变为事后补充履行请求权（第437条第1项，第439条以及第634条第1款，第635条）。《民法典》对旅游合同有不同的规定：根据第651c条第2款的规定，如果旅游经营者提供的给付存在瑕疵，那么旅游者可以请求补救（而不是要求事后补充履行）。 759

在所有这类情形中，事后补充履行请求权都不需要考虑有瑕疵的给付是否**归责于**债务人。同样清楚的是，事后补充履行所产生的**费用**由负有此义务的合同当事人承担（参见第439条第2款，第635条第2款）。最后需要提醒的是，正如其他任何种类的履行请求权，事后补充履行请求权可能伴随着**迟延损害**（Verzögungsschaden）**赔偿请** 760

求权（第280条第1、2款，第286条；边码1128以下）以及要求**简单损害赔偿**（einfacher Schadenersatz）（第280条第1款；边码1025以下）。某建筑物的承揽人负有在6月1号交付该建筑物的义务，定作人可以在6月1日接受履行的同时，基于建筑物上的瑕疵而保留第635条规定的请求事后补充履行的权利（第640条第2款）。此外，如果事后补充履行导致定作人9月1日才可以使用建筑物，那么他可以请求对方赔偿因自己只能从9月1日而不是在更早的时间（即6月1日）出租建筑物而造成的损失。同理，如果建筑承揽人错误地安装了电线，定作人不仅可以根据第635条请求承揽人修理或者安装新的电线以及承担由此产生的费用，也可以根据第280条第1款，请求对方赔偿因错误安装电线引起火灾造成的损失。

761 通过事后补充履行，出卖人或承揽人仅仅履行那些原先向合同相对人作出的承诺。因此，负有事后补充履行义务的当事人必须承担由此产生的必要费用。即使出卖人的修补导致该买卖标的物的价值增加，出卖人也必须承担因消除瑕疵而产生的费用，他不可以向买受人要求支付买卖标的物修补后的价值与无瑕疵买卖标的物在送交时所具有的价值之间的差额。出卖人不可以将事后补充履行与实现*额外*给付合并计算，并且将其推给买受人。在此参见*Mankowski* NJW 2011，1025。与此不同的一个问题是，在哪些条件下允许有权主张事后补充履行的当事人自行消除瑕疵并向合同相对人请求由此产生的费用。第536a条第2款适用于**租赁合同**：只有当出租人迟延消除瑕疵（第286条），或者立即消除瑕疵是如此急迫以至于要求承租人通过催告使出租人陷入迟延是不合理时，承租人才可以自行消除瑕疵（或者通过第三人消除瑕疵）并请求出租人支付由此产生的必要费用（参见BGH NJW 2008，1216；*Faust* JuS 2008，462）。类似规定也见于承揽合同：根据第634条第2项，637条第1款的规定，只有在定作人为承揽人指定了合理的消除瑕疵的期间，而期间经过而未果时（即瑕疵没有被消除），定作人才可以自行消除瑕疵并请求合同相对人支付由此产生的必要费用。实践中，定作人也常付钱给其他承揽人，委托其消除工作的瑕疵，这一做法也是允许的。同理，如果承揽人拒绝消除瑕疵，定作人因出现第635条第3款规定的特殊原因而有权自行消除瑕疵。如果指定期间依据第637条第2款已经变得毫无意义，定作人可以在没有指定期间的情况下自行消除瑕疵；旅游合同亦然（第651c条第3款）。与此不同的是，买卖合同中的买受人没有自行消除瑕疵的权利。买受人行使解除、减价以及损害赔偿请求权的前提是买受人为出卖人指定了事后补充履行的期间，而出卖人没有遵守这个期间以至于没有好好把握为正常履行合同而赋予他的“第二次机会”。如果买受人并没有给出卖人“第二次机会”而是自行消除瑕疵，那么买受人的这一行为可能事实上节省了出卖人消除瑕疵所需支付的费用。于是文献中出现了以下这一观点：买受人自行消除瑕疵，从而对失去请求出卖人事后补充履行的权利“负责任”；因此类推适用第326条第2款第2句，他无权向出卖人主张自行消除瑕疵所产生的费用，但是可以主张因这一行为而为出卖人节省的费用（*Medicus/Lorenz* SchR BT Rn. 139 ff.）。判例并不同意这一观点，因为这在结果上会赋予买受人自行消除瑕疵的权利，并且导致事后补充履行请求权失去其优先地位，参见 BGHZ 162，219；BGH NJW 2005，3211 以及 NJW 2006，988。

事后补充履行不仅旨在保护遭受瑕疵给付、希望消除瑕疵以及期待无瑕疵给付的合同当事人，也保护合同相对人免受因没有消除瑕疵的机会以及因对方单方结束合同而引起的损失。给付不符合合同的约定，买卖合同中的买受人以及承揽合同中的定作人原则上只有在他不仅为出卖人或者承揽人指定了合理的期间，并且该期间经过而未果时，才可以解除合同、减少对待给付或者请求代替给付的损害赔偿。第 437 条、第 634 条将解除的要件指引至第 323 条第 1 款，将减价的要件指引至第 441 条以及第 638 条，将代替给付的损害赔偿请求权的要件指引至第 281 条第 1 款第 1 句，而上述条款均以事后补充履行指定的期间经过而未果为前提。因此，即便出卖人和承揽人履行了有瑕疵的给付，他们也享有通过无瑕疵的、符合期间的事后补充履行或者——如人们在商事交易中常说的——“第二次机会”来履行合同并确保自己对价款或者报酬的请求权。 762

有时候对究竟*如何*实现事后补充履行的问题不存在疑虑。如果送交的买卖标的物中的一部分出现了瑕疵或者出卖人送交的是约定之外的标的物（参见第 434 条第 3 款），那么事后补充履行就只是送交剩余的那一部分或者送交合同约定的标的物。如果送交的买卖标的物或者工作不符合约定的特性，那么一般会出现多种可能的事后补充履行。如果出卖人将一辆车门没有上漆的新车交给买受人，那么事后补充履行可以是送交一辆新车，也可以是更换车门或者重新上漆。如果旅游者不得不住在一间有臭虫的酒店房间里，那么旅游经营者不仅可以通过旅游辅助服务人打扫房间里的臭虫，也可以为旅游者提供一间本酒店或者其他酒店的同价位、没有臭虫的房间。出现了多种可能的事后补充履行，哪一方当事人享有选择权？《民法典》将该选择权赋予承揽合同中的承揽人（第 635 条第 1 款）以及旅游合同中的旅游经营者。这是因为相对于客户，他们具备必要的知识、专业人员、装备以及经验。至于这一考虑是否也适用于买卖合同并由此将选择权赋予出卖人，立法者作出了截然相反的决定：第 439 条第 1 款规定，买受人可以根据自己的选择要求消除瑕疵或者送交无瑕疵的物。出卖人必须承担事后补充履行产生的费用（第 439 条第 2 款），而出卖人负担较高还是较低的费用由买受人说了算，因此必须对买受人的决定有所限制。如果买受人请求出卖人修理他购买的钟表，而这一钟表只是为了一次性使用并且修理费成倍地高于钟表的价格，出卖人就可以拒绝这一请求。同理，如果已送交的钟表只是表盘上有刮痕，而更换表盘只需少量的时间精力，买受人也不能请求送交新的没有瑕疵的钟表。第 275 条第 2、3 款以及第 439 条第 3 款使出卖人拒绝买受人选择特定形式的事后补充履行成为可能（参见边码 812 以下）。在承揽合同和 763

旅游合同中，选择哪种形式的事后补充履行或补救的决定权在承揽人以及旅游经营者手中。他们也可以通过证明“成本或者费用高得不成比例”来拒绝客户提出的事后补充履行或者补救请求权（参见第275条第2、3款，第635条第3款，651c条第2款第2句）。

764 出卖人送交了有瑕疵的买卖标的物，原则上他必须消除瑕疵或者送交无瑕疵的替代物（第439条第1款）。如果买受人将出卖人送交的瓷砖或者木地板铺设在房屋内后瑕疵才显现出来，并且已经不可能通过修理来消除瑕疵，这时应该如何处理？显而易见，此时出卖人只有另一种方式（此时也是唯一的方式），即送交无瑕疵的商品。他还必须拆除有瑕疵的商品以及重新安装无瑕疵的商品或者承担买受人自己拆除并安装商品的费用吗？这一问题在消费品买卖中争论得异常激烈，最终德国法院将这一问题提交至（参见BGH NJW 2009，1660）欧洲法院并由后者（参见NJW 2011，2269）作出决定。根据欧洲法院的观点，欧盟关于消费品买卖的指令要求出卖人在事后补充履行的过程中以免费且对消费者来说并非不可接受的方式恢复到符合合同约定的状态。由此可知，出卖人要么自己拆除并安装，要么补偿消费者自己采取上述措施而产生的费用。存疑的是，德国法应该如何消化吸收欧洲法院的判决。如果人们认为出卖人有义务拆除、安装，那么第439条第1款中的“给付无瑕疵的物”的概念就必须以符合指令的方式予以解释。如果出卖人仅负担拆除以及安装所产生的费用，则必须对第439条第2款进行扩大解释。在消费品买卖中，这两种方式都必须受到限制。在所有情形中都非常重要的一个问题是，出卖人负有拆除并安装的义务而由此产生的费用高得不成比例，那么出卖人能否根据第439条第3款拒绝送交无瑕疵的替代物（边码815）。

765 到此为止论述的有关事后补充履行的规则都属于任意法，即只有在当事人对此没有作出其他约定时才适用。基于合同自由原则，在这一问题上国家不得干涉。如果买卖合同是第474条第1款意义上的消费品买卖，即出卖人为经营者（第14条），买受人为消费者，买卖的标的物为动产，那么通过第475条第1款的规定，第437条第1项、第439条中关于事后补充履行的规则就具有强制性。这一结论同样适用于承揽合同，如果作为消费者的定作人可以向承揽人要求送交待制作或者待生产的动产（第651条），双方当事人在合同订立时或者在买受人或定作人在被合同对方告知买卖标的物或者工作上的瑕疵之前达成的每一项约定，只要约定违背了第439条就不生效力。该约定是否属于一般交易条款还是个别约定不影响判断结果（第305条第1款第3句）。不生效力的约定包括一些譬如买受人无权要求事后补充履行，或者只能要求送交替代物，或者只能要求消除瑕疵，或者买受人必须承担全部或者部分事后补充履行的费用，或者出卖人可以以替代物不在他的仓库而他必须通过供货人来完成该义务为由拒绝买受人提出的送交替代物的要求。

766 即使上述约定出于经济的考虑有意义，因为该约定促进了不同给付提供者之间的竞争并使消费者从中可以以更低的价格获得商品，这样的约定也不生效力。现行法为什么禁止下述行为，即出卖人在竞争中通过提供更低的价格从其他出卖人中脱颖而出，而买受人此时已经准备在送交有瑕疵的买卖标的物的场合放弃事后补充履行请求权，取而代之的是满足于直接解除合同或者减少价款，这一点令人难以理解。人们很遗憾地不得不承认，消费者保护的极端思想从一开始就将上述考量排除在外。

试图对第 439 条的规定进行修改的约定也可能无效，如果这些约定不构成消费品买卖的一部分。如果约定违反了第 307 条的内容控制，在供应新制作的物或者承揽给付的场合出现了违反第 308 条第 8b 项的情况，也可能导致约定无效。适用上述控制的前提是，该约定作为由出卖人或者经营者预先拟定的一般交易条款而成为合同的一部分。但是实践中经常出现这么一种情形，即对于消费者或者经营者来说不值得支出个别约定（Individualabreden）的费用（第 305 条第 1 款第 3 句）。 767

（三）保护义务的履行

第 241 条第 2 款（边码 491）规定的**保护义务**（Schutzpflichten）的实现也可以借助履行请求权（这一问题可参见 Schlechtriem/Schmidt-Kessel AT Rn. 163 ff.，456 ff.）。例如，某人因雇佣合同负有在自己家中为他人上辅导课的义务，而他在家里养了一条凶猛的狗，那么学生就可以要求老师在整个辅导课期间为狗戴上口套或者将它关在储藏室（参见第 618 条）。如果当事人出于现实原因不值得为提起这一诉讼花费时间和金钱，受保护的合同当事人出于法律原因不能描述行为所要求的确定性（《民事诉讼法》第 253 条第 2 款），而这一行为为履行保护义务所必需，那么就排除履行请求权。如果医生未采取为确保自己诊所或者诊所的楼梯间或医疗器械不发生事故所应尽的措施，而患者因这些事故遭受损失，那么医生除了根据第 823 条第 1 款的规定负责任外，尚可根据第 280 条第 1 款因违反保护义务而负有损害赔偿之责。与此不同，人们很难想象尚未遭受损失的患者可以以前瞻性的视角通过一个足够确定的、具体的诉讼要求合同相对人履行保护义务。 768

第三节　现实中的履行请求权

债务人不给付或者给付不符合合同约定的，债权人可以要求继续履行合同，或者要求迟延履行的损害赔偿，或者在解除合同的同时要求代替给付的损害赔偿。债权人选择哪一种是不确定的，而两种情况都存在各自的优势、劣势。根据现实情况，履行约定的给付可能对债权人来说十万火急，并且债权人让第三人履行给付并 769

非难事。例如，某人买了某块一定面积、一定用途的土地，但是出卖人拒绝办理登记或者不交付土地。当债权人在清算合同（liqudation des Vertrags）后请求代替给付的损害赔偿，而他无法证明遭受的损失，或者根据周遭的情况难以计算损失，或者债权人因合同相对人正常履行合同获得的利益无法被代替给付的损害赔偿完全填补，此时的债权人更希望正常履行合同。例如，人们可以考虑下述情形：债权人买了一匹马，而他买马是为了自己乘坐或者出于喜爱或其他类似原因，而出卖人拒绝送交这匹马；此时，损害赔偿请求权对于买受人来说纯属得非所愿（Steine statt Brot），买受人真正期望的乃是实现履行请求权。

770 也可能存在反对履行请求权的正当理由。例如，合同订立后情况发生了重大变更，一方当事人失去了合同履行的利益，以至于对他来说履行不会带来任何价值；他更乐意清算，并以更低的价格通过第三人实现原本约定的给付，或者以更高的对价向第三人履行给付。如果出卖人可以——在通常情况下在指定期间经过之后重获自由——解除合同并把买卖标的物以更高的价格卖给第三人从而获得更多的利润，此时为什么必须要求出卖人起诉不靠谱的买受人接受买卖标的物？当买受人可以在解除合同后以更低的价格从第三人手中获得相同的商品，此时为什么必须要求买受人主张履行请求权？即使价格在合同订立后并未发生变化，债权人也常常可以通过另一种方式——即通过行使损害赔偿请求权——更方便、更快地实现目的，此时行使履行请求权对债权人来说毫无利益可言。

771 如果债权人要求合同相对人履行，而且法院作出了有利于他的履行判决（Erfüllungsurteil），那么债务人别无选择。因为不能确切知道债务人是否会自愿履行判决，债权人为了使判决发生实际的效力，此时只能求助于**强制执行**（Zwangsvollstreckung）。如果债务人被判处支付金钱，那么事情就变得相当简单：债权人可以通过独立的执法机构扣押债务人的财产，从债务人处取走特定财产并将其拍卖，从而使自己的金钱债权获得清偿（参见《民事诉讼法》第812条以下）。如果履行判决并没有要求债务人支付金钱，而是命令他送交该物，那么独立的执行机构——即法院的执行人——可以直接从债务人处取走该物（《民事诉讼法》第883到第886条）。如果债务人负有送交土地或者其他的特定物——例如特定生产商、特定年份、某颜色和汽车底盘号的二手车——的义务，那么事情就变得很简单。但是，如果债务人出卖的是“100箱圣贝内代托省出产的A类莴苣沙拉”，而他尚未生产该商品，或者虽已生产完毕但尚未特定化，那么上文提到的就是不可能的。

772 如果履行判决针对债务人的**其他行为**（sonstige Handlung），那么根据《民事诉讼法》第887条的规定，由另外的执行机构——即执行法院——授权债权人通过第三人实现债权并由债务人承担相关费用。债权人只能以更简单、更节省的方式与第三人达成补偿交易，最后向债务人请求支付费用作为代替给付的损害赔偿。也有一小部分履行判决针对的是**不可代替的作为**（unvertretbare Handlung），即不能由第三人而只能由债务人亲自实施。有时候，债务人若不实施该行为，执行法院将处以强制罚款（《民事诉讼法》第 888 条第 1 款）。通常情况下不可代替的行为并非“完全取决于债务人的意思”，还取决于科学的、艺术的感悟和心情；以至于即使债务人被判决提供服务，也完全排除执行（《民事诉讼法》第 888 条第 2 款）。法学教授向出版商送交教科书手稿的判决就是不可执行的，因此，威胁最终会落空并且出版商通常也不值得为此支出费用。与此不同的是另外一种履行判决，判决债务人**作出表示**（Abgabe einer Erklärung），例如同意注销一项登记于土地登记簿的、有利于他的权利，或者申请在他的土地上设立一个土地质权（Grundpfandrecht）。下述判决“自己执行自己”（vollstrecken sich selbst）：根据《民事诉讼法》第 894 条，判决确定时视债务人已作出意思表示。判决针对债务人**不作为**（Unterlassung），则对每一次违反行为处以一定数额的罚款。如果债务人毫不在意并且继续实施该行为，则执行法院依债权人的申请对每一次违法行为处以罚款。债务人并非自愿支付，即使罚款并不属于债务人而是归入国库，这些判决也必须由债权人执行。

这一切表明，虽然债权人按照规定对迟延的或者违反合同约定的债务人享有履 773
行请求权，但至于实现这一项请求权是否合目的则是另一回事情。请求权并非指向支付金钱而是债务人的其他行为，那么债权人以及他咨询的律师就要好好想一想，为了实现这一请求权是否值得争取相应的判决。事实上，争取相应判决的行为是比较少见的。

第四节 法经济学视角下的履行请求权

法经济学提出了这样一个问题，法律规范消耗的资源是否符合效率；换句话 774
说，法律规范激励当事人实施某行为，而该行为不仅服务于私人利益，同时也增进了社会整体效益（参见边码 23）。如果合同相对人拒绝履行请求权，而被判决履行的一方承受了更大的损失，那么从法经济学的角度看，此时的履行请求权就是存疑的。更高效的规则是：一方当事人有权在不提出特别理由的情况下解除合同而要求合同相对人全额赔偿自己的损失。

如果一家专门负责桥梁施工的建筑承包商因委托瑕疵而负有通常的地铁施工义 775
务，而他可以从第三人处获得更有利可图的桥梁施工要约，那么他有权通过全额赔偿定作人的损失来解除合同，同时对第三人的要约予以承诺从而使自己受到新的桥梁施工合同的约束。如此一来，该建筑承包商中具有特殊技能的工程队和机械设备便有了用武之地。同理，如果承揽人的工作存在瑕疵并给定作人造成了 200 欧元的损失；此时，如果事后补充履行——即消除瑕疵——需要花费 300 欧元，那么承揽人有权拒绝事后补充履行，而是向定作人支付 200 欧元的损害赔偿。两种解决方案都非常高效：这是因为，对债权人来说，他通过损害赔偿请求权达到了合同被正常履行时所处的地位；而对于债务人来说，他被解除了履行或者事后补充履行的义务，由此可以将节省下来的资源用在他处。从法伦理的角度看，上述解决方案却并非无可非议：如此一来，将允许债务人效率违约（effizienter Vertragsbruch），即只要当事人在计算个人成本收益时得出正值的结论，那么债务人便可以通过全额赔偿对方损失的方式从合同中解脱出来。

776 有关“效率违约”的理论可参见：*Schäfer/Ott*，Lehrbuch der ökonomischen Analyse des Zivilrechts（4. Aufl. 2005）464 ff.；*Neufang*，Erfüllungszwang als “remedy” bei nichterfüllung（1998）366 ff. 尤其是 *Huber* I § 2 V 4，S. 49 ff。

777 现行法并未就上述问题给出明确的答案。法律中存在效率导向的思考方式或者可以得出允许债务人效率违约的若干规定，但同时也存在相反规定。

778 第 275 条第 2 款规定，只要为此支付的费用“相比债权人的履行利益来说明显不成比例”，债务人就可以拒绝履行约定的给付（边码第 809 以下）。毫无疑问，这一条款的目的是反对浪费资源。第 251 条第 2 款表达了同样的思想：某人过失地损坏了别人的汽车，他可以拒绝对方提出的修理汽车的请求，只要修理汽车所需的费用高得“不成比例”（unverhältnismäßig）。作为替代方案，他可以赔偿受害人相当于购买一辆同价值车辆的金额（参见边码 1038，1051）。同理，如果事后补充履行需要支付不成比例的费用，换句话说这种方式是低效的，那么送交了有瑕疵买卖标的物或者工作的债务人就有权拒绝对方提出的事后补充履行，即消除瑕疵或者送交无瑕疵的替代物（参见第 439 条第 3 款、第 635 条第 3 款以及第 651c 条第 2 款和边码 812 以下）。上述规则在承揽合同中表现为，实现合同对于定作人来说是不经济的，而解除合同并支付损害赔偿是划算的。实际上，第 649 条赋予定作人一项在任何时候都可随心所欲通知终止的权利。同理，**旅游合同**中的旅游者可以在旅行开始之前的任何时间里解除合同（第 651i 条）。但是，两种情况下承揽人或者旅游经营者有权要求对方支付约定的报酬或者旅费，但必须减去因此节省的费用。但这并不意味着，**损害赔偿**必须覆盖承揽人或者旅游经营者至今已支付的费用或者在合同正常履行时应获得的利润。例如，还未开始施工从而并未支出任何费用的建筑承包商预计可以获得 10 000 欧元的利润，如果定作人可以找到另一家建造同样房屋而要价比原承包商低 10 000 欧元以上的建筑承包商，那么通知终止就是一项有利可图的交易。如果这一交易对承揽人同样有利可图，那么他也可以终止承揽合同。但是，只有定作人而非承揽人，才享有第 649 条规定的通知终止；如果承揽人毫无理由地拒绝履行合同，定作人有权要求他履行合同义务。因为双方当事人都清楚（或者虽然他们自己不清楚但双方的律师会如实地告知他们）履行判决的强制执行只有在定作人要求承揽人承担损害赔偿责任时才奏效，所以承揽人必然不会惧怕定作人的履行请求权（参见《民事诉讼法》第 887 条）。在其他很多案例中，虽然债权人享有履行请求权，但由于强制执行被排除或者出于现实原因变得极不适宜，所以履行判决常常得不到执行（边码 771、772）。

即使上述情形中的违约债务人无须担心合同相对人的履行请求权，他也必须知道因自己违约行为而需要支付给对方的损害赔偿的具体金额。从经济学的视角来看，损害赔偿的实际数额常常难以确定，而有时并不存在计算难题。约定**提供服务**的一方常常出于经济的考虑，他可以从别人那里赚到更多，所以无视终止期间的规定而公然违反合同义务。此时，他必须考虑因自己行为而丧失的信誉。因为《民事诉讼法》第 888 条第 2 款为实现履行请求权设置了障碍（边码第 772），所以他无须担心**法律的制裁**（rechtliche Sanktionen）；另一方面，因为合同相对人往往无法提供确凿的证据，证明自己因违约行为所遭受的损失高于因违约而无须支付给相对人的报酬，所以违约一方也无须担心损害赔偿请求权。 779

在另一种情形中，违约者虽然必须承担损害赔偿，但他不难计算具体金额并据此决定是否值得违约。上文边码 775 中的建筑承包商可以轻易地计算出另一个承包商完成地铁工程要求的对价与通知终止时必须支付给定作人的损害赔偿之间的差价。实践中，双方往往会协商承揽人必须支付的解约金（Ablösungsbetrag）。但如果当事人未就此协商，而且定作人坚决要求承揽人履行合同，此时就很难说承揽人单方面宣布通知终止、赔偿定作人损失的行为是否具有法伦理上的正当性。同理，在一则有关借款人以固定利息从银行获得长期贷款并为该笔贷款设定土地质权的案件中，贷款合同排除了事先通知终止；而联邦普通法院认为，只要借款人对银行承担了损害赔偿责任，他在特定前提下可以违反合同约定提前主张通知终止（即所谓的效率违约）（BGHZ 136，161；BGH NJW 1997，2875），立法者也采纳了这一解决方案（第 490 条第 2 款、第 502 条）。 780

买卖合同中也可能出现下述情形：合同订立后，第三人就该买卖标的物向出卖人发出了更高的报价，激励了出卖人作出违约行为。但在种类物买卖中不存在这一激励：因为当出卖人以 500 欧元的价格将种类物卖给买受人，除非此时同种类物的市场价格上升到高于 600 欧元，否则出卖人将该种类物卖给出价仅 600 欧元的第三人时将遭受经济上的损失。价格上涨的同时，出卖人因违约行为而必须支付给买受人的损害赔偿金额也在相应地增加。确定具体金额时，需考虑涨价后通过第三人向买受人支付同种类物所产生的费用（边码 1061 以下）。如果出卖的是土地或者特定物，第三人向出卖人发出了更高的报价；因为相比于买受人，土地或者其他特定物对第三人来说更具价值并且他也不可能从其他地方获得同种类、同价值的物，此时就会出现效率违约。但是现行法明确地不容忍这一结果。现行法的出发点是：合同订立以后，虽然买受人尚未取得买卖标的物所有权，买受人而非出卖人有权获得针对标的物作出的其他安排所产生的所有利益，而第 285 条指明了这一规则。如果出 781

卖人以更高的价格将买卖标的物卖给了第三人并且完成了送交，根据第 275 条第 1 款或者第 2 款的规定，出卖人被解除了给付义务（边码 790）；但同时根据第 285 条的规定，他必须将自己的所得作为原约定给付的替代物返还给买受人，即第三人向出卖人支付的或者约定的更高价格（边码 807、808）。根据判例，如果第三人不仅知道出卖人违约，而且他要求、劝说、诱使出卖人违约并且承诺填补出卖人因违约行为给买受人造成的损失，这种行为可能被认定为违反善良风俗，并根据第 249 条关于恢复原状（Naturalrestitution）的规定出卖人负有向买受人转移标的物所有权的义务。

782 参见 BGH NJW 1981，2184；BGH NJW 1994，128；BGH NJW-RR 1999，1186 以及 *Kötz/Wagner* Rn. 262。现行法既然接受了承揽人的效率违约，为何不接受特定物买卖中出卖人的效率违约？承揽合同中的承揽人必须进行约定的工作，但至于如何进行具体的制造活动则纯属承揽人自己的事情，即承揽人自主地组织员工、设备并安排整个制造流程，因此是他而不是定作人享有利用承揽人的资源所产生的种种好处。特定物买卖则有所不同：随着合同的订立，从经济（虽非法律）的视角来看，买卖标的物已“属于”买受人，因此他有权获得为增加标的物的价值而作出的各种处置所带来的好处。然而，在这两类合同中，出卖人都需要为自己的违约行为买单。承揽合同中的定作人应被置于未出现违约行为时的地位，而对于特定物买卖中的买受人来说，对价往往显得过低；这是因为，特定物的买受人在合同订立后往往不会想到将标的物转卖给他人，而更多是遭受精神上的损失，这一损失往往无法换算为特定数额的金钱（第 253 条）。因此，在特定物买卖中，出卖人的违约行为本身存在有违效率的危险，现行法——即使是从经济的角度来看——拒绝特定物买卖中效率违约的决定是正确的。

第五节　对履行请求权进行防御

一、防御权概述（Die Verteidigungsrechte im Allgemeinen）

783 债务人可以通过多种方式防御债权人提出的履行请求。

784 首先，债务人可以因双方尚未达成合意（第 145 条以下）或者因合同相对人在订立合同时不具备行为能力（第 104 条以下）或者因代理无效（第 164 条以下）或者因合同被视为虚伪行为（第 117 条）或者因合同违反法律或善良风俗（第 134 条、第 138 条）或者因合同欠缺形式要件（第 125 条）或者因错误、欺诈、不法胁迫而撤销（第 119 条、第 123 条），在主张合同无效（nicht gültig）的同时拒绝对方的履行请求。债务人也可以通过**撤销**（Rücktritt）、**通知终止**（Kündigung）、**撤回**（Widerruf）结束合同关系，或者根据第 313 条规定，在出现**交易基础重大变化**（schwerwiegende Veränderung seiner Geschäftsgrundlage）时变更原有的合同关系，以此防御债权人提出的履行请求。最后，根据第 281 条第 4 款的规定，如果债权人为债务人指定的履行或者事后补充履行期间经过而未果，债权人之后根据第 281 条第 1 款第 1 句的规定请求代替给付的损害赔偿，债权人的履行请求权也归于消灭。

除此之外还存在各种各样的防御权，它们被称为**抗辩**（Einwendungen）或者**抗辩权**（Einreden）。借助各种抗辩，债务人可以主张债权人的请求权尚未有效发生（rechshindernde Einwendung）或者虽发生但已消灭（rechtsvernichtende Einwendung）。债务人提起**抗辩权**，并非意在否认债权人的请求权，只是基于期间或者一定时间的经过而有权拒绝债权人提出的履行请求。**罹于时效的抗辩权**（Einrede der Verjährung）（第 214 条）属于**永久抗辩权**（dauernde Einrede），债务人主张因债权人允许延期使债权**尚未到期**的防御（Stundungseinrede）属于**一时抗辩权**（zeitweilige Einrede）。债务人也可以一直保留合同价款，直到债权人履行合同义务，即送交商品或者根据第 439 条的规定通过事后补充履行消除瑕疵，此时也属于一时抗辩权。只有债务人以明示或者明确的行为提出抗辩权时，法官才有义务查明债务人是否享有抗辩权。与此不同，法官会主动查明**抗辩**；即使债务人不提出抗辩，法官也有义务根据具体情况查明债务人是否享有抗辩。 785

下文即围绕这一问题展开：债务人借助各种抗辩和抗辩权防御合同相对人的**合同履行请求权**（Ansprüche auf Vertragserfüllung），例如拒绝出卖人提出的支付价款或者接受货物的请求，或者拒绝买受人提出的送交货物或者根据第 439 条提出的事后补充履行的请求。现实生活中最重要的情形大多是债务人主张所谓的防御权。从法律规定的字面含义和位置来看，债务人可以拒绝债权人基于法定关系而非合同关系产生的、并非指向合同履行的其他种类请求权。如果债务人根据第 2174 条的规定负有必须向作为债权人的受益人给付遗赠标的的义务，而给付因第 275 条第 1 款的规定而变得不可能，那么债务人可以拒绝履行。同理，如果债务人因债权人没有法律原因的给付而获得物的所有权，根据第 812 条债务人负有返还物的义务，债务人也可因给付不能而拒绝履行。如果债权人要求支付价款，甚至是债权人根据第 1601 条以下主张法定的抚养权，或者根据第 823 条以下主张因不法行为引起的损害赔偿请求权，或者根据第 280 条第 1 款对方因违反非合同关系中的义务引起的损害赔偿请求权，抵销也可被债务人用作防御工具。 786

二、防御给付请求权

如果给付“对于债务人或者其他任何人是**不可能的**”的（第 275 条第 1 款）， 787

或者给付虽可能但从经济或个人因素考虑，履行该给付对债务人来说是**不可期待的**（第275条第2、3款），那么就排除债权人享有的合同约定的给付请求权；此时，只要涉及债权人的履行请求权，则免除债务人相应的给付义务。但是，当免除原因是第275条第2、3款规定的“给付不可期待”时，债务人必须自己主张抗辩权。这一规则并没有太大的实践意义，因为一个被请求履行给付而不愿履行的债务人，必须自己提出所有可能导致排除给付义务的情形，之后才能根据第275条第2、3款提起抗辩权。

（一）给付不能（Unmöglichkeit der Leistung）

788 就是否因存在第275条第1款规定的情形而排除债权人的履行请求权的问题，取决于履行约定给付对债务人来说是否是**不可能的**。至于给付对于其他人或者——如275条第1款所言——对任何人是否是不可能的，区分两者按理说是没有意义的。

789 与旧法不同，新法不再区分给付不能发生于合同订立前（自始不能，anfängliche Unmöglichkeit）还是之后（嗣后不能，nachträgliche Unmöglichkeit）、给付对于债务人来说不可能（主观不能，subjektive Unmöglichkeit）还是对所有人来说不可能（客观不能，objective Unmöglichkeit）以及给付不能根据第276条是否可归责于债务人。同时被废止的还有旧法中的另一项规则：在合同订立之时约定的给付对任何人来说就已经是不可能的，则该合同无效。（新法）第311b条第1款作出了相反规定，即这样的合同仍旧是有效的。如果某人出卖自己的邮票集，而该邮票集在合同订立前被火烧毁，此时的买卖合同仍旧有效；但是，根据第275条第1款的规定，排除买受人的履行请求权。此时，买受人可以根据第275条第1款解除合同（第326条第5款）或者要求代替给付的损害赔偿（第311a条第2款）或者主张第284、285条规定的请求权。规则说得非常清楚，第275条规定的排除给付义务只导致履行请求权消失，债务人的给付义务则以另一种形式继续存在，即债权人因债务人违反义务而请求损害赔偿（参见*Schlechtriem/Schmidt-Kessel* AT Rn. 471，478 ff.）。

790 对于债权人以及法官来说，判断债务人是否因履行给付对他而言是不可能的并进而免除给付义务其实并不简单。对一个经历青春期变声不能唱出高音的唱诗班男童而言，根据第275条第1款被免除了给付义务，没有人会表示震惊。同理，如果出租人约定从2月1日起将房屋租给承租人居住，但因为前一个租客没有准时搬离导致出租人在3月1日才将房屋交给承租人；对他来说，二月里将房屋转交给承租人就是不可能的。同样清楚的是，受到丈夫委托去跟踪妻子的侦探，如果妻子认出了侦探或者他的车子，非常轻松地在驾车过程中甩掉了侦探，那么也属于给付不能（参见BGH NJW 1990，2549）。如果出卖人出卖的是一本邮票集、一匹马、一幅油画、一艘帆船、一辆二手车或者其他什么特定物，而该买卖标的物被毁损或者被损坏以致无法修复，那么出卖人就无须向买受人送交标的物。还有一种情形是，标的物虽然没被毁损但被别人偷了，而出卖人不知为何人所偷，也不知道在哪里可以找到被盗的东西。如果出卖人因为第三人提出了更高的价格而故意卖给第三人，只有在第三人明确拒绝归还该特定物导致取得该物的企图失败时，才会出现第 275 条第 1 款所言的给付不能。如果出卖人必须为此支付非常高的费用，那么就出现第 275 条第 2 款规定的情况。如果某人出卖的是对第三人的债权，该债权不存在或者依照法律禁止让与（第 399、400 条）或者该债权因第三人的给付已获清偿或者第三人基于自己的债权主张抵销，那么对于出卖人来说，买卖合同约定的给付——即债权让与——变得不可能。

1. **种类之债**（Gattungsschulden）。是否根据第 275 条第 1 款免除债务人给付义务的问题，下述事实尤其具有现实意义：作为*出卖人*的债务人，出卖的是*种类物*（*Gattungssache*），即并不是那些被个别化、特定化、世上仅存的物——如特定的油画、特定的二手车、特定的土地——而是那些与合同指出的种类相同或者相似的物，并且合同约定以某数量、质量或者其他度量方式送交买受人。例如，种类物的买卖可以是 500 份 A 类品质的意大利菊苣沙拉或者 5 000 升燃油（含硫量低于 0.1%）。在此情形中，合同约定的、出卖人需要给付的种类物全部毁损并且他不可能从其他地方弄到同一种类的标的物时，才会根据第 275 条第 1 款排除买受人的送交请求权。 791

出卖人负有送交 10 吨 2002 年收割的加纳可可豆的义务，如果 2002 年加纳产的可可豆因为病虫害而毁损殆尽或者政府发布了出口禁令，此时根据第 275 条第 1 款免除出卖人的送交义务。与此不同的是，如果前一个供货商因为支付不能或者员工罢工而不能送交，或者出卖人支付给前供货商的价款因商品供不应求而上升，或者没有授予出卖人进口可可豆必需的进口许可，或者运输可可豆的船只在开往德国的途中沉没，这些情形都属于出卖人的购置风险（Beschaffensrisiko），并不会因给付不能从而被免除送交义务。 792

如果合同约定或者通过合同的（补充）解释得知种类物的数量被“限制”了，那么种类物出卖人的严格责任（strenge Haftung）就会被减轻。例如，标的物为一定数量的 B 类品质的土豆，但根据双方当事人的意思，这些土豆必须出自某产地或者必须是某生产商或者出自某“库存”，而该库存在合同订立时或者未来的某个时间位于出卖人处或者其他某第三人处，此时就构成所谓的**“限制的种类之债”**（beschränkte Gattungsschuld）。在此情形中，如果某产地或者某生产商的所有土豆因害虫病或者作为存货的土豆因冷藏设备罢工而损毁殆尽，即使此时出卖人可以在别处找到同种类、同质量的土豆，也会根据第 275 条第 1 款免除他的给付义务。 793

某宾馆每天从某大型牛奶生产商处购买一定数量的全脂牛奶，如果该生产商的产品因设备故障而告罄，那么他不得引用第 275 条第 1 款的规定，而是必须从市场上购买约定的牛奶并送交给宾馆。一个农场主负有每日向牛奶生产商提供一定数量 794

的牛奶的义务，他的奶牛因牛瘟而损失殆尽或者必须被宰杀，则根据第275条第1款免除（至少是部分免除）农场主的送交义务；这是因为，从现有的情形来看，根据双方当事人的意思，农场主仅仅负有送交自家农场出产的牛奶的义务。

795 即使被出卖的种类物仍位于其他地方，也必须为出卖人何时开始无须再寻找该种类物确定具体的时间。根据第243条第2款的规定，这一时点开始于出卖人完成了为将种类物送交于买受人所“必需”的行为。从此，出卖人的交付义务被限定或者特定化为为向买受人送交而准备的这部分。如果此物在这一时点后损毁、无可挽回地受损、灭失、被没收或者国家发布了处分禁令的，则根据第275条第1款免除出卖人的送交义务。是否以及何时出现特定化的问题，取决于合同约定的种类物的送交被视为往取之债、赴偿之债还是寄送之债（边码549以下）。若是往取之债，出卖人为买受人将符合约定质量和包装的一定数量的标的物在自己处所准备妥当并将此事告知买受人，受领期间经过后则种类物被特定化。若是寄送之债，当出卖人将符合合同约定特性的一定数量的物交给承运人时，种类物被特定化。若是赴偿之债，当出卖人将货物运到买受人住所，并以符合交易习惯的方式将货物交给买受人以供接受时，种类物被特定化。如果种类物被特定化后出现了毁损、灭失、被盗的，则出卖人无须再送交此物。即使出卖人处还有替代品，他仍旧可以根据第275条第1款主张给付不能，同时排除买受人的送交请求权。

796 出卖人已经向买受人提供了符合合同约定质量和数量的标的物，但买受人出现了第293条以下规定的**受领迟延**（Annahmeverzug），之后标的物灭失的，那么对于出卖人而言仍旧构成给付不能（边码634以下、边码843以下）。根据第300条第2款的规定，此时标的物灭失的危险转移给买受人，这也包括例外情况下尚未实现种类物的特定化（参见 *Schlechtriem/Schmidt-Kessel* AT Rn. 224 f.）。另一个问题是，买受人是否无权向出卖人请求（取代第275条第1款规定的已经变得不可能的给付）**损害赔偿**。上述请求权是否成立，取决于第275条第4款和第283条的规定。买受人是否享有损害赔偿请求权，取决于出卖人是否以可**归责于**他（zu vertreten hat）的方式违反了义务；此时的义务违反指的是（因给付不能而）不能实现给付内容（边码1072以下、1115）。更进一步的问题是，出卖人是否根据第275条第1款被免除了送交义务并且不需要承担损害赔偿，同时却可以向没有收到货物的买受人请求对待给付，即支付价款。对此，第326条第1款原则上给出了否定回答；除非根据第326条第2款、第446条、第447条、第644条、第645条的规定，货物的毁损、灭失可以归责于买受人（边码826以下）。

797 如果人们将**金钱之债**（Geldschulden）视为种类之债（参见 Huber I §26），就会得出第275条第1款从未免除债务人给付金钱的义务——即支付买卖价款或者归还贷款——的结论。如果债务人已将物交给债权人，债权人也不能引用第275条第1款主张因自己没有为置办标的物所需的金钱或者信用而陷入给付不能。这一结论基于一个被普遍承认的原则，即任何人都必须无条件地保证自己财务上的给付能力，因此买受人不能主张他没有足够支付价款的金钱，也不能主张第 275 条第 1 款所言的给付不能。

2. 事后补充履行。第 275 条第 1 款也适用于事后补充履行：出卖人送交给买受人有瑕疵的物，如果对于出卖人来说任何形式的事后补充履行均是不可能的，并且买卖标的物或者工作上的瑕疵是不可消除的，那么根据第 275 条第 1 款免除债权人的事后补充履行请求权（第 439、635 条）。例如，出卖人将有瑕疵的土地送交给买受人，而该土地的面积不符合合同约定；此时，消除瑕疵就是不可能的，而且送交替代物也是不可能的，因为根据当事人的意思，送交的标的物只是这一块而不是另一块土地，即成立的是特定物的买卖。同理，如果买卖并送交的是特定的一幅油画，而该油画并非由合同指明的画家制作，或者定作人收到的承揽人制造的机器没有达到约定的功率，那么事后补充履行就是不可能的：这是因为，首先修复是不可能的，其次基于之前的技术重新制造一台相同类型、质量、符合约定给付内容的机器也是不可能的。 798

还存在其他情形，如卖给买受人一辆“无事故”车，之后发现该车辆曾经发生过交通事故（参见边码 1185）。根据第 275 条第 1 款的规定，两种形式的事后补充履行均归于给付不能：买卖某辆二手车在任何情况下都是特定物买卖，所以不可能**送交替代物**（Ersatzlieferung）（边码 801）；同时，因为再完美的修复工作也不可能改变这辆车曾经发生过事故的事实，也就不可能使它恢复到同种类无事故车辆的价值，因此**消除瑕疵**（Mängelbeseitigung）也是不可能的。事后补充履行陷入不能对于买受人来说未尝不是好事，作为替代方案，他可以在没有为出卖人指定事后补充履行期间的情况下直接解除合同（第 437 条第 2 项、第 326 条第 5 款、第 323 条）。但是，如果违反义务的情形即送交事故车辆并非重大，那么就不适用上述规则（第 323 条第 5 款第 2 句）。这一规则也并非万世不易（参见 BGH NJW 2008，1517，1519）。买受人可以在没有指定事后补充履行期间的情况下向出卖人请求**代替给付的损害赔偿**或者**赔偿费用**，因为从第 437 条第 3 项以及第 311a 条第 2 款得知，在合同订立之时送交无事故车辆对于出卖人来说就已经陷于第 275 条第 1 款规定的给付不能了。如果之后出卖人可以证明，他在合同订立之时不知道自己没有财力送交无事故车辆并且他对不知情不存在过错，那么出卖人无须承担责任（参见边码 1030，1073，1184）。 799

例外情况可以是特定物买卖的事后补充履行可以通过送交一个无瑕疵的替代物来实现。 800

出卖人在自家的百货公司卖出了 Nolde 的海景画，却将 Feininger 的海景画或者 Nolde 的自画像送交给了买受人，那么买受人就有权要求出卖人重新送交正确的画。同理，在特定物买卖中，例外地必须通过解释双方当事人的意思来确定有瑕疵 801

的特定物能否被其他相同种类、相同价值的商品替代。在二手车买卖中，如果买受人之前查验过车辆并且对该车辆具备某技术特性有大概认识后才决定购买，那么原则上就不能从双方当事人的意思中推断出标的物可替代（BGHZ 168，64；参见 *Hirsch* BT Rn. 63 f.，93；*Looschelders* BT Rn. 89；*Bamberger/Roth/Faust* § 439 Rn. 27 以及其他提示）。

802 3. 迟延给付中的不可能。接下来的一个问题是，给付仅仅**因时间流逝**（durch bloß Zeitablauf）而对债务人来说变得不可能。某餐厅承诺在婚礼当天12点半前送交中餐，但他却错过了时间，导致参加婚礼的人饥肠辘辘地离开了会场；此时，根据第275条第1款免除他的给付义务（**“绝对的定期行为”**，absolutes Fixgeschäft，参见边码558、938）。同理，出租人应从5月1日起将房屋租给承租人，但由于前租户没有及时搬离导致出租人迟至9月1日才将房屋交给承租人，部分约定给付——使承租人从5月1日到8月31日期间使用该房屋——变得不可能。

803 有时债务人会援引另一种给付障碍（Leistungshindernis），虽然现在对他来说给付是不可能的，但这一给付障碍在未来的某个时间会消失，之后他就可以正常履行给付义务。例如，某工厂因火灾或者工人罢工而暂时停产，而不能准时将货物交给买受人；这样一种**一时的不能**（vorübergehende Unmöglichkeit）是否会发展成为永久的不能，则必须视具体情况而定，尤其是消除障碍所需的时间，（更甚）以及判断双方当事人是否愿意等待以及还是否愿意执行原先合同约定的条件（BGH NJW 2007，3777）。在那些一时不能的情形中，根据第275条第1款债权人在给付障碍存在的期间内不能请求债务人给付，由他提起的请求给付的诉讼被视为尚未成立而被驳回。如果债权人坚守合同，那么只要债务人对一时不能负有过错，那么债权人就可以请求债务人赔偿迟延损失，同时他也可以在特定条件下解除合同或者请求代替给付的损害赔偿。

804 4. 目的落空引起的不能（Unmöglichkeit durch Zweckvereitelung）。第275条第1款规定的给付不能还包括这样一种情形：双方约定的给付所意图实现的目的在合同订立后消失或者不可实现。当然，人们可以想到的**“目的摧毁”**（Zweckstörung）或**目的落空**（Zweckvereitelung）的情形比较少。

805 一位父亲在药店为他生病的女儿买了一盒药，药店就负有置办药品的义务。女儿在药店置办完药品之前自己痊愈，这不会导致药店的给付变得不可能。虽然大家都知道，这位父亲购买药品的目的就是使自己的女儿痊愈。但是这样的目的仅仅构成单方面的动机，尚未被双方当事人视为合同的一部分。类似情形还包括：一位政府工作人员因被分配到其他地方工作或者因严重的疾病必须住院治疗，而不能或者不能继续居住在他承租的房屋内（参见第537条，边码304、742）。相同结果的情形还包括，芭蕾舞课的老师基于雇佣合同负有授课义务，如果课上的学生在一场事故中失去了一条腿或者舞者因为其他原因放弃了该工作，那么给付对于委托人来说就失去了目的（参见第615条和边码697）。上述情形中存在“使用风险”（Verwendungsrisiko），即那些就买受人、承租人、委托人一方来说通过给付追求的目的所产生的风险。这一风险实现时，即债权人不能再合目的地享用对方的给付时，给付对债务人来说仍旧是可能的，而且他可以要求债权人履行对待给付。此时，在持续性债务关系中有另一个前提，即合同尚未（尤其是因为承租人或者委托人的通知终止）结束。

承揽合同的情况则有所不同。在此我们可以得知，承揽人已经不可能实现根据合同内容通过给付追求的结果，因此给付对他来说已经变得不可能。相关事例包括，承揽人负有修理受损汽车的义务，但这辆汽车在到达承揽人处之前已经“自愈”或者经过第三人的修理或经过委托人的努力可以正常行驶或者被一辆从公路上突然驶出的汽车撞毁。又如，施工土地因洪水或者火灾而毁损，而建筑委托方拒绝复建，建筑工程承包商的给付也是不可能的。毋庸置疑，在上述情形中的承揽人根据第275条第1款被免除了给付义务。但有疑问的是，是否以及在何种情况下他仍可以向委托人主张报酬请求权（参见边码826以下）。 806

5. 根据第285条返还补偿。一旦根据第275条第1款免除了债务人的给付义务，那么在特殊情况下就会碰到第285条的规则，即债权人可以请求取得“对约定标的物的**补偿**或者**补偿请求权**”；债权人有权向债务人请求返还作为补偿所受领的物或者让与对第三人的补偿请求权。这是因为，债务人作为出卖人，必须向买受人送交某物（特定物或者已经特定化的种类物），但他却因为该物已经灭失而不能送交，并且对于出卖人来说约定的给付已经变得不可能。如果这个标的物被投保或者第三人有过错地损毁了该物，那么该利益就取代了该物而进入出卖人的财产（commodum）；根据第285条的规定，只要买受人乐意，那么出卖人必须将该利益交给买受人。作为一种所谓的**“代偿利益”**（Stellvertretendes commodum），买受人可以请求保险人支付保险金或者向作为损害人的第三人请求损害赔偿，即使保险金或者损害赔偿金已支付给出卖人也是如此。但是，如果买受人主张第285条规定的请求权，那么他必须根据第326条第3款履行对待给付，即支付价款。但是，在买受人以较低价格——而该价格低于根据第285条的规定可以请求的赔偿利益时——购买买卖标的物时，他根本无须为支付价款一事而烦恼。 807

债务人根据第275条第2、3款主张抗辩权从而被免除了给付义务，第285条仍旧适用。根据一般观点，第285条意义上的“代理利益”也被视为**“基于交易所产生的收益”**（commodum ex negotiatione），即债务人就该约定的标的物与第三人达成交易所取得的东西。例如，出卖人将一辆价值1 000欧元的二手车卖给买受人，并约定5月15日送交。出卖人在该日期之前以1 400欧元的价格与第三人订立（二次）买卖合同并且将车辆送交给第三人；随后车辆在第三人处毁损或者第三人拒绝了买受人提出的返还汽车的请求，那么根据第275条第1款免除出卖人向买受人送 808

交车辆的义务。但是，买受人可以根据第285条向出卖人请求支付其从第三人处收到的1 400欧元价款。此时买受人负有履行对待给付的义务（第326条第3款），即他必须支付1 000欧元价款，但买受人获得价款差价。第285条导致下述结果：当出卖人故意违约时，买受人不仅可以请求损害赔偿，而且作为替代方案还可以取走出卖人将商品以更高价格卖给第三人所获得的盈利（Gewinn abschöpfen）。占取盈利只有在合同当事人可以根据自己与第三人达成的可盈利交易的前提下才适用。[①] 如果出租人以每月1 000欧元的价格将一定面积的土地租给第一位承租人以供泊车，之后又以每月1 500欧元的价格将同一块土地租给第二位承租人以经营每周集市。因为第一位承租人无权自己与第二位承租人达成上述交易，因此也就无权取走归属于出租人的盈利。BGHZ 167，312以及 *Helms* ZEuP 2008，150。

（二）给付不可期待（Unzumutbarkeit der Leistung）

809 债务人为履行给付所支出的费用“与债权人的给付利益严重不成比例的”，根据第275第2款免除债务人的给付义务，此时必须考虑合同的内容和诚实信用原则。如果引起费用上升的给付障碍可以归责于债务人，那么增加后的费用对债务人而言就是可期待的；只有在债务人提起相关抗辩权时（这也是常态），才会适用第275条第2款中对债务人有利的规则。

810 之后需要查明的是，债务人在遇到给付障碍时为履行给付而支出的费用以及债权人在遵守合同情况下获得的利益；第二步才是判断上述两者之间是否存在“严重的不成比例”（grobes Missverhältnis）（参见 *Looschelders* JuS 2010，849）。判断的目的是给债务人支出费用确定一个“牺牲界限”（“Opfergrenze”），到达该界限后债务人就会受到保护。更进一步，第275条第2款旨在避免出现在经济上毫无意义的给付交换关系：在这种交换关系中，债务人需要支出的费用远远大于债权人因此得到的收益。

811 与此相反，第275条第2款并不会保护债务人免于根据合同应当由他自己承担的风险。例如，某承揽人以固定价格承接挖掘工作，在挖掘过程中撞倒岩壁导致施工费用增加，于是他拒绝履行约定的给付。此时，在合同订立之前预见到合同履行过程中会出现的各种风险并对此做好预防措施——与定作人达成协议，在发生某些施工困难的情况下享有解除权、自动增加报酬或者重新协商价格——乃是承揽人的分内之事。如果承揽人没有考虑到这些风险，在交易过程中吃了亏，那么就没有必要事后作出有利于他的修改，即在出现了他没有预见到的风险并导致费用增加时免除他的给付义务。同样很少需要考虑的是，根据第119条第2款的规定，承揽人基

① 如果出卖人具备一般人所没有的销售能力，以远远超出正常市场价的价格卖出该标的物，那么买受人向出卖人请求第三人支付的价款就会受到限制。——译者注

于错误（Irrtum）而撤销合同（边码 300 以下）或者援引交易基础丧失（Störung der Geschäftsgrundlage）并根据第 313 条请求变更合同（边码 1012、1013）。相似的情况还包括，由合同得知出卖人为他送交的货物承担“购置风险”（第 276 条第 1 款第 1 句）：如果置办货物的过程中出现了购置风险，那么就不能根据第 275 条第 2 款免除出卖人的送交义务（不同观点 *Schlechtriem/Schmidt-Kessel* AT Rn. 483）。但现实中却常常有不同的解决方案：买受人首先会请求出卖人履行并为其指定期间。然后，在期间经过而未果时解除合同，同时与其他承揽人达成补偿交易，将由此产生的费用计入代替给付的损害赔偿请求权（第 280 条第 1、3 款，第 281 条）。如果引起债务人费用增加的给付障碍不属于他的风险范围并且债务人也无须对此事预先防范，那么就适用第 275 条第 2 款。例如，挖掘工作所需的费用因洪水或者其他自然灾害而变得昂贵或者建筑因遭遇大火被破坏，而承揽人不得不为了制造工作而寻求要价更高的第三人给付，或者它依赖于某些外国原材料的供应，而原产国政府对原材料实施了出口禁令。

债权人请求**事后补充履行**（Nacherfüllung），债务人也可以通过提起第 275 条第 2 款中的抗辩权进行防御。作为债务人的出卖人，如果被买受人要求重新送交一个无瑕疵的买卖标的物，那么他可以借助特别法律规定拒绝对方的请求。如果买受人根据第 439 条第 1 款作出了选择，并确定了一种具体的事后补充履行方式（消除瑕疵或者送交替代物），当这种履行方式对于出卖人来说**“只有通过支出不成比例的费用”**（nur mit unverhältnismäßigen Kosten）才可能时，出卖人可以拒绝该请求（第 439 条第 3 款）。承揽合同和旅游合同中则由承揽人或者旅游经营者决定事后补充履行的具体方式。当然，当履行所需措施“只有通过支出不成比例的费用”才能实施（第 635 条第 3 款）或者“需要支出不成比例的费用”（第 651c 条第 2 款第 2 句）时，他也可以拒绝事后补充履行。 812

什么时候事后补充履行的费用是**“不成比例的”**（unverhältnismäßig）？在买卖合同中必须首先考虑“*相对*不成比例”（“*relative* Unverhältnismäßigkeit”）的情形。出卖人声称，买受人选择的事后补充履行方式所需的费用与另一种相比不成比例，因而提起抗辩权。但是，如果买受人请求修复有瑕疵的物，出卖人以送交无瑕疵的替代物对自己来说更省钱为由拒绝对方的请求则是不合法的。修理费用必须是“不成比例的”才行，即明显超过了送交替代物所需的费用。究竟两者的差别有多大，则必须权衡双方利益再做决定。如果是由于出卖人没有属于自己的维修车间而导致较高的修理费用，那么就必须考虑他在与对方磋商的时候是否给对方造成了自己修理还是第三人修理费用更低廉的印象，买受人是否信赖并且被允许信赖这种印象。如果买受人要求送交替代物，那么必须考虑出卖人是否被允许拒绝该请求并且买受人必须接受修理。更进一步，出卖人是否以及多么容易就可以将取回的有瑕疵的标的物脱手或者再行利用，甚至是该标的物的价值在修理后是否“贬损”（“merkantilen Minderwert”）。 813

814 负有事后补充履行义务的一方声称，为实施事后补充履行所需的费用与合同相对人对无瑕疵给付期待的利益相比高得不成比例，他可以主张“*绝对*的不成比例”（“*absolute* Unverhältnismäßigkeit”）。例如，出卖人以1 000欧元的价格将一批地砖卖给买受人并送交，买受人在不知该批地砖有瑕疵的情况下将其安装于房屋内的地面，此时，事后补充履行方式之一——通过修复消除瑕疵（根据第275条第1款，边码798以下）——对出卖人来说是不可能的，因此只能选择送交并安装无瑕疵的替代物以及拆除有瑕疵的地砖（边码764）。由此产生的费用将明显超过价款本身，如果地砖的瑕疵只是引起了地砖变色而且买受人对无瑕疵给付的利益未因此严重减损，那么送交替代物就是不成比例的。

815 欧洲法院认为，被买受人请求送交无瑕疵替代物（作为仅存的事后补充履行方式）的出卖人，声称拆除有瑕疵商品并加以安装所需的费用与买受人对无瑕疵给付所具有的利益相比高得不成比例，进而满足“绝对的不成比例”，并因此可以拒绝对方请求，这一规则违反了欧盟出台的有关消费品买卖的指令。既然第439条第3款第3句允许出卖人加以拒绝，那么立法者就必须作出调整。如何解决这一问题以及这一规则是否仅适用于消费品买卖还是适用于全部类型的买卖合同则颇有疑问。毕竟，根据欧洲法院的观点，指令允许出卖人向买受人支付送交替代物产生的“合理”（angemessene）金额；这就意味着，如果出卖人有义务进行安装及拆除工作，他提出的买受人分担合理费用的请求遭到拒绝时，出卖人也有权主张防御权。由此可以得知，欧盟指令赞成出卖人不自行安装或拆除而是仅负担由此引起的*费用*（边码764）。如果代替给付的全部费用高得不成比例，那么第439条第2款的规则被修改为“出卖人可以将由他承担的费用缩减到合理的数额”。

816 承揽人交付了有瑕疵的工作，对他来说事后补充履行虽可能但由此产生的费用与委托人对无瑕疵给付享有的利益相比不成比例，此时他也可以主张“绝对的不成比例”。

817 例如，承揽人为定作人在花园里建造游泳池，建好的泳池深度只有175厘米而非约定的180厘米，此时应该如何处理？毫无疑问，定作人在使用过浅泳池时的愉悦感减少了，他可以根据第635条第1款请求事后补充履行（BGH NJW 2009，2123），而且为了支持自己的请求权，他还提出承揽人过错——故意或者重大过失——引起了瑕疵。另外必须考虑，事后补充履行——通过重新施工加深泳池——所产生的费用达到甚至超过了预算费用的两倍且与定作人对5厘米加深泳池的利益相比“不成比例”。还需要考虑的是，如果事后补充履行请求因第635条第3款而落空，定作人仍旧享有第634条第2到第4项规定的请求权和权利；尤其是他可以减少承揽人的报酬（第638条）或者请求代替给付的损害赔偿（第280条、第281条）。但不能得出下述结论：承揽人根据第635条第3款拒绝事后补充履行，同时在定作人要求减价或者损害赔偿时仍以“不成比例的费用”为由请求对方给付报酬。定作人只能在损害赔偿或减价正好可以填补瑕疵给付与无瑕疵给付之间的价值差额的范围内，请求承揽人损害赔偿或者减少约定报酬。根据《民法典》第 638 条第 3 款以及《民事诉讼法》第 287 条的规定确定差额，此时定作人的精神损失也必须计算在内（*Schlechtriem* BT Rn. 435）。

最后，如果债务人"必须亲自履行给付"，根据现实情况给付对他来说是不可期待的并且他也提出了抗辩，那么排除债权人的以给付为内容的请求权（第 275 条第 3 款）。人们通常会引用教科书上的一个案例，歌手必须照顾自己罹患重病的孩子，或者土耳其籍钢琴老师面临兵役而违抗命令将受到死刑威胁，此时就必须取消演唱会或者钢琴课。 *818*

三、防御对待给付请求权

根据第 275 条免除**双务合同**（gegenseitiger Vertrag）中债务人的给付义务，随即出现了另一个问题，免除给付义务会对合同约定的**对待给付**（Gegenleistung）产生什么影响。债务人没有履行给付并且是因第 275 条规定的理由而不需要履行，他还可以向债权人请求履行对待给付吗？买受人或者定作人根据第 275 条不能请求对方送交标的物或者完成工作，他还必须支付价款或者报酬吗？ *819*

（一）对待给付请求权落空

第 326 条第 1 款第 1 句给出了否定回答：债务人根据第 275 条无须履行给付，则同时排除对待给付请求权。在此无须考虑引起免除债务人给付义务的给付障碍是否归责于债务人。车辆被偷时，根据第 275 条第 1 款排除买受人就送交二手车的履行请求权，那么他也无须支付价款。此时不需要考虑出卖人是否因忘记给车上锁以致小偷轻易得手。一旦买受人已经支付了价款，那么他可以根据第 326 条第 4 款请求出卖人返还。 *820*

由第 326 条第 1 款可知，只要债务人根据第 275 条无须履行给付，债务人的对待给付请求权**依法**（kraft Gesetzes）（"ipso iure"）排除，债权人不需要作出特别声明。第 326 条第 5 款明确赋予债权人解除权，而解除不以指定期间为前提，法条将此引至第 323 条，因此很难协调这一规则与第 326 条第 1 款之间的关系。为什么在债权人无须履行对待给付的情况下也允许他解除合同？这主要是因为第 326 条第 5 款中的解除权具有现实意义。 *821*

作为债权人的买受人不能确切地知道出卖人不送交的原因，此时第 326 条第 5 条就会发挥作用：买受人可以等待并借助合同不履行抗辩权防御出卖人的价款支付请求权（第 320 条；边码 897 以下）。如果出卖人继续保持沉默或者搪塞买受人，那么买受人也可以催告出卖人送交标的物并（就迟延损害赔偿）提起诉讼。买受人往往想尽快确认自己是否根据第 326 条第 5 款已经无须支付价款还是为了达到这一 *822*

目的必须先主张解除。第 326 条第 5 款正好帮助了处在这种情况下的买受人，即赋予买受人解除权。但是，该款还是建议买受人，为出卖人指定一个事后补充履行的期间（只要该期间没有因第 323 条第 2 款而变得不必要），期间经过后出卖人仍未送交时才表示解除。根据第 326 条第 5 款的规定，特殊情况下无须指定期间：但只有在满足第 275 条规定的前提时才会适用上述规则，在提到的其他情形中买受人对此并无明确的认识（参见第 326 条第 5 款，*Hirsch* AT Rn. 756 ff.）。

823 买受人虽然知道导致出卖人送交成为不可能的送交障碍，但这一障碍只是**一时的**并且会在未来的某个时间消失，第 326 条第 5 款可以帮助此时的买受人。买受人在待定状态中也可以根据第 326 条第 5 款，在尚未指定事后补充履行的情况下（根据第 323 条）表示解除。但此时必须类推适用第 323 条第 5 款第 1 句，他被要求提供证据证明给付障碍在未来某个时间消失后，出卖人的送交对他而言“没有利益”（kein Interesse）（参见 BGHZ 83，197，200 f.）。

824 债务人只履行了部分给付，例如只送交了全部货物的 40%或者只遵守了 5 个日期中的 3 个，或者只在一、二月里清扫了委托人房屋前的积雪而根据合同约定他必须清扫整个冬天的积雪，这时应该如何处理？如果还未完成的给付对于上述情形中的债务人来说已经变得不可能（第 275 条第 1 款）或者允许债务人拒绝（第 275 条第 2、3 款），那么他的对待给付请求权也会相应地减少，减少的比例正好是部分给付的价值与合同约定的完全给付的价值之间的比例（第 326 条第 1 款第 1 句后半句）。如果部分给付对于债权人而言毫无意义，以至于他对部分给付“不具有利益”，那么可以根据第 326 条第 5 款、第 323 条第 5 款第 1 句解除整个合同。此时，合同可以被债权人视为完全未履行，他可以根据第 280 条第 1、3 款，第 281 条第 1 款第 1 句请求代替给付的损害赔偿。参见 *Looschelders* AT Rn. 626，741，744；*Hirsch* AT Rn. 598，752、753。

825 乍看起来不易理解第 326 条第 1 款第 2 句的规则，它指的是这么一种情形：债务人没有按照合同约定的方式履行给付，但根据第 275 条免除了他事后补充履行的义务。第 326 条第 1 款不适用于这一情形，即债务人的对待给付请求权并未依法排除，而是仍旧存在。由于消除瑕疵和送交无瑕疵替代物变得不可能，或者为此支付的费用与买受人的给付利益而言明显不成比例，此时根据第 275 条免除出卖人的事后补充履行义务；只有在买受人行使第 437 条第 2 项中的权利，即根据第 326 条第 5 款、第 323 条解除合同或者根据第 441 条减少价款时，才排除出卖人的价款给付请求权（并非第 326 条第 1 款第 1 项中的法定排除）。承揽人制造了有瑕疵的工作成果，但根据第 275 条被免除事后补充履行义务：如果定作人行使第 634 条第 3 项中的权利，此时并非根据第 326 条第 1 款第 1 项，法定地排除承揽人的报酬请求权。出卖人或者承揽人（并非根据第 275 条第 2 款，而是）根据第 439 条第 3 款、第 635 条第 3 款拒绝对方提出的事后补充履行，那么第 437 条第 2 项、第 440 条以及第634条第3项、第636条中的规则同样有利于买受人或者定作人。第326条第1款第2句的目的仅在于：当合同对方当事人履行瑕疵给付并且这一瑕疵不可能通过事后补充履行予以修正（第275条第1款）或者*无须*修正时（第275条第2、3款，439条第3款，635条第3款），买受人或者定作人可以在解除与减价之间进行选择。

（二）对待给付请求权继续存在

谁不能或者有权拒绝履行约定的给付，并根据第275条免除他的给付义务，他同时也不能向对方请求对待给付。第326条第1款第1句明确了这一规则：这是因为，双务合同中的一方之所以承诺负担给付义务，是因为他可以向对方请求对应的给付。当合同相对人无须向他履行约定给付义务时，为什么买受人仍需支付买卖价款、承租人必须支付租金、定作人必须支付报酬呢？谁想在例外情形中给出肯定回答，就必须给出充足的理由。这些理由是什么呢？这些理由是第326条第2款和其他一些分散的法条。 826

根据第326条第2款的规定，例外情形中的债权人仍负有对待给付义务：他对造成债务人履行不能或者有权拒绝给付的事实“**负单独或者根本性的责任**”（“allein oder weit überwiegend verantwortlich”）（边码787条以下）。如果债务人对这些事实没有过错，并且这些事实是在债权人陷入**受领迟延**（Annahmeverzug）之后才出现的，那么处理结果相同（边码634以下）。这两种情形中的债务人均可以向债权人请求对待给付，但是他必须从中扣除自己因免除给付所节省的或者将自己的劳力用于他处而获得的或者恶意不收取的利益（第326条第2款第2句）。 827

1. 债权人责任和债权人的风险。债权人违反约定的给付义务或保护义务并进而引起给付障碍，则债权人对此“负单独或者根本性的责任”。例如，出租房被烧毁后，出租人根据第275条第1款被免除了将出租屋交付使用的义务，如果承租人过失地或者承租人的履行辅助人或转承租人过失地（第540条第2款）引起了火灾，那么出租人仍可以请求承租人支付租金。支付租金的义务只在租赁合同尚未因承租人通知终止或者以其他方式结束的情况下继续存在。如果某人从饲养人处购买了一匹用于乘骑的马，他将尚未完全掐灭的烟头留在了马厩中并进而引起了火灾、烧死了骏马，那么他仍旧需要支付合同价款，但可以请求减去饲养人因此而节省的——即饲养人无须喂养骏马并将马运往买受人处的——费用。 828

第326条第2款并没有说给付障碍在任何情况下都“归责于”（“zu vertreten”）债权人（即必须由债权人的故意或者过失行为导致），而是说债权人对给付障碍**负单独或者根本性的责任**（verantwortlich）。因此，如果债权人没有过失行为，但根据合同承担了出现给付障碍的**风险**（Risiko）并且这一风险之后变成了事实，那么债权人继续承担履行对待给付的义务。例如，某运输公司将货物从德国运往土耳 829

其，并且在（补充）合同中约定货物提单不完整的风险由委托人承担；一旦这一风险变成了事实，运输人因该不完整的货物提单而被边检机关拒绝从而不得不返航，那么运输公司根据第326条第2款请求委托人支付运费，而不考虑提单的不完整是否因委托人的过错引起的。约定的风险分担还包括：被电话告知修理一辆停靠在路边的汽车的承揽人在赶到事发地时，汽车已经处于可以正常行驶的状态，虽然约定的给付变得不可能（第275条第1款，边码804以下），但根据第326条第2款他保留了报酬请求权（减去节省的费用）。这是因为，通过合同补充解释可知，汽车在承揽人到达之前因第三人的帮助或者自行修理（"von selbst"）而恢复正常的风险并非由承揽人而是由委托人承担。在土地买卖中，不动产转移合意的有效性因主管机关的拒绝而归于无效，如果从明确约定或者可推断的行为得知，主管机关同意与否的风险由买受人承担，那么买受人虽没有取得土地的所有权但仍必须支付合同价款。此时，买受人可以在需支付的合同价款中减去出卖人因免除完成转移所有权的义务以及保留土地所节省的费用（BGH NJW 1980，700）。联邦普通法院曾作出如下判决：一支名为Tic Tac Toe的乐队雇用了一个照明技术人员，但是巡回演唱会却因乐队成员之间的争吵而泡汤，因为导致巡回演唱会泡汤的理由属于乐队需承担的风险范围，所以技术人员可以请求支付约定的报酬（BGH NJW 2002，595）。

830 在另一起案件中，承诺"巫灵咨询"（Lebensberatung）的一方根据合同约定应当将卡洛牌摊在对方面前并凭借自己的魔力进行分析（BGHZ 188，71）。联邦普通法院认为，这一合同并没有因第138条而无效，而根据客观的科学知识，咨询师承诺了"不可能的"给付（第275条第1款）。如果委托咨询的人明知而且承担了咨询师的给付在理性上是不可能的风险，那么他就必须根据第326条第2款对这一事由负"单独或者根本性的责任"。第326条第2款没有回答"合同双方当事人（或者他们的履行辅助人）都对履行不能负责任时该如何处理"的问题。例如，出卖人将商品以10 000欧元的价格卖给买受人，但货物因为某些事由被毁，而双方分别对该事由承担50%的责任，如果此时买受人因履行不能丧失了本可将货物转卖给第三人取得的2 000欧元利润，那么又该如何处理？各方为解决这个问题花费了不少笔墨，最后大家一致认为，类推适用第254条的规定，双方的请求权各减一半。据此，出卖人可以向买受人请求合同价款的一半，即5 000欧元，买受人可以向出卖人请求损害赔偿额的一半，即1 000欧元。抵销后买受人需向出卖人支付4 000欧元。参见*Looschelders* AT Rn. 729 ff.；*Hirsch* AT Rn. 722；*Huber* §57 Ⅱ。

831 现实中存在"债权人必须承担给付障碍出现的风险，导致他必须在没有获得对方给付的情况下负有支付约定报酬的义务"的其他情形。对此，立法者为解决这一问题制定了优先于第326条第2款的特殊规则。

832 这些规定包括第615条（边码697以下）：在雇佣合同中，受雇人无须向雇主履行约定的给付，受雇人能否请求雇主支付约定的佣金？此时必须考虑引起给付障碍的事由是否属于风险。汽车驾驶学校的学员（作为雇主）因生病或者其他私人原因不能参加驾驶课，那么他陷入受领迟延并且根据第 615 条必须支付约定的报酬，另外减去驾校“因自己不提供劳务而节省的或者将自己的劳务移作他用而取得的或者故意放弃应取得利益的价值”。如果驾校老师（作为受雇人）丧失了从业必要的国家许可并依据第 275 条第 1 款无法实现给付，此时，根据第 326 条第 1 款他失去了报酬请求权。

第 645 条尤其具有现实意义。在承揽合同中，承揽人通常承担从开始制作到受 833
领之前的工作毁损、灭失、损害的风险（第 644 条第 1 款第 1 句；边码 684）。在《建筑工程发包与承包法》（Verdingungsordnung für Bauleistung/ VOB）框架下订立的建筑合同中的一般交易条款往往会减轻风险（NJW 2002，3682）：该规定第 7 条第 1 款允许承揽人在已经开始制造但尚未受领的工作“因不可抗力、战争、暴乱，或者客观不可避免的、不可归责于承揽人的事由减损或者毁损”时，请求定作人支付部分报酬。风险减轻尚见于第 645 条：定作人为承揽人提供了有瑕疵的材料或者在定作人作出了特别指示的情况下开始制造的工作因为有瑕疵的材料或者指示，在验收之前“灭失、减损或者无法完成”，并且承揽人对此没有任何过错，那么根据第 645 条定作人必须支付“与已完成部分工作的相应报酬”。当然，此时的报酬一般会少于根据第 326 条第 2 款减去部分价值的报酬。但是，第 645 条规定的部分报酬对于定作人来说也不是坏事；人们考虑到定作人因自己的行为——提供了有瑕疵的材料或者作出指示——而必须接受谴责，所以才沦落到没有取得任何给付却必须支付部分报酬的境地。判例将第 645 条类推适用于那些属于定作人的风险范围内的、引起尚未验收的工作灭失或者导致给付不可能实现的其他事由的情形（参见边码 704）。

参见 BGHZ 40，76（Rn. 704）；BGHZ 60，14；BGHZ 78，352；BGHZ 135， 834
303 和 BGH NJW 1998，456 针对下述情形：业主委托了不同的建筑承包商从事电线安装及粉刷工作，但位于莱茵河边的施工地在验收之前被洪水淹没。建筑承包商起诉业主，根据第 645 条的规定请求业主支付部分报酬，法院支持了这一诉讼请求。业主负有确保施工地在施工期间不被洪水侵蚀的义务。业主委托负责建筑物框架建造的承包商在施工过程中犯了致命的错误，以至于施工地被洪水淹没。联邦普通法院认为，作为洪水防护组织者的业主与建筑承包商相比更应承担这一风险，类推适用第 645 条，业主应当支付部分报酬。对此还存在其他理由：负责建筑物框架建造的承包商是业主选任的，因此是业主而非其他建筑承包商承担负责建筑物框架建造的承包商陷入支付不能而无法实现损害赔偿请求权的风险。相似的还有 BGHZ 83，197：原告承诺，为建造位于伊朗境内的工厂送交并安装一批设备；因伊朗境内爆发政治骚乱，原告无法完成全部工作，他要求委托人支付部分报酬；这一诉讼请求获得法院的支持，委托人是一家德国境内规模非常大的设备制造商，具有与国外业主进行交易的丰富经验，与原告相比他近距离地面临因国外政治问题导致的给付障碍的风险，这也意味着他相较原告能够更好地规避风险以保护自己；其次，委托人可以视情况与伊朗业主约定，由后者提供信用证并向后者请求自己支付的全部报酬。

835 风险分配的特别规定还有第446条和第447条。即使因标的物毁损、灭失、减损而根本没有取得标的物或者没有取得符合约定特性的标的物，买受人仍——与第326条第2款相似——需要支付价款。这是因为，造成标的物毁损、灭失、减损的事由是在风险（Gefahr）转移给买受人之后才出现的。即使他没有收到标的物或者没有取得标的物的所有权，他都必须支付报酬，即价款。人们说，从风险转移（Gefahrübergang）之后，买受人承担**“报酬风险”**（Vergütungsgefahr）。

836 根据第446条第1款的规定，当买卖标的物**交付**给买受人——或者由买受人指定的第三人——时风险转移给买受人。该物在所有权保留的条件下出卖并交付给买受人，该物在买受人支付完最后一笔分期价款前毁损；虽然买受人此时没能获得该物的所有权，而且他对出卖人的合同履行请求权根据第275条第1款被排除，他仍需支付全部价款。在此，他既不能要求出卖人返还已经支付的价款，也不能援引合同不履行的抗辩权来拒绝支付剩余价款。

837 只有当买卖标的物因**意外事件**（Zufall）毁损灭失时，即无法根据第276条至第278条将毁损灭失归责于出卖人或者买受人，而是因不可抗力、因未参与交易的第三人或者那些双方无法避免的事由而导致毁损灭失时，才适用第446条第2款。在所有权保留的买卖中，如果出卖人或者出卖人的履行辅助人告知了有关买卖标的物存储的错误信息，此时，交付的商品的灭失可以归责于*出卖人*，根据*第326条第1款第1句*他失去了价款支付请求权。如果因买受人或者买受人的履行辅助人的过失导致标的物毁损的，此时买卖标的物的灭失可以归责于*买受人*，那么他必须支付价款；但并非根据第446条第1款，而是*根据第326条第2款第2句*，这是因为买受人对这一结果——出卖人的约定给付（即转移所有权）变得不可能——负责任。第446条第1款只处理买卖标的物因意外事件灭失的风险；它将这一风险分配给买受人，因为买受人作为直接占有人，对标的物负有保管义务（Obhut）；相比于出卖人，买受人更近距离地面临风险。

838 根据**第447条**的规定，**寄送买卖**（Versendungskauf）指的是，出卖人基于“买受人的请求”将买卖标的物“寄送到履行地之外的另一个地点”（边码548以下）。与第447条第1款的表述相反，不要求买受人明示地或者通过自己的行为*请求*出卖人寄送标的物；只要从合同——通过正确的解释——中可知，双方达成的是寄送之债即可。这种情况中的风险并非在标的物交付给买受人时转移，而是“在出卖人将物交给运输代理人、承运人或者其他被指定执行寄送的人”时转移；原则上是出卖人的住所。当然，双方也可以约定货物必须交付给位于另一个地点的承运人，如工厂交货（ab Werk，EXW）或者汉堡港 71 A 交货（DEQ）（参见 BGHZ 113，106）。在任何情况下，都由买受人承担货物在通过汽车、火车、船只、飞机运往他处——或者由他指定的第三人——途中灭失的风险。根据第 644 条第 2 款的规定，上述规则同样适用于“寄送承揽合同”（Versendungswerkvertrag）。

只有当运输途中发生的损害结果不可归责于任何一方当事人时（即发生所谓的意外事件时），才适用第 447 条第 1 款、第 644 条第 2 款。如果货物在运输过程中因*出卖人*或者他的履行辅助人不适当地包装、不当选用运输人、指示了不合理的运输方式或者运输路线、没有正确告知接收人的地址、毫无正当理由地无视买受人的运输指示（第 447 条第 2 款），那么就不适用第 447 条第 1 款。根据第 326 条第 1 款第 1 句的规定，出卖人失去价款给付请求权。此外，买受人还可以根据第 280 条、第 447 条请求损害赔偿。如果买受人或者他的履行辅助人作出了错误的运输指示，而货物的损坏可因此归责于买受人，那么也同样不构成意外事件。 839

如果货物在运输途中因第三人的过错——例如因第三人过失引起交通事故——而减损或者毁损的，此时，损害结果可以归责于*承运人*（Beförderungsunternehmer），该承运人由出卖人选任并委托；与之前的情形不同，此时出现了所谓的意外事件，因此适用第 447 条第 1 款。这是因为，在寄送买卖的场合，出卖人虽然组织运输，尤其是负责寻找承运人并与承运人签订运输合同，但他只是在照顾原本属于买受人的事务，并不是像在赴偿之债中那样由出卖人承担约定的运输义务；而在赴偿之债中，承运人以出卖人辅助人的身份履行给付，根据第 278 条出卖人须为后者的过错负责。在寄送买卖中出现了意外事件，那么就适用第 447 条第 1 款：即使买受人没有取得货物，他仍需支付合同约定的价款。 840

由此导致一个荒谬的结论：买受人虽然遭受了损失，但他却不能根据第 280 条第 1 款向承运人或者其他第三人请求基于违反约定义务的损害赔偿；因为这两类人并非合同当事人。买受人也不能根据第 823 条第 1 款基于不法行为向他们请求损害赔偿：因为买受人尚未取得货物的所有权，也就不能主张这两类人的行为侵害了自己对货物的所有权，虽然货物的灭失或者减损事实上可以归责于这两类人。判例通过为出卖人创设例外的“第三人损害清算”解决了这一问题。根据一般观点，第 447 条第 1 款也适用于**同地交易**（Platzgeschäft），即在同一个地点完成寄送。有争议的是，第 447 条第 1 款是否也适用于自己运输（Selbsttransport），即出卖人自己或者通过自己的员工、用自己的货车将货物运至买受人处。这种情形中的当事人往往约定赴偿之债（Bringschuld）；因为只有将货物送交给买受人后他才履行完毕合同义务，所以出卖人自己承担运输风险。如果当事人在寄送买卖——即寄送之债（Schickschuld）——中约定出卖人让自己的员工将货物送至买受人处，此时该如何处理？主流观点认为，此时不适用第 447 条第 1 款，而出卖人必须根据第 278 条的规定为运输人员的过错承担责任（例如 *Looschelders* BT Rn. 196 f.；*Medicus/* 841

Lorenz SchR BT Rn. 57）。正确的观点应该是，第 447 条第 1 款同样适用于自己运输。这是因为，“出卖人是否将运输部门作为独立的经营部门或者将运输部门纳入法人结构（如有限责任公司）并予以组织运营，在结果上不应对二者予以区别处理”（*Schlechtriem* BT Rn. 122）。参见 *Faust* in Bamberger/Roth § 447 Rn. 26：出卖人应当为他的运输人员的过错负责，这并不是因为第 278 条而是因为此时的出卖人被视为承运人。

842 有疑问的是，为什么立法者通过第 447 条第 1 款将运输风险施加于买受人而非出卖人？立法者可能将买受人到出卖人处取货以及风险在取货地——出卖人住所——转移给买受人的情形视为典型；如果买受人不是自己去取货，而是让别人将货物送到他那儿，那么结果也不应该有什么不同。但是，这一理由并没有说服力。更合理的论证应该是：运输风险应当分配给能够以更少费用控制运输风险（例如通过选任承运人或者选择最好的运输方式以及运输路线）并能以更低成本规避风险（例如通过投保）的合同当事人，让他有动力去采取各项措施；而这个人总是出卖人。

842a 第 474 条第 2 款为消费品买卖（Verbrauchsgüterkauf）提供了特殊规则，以至于在此不适用第 474 条第 1 款中的风险分配规则。在消费品买卖中，商品在运输过程中因意外事件而灭失，此时买受人无须支付价款。当种类物买卖同时构成寄送买卖时，出卖人将挑选出的、符合合同约定特性的买卖标的物交付给承运人时完成种类物的特定化。第 446 条第 1 句而非第 447 条第 1 款适用于日用品买卖（Gebrauchsgüterkauf）：报酬风险（Vergütungsgefahr）——即商品灭失时仍旧需要支付价款的风险——在商品交付给买受人时转移。相反，处理给付风险（Leistungsgefahr）的一般规则是：一旦商品被特定化后在运输途中灭失，那么根据第 275 条第 1 款免除出卖人的给付义务（BGH NJW 2003，3341）。有争议的是，此时出卖人是否可以“回溯”（rückgängig machen）已经完成的种类物特定化，即可以用其他商品替代原先为买受人准备的商品，而买受人也有义务接受作为替代的其他商品并支付价款？更好的理由见于 *Canaris* JuS 2007，793；也可参见 *Looschelders* AT Rn. 296 f.；MK-*Emmerich* § 243 Rn. 33 ff.——如果双方约定的是寄送买卖而商品在运输途中损坏，那么同样的规则也适用于消费品买卖：买受人接受了商品，而该商品在完成特定化——即交付给承运人——时符合合同的约定，为了买受人的利益计，商品被视为有瑕疵（边码 587）。

843 2. **债权人受领迟延**（Annahmeverzug des Gläubigers）。如果引起免除债务人给付义务的事由发生于“债权人陷入受领迟延时”（第 326 条第 2 款第 1 句）并且该事由不可归责于债务人，那么债务人保留对待给付请求权。

844 如果引起免除债务人给付义务的事由既不可归责于债务人也不可归责于债权人（和他的履行辅助人），那么就说出现了意外事件（Zufall），此时适用风险分配规则。从第 326 条第 2 款第 1 句的表述中可以直接得知，这些事由不可归责于*债务人*；若是归责于*债权人*，那么因债权人对此“负单独或者根本性的责任”，所以他仍旧负有对待给付的义务（边码 828 以下）。

合同双方当事人约定，出卖人在 4 月 15 日将二手车交付给买受人。买受人陷入受领迟延，而该二手车在 4 月 16 日因不可归责于出卖人的事由毁损或者被偷（根据第 275 条第 1 款免除了出卖人的给付义务），那么虽然此时二手车并没有交付给买受人，出卖人仍旧可以请求支付价款。 845

构成受领迟延的情形例如买受人在 4 月 14 日因重病被送进医院而无法受领车辆；或者买受人在 4 月 15 日准备接受车辆，但他不愿意支付全部或者部分合同约定的价款（第 298 条）；或者他在变更合同内容的情况下——尤其是减少合同价款或者延长支付期间——才肯接受车辆；或者他确信该二手车存在瑕疵而拒绝接受车辆，但事实上却不存在任何瑕疵；或者他根据第 119 条、第 123 条撤销合同或者根据第 323 条解除合同。与此相反，如果出卖人没有将给付“向应当履行地那样向债权人实际提供”（第 294 条），那么就不构成受领迟延。例如出卖人在 4 月 14 日就交付了二手车；或者他在 4 月 15 日交付车辆时声称，他单方面要求提高合同价款或者在买受人全额支付价款前保留买卖标的物所有权；或者他提供的车辆不具备合同约定的应有特性。这些情形中的买受人即使拒绝接受买卖标的物，也不会因此陷入受领迟延；如果买受人表示接受车辆，那么他可以行使第 437 条规定的权利。 846

债权人陷入受领迟延时开始承担提供给他的约定给付因意外事件灭失的风险，即他负有提供对待给付的义务。但是这一规则仅仅适用于出现意外事件的情形，不适用于给付因可归责于债务人的事由而灭失的情形。与第 276 条不同，债务人无须对任何种类的过错负责。第 300 条第 1 款规定，在受领迟延中债务人只对**重大过失以及故意**（grobe Fahrlässigkeit und Vorsatz）负责。在边码 845 所示的二手车买卖中，因为出卖人因买受人于 4 月 15 日陷入受领迟延而无法如约提供给付，之后该车辆因交通事故毁损或者被盗；此时，只有当出卖人（或者他的履行辅助人）因重大过失违反交通规则而导致交通事故或者故意或重大过失地未给车辆上锁时，出卖人才失去价款请求权。与之相反，如果债务人所犯的错误仅仅是一般过失甚至轻过失，则他仍旧保留价款请求权。 847

在承揽合同中，如果无瑕疵的（或者仅仅存在不重要的瑕疵）工作在定作人陷入受领迟延后因意外事件灭失（第 655 条第 1 款第 2 句），此时适用相似的规则。同理，如果定作人没有从事约定的、对制造并顺利完成工作来说至关重要的行为，譬如他没有根据合同的约定为承揽人提供正确的施工图，没有获得施工许可或者没有及时提供建筑材料，由此陷入受领迟延。此时，承揽人享有第 642 条、第 643 条规定的各项请求权与权利。此外，工作在定作人受领迟延期间因不可归责于承揽人的事由变得不可完成或者灭失（第 276 条、第 330 条第 1 款），承揽人可以请求约定的报酬；但根据第 326 条第 2 款第 2 句的规定，约定的报酬中必须减去承揽人因无须继续进行工作所节省的费用。 848

四、针对履行请求权的其他抗辩

（一）履行

849 针对债权人的履行请求权，债务人也可以该请求权基于“已经向债权人履行所负担的给付”而消灭为由进行防御（第 362 条第 1 款）。至于是债务人自己还是由第 267 条所言的**第三人**（具有或者不具有授权）履行，在结果上并没有差别。重要的是，给付是否不符合约定或者根据具体情况不可以由债务人以外的其他人履行该给付。无论如何，履行并不仅仅指债务人按照合同约定履行给付。如果合同约定债务人不仅有义务实施某项特定的行为，而且有义务促进实现某结果，那么只有在出现该结果时才可以主张已履行。例如，享有金钱债权的债权人非常明确地表示，债务人应当将钱款打入债权人指定的账户而不是支付现金（边码 627、628），那么只有在汇款被记入债权人指定账户时（gutgeschrieben），而不仅仅是债务人已经实施了必要的行为（如向自己的银行提交汇款申请），债务人才切实履行（参见 BGHZ 87，156；BGH NJW 1994，1403）。如果合同约定债务人必须遵守支付期，而他在到期之前已经采取了必要措施，那么他及时地履行了给付；如果这笔钱在期限届满后才交给债权人或者记入债权人账户，那么债务人此时并未陷入迟延（参见边码 1140）。但是，债务人之前的行为并未履行完约定的给付；如果这笔钱半路消失（例如因电脑错误而在支付过程中被记入了第三人的账户，而该第三人没有支付能力，不能归还这笔钱），那么债务人必须重新支付。这是因为，根据第 270 条第 1 款的规定，债务人承担送交金钱过程中的运输风险（边码 629、630、1140）。

850 在买卖合同中，只有出卖人完全履行完毕合同义务，即在约定的时间（第 271 条）、约定的地点（第 269 条、第 270 条），将符合合同约定的、没有瑕疵的——即具有合同约定的应有特性（第 434 条、第 435 条）——标的物交付买受人并转移标的物所有权，出卖人才可以已履行的抗辩进行防御。如果买受人拒绝出卖人提供的给付，只要**出卖人**能够证明他提供的给付完全符合合同的约定，那么买受人将不仅陷入受领迟延，同时还将因违反接受买卖标的物的义务（第 433 条第 2 款）而陷入债务人迟延。虽然出卖人提供的、以供履行的物是完全不同于合同约定的买卖标的物，或者出卖人在错误的地点、迟延、不完全或者有瑕疵地交付买卖标的物，而买受人却接受了用于履行的标的物，那么买受人没有失去履行请求权；因为此时出卖人并没有向买受人履行合同约定的给付。但是，**买受人**根据第 363 条负有出卖人提供的给付不符合约定的证明责任。如果买受人可以提供相关证据，那么他可以像之前那样请求履行或者在买卖标的物有瑕疵时请求事后补充履行。

851 1. 通过提供负担给付之外的另一项给付以履行？特殊情况中的债务人可以通

过提供负担给付之外的另一项给付满足请求权。例如，买受人受领用以代替合同约定买卖标的物的另一个标的物，那么通过这一由一方（明示的或者默示的）实施或者双方共同参与的过程，买受人接受了**"代物清偿"**（"an Erfüllungs statt"）。根据第 364 条第 1 款的规定，作为代物清偿的效果，就如原先约定的标的物已经交付给他一般，买受人的履行请求权消灭。另一方面，如果交付给他的作为代物清偿的物上存在瑕疵，那么他可以主张一般的瑕疵担保请求权以及第 437 条规定的各项权利（第 365 条）。

合同当事人也可以在给付之前或者在原先的合同中约定，可以提供并且接受负担给付之外的另一项给付。例如，只要合同没有另外约定，出卖人就可以请求买受人支付现金，也可以在同意买受人将价款打入自己账户的同时表示账户支付即代物清偿并予以接受（参见 *Schlechtriem/Schmidt-Kessel* AT Rn. 346，365）。新车的出卖人与买受人约定，买受人提供的旧车将抵作新车价款，出卖人的同意意味着他愿意将旧车作为新车价款的一部分并进而接受代物清偿（参见 BGHZ 46，338，边码 609、610）。 *852*

与此不同的一种情形是：债权人接受了负担给付之外的另一项给付，但从具体情况可知，双方当事人的意思是将其视为以向债权人清偿为目的而承担一项新债务（Erfüllungshalber）（以下简称新债清偿）。此时，债权人保留原先的、针对约定给付的请求权，但他只能首先从债务人提供的新债务中尝试满足自己的债权；如果他的债权得到了满足，那么原先的给付请求权因履行而消灭，如果没有，那么他恢复原先的请求权并请求履行。 *853*

例如，金钱借贷的债务人可以在履行期截止时因手头拮据而获准暂时不归还贷款，同时债权人表示同意接受债务人的一幅油画作为替代。即使双方就此没说什么话，在二者之间也已经达成了一项约定，根据这项约定，债权人延缓（stundet）对债务人的归还贷款请求权并且同时负有基于债务人委托而将该油画出售给第三人的义务。如果这一招行得通，而债权人从第三人处获得了价款，那么他对债务人的请求权在买卖价款的限度内消灭（根据第 670 条应当从买卖价款中减去债权人为油画变价作出的各项努力所需的费用）。如果变价的企图失败，那么延缓债务人的归还贷款请求权的期间即告结束，他重新获得该请求权并请求对方履行。根据第 667 条的规定，他必须向债务人归还该油画。如果他在努力试图出售该油画的过程中违反了必要的注意，那么债务人可以在自己遭受的损失而请求损害赔偿（第 280 条第 1 款）与债权人的归还贷款请求权之间进行抵销（参见 BGHZ 92，12；BGHZ 96，193）。 *854*

第 364 条第 2 款规定了新债清偿的另一种特殊情形：某个负有金钱债务的债务人既没有向债权人支付现金也没有（在获得授权时）转账支付，而是（作为代替）向债权人交付了支票或者汇票，此时在他与债权人之间成立了新的债务；在债权人 *855*

通过支票或者汇票获得完全清偿之前，"在发生疑义时，不应将这一新债视为代替清偿"。如果没有通过支票或者汇票清偿债权，那么债权人可以主张之前就有的支付请求权。

856 债务人对债权人负有多个买卖合同项下的价款支付义务或者一个租赁合同或借贷合同项下几个月的租金支付义务或借贷利息义务或者土地买卖合同项下的价款支付及利息支付义务，此时，债务人的支付将部分或者全部清偿债权人的多项债权中的哪一项（或者哪几项）债权？此时需要视具体情况确定具体的债权，在紧急情况下适用第 366 条第 2 款和第 367 条。

857 2. 向非债权人给付以履行？如果债务人向错误的受领人提供给付（即债务人并未对其负担给付义务），那么该给付原则上不会引起履行的效果。一般来说，债务人对合同相对人负担给付义务，但事实可能有所不同。一位老人在 Sparkasse 银行开了一个账户并与银行约定，她的儿子有权在提供银行存折的情况下取款；根据第 362 条第 1 款的规定，只要银行根据存折向她儿子支付了款项，那么该老人对银行的债权就获得了清偿。她的儿子并非合同当事人，但他可以成为第 362 条第 1 款中的债权人：这是因为，老人与银行之间达成了有利于儿子的合同，根据第 328 条的规定，儿子自己享有对存款的权利并进而获得债权人的地位（边码 1199 以下）。

858 根据第 362 条的规定，如果债权人**授权**（ermächtigt）第三人接受给付，那么债务人向第三人提供给付即可构成履行。**"授权受领"**（Empfangsermächtigung）可以表现为，债权人向第三人宣布或者根据具体情况可知债权人允许债务人向第三人给付并且其具有清偿的效果（第 185 条第 1 款）；作为替代方案，债权人也可以事后追认向第三人给付的效力（第 185 条第 2 款）。债权人可以采取更进一步的措施，不仅仅允许第三人接受债务人给付，并且允许第三人向债务人请求给付。人们称这种情况为**"授权代收"**（Einziehungsermächtigung）（边码 1217）。最后，债权人也可以授权债务人向第三人为给付。例如，双方在买卖合同中约定买受人将货物转卖给第三人，而出卖人应直接将货物送交给该第三人；买受人的声明使得第三人成为享有送交请求权的债权人，而出卖人则被授权直接向第三人履行约定的给付。在所有这些情形中，被授权人**以自己的名义**（in eigenem Namen）行为。所以，如果接受债务人给付的第三人以债权人的名义（im Namen des Gläubigers）并依据代理行事，那么就不适用第 362 条第 2 款；债务人向第三人给付也可实现清偿，但这并非因为第 362 条第 2 款，而是因为向债权人的代理人为给付视为向债权人本人为给付（第 164 条第 1 款第 1 句）。

859 如果债务人向非债权人为给付，但是他对将非债权人视为债权人这件事不存在任何过失，此时是否免除债务人的给付义务？原则上应作否定回答。当债务人根据具体情况有理由相信接受给付的人就是他的债权人时，法律规定例外地保护该债务人。如果债务人向他的债权人为给付，但因为债权人已经将该债权让与给了新的债权人而事实上失去了债权人的身份，债务人对此毫不知情，那么根据第 407 条债务人向原债权人的给付将引起清偿效果（边码 1252 以下）。如果债务人向没有受领授权的第三人为给付，但对方持有债权人的收据，那么根据第 370 条该第三人视为被授权受领给付。根据经验法则，如果收据是伪造的，那么债务人向收据持有人为给付将不会引起清偿，他必须再次向真正的债权人或者具有受领授权的人支付。

3. 向债权人给付但不构成履行？处在债权人地位的人一般具有**受领资格**（Empfangszuständigkeit），因此向债权人给付会引起清偿。如果债权人同意第三人具有受领资格，那么后者取得受领授权（边码 858），而债权人在极少数情况下会失去受领资格；债权人虽然是请求权的拥有者，但基于特殊原因他已经不能或者不能在没有第三人同意的情况下处置请求权。债务人向没有受领资格的债权人给付不会引起清偿。例如，针对债权人财产的破产程序（Insolvenzverfahren）已经开始，此时，破产管理人而不是债权人，管理并处置属于债权人的标的物（《破产法》第 80 条第 1 款）。债务人为履行目的向债权人送去一张支票，这一行为不构成履行，除非债务人没有意识到破产程序已经开始而他本可以冻结该支票（《破产法》第 82 条；BGHZ 182，85）。出卖人与未成年人订立了有效的买卖合同并将买卖标的物送交给该未成年人；虽然根据第 107 条的规定，未成年人取得该物的所有权（边码 150），但由于未成年人在未获得法定代理人许可的情况下不可处置请求权（即欠缺受领资格），因此出卖人尚未履行完毕合同义务。 860

（二）抵销

某人对债权人负有 100 欧元的债务，同时他基于其他理由对他的债权人享有 100 欧元的债权，而每一方都需要向对方支付 100 欧元会引起不必要的费用。如果自己的债权与对方的债权相互抵销，则没有人需要向另一方支付，也没有人可以向另一方请求给付，这一做法将使双方获得便利。促使两个相互的债权归于消灭的这种机制被称为抵销（Aufrechnung）并由第 387 条以下规制。由这些规则可知，（不同于其他几个法律制度）两个债权并非自动消灭——即并非在其首次可以被抵销时消灭——而是在其中一个债权人作出抵销表示（Aufrechnungserklärung）时才发生效力（第 388 条）。通过这一表示，表意人希望消灭对方的债权——我们将其称为主债权（Hauptforderung）（也被称为消极债权）；他用自己的对抗债权（Gegenforderung）（也被称为主动债权）予以抵销。该表示导致主债权与对抗债权“在两者适合于抵销之时视为已经消灭”（第 389 条）。 861

由此得出结论：如果债务人本可以通过抵销的方式满足债权人而他仍旧支付，那么债务人就不可以根据第 812 条请求债权人返还已经支付的。这是因为，只要债务人不作出抵销的表示或者因他没有意识到存在对抗债权而不作出表示，那么主债权就一直存在；债务人的支付针对的就是这个已经存在的主债权，因此就不能根据 862

第812条因“无法律原因”为给付而请求返还。需要注意的是，第389条所言的**溯及效力**（Rückwirkungseffekt）：债权人主张他的债权而债务人在9月15日作出抵销表示，只要抵销的前提在3月1日已经满足，即“抵销状态”已经出现，那么债权人的主债权和债务人的对抗债权视为早在3月1日已经消灭；这意味着双方当事人可以根据第812条互相请求返还自3月1日起支付的利息。但是，人们可以进一步讨论这一规定是否有意义。这是因为，当事人对在可以抵销的情况下尽快表示抵销从而结束不确定状态一事具有利益。如此一来，当事人便不必再支付那些本可以通过尽快抵销而节省下的利息；然而现行法却恰恰作出了相反的规定。

863 1. 相互负担同种类的主债权与对抗债权。第389条意义上的“适合于抵销”指的是两个债权只有在满足某些前提的情况下才能抵销。尤其是主债权的债权人必须是对抗债权的债务人，而对抗债权的债权人必须是主债权的债务人。

864 “相互负担”主债权与对抗债权在判例中被适当地放宽了。例如，主债权的债权人授权第三人代收（边码1217）或者为此目的让与债权（“Inkassozession”）；被第三人起诉请求支付的债务人，可以用自己对原债权人而非第三人的对抗债权予以抵销；对方此时并非法律而是经济视角下的享有债权的人（参见BGHZ 25，367；BGHZ 110，81）。更多关于相互负担的前提参见边码1250、1251。

865 两个债权必须是“标的为同种类的（gleichartig）”给付（第387条）。同种类指的是两个债权的内容都是支付金钱或者现实中甚少出现的给付同一种类物。出卖人要求买受人支付价款，买受人希望通过行使事后补充履行请求权——例如消除瑕疵——进行防御，买受人此时并非借助自己的请求权抵销债权，而是提起合同不履行的抗辩权，在出卖人消除瑕疵之前拒绝对方的价款支付请求（第320条；边码897以下）。买受人只有在同时享有以金钱为内容的对抗债权时（尤其是损害赔偿请求权），才可以抵销出卖人的债权。

866 之前提到买受人用损害赔偿请求权抵销出卖人的价款债权的情形中，主债权债权人对抵销变得异常敏感：这是因为，债务人可以在理由和事实尚有争议时，甚至在很长的法院诉讼程序经过后才表示用自己的对抗债权抵销债权人的债权，而债务人此时往往已经陷入支付不能。此时，对自己的主债权提起诉讼而对方却用对抗债权主张抵销的债权人可以请求法官作出有利于原告的“保留判决”（Vorbehaltsurteil）。但是，只有在主债权与对抗债权“不具有法律上的相关性”时，这一招才行得通（参见《民事诉讼法》第145条第3款、第302条）。如果债权人认为很难实现自己的债权或者出于债务人糟糕的财务状况而向债务人购买了一些东西，意图之后通过原本很难实现的债权抵销债务人的价款请求权，这种行为也被视为“策略性”抵销。相似的情形是：买受人对已经陷入支付困难的出卖人负担了一项债务，但买受人并不打算支付而是从第三人处获得了一项针对出卖人的债权（出卖人濒临破产，买受人以很低的价格取得了这项债权），以这项债权抵销出卖人的价款请求权。这往往会激励出卖人在买卖合同中附加一项禁止抵销条款；如果该条款是一般交易条款，那么该条款的有效性受第 307 条和第 309 条第 3 项规制（边码 878、879）。

2. 可执行的对抗债权和可履行的主债权。抵销人借助对抗债权以替代履行（Erfüllungssurrogat）。抵销人凭借对抗债权，就像支付了金钱一般清偿了对方的主债权；因此，只有那些可执行的或者所谓完全有效的对抗债权，即在对抗债权的债务人并未行使抗辩权或者提起其他抗辩的情况下，才可以抵销后者的主债权。对抗债权必须已产生并一直存在，尤其是合同不能被债务人撤销或者出于其他原因（例如解除）而消灭或者对抗债权因履行而消灭；其次，只有在不存在针对对抗债权的抗辩权的情况下才可以抵销（第 390 条），例如对抗债权的债务人享有留置权、延缓抗辩权和时效抗辩权（Einrede des Zurückhaltungsrechts，Stundungseinrede，Verjährungseinrede）。 867

某人负有处理事务的义务，例如向委托人承诺尽力为油画寻找买主，而该受托人错失卖画良机并进而对委托人负有损害赔偿责任。此时，他可以用给付预定报酬为内容的对抗债权抵销委托人的损害赔偿请求权。但是，如果委托人根据第 273 条享有基于留置权的抗辩权（边码 892），即只有在受托人归还尚未出卖的油画的情况下才支付报酬（第 675 条第 1 款、第 667 条），那么受托人就无法主张抵销。但如果受托人把油画归还给委托人，那么受托人以支付报酬为内容的对抗债权就是一项“无抗辩权”的债权，他可以用该债权抵销对方的债权。 868

对抗债权在作出抵销表示时尚未**到期**（fällig），即合同约定或者通过事后取得的延缓，对抗债权的债务人还不需要支付，则不允许主张抵销。必须等到对抗债权到期后才能用对抗债权抵销主债权。与此相反，如果对抗债权的债务人可以通过时效抗辩权（第 214 条）防御，那么允许对抗债权的债权人主张抵销。此时唯一的条件是，对抗债权可以抵销主债权的当时的对抗债权未过时效（第 215 条）。 869

对于债权人来说尤其重要的是以下抵销权：债务人陷入支付不能而开启破产程序，债权人便不能再实现自己的债权。根据法律规定，在“破产程序开始之时”尚允许债权人有权用自己的债权抵销对方的债权（《破产法》第 94 条）。 870

对于**主债权**——即被抵销的那一项债权——来说只有一个要求：主债权是**可履行的**（erfüllbar）（第 271 条第 2 款，边码 556）。这是因为，抵销将导致主债权消灭。债权人总是有好的理由来拒绝债务人提前支付，因为他与债务人约定的利息可以高于他将债务人信贷投入资本市场获得的利息。出于同样的理由也允许债权人拒绝债务人提前主张抵销。 871

上述规则都不是强制性的。合同可以约定——明示的或者可推知的——减少或增加双方当事人主张抵销的条件。例如双方约定债务人不仅可以用自己的对抗债权抵销债权人的主债权，还可以抵销债权人子公司的债权（参见 BGHZ 94，132），或者在对抗债权尚未到期或因其他原因附有抗辩权时债务人也可主张抵销；此时是 872

降低了法定的抵销条件。如果双方约定债权人不能通过让与方式从第三人处取得对抗债权，或者只有对抗债权与主债权之间存在内部关联或者对抗债权——第 273 条对行使留置权规定的条件——处于与主债权相同的法律关系时才允许抵销；此时是**提高**了法定的抵销条件。如果双方约定完全排除抵销，那么抵销条件真可谓是“被提高”了（边码 876 以下）。

873 3. **法定抵销禁止**（Gesetzliche Aufrechnungsverbote）。根据若干强制性规定，某些主债权在任何情况下都不允许被抵销。第 392 条针对主债权被第三人**扣押**（beschlagnahmt）的情形，主要指主债权上被设定了他人质权；如果债务人在债权被设定质权之后仍向他的债权人为给付，此支付对于第三人来说不生效力（《民事诉讼法》第 829 条第 1 款第 1 句）；同理，债务人在相同情况下向债权人表示抵销，对第三人来说也不生效力。

874 如果债务人在主债权上设定质权之前“已经取得”对抗债权，即在设定质权之前原本可以抵销，那么不适用第 392 条。这里的理由与第 215 条和第 406 条的理由相同（边码 1250、1251）：对抗债权的债权人通过抵销而获得的利益不能因为之后主债权被设定了质权这一事实而取消；为了第三人的利益而在主债权之上设定质权将随之化为泡影，因此这一点无疑不利于第三人。第三人在债权之上设定质权的时候就应该考虑到存在下述风险：抵销的可能早在设定质权之前就已出现而债务人在之后才作出抵销表示，所以质权人必须承担这种不利益。判例为债务人提供了更多的便利：债务人不是在对抗债权变得可执行并且债权范围可以清楚确定时取得对抗债权，而是早在订立合同之初就已经出现了债务人未来取得对抗债权的事由。双方当事人在 3 月 15 日订立承揽合同，而定作人于 9 月 15 日因工作存在瑕疵而遭受损失，根据第 634 条第 4 项定作人享有损害赔偿请求权；定作人可以用这项请求权抵销承揽人的主债权，即报酬请求权。即使报酬请求权早在 3 月 16 日就质押给第三人，该请求权仍可以被抵销（参见 BGH NJW 1980，584，585）。如果对抗债权在主债权被质押、主债权到期之前到期，那么根据第 392 条，这项被质押的主债权仍旧可以被抵销。

875 第 393 条禁止抵销因故意实施不法行为而产生的以损害赔偿为内容的债权。这一规定禁止债权人为了平复恶气痛打没有还款能力的债务人，之后再用变得毫无价值的债权抵销损害赔偿请求权。第 394 条禁止抵销《民事诉讼法》第 850 条以下规定的不可质押的主债权：这是因为，必须保障当事人的最低生活水平，只能通过支付金钱而不是通过抵销来履行。第 395 条禁止主债权的债权人和对抗债权的债务人是一个或同一个公法团体（联邦、州、乡镇或者地方社团），但通过不同的金库支付并获得清偿。

876 4. 约定抵销禁止。边码 866 提到了当事人为什么会约定抵销禁止：合同当事人希望避免下述情况：因为债务人通过本身有疑问的、在法律或事实上存疑的或者根本就是虚构的对抗债权来抵销对方的主债权，从而使债权人不得不长时间地等待。例如，当事人在合同中约定“收到文件时付款”（“Kasse gegen Verladedokument”）、“收到账单时付款”（“netto Kasse gegen Rechnung”）或者“货到付款”（“cash on delivery”），买受人付款的同时出卖人交付单据或者交货，买受人不可以用任何对抗债权抵销价款请求权（参见 BGHZ 14，61；BGH NJW 1984，357；BGH NJW 1985，550）。此外，还可以通过合同补充解释以及诚实信用原则得出抵销禁止。判例主要将其用于信托交易，信托受托人对信托委托人的债权与信托受托人根据第 675 条第 1 款、第 667 条为信托委托人取得且必须返还的一切之间的抵销。

例如，银行贷款给客户并约定银行作为受托人为客户出卖有价证券；客户请求银行交付出卖有价证券的所得，那么银行不能用以归还贷款为内容的债权而是可以用与信托交易相关的债权——例如约定的报酬或者为处理委托事务所产生的支出——抵销客户的债权（BGHZ 14，342；BGHZ 54，247；BGHZ 71，383）。 877

原则上不限制合同自由，立法者偶尔不允许当事人约定抵销禁止。例如在房屋租赁中，不允许双方约定禁止承租人用因出租物瑕疵引起的损害赔偿请求权抵销出租人的租金债权（参见第 556b 条第 2 款）。如果抵销禁止以一般交易条款的形式成为与消费者订立的合同的一部分，且这一禁止条款禁止消费者“以毫无疑义或者经裁判确认的债权”用于抵销的，那么根据第 309 条第 3 项这一禁止条款无效。从中可以反面推断出，立法者为使用人的利益计，允许当事人通过约定抵销禁止来排除对方用有争议的对待债权抵销自己的主债权。 878

立法者已经走得太远了。从第 309 条第 3 项可知，如果买卖合同的双方当事人约定了抵销禁止，被送交了有瑕疵标的物的买受人不能用代替给付的损害赔偿请求权（第 437 条第 3 项、第 281 条）抵销。这一结论不符合下述情形：享有事后补充履行请求权的买受人根据第 320 条有权留置价款，而根据第 309 条第 2 项不能在一般交易条款中排除或者限制这一权利。这样一来就会导致享有事后补充履行请求权的买受人原本可根据第 320 条拒绝支付价款，而当事后补充履行请求权转化为损害赔偿请求权时，即使此时已经出现可以抵销的情形，却因为存在抵销禁止而不允许买受人主张抵销。此时，抵销禁止条款不应受第 309 条第 3 项的规制，而是应当根据第 307 条认定约定无效并允许买受人抵销。同理，定作人希望用第 634 条第 4 项、第 281 条产生的损害赔偿请求权抵销承揽人的报酬请求权，上文所述规则不仅以有利于他的方式发生效力，而且以有利于任何享有从第 281 条中产生的损害赔偿请求权的债权人的方式适用于具体案件。参见 MK-*Wurmnest* § 309 Nr. 2 Rn. 4 m. w. N。 879

（三）提存和自助出卖

买受人有时会陷入两难境地：他虽然已经准备好履行自己的合同义务，但是债权人却不接受他提供的符合合同约定的给付。 880

881 债权人陷入受领迟延，从多个角度来看，这会改善债务人的状况。债务人无须担心标的物在受领迟延期间毁损。如果标的物在此期间毁损或者减损，则根据第275条第1款免除债务人的给付义务。此外，只要债务人不是故意或者重大过失地引起标的物毁损、减损，那么根据第326条第2款、第300条第1款债务人可以请求债权人履行对待给付。根据第304条的规定，债务人还可以请求对方支付受领迟延期间“为保护及维持所负担的标的物”而支出的“额外费用”。如果债权人负有受领给付的义务，那么就会出现更有利于债务人的局面。买卖合同中的买受人（第433条第2款）和承揽合同中的定作人（第640条第1款）负有受领给付的义务，出卖人或者承揽人可以起诉这两类人使其接受标的物或者工作（此外还可以根据第280条第1、2款和第286条请求迟延的损害赔偿）。出卖人或者承揽人也可以为受领标的物指定一个期间，当期间经过而未果时，他们可以解除合同并且/或者请求代替给付的损害赔偿。

882 债务人虽然并没有因债权人受领迟延而面临糟糕的局面，但立法者还是为他提供了其他选择：他可以从负担的给付中解脱出来，并仍旧达到他已经履行那般的地位。债务人可以将所负担的、涉及“金钱、有价证券或者其他种类的证书以及贵重物品”的标的物向地方法院（Amtsgericht）**提存**（hinterlegen）。如果标的物是其他种类的不动产，那么债务人可以通过自助出卖的方式进行拍卖。第372条到第386条规定了相关细节；商人交易中的自助出卖还适用《商法典》第373条和《联合国国际货物销售合同公约》第88条。

883 只有满足某些条件后才允许提存和自助出卖。第一个并且现实中最重要的条件是债权人陷入受领迟延（第372条第1句、第383条第1款第1句）。第372条第2句规定了其他两个条件（或者关系）。第一个是债务人不知道债权人或债权人分支机构的住所，债权人是未成年人时则是不知道他的法定代理人的住所，并且因其他“发生于债权人人身上的原因……不能或者没有把握地清偿自己的债务”。另一个是在债权人与第三人之间就谁才是真正的债权人发生了争执，而这些争执起因于例如第三人声称从债权人处受让了债权，或者不止一个第三人声称从债权人处受让了同一个请求权（多次让与）。此时的债务人处于走投无路的境地，因为他担心向错误的“索要人”或“要求提起者”（Prätendenten）为给付，而债务人通过提存的方式可以从这一困境中解脱出来。但是，只有当“物会腐败或者保管需要支付不成比例的费用”时（第383条第1款第2句），才允许满足上述两个条件之一的债务人自行拍卖标的物。

884 **提存**使提存人与提存机关之间产生了受**《提存法》**（Hinterlegungsordnung）约束的公法上的保管关系。根据该法第1条第2款的规定，提存机关是给付地的地方法院（第269条）。在此说明为什么只可以提存“金钱、有价证券以及其他种类的证书和贵重物品”：因为地方法院里可没有足够的空间放置二手车或者500吨氧化铝。

如果债务人可以借助合同不履行抗辩权（第 320 条）或者留置权的抗辩权（第 273 条）防御债权人享有的请求权，那么他可以根据第 373 条指示地方法院，只有在债权人履行完自己的给付时才可以将提存物交给债权人。无论如何，债务人都必须毫不迟延地将提存之事通知债权人，除非通知——例如因债务人不知道债权人的地址——是“不可能的”（第 374 条）。 885

债务人在地方法院将标的物提存并根据第 376 条第 2 款第 1 项声明放弃取回提存物的权利，这一行为将被视为债务人通过向债权人为给付而履行。根据第 378 条的规定，债务人“因提存而以与自己在提存之时向债权人为给付的相同方式被免除了自己的债务”。如果债务人保留了取回提存物的权利，那么他可以通过向债权人提示提存物并进而援引提存的抗辩权以防御债权人的履行请求权（第 379 条第 1 款）。 886

根据第 383 条的规定，债务人可以通过将负担的动产在给付地（第 269 条）交给法院执行员或者其他有资质的第三人公开拍卖的方式完成**自助出卖**（Selbstverkauf）。拍卖仅在事先警告债权人并告知拍卖日期的情况下方可进行（第 384 条）；如果债务人向地方法院提存拍卖所得并且放弃取回权，那么债务人将被免除债务。 887

（四）免除和类似合同

最后，债务人可以以“自己和债权人达成免除债务人的债务并使债务归于消灭”为由，防御债权人的履行请求权（免除 Erlass，第 397 条第 1 款）。债权人事实上享有请求权，但双方就不存在请求权达成合意（消极的债务承认 negatives Schuldanerkenntnis，第 397 条第 2 款），此时债权人是否可以免除债务？ 888

因为债权人通过其与债务人达成的合意消灭了请求权或确认根本不存在请求权，所以以上两个合同都是处分行为。因此，债权人就像转让属于自己的物或者让与属于自己的债权，并且根据第 929 条（动产）或者根据第 873 条（土地）或者根据第 398 条（债权）与对方达成所有权转移或者债权让与的合意那般“处分”了自己的请求权。正如所有处分行为，免除总是包含一定的经济原因，而这一经济原因由双方当事人合意——一般被称为“原因约定”（Kausalabrede）——达成。原因约定可以是无偿的，例如双方约定免除（即债权人通过免除将请求权赠送给债务人，第 516 条第 1 款），也可以是双方为了消灭二人之间关于法律关系的内容与结果的争议并进而达成一项和解（Vergleich）（第 779 条），并且债权人负有免除债务的义务。其次必须注意的是，免除——正如所有的处分行为——是“抽象的”（“abstrakt”）。这不仅仅意味着，免除与作为其原因的约定互相分离，更意味着必须分别判断两个行为的有效与无效，这可能导致原因约定无效但免除有效（参见边码 9）；债权人此时可以根据第 812 条请求债务人恢复原状（Rückgängigmachung）， 889

即请求重建请求权（没有法律原因的免除）。

890 双方当事人还可以通过合同影响请求权的成立。虽然《民法典》没有对此作出规定，但根据合同自由原则允许当事人如此行为。例如双方当事人为终止存在于两者之间的合同关系而订立**终止合同**（Aufhebungsvertrag），以及使相互的请求权同时归于消灭而订立**抵销合同**（Aufrechnungsvertrag）（完全不取决于是否符合第 387 条以下就抵销设定的种种条件）。根据合同当事人的意思，新的请求权代替了原先的请求权，人们将其称为**更新**（Novation）；但如果原有的请求权依旧存在，只是变换了内容，那么则是**债务变更合同**（Schuldabänderungsvertrag）。

891 双方当事人达成"债务转换合意"（Umschuldungsvereinbarung），即双方约定为了代替多个迫在眉睫的信贷，债务人承担了唯一一个、通过某种方式还本付息的信贷债务。如果双方的意思是为新的信贷债务开始计算新的时效，同时消灭为原有债务设定的担保（例如保证），这种情形属于更新；而除此之外的其他情形则属于债务变更合同。

五、留置权（Zurückbehaltungsrecht）和合同不履行的抗辩权

（一）概述

892 债务人享有的、用以防御履行请求权的抗辩权中尤其具有现实意义的是基于**留置权**（Zurückbehaltungsrecht）的抗辩权。债务人借助这一抗辩权可以拒不履行负担的给付，只要债权人没有履行属于他的给付。与抵销相同，双方相互享有请求权，即债权人同时是另一项给付的债务人。抵销中的两项给付的标的必须是同种类的，通常都是支付金钱，以至于通过抵销就可以**消灭**（erlöschen）两者。与此不同，享有留置权的债务人负担的给付可以不同于债权人对他负担的给付。据此，债务人针对债权人的请求权主张留置权将引起法院判决**双方同时履行**（Zug um Zug gegen Empfang der ihm gebührenden Leistung）（第 273 条第 1 款、第 322 条第 1 款）。这意味着，除非债权人在债务人给付的同一时间（"Zug um Zug"）为给付，否则债务人无须向债权人为给付。只有当债权人向强制执行机关证明自己已经向债务人履行负担的给付或者证明自己未能成功履行给付是因对方陷入受领迟延时，债权人才可以针对被法院判决同时履行的债务人提起强制执行。此外，强制执行程序中的债权人也只能通过同时提供（Zug-um-Zug-Angebot）的方式行事（参见第 274 条第 2 款、第 322 条第 3 款，《民事诉讼法》第 756 条、第 765 条）。

893 谁有权主张留置权，谁就处于非常有利的位置。他不仅不需要履行债权人请求的给付，而且他不会因此陷入迟延（边码 1134、1135）。他不仅节省了为实现对抗请求权（Gegenanspruch），尤其是提起诉讼所需的费用和精力，同时也避免了在他

向债权人履行给付后、对方陷入支付不能而使自己的对抗请求权落空的风险。对债权人来说，情况则正好相反：为了实现自己的请求权，他必须要么满足债务人的对抗请求权（或者根据第 273 条第 3 款为债务人的对抗请求权提供担保），要么让法官相信对方的对抗债权根本不存在或者留置权因特别事由而变得毫无依据。如果债权人的请求权毫无争议，而债务人的对抗请求权存在疑点，而且澄清疑点需要很长的时间，以至于实现债权人的请求权将长时间面临阻碍，此时的债权人将面对尤其严重的麻烦。事实上，立法者或者判例在这种情况下将站在债权人这一边，禁止债务人行使留置权。众所周知，债权人为了避免上述恼人的局面会千方百计地想和债务人约定**留置禁止**（Zurückbehaltungsverbot）（边码 904）。

民法典区分了两种留置权：一般留置权（第 273 条、第 274 条）和合同不履行 894
的抗辩权（第 320 条到第 322 条）。

（二）一般留置权

一般留置权的条件是债权人的请求权与债务人的对抗请求权**“相互连接”** 895
（konnex），即两者发生于“同一法律关系”（第 273 条第 1 款；《商法典》第 369 条不要求相互连接）。从中可以得知，两个请求权的基础是同一个合同。判例很久之前就提出请求权之间“存在内部的、自然的、经济上的联系，即产生于同一内容的生活关系”就足够了（BGHZ 64，122，126；BGHZ 92，96；BGHZ 115，103）。据此，债权人的请求权源于某个合同，债务人的对抗请求权源于另一个合同，只要当事人在一个长期交易关系的框架内达成这两个合同，那么就足以产生一般留置权。另一方面，债务人的对抗请求权必须**已到期**（fällig）（第 273 条第 1 款）。此外，类推适用第 390 条时要求针对对抗请求权不存在任何形式的抗辩权，即对抗请求权必须是可执行的（durchsetzbar）（具有完全效力的 vollwirksam）。相反，只要满足第 215 条规定的条件，在已过时效的对抗请求权上也允许成立留置权。

买受人于 12 月 15 日享有一项已到期的、以送交买卖标的物为内容的请求权， 896
如果出卖人与买受人受长期交易关系的约束而且买受人在之前的交易中尚对出卖人负有金钱债务，那么出卖人可以基于留置权的抗辩权对抗对方的请求权。即使出卖人对买受人的债权在他行使留置权时已罹于时效，也不会对留置权产生任何影响。但是，根据第 215 条的规定，只有在出卖人首次可以行使留置权——即在 12 月 15 日他本可以行使留置权——的时候债权未罹于时效才行。

（三）合同不履行的抗辩权

特殊情形中的留置权指的是：债权人的请求权与债务人的请求权不仅相互连 897
接，并且两请求权所指向的义务履行之间存在“给付与对待给付的关系”（synalagmatisch），即一方之所以负有义务是因为对方也向他负有义务。在买卖中，这一联系存在于出卖人送交无瑕疵买卖标的物的义务与买受人价款支付义务之间，承揽合同中则出现在承揽人制造无瑕疵工作成果的义务与定作人支付报酬的义务之间。最后，当事人的意思也至关重要。例如，由当事人订立的合同可知，出卖人虽送交了具有合同约定特性的二手车但没有交付机动车行驶证，买受人也可以根据第320条拒绝支付价款。同理，如果双方当事人订立了两个合同，而双方的意思是另一个合同中的给付是这一个合同中的给付的对待给付：例如，某人从建筑师手里买下了一块建筑用地并且在第二份合同中委托建筑师设计建筑；由双方当事人的意思可知，只要买受人没有支付全部的土地价款，建筑师就可以根据第320条拒绝设计。此外，债务人的请求权必须同时满足一般留置权的各种条件：请求权必须存在并且已到期、可执行（具有完全效力）。一旦满足第215条规定的前提，是否罹于时效则在所不问。

898 **买受人**因对方尚未送交买卖标的物或者送交的买卖标的物不符合约定的应有特性，根据第320条拒绝支付价款；虽然他会被判决支付价款，但根据第322条第1款只有在对方同时送交买卖标的物或者同时进行事后补充履行（消除瑕疵或者代替给付，而根据第439条买受人享有选择权）情况下才如此。如果买受人选择消除瑕疵，那么只有在消除瑕疵对于出卖人来说尚属可能（第275条第1款）并且所需费用并非高得不成比例或对出卖人来说并非不可期待时（第275条第2、3款，第439条第3款），才会判决出卖人事后补充履行。必须注意的是，出卖人总是部分地履行送交无瑕疵买卖标的物的义务，而此时买受人根据第320条第2款也只能暂不支付价款的相应部分。如果事后补充履行的两种方式都变得不可能或者出卖人证明出现上文所述的事由或者事后补充履行的尝试最终归于失败，那么买受人将不再享有事后补充履行请求权和与此相关的合同不履行的抗辩权。买受人必须通过其他方式应对支付价款之诉，尤其是通过解除合同或者请求代替给付的损害赔偿并进而予以抵销（参见第440条）。承揽合同中的定作人接受了有瑕疵的工作，但他希望在承揽人完成事后补充履行之前——尤其是消除瑕疵（第635条）——保留报酬，此时的处理结果与买卖合同相似。但是，第641条第3款中的特殊规则取代了第320条：据此，定作人仅可以保留部分报酬，而最少是“三倍于消除瑕疵所需的费用”①。如果出租的房屋存在瑕疵，那么根据法律的规定免除承租人全部或者部分租金支付义务（第536条）。承租人可以根据第320条保留自己负担的剩余租金，直到出租人履行完毕第535条第1款第2句中的义务，即消除存在于房屋之上的瑕疵（边码725）；根据第320条第2款的规定，承租人也仅能保留部分租金，类推适用第641条第3款后保留的租金最少为消除瑕疵所需费用的三倍。

899 如果债务人**“负有先为给付之义务”**（vorzuleisten verpflichtet ist）（第320条第1款），那么他就不能行使第320条中的抗辩权。这里指的是这样一种情形：由合同或者法律规定可知，给付与对待给付并非同时履行，而是债务人先履行给付、

① 原文如此，但根据现行《德国民法典》第641条第3款，应该是“两倍于消除瑕疵所需的费用”。——译者注

债权人之后再履行对待给付。在雇佣合同和承揽合同中，雇员或者承揽人负有先给付的义务：这是因为，只有在雇员提供负担的劳务或者承揽人制作、完成负担的工作，并且雇主或者定作人接受劳务或者工作后，雇员或者承揽人才可以请求支付报酬（第 614 条、第 641 条第 1 款）。如果雇主或者定作人起诉雇员或者承揽人提供劳务或者工作，后者不能以对方未支付报酬为由予以反驳。在租赁合同中，如果出租物是动产或者土地，除非另有约定，否则*出租人*必须先为给付（第 579 条第 1 款）；如果出租物是空间尤其是房屋，那么*承租人*必须先为给付（第 579 条第 2 款、第 556b 条第 1 款）。在买卖合同中，约定先为给付义务的情形也非常普遍；例如，买受人先支付全部或者部分价款，之后出卖人才送交买卖标的物。

如果债务人负有先为给付的义务，“合同订立后才发现，他的对待给付请求权因另一方欠缺给付能力而受到危害”从而变得**不安全**（unsicher），债务人可以拒绝履行义务（第 321 条第 1 款，相同的有《联合国国际货物销售合同公约》第 71 条）。即使买受人根据合同的约定必须先为给付，但合同订立后他发现出卖人已经陷入经济困境并且不可能从前一个供货商手中取得出卖的货物、出卖人虽具有经济上的给付能力但其工厂已被烧毁或者因禁运令而禁止运输货物，此时债务人可以援引**不安抗辩权**（Unsicherheitseinrede）以保留价款。当事人约定出卖人先给付货物后买受人再支付价款，而出卖人在合同订立后才发现买受人在合同订立之前或耗尽财富，那么出卖人享有相同的抗辩权。如果对方只是**暂时**不能提供对待给付，负有先为给付义务的一方也可以援引不安抗辩权（BGH NJW 2010，1272；批判观点见 *Kaiser* NJW 2010，1254）。如果债权人可以通过自行提供担保或者第三人提供担保以宽慰债务人，那么债务人便不再享有不安抗辩权。一旦负有先为给付义务的债务人提起不安抗辩权，那么因合同是否实现尚未可知而出现了一种不确定的状态；为了结束这种状态，根据第 321 条第 2 款的规定，债务人可以为债权人指定一个合适的期间，债权人在此期间内通过要么提供对待给付，要么提供担保的方式以同时履行对待给付；期间经过而未果后，债务人可以解除合同。 900

第 302 条中的不安抗辩权很难符合以下一般规则：合同当事人在订立合同之前就对**合同清算风险**（Risiken der Vertragsabwicklung）以及合同相对人陷入支付不能的风险形成了自己的判断，并通过双方合意和其他各种防范措施来规避这些风险。因此，在处理这一问题时必须先回答负有先为给付义务的债务人是否明示地或者可推知地负担起债权人陷入支付不能或者出现其他给付障碍情形的风险，由此排除适用第 320 条。 901

（四）留置权的排除

行使留置权给债权人带来诸多不利（边码 893）。有些时候，这些不利变成了一种苛责，于是法律禁止债务人留置自己的给付。立法者偶尔会表达这样的禁令，而 902

更多时候则是由判例予以澄清。判例要么从第273条的文义——债务人**“只有在从债务关系中无法得出其他规则的时候”**才享有留置权，要么根据案件关键事实有理由相信债务人援引留置权有违**诚实信用**。最后，第273条和第320条并非强制法，这意味着排除或者限制留置权的**合同约定**（vertragliche Vereinbarungen）原则上是有效的。

903 很少出现法定的**留置权禁止**（gesetzliche Zurückbehaltungsverbote）。第570条提供了一个例子：承租人在租赁合同结束之后不能因为享有对出租人的请求权——例如根据第536a条第1款——而拒绝交还房屋。这是因为，如果允许承租人这样做，那么出租人便不能再将房屋出租给第三人。根据第175条的规定，被授权人不能在意定代理权消灭之后对授权书行使留置权。商事代理人在商事代理合同结束后也无权因其享有对公司的损害赔偿请求权或者根据《商法典》第89b条享有的补偿请求权而留置客户档案或其他文件（《商法典》第88a条第2款）。如果允许这两种情形中的当事人行使留置权，那么会给授权人带来严重的危险与不利：这是因为，如果商事代理人此时还可以保留客户档案或者其他文件，那么就会因第172条第2款而破坏或者严重损害授权人与客户之间的交易关系。出于相似的考虑，判例认为债务人留置债权人的护照、驾驶证、医疗证明或者那些对债权人的经营或做账非常重要的文件的行为有违诚实信用，因此当事人也就不得对此作出约定。如果禁止债务人抵销是出于法律（第392条到第395条，边码873以下）或者因抵销有违诚实信用或当事人的约定（边码876），那么只要抵销禁止与留置权禁止追求同样的保护目的，那么就有强有力的理由排除留置权。根据第320条第2款的规定，即使对方未给付的部分“无足轻重”，已经接受部分给付的买受人仍旧留置全*部*价款，“依情形”买受人的行为有违诚实信用。在此可以得出一般结论：如果债务人凭借一个微不足道的对抗债权以钳制债权人一项非常重要或者具有经济上重大意义的请求权，那么就不允许债务人行使留置权。根据判例，“当一项依据和数额都毫无争议的债权因存在对抗债权而被拒绝履行，而证明并澄清对抗债权显得非常困难且耗时耗力，由此使得实现对方（债权人，译者按）债权变得遥遥无期”，那么行使留置权就有违诚实信用（BGH NJW 2000，948，949）。

904 即使满足了第273条、第320条规定的前提并且不会因为债务关系的本质或者有违诚实信用而排除留置权（边码903），双方当事人也可以通过**合同约定**的方式排除留置权。上述约定不能超过由强制法（例如第556b条第2款）规定的界限，尤其是当这一约定作为使用人与消费者（第13条）之间达成的一般交易条款从而成为合同的一部分。在这种情形中，排除留置权可能剥夺消费者的施压手段，而消费者原本可以凭借这一手段敦促条款使用人正常履行。根据第309条第2项a和b的规定，排除或者限制第320条和第273条中的留置权的一般交易条款无效。这一规定仅仅对那些因发生于“同一合同关系”的留置权有效。据此，通过一般交易条款不可以剥夺或者限制买受人根据320条在指明买卖标的物存在瑕疵或出卖人尚未事后补充履行的情况下反驳对方提起的支付价款之诉的权利。同理，承诺给付物的承揽人不可以通过一般交易条款禁止定作人在自己消除瑕疵之前拒不支付报酬。当人们互换当事人的位置时，即并非条款使用人要求客户支付价款而是客户请求条款使用人事后补充履行，也可得出相同的结论：只要条款使用人根据合同有义务提交新的工作，那么他就不能通过一般交易条款使“再履行取决于事先支付全部报酬，或者取决于在考虑到瑕疵的情况下支付过高的部分报酬”（第309条第8项b dd）。

第309条第2项的僵化规则有时候可能剑走偏锋，由于依据具体情况可能存在 905
排除留置权的正当理由，因此必须权衡赞成与反对的理由。判例通过一个小窍门保障了灵活操作的空间：它认为，如果策略型的一般交易条款使客户负有先为给付的义务，那么此时未满足第320条中的条件，也就无须讨论第309条第2项；此时应当根据第307条判断一般交易条款的有效性。

参见BGH NJW 1985，850；BGHZ 100，157，161；BGHZ 139，190，192； 906
BGH NJW 2001，292，294。这取决于下述事实：先为支付条款——即客户负有在经营者提供全部约定负担给付之前支付部分或者全部约定报酬的义务——是否有效。出于一些特别理由，拍卖人组织的公开拍卖中的一般交易条款被视为有效；根据这一一般交易条款，拍得商品的买受人在得到商品之前必须支付全部价款（BGH NJW 1985，850）。婚姻中介也可以通过一般交易条款要求先支付报酬（BGHZ 87，309，318）。相反，约定客户必须在经营者送交窗户但尚未安装时就支付绝大部分报酬的一般交易条款无效，这是因为条款无效使客户在安装存在瑕疵时能够向经营者施压并敦促消除安装瑕疵（参见OLG Köln NJW-RR 1992，1047；OLG Dresden NJW-RR 1998，1524；这些判决使第641条第3款的任意规则被写入《民法典》）。商事交易中的规则则显得更加无情与严格：因为可以期待一方经营者认为他的交易伙伴将与前供应商一起及时履行自己的义务，所以原则上不存在先支付条款；因此，他就获得对价并在这一支付过程不受是否以及如何进行事后补充履行争议的束缚的利益值得保护。合同约定“付现交单”，那么买受人就不能以希望先检查货物或者货物存在瑕疵为由拒绝接受单据或者拒绝支付价款。此时，买受人“通过对先为给付条款的合意有意识地承担了买卖中的风险，即在不考虑货物特性的情况下有义务先支付价款，并且在可能存在瑕疵的情况下被指示追求他对出卖人的请求权”（BGHNJW 1987，2435，2436；另参见BGHZ 115，324，327）。

六、时效抗辩权（Die Verjährungseinrede）

享有请求权的人可以请求他人作为或者不作为，但他却不忙着实现自己的请求 907
权，而是给债务人一个他将永远不在意的印象。负有履行或者事后补充履行义务的人，如果他的债权人长时间都不要求自己履行义务，那么就允许债务人认为自己已经完成了事务并且这事儿翻篇了（Bücher schließen）：既无须准备接受对待给付也无须负担事后补充履行，更无须考虑他是否以及如何防御债权人的请求权并为此提供必要的证据。因此，第194条第1款、第214条第1款规定，所有的请求权都受**消灭时效**（Verjährung）的约束，债务人在请求权的消灭时效经过后有权拒绝负担给付。

（一）履行请求权

908 履行请求权适用“普通消灭时效期间”（regelmäßige Verjährungsfrist）。根据第195条和第199条第1款的规定，普通消灭时效期间为3年，债权人履行请求权成立并且债权人知道请求权成立的事由和债务人本人的年度终止之时开始起算。债权人虽不知道请求权成立，但是因自己重大过失而不知，那么消灭时效期间仍旧起算。请求权经过10年而完成消灭时效，此时不问债权人是否知道或者因重大过失而不知（第199条第4款）。

909 双方于2004年3月15日订立买卖合同，如果根据合同的内容必须在2004年12月31日之前提供负担的给付，并且债权人知悉请求权成立的各种事实，那么双方履行请求权的消灭时效从2004年12月31日终止时起算；债权人因重大过失而不知的，则结果相同。如果当事人意图中止濒临的时效（第209条规定暂时不计算时效期间），那么买受人必须起诉请求出卖人送交或者在土地买卖合同中起诉请求达成土地所有权转移的合意，出卖人则必须起诉请求买受人接受买卖标的物或支付价款，或者针对履行请求权采取第204条列举的各项权利追及措施；另外，在双方就请求权进行磋商的期间内中止消灭时效（第203条）。如果在到2007年12月31日的这段期间内没有发生任何中止事由，那么债权人可以从2008年1月1日始援引消灭时效已完成而拒绝给付。

（二）事后补充履行

910 更具现实意义的事实则是，当涉及事后补充履行请求权时——此时买受人或者定作人接受了有瑕疵的买卖标的物或者工作——并非根据第195条、第199条而是依据特殊规则计算和完成消灭时效期间。根据第438条的规定，买受人的事后补充履行请求权从送交（有瑕疵的）买卖标的物时起算；此外，消灭时效期间原则上仅为2年（承揽合同参见第634a条）。当事后补充履行请求权根据上述规则因时效完成而消灭时，只要合同相对人援引消灭时效完成，那么不仅导致出卖人或者承揽人可以拒绝事后补充履行，更重要的是将导致买受人或者定作人既不能因买卖标的物或者工作存在瑕疵而解除合同，也不能要求减少合同价款或者减少报酬（第438条第4、5款，第634a条第4、5款以及第218条；边码966、967）。

第十一章 合同终止

911 债务人没有或没有按时或没有全部履行合同约定的义务或者以其他任何方式违反义务，即使如此，债权人也往往会继续坚守合同并主张继续履行或者事后补充履行。如果他对债务人向他负担的给付仍存有念想，那么他总是会如此行事；同时，他也会准备提供由他负担的对待给付。但有时他会问自己或者律师这样一个问题：债务人违反义务的行为是否使他有权结束（beenden）或终止（aufheben）合同。

912 现行法规定了不同类型的**合同终止**（Vertragsaufhebung）。最重要的是**解除**（Rücktritt）与**通知终止**（Kündigung）。解除导致合同整体终止并且回到合同订立之前的状态，前提是此时恢复原状是可能的。当事人无须提供约定的给付，同时必须返还对方已经提供的给付。解除并不会完全抹去合同全部，而是将合同关系转换为“返还债务关系”（Rückgewahrschuldverhältnis）（边码 974）。在意定的持续性债务关系中——例如租赁或者劳务合同——通过**通知终止**来实现合同终止。通知终止导致合同面向未来（pro futuro）消灭，当事人的给付义务从通知终止生效时消灭。另外，**撤回**（Widerruf）也会引起合同终止。撤回一般出于强制性规定，这些规定赋予消费者思考时间，而在期间届满之前无须特别理由就可以事后撤回已经存在的合同；撤回意在保护消费者在订立某些合同时免受仓促决定之苦（边码 985）。最后，因交易基础在合同订立后丧失或者发生重大变更也会引起合同终止，或者从种类或者内容上改变原先约定的给付义务；根据第 313 条的规定，受到不利益的一方可以请求变更合同，或者在变更合同内容已经不可能或不能合理期待时表示解除合同（边码 1009）。

第一节 解除

一、约定解除权

913 由合同自由原则可知，双方当事人可以就赋予一方解除合同的权利达成合意，并且该合意原则上有效。一般来说，双方约定解除权的条件比（任意法）法律规定的条件来得更清晰、更严格或更宽松。例如，已公证的土地买卖合同常常记载一些细节：当买受人不按时支付价款或不按时设定土地质权，或者出卖人不按时交付土地或不按时告知必要的审批时，在符合哪些条件的情况下允许解除。同样常见的是，合同条款没有明确言及解除权，但通过解释可以知道双方是否希望有解除权以及在何种条件下一方享有解除权。

914 例如，某人为他的交易伙伴提供了一个**"保持自由"**（freibleibendes）的要约，通过解释可知这并不是一个单纯的要约邀请（边码 103、104），而是一个真正的要约，一个要约人在承诺表示到达之前仍旧可以撤回并且在合同成立之后仍旧可以通过解除而终止要约。此外，通过解释得出解除权行使的条件以及可以解除的最后时间（参见 BGH NJW 1984，1885 和边码 104）。在种类物买卖合同中，人们常常发现以下条款：出卖人保留**"正确而按时地自己供货"**（richtige und rechtzeitige Selbstbelieferung）的权利，或者在**高权利**（höhere Gewalt）、爆发战争、工人罢工、设备毁损或者给付严重困难或费用高昂的情况下解除送交义务。在此，对合同的解释决定了如何理解上文提到的情形、是否以及何时出现这些情形、出卖人是否享有解除合同的权利。对合同的解释也决定了，只要出卖人是因为上述情形而不提供、迟延提供或者部分提供给付，是否就可以在合同有效的情况下排除出卖人的损害赔偿责任，参见 RGZ 82，42；RGZ 88，143；BGH NJW 1995，1959 和边码 1105。

915 合同一方当事人之所以在由他提供的**一般交易条款**（AGB）中约定解除权，是因为他希望比法律规定的——如第 323 条——更快、更轻易地从合同中解脱出来。如果合同的另一方当事人是消费者，而第 308 条第 3 项规定，当一般交易条款使得使用人有权"没有在实质上为正当的、在合同中加以说明的理由而解除其给付义务"时该条款无效；在持续性债务关系中，适用第 307 条中的一般条款而非第 308 条第 3 项（详细论述参见 MK-*Wurmnest* § 308 Nr. 3 Rn. 6 ff.）。在此，使用者的权利被理解为意在"消灭使用人给付义务"的权利，如合同约定的解除（Rücktritt）或者部分解除（Teilrücktritt）以及结束（Beendigung）、终止（Aufhebung）、通知终止（Kündigung）或者一笔勾销（Streichung）合同义务的权利。即使使用者的"消灭权"实质上是正当并且基于合同产生（即因符合第 308 条第 3 项的规定而应当有效），使用人仍旧有义务明示地、毫不迟延地告知顾客"合同消灭"的事实；此外，他必须在"消灭"的情况下向顾客毫不迟延地返还后者已经支付的款项（参见第 308 条第 8 项）。

二、法定解除权

916 第 323 条到第 326 条规定了法定解除权，这些法条明确了合同当事人有权表示解除合同从而免除约定给付义务的条件，除非当事人达成了其他约定。因此，仅在双务合同中见到解除，即债权人为了获得债务人的给付而负有对待给付义务。债权人希望通过解除来免除提供对待给付的义务。这正好符合第 323 条到第 326 条的体例安排，即它被纳入“双务合同”一节。但是，我们不能因此得出下述结论：只有在债务人没有或者没有像负担的那样提供**主给付**（Hauptleistung），债权人才能够行使解除权；而债务人的每一种义务违反都可能导致债权人的解除权。这并不取决于债务人是否没有或者没有像负担的那样履行给付义务——主义务或从义务——或者保护义务。关键是根据具体情况，债务人的义务违反是否如此严重，以至于债权人的解除权被视为是正当的。

不构成双务合同，例如赠与、使用借贷、委托等，当事人也应当可以从合同约束中解脱出来。但是此时并非依据第 323 条以下而是在尚无约定的情况下依据其他特别规定。赠与人可以在满足特别条件的情况下请求返还赠与物或者撤回赠与承诺（第 528 条到第 534 条），贷与人可以通知终止使用借贷（第 605 条），而定作人可以撤回委托或者由受托人通知终止（第 671 条）。 *917*

必须严格区分以下两个问题：一是是否满足合同解除的条件。这一问题在双务合同中受第 323 条到第 326 条调整（边码 918 到边码 973）。另一个问题是解除的后果。解除的后果首先指双方当事人不可以请求对方履行合同，更主要的是当事人必须返还基于合同已经受领的给付以及由该给付产生的孳息。第 346 条到第 354 条规定了相关细节（边码 974、984）。因为行使解除权的动机往往在于一方当事人希望通过这一方式收回基于合同已经向对方给付的东西，因此上述规定具有重大现实意义。此外，关于解除后果的规定也适用于一方撤回合同的场合（第 357 条；边码 989 到边码 991）。最后，这些规定也适用于一方基于其他原因必须返还已受领给付的场合。例如出现第 439 条第 4 款所言的情形：当出卖人送交无瑕疵的物以完成事后补充履行时，他可以“依第 346 条到第 348 条请求返还”有瑕疵的物。 *917a*

（一）利益状态

有关解除权的法律规定旨在处理严重的利益冲突。一方面，违反义务的合同一方存在强烈的、通过解除清算合同重获行动自由的愿望；另一方面，合同相对人对遵守合同抱有强烈的意愿。这一冲突在以下情形中显得格外明显：经营者希望 3 月 1 号搬进新的营业场所，他为此向生产商购买了办公设备并约定 3 月 1 日送交。如果生产商在预计搬迁日前的几个星期内向经营者表示他不能在 6 月 1 号前送交办公设备，此时应当如何处理？关键是，经营者是否遵守合同并且可以向生产商请求赔偿因推迟搬迁而引起的迟延损害（边码 1128 以下），或者（作为代替）有权通过解除从整体上完结合同。如果经营者可以从其他生产商那里购买到相同品质的办公设备并且设备可立即送交，或者经营者眼前正好出现一个转瞬即逝、报价为原价一半 *918*

的二手设备购买机会，或者他因为合同变更想完全取消搬迁计划，或者因为销售额锐减而使以前的经营面积足以应付现有的销售，或者资助搬迁的贷款在此期间变得非常昂贵，那么此时的经营者就有理由期待后一种“彻底的”解决方案。另一方面，因为生产商将失去继续履行交易所带来的利润，所以他有可能不希望看到合同被解除。如果生产商已开始履行合同，准备原料或者在此期间因生产容量已满而拒绝了其他更加优厚的交易机会，或者他已经完成了一半的设备工程并且这一半可满足经营者的特殊需求且没有出现所谓的迟延，或者他可以从其他地方以较低的价格购买另一半设备以供履行，那么解除合同就意味着失去继续交易所带来的利润。生产商违反了在3月1日送交办公设备的约定义务，如果这一迟延是因为他或者他的工作人员没有遵守生产过程或者没有及时了解生产过程中出现的故障，那么他对该结果负责；但是，如果生产商只想避免合同被整个地解除，那么他就会乐意赔偿经营者因推迟搬迁而遭受的损失。

919　比较其他法律制度可知（参见 *Flessenr* ZEuP 1997，255；*Schlechtriem/Schmidt-Kessel* AT Rn. 502 ff.），赋予或者拒绝赋予解除权取决于对双方利益的衡量，即债权人对终止合同所具有的利益和债务人对遵守合同所具有的利益。下述原则是不言而喻的：只有当债务人违反义务的强度是如此之大、如此重大或者如此恶劣，以至于根据具体情况不能再期望债权人会继续遵守合同时，才赋予债权人解除权。但在法律技术层面，实现这一一般思想的方式却各有不同。

920　《联合国国际货物销售合同公约》选择了以下道路：第49条第1a款和第64条第1a款规定，每一方合同当事人都可以表示终止合同，只要对方当事人没有履行合同约定的义务并且属于“根本违反合同”（同样的参见《欧洲合同法原则》第3：103条①）。《联合国国际货物销售合同公约》第25条明确了“根本违反合同”的概念；此外，遵守合同的一方对对方是否根本违反合同有疑问时，允许他为对方指定一个履行期间，该期间经过而无效果则对方违反合同的行为视为符合根本性的要求。

921　《民法典》选择了另一条道路：第323条第1款明确了只有当“向债务人指定给付或事后补充履行的适当期间经过而无效果”时，才允许债权人解除合同。在一些尤其严重的不履行或者瑕疵履行的情形中，指定期间是不必要的并且允许债权人立即解除；这是指第323条第2款中的情形（边码936以下，边码958、959）。如果债权人的给付根据第275条第1至3款变得不可能或者不能合理期待（第326条第5款以及边码958），那么也允许债权人立即解除合同。最后，如果债务人违反了第241条第2款中的保护义务，并且对债权人来说“对合同的维持是不再能期待的”，债权人也可立即解除合同（第324条和边码972）。

① 原文如此，但《欧洲合同法原则》没有第3：103条，此处乃作者笔误。《欧洲合同法原则》第8：103条是对根本不履行的定义性规范，第9：301条规定了合同一方可以在另一方根本不履行时解除合同。——译者注

由第 323 条可知，解除权不以债务人对违反义务是否有过错为条件。换言之，在满足上文所言条件的情况下，即使不履行或者瑕疵履行是因自然灾害、不可避免的第三人行为——例如偷盗、物的损害、破坏行为——或者其他不属于债务人责任领域的风险，债权人仍旧可以解除合同。此时，债务人无须承担损害赔偿责任（参见第 280 条第 1 款第 1 句）。这是因为，双务合同的债权人只有在债务人给付的情况下才负有对待给付的义务。如果债务人不给付或者不像所负担的那样提供给付，即使不给付或者不符合合同约定的给付不可归责于债务人，那么仍旧允许债权人保留自己的对待给付。但根据合同自由原则，双方当事人可以作出不同的约定，并且该约定有效。然而，如果约定是以一般交易条款的形式出现，那么就必须遵守第 307 条的规定。在消费品买卖中，以消费者解除权取决于不给付或者瑕疵给付可归责于出卖人为内容的约定无效；这是因为，根据第 475 条第 1 款的规定，第 437 条第 2 项和第 323 条具有强制性。

法官经过利益衡量后决定是否根据第 323 条以下同意解除权或者要求指定期间，也可据此判断债务人是否故意、草率、不加考虑地违反合同义务，或者债务人即使谨慎行事仍旧无法避免这一结果。一个外部框架工程的承揽人在工作时损坏了建筑外墙和窗户，承揽人或者他的工作人员的过错程度越高，就越应该根据第 324 条认定维持合同对定作人而言是不能合理期待，也就更应该肯定定作人的解除权。但是，我们应当牢记以下原则：对于解除权而言，不问义务违反是否归责于债务人。 923

如果债权人对债务人不提供给付或者不像所负担的那样提供给付“负单独或主要责任”并进而不值得保护债权人对终止合同所享有的利益，那么根据第 323 条第 6 款排除债权人的解除权。如果债务人违反义务发生于债权人受领迟延期间并且不可归责于债务人，那么处理结果相同。出卖人因为买受人告知了错误的收件地址或者错误的包装方式而没有按时送交货物或者货物不具有约定的特性，买受人对合同不履行或者瑕疵履行负责任，那么买受人不可以根据第 323 条解除合同；他仍受合同的约束，并且如果他对错误信息有过错，那么根据第 280 条他必须承担损害赔偿责任。 924

第 323 条第 6 款的现实意义不大，因为在大多数情形中，那些由债权人负责的或者在受领迟延期间出现的情况往往会导致债务人给付不能并根据第 275 条第 1 款免除他的给付义务。此时对于债权人而言，从作为平行规定的第 326 条第 2 款可知债权人仍旧负有提供对待给付的义务（而且不可以通过解除免除对待给付义务）。参见边码 827 以下。 925

第 323 条和第 324 条规定了债权人解除权的条件。解除权的范围取决于债务人是否完全没有提供所负担的给付（边码 927 以下）还是仅部分提供了所负担的给付（边码 948 以下）。与此不同的是债务人虽提供了给付但给付不符合合同的约定并进而允许债权人解除合同（边码 952 以下）。最后，第 324 条规定了债权人因债务人违反保护义务而解除合同的情形（边码 972、973）。 926

（二）完全不给付时的解除（Rücktritt beim Ausbleiben der Leistung）

927 我们首先思考合同一方当事人完全不提供给付的情形。

928 1. **到期**（Fälligkeit）。只有当给付已到期（fällig）而债务人仍未提供给付时，债权人才可以依据第 323 条第 1 款解除合同。

929 债务人陷入迟延是成立债权人迟延损害赔偿请求权的条件（参见第 280 条第 2 款、第 286 条；边码 1128 以下），但并不是解除权的条件。这仅仅意味着，即使债权人没有通过特别催告的方式请求债务人提供给付，他也可以解除合同。此外，解除权的成立必须符合迟延的其他条件；只有当未给付时给付已到期并且**可执行**（durchsetzbar）时，债权人才有权解除合同。

930 双方当事人可以约定债务人的给付何时**已到期**，没有约定时适用第 271 条的规定（边码 555 以下、626、1131）。

931 给付到期还意味着债权人的请求权是**可执行的**；如果债务人可以主张抗辩权或者抗辩以防御请求权，那么债权人的请求权就不是可执行的。这首先指以下情形：债务人的给付根据第 275 条第 1 款变得**不可能**或者根据第 275 条第 2、3 款允许债务人拒绝且债务人实际上拒绝了给付。上述情形中的债务人无须给付，此时债权人的请求权是不可执行的。但对债权人来说这并非坏事：首先由 326 条第 1 款可知，当债务人根据第 275 条无须提供给付时，免除债权人的对待给付义务，并且无须通过解除来实现免除义务的后果；其次，第 326 条第 5 款明确了上述情形中债权人还享有解除权，即“第 323 条准用于合同的解除，但无须指定期间”。

932 根据第 326 条第 5 款的规定，如果债务人“当前”因为暂时的给付障碍而无法提供给付，并且将来提供给付对债权人“毫无利益”可言，那么也允许债权人解除合同（边码 803、823）。现实中有时会碰到这么一种情况：给付已到期而债务人未给付，但不确定未给付的原因并且也不知道是否满足第 275 条规定的条件以及债权人是否可以根据第 326 条第 5 款立即解除合同。另一种情形可以是，债务人只是晦暗不明地推诿或者只是声称自己仍可以提供给付但不知道债权人能否可以提供反证。在所有这些情形中，法律不仅允许并且以近乎强迫的方式忠告债权人，他首先应当为债务人指定期间，该期间经过而无效果后才可以依照第 323 条中的一般规则来解除合同；如果他根据第 326 条第 5 款解除合同，那么只有当第 275 条第 1 款到第 3 款的情形出现时，该解除才是有效的。

933 如果债务人可以提起消灭时效抗辩权以防御债权人的请求权，那么债权人的请求权也属于不可执行的请求权。买受人解除合同时，出卖人的消灭时效抗辩权取决于买受人的解除是因出卖人不履行（边码 908、909）还是*不像负担的那样*履行（边码 910、918、966、967）。如果债务人依据第 273 条提起留置权的抗辩权，那么债权人的请求权也属于不可执行的请求权。在债权人因债务人保留给付而同时提供给付，或者债权人虽不提供给付但根据第 273 条第 3 款向债务人提供担保，债权人才可以在期间经过而无效果时解除合同。最后，当债权人不提供对待给付并且债务人借助不履行合同的抗辩权（第 320 条）来防御时，债权人在指定期间经过而无效果后仍旧不能有效地解除合同。

参见边码 892 以下。买受人之前就明确表示，即使出卖人送交商品也不会或者没有能力支付约定的价款，那么即使出卖人不送交商品，买受人也不可以根据第 323 条解除合同。这是因为，出卖人可以凭借合同不履行抗辩权防御买受人送交商品的请求权。由此，买受人的送交请求权变得不可执行；指定期间经过后买受人仍旧不支付价款的，则*出卖人*享有解除权，但此时以出卖人提供给买受人无瑕疵的商品为前提。 *934*

“如果解除权的要件**显然**（offensichtlich）会成立”，例外地允许债权人在给付到期前表示解除合同（第 323 条第 4 款；类似见《联合国国际货物销售合同公约》第 72 条）。如果债务人在给付到期前果断表示未来将不提供或者不按时提供负担的给付，那么处理结果相同。债权人可以立即解除合同而无须等待给付到期，也无须为债务人指定期间。如果对一个处于相同境况下的理性人而言，现有的情形已经表明债务人在给付到期后将不履行或者没有能力履行负担的给付，那么也允许他先期解除（vorzeitiger Rücktritt）。 *935*

2. 无须指定期间的解除。原则上只有给付到期后债权人为债务人指定合理的补加（Nachholung）给付期间，该期间经过而无效果时，债权人才能够解除合同。一旦出现第 323 条第 2 款第 1 项到第 3 项中的情形，那么指定期间就是不必要的，债权人有权**立即解除**。 *936*

根据第 1 项的规定，立即解除适用于债务人“**认真并最终**拒绝给付”的情形。如果他只是指出送交困难或者请求债权人推迟送交日期、提高对待给付或重新磋商合同内容，或者他认为到现在为止由自己提供的给付即使在重新检验的情况下仍旧符合合同约定，那么都不算“认真并最终拒绝给付”。判断“认真并最终拒绝给付”的标准是，债务人的行为让任何一个处在债权人境况下的正派、有理性的人在考虑现有情形的基础上可以而且必须形成以下观念：债务人无论如何都不会履行合同义务，并且指定履行或者事后补充履行期间纯属白费工夫（BGH NJW 2011，2871；BGH NJW 2011，3435 Tz. 24）。 *937*

根据第 2 项的规定，如果构成**定期行为**（Fixgeschäft），即双方约定了日期或者期间并且“在日期或期间上合于规定的给付对债权人来说很重要”，那么指定期间也是不必要的。就此，约定准确的送交日期或者期间是不够的，还必须通过解释双方当事人的意思得知合同“必须属于按时给付的交易”（边码 558）。汽车生产商与收货人约定，货物必须“正好”在 3 月 15 日 15 点 24 分在工厂火车站 6 站台装箱；如果货物虽然按时送到车站，但是被运上了 2 站台或者在 16 点才运上 6 站台， *938*

那么收货人可以立即解除合同。定期行为可以适用于合同指明日期或期间或者存在“排除任何后续期间”或者“任何情况下都不得晚于”的表达方式的交易。在“**绝对**”的定期行为中（边码558），错过日期或期间将导致债务人的给付变得不可能（第275条第1款），并且债权人可以根据第326条第1款第1句在没有解除合同的情况下被免除对待给付义务。债权人已经提供对待给付，那么他可以根据第326条第5款、第323条不指定期间而解除合同，同时根据第346条请求债务人返还给付。

939 第3项属于兜底条款。虽然不存在第1、2项中的前提，但通过衡量双方利益可知构成有权立即解除合同的“**特殊情形**”，那么指定期间也是不必要的。特殊情形可以是之后的给付不能满足债权人的目的，或者不能像订立合同时预计的方式满足债权人的目的。

940 被委托建造房屋的建筑公司将挖掘地基的工作转交给了专门的地基建造商，后者没有在约定的时间内完成给付；如果该迟延导致建筑所有人撤销了委托，那么建筑公司可以在没有指定期间的情况下立即解除合同（参见BGH NJW 1971，798）。同理，如果出卖人在已到期后没有送交商品，而该迟延导致转卖后的第三人有权解除与买受人订立的合同，那么买受人也可以立即解除与出卖人订立的合同（参见BGH NJW-RR 1998，1489，1491）。这也包含以下情形：虽然双方没有约定定期行为，但是不提供给付会使买受人错过在圣诞市场、温泉季或者世界杯上出售商品的机会。出卖人没有在约定的时间送交商品，买受人可以通过补偿交易（Deckungsgeschäft）立即从第三人处购买相同的商品，买受人此时并没有权利立即解除合同。但是，如果商品的市场价格在此期间迅速上升，那么买受人可以立即解除合同；如果买受人此时选择等待而不是直接与第三人达成补偿交易，那么买受人根据第280条第1、3款，第281条享有的损害赔偿请求的数额范围会无限扩大。但是，因为买受人受到第254条第2款中有关减少损害的制约，所以买受人必须立即达成补偿交易，这也就意味着他有权立即解除合同。详情可参见*Huber* II §48 Ⅲ。

941 3. 指定期间。债务人没有提供已到期的给付，只要没有满足第323条第2款规定的条件，那么债权人必须为债务人指定“一个**合理的给付期间**”，该期间届满而“**无效果**”（erfolglos）后才可以解除合同（第323条第1款）。遵守期间指的是债务人在期间截止前实施了**给付行为**（Leistungshandlung）。寄送买卖中的买受人为出卖人指定的期间为5月20日，那么只要货物在5月20日之前交给承运人，即使该货物2天后才到达买受人，出卖人仍旧遵守了期间。

942 根据第323条第3款的规定，如果“按照义务违反的种类无须考虑期间的指定”，那么催告代替期间的指定。例如，债务人负有不作为的义务而他违背了这项义务，债权人通过催告代替指定期间，在债务人再次违反该义务时可以解除合同。

943 在期间耽搁（Fristversämmung）的场合，解除本身可以威胁债务人，使他变得更加机警。债权人无须明确将期间经过的后果告诉债务人，或者期间耽搁的后果将自动显现。即便如此，债权人也必须使用一些足以使债务人体会到自己的态度以及期间经过后不排除相关法律后果的表达方式。判例认为，必须使债务人清楚地认识到，他必须毫不迟延地、立即地或者在合理期间内提供给付；因此没有必要指定一个时间上非常准确的期间（BGH NJW 2009，3153）。

一个合理的期间到底要多长取决于具体情形。该期间不需要长到将债务人原本需要的、做必要准备所需的时间全部计算在内；这是因为，在指定期间之前债务人的给付就已到期。给付到期后再为给付对债权人来说越紧急、债权人对按时履行具有的利益越急切、对债权人造成的损失越严重，例如债务人可以期待从第三人处购买相同商品的市场价格在整个期间内会快速下降，那么指定的期间就应该越短。债权人请求债务人给付并且说了某个时间段或者某个最后期日，当这一期间不“合理”（即过短）时，适用一个“合理的期间”。这意味着，只有在该合理期间经过后，债权人才有权解除合同。 *944*

一般交易条款约定了期间并成为与消费者之间订立的合同的一部分，此时适用特殊规则。例如，家具经销商在 3 月 10 日与顾客签订合同，由前者事先拟定的一般交易条款指明送交家具的日期为合同订立后的两个月（即 5 月 10 日），顾客只有在 2 个月再加上后续期间（Nachfrist）经过而无效果时才可以解除合同，该条款中送交期间的有效性受*第 308 条第 1 项*调整（边码 561），*后续期间*受第 308 条第 2 项调整。如果这两部分都无效，那么根据第 306 条第 2 款的规定，送交日期依据第 271 条确定，后续期间长短则依据第 323 条第 1 款确定。此外，根据第 309 条第 8a 项的规定，*限制*或者*排除*顾客在使用人有过错地不提供给付情形中的解除权的条款无效。如果一般交易条款授予经销商一项顾客在没有接受家具时无须指定期间而直接解除合同（和主张损害赔偿）的权利，这一条款因违反第 309 条第 4 项而无效；代替该条款的是第 323 条。如果顾客在送交之前就明确表示自己将不接受家具，那么结果就有所不同。这是因为，经销商无须借助该条款的有效性而是可以根据第 323 条第 2 款第 1 项直接解除合同。 *945*

即使期间经过而无效果，合同依旧存在（债务人的给付义务和债权人的履行请求权也存在），一直到债权人行使解除权，即根据第 349 条表示解除合同。如果债权人在期间经过后继续主张履行请求权，那么这一结果也不会有什么变化。债权人可以在无须再次指定期间的情况下表示解除。 *946*

正如 BGH NJW 2006，1198 所言：债权人若没有及时作出解除表示，就会出现不确定状态（Schwebezustand）；正是因为，第 350 条仅适用于意定解除权，债务人不能要求债权人为自己指定期间并且在期间经过后表示选择哪一条道路。债务人可以通过向债权人提供给付并将球扔给后者的方式自救：如果债权人接受了给付，那么构成履行（第 362 条）。债权人拒绝接受给付即为表示解除合同。债权人 *947*

拒绝接受给付，他静待随着关系的发展究竟是解除还是主张履行请求权会使自己获益更大（使债务人受巨大损失），因此对是否以及何时表示解除不置可否；债权人此时将不仅仅陷入受领迟延，而且可能因违反保护义务而使债务人获得损害赔偿请求权（第 280 条）甚至解除权（第 324 条）。参见 *Schlechtriem/Schmidt-Kessel* AT Rn. 534；MK-*Ernst* § 323 Rn. 143 ff.。

（三）部分给付时的解除

948 债务人向债权人提供了部分给付，根据第 266 条债权人可以拒绝接受给付并且他实际上这么做了（边码 563），此时构成完全不给付。如果满足第 323 条规定的条件，债权人也可以解除整个合同。如果债权人接受了部分给付，那么结果就不同：即使债权人（通常是必须的）指定了合理的期间，而债务人仍旧不提供剩下的给付，债权人原则上仅可以表示部分解除。他仍旧负有提供与已接受的给付相对应的对待给付的义务。当然，前提是债权人的对待给付是可分的。如果对待给付不可分，那么即使债务人提供了部分给付，例如支付了部分价款，那么债权人也可以——例如自有房屋的出卖人——解除整个合同（BGH NJW 2010，146）。如果债权人——尤其是作为承诺支付价款的买受人——的给付是可分的，根据第 323 条第 5 款第 1 句的规定，只有"部分给付对他而言毫无利益时"，他才可以解除整个合同。一个负责铺设房顶的建筑公司购买了所需的屋面瓦，但是供货商仅提供了部分瓦片；如果建筑公司自己不能从别的地方获得相同大小、式样、上漆和颜色的瓦片，或者只能以很高的价格获得所需瓦片，而且已提供的给付对他而言"毫无利益"，那么他可以在无须指定期间的情况下解除整个合同。

949 然而正确的观点是，买卖合同中送交"数量过少"被视为物的瑕疵（第 434 条第 3 款；承揽合同则是第 633 条第 2 款第 3 句；边码 595）。一些学者希望将这个适用于买卖法的规则确立为义务违反情形的一般规则。这意味着，上文所述的情形并非部分不给付，而是"没有像所负担的那样"提供全部给付。此时，依据的不是第 323 条第 5 款第 1 句而是第 2 句：只要短缺的数量并非过少而且义务违反的情形并非"不显著"，建筑公司就可以解除合同（例如 *Faust* Bamberger/*Roth* § 434 Rn. 114 f.；*Medicus/Lorenz* SchR BT Rn. 99 ff.；MK-*Ernst* § 323 Rn. 213 ff. 文献都提到了这个颇有争议的问题）。同理，供货商虽然送交了约定数量的屋面瓦，但其中一部分存在瑕疵；此时，建筑公司为供货商指定送交无瑕疵屋面瓦的期间，如果该期间经过而无效果，那么只有已提供的无瑕疵的部分对建筑公司而言毫无利益时他才可以解除整个合同。

950 债务人虽然没有提供承诺给付中的一部分或者他可以提供，但债务人的多次给付根据双方当事人的意思组成密不可分的一个整体，即全有或者全无的关系，那么就不允许部分解除。换言之：部分解除不会让债务人受到"剩余合同"的约束，而是正如他从未就此达成协议那样。

如果某人之所以出卖自己的土地，是因为买受人负有向出卖人购买油画的义务，当该油画被盗以至于不能送交，那么买受人不能以下述方式部分解除合同：出卖人以较低的价款为对价送交土地。正确的做法是，根据第 275 条第 1 款的规定，免除出卖人的送交土地以及油画的义务。此时，买受人只能解除整个合同。如果出卖人对不给付油画存在过错，买受人可以请求代替给付的损害赔偿。 951

（四）因买卖标的物或工作上的瑕疵而解除

由第 323 条第 1 款第 1 句可知，债务人虽提供了给付但他提供的给付**“不符合合同的约定”**（nicht vertragsgemäß），即有违合同（vertragswidrig），也就是不像债务人在合同中承诺地那样，债权人也可以解除合同。第 323 条适用于不符合合同约定的给付时，正如该条也适用于**完全**（überhaupt nicht）不给付的情形。上文边码 927 中的考虑同样适用于此。 952

第 323 条只在某一点上对“不符合合同约定”给付的情形作了特殊处理：只要不符合合同约定的给付作为义务违反的行为并“不显著”时，就不允许解除（第 323 条第 5 款第 2 句）。在那些不构成轻微违法行为的情形中，实际上已经提供的给付往往与负担的给付相去甚远。当符合合同约定的应然给付与不符合合同约定的实然给付之间的差距是如此明显、重大，以至于通过解除以达到完全终止合同——一般情况下必须是期间经过而无效果——显得非常公正，此时便符合了显著性的要求。如果出卖人可以证明，买卖标的物的瑕疵在作出解除表示时是可以补救的，并且修理费用非常低（为买卖价款的 1%或者 2%），一个理性的买受人此时不会选择结束合同（参见 BGH NJW 2005，3490，3493；BGH NJW 2009，508；BGH NJW 2011，2872 Tz. 19 ff.）。如果出卖的二手车是一辆“事故车辆”，并且该车因事故而减少的价值仅为无事故车辆价值的 1%，那么这一瑕疵虽不可补救但却并“不显著”。如果出卖人担保买卖标的物不存在某个瑕疵（边码 591、1109 ff.），而送交的物被证明存在这种瑕疵，虽然通常会因该瑕疵被视为过小而排除买受人的解除权，但此时仍旧构成“显著的”义务违反。总的来说必须思考的是，因上述原因而主张解除时的债权人应该受到保护：虽然他必须在瑕疵不显著时保留有违合同约定的给付，但是他可以通过减价的方式减少对待给付（并进而构成部分解除，参见边码 956）。 953

现实中，一个有关不符合合同约定的给付的重要情形是出卖人送交了买卖标的物或者定作人接受了由承揽人完成的全部工作，但买卖标的物或工作**有瑕疵**（mangelhaft），即并非如第 434 条、第 435 条以及第 633 条规定的那样**“无物或者权利瑕疵”**（frei von Sach-oder Rechtsmängeln）。 954

如果出租人或者旅游经营者的给付根据第 535、536 条以及第 651c 条欠缺应有 955

特性，那么该给付存在瑕疵并进而不符合合同的约定。但是，只有在满足特殊规定（参见第536条，543条第1、3款，第569条第1款，第651d条以下）的情况下，承租人或者旅游者才可以因瑕疵而废除（auflösen）合同（通过通知终止或者解除）；这些特殊规定优先于第323条适用。

956 第437条第2项、第634条第3项明确指出，买受人和定作人收到了有瑕疵的买卖标的物或者工作成果，不仅是在满足某些条件的情况下他们可以解除合同，并且可以先以**减少**买卖价款或者报酬以**“代替解除”**（第441条、第638条）。就其本质而言，减价就是部分**解除**（Teilrücktritt）。一方面，买受人或者定作人通过减价——就像通过解除那样——免除了自己的对待给付义务，但免除的只是部分而不是全部。减价就是部分解除，这意味着买受人或者定作人只有在满足解除所需的全部条件的情况下才可以减价。在此只有一个根本限制：因买卖标的物或者工作的瑕疵并进而构成义务违反是否是“不显著的”（“unerheblich”），若是“不显著的”，那么根据第323条第5款第2句买受人或者定作人不能终止整个合同（通过“整体解除”）。此时，他们只能（通过部分解除）**减少**对待给付。这一规则见于第441条第1款第2句和第638条第1款第2句。

957 1. 事后补充履行优先。根据第323条第1款的规定，原则上买受人或者定作人只有为合同相对人指定履行期间——此时为事后补充履行——而该期间经过而无效果时，买受人才可以解除合同或减价。这一点是基于以下考虑：必须先给出卖人或者承揽人一个通过事后补充履行消除买卖标的物或工作上的瑕疵的机会。事后补充履行与合同当事人一开始就承诺履行的给付之间并无差别，所以事后补充履行的细节见上文履行请求权一章中的内容（参见边码759以下、798以下）。

957a 即便买卖标的物无法正常运转，买受人也必须检查是否存在送交后错误安装、错误使用等原因。如果他认识到或者因过失而没有认识到买卖标的物事实上并不存在瑕疵，引起买卖标的物不能正常运转归咎于买受人自己，此时买受人仍声称存在瑕疵并且请求出卖人事后补充履行，那么买受人应赔偿出卖人因此遭受的损失（BGH NJW 2008，1147）。存在瑕疵时买受人可以请求事后补充履行，但是如果买受人拒绝将买卖标的物交给出卖人处置，以至于出卖人无法检查买卖标的物在风险转移时是否存在买受人声称的瑕疵以及是否可以根据第439条第3款拒绝买受人选择的事后补充履行方式，那么就无视事后补充履行的请求（BGH NJW 2010，1448）。买受人是否必须为了事后补充履行的目的将货物运送到出卖人的处所，或者作为代替方案，出卖人必须取货或者在买受人处直接修理；这一切取决于，出卖人根据第269条需要在何处履行事后补充履行的义务。如果买受人负有领取货物的义务（往取之债），即使根据第269条出卖人提供事后补充履行的地点为买受人的住处，买受人的事后补充履行请求仍旧不成立（BGH NJW 189，196）。

958 第323条第1款要求买受人或者定作人为事后补充履行指定一个“合理的期

间”。即使期间没有通过确定的天数或者确定的星期或月份的结尾被固定下来，也可以通过其他方式确定该期间。买受人或者定作人向合同相对人明确表示，后者必须“毫不迟延地”“立刻”或者在一个“合理”或“符合商业惯例”的期间内完成事后补充履行，这样的表示已经足够了（参见边码 943）。指定期间在很多时候根本就是不必要的，即允许当事人立即解除或者立即减少价款。例如，当瑕疵是不可补救的，即两种事后补充履行方式——消除瑕疵或者送交无瑕疵的替代物或者重新完成无瑕疵的工作（第 439 条、第 635 条）——根据第 275 条第 1 款对出卖人或承揽人来说是不可能的；同理，两种事后补充履行方式根据第 275 条第 2 或 3 款是不能合理期待的，从而允许出卖人拒绝事后补充履行并且事实上他这么做了。根据第 326 条第 5 款的规定，允许上述情形中的买受人在没有指定期间的情况下解除合同或者减价。被出卖的二手车属于“事故车辆”或者该车辆的里程数高于双方约定的数值并进而构成不可消除的瑕疵，这就是典型的事后补充履行不可能的情形（参见边码 799）。如果因出卖人毫不怀疑并准确表示商品不存在瑕疵或者事后补充履行根据第 275 条对于他来说是不可能或不能合理期待而“认真并最终”拒绝了两种事后补充履行方式，此时也属于第 323 条第 2 款规定的无须指定期间的情形（参见边码 937）。

如果存在有权立即解除或者立即减少买卖价款的**“特别事由”**，此时也不需要 *959*
指定期间（第 323 条第 2 款第 3 项）。这里所指的“特别事由”可以是：例如出卖人在与买受人订立买卖合同的时候故意不告知买卖标的物上的瑕疵，买受人此时可以根据第 123 条撤销该合同；又如，不为事后补充履行指定期间而径直解除合同或减价对买受人来说有利，那么他也可以这么做。在此，出卖人因为自己的故意而不值得保护，或者买受人有理由担心出卖人可能故意隐瞒了其他瑕疵或者出卖人计划在事后补充履行时搞鬼，参见 BGH NJW 2007 835；BGH NJW 2008，1371 和 *Faust* JuS 2008，557。最后，出现第 478 条规定的特殊情形时也不需要指定期间：经营者从供货商那里购得刚生产的商品并转卖给了消费者，如果消费者因瑕疵而将商品退还给经营者或者减少买卖价款，那么经营者可以立即解除其与供货商之间的合同（参见第 478 条第 1 款①）。

另外，出现第 440 条所指的特殊情形时买受人也不需要指定期间。第 636 条包 *960*
含有利于定作人的类似规定。值得注意的是，承揽合同中的承揽人可以在消除瑕疵以及完成新的工作中选择其一作为事后补充履行的具体方式。

第 440 条中的第一种情形是指“出卖人根据第 439 条第 3 款的规定拒绝两种事 *961*
后补充履行方式”。在此也包括出卖人根据第 439 条第 3 款拒绝其中一种事后补充履行方式，而剩下的方式因存在第 275 条第 1 款、第 2 款或者第 3 款的情形而变得不可能。此时，拒绝是否有法律上的依据在所不问：一旦出卖人认真并最终拒绝事

① 第 478 条已经修改，第 1 款的内容已经删除。——译者注

后补充履行（无论是否有法律依据），那么买受人根据第 323 条第 2 款第 1 项不必指定期间。如果出卖人只是拒绝消除瑕疵或者只是拒绝送交新的无瑕疵替代物，那么买受人必须选择另一种事后补充履行方式。只有在为另一种事后补充履行方式指定合理的期间而该期间经过而无效果时，买受人才可以解除合同或者减价。

962 第 440 条中的第二种情形是指“买受人有权采取的事后补充履行方式已失败”。买受人“有权采取的事后补充履行方式”是指他依第 439 条第 1 款选择的方式，除非出卖人依第 439 条第 3 款有权拒绝该方式并事实上拒绝了。买受人此时只能选择另一种事后补充履行方式。如果在买受人请求事后补充履行的期间内出卖人没有完成事后补充履行，并且从一个理性人来看有理由怀疑出卖人的履行能力以及/或者出卖人的履行意愿，那么就不能期待买受人相信出卖人会完成事后补充履行。第 440 条第 2 句为“修补”（一般就是指第 439 条第 1 款所言的消除瑕疵）设置了特殊规则：如果消除瑕疵的第二次尝试归于失败，那么买受人不需要再给出卖人任何机会。当然，“从物或瑕疵的种类或者其他情事”得知在经过*第一次*失败的尝试之后消除瑕疵就已经失败，那也不需要等到*第二次*尝试失败。如果根据上述规则买受人可选的事后补充履行方式都会失败，那么他可以立即解除合同，只要买卖标的物的瑕疵并非“不显著”即可；在*任何*情况下，买受人都可以要求**减少**价款，而无须尝试另一种事后补充履行方式。

963 最后，出现第 440 条中的第三种情形时——即买受人有权采取的方式对他来说是“不能合理期待的”——买受人也可以立即解除合同或者要求减价。例如，出卖人向买受人故意隐瞒了通过事后补充履行旨在消除的瑕疵（参见边码 959），或者买受人请求消除瑕疵，但出卖人委托消除瑕疵的人醉醺醺地出现在买受人面前或侮辱或试图欺骗买受人。此时，买受人有权*立即*解除合同或者减少合同价款。同理，如果买受人有理由认为，买卖标的物上除了已经发现的瑕疵以外还存在其他隐蔽的瑕疵，或者消除瑕疵将很大程度地加重买受人的负担并且阻碍经营活动，那么买受人也可以立即解除合同或要求减价。

964 消费品买卖（第 474 条）中被提供了有瑕疵消费品的消费者提出事后补充履行请求，该请求经过了合理的时间而出卖人没有解决消费品瑕疵，那么消费者可以在不明示指定期间的情况下解除合同或者要求减价。关于消费品买卖的欧盟指令第 3 条第 5 项规定，解除或者减价仅依赖于合理期间的*经过*而非*指定*的期间。从符合指令的解释出发应这样理解第 323 条第 2 款第 3 项：消费品买卖中存在合理期间经过而无效果的特殊情形，此时，消费者有权立即解除合同或者立即要求减价。更多提示请参见 *Staudinger/Artz* NJW 2011，3121；*Faust* in *Bamberger/Roth* § 437 Rn. 17 ff.。

965 在要求指定期间的情形中，该期间必须“合理”，即包含根据通常情况完成事后补充履行所需的时间，而该期间由买卖合同的买受人以及承揽合同的承揽人决定。个案中必须考虑“特殊情形”以及“衡量双方当事人的利益”，这就可能导致指定期间完全是不必要的（第 323 条第 2 款第 3 项），也可能一个很短的期间是合理的。如果因指定期间较短而被认为是不合理的，那么将会延长至一个合理的期间（边码 944）。如果买受人或者定作人已经决定解除合同，他出于这一点而指定了一个不合理的、过短的期间并且表示期间经过后将不接受任何形式的事后补充履行，那么此时指定的期间就是无效的。

2. 期间经过后失去解除权。出卖人送交有瑕疵的买卖标的物，只要他没有故意隐瞒瑕疵，那么经过一段时间后就不再允许买受人解除合同或者减少合同价款。出卖人可以援引**消灭时效**（Verjährung）。但是，消灭时效只针对请求权（第 194 条第 1 款）而非解除或者减价等形成权。因此第 438 条第 4、5 款和第 218 条第 1 句规定，如果买受人的*事后补充履行请求权*已陷于消灭时效，则出卖人可以援引消灭时效，那么买受人就不能解除合同或者要求减价（边码 910）。 966

这一切取决于，买受人对出卖人作出的解除或者减价表示是否在事后补充履行请求权经过消灭时效后才到达。买卖动产时，请求权在交付买卖标的物后的 2 年完成消灭时效（第 438 条第 1 款第 3 项）。2 年期间可以因当事人就是否以及如何事后补充履行进行协商而延长，此时*停止*计算消灭时效（第 203、209 条）。一个现实中非常重要的问题是，能否通过双方合意*缩短*2 年期间。原则上，合同自由在此仍旧有效（参见第 202 条第 1 款），但是必须有所限制。在消费品买卖中（第 474 条），除非出卖的是二手商品，否则意在缩短时效期间的约定无效。在二手商品买卖中，约定的期间也不得短于一年（第 475 条第 2 款）。在非消费品买卖——双方当事人都是经营者或者都是个人——中，如果有关缩短消灭时效期间的约定构成出卖人事先拟定的一般交易条款，那么就必须考虑第 309 条第 8b 项的规定。此时，如果约定的是一个崭新的商品或者提供工作，那么消灭时效期间最短为一年。缩短买受人瑕疵请求权消灭时效的一般交易条款可能违反第 309 条第 7a、7b 项：因出卖人故意导致的买卖标的物瑕疵或者导致身体损害的瑕疵而引起的损害赔偿请求权，双方当事人就缩短该损害赔偿请求权消灭时效而达成的约定无效（BGHZ 170，31，Tz. 18 ff.；Rn. 283）。如果瑕疵是不可补救的，以至于根据第 275 条第 1 款事后补充履行是不可能的，或者根据第 275 条第 2、3 款以及第 439 条第 3 款被出卖人拒绝了，那么上文所述的全部规则仍旧适用（第 218 条第 1 款第 2 句）。这一情形取决于“假设的”事后补充履行请求权是否已经完成消灭时效（BGHZ 168，64，77；BGHZ 170，31，Tz. 34）。如果买受人没有支付价款，而根据第 218 条他不能再解除合同，那么仍旧允许买受人拒绝支付（第 438 条第 4 款第 2 句）。此时，没有收到价款的出卖人只能要求返还买卖标的物。第 438 条第 4 款第 3 句通过授予出卖人解除权的方式保障了出卖人的返还请求。 967

（五）因其他不符合合同约定的给付而解除

债务人虽然履行了主义务，例如按时支付全部价款或者按时为买受人或者定作 968

人提供无瑕疵的买卖标的物或者工作，但从其他方面来看他没有完全实现合同承诺的内容，此时也构成不符合合同约定的给付。第 323 条并不考虑债务人不符合合同约定的给付究竟违反了主义务还是从义务。

969 出卖人按时送交了无瑕疵的买卖标的物，但他却没有告诉买受人的雇员如何使用该物或者没有将必要的使用说明交给买受人或者没有将必要的原产地证明交给买受人，或者出卖人将买受人的商标贴在其他商品上并出卖给第三人，此时，根据第 323 条的规定买受人可以解除合同。同样，如果买受人自己有违反合同的行为，即在约定的时间拒绝接受商品（第 433 条第 2 款）或者虽接受但支付少于约定的价款或将其作为廉价品在廉价市场上出售，或者违反出卖人保留转卖的约定而将商品转卖给其他人或转卖到其他国家，那么出卖人可以解除合同。

970 所有这些情形中的债务人都违反了合同义务。但是，违反的程度是否如此严重以至于债权人可以终止整个合同，回答这一问题并非易事。因为总是存在一种风险：该合同对债权人来说早已因为其他事由成为一项负担，而在出现债务人违反义务之前债权人便希望解除合同。第 323 条通过两个方面影响了这一风险：首先，根据第 5 款第 2 句的规定，如果义务违反**“不显著”**（unerheblich）时，排除不符合合同约定的给付情形中的解除。其次，根据第 5 款第 1 句的规定，债务人提供的整个给付被分为符合合同约定和不符合合同约定的**部分给付**（Teilleistung），那么只有在该部分给付对于债权人而言**“毫无利益”**（kein Interesse）时，债权人才可以解除整个合同。

971 如何具体化这一一般规则？如果不符合合同约定的给付可归责于债务人并且债权人遭受了损失，那么人们会问到，第 280 条第 1 款规定的“简单损害赔偿”请求权或者第 280 条第 1、2 款以及第 286 条规定的迟延损害赔偿请求权是否足以解决问题，从而使通过解除“清算”整个合同（或者通过请求代替给付的损害赔偿）变得不必要。第 323 条并不考虑不符合合同约定的给付是否可归责于债务人（边码 922）。能够决定“义务违反是否显著”这一问题的是，义务违反是否是由债务人轻率、不负责的行为引起的（边码 923），或者债务人在收到警告之后依旧我行我素。出卖人在持续的交易关系中或者连续的供应关系中实施了违反合同的行为，例如多次在为他指定的期间的最后时刻才交货或者多次没有正当理由迟延取回商品或者多次错误包装商品；如果警告对出卖人不起作用而他仍旧犯同样的错误，买受人就可以解除合同或者通过通知终止而使合同面向未来终结。

（六）因违反保护义务而解除

972 违反第 241 条第 2 款中的保护义务也可能引起解除。例如出卖人的司机在送货的过程中辱骂买受人、毁坏买受人家中的设施或者将毒品暗中塞给买受人的孩子，如果此时**“不能再期待”**（nicht mehr zuzumuten）买受人会“遵守合同”，那么根据第 324 条买受人有权立即解除合同。

由第 323 条可以轻而易举地得出这一结论，因为上文所述的情形中的出卖人“不符合合同约定的”提供了给付。因为出卖人的义务违反并非“不显著”，所以买受人可以根据第 323 条立即解除合同（第 323 条第 5 款第 2 句），指定期间在衡量双方当事人利益后显得不必要（第 323 条第 2 款第 3 项）并且警告也没有意义（第 323 条第 3 款）。因此，第 324 条显得多余：无论如何，我们不应该对具体案件中是否违反一项从（给付）义务（第 323 条）或者一项保护义务（第 324 条）这一问题给予太多关注——参见 BGH NJW 2010，2503 附加提示 *Faust* JuS 2011，173。联邦普通法院认为，此时属于违反从（给付）义务，并由第 323 条得出信赖合同一方的解除。*Faust* 则认为这属于违反保护义务，由第 324 条中推导出上述结果。 973

三、解除权的实现与后果

债权人享有一项合同约定或者法律规定的解除权，当他行使这一权利——即向他的合同相对人作出相应的意思表示（第 350 条）——时便产生了法律上的效力。这一表示不需要特别形式，除非当事人对此有其他约定；如果这一约定属于一般交易条款，那么约定的内容必须受到第 309 条第 3 项的调整。可以通过口头或者有说服力的行为作出该表示，例如买受人拒绝接受出卖人送交的买卖标的物，或者事后补充履行归于失败后请求返还合同价款。解除权是一种**形成权**（Gestaltungsrecht），行使该权利引起的形成效力因合同双方在解除表示时是否已经提供给付而有所不同。如果双方没有提供给付，那么免除当事人的给付义务。只要他们已经提供了给付，那么解除表示使合同进入**返还债务关系**（Rückgewahrschuldverhältnis）；其后果是免除当事人尚存的给付义务，同时双方根据第 346 条第 1 款负有互相“返还所受领的给付以及所收取的收益”的义务，并且当事人必须同时履行由此产生的义务（第 348 条）。当事人可以以**消灭时效抗辩权**（Verjährungseinrede）进行防御。但在此必须区分，是否因延迟表示解除而导致该表示无效，或者虽然解除有效但解除引起的请求权已经完成消灭时效。买受人因为买卖标的物存在瑕疵而解除合同，同时请求返还合同价款（第 346 条第 1 款），而买受人的事后补充履行请求权在买受人表示解除时已完成消灭时效导致解除本身无效，那么出卖人可以单方面拒绝买受人的请求（第 438 条第 4 款第 1 句、第 218 条第 1 款第 1 句；边码 966、967）。虽然解除本身有效但作为解除后果的价款返还请求权已经完成消灭时效，即该请求权根据第 195 条、第 199 条已经完成消灭时效，出卖人此时也可以拒绝买受人的请求（BGHZ 170，31 Tz. 35 ff.）。 974

减价中也存在解除，但仅仅是**部分解除**（Teilrücktritt）（边码 956）。减价权也是买受人的形成权，行使减价权改变了原先的合同并免除了出卖人的事后补充履行 975

义务，同时他也只能请求买受人支付减价后的数额。如果出卖人已经取得了价款，只要该数额高于减价后的数额，那么出卖人必须返还高出的部分（第 441 条第 4 款）。这一规则也适用于承揽合同（第 638 条第 4 款）。有瑕疵标的物的客观价值与无瑕疵标的物的客观价值之间的比例即是减价后的合同价款与原约定价款之间的比例，根据这一公式计算减价后的数额（同理第 638 条第 3 款）。因此，支付的价款究竟低于还是高于标的物的客观价值，并进而确定减价对买受人究竟有利还是不利。这一计算方式的出发点是好的，但现实却非常复杂。一般来说约定的价款符合标的物的客观价值。此时法官会减少约定的价款以适应据他的判断得出的瑕疵的严重程度。

976 当金钱已经支付或者物已经交付时，返还已受领的给付不会引起特别的问题。负有返还义务的一方此时必须向另一方返还金钱或者转移物的所有权。根据第 346 条第 1 款必须同时返还**“已收取的用益”**（gezogene Nutzungen）。二手车买受人表示解除合同，那么他不仅需要返还汽车同时还必须返还“收益”：即第 100 条规定的“使用利益”，又即在送交车辆到返还期间产生的汽车的用益。这些“使用收益”很可能不能依原状返还。其他无形给付，例如因授课或者音乐会合同而取得的给付，解除合同后必须向合同相对人返还已受领的给付。对于那些排除“原物”返还的情形，则根据第 346 条第 2 款第 1 句第 1 项返还使用利益或其他已接受给付的**价值**。这一规则也适用于在满足第 347 条特别条件下本可以收取而*未*收取的用益。

976a 只要负有返还义务的一方已将所受领的标的“进行消费、让与、以权利设定负担、加工或者改造的”而不能返还已收取的标的，那么他负有价额补偿的义务（第 346 条第 2 款第 1 句第 2 项）。这一规则仅仅适用于返还因上文所述的理由变得*不可能*的时候。例如买受人已经消费掉了交给他的燃油或者转让了交给他的汽车，他表示解除后必须负担价额补偿。买受人买了一块土地并在这块土地上设定了土地质权，如果出卖人因为买受人迟延支付价款而表示解除合同，那么返还没有设定任何权利负担的土地并非*不可能*。因此，买受人必须除去权利负担，并将未设定任何权利负担的土地返还出卖人，此时不适用价额补偿（BGHZ 178，182）。

976b 当已受领的给付“毁损或者灭失”时，负有返还义务的一方也必须提供价额补偿（第 346 条第 2 款第 1 句第 3 项）。出卖人将一辆汽车送交给买受人，之后汽车因交通事故损毁或损坏或被偷，一旦满足了必要的前提则双方当事人便照样享有解除权。无论交通事故或者汽车被偷纯属意外还是可以归责于买受人，他仍旧可以表示解除合同。但是这样的解除不是免费的：买受人虽然不负有返还同价值代替车辆的义务或者通过修理消除事故损害的义务（参见 BGH NJW 2009，63 Tz. 22 ff. 和 *Faust* JuS 2009，481 ff.），但是买受人原则上必须向出卖人赔偿车辆的价值，或者在车辆遭受损坏时负担赔偿因此减少的价值的义务。如果满足第 346 条第 3 款规定的条件，那么不适用这一规则（边码 981、982）。

977 当已受领买卖标的物减损（Verschlechterung）时，买受人负担价额补偿的义务；不易确定的是，买受人*到此为止究竟正常消费*了多少。当买受人第一次使用新车、第一次穿戴新衣服时，新车或者新衣服就已经失去了一部分重要价值；*由此*造成的价值减损不计入考虑（第 346 条第 2 款第 3 项）。如果买受人在一段期间内过度利用买卖标的物并进而导致价值减少，那么也属于“减损”。买受人总是要将他利用买卖标的物对应的价值——即通过消费买卖标的物所得的东西——赔偿给出卖人，除此之外他尚需要负担过度利用与正常利用买卖标的物对应的价值之间的差额。

978 立法者基于下述考虑确定了第 346 条以下：合同一方当事人从合同相对人手中取得了一些东西，由于合同本身已经失败或被视为已完成或者虽有效但基于一些特殊原因而不能再保留已受领的给付而是必须返还，所以他必须返还这些东西。例如合同一方请求代替给付的损害赔偿，并根据第 281 条第 5 款必须“依照第 346 条至第 348 条”返还已受领的给付。第 326 条第 4 款中蕴含相同的规则：当给付对于一方当事人来说是不可能的并进而免除了他的给付义务，而他此时已经接受了合同相对方提供的对待给付，那么他必须“依照第 346 条至第 348 条”返还。从 357 条第 1 款第 1 句可知，当商品已经送交给了消费者而消费者行使撤回权或者退货权时，他必须将商品送还经营者（参见边码 989、990）。最后，当买受人在收到有瑕疵的标的物后根据第 439 条第 1 款请求事后补充履行并且出卖人重新送交了无瑕疵的替代物，出卖人可以根据第 439 条第 4 款的规定“依第 346 条至第 348 条请求买受人返还有瑕疵的物”。这意味着买受人不仅需要返还有瑕疵的物，还需要向出卖人补偿利用的价值，即那些从使用有瑕疵的物的基础上获取的利益（第 346 条第 1 款，第 2 款第 1 句第 1 项）。这一关于消费品买卖中的恢复原状的规则违反了欧盟指令（EuGH NJW 2009，1433）。联邦普通法院通过与指令相符的“法的续造”（Rechtsfortbildung）（BGH NJW 2009，427）、立法者通过添加第 474 条第 2 款第 1 项解决了这一问题。据此，在消费品买卖中，第 439 条第 4 款的适用必须附加买受人“无须返还用益或者补偿价值”的限制措施。但这一规则只适用于买受人主张事后补充履行、从出卖人处获得无瑕疵的物并返还有瑕疵物的情形。出卖人不能主张的仅仅是针对买受人补偿收取用益价值的权利；如果买受人基于瑕疵而表示*解除*并请求返还价款，此时他不仅必须根据第 346 条返还买卖标的物，同时还需要补偿已获取用益的价值（BGH NJW 2010，148）。

979 计算价额补偿时以双方当事人在合同中就不再返还标的物或者减损的标的物约定的价格为准（第 346 条第 2 款第 2 句）。买卖合同的双方当事人就买卖标的物的价格达成合意后，无论这一价格低于还是高于真实的价值，双方都必须遵守合同体现的、就给付与对待给付作出的评估。出卖人以 5 000 欧元的价格卖出了一辆二手车，而这辆车的真实价值为 10 000 欧元；如果这辆车在买受人处被偷走以致他不能返还这辆二手车，那么他需负担5 000欧元的价额补偿；即使买受人对引起解除的事由负责任，甚至是由于买受人不支付合同价款而导致出卖人解除合同，结果也一样。

980 BGH NJW 2009，1068。适用这一规则的前提是，买受人受领的标的物不存在瑕疵，而他不能返还该标的物。在上文所述的情形中，送交给买受人的那辆汽车存在瑕疵，解除后买受人不能返还汽车，他也仅仅负担合同约定的5 000欧元价款。并且，如果有瑕疵汽车的客观价值是无瑕疵汽车客观价值的80%，那么类推适用第441条第3款（边码975），在5 000欧元数额的基础上降低20%（*Faust* JuS 2009，487）。

981 如果结论是负有返还义务的一方当事人根据第346条第2款负担价额补偿，那么下一步必须判断是否因满足第346条第3款第1句规定的前提而**取消**价额补偿义务。例如买受人对买卖标的物进行了加工或者改造，致使出卖人根据第346条第2款必须给予价额补偿，而买受人指出使自己有权解除合同的瑕疵"在加工或改造标的期间才显现出来"（第346条第3款第1句第1项），此时取消价额补偿义务。其次，当出现第2、3项规定的情形时也取消价额补偿义务。通过一则二手车买卖的例子可以很好地说明这一规则。

982 一辆二手车在事故中被毁，因为车行的检测显示这辆车在之前的事故中已经遭受严重、难以修复的损坏并进而被视为有瑕疵的"事故车辆"，所以买受人之后表示解除；即使该车辆已经"灭失"而不能被返还，只要是之前的损害引起了车辆灭失，买受人就不负担价额补偿。我们可以从第2项得出这一规则：因为之前的损害属于出卖人的风险范围，即使他不知道或者不可能知道这一损害，即损害不可归责于他，结果都是一样的。如果买受人享有法定解除权，而车辆毁损是由第三人过错引起的事故导致的，那么根据第3项买受人也无须负担价额补偿；此外，根据第3项的规定，只要买受人"已经尽到其在自己的事务中通常所尽的注意"，即使买受人对毁损有过错的，买受人也无须负担价额补偿。只有当买受人因重大过失（参见第277条）或者没有尽到照顾其他属于自己的物的情况下应尽的注意，他才负担价额补偿（以根据第441条第3款减少的价款为准，参见边码975）。人们质疑这一规则是否明智。一般情况下由作为车辆的占有人的买受人承担车辆意外毁损或者意外灭失的风险。因该车辆生产时就有瑕疵并进而允许买受人解除，难道这样一来就可以让买受人将原本属于自己的风险转嫁给出卖人？如果买受人轻过失地导致车辆毁损或灭失，是否也适用这一规则？在此，人们可以限制第346条第3款第1句的适用范围。例如，如果买受人过失地引起车辆毁损或者灭失，并且这时他总是知道或者应知他有权解除合同，那么买受人必须负担价额补偿。在此没有争议的是，如果买受人表示解除，此后因为买受人的过失导致车辆损坏或者损毁的，那么根据第280条第1、3款以及第283条买受人负担代替给付的损害赔偿。参见例如Palandt/

Grüneberg §346 Rn. 13；*Looschelders* AT Rn. 847；*Medicus/Lorenz* SchR AT Rn. 870 ff。

即使负有返还义务的人根据第 346 条第 2、3 款负担价额补偿，这一补偿也常常无法覆盖对方因自己不返还给付或者返还减损的给付而遭受的*损失*。此时，遭受损失的一方享有损害赔偿请求权吗？根据第 346 条第 4 款的规定，这一问题必须“依第 280 条至第 283 条”回答。如果另一方违反了返还义务并且他对此负责任，那么就给出肯定的回答。如果允许受领人将受领的给付视为自己的物而予以保存，那么就不存在返还义务。如果双方约定**意定解除权**，那么上一句话中的观点就不成立：因为意定解除权的情形中双方当事人从一开始就知道，在合同之上悬着一把解除的达摩克利斯剑，因此他们从一开始就应保持足够的警惕——自己受领的可能是未来有义务返还的给付。但在**法定解除权**中，根据第 323 条的规定，只有当一方知道或者应知可以行使解除权，或者知道或者应知自己或者对方*马上*会表示解除合同，或者解除取决于第 281 条第 1 款第 1 句规定的指定期间经过而无效果时，才令其受到返还义务的约束。从这一刻起，他必须对应当返还的给付负有交易上必要的注意。如果他不这么做，那么根据第 280 条至第 283 条的规定，他负有损害赔偿责任。 983

参见 *Faust* JuS 2009，481，487 ff.——我们在一些情况下还需要思考第 285 条。二手车因交通事故毁损或者因被卖给第三人从而出现第 275 条第 1 款规定的情形，由此导致买受人无须返还车辆？他必须返还无须提供给付时的补偿（stellvertretende commodum），即作为代替车辆而成为他财产的东西，例如保险金、对第三人的损害赔偿请求权或者将车辆卖给第三人而获得的价款（边码 807、808）。如果他根据第 346 条负有价额补偿或者根据第 280 条至第 283 条负有损害赔偿义务，那么上述支付义务的具体数额将减少到他因无须提供给付时的补偿（第 285 条第 2 款）。 984

第二节 撤回

与经营者订立合同的消费者（参见第 13 条、第 14 条；边码 46、47），在一些情形中可以基于强制性法律规定在合同订立后的一段时间内通过**撤回**终止合同。撤回权不需要理由，即使合同相对人正常履行了义务，即出卖人在正确的地点、按时、适量地送交了包装完好又无瑕疵的商品，买受人仍旧享有撤回权。这一规定明显违反了“合同应当严守”（Pacta sunt serbanda）的原则，而在一些情形中欠缺具有说服力的理由（参见边码 42）。消费者在订立**“家门口交易”**（Haustürgeschäft）（第 312 条），以及“仅仅使用远程通信工具”订立的**异地交易合同**（Fernabsatzvertrag）（第 312b 条） 985

的情况下享有撤回权。其次，消费者在订立**分时居住权合同**（Teilzeit-Wohnrechtevertrag）（第 481 条；边码 720）、关于**“长期休假产品”**（langfristiges Urlaubsprodukt）的合同（第 481a 条）、消费者贷款合同（Verbraucherdarlehnsvertrag）（第 491 条）、**融资援助合同**（Vertrag über die Gewährung von Finanzierungsgehilfe）（第 506 条）、**分期供应合同**（Ratenlieferungsvertrag）（第 510 条）以及**远程授课合同**（Fernunterrichtsvertrag，《远程授课保护法》第 4 条第 1 款）的情况下享有撤回权。在所有这些情形中，强制性法律规范赋予了消费者“依第 355 条的撤回权”（参见例如第 312 条第 1 款第 1 句、第 312d 条第 1 款、第 485 条第 1 款、第 495 条第 1 款以及第 506 条第 1 款）。因此，第 355 条是基本规范（Grundnorm），它将撤回权的细节提到大括号之前。

986 当消费者“在他的工作场所或者私人住宅范围内通过口头协商”达成所谓**“家门口交易”**的合同时，如果消费者将经营者请到家中进行口头协商，那么消费者此时不享有撤回权（第 312 条第 3 款第 1 项）。如果经营者“诱使”消费者将其请进家门，例如经营者突然打电话给消费者并恳求其让自己进家门，那么不构成例外情形。如果经营者与消费者在家中签订的合同是一个与后者在邀请前者时所设想的不一样的合同，那么此时也不构成例外情况（BGHZ 185，192 Tz. 12 ff.）。只有当“标的为有偿给付”时，消费者才享有撤回权（第 312 条第 1 款）。有疑问的是，第 312 条第 1 款是否适用于由消费者提供的**保证**（Bürgerschaft），使人们能够在“与指令相符的解释”基础上理解第 312 条第 1 款？联邦普通法院将这一棘手的问题交给了欧洲法院（BGH NJW 1996，930），并且得到了肯定回答（EuGH NJW 1998，1295），之后联邦普通法院依据这一解释规则作出了判决（BGHZ 139，21）。但是欧洲法院认为，只有在消费者为那些由他自己承担并且是通过家门口交易而产生的债权提供担保时，消费者才享有撤回权。这一限制并不具有说服力，联邦普通法院最终废除了这一规则（BGHZ 165，363）。因为欧盟指令只是为消费者提供了最低限度的保护，欧盟各成员国完全可以在此之外为消费者提供更充足的保护。

987 买受人依照上文所述的规则享有撤回权并且在规定的期间内行使该权利，那么他“不再受其旨在订立合同的意思表示的约束”（第 355 条第 1 款第 1 句）。人们一致认为，合同基于撤回——与解除一样——而解除（aufgehoben wird）；履行请求权随即消灭，只要合同双方获得了对方提供的给付，那么就进入返还债务关系（参见第 357 条第 1 款）。撤回表示不需要任何理由，同样不要求准确使用“撤回”这一术语，表意人只要表达出自己不想让合同继续有效的意思便足够了。表示以电子形式（第 126b 条）到达经营者即可，如果撤回的表示是以书面形式（第 126 条）或者通过传真或电邮作出的，那么也满足形式要求。如果经营者基于合同已将某物送交给消费者，那么退还该物就足以代替撤回表示。消费者在任何情况下都必须在**两周之内**行使撤回权。消费者在此期间作出表示或者送出商品即可，而不需要考虑撤回表示或者商品在两周之后才到达经营者。根据第 355 条第 3 款的规定，当撤回告知（Widerrufsbelehrung）以电子形式通知消费者时，只有当该告知满足了第 360 条第 1 款的条件时，即非常清楚地显示消费者享有这项重要的权利并且必须包含第 360 条第 1 款规定的所有说明，才开始起算两周期间。异地交易合同中的期间起算取决于，经营者是否根据《民法典施行法》第 246 条向消费者告知特殊信息并且消费者是否受领了商品（第 312d 条第 2 款）。撤回告知必须“至迟在合同订立时”发布。如果撤回告知没有或者没有依照规定的形式发布，经营者可以事后补救，这种情况下撤回期间为 1 个月（第 355 条第 2 款第 3 句）。其他情况下的撤回权不受时间限制，即“不受限”（“ad infinitum”）。

如果消费者依据经营者提供的销售手册（多数情况下是清单、通过邮局寄送的广告或者其他类型的广告）订立家门口交易或者异地交易合同，那么消费者撤回权可以被以下方式代替：经营者在销售手册上写明根据第 356 条授予消费者返还权（Rückgaberecht）（参见第 312 条第 1 款第 2 句、第 312d 条第 1 款第 2 句）。此时，消费者只能通过向经营者送还商品或者请求经营者上门取货的方式行使返还权。该返还权仍旧适用两周的期间，但不是从收到告知而是从商品被交给买受人时起算（第 356 条第 2 款）。 988

第 357 条规定了行使撤回权或返还权而引起的返还债务关系，其内容原则上与第 346 条以下就行使法定解除权后的法律效果所作的规定是相同的。第 357 条第 2、3 款使行使了撤回权或返还权的消费者在一些问题上不同于他在行使法定解除权时所处的地位；这是因为，即使经营者提供了符合约定的给付，消费者仍旧享有撤回权或者返还权（这一点不同于法定解除权）。 989

消费者仅仅是因为不喜欢而送还了基于异地交易合同而获得的商品，他此时行使了撤回权，那么由经营者承担商品在送还途中灭失的风险（第 357 条第 2 款第 2 句）。即使商品在回程中因事故而灭失，经营者仍须将已收到的价款返还消费者。经营者承担返还商品所需的费用（Kosten der Rücksendung），除非双方在异地交易合同中约定该笔费用由消费者负担并且认识到该商品的价值不高于 40 欧元或者消费者在撤回时完全没有支付任何价款（第 357 条第 2 款第 3 句）。另一方面，送货（Zusendung）的费用由经营者承担，他不能在消费者行使撤回权后将这笔费用计入账单；此外，如果消费者已经支付了这笔费用，那么经营者必须返还。这一规则源自欧洲法院对欧盟指令的认识，而正是这一指令奠定了异地交易合同的基础（EuGH NJW 2010，1941）。因此，联邦普通法院基于“与指令相符的解释”对现行法进行解释（BGH NJW 2010，2651）。 989a

现实中经常出现这样一种情况：消费者撤回异地交易合同后继续使用商品并进而引起商品的损坏，有时损坏之严重使经营者无法修复商品。 989b

买受人因商品存在瑕疵而表示解除合同，那么根据第 346 条第 2 款第 1 句第 3 989c

项的规定，只有损坏是因"不合于用法的使用"而发生时，买受人才负担价额补偿（边码 977）。当消费者通过异地交易购买商品、因为自己不喜欢商品而送还时，消费者应当面临更严格的责任：根据（新制定的）第 357 条第 3 款，当商品的损害完全是因"检查商品特性或者功能"引起时，消费者才不需要为此负担价额补偿。消费者为参加婚礼而通过异地交易合同购买了一套燕尾服，之后（在婚礼结束后）将燕尾服送还给经营者；如果他在婚礼那天穿上了燕尾服并弄坏了衣服，那么他必须负担价额补偿。这一规则只适用于至迟在合同订立时经营者将这一风险通过电子形式告知消费者（第 357 条第 3 款第 1 句第 2 项）的情形。如果消费者为了检查特性而试穿这件衣服，在此期间发生了损坏，之后他将衣服退还给经营者，那么他就无须负担价额补偿。仅仅因为检查特性而显著丧失了价值以至于经营者在接受退货后无法像出售新衣服一样销售这件衣服，又如消费者试着安装一块冲浪板或者试着用链锯切割树木，此时商品依旧存在，只是经营者之后无法将这些商品再行销售。如果在商品灭失或者损坏后消费者才撤回合同，那又该如何处理？他必须负担价额补偿吗？依照第 346 条第 3 款第 1 句第 3 项中的一般规则，如果是意外或者消费者的轻过失导致物的灭失或损坏，此时消费者无须负担价额补偿（边码 982）。但是，在异地交易合同中适用第 357 条第 3 款第 3 句中的特殊规则：只要消费者被告知了撤回权，即使灭失或损坏是因为意外，消费者也必须负担价额补偿。这一规则是否符合指令的规定？文献中既有肯定（*Faust* JuS 2009，1049，1052）也有否定（Palandt/*Grüneberg* § 357 Rn. 12 f.）回答。

989d **人们应当区别对待以下两个问题：一是，消费者是否因商品损坏或灭失而负担价额补偿；二是，消费者是否需要向经营者返还在撤回前从受领的商品或劳务中获得的用益的价值。**

989e 原则上应给出肯定回答（参见第 357 条第 1 款，第 346 条第 1、2 款），但这么做违反了欧盟颁布的关于异地交易合同的指令（参见 EuGH NJW 2009，3015；BGHZ 187，268）。对这一问题应当适用第 312e 条的（新）规则：仅仅当用益产生于"检查商品特性以及功能"并且经营者之前已经将法律后果告知消费者时，消费者才需要负担针对已收取用益的价额补偿。如果消费者已经接受了劳务，他撤回合同后已不可能原物奉还而不得不补偿价值，此时也适用上一句中的特殊规则（第 357 条第 1 款第 1 句、第 346 条第 2 款第 1 句第 1 项）。根据第 346 条第 2 款第 2 句的规定，在计算劳务的价值时必须与被撤回合同中约定的价格相适应（边码 979）。然而这一点并不正确，因为消费者在撤回后事实上必须支付他在没有撤回时向经营者负担的价格。因此，联邦普通法院在一则案例中作出了不同于第 346 条第 2 款第 2 句的判决，消费者仅需就已收取的劳务支付"客观价值"（BGHZ 185，192 Tz. 23 ff.；*Faust* JuS 2010，915）。

990 **现实中消费者与经营者经常就送交商品或者提供类似给付达成合意。而就消费**

者提供的对待给付，消费者与银行会签订消费者贷款合同并且约定银行直接将贷款转给经营者，或者先转给消费者之后再由消费者支付给经营者。消费者在此订立了两个合同：一个是和经营者，而另一个则是为了资助第一个合同而与银行签订的消费者贷款合同。此时，这两个合同构成**“相关联的合同”**（verbundene Verträge），即构成**“经济上的整体”**（wirtschaftliche Einheit）（第 358 条第 3 款），消费者可以主张**“撤回接续”**（Widerrufsdurchgriff）（第 358 条第 1、2 款）以及**“抗辩接续”**（Einwendungsdurchgriff）（第 359 条）。

消费者向汽车经销商购买了一辆新车并且通过与银行签订消费者贷款合同的方式为买卖合同提供资金。如果对于消费者来说，现有情况表明本质上只有一个合同相对人，那么这两个合同作为“相关联的合同”而成为经济上的整体。这可以是银行与经销商经常一起合作，银行将申请贷款的表格交给经销商，消费者签完表格后再由经销商交还银行，银行接受贷款合同后，“为了付款”目的而直接将消费者的贷款支付给经销商。此外还包括，经销商只从某一生产商处提货，并且银行是该生产商的子公司或者在交易中以类似身份出现。此时的**“撤回接续”**意味着，当消费者有权并事实上撤回了两个合同中的任一个合同时，另一个合同被视为撤回。这一规则出自第 358 条第 1、2 款。第 358 条*第 1 款*的实际意义不大，因为即使不存在这一规定，消费者在多数情况下仍旧可以同时撤回*两个*合同，即根据第 312 条或第 312d 条撤回家门口交易或异地交易合同，而根据第 495 条撤回消费者贷款合同。根据第 358 条第 1 款的规定，撤回一项交易将自动导致另一项交易被撤回。第 358 条*第 2 款*意义重大；即使另一个合同本身是不可撤回的，撤回消费者贷款合同也导致消费者不再受到与它相关联的另一个合同的约束。**“抗辩接续”**意味着，消费者可以主张他对汽车经销商的抗辩或者抗辩权来拒绝向银行返还贷款。汽车经销商没有送交汽车，那么消费者可以以未履行合同的抗辩权来防御银行的请求。如果送交的汽车存在瑕疵或者事后补充履行失败时消费者根据第 437 条第 2 项解除合同或减少合同价款，消费者都可以以此为理由防御银行的请求。 991

第三节 通知终止

一、概述

通知终止（Kündigung）原则上会结束建立了持续性债务关系的双务合同。通知终止的权利，正如解除权以及撤回权一样，是一项形成权，通知终止人通过向合同相对人作出相应的意思表示来行使这一权利。与解除和撤回不同，通知终止后合 992

同面向未来地解除，双方当事人的给付义务从现在起——即通知终止生效时——被免除。在此之前，合同依旧有效，允许双方保留在此之前已经受领的给付；这一点符合双方的利益。在持续性债务关系中，合同一般可以追溯到很多年以前；从技术层面看，合同双方当事人在通知终止生效后依原状或依价值返还已受领的给付已经变得异常困难。因为双方当事人在通知终止之前一直是合约地、以令对方满意的方式履行合同义务，所以也就更不存在返还的合理事由。若非如此，那么双方当事人可以通过通知终止使合同向未来终止，并且在满足第 280 条的前提下请求对方赔偿因义务违反而遭受的损失。

993 但是，这时候并不当然排除双方在持续性债务关系通知终止后仍旧需要履行的返还义务。他们并不是依照第 346 条以下履行返还义务，而是依据合同的约定和相关规定。例如，租赁合同因通知终止而结束，那么承租人必须向出租人返还租赁物（第 546 条第 1 款）；相反，出租人必须补偿承租人因扩建阁楼而支付的费用（参见第 539 条第 1 款）。此时，出租人必须容忍承租人卸下为了美化阳台而安装的遮阳帘（第 539 条第 2 款）。

994 通知终止何时会导致合同向未来解除？此时不仅仅需要考虑合同的订立创造了持续性债务关系，还要考虑一方或者双方当事人是否负有连续行为或重复提供给付的义务，以及负担的给付是否依赖于一段时间的经过。只要之前已经完成的步骤与之后将要实现的步骤之间是不可分离的，那么在这些情形中就不能主张通知终止。

995 **使用租赁和用益租赁合同**（Miet-und Pachtvertrag）属于典型的持续性债务关系（参见边码 709 以下），如果劳务合同中不仅包含一项医疗行为——例如手术——或者一项法律咨询，而且包含连续性的劳务并且依据时间长短支付报酬，那么这样的劳务合同也属于持续性债务关系。例如授课合同、父母与寄宿学校的经营者之间订立的合同、中介劳务合同（边码 655）。持续一段时间的有偿事务处理合同（边码 661 以下）、照管及维修合同、养老院的照顾合同、土地管理合同、家具仓储合同、银行保险库的有价物保管合同以及连续供应合同都是持续性债务关系。如果因双方当事人约定出卖人持续或者在某一时间段内依据买受人的需求为买受人提供商品（边码 563），导致之前并不能确定送交的数量，那么也构成持续性债务关系。承揽合同不会形成持续性债务关系，因为承揽人的给付义务就是完成特定的工作或者达到特定的结果，这一后果本身不依赖于时间的长短。当然，到承揽人完成工作可能会持续一段时间。在满足第 643 条规定的特别条件时承揽人可以通过通知终止结束整个合同（边码 848），而定作人在根据第 649 条不需要为对方指定期间或不需要特别理由时可以随时通过通知终止结束整个合同（边码 688、778）。依据第 649 条通知终止合同的，承揽人原则上仍旧享有报酬请求权。对方只能从该报酬请求权中扣除因合同终止而“节省的费用”（第 649 条第 2 句）。在此，承揽人承担证明义务。为了免去由此产生的个别减免计算困难，承揽人常常在合同中附加以下条款：当出现这一情形时，他有权向定作人请求某一总数额。根据第 649 条第 3 句可知，只要这一总数额不超出“尚未提供工作部分对应报酬”的 5%，这一数额就是合理的。如果这一总数额过高的约定是以一般交易条款的形式作出的，那么它必须符合第 307 条、第 308 条第 7a 项、第 309 条第 5b 项的要求（BGH NJW 2011，3030）。

当事人原则上可以自由约定一方通知终止合同的条件。当合同存续时间不确定时，例如以送报刊、保养天线设备、上桥牌课或者“不定期”出租房屋为内容的合同，当事人就会对约定通知终止条件具有特殊的利益。因为双方当事人并不清楚这一关系会如何发展，他们会努力达成允许通知终止的合意，尤其是当继续被这一关系所约束对他们来说毫无利益时；但是，当事人认为这是他们的“私事”并且出于自己的利益不希望与合同相对人讨论通知终止。在此，人们提到了**普通通知终止**（Ordentliche Kündigung）：它不需要理由，但是以提供一定的通知**终止期间**（Kündigungsfrist）以及/或者一定的**通知终止日期**（Kündigungstermin）为前提。例如，法律允许商铺的承租人和出租人只有在“最迟在一个历季的第 3 个工作日，以次历季的季末”表示通知终止租赁合同（第 580a 条第 2 款）。如此一来，通知终止的另一方就能在这段时间内对上述变化作出应对，例如出租人找一个新的承租人或者承租人找一个新的出租人。与普通通知终止不同的是**特别通知终止**（Außerordentliche Kündigung）。只有当出现当事人无法忍受继续受合同约束的特别理由时，他才可以立即终止合同。例如，合同一方当事人以非常严重的方式违反了约定的给付义务或者保护义务，或者信任关系因此而不可挽回地被破坏了，或者出现了不能期待当事人等到普通通知终止生效的事由。特别通知终止可以在不遵守通知终止期间的情况下生效，**“不受期间约束”**（fristlos）的通知终止导致合同立即解除。现实中不存在约定的特别通知终止：这是因为，这一领域由立法者占据，而且法定规则具有强制性。 996

二、特别通知终止

人们可以在**租赁法**（Mietrecht）中找到关于特别通知终止的详细规则。第 543 条第 1 款包含一个一般条款：据此，当存在“重大原因”时，即当“在考虑到单个案件的全部事实并且在衡量双方利益的情况下，已经不能期待延续使用租赁关系”时，合同双方当事人可以以“特别地即时”通知终止。第 543 条第 2 款描述了一种尤其存在重大原因的情形：依据第 543 条第 2 款，如果出租人没有即时将房屋交付给承租人使用或者之后剥夺承租人的使用权（第 1 项），**承租人**有权特别通知终止。如果承租人通过某种方式延迟支付租金（第 3 项）或者“明显危害”租赁物或者在没有获得授权的情况下将租赁物转交他人（第 2 项），那么**出租人**有权特别通知终止。重大原因一般出现于承租人或者出租人违约的场合。此时允许信赖合同的一方 997

当事人为对方指定期间，该期间经过而无效果或者催告无效果后特别通知终止（第543条第3款）。当出租**住房**时，只要是因迟延支付租金而引起的特别通知终止，为了保护承租人的利益，第569条补充并以有利于承租人的方式修正第543条中的规则。第569条第5款也旨在保护承租人：据此，无论这一约定是否构成一般交易条款还是纯属个别约定，只要它以不利于住房承租人的方式偏离了第543条、第569条的（强制性）规定，那么这样的约定就是无效的。

998 在整个租赁法中我们还可以找到更多在符合某些条件的情况下允许出租人或者承租人"特别地"但"遵守法定期间地"通知终止的规定。例如，即使次承租人的人身不存在重大原因，出租人仍旧拒绝授权承租人将住房的一部分转租，那么承租人可以根据第540条第1款第2句"在遵守法定期间的情况下特别地通知终止"（边码745）。这里所指的法定期间是指根据第573d条第2款确定的期间。相似情形参见第544条第1句、第563条第4款以及第564条第2句。

999 持续性债务关系是**雇佣合同**（Dienstvertrag），那么根据第626条的规定，当存在"重大原因"时允许通知终止人在知悉此事的两周内特别地、即时通知终止。

1000 作为例外，如果当事人仅是"基于特别信赖"而负担提供"较高级种类的劳务"的义务，那么该雇佣合同可以根据第627条在没有特别理由的情况下即时通知终止。即使不存在通知终止的合理理由，患者可以随时向自己的医生、客户可以随时向自己的律师通知终止。根据第627条的规定，合伙介绍机构（Partnerschaftsanbahnungsinstitut）承诺有偿提供合伙咨询，那么当事人也享有通知终止的权利（BGH NJW 2005，2543）。**"有固定收入的长期雇佣关系"**指的是雇佣债务人被持续支付并且信赖合同只能因普通通知终止（遵守期间）或者依第626条因为重大原因而由通知终止而结束。父母为了女儿与寄宿学校的管理人签订了一个寄宿教育合同（Beschulungsvertrag），由于父母支付固定金额，因此除非存在第626条规定的重大原因，否则他们不能依第627条而是只能通过普通通知终止来结束合同（BGH NJW 1985，2585；另参见BGHZ 120，108和边码1008）。

1001 在持续性债务关系中，如果不存在有关特别通知终止的特别规定，那么就适用第314条。据此，如果在持续性债务关系中出现"重大原因"，则允许立即的特别通知终止。通知终止的表示必须在得知通知终止理由的合理期限内作出；此外，如果在义务违反中存在重大原因，那么当信赖合同的一方当事人为对方指定期间或催告而该期间经过无效果或催告无效果时，他才可以通知终止（第314条第2、3款）。

三、普通通知终止

1002 双方订立定期的租赁或者雇佣合同，期间经过之后合同自然结束而不需要通知终止（第542条第2款、第620条第1款）。到期之前只能通过特别通知终止的方式结束合同；只有当双方当事人约定了普通通知终止时，才可能出现普通通知终止。例如，双方当事人订立了为期 2 年的舞蹈培训合同，并且同时约定习舞者可以在一年的培训课程结束后通过普通通知终止结束合同（BGHZ 120，108，117）。双方当事人订立定期的租赁或者雇佣合同，但到期后双方仍旧遵守合同，那么这一合同便被视为默认延长为不定期，只要当事人没有表示出相反的意思即可（细节参见第 545 条、第 625 条）。如果双方在不定期的租赁或者雇佣合同中没有约定普通通知终止，那么通过第 580a 条填补除住房租赁之外的**租赁合同**中的漏洞，在**雇佣合同**中则是通过第 621 条，如果该雇佣合同构成**劳动合同**，那么通过第 622 条填补漏洞。依照法律规定，“法定”通知终止期间的长度取决于租赁物的类型、劳动关系的长短，其次还取决于依天数、星期、月份还是更长的周期计算租金或报酬。在其他不定期持续性债务关系中，如果该合同并非完全但类似于雇佣合同而双方当事人没有约定普通通知终止，那么此时类推适用第 621 条（参见 BGH NJW-RR 1993，1460）。

根据合同自由原则，持续性债务关系的当事人可以自由约定是否许可通知终止 1003
以及遵守期间和日期。然而，存在许多限制上述自由的强制性规定。首先可以明确的一点是，基于重大原因的**特别通知终止**在任何情形中都不可以通过约定予以限制。为了保护雇员和承租人的利益，**劳动合同**和**房屋租赁合同**中的普通通知终止要么被限制要么就是被完全取消。在其他持续性债务关系中，允许当事人对普通通知终止作出约定；但是，如果这些约定作为一般交易条款成为合同的一部分，那么就必须受到第 307 条以下有关内容控制的约束。

只有在极少数的例外情形中可以通过**劳资协定**（Tarifvertrag）和**个别约定** 1004
（einzelvertragliche Abrede）就通知终止期间作出不利于雇员的变动，因此**劳动法**使第 622 条中的通知终止期间变得更具强制性（参见第 622 条第 4、5 款）。雇员可以向劳动法院提起诉讼，确认表示通知终止因“不符合社会公平”而无效，以此拒绝任何普通通知终止（《通知终止保护法》第 1 条）。

在**住房租赁合同**中，只有承租人有权普通通知终止。只要他遵守了第 573c 条 1005
第 1 款第 1 句的通知终止期间，他就可以随时、无理由地通知终止。与此不同，出租人不享有普通通知终止权。只有当结束租赁合同对出租人来说具有“**正当利益**”时，出租人才可以通知终止住房租赁合同（第 573 条第 1 款）。当住房的承租人“并非不显著并且有过错地违反了”合同义务时，例如故意或者过失地不支付或迟延支付租金或者损坏房屋或者在没有授权的情况下将房屋转交第三人使用，此时即构成“正当利益”（第 573 条第 2 款第 1 项）。在此，义务违反的严重性不需要达到根据第 543 条、第 569 条中特别——即立即——通知终止要求的程度（边码 997、998）。如果承租人的行为符合合同的约定，那么只有当存在“自己需求”——即出租人可以证明他“需要将房屋作为其本人、其家庭成员或属于其家计的人的住宅”

（第573条第2款第2项），或者租赁合同的继续使得“出租人不能对土地做适当的经济上利用”并遭受“显著不利益”（第573条第2款第3项）——时，出租人才可主张“正当利益”。例如，出租人想把出租出去的住房推倒重建为别墅，而翻修之后可以根据第559条提高租金，此时就构成“正当利益”（参见BGH NJW 2009，1200）。联邦宪法法院（BVerfG）具体化了第573条中不确定的法律概念（自己需求、适当的经济上利用以及显著不利）（边码713、714）。第573条第2款第3项明确了，出租人对出租房屋的“适当的经济上利用”并不会因为向承租人收取明显提高的租金而受阻。因此所谓的“变更的通知终止”（Änderungskündigung）——即通过他向承租人表示自己随时准备好承租人支付更高的租金——是无效的（边码737）。出租人只能根据第558条以下收取更高的租金，在没有律师在场的情况下也必须由职业的出租人来处理如此复杂的收租程序。即使这一招成功了，承租人也只需要支付“当地通常的对比性租金”中的最高额，不是出租人今时今日将房屋投放到租房市场所能获得的租金，而仅仅是在过去4年中可比较的房屋在市场上可能取得的租金（第558条以及边码737）。

1006 作为例外，如果出租人和承租人“生活在同一个屋檐下”，即一幢房子里的一间公寓供承租人居住而另一间由出租人居住，此时出租人可以在没有证明存在“正当利益”的情况下通知终止（第573a条）。然而，这一规则并不为大众所熟知。很多人声称，出租人出于可以理解的、但事实上却并不存在的对承租人保护的恐惧而空置了成千上万的“单身公寓”；也有很多人认为，对承租人保护——尤其是通知终止保护——并不能达到预期的效果，因为他削弱了资本投资者建造新的以供出租房屋的动机。这是因为，如果某保险公司、银行、养老基金或者立志养老规划的手工业师傅将钱投资于建造出租住房并且将造好的住房出租，只要承租人的行为符合合同约定，那么该租赁合同事实上是不可通知终止的。第573条意义上的“正当利益”在这一情形中并不存在，因为它排除法人的“自己需求”，并且出租人对出租住房的“适当的经济上利用”受阻于老建筑。如果别人为他提供了好建议，之后出租人与承租人约定了“分级租金”（Staffelmiete）（第557a条）、“指数租金”（Indexmiete）（第667b条）或者第575条意义上的“限定期间合同”（Zeitmietvertrag），那么他就可以灵活调整租金以适应市场的发展。

1007 在其他持续性债务关系中，例如辅导或者授课合同、与私人学校和寄宿学校经营者之间订立的合同、建筑物维修和清洁合同、定时送杂志或书籍的合同，原则上由双方当事人约定普通通知终止的权利。负有受领并向对方支付金钱义务的一方在一个最短期间内受合同的约束，并且在此期间无权通知终止。这样的约定原则上是有效的。然而，第138条为此设定了界限：例如，另一方以违反善良风俗的方式“压制”了旅店老板的经济行为自由，使他不得不受制于与啤酒酿造商之间长达15年以上的供货合同，而到期之前他不能通过普通通知终止结束该合同（参见BGHZ

74，293；BGH NJW 1992，2145）。如果上述约定作为一般交易条款成为合同的一部分，那么我们需要注意更加严格的限制。根据第 309 条第 9 项的规定，如果双方当事人约定客户受合同约束长达两年以上，那么这一约定无效。同理，如果合同到期后客户仍旧遵守合同则默示合同关系延长一年以上，或者顾客必须遵守三个月以上的通知终止期间，那么约定无效。即使约定没有涉及第 309 条第 9 项禁止的内容，它仍旧受第 307 条这一一般条款的控制。

例如，父母在学年开始的 10 月 1 日将他们的女儿托付给寄宿学校并签订了一份定期合同，到女儿拿到毕业证时为止。合同并没有约定适用期，并且通过一般交易条款的形式约定了每个学年结束时享有普通通知终止而该通知终止必须遵守 3 个月的期间，这一约定有效吗？如果父母因女儿思乡成疾，三周后就将她从寄宿学校接回家中，那么父母必须为该学年剩余时间支付约定的学费吗？在此不存在特别通知终止：女儿思念家乡不构成“重大原因”，所以不能根据第 626 条通知终止，又因为寄宿学校的经营者基于一个“持续”雇佣关系收取“固定收益”并且欠缺法律规定的前提，因此不能根据第 627 条通知终止（边码 1000）。但由于合同每期长达一年并且约定的通知终止期间为 3 个月，因此符合第 309 条第 9 项描述的情形。根据联邦普通法院的观点，该条款违反第 307 条。寄宿学校的经营者享有单方面取得费用的利益，即使父母发现自己的孩子并不适合寄宿学校，他们不能也免费结束合同，而付款本身并不符合父母的利益。哪一规则可以代替无效的一般交易条款？由于在合同属于定期合同或者通过“劳务的特征或者特性”可以推断为定期合同——在此是拿到毕业证——的情况下不适用第 620 条第 2 款，因此此时不适用第 621 条第 3 项（参见 BGHZ 170，102，105）。只能通过补充解释填补合同漏洞，而联邦普通法院通过这一解释方法得出允许每半学年结束时普通通知终止的结论，父母必须支付 6 个月的学费，参见 BGH NJW 1985，2584 和 BGHZ 120，108。与第 307 条相符的一般交易条款的内容应该是：寄宿合同的双方当事人可以最晚于每年 1 月 31 日以及 7 月 31 日通过普通通知终止结束合同，但必须遵守 2 个月的期间（BGHZ 170，102）。 1008

第四节　法律行为基础障碍

一、概述

根据第 313 条的规定，当“已成为合同基础的情事”在合同订立后发生重大变更，在满足某些条件的情况下合同一方当事人可以请求法院**“改订合同”**（Anpassung des Vertrages）。如果“已成为合同基础的重要观念”事后被证明系错误的， 1009

那么也适用上述规则。法院通过削减、扩张或者其他方式调整合同约定的双方给付义务来实现改订合同。如果改订合同是不可能的或者是不能合理期待的，那么受**“法律行为基础障碍”**（Störung der Geschäftsgrundlage）不利益的一方可以通过解除、在持续性债务关系的场合则是通知终止来结束合同（第313条第3款）。

1010 第313条是乘着债法现代化法的东风被首次纳入《民法典》中，并于2002年1月1日正式实施。立法者希望借此将判例发展出的“交易基础丧失”（Wegfall der Geschäftsgrundlage）法典化。帝国法院早在处理第一次世界大战结束后原材料匮乏而涨价或者灾难性的货币购买力丧失（严重的通货膨胀）的案件中表达了以下观点：合同因为这些不可预见的事件丧失了它的“交易基础”，根据诚实信用原则必须改订合同以适应新的情况。联邦普通法院在第二次世界大战后接受了上述判例，认为合同的交易基础因例如柏林封锁、朝鲜战争、东德垮台、两德统一以及其他一些双方当事人事先无法预见的事件而丧失，结果是命令改订或者结束合同。内容丰富的有关交易基础丧失的司法裁判直到今天仍不断丰富着第313条的内容。

1011 在第313条中出现了一个接一个的作为改订合同条件的不确定的法律概念，这些法律概念都没有切实的、可操作的内容，而且作为善意的空洞形式，不可能对其进行精确的涵摄。没有人会怀疑当事人都是根据确定的、客观存在的情事订立合同，并且在此过程中一定存在当事人决定订立合同的主观“观念”。有疑问的是，何时这些情事或者观念没有法律意义，而何时这些情事或者观念又会成为合同的交易基础。根据第313条第1款的规定，成为交易基础的情事发生了“重大”变化；第313条第2款采用了相似的方式，要求成为合同交易基础的“重要”观念之后被证明系错误的。除了满足这些条件外，只有当对合同双方当事人而言维持未变更合同是“不能合理期待的”的时候，才允许改订合同或者结束合同。根据联邦普通法院的判决，只有逾越“牺牲界限”，以及“虽然合同信赖作为基本原则具有重大意义”但是合同的改订是不可避免的，才允许改订合同或者结束合同；这是因为，如果不这样做就无法避免出现“不可容忍的、与法律与正义观念背道而驰的”结果（参见例如BGH NJW 1977，2262；BGH JZ 1978，235；BGHZ 133，281，316）。

1012 以上以及类似的表述激起了人们的热情，但却无助于具体案件的判决。它们导致了一个错误：第313条关系到突破合同信赖的基本原则（“pacta sunt servanda”）。反对方是正确的：合同即是法律，据此当事人安排自己的行为；法官将双方订立的合同作为考虑问题的出发点，并非通过（补充的）合同解释来确定不能合理期待的或者不可容忍的结果，而是根据**约定的风险分配**并在此基础上决定协商过程中出现但事后变更的情事或者错误的观念是否属于原告或者被告应当负担的风险，或者在不涉及风险分配时是否允许当事人请求改订合同或者通过解除或通知终止结束合同。

1013 这一研究方式不仅常见于法学文献（参见例如*Köhler*，50 Jahre BGH，Festgabe aus der Wissenschaft［2000］295；MK-*Finkenauer* § 313 Rn. 59 ff.；比较法层面则是 *Zweigert/Kötz* S. 516 ff.；也可参见《欧洲合同法原则》第 6.111 条第 2c 款），而第 313 条也明确地表达了这一点：必须考虑“合同约定的或法定的风险分配”。联邦普通法院在此也不断重申，“依照合同属于一方当事人风险范围的情事，不能主张法律行为基础障碍”（BGH NJW 1979，1818；另参见 BGHZ 74，370；BGH NJW 1977，2262；BGH JZ 1978，235；BGH NJW 1978，2390；BGHZ 83，283，288；BGH NJW 2000，1714，1716）。

二、案件类型

（一）等价关系失衡

“等价关系失衡”（Äquivalenzstörung）指的是合同一方当事人在合同订立之后 1014
遇到事前不可预测的关系变更，由此导致提供约定的给付变得非常困难或者给付与对待给付之间的价值关系发生了不利于一方当事人的重大变化。例如，在租赁合同或地上权设定合同（Erbbauvertrag）或为了获得退休金或终身年金而承诺长期支付一定数额的金钱的合同中，合同订立于 10 年、20 年甚至 30 年前，而债权人在货币贬值的今天仍只能以原先的货币购买力要求履行合同。现实中屡见不鲜的是，合同双方达成价格变更或者价值担保条款，以此将全部或者部分的通货膨胀风险移嫁给一方或者由双方当事人分摊（边码 631）。如果双方没有达成这种约定，那又该如何处理？债权人原则上负担约定支付的金钱在未来贬值的风险。因此，根据判例，债权人不可以请求通过改订合同的方式升值金钱债权和享有“补偿额”。这是因为，如此一来会导致“当持续性债务关系面临交易基础丧失时，承认存在默示的货币估值条款”（参见 BGH NJW 1959，2203；BGH NJW 1966，105；BGH NJW 1976，142）。在 1923 年的一则判决中，帝国法院为了缓和当时的纸币急剧贬值带来的灾难性后果，判决抵押权的债权人享有“补偿请求权”（BGHZ 107，78）。当今的判例对一些案件采取相对宽松的态度，例如应当保障遗赠扶养协议（参见 BGHZ 90，227）以及长期照顾或为债权人养老的合同中一方取得的金钱的权利（参见 BGHZ 61，31；BGHZ 105，243）。

如果情形之后发生了变化，导致提供约定的给付对于一方当事人来说变得**异常** 1015
困难（erheblich erschwert），那么他也可以主张等价关系失衡。如果使得给付变得困难的情形属于一方当事人的风险范围，那么就不能根据第 313 条改订合同。某人于 1965 年租用了 juist 岛上的一个海滨旅馆，租期 20 年，他不能在 9 年后以“如果他受到不可更改的合同的约束，那么自己将不会修缮旅馆老旧的设施”为由请求租金减半。这是因为，“旅馆的承租人负担租赁合同订立后到租期到期前通过收益填补成本的风险”。那些——例如需求波动、不断变化的旅行习惯以及不断提高的舒适度要求——情形都被纳入合同一方的风险范围，允许遭遇上述情事的一方当事人主张交易基础丧失原则上就是不适当的；这一规则同样适用于“生存威胁的结果”（existenzbedrohende Folgen）[①] 的场合（BGH NJW 1978，2390）。

1016 之后发生变化的情形使一方当事人提供的物的给付（而非支付金钱）变得困难，结果则取决于**约定的风险分配**。被告住房建筑公司将住宅卖给了原告并承诺将长期为原告提供集中供暖，价格与供电所向消费者提供的价格相同。1973 年的石油危机抬升了暖气的市场价格，而供电所为消费者提供的价格获得了政府的税收补贴，导致由被告提供的暖气的价格远远高于供电所为消费者提供的价格。虽然被告提供的价格无法填补生产成本，但是他不能主张交易基础丧失，因为这一不属于经营层面而是属于政治层面的风险仍旧应该由被告负担（BGH NJW 1977，2262）。原告（某城市）在 1972 年 12 月以固定的价格向作为被告的公司购买了 1973 年整年的燃料油需求。1973 年发生了石油危机，原油价格从 1 月的 100 马克一吨上升到 7 月的 180 马克一吨，这家公司随即中止供应燃料油，之后原油价格在 12 月达到了 600 马克一吨的顶点。针对原告提出的损害赔偿之诉，被告以交易基础丧失为由进行抗辩；法院没有支持被告的抗辩，因为被告在固定价格的约定中已负担了价格上涨的风险。出卖人在 1973 年的春天已经预见到进一步涨价的可能，但他寄希望于石油价格的下跌而没有准备存货，因此进一步涨价的风险由出卖人负担，无论如何出卖人需对此负责（BGH JZ 1978，235）。在这一类型的案件中，只有当导致给付变得困难的情形不属于债务人的风险范围时，才可以根据第 313 条改订合同或者结束合同。如果债务人既无法避免这些情形的出现，也无法通过或必须以极高的费用采取措施避免或控制结果出现（例如通过订立货物或外汇期货交易或者通过保险），那么他可以根据第 313 条改订或者结束合同。合同中到底蕴含什么样的风险分配则必须通过补充解释予以确定，而此时的解释规则以“完满合同”的理念为导向（边码 77 以下）。

（二）目的不达

1017 另一种情形是“目的不达”（Zweckstörung）。对合同一方当事人来说，向他负担给付因情事的变化而变得毫无意义，即给付不能再服务于合同订立时一方或者双方预设的目的。但事实上很难满足第 313 条规定的条件，因为承诺接受给付的一方原则上负担“利用风险”，即他必须对之后出现的、完全不能或者不能为实现目的而利用或使用给付负责。某人买了一个银质的面包篮作儿子的新婚礼物，如果婚礼被取消了，导致面包篮失去了它的效用，那么买受人（不仅不能主张第 119 条）也

① “生存威胁的结果”指的是对当事人的生存或正常经营产生根本影响的事件，例如新冠疫情。——译者注

不能主张第 313 条。同理，如果双方买卖的是已经提交专利部门注册登记、但尚未获得专利许可的发明，令双方惊讶的是，专利部门最终驳回了专利申请（BGHZ 83，283）或者合同订立后作为买卖标的物的发明被有关机关证明不满足原产国的条件，导致买受人不能如预计地那样将发明投入生产或者以较高的价格转卖该发明，那么买受人也不能主张第 313 条。

参见 BGH JZ 1977，177；BGHZ 74，370。当然，可以例外地由合同或者补充解释得知，不是买受人而是出卖人单方或者双方当事人共同负担利用风险，此时才适用第 313 条。钻头案（Bohrhämmerfall）能否归入这一情形则存在疑问（BGH MDR 1953，282）。原告承诺送交被告自己生产的 600 个钻头，而原告在合同订立时就知道被告会将这一批钻头转卖到东德，他也知道这一批货物因没有达到新的技术要求而不可能销往其他任何地区。随后柏林墙倒塌，于是出卖人不能将这一批钻头运往东部，买受人便不想接受这批货物也不想支付约定的价款。联邦普通法院认为，预计的利用目的构成交易基础，并且根据诚实信用，随着情事的改变应当改订原先的合同，因此被告只需要支付约定价格的四分之一。这个判决在当时被认为是明智之举，但却并不正确。购买货物并以特定方式将货物转卖并以此获利的人必须负担转卖过程中可能出现的风险。如果有谁想让供货商负担转卖过程中的风险，那么仅仅让后者知道自己的计划是不够的；他必须将自己希望的风险分配规则纳入合同，同时对供货商可能因此提高价格做好充分的思想准备。 1018

租赁合同中的利用风险由承租人负担。如果承租人因为自己必须进养老院或者出于其他“个人原因”而不能或者不能继续使用房屋，那么不适用第 313 条的规定（第 537 条第 1 款；边码 742）。同理，某人预订了位于冬季运动胜地或者展会城市的酒店客房，他不能因为该地冬季没有下雪或者展览被取消而拒交房费。某音乐会举办人在某一天租用了音乐厅，因为歌手生病而取消了该场音乐会，此时举办人也必须支付租金（参见 OLG Bremen NJW 1953，1393）。在此，可以通过解释合同得出利用风险由出租人或双方当事人共同负担的结论；只要能从合同中得知出租人与承租人一起“共同做事”，共同“期待”实现利用计划，或者从他们的行为中可以推知双方共同面对实施利用计划过程出现的各种可能。 1019

上述情形可以是，例如根据通常的情形不支付物的用益或者支付很少的金钱，而且对于出租人来说，只有在非常特殊的情形中或者只有在关系发生了特别改变时才有机会收取较高的租金。某人为了观看加冕典礼而租了一间房间，典礼因国王偶感风寒而取消，那么他可以根据第 313 条以交易基础丧失为由解除合同、不支付租金；也可以基于约定的给付——提供给承租人一间可观看加冕典礼的房间——对于出租人来说已根据第 275 条而变得不可能，并进而使租金请求权根据第 326 条第 1 款第 1 句随即消灭。当事人究竟选择哪一种方案，这只是法律喜好问题；重要的是分析合同约定的风险分配；另外，也取决何时构成出租人履行不能。这是因为，如 1020

果并非是出租人而是承租人自行负担加冕典礼取消的风险并且“单独或者主要地负责任”，那么根据第326条第2款的规定，出租人例外地保留租金请求权（第326条第2款；边码827以下）。省级俱乐部为即将举办的比赛招揽赞助商，赞助商与俱乐部一致认为这将会是一场殿堂级的比赛而前者为此支付了很高的报酬，然而抽签结果却不尽如人意，此时就构成法律行为基础障碍。最后需要注意的是，因标的物上存在物的瑕疵而导致买受人、承租人或定作人无法实现预定的利用计划，那么他可以根据法律规定拒绝对待给付或者解除、部分解除（也可减价）合同（第320条第1款、第437条第2种情况、第536条以下、第634条第3项）。某人将购物中心出租给他人以供经营，如果这个购物中心没有被大众“接受”，那么承租人可以基于租赁物的瑕疵拒绝出租人的支付请求（第536条；参见边码729）；即使不存在瑕疵，也可以基于法律行为基础障碍而拒绝支付租金（第313条）。但是，联邦普通法院对此作了否定回答（参见BGH NJW 2000，1417）。

（三）共同错误

1021 最后，判例将第313条适用于“共同错误”（gemeinsamer Irrtum）：双方当事人同时就某一事实作出了错误的判断，正是这一事实决定双方约定给付义务，而如果他们正确了解了真实情况就不会接受该合同。上述事实包括：双方当事人以某数额确定了金钱给付，但双方基于错误的汇率、资产负债表、商品数量、比较租金或者土地面积计算出了具体数额（“计算错误”Kalkulationsirrtum，边码318以下）。第313条也适用于以下情形：共同错误并不涉及合同订立时已经存在的事实，而是双方对该事实未来一直存在或者或者未来不发生新的事实产生了错误的认识。一般来说，上述情形也构成等价关系失衡或者目的不达。很难在三者之间划出清晰的界限，幸好这一切取决于约定的风险分配，因此区分三者并不重要。

1022 作为被告的足球俱乐部同意某个足球运动员转会，为此俱乐部从作为原告的另一个足球俱乐部手中获得了40 000马克“转会费”。如果该运动员在转会后的极短时间内因之前在效力于被告俱乐部时收受贿赂输掉比赛而被足协剥夺比赛资格，原告此时能否要回之前支付的“转会费”？联邦普通法院对此作出了肯定回答：虽然原告负担运动员不能像预计地那样参加比赛的风险或者运动员因之前遭受的运动伤害而不能再比赛的风险，但此时并非原告而是被告更应该承担受雇于它的运动员收受贿赂并因此丧失“未来转让利益”的风险（NJW 1976，565）。

第十二章 损害赔偿

第一节　一般要件

一、第 280 条第 1 款中的基础规范

1023 根据第 280 条第 1 款的规定，双方当事人之间存在**债务关系**（Schuldverhältnis），而债务人违反了由该关系产生的**义务**（Pflicht）并且导致债权人遭受损失，那么债权人可以向债务人请求损害赔偿。虽然满足上述条件，但债务人证明义务违反**不归责于**（nicht zu vertreten）自己的，那么他无须负担损害赔偿。

1024 人们称第 280 条第 1 款为合同损害赔偿请求权的**基础规范**（Grundnorm），无论债权人借助损害赔偿请求权想要达到什么目的，*都*必须满足该款规定的条件。有时仅仅满足第 280 条第 1 款中的条件就可以产生请求权（参见边码 1026）。但是，在两种非常重要的情形中必须满足“**附加条件**”。第一种情形是债务人没有按时向债权人履行他负担的、已到期的给付，并且债权人虽然希望债务人能够继续遵守合同但仍向债务人请求赔偿自己因没有获得已到期给付而遭受的损失；债务人根据第 280 条第 2 款中“依第 286 条的附加条件”负担迟延损害赔偿。此外，要求债权人为债务人指定一个继续履行已到期给付的期间，当该期间经过而无效果时，债权人才可请求债务人赔偿**迟延损失**（Verzögerungsschaden）；但是，催告往往是不重要的（边码 1142）。第 280 条第 3 款规定了另一种情形。此时，债权人不再想遵守合同，而是明确表示自己不愿意再接受债务人履行的给付并进而请求代替给付的损害赔偿（Schadensersatz statt der Leistung）。此时，根据第 280 条第 3 款的规定，必须同时满足第 281 条到第 283 条中的“附加条件”。第 281 条到第 283 条旨在保护

债务人免受以下困扰：当不存在令人信服的理由时，仅因债权人的单方表示并且以违背债务人意愿的方式终止合同。通过下述方式实现这一目的：债权人必须为债务人再指定一个继续履行给付的合理期间或者事后补充履行的合理期间，当该期间经过而无效果时，债权人才可以请求代替给付的损害赔偿。当然必须注意的是，代替给付的损害赔偿请求权的例外情形中存在特殊规则：如果债务人因合同订立之时已经出现的事由而无法履行承诺的给付或者他可以拒绝履行给付（第 275 条第 1 款到第 3 款），那么债权人可以在满足第 311a 条第 2 款的条件的情况下享有代替给付的损害赔偿请求权（边码 1073，1107、1108，1170）。

1025 只有当债权人请求**迟延损害赔偿**（第 280 条第 2 款）或者请求**代替给付的损害赔偿**（第 280 条第 3 款，第 311a 条第 2 款）时，才会出现第 280 条第 2 款、第 3 款中的“附加条件”的问题。在其他情形中，债权人的损害赔偿请求权仅依照第 280 条第 1 款；但是，债务人必须是违反了一项义务——保护义务或者给付义务——并由此导致债权人遭受损失。但是这种损失并非迟延损害或者代替给付的损害。因此才有人会说，这种情形中的债权人请求**“简单损害赔偿”**（einfacher Schadenersatz）。这种情形到底是什么呢？

1026 第一种重要情形是债务人违反了第 241 条第 2 款中的保护义务，即债务人没有尽到交易中对债权人“权利、法益和利益”的必要的注意义务并且由此导致债权人遭受损失。这样一种义务可以产生于已订立的合同，也可能产生于第 311 条第 2 款规定的双方当事人之间的合同成立前的债务关系。

1027 例如，某汽车经销商的客户在进入大卖场时因地面上的薄冰而滑倒，受伤者受到第 823 条第 1 款中的损害赔偿请求权的保护。这一请求权也可以基于经销商违反了合同或者合同成立前的债务关系产生的保护义务。此时仅依照第 280 条第 1 款判定损害赔偿请求权，而不考虑是否满足第 280 条第 2 款、第 3 款中的“附加条件”，这是因为，买受人遭遇意外与按时送交无瑕疵汽车的合同利益之间毫无关系。如果此时买卖合同已经成立，那么买受人可以（在意外引起的损失之外）请求履行合同，即请求送交已经购买的汽车。如果出卖人没有履行这一义务或者瑕疵履行，即没有送交或者送交了与合同约定特性不符的汽车，那么买受人也享有损害赔偿请求权。但此时关系到代替给付的损害赔偿，而这一请求权取决于第 281 条到第 283 条中的“附加条件”，即取决于买受人是否根据第 281 条第 1 款为出卖人指定了“履行给付的适当的期间”，或者当送交的汽车存在瑕疵时指定“事后补充履行”的期间并且该期间经过而无效果，即出卖人没有把握买受人为他提供继续履行或者事后补充履行的“第二次机会”。

1028 当债务人违反**给付义务**（Leistungspflicht）时，第 280 条第 1 款常常是唯一的请求权基础。例如为客户管理有价证券账户的银行提供了错误咨询或者医生在对病患实施手术的过程中发生了错误，那么银行以及医生仅依照第 280 条第 1 款负责。

如果银行的客户因为银行提供的错误咨询而撤销了自己的账户并将资金委托给另一家银行，而他要求第一家银行赔偿他因委托第二家银行处理有价证券而多支出的费用，他此时主张的是代替给付的损害赔偿。这一切取决于第281条中的“附加条件”。据此，如果第一家银行的咨询错误是如此严重以至于继续履行合同对客户来说是“不可期待的”，那么他可以向前者请求自己多支出的费用。

如果出卖人已经送交了有瑕疵的买卖标的物，有时候就很难确定损害赔偿请求权的真正基础。“简单损害赔偿”指的是：买受人在第一次驾驶汽车的过程中因刹车装置有瑕疵而撞到了树上，之后他向出卖人请求赔偿自己遭受的身体损害。同理，送交给买受人的机器因自身缺陷爆炸了并且损坏了买受人的工厂。如果买受人无法使用送交给他的机器或者土地，或者机器因瑕疵而生产出了价值偏低的产品，或者送交的土地因瑕疵而只能以较低的租金出租，那么买受人也可以请求“简单损害赔偿”。如果买受人决定继续遵守合同，那么他可以根据第437条第3项、第280条第1款请求“给付之外的损害赔偿”：这是因为，即使出卖人基于买受人请求事后补充履行而修复了有瑕疵的机器或者再次提供无瑕疵的机器，这一切都无法改变买受人已经遭受的损失。与此相反，如果买受人希望消除因自己让第三人送交无瑕疵机器或者让第三人修复有瑕疵机器所引起的损失，那么他此时主张的是代替给付的损害赔偿。但是，他只能在为出卖人指定事后补充履行的合理期间并且该期间经过而无效果后才能请求代替给付的损害赔偿。参见 *Looschelders* AT Rn. 565 ff.；*Lorenz* JuS 2008，203 和边码 1141，1149，1181、1182。 1028a

二、债务关系

第280条第1款规定的第一个条件是，债权人与债务人之间存在**债务关系**。本书中的“合同法”首先指的是基于双方当事人之间的有效合同成立的债务关系，并非指“法定”的债务关系。它也包括类合同债务关系，参与人虽然不是合同当事人，但是他们之间的关系是如此紧密以致产生了第241条第2款意义上的保护义务。这样一种债务关系的产生可以依据第311条第2款，即债权人与债务人开始磋商、开始准备合同或者从事类似的交易上的接触（边码498以下）。此外，在特殊情形中因为第三人对合同一方当事人负有保护义务或者合同一方当事人对第三人负有保护义务，使得合同一方当事人与合同外第三人之间也可能产生这样一种债务关系（边码514以下、526以下）。 1029

第280条第1款为全部有关因违反由合同或者类合同债务关系产生的义务而成立的损害赔偿请求权的案件提供了一般的请求权基础。此外还有第311a条第2款：这时候是特殊情况下的债权人的代替给付损害赔偿请求权，即债务人因合同订立时已经存在给付障碍（第275条1款）或者因为其他类似的障碍（第275条第2款、 1030

第 3 款）而无法履行给付。所有这些规则都得益于债法现代化法案。可惜的是，债法现代化法案忽略了承租人或者旅游者在租赁物或者旅游存在瑕疵时应当根据新规定主张损害赔偿请求权；正如之前一样，承租人和旅游者并非依据第 280 条、第 311a 条第 2 款而是依照第 536a 条以及 651f 条。

三、义务违反

1031 根据第 280 条第 1 款的规定，债务人违反了一项由债务关系产生的义务。“**义务违反**”（Pflichtverletzung）这一概念与日常用语息息相关，即人的行为是应受谴责的、可指责的或者是可非难的。但是，第 280 条第 1 款的表述却有其他意义，它仅仅是指债务人没有履行依照合同所负担的**给付**（第 241 条第 1 款）或者没有履行**保护义务**，即没有尽到对合同当事人的权利、法益或者利益应尽的注意（第 241 条第 2 款）。只要债务人的行为客观上没有符合债务法律关系中的义务集合，那么就构成“义务违反”。它并不取决于以下事实：债务人出于什么原因违反了义务，尤其是是否需要责难债务人。如果出卖人没有准时将车辆送交给买受人，那么即使该车辆因不可抗力而损毁并进而导致送交对于出卖人而言是不可能的，此时仍旧构成义务违反。如果雇员因为生病而不能来上班，那么没有人会指责他。因此，我们不是在日常用语的层面上而是在第 280 条第 1 款中的技术层面上理解义务违反。

1032 域外法中代替“义务违反”这一概念的是相对中性的“不履行”（non-performance，inexecution）这一概念；这一概念也见于《联合国国际货物销售合同公约》第 45 条、第 78 条和《欧洲合同法原则》第 8：101 条以下。即使是后一种表述都会引起误解，因为人们无法从中得知部分履行、不完全履行以及违反保护义务是否也被涵盖在内。

1033 关于债权人是否基于第 280 条以下享有损害赔偿请求权的问题，取决于债务人是否因违反必须履行的全部义务集合中的一项义务而导致现有损失。违反**保护义务**指的是，债务人客观上没有以符合义务的方式实施行为以至于损害了另一方的法益以及利益。如果债务人根本没有履行负担的给付，或者他履行的给付与根据合同应该履行的给付不符并由此给债权人带来了损失，那么他的行为构成违反给付义务。即使债务人负担的给付对他而言是不可能的或者是不可期待的，即债务人可以根据第 275 条否认债权人的履行请求权并且法院必须驳回债权人提出的请求债务人履行合同的起诉，此时也构成义务违反（边码 787 以下）。第 275 条第 4 款非常明白地指出了此时存在义务违反，并且债权人可以在不考虑第 275 条规定的条件是否出现于合同订立之时（第 311a 条）还是之后（参见第 283 条）的情况下享有代替给付的损害赔偿请求权。

1034 债权人负担义务违反的举证责任。在诉讼程序中，一旦债务人否认自己有义务违反行为，那么债权人必须证明债务人有义务违反行为的事实。如果关系到**给付义务**，那么证明是不困难的。这是因为，此时可以通过合同约定确定债务人负担的给付的具体内容；如果不存在相关约定，那么在大多数情况下可以通过任意性规范予以确定。如果关系到第 241 条第 2 款的保护义务以及某些给付义务，那么就很难通过合同或者法律规定确定义务的具体内容，此时必须通过（补充的）合同解释确定债务人行为需要满足的具体要求以及是否构成义务违反（另参见边码 1079）。

如果可以确定损害源于债务人责任或风险范围，那么债权人就无须证明债务人违反了某义务；因为债权人对债务人的组织领域没有任何了解，所以这一点往往非常困难。因此，下述情形中举证责任倒置，即债务人对自己责任和风险范围内的损害，承担义务未违反的举证责任。例如，病患早上被送到医院而中午在病床旁发现他骨折了，或者汽车在经过洗车间后出现刮痕或者玻璃碎了，或者原告在被告经营的百货公司内掉进了排水管中（参见 BGHZ27，236；66，53；BGH NJW 1978，2197；BGH NJW 1991，1541；BGH NJW-RR 1991，576；BGH NJW-RR 1993，795；BGH NJW 1993，1706）。 1035

四、损害

（一）恢复原状，金钱损害赔偿

根据第 249 条第 1 款的规定，负有损害赔偿责任的人原则上负有**"恢复原状"** 1036
的义务，即恢复到"假如没有发生引起赔偿义务的情事则会出现的状态"。因债务人违反义务而损坏了债权人的物，那么债务人要么自己修理该物要么让别人修理该物以履行损害赔偿义务。这引起了一个奇怪的后果，即债权人必须将受损的东西交给债务人以供修理。为了避免这一后果，第 249 条第 2 款规定债权人有权自行修理受损的物并且要求债务人支付"必要的金额"，这也适用于债权人因债务人违反义务而遭到身体损害的情形。

根据第 249 条的规定，合同法允许债务人自行恢复原状（第 1 款）或者债权人 1037
自行恢复原状并要求债务人支付必要金额（第 2 款）以履行损害赔偿义务。然而，这两种方式的现实意义都不大。这有时是因为可以在合同中找到债权人恢复原状请求权的基础；例如建筑承揽人承担建造屋顶支架的工作，他没有清除建筑碎料而引起了义务违反，建筑所有人要求清理碎料就是在主张履行请求权；他没有理由根据第 280 条第 1 款提出请求，并将其打扮成旨在恢复原状的损害赔偿请求权。在另一种情形中之所以不考虑恢复原状或者支付必要金额，是因为它们是**"不可能的**或者**对于补偿债权人来说是不够的"**。此时适用第 251 条第 1 款，债务人必须向债权人履行**金钱损害赔偿**（Schadenersatz in Geld）。

"不可能"恢复原状是指出现了第 275 条第 1 款中的情形，例如出卖人送交的 1038
买卖标的物被损毁殆尽或者出租人并非在双方约定的 2 月 1 日而是 3 月 1 日才将房屋交付承租人使用（边码 790）。当债务人违反合同约定的不作为义务时，恢复原状也可以是不可能的；例如，出卖人出卖并送交某厂商生产的某品牌香水，但之后却在相同批次的香水上贴上了其他品牌的标签。有时即使恢复原状是可能的，债务人也必须以金钱赔偿。例如债权人的汽车被损坏了，虽然通过修理在技术上可以实现恢复原状，但债务人需要为此支付“高得不成比例的费用”，此时债务人有权根据第 251 条第 2 款请求债权人接受足以购买一辆同价值代替车辆的金钱（参见边码 1051，细节参见 *Kötz/Wagner* Rn. 662 ff.）。也可以基于法律原因排除第 249 条规定的赔偿方式，例如债权人为债务人履行给付或者事后补充履行指定了合理的期间，该期间经过而无效果，此时他请求代替给付的损害赔偿。根据第 281 条第 4 款的规定，即使该请求（履行给付或者事后补充履行）对债务人而言是可能的，此时仍旧排除该履行请求权，债权人也不能再行选择恢复原状作为损害赔偿的方式。

（二）义务违反和损害之间的因果关系

1039 原则上债务人必须承担“**完全赔偿**”（Totalreparation），即债权人的财产状态在债务人违反义务前后发生的变化所对应的金额。借助“差额假设”（Differenzhypothese）只能得出一个一般标准，而这一标准没有说明什么样的损失允许计算在内以及个案中应如何计算。

1040 根据第 280 条第 1 款的规定，债务人在义务违反的情形中必须赔偿债权人“**因此**”（hierdurch）——因为义务违反——而造成的损失。义务违反与损害通过以下方式联系在一起：义务违反可以被视为损害的“原因”（Ursache），损害可以被视为义务违反的“结果”（Folge）。即使不出现义务违反，债权人请求赔偿的损失仍会发生，那么就欠缺上文提到的条件。旅店的客人因腐朽的楼梯而摔落或者患者因医生错误诊断而遭受损失，于是请求赔偿身体损害；如果此时存在证明旅店客人并非因为腐朽的楼梯而是因为突发心脏病或者患者即使被正确诊断也无法避免遭受健康损害的证据，那么旅店的经营者或者医生无须赔偿损失。

1041 现实经常是，被患者起诉的医生虽然作出了错误诊断或者选择了错误疗法，但是他声称即使作出了正确诊断或者疗法也是回天乏术。如果无法证明医生在作出正确处理的情况下患者能否恢复健康，那么谁会败诉？依据一般规则，此时患者承担举证责任，但是判例为医生的医疗错误尤其*严重*的案件创设了例外。参见例如 BGHZ 132，47；BGHZ 138，1。同理，泳池管理员对游泳学员没有尽到应尽地看管，由此严重违反了工作义务；他声称，即使他正常看管了，学员也会因为突如其来的晕厥而遭到损害；法院判决应当由该管理人承担举证责任（BGH NJW 1962，959）。这一规则也适用于医院护理人员（BGH NJW 1971，243），但不适用于律师严重违反义务的情形（BGHZ 126，217）。谁违反了合同约定的或者合同成立前的*咨询或者说明义务*，那么由他承担证明即使在自己履行正确咨询或者完全履行说明义务的情况下对方也不会作出其他行为而必定会遭受损失的责任。医生（BGH

NJW 1994，2414；BGH NJW 2005，1718）、管理顾问（BGHZ 61，118）、银行（BGHZ 72，92）或者有损身体的商品的出卖人（BGHZ 64，46）没有向他的患者或者客户作正确说明，那么他必须赔偿由此造成的损害；他只能通过提供证据使法院确信，即使正确、完全地提供咨询，合同另一方当事人在手术过程中也会同意、遭遇不利的财产后果或者利用危险产品，以此使自己免于承担责任。如果在有关医疗责任的案件中有证据表明，在实施正确的医疗处理的情况下患者并非百分之百而是有60%的可能恢复健康，此时又该如何判决？如果被告因义务违反而使原告无法参加广告、设计或者选美大赛或者赛马比赛，进而剥夺了后者获胜的机会，这时又该如何判决？在上述所有案件中，判例遵循全有全无原则。如果有证据可以完全证明，被告若没有违反义务则原告可以完全恢复健康或者赢得比赛（参见例如 BGH NJW 1983，442）；否则原告败诉。但是这一处理方法没有说服人们。很多人认为，原告因义务违反而遭受的损失或者由此失去的收益，法院应以盖然性为准对正常履行义务的情况下能否避免损失以及获得收益进行判断。这一结论的基础在于《民事诉讼法》第 287 条，而这一规定为法官提供了估计损失的计量方法。参见例如 *Fleischer* JZ 1999，766；*Mäsch*，Chance und Schaden（2004）和 *Wagner* Verh. DJT 2006，A53 对这一问题提供的更多文献。

即使在义务违反和损害之间存在因果关系，也并不一定能够成立债务人的责任。这是因为，虽然存在许多可以表述为义务违反的结果的损害，但这些损害与义务违反之间仅存在间接的因果关系，而在规范的意义上不能将其归责于债务人。例如的士司机有过错地引起了交通事故，乘客毫发无伤地从的士中走出来，之后他选择坐有轨电车去目的地，而在登上有轨电车的过程中他滑倒并摔断了大腿。此时可以明确的一点是，如果的士司机不出现驾驶失误，那么乘客就不会选择乘坐有轨电车也就不会摔断大腿，因此司机的失误的确导致了乘客摔断大腿。但是，此案中的士司机是否应对乘客的身体损害负责则存疑。 1042

依照**相当因果关系理论**（Adäquanztheorie），基于一个中立观察者的判断，作为义务违反结果的损害可以归咎于“只有在尤其特殊、完全难以想象地、事物一般进程之外的情事”，那么排除债务人的责任。如果这些结果只有在完全难以想象、非常偶然的情况下才会出现，那么债务人无须为义务违反的结果负责。除了相当因果关系理论——依照正确的观点，取代这一理论的——还有**保护目的理论**（Schutzzwecktheorie）。这一理论首先判断债务人依照合同必须履行的义务以及在具体情形中违反了这一义务，他仅对以下损害负责：该损害使得设定该义务以保护对方当事人的目的落空。 1043

参见例如 BGH NJW 1990，2057，2058；BGHZ 116，209，212；*Looschelders* AT Rn. 901ff.。在边码 1042 描述的案件中，由于司机负有关注汽车驾驶的注意义务并不是为了避免这种形式的身体损害——在乘客进入有轨电车过程中遭受的损害——为目 1044

的而设定的，因此的士司机对他的乘客不负赔偿责任。在边码 1037 描述的案件中，需要回答的问题是根据（经过补充解释的）合同需要避免的损失究竟是什么，即承揽人消除建筑碎料的义务的目的是什么。这里包括建筑所有人因此遭受的损失，即他的客户因为建筑碎料而无法在自家门前停车以及别人无法进入他的商店，或许还包括建筑所有人进入房子后遭受的健康损害。如果建筑所有人的土地因年久失修而仅从银行借到很少一笔钱，或者出于这个原因而仅在广告中写出“我们村庄中的一所漂亮的房子”却未标明价格，那么结果就会有所不同。保护目的理论不仅可以很好地解决损害的真正界限，即交易伙伴违反了合同成立前的说明、信息或者警示义务而给受害人造成的损害；它也很好地解决了另一个问题，即法律制度何时要求他履行义务来避免损害以及受害人因侵权行为根据第 823 条而享有的请求权（参见 *Kötz/Wagner* Rn. 209 ff.）。

1045　在其他外国法律制度中，因违反合同引起的损害赔偿的界限被限制在违反合同一方在合同订立时可预见（vorhersehbar）的责任。根据《联合国国际货物销售合同公约》第 74 条第 2 句的规定，需要赔偿的损害仅限于“违反合同一方在订立合同时，依照他当时已知道或理应知道的事实和情况，对违反合同预料或理应预料到的可能损失”。这一规则促使债权人在订立合同时向债务人提示极高损害的迫切危险，之后债务人再决定订立还是拒绝订立这样的合同以及是否协商责任限制或者是否要求风险补贴。德国法通过另一种方式在事实上达到了非常相似的效果：如果债权人“不能要求债务人注意不寻常的高额损害的风险”，那么他必须注意第 254 条第 2 款第 1 句的规定；他的赔偿请求权因存在共同过错而减少，即只有那些对于处于相同情况下的理性人而言可以预见到的因义务违反而引发可能后果的损害才被纳入可赔偿的范围。根据第 254 条第 2 款第 1 句的规定，想要避免减少自己损害赔偿请求权的债权人不仅需要在合同订立之前或者当时，还必须在合同订立之后向债务人提示极高损害的风险。人们认为，债权人在后一种情形中负有同意合同将根据事后提示所指的情形而被调整的义务。

（三）非物质损害（Immaterielle Schäden）

1046　根据第 253 条第 1 款的规定，债权人原则上不能请求“非财产损害”。**“非财产损害”**（Nichtvermögensschaden）指的是种类和程度完全由个人在具体情境下的感官度、敏锐性以及心态决定的损失和损害，不能以客观标准进行衡量。这些损害可以指当事人面临的身体上的痛苦或者“精神上的不适”，例如因忧虑、悲伤、疾病、社会地位的下降或者失去了某种社会联系而遭受的“损失”，也可以是当事人失去了因快乐、消遣、满足或者其他幸福感而本应带来的利益。例如，某人长时间骑一匹租来的马并且乐在其中，他最终购买这匹马；如果出卖人违反了合同并将马卖给了第三人，那么他可以请求出卖人赔偿财产损失，即购买相同性质的其他马匹与原价款之前的差额；但是他不能请求出卖人赔偿因失去该马而遭受的痛苦，因为此时缺少客观的评价手段。否则容易让当事人伪装出一副遭受非财产损害的样子（如悲伤流泪等），以此成立或突出损害赔偿请求权。

无须争论的是，心理上的压力和伤害非常普遍。如果债务人违反了义务并且此时损害是非常容易避免或者他根本就没有尽到注意义务，而债务人逃脱了所有惩罚，人们就绝对无法容忍这样的结果。精神上的损失无法通过金钱消除，在这一意义上它是不可能“被赔偿”的。但是，金钱可以使受害人获得补偿和安慰。如果人们建议受害人通过去马略卡岛的旅行或者通过萨尔茨堡的庆典抚平自己的悲痛，那么这种建议就是玩世不恭的。为什么人们因为最好的解决方案是不可能的，就应该必须采取次级的解决方案？最后必须注意的是，反对就非财产损害进行金钱赔偿的主要原因在于欠缺客观的评价手段，而一种客观的评价手段可能会催生出一张标准的“收费表”，借助它法官可以在不考虑当事人心理特质的情况下确定金钱赔偿的数额。 1047

现行法通过下述方式解决利益冲突：原则上排除非财产损失的可赔偿性（第253条第1款），但同时规定了例外情形。有时通过特别规定设置例外，例如某人在合同订立或者合同履行过程中因种族、民族或其他类似理由而歧视合同对方当事人（《一般平等对待法》第15条第2款、第21条第2款第3句；边码30）。第253条第2款允许一方因“侵害身体、健康、自由或性的自主决定”而赔偿对方遭受的非财产损害。 1048

现实中，如果债务人并非违反了合同义务而是违反了一个侵权法上的注意义务，那么债务人并非依照第280条第1款而是依照第823条以下负责。此时是**抚慰金**（Schmerzensgeld）责任，并借助“抚慰金表格”确定具体数额。参见例如*Kötz/Wagner* Rn. 699 ff.。 1049

第253条第2款原则上适用于**违反合同**引起非财产损害的情形，但只有被违反的合同义务的**保护目的**在于实现债权人的非财产收益或者避免非财产损失时，才会出现这一责任（参见边码1043）。尤其是旅游合同中不仅包括运输及提供住宿还包括实现旅游享受的义务；因此，如果旅游经营者出于可以归责于他的事由而破坏了旅游者通过旅行本可获得的享受，那么他还需支付“因徒然花费休假时间而请求的”适当的金钱赔偿（第651f条第2款和BGHZ 161，389，397 ff.）。如果并非旅游经营者而是旅店经营者向客户承诺提供“健身房”或者“带壁炉房间的婚宴”，而日光浴室、桑拿房、冲浪池坏了或者在约定的时间带壁炉的房间被别人占用并导致婚宴被取消，旅店经营者必须适当地赔偿沮丧的客户因此遭受的非财产损害（其他BGHZ 80，366）。人们通过类推适用第651f条第2款或者（更好的是）借助第253条中的任意规则并通过（补充）合同解释得出双方已达成相关合意的结论（同样*Kötz/Wagner* Rn. 71 ff.）。如果律师向他的委托人提供了错误的咨询，从而引起 1050

委托人关于损害赔偿义务的错误观念，那么律师不需要赔偿委托人因此面临心理危机的非财产损害；这是因为，诉讼代理合同依照它的保护目的只保障委托人的财产利益，而不旨在维持委托人的健康或者保护委托人的幸福感。

1051 BGH NJW 2009，3025——此外，现行法通过以下方式保护非财产利益：例如通过第251条第2款。据此，如果根据第249条第2款恢复原状“只有支出不成比例的费用才可能”，例如修理受损的物品所需的费用明显高于同品质替代物的价格，那么债务人可以履行金钱损害赔偿。依照判例，汽车受损时修理汽车所需的费用高于同品质替代物的价格的，赔偿义务人仍旧必须支付修理费用，除非修理费用是替代物价格的130%以上（BGHZ 115，364，371；BGHZ 154，395；BGH NJW 2006，2179以及*Kötz/Wagner* Rn. 664 ff.）。对于一只受伤的动物来说，治疗费用可能是“合比例的”，除非该费用“明显高于”同品质替代物或者受害人可以从动物之家获得一只同品质的动物的费用。这一切表明现行法和判例都认为，所有人想要继续驾驶自己的爱车或者照顾自己的宠物的非财产利益是值得保护的。进一步参见第284条：据此，债权人可以请求赔偿自己因信赖合同被履行、而事实上债务人不履行或者不像所负担的那样履行约定的给付所失去的非财产利益或收益（边码1195以下）。如果这种情况下债权人可以请求徒然支出的费用，那么为什么他不可以请求损害赔偿以及为什么这样做就不符合第651f条第2款的规定呢？

1052 如果债务人违反义务导致债权人在一段时间内无法使用某物，那么债权人可以请求债务人支付利用替代物所需的费用。例如承揽人修理一辆汽车而他没有在约定的时间交还汽车，那么定作人可以根据第280条第1、2款和第286条请求迟延损害赔偿，即请求承揽人支付自己因租赁汽车而支出的费用（参见边码1128以下）。如果定作人在此期间选择步行，或者没有在受损的房车而是选择在帐篷里度假，那么他还可以请求损害赔偿吗？在此期间内他失去的纯粹的“使用利益”是否属于可赔偿的财产损失？依照联邦普通法院的观点，只有在该物的“持续的可使用性指示着一种自我利益的生活状态”时，才会给出肯定回答。（BGHZ 98，212，222）。

1053 汽车以及度假别墅属于上文所述的情形，但不包括房车、游泳池、汽艇或者其他只给受害人带来私人“奢华”享受的物品。个案中很难清晰地认定两者之间的界限，同样不清楚的包括为什么由奢侈品的享有者承担损失，当游艇因加害人的原因受损时受害人就必须放弃一年之内不能利用该游艇的利益。同样不清楚的还有，当满足什么条件时丧失使用利益——正如联邦普通法院额外要求地那样——会导致受害人“可感知的”损失。所有这些限制都没有说服力。参见相关的判例和文献*Kötz/Wagner* Rn. 678－683和*Bitter*，Wertverlust durch Nutzungsausfall AcP 205（2005）743。

（四）受害人的共同责任

1054 即使确认债权人的哪些损害可以获得赔偿，也并不意味着这些损失都由债务人承担。尤其是债权人对**损害的发生**负有**共同的责任**或者债权人有过错的没有采取措施**避免**或**减轻**迫在眉睫的损害，根据第 254 条减免或者全部排除债务人的责任。共同过错的情形可以是债务人违反义务使得一个不寻常的损害迫在眉睫，而债务人没有认识到也不可能认识到这一风险；如果债权人有过错地没有向债务人指明这一风险，而之后该风险变成了事实，那么债务人只需要赔偿对他而言可以预见的损害。当然，这仅适用于债务人收到提示后本可以采取应对措施并且应对措施可以避免损害的情形。

在第 254 条的框架内面临迫在眉睫的损害或者损害已经发生的人，如果他没有作出处于相同情况下的理性人为维护自己利益所作的行为，那么他就是有责任的。但是，没有人**有义务**从事上述行为，因为法律制度原则上不会阻止任何人随心所欲地糟践自己的健康或者故意损坏自己的财产。但是，他既不能对第三人这么做，也不能向第三人请求赔偿本属于自己可以避免或减少的损失。因此人们情愿说，债务人对损害的避免或者减少虽不负有义务但却负有一种**不真正义务**（Obliegenheit）；债权人虽然不会违反不真正义务，但他会因此完全丧失自己的损害赔偿请求权。“损害分配”包括损害的发生单独归责于债权人而完全由债权人自己承担或者债务人仅需要赔偿全部损害中的一部分。确认是否出现**“共同责任来源”**首先取决于双方对损害的发生或者扩大起到了多大的作用，接下去则取决于他们对此负有的责任大小。 1055

某人委托的电工把泥灰弄到了电线上并引起了短路，导致委托人的公寓或者商店发生了火灾，那么他可以请求损害赔偿（第 634 条第 4 项、第 280 条第 1 款）；如果他连续几天看到插座冒烟并应该将这一情况告知电工或其他专业人员以便采取进一步的措施，但是他却没这么做，那么根据第 254 条第 1 款他就对损害的发生负责任。债务人因义务违反而损坏了债权人的大众高尔夫汽车，如果债权人不是乘坐自己同品质的替代车而是选择租车，或者他不是选择租一辆大众高尔夫而是租了一辆保时捷，或者他寻找修理厂的过程花费了过多时间或者长时间不去修理厂提取已经修好的高尔夫，那么债权人就违反了减少损失的不真正义务。出卖人没有在约定的时间送交原材料，买受人有权首先主张履行请求权并且请求支付迟延损害赔偿。同样，如果他为债权人指定了期间，该期间经过而无效果，此时他有权请求代替给付的损害赔偿，即与第三人签订同种标的物的合同并要求出卖人支付多出的费用。当然，买受人并没有义务这么做，此时他仍旧可以要求出卖人遵守合同。如果原材料的市场价格上涨迅速，补偿交易多支付的费用一天一变，此时又该如何处理？如果补偿交易多支付的费用明显低于买受人停止加工、转卖原材料所获的收益，结果又当如何？买受人无须根据第 254 条第 2 款第 1 句通过尽快终止合同并和第三人签订同类标的物的合同以减少损失吗？肯定回答参见 BGH NJW 1997，1231，不同观点 RGZ 83，171 和 *Huber* AcP 210（2010）319，348 ff.。 1056

1057 第254条不仅涉及债权人的共同责任也涉及**辅助人**（Hilfspersonen）的共同责任（边码1087以下）。第254条第2款第2句指明准用第278条的规定，即债权人必须为他的法定代理人以及履行辅助人的过错负责，就好像他犯了同样的过错那样。第254条第2款第2句规定，只有在涉及避免损害或者减少损害的情形时才会出现适用第278条的可能。但是，人们一致认为第254条第2款第2句应当被视为独立的第3款；因此，如果债权人的辅助人对**损害的发生**（第254条第1款）负责任，那么债权人也必须为此负责。在上文描述的案件中（边码1056），定作人是否自己认识到火灾危险或者他因雇员、配偶或其他对电工履行合同享有自身利益的第三人的过错而没有认识到火灾的危险，结果不会有任何不同。如果在债权人和债务人之间并不存在合同，而是出现了第311条第2、3款意义上的类合同关系，那么仍旧准用第278条。

1058 例如儿子在父亲的陪伴下进入商店，儿子想咨询一些有关电视机的信息并希望购买一台电视机，他掉入没有完全遮盖的电缆井口并因此受伤；如果他的父亲有过错地没有警告他前方有井口，那么他仅可以就健康损害的一部分向商店的经营者请求赔偿。如果不是儿子，而是父亲掉入了井口，而儿子对父亲遭遇这一事故存在过错，那么结果相同。在第一种情形中，根据第311条第2款第2项产生了商店与儿子之间的债务关系。在第二种情形中，此时虽然债务关系存在于商店与儿子之间，但是父亲对该关系的保护效果具有自己的利益，即他才是该债务关系的受益人（第311条第3款；BGHZ 66，51和边码518）。

1059 与此相反，如果参与者之间欠缺合同或者类合同的债务关系，那么受害人出于**侵权行为**而享有损害赔偿请求权，此时不可准用第278条的规定。

1060 这也是判例的观点和学理的主流观点。参见例如BGHZ 73，190，192；BGHZ 103，383，342。在后一种情形中，原告是一个是11个月大的幼儿，他在父亲的陪伴下进入被告经营的游乐场玩耍，游乐场存在瑕疵并导致这名幼儿受到了伤害，但父亲对这一事故也负责任：原告无须为自己父亲的共同过错负责（参见*Kötz/Wagner* Rn. 752 ff.）。与此不同，如果父亲在事故之后拒绝医生对自己的孩子实施手术，而这一行为导致幼儿的健康损害继续恶化，那么原告就不享有对商店的赔偿请求权（第254条第2款第1句、第278条）。这是因为，事故导致在加害人与受害人之间产生了法定的债务关系，而这一关系的内容由第249条以下予以确定。

（五）损害计算

1061 根据第280条第1款的基础规范，债权人不仅负有证明债务人违反某义务并进而造成损害的举证责任；此外，存在争议时债权人还必须证明可以请求赔偿的损害的具体范围。完成这一举证责任可能非常困难，尤其是具体范围取决于假想的因果进程（hypothetischer Kausalverlauf），即取决于在债务人没有违反义务的情况下——出卖人正常送交了货物或买受人正常接受货物并支付价款——债权人本可以达到的财产状况。

债权人原则上必须通过从个别情形中的特殊关系出发“具体地”计算遭受的损失。没有收到商品的**买受人**向违反合同的出卖人请求代替给付的损害赔偿（第280条第1、3款和第281条到第283条），那么他必须证明关于他可以从哪一个第三人、以什么价格通过补偿交易以获得同品质的商品，或者向哪一个第三人、以什么价格转卖商品（Anschlussgeschäft，后手交易）。如果债权人是**出卖人**，而买受人没有接受商品或者没有付款，那么处理结果相同：依照差额理论，他必须证明可以什么价格卖给第三人，或者在不出卖商品的情况下他可以从商品中获取什么利益。 *1062*

有时对于债权人而言，上文描述的**具体损害计算**的方式非常困难或者不具可操作性，它可能导致债权人为了向法院证明补偿交易或者后手交易而必须提交一些文件，债务人通过这些文件则可以窥探到债权人企业内部、核算基础以及交易关系等信息。此外，对于债权人而言，很难或者不可能完全通过补偿交易或者后手交易弥补债务人破坏的合同，尤其是当债权人作为经销商签订一连串的同种类同品质商品的合同。最后，债权人虽然订立了可事后证明的补偿交易或者后手交易，而出于特别原因他无法说明交易价格是否高于还是低于市场价格，因而不希望以已经订立的交易计算具体损害。如果债权人凭借特殊的经商能力、特别的努力或者利用自己独有的商贸关系而以极低的价格实现补偿交易或者以极高的价格实现后手交易，由此令违反合同的债务人获利（即支付极少的损害赔偿），那么这样的结果也是不合理的。 *1063*

出于这个原因，判例长期允许债权人采用“**抽象损害计算**”。之所以是“抽象的”，是因为在计算损害时不考虑债权人对债务人违反合同是否以及事实上作出了何种反应；而是依照**市场价格**（Marktpreis），即通过假想的补偿交易或者后手交易计算债权人的损害。如果债权人是一个没有收到货物的**买受人**，那么他遭受的损失就是合同约定的价款与通过假想的补偿交易取得同种类货物需要支付或者与转卖的市场价格之间的差价。买受人事实上到底会怎么做则在所不问。如果违反合同的出卖人可以证明，债权人在具体情形中不会从事补偿交易并且在没有收到货物的情况下他也能够应付自如，或者事实上已经达成了补偿交易或后手交易而且出卖人为前者支付的价款低于市场价或因后者获得的价款高于市场价。由于出卖人无法窥探到买受人的经营状况，因此完成这一证明责任对出卖人而言非常困难。上述规则也同样适用于债权人是**出卖人**的情形。只有当债权人是商人或者商业经营者（Gewerbetreibender）并且商品此时的市场价格或者——在紧急情况下可以通过内行人——依照客观标准予以确定时，才允许抽象损害计算。如果买卖的是一块土地，那么就不适用这一计算方式（参见 BGH NJW 1995，587），但其可以适用于二手车买卖。参见 BGHZ 126，305，308 f.，更详细的内容参见 *Huber* II § 38.。 *1064*

1065 可以通过以下方式克服损害计算中的难题：双方当事人通过合同约定在发生义务违反时应当支付某数额的金钱——**“损害赔偿的总括计算额”**（Schadenpauschale）。例如，当债务人没有提供约定的贷款或者要求提前归还贷款，没有受领购买的家具，没有按时完成约定的工作，没有在约定的时间将租赁物交还出租人或者根据第 651i 条解除旅游合同并进而违反了义务，则债务人需要支付一个确定或者不难确定的金额作为“准备金”（Bereitstellungsprovision）、“取消预订费”（Vorfälligkeitsentschädigung, Stornogebühr），“加工费”（Bearbeitungskosten）等。这样的约定可以简化损害计算的过程，减轻法院的工作，同时使债务人能够认清自己在违反义务时将面临何种惩罚，所以意义重大。另一方面，由于这样的约定让债务人相信眼前的一切将进展顺利而没有仔细计算，因此使债权人有动机约定非常高的总括计算额以获得不正当利益。尤其是当通过一般交易条款达成总括计算额——即债权人事先拟好条款并在他的建议下将其纳入合同——时，这一危险就变得更加明显。因此，根据第 309 条第 5 项的规定，如果这一总括计算额超过了“根据事物的惯常运行可预料的损害”，或者通过该条款“未明示地许可”客户“证明损害根本未发生或明显低于损害赔偿总额”的，那么这一条款无效。

1066 出卖人虽然在一般交易条款中允许买受人证明出卖人遭受的损害少于总括计算额，但他却并没有明示买受人可以证明出卖人“根本没有遭受损失”（BGHZ 185, 178）。这一情形也发生于通过约定“违约金”（Vertragsstrafe）以简化损害计算。依照判例，违约金与总括计算额的区别在于前者首先作为“目的工具”发挥作用，即意在向债务人施加正常履行合同的压力（参见 BGHZ 49, 84；BGHZ 63, 256）。出于以下两个原因区分两者非常有意义：首先，《民法典》中只有一个法定规则适用于违约金（第 339 条以下），这一规则授予法官一项在债权人申请的情况下将过高的违约金降低至合理金额的权力（第 343 条）。其次，当债权人通过一般交易条款与债务人达成违约金条款时，这一约定根据第 309 条第 6 项而无效。商人之间达成的违约金条款受第 307 条的调整。如果不存在这一约定，那么当债务人是商人时，即便他根据第 343 条请求法院这么做，违约金也不会被降低到合理金额（《商法典》第 348 条），参见 MK-*Wurmnest* § 309 Nr. 5 und Nr. 6. 。

（六）第三人损害清算（Drittschadensliquidation）

1067 债权人根据第 280 条以下请求损害赔偿，债务人可以以并非债权人而是其他第三人遭受损失进行防御。因为第 249 条以下的规则以向债权人损害赔偿（而非第三人）为出发点，所以这一抗辩比较容易成立。有时人们称其为“债务关系的相对性”原则，据此，通过合同产生的权利和义务仅约束双方当事人。人们也可以说，债务人承担的合同义务依照它的保护目的仅仅保障债权人的利益，因此，债务人违反义务时只需要赔偿债权人因此遭受的损失。当然，根据合同自由原则，双方当事人可以另行约定。当合同是“利他合同”或者“附保护第三人效果的合同”时（边码 514 以下），那么结果也相同。通常情况下，债务人只需赔偿债权人“自己的损害”，但人们必须考虑债权人与第三人之间达成的合同是否因债务人违反义务而不能或者不能正常履行。债权人因向第三人履行事后补充履行或者损害赔偿、偿还徒然支出的费用或者支付违约金而遭受损失的，那么这一损失就是“自己的损害”，据此他可以向债务人请求“补偿”（auf Regress）。

并非由立法者而是法院通过判例在具体案件中赋予债权人**“第三人损害清算”**。第一种类型是债权人在合同订立时虽以自己的名义与债务人进行磋商，但是他是为了完成第三人的**委托**——即作为**间接代理人**——而实施行为；从结果看第三人承担债务人违反义务的风险，如果出现了义务违反，那么第三人独自遭受损失。 *1068*

双方订立买卖合同，如果出卖人没有送交商品或者买受人没有接受商品或没有支付价款，那么债务人根据第 280 条第 1、3 款和第 281 条负有代替给付的损害赔偿责任。如果债权人为了自己的利益而订立了合同，那么他本人遭受了损失，借助请求权主张补偿；如果债权人是受了第三人的委托而为第三人利益订立了合同，那么是第三人遭受了损失。尤其是在债权人与第三人之间存在行纪合同（Kommissionsvertrag），债权人作为“行纪人”与债务人订立买卖合同（参见《商法典》第 383 条）。此时，判例允许债权人不仅可以向债务人请求自己遭受的损失，还可以请求赔偿第三人因此遭受的损失。如果债务人在与债权人签订合同时不知道也不可能知道债权人不是为了他自己而是为了第三人的利益与自己交易并且交易失败的风险完全由第三人承担，那么他就不能因此而遭受损失。作为债务人的出卖人违反了合同，那么在任何情况下他都必须清算补偿交易以及因此产生的其他费用。补偿交易是由债权人（为了自己的利益而购买）还是由第三人（为债权人利益并由债权人委托购买）实施的，不会影响结果。同理，如果债权人为了修理、看管或者仓储的目的而将某物交给债务人，该物损坏或被毁或者债务人无法归还该物，那么债务人违反了义务；如果债务人对违反义务负责任，那么他就必须向债权人赔偿损失。如果债权人作为物的所有人而享有使用或者收益的全部权利，为了自己的利益而订立了合同，那么结果不言而喻。如果债权人并非物的所有人，而是所有权人将物的照管（Obhut）交给他（例如基于租赁合同），那么结果相同。同样的还有，如果债权人不但接受了照管，而且基于信托或者担保合同获得该物或者为此目的而从权利人处受让了一项债权。这一情形是指，例如某人向自己的银行负担了一笔贷款，为了担保贷款返还请求权他以信托的方式向银行交付了某物或者让与某项债权。如果该物在银行手中被第三人损坏或者没有按时实现这项债权，而根据担保合同，损失不是由他而是由担保履行人承担，那么银行可以请求赔偿物被损坏或者支付迟延而产生的损失。如果银行将这一项请求权让与担保履行人（通过对担保合同进行补充解释得出他负有这一义务），那么担保履行人也可以主张这一请求权（参见 BGHZ 128，371）。 *1069*

1070 （判例）在更广泛的类型中允许第三人损害清算。它的特征是，某物以可归责于加害人的方式被损坏或者损毁，但损坏或者灭失的风险根据第447条第1句、第644条约定由第三人承担，那么物的所有权人也不会因此遭受任何损失。

1071 这一情形尤其出现在寄送买卖中：例如，货物在运送给买受人的过程中因运输公司的过错或者因第三人引起的交通事故而损坏，即使事故发生时出卖人是货物的所有权人，但是该风险根据第447条第1句已经转移给买受人，所以出卖人不会因此遭受任何损失（边码838以下）。由于加害人与买受人之间不存在合同约定，因此买受人不可能根据第280条第1款要求加害人承担损害赔偿责任；由于买受人并未失去所有权只是遭受了单纯的财产损失，因此加害人也不可能根据第823条第1款承担责任。根据判例，此时的出卖人既可以根据第823条第1款也可以根据第280条第1款向对事故负责任的第三人或者运输公司请求赔偿买受人遭受的损失，即第三人的损害。买受人也可以主张这一请求权，但前提是他已经根据第285条从出卖人处受让了该请求权。但是，有关第三人损害清算的规则对一个现实中非常重要的情形来说没有任何意义：运输工作交给了一个专业的运输公司。此时买受人根据法律——即根据《商法典》第421条第1款第2句和第425条——有权以自己的名义向运输公司主张请求权。同理，承揽合同中的承揽人将工作成果寄送给定作人（参见第644条第2款），或者承揽人负担在建筑所有人新居中安装电路的工作，一部分电线在他交付之前因火灾被毁，而火灾的发生部分是因为建筑承揽人、部分是因为建筑所有人委托的粉刷工的过失；建筑所有人可以请求粉刷工赔偿电路承揽人作为第三人遭受的损失，而该损失包括重新完成承揽工作以及他不能获得火灾发生前的报酬的费用。

五、须负责（Vertretenmüssen）

（一）概述

1072 根据第280条第1款第2句，“如果债务人无须对义务之违反负责任的”，那么他不需要赔偿因违反义务而发生的损害。债务人负举证责任。如果这一点毫无疑问或者债权人证明了债务人违反义务并且由此造成了损失，那么就可以确定债务人有赔偿义务，除非债务人能够完成**“免责证明”**（Entlastungsbeweis），即提供可以证明他对义务违反**“不负责”**的事实。债务人需为何事负责，则由第276条到第278条规定。根据第276条第1款第1句的规定，债务人必须对“故意和过失”（Vorsatz und Fahrlässigkeit）负责，但以“更严或者更宽的责任”既未被规定也不能“由债务关系的其他内容”推知为前提。法律规定的关于“更严格责任”的一种情形是债务人在合同中承担了**“担保”**（Garantie）或者**“购置风险”**（Beschaffungsrisiko）。

如果由债务人负担的给付根据第 275 条因给付障碍而变得不可能或者不可期待，并且该给付障碍在合同订立之时就已经存在，那么债务人的责任和免责就不是根据第 280 条而是根据第 311a 条第 2 款。在此，只要债务人并非“在合同订立之时不知道给付障碍，也无须对其不知道负责任的”，那么他就不能免责，他负有代替给付的损害赔偿或者根据第 284 条偿还徒然支出的费用（第 311a 条第 2 款第 2 句）。然而，他对何事“负责任”则视第 276 条而定。如果他故意或者因过失不知道给付障碍，那么他对此负责；但是，如果他在合同中承担了合同订立时的给付障碍的担保（边码 1107、1108），那么他的责任就与有无过错无关。如果导致根据第 275 条排除债权人的履行请求权的给付障碍，在**合同订立之后**才出现，那么债权人可以根据第 283 条和第 280 条第 1 款请求代替给付的损害赔偿；债务人必须根据第 283 条、第 284 条和第 280 条第 1 款第 2 句负担免责举证，他并非故意引起给付障碍，此外，即使他尽到了交易中必要的注意该给付障碍仍旧会出现。但是，如果债务人在合同中承担了给付障碍不会出现的担保，那么此时他仍旧需要对此负责（边码 1106）。 1073

故意和过失的上位概念为“过错”，所以人们也将第 280 以下中的损害赔偿责任称为受制于**“过错原则”**（Verschuldensprinzip）。这一表述是否描述了真实情况则存在疑问，无论如何都不能将债务人的责任理解为与债务人因违反义务而遭致谴责之间存在联系（边码 1077、1078）。另外，更严格的责任会压制“过错原则”这一表述，毕竟债务人有可能在合同中承担特定风险或者向债权人担保出现特定的结果（边码 1106 以下）。 1074

过错原则对于**普通法**（Common Law）来说是陌生的。在那儿，原则上合同被视为一个**担保承诺**（Garantieversprechen）。双务合同中的每一方当事人都期待对方能够遵守自己的承诺，不仅是尽全力履行承诺的给付而且事实上也如此履行了。若是失败了，那么他因“违反合同”而必须赔偿损失，无须过问他是否尽到了为实现该给付必需的注意。普通法只是非常例外地免除债务人的责任，但是免除责任并非因为债务人尽到了足够的注意，而是担保被限制在一定的范围内或者债务人不承担特定的给付障碍。这也是《联合国国际货物销售合同公约》和《欧洲合同法原则》的基础。据此，免除一方当事人责任的前提并非双方的约定（当然这种约定具有优先性），而是双方当事人证明不履行自己的承诺是因为“某种非他所能控制的障碍”（参见《联合国国际货物销售合同公约》第 79 条和 BGHZ 141，129；《欧洲合同法原则》第 8：108 条）。普通法有时会在根本上限制担保的范围，尤其是那些债务人并非承诺特定的结果——例如归还某物或者完成某项工作——而是履行服务的合同。即便在普通法中，医生也不可能向患者担保医治好对方的疾病，律师也不可能向委托人担保能够胜诉。他们担保的仅仅是：他们有能力、像处于同等情况下的谨慎的医生或者律师那样履行自己的义务。如果医生或者律师事实上这么做了，那么 1075

就免除他们的责任，此时并非因为他们没有过错的行为，而是因为他们没有违反义务，参见 *Zweigert/Kötz* S. 501 ff.。当然，德国现行法、普通法、《联合国国际货物销售合同公约》、《欧洲合同法原则》以及大多数域外法律制度在实际结果上并不存在重大区别（参见 *Schlechtriem* ZeuP 1993，217，228 ff.）。如果人们“在合同声明中不仅可以看到双方当事人的承诺，即每个人都应当尽自己最大努力去实现特定的结果，而且人们将这一承诺视为承担与之相适应的担保”，那么这么做（立法技术）就有优势（*Zweigert/Kötz* S. 513）。

（二）故意和过失

1076 如果债务人有过错，即故意或者过失地（vorsätzlich oder fahrlässig）引起了义务违反，那么原则上就说债务人对义务违反负责任。**故意**是指债务人认识到自己的义务并且有意识地违反了该义务。例如出卖人故意损毁买卖的特定物或者故意将该物再次出卖：第二种情形中的出卖人明知道自己的处境却将特定物交给一个买家，对另一个买家而言就存在故意的义务违反。同理，建筑承揽人同时接受了多项委托，之后发现以自己的人力物力无法按时完成所有工作：如果此时他将某个定作人置于最后的位置并且有意识地超过了约定日期，那么他就是故意地违反义务。他对迟延给付负责任并进而陷入迟延（第 284 条第 4 款）。如果定作人在指定期间经过无效果后要求代替给付的损害赔偿，那么承揽人也不大可能根据第 280 条第 1 款第 2 句免责。

1077 **过失**是指债务人“疏于尽交易上必要的注意”（第 276 条第 2 款）。根据主流观点，人们应该客观地理解民法中的注意程度。如果债务人没有像处于同一职业领域的一般成员可被期待地那样行为，那么就存在过失。白铁匠、医生和律师必须具有正常的白铁工、医生和律师应有的谨慎，商人根据《商法典》第 347 条必须具有“正常的商人应有的谨慎”：如果他欠缺了同一职业领域中的成员在交易中一般被期待的专业知识、经验和理解力，那么他就不能免责。

1078 换言之，债务人承诺了给付，由此承担了一个担保，而该担保的范围则一般根据第 276 条第 1 款确定：他在履行自己承诺的过程中，不仅以对他个人而言可能的注意，而且是“交易中应尽的”注意去完成这项工作。由于第 276 条第 1 款是任意规则，因此可以通过解释合同得知债务人承担了更松或者更严的担保并且他应当以更低或者更高的注意程度行为，更高的注意程度可能出现在专家进行手术的情形中，而更低的注意程度可以是债权人在明知债务人不具有平均能力的情况下仍订立合同并且为此只需支付很少的报酬。

1079 第 280 条第 1 款的基础是，人们必须明确区分债务人是否违反义务以及义务违反是否可以归责于债务人这两个问题。如果能够确定债务人的合同义务和债务人原本的状态、债务人应当采取的行为、导致或避免的后果，那么就可以贯彻上述区分。但是，在不同给付义务之间以及给付义务与保护义务之间却差距甚大。它们的具体内容只有通过以下方式予以确定：基于对尽交易上必要的注意的命令，债务人在此具体情形中有义务做什么以及不做什么。此时，人们很难清楚地区分义务违反以及债务人是否对义务违反负责任这两个问题。例如，合同一方当事人向另一方要求某物，但根据合同该物事实上不属于他；联邦普通法院的观点认为此时存在义务违反，即使债权人的请求客观上不成立但根据具体情况这一请求被视为是“可以理解的”，合同一方也不负责（BGHZ 179，238 Tz. 19 f.）。换言之，应当否认这一情形中有义务违反。即使医生向患者承诺施加治疗，建筑师向建筑所有人承诺规划，律师或银行或专家向委托人或客户承诺为了后者的利益提出建议、报告和指示，但如果债务人像一个谨慎的、处于相同情况下的医生、建筑师、律师、银行或者专家那样行为，那么就没有违反义务。如果债务人没有注意到这个行为标准，那么就存在义务违反并且没有免责举证的可能。但是，债务人可以根据第 276 条第 1 款第 2 句主张自己患有精神疾病或者自己是未成年人（第 827 条、第 828 条）并进而免责。然而，这种抗辩在合同法中没有现实意义。

参见 *Schlechtriem/Schmidt-Kessel* AT Rn. 566，588 ff.，*Canaris* JZ 2001，499，512。一旦本质上关系到义务违反而不与免责举证有关，那么它就扩大了债权人承担举证责任的表象（边码 1034）。但是，因为义务的具体内容关系到一些与举证责任分配无关的法律问题，所以这一表象具有迷惑性。 1080

免责举证对一种案件类型具有重大现实意义，即出卖人或者承揽人的义务违反起因于送交了有瑕疵的买卖标的物或者有瑕疵的工作。但是，如果出卖人或承揽人担保不会出现瑕疵，那么他们此时就无法免责（边码 1109 以下），但这种情形非常少见。通常来说，如果他们可以证明义务违反既不是出于他们的过错也不是出于他们的履行辅助人的过错，那么他们无须负责。 1081

举证有时是非常困难的。这尤其指债务人基于承揽合同以及承揽供应合同而**制作**或者**生产了**有瑕疵的物的场合（第 631 条、第 651 条）。例如某建筑工匠制作了窗户并将其安装进定作人的新建筑中，如果窗户不够严实，那么他就很难证明自己尽到了交易上必要的注意。如果汽车生产商制作并出卖了一辆汽车，而这辆汽车却因生产或设计缺陷而存在瑕疵，那么该汽车生产商也很难举证免责。现实中更多适用一种有力的简便法则：谁像生产商那样谨慎工作，就不会犯错误；谁生产了有瑕疵的物品，谁就是没有尽到必要的注意。即使是建筑工匠从第三人处购买的木材不适合制造窗户或者生产商从别处购买的刹车装置功能不良，仍旧不能免除他们的责任。判例坚持以下立场：建筑工匠以及汽车生产商不是根据第 278 条为他的供应商的过错承担责任（参见边码 1090 以下），而是因为他在使用木材或刹车装置的过程中没有检测材料的适用性或者检测得不够仔细，由此导致他没有尽到交易上必要的注意。 1082

1083 如果并非由生产商品的人而是由买卖以及运输商品的经销商引起了物的瑕疵，那么就需要做不同的考虑。此时，经销商的过失行为也将纳入考量。这一情况尤其是指经销商过失地不作为，在将物交给买受人之前没有进行“交售检测”，而通过该检测可以发现瑕疵，经销商是否有义务进行检测则视具体情形而定（参见 BGH NJW 1968，2238）。例如取决于经销商是否有处理这一种类物的经验和知识，取决于买受人是否以及可以信任经销商，也取决于检测在技术上是否可能以及经销商是否具备检测必需的设备；总的来说，就是取决于从理性人的视角观察检测所需的费用以及不同利益之间的关系，即经销商因此承担的费用与损害的“期待价值”——即通过检测可以避免的损失——之间的比较。期待价值越大，买卖标的物就更可能导致损害，这也意味着不进行检测将导致严重的损害。

1084 某人在百货商店购买了一辆崭新的自行车，因为前轮叉的隐蔽瑕疵而遭遇事故；如果百货商店的经营者能够证明他无须承担交售检测的工作，也就是说不存在过失行为，那么他就不需要根据第 280 条第 1 款承担损害赔偿责任。如果买受人自己发现了瑕疵，认定这辆车不能投入使用，之后为百货商店的经营者指定了事后补充履行的期间，而该瑕疵在到期后仍旧没有被消除，那么又该如何处理？此时，百货商店的经营者根据第 280 条第 1、3 款和第 281 条负有代替给付的损害赔偿责任。实际上他不可能免责。买受人根据第 439 条请求以修理自行车为内容的事后补充履行，并且不存在第 275 条第 2、3 款和第 439 条第 3 款描述的可以拒绝修理的情形；如果期间经过并且（本来可能的）修理归于失败或者不可能再次尝试修理，那么百货公司经营者就有过失行为。如果买受人根据第 439 条请求在指定期间到期之前送交一辆无瑕疵的新自行车，而这一请求没有实现，那么无论是否存在过失，百货商店经营者都负有代替给付的损害赔偿责任。这是因为，出卖新自行车——即种类物——的人他承担了购置风险（边码 1101 以下）；他由此担保最迟到指定期间到期时为止送交一个具有合同约定的性质——无瑕疵的——种类物。

1085 依据尽到交易上必要的注意的命令确定债务人行为的具体内容对以下情形意义重大：债务人无法归还或者只能以被损坏的状态返还给债权人一个本属于债权人的物并进而承担损害赔偿责任。就一般原理而言不存在争议：承揽人修理定作人的物或者出卖人保管买受人还未接受的物或者承租人或借用人在交付或归还该物之前，都必须像一个处于相同情况下的理性人可以期待的那样行为并保护该物免遭偷盗、灭失和损坏。这在具体情形中意味着什么就可能充满疑义。例如承揽人将委托给他修理的汽车停在自己的工厂内，晚上这辆车被人偷走了，此时必须确定他根据“交易中必要的注意”这一行为标准需要采取什么具体保护措施。他是否必须将他客户的车辆放在上了锁的车库内？他是否必须安排人员监控或者安装警报器和防盗设备？人们不能认为其中一种或者其他一种保护措施是“必要的”或者“必须的”还是（反过来）“不可期待的”或者“不适宜的”。如果以一种经济分析方法去解决以上问题，那么事实会更加清楚、更加具体。人们认为，如果双方签订的是一项“全权负责的合同”（vollständiger Vertrag），即采取保护措施被视为交易的内容时，那么承揽人有义务采取这些保护措施（参见边码 77 以下）。

此时，有关承揽人负有采取保护措施的义务并且采取保护措施所需的成本少于给承揽人带来的收益的约定对双方都有利。“成本”是指承揽人采取不同保护措施所需支出的费用，“收益”是指采取措施后可以避免的损失。后者取决于采取措施可以在多大程度上降低偷盗的概率以及减少损失。例如平均每年被偷两辆车，采取某一措施后减少到一辆，而车辆的平均价值为 20 000 欧元，那么只有在采取保护措施的成本低于 20 000 欧元时承揽人才必须采取相应措施。但是，现实常常缺少进行成本收益分析所需的实际的、统计学的、计算学上的信息。法官通常可以根据《民事诉讼法》第 139 条向双方当事人就他没有从事实中得出的信息发问。谁在确定预估值的过程中能够借助可信的估计以及健康的人类理解力，那么他为此承受的就应比那些考虑承担某些保证义务是否“合理”或“不可期待的”的人来得多。 1086

（三）履行辅助人责任

债务人为履行自己的义务，并非亲自行为而是为此目的利用了其他人，那么根据第 278 条第 1 句他必须在与自己的过错相同的范围内为这些人的过错负责。这是因为（在立法者确立第 278 条时就说过），如果“债务人承诺了一项给付，依照今时今日的交易习惯，在这一承诺中可以看出债务人明示或者默示地承担了一项以替债务人承诺的给付出力的人能够合乎规则地行为为内容的担保”（Mugdan II S. 16）。一般来说，债务人**担保**自己的**履行辅助人**不会故意阻碍履行义务，更进一步担保履行辅助人在履行义务的过程中能够尽到与债务人自己担保的相同的“交易上必要的”注意（边码 1077、1078）。至于究竟是债务人的给付义务还是保护义务，以及双方当事人之间是否已经存在合同还是尚处于第 311 条第 2 款规定的合同成立前的债务关系，这些都不会影响处理结果。 1087

履行辅助人是那些“根据现有情形中的具体关系，依照债务人的意愿，为了履行债务而以辅助人的身份实施行为的人”（BGH NJW 2007，428）。一般来说，履行辅助人指的是那些以职工或者雇员身份列于债务人领薪名单上的人，他们或者无偿替债务人经营或者无偿为债务人实施家计。当然，一个独立的承揽人也可以是履行辅助人。建筑承揽人向定作人承诺完成房屋设备安装，该建筑承揽人将安装窗户和暖气设备的工作移交给了另一个承揽人，那么后者就是前者的履行辅助人。买受人或者承租人从律师或者承租人保护协会那里获得了错误的法律咨询，并且协会对此负责任，由此导致价款或者预付的租金不能被计入运营费用，那么律师或者承租人保护协会必须像自己错误地提供了法律咨询一样为履行辅助人的咨询错误负责（参见 BGH NJW 2007，428）。只有当可以确定债务人为了履行自己的合同义务而 1088

利用辅助人时，才能适用第278条。出卖人委托承运人将香蕉运给买受人，承运人没有冷藏香蕉导致香蕉腐烂，那么只有在赴偿之债——即出卖人根据买卖合同负有将香蕉运到买受人经营地并送交给他的义务——中，出卖人才必须为作为履行辅助人的承揽人的过错负责。此时，究竟是承运人本人还是承揽人的雇员——即履行辅助人的履行辅助人——引起该损害则在所不问。如果此时构成第447条中的寄送买卖并进而发生寄送之债（边码838以下），那么出卖人无须为承运人或者承揽人的雇员负责；他虽然挑选并且委托了承揽人，但他仅仅是照管买受人的利益，而非意在履行自己的运输义务。

1089 如果因承租人的家庭成员、客人、次承租人或者其他“经承租人允许而接触租赁物”的人的过失导致了租赁物损坏，那么承租人必须向出租人负责（BGH NJW 1991，1750，1752）。承租人将机器卖给别人，委托接受机器的承运人有过失地损坏了租赁土地，那么即使该承运人并非受承租人而是受买受人委托接受机器，承租人也必须根据第278条向出租人负责（RGZ 106，133）。旅游经营者为了履行组织旅游的义务而利用了独立的承运人、旅店经营者或者类似的“给付负担人”（参见第651a条第1、2款）。旅游经营者向旅游者出售了美妙的哥斯达黎加之旅（套餐），那么如果西班牙的酒店经营者没有妥善修缮酒店建筑而导致旅游者从阳台掉落，那么旅游经营者必须根据第278条为此负责（BGHZ 103，298）。

1090 如果出卖人——作为生产商或作为销售商——负责将商品运给买受人，出卖人必须根据第278条就供应商的过错负责吗？根据具体情形，出卖人有义务向买受人提供如何正确使用商品的咨询：出卖人受到生产商的委托向客户提供咨询或者生产商为了这个目的将使用手册交给了他，那么生产商就必须根据第278条为出卖人提供错误咨询以及使用手册存在漏洞负责（参见BGHZ 47，312，316）。出卖人原则上无须根据第278条就生产商的过错负责；同理，供应商送交了有瑕疵的建筑材料或者履行了有瑕疵的先给付，那么建筑承揽人也无须就该供应商的过错负责。

1091 买卖合同参见BGHZ 48，118，120；BGH NJW 2008，2837 Tz. 29；承揽合同参见BGHZ 95，128；BGH BB 1985，1939。主流观点也持相同的看法。具有说服力的反对观点例如*Schlechtriem/Schmidt-Kessel* AT Rn. 610；MK-*Grundmann* § 278 Rn. 31，34.。无论如何，只要他承担了一项担保，都可以在个案中通过对合同的解释得知出卖人或建筑承揽人愿意为前一个供应商的过错负责。更严格的责任还意味着出卖人或承揽人在选择前一个供应商作为自己的合同相对人时，他们之间就互相达成协议并且承担对方未来陷入支付不能的风险。

1092 摩托车经销商卖出了一辆全新的摩托车并送交，如果生产商有过错地引起生产缺陷并导致买受人遭遇事故，那么买受人有权向生产商主张基于**侵权行为的**（deliktische）损害赔偿请求权（参见《产品责任法》*Kötz/Wagner* Rn. 606 ff.）。根据主流观点，只有当出卖人有过错地行为（例如有过错地运输）或者承担了关于摩托车无瑕疵的担保时，买受人才可以向出卖人主张基于**合同的**（vertragliche）损害赔偿请求权。与此不同，出卖人不会根据第 278 条对生产商的过错负责。

只有当履行辅助人的过错行为与他承担的工作之间具有**内在因果关系**（innerer Zusammenhang），而不是工作为他创造了一个引起损害债权人的“机会”时，债务人才会根据第 278 条为履行辅助人的过错负责。存在疑问的是，履行辅助人因故意或者犯罪行为损害了债权人，那么债务人是否需要为此负责？最新的判例认为，只要承接工作为履行辅助人提供了干涉债权人权利和权益的可能，那么履行辅助人的犯罪行为就归责于债务人。工匠接受了粉刷定作人公寓的任务，如果该名工匠的学徒从公寓中偷走了一台电脑，那么工匠就必须根据第 278 条为此负责；如果学徒开走了停放在定作人家门口的摩托车，那么该名工匠就无须为此负责（参见 BGH NJW 1991，3208）。 1093

（四）责任加重

如果可以由法律规定、其他一般规范或者合同约定得出更严格的责任，那么就不适用对个人过错和履行辅助人过错负责的一般规则（第 276 条、第 278 条）。 1094

1. 对财政上给付财产的责任。法院判决和学术界同意以下基本原则：债务人必须无条件地保证自己**财政上的给付能力**（finanzielle Leistungsfähigkeit）。在任何情况下他都不可能通过证明自己负担的金钱之债在合同订立之时或者之后变得不可能并且他对此事毫无过错而免责。必须支付合同价款、租金或者一项类似的报酬或者一项贷款的人，只要债权人的支付请求权已到期，即使债务人用于支付的金钱在半道上被偷，债务人也会立即陷入迟延（第 286 条）。同理，银行被宣告破产，对它作出的转账委托因此被“卡住”，导致债务人无法动用这一笔金钱，该债务人仍旧陷入迟延。同理，土地的买受人为了资助合同价款而希望从银行那里获得了一笔贷款，出于某些原因银行没有支付这一笔贷款而买受人又无法及时找到另一个金钱提供者，此时他陷入迟延。相同的规则也适用于债务人虽不需要支付金钱，而是仅仅因为自己资金匮乏而无法给付的情形。债务人没有将货物交给债权人、没有送交无任何负担的土地、没有完成建筑工作或者作为出租人没有修复出租房，如果仅仅是因为债务人资金短缺而无法从第三人那里购买同种类的货物、无法直接消除土地抵押权、无法购买建筑材料或者无法将修理房屋的工作委托给第三人，那么他就必须对义务违反负责。至于他对资金短缺是否负有过错，则在所不问。 1095

就债务人对自己财政的给付能力承诺担保的原因的讨论则没有现实意义。有人认为，债务人对他的金钱债务承担了**购置风险**（边码 1101 以下）；另一些人认为，这一切是基于法体系的以及法政策上的考量，参见 *Huber* I § 26；*Medicus/Lorenz* SchR AT Rn. 403 ff. 。如果债务人虽然没有向债权人人支付承诺的金额，但不支付并非因为债务人资金匮乏而是出于其他原因，那么债权人就不能主张债务人对支付 1096

能力作出的担保。这一情形是指，例如因为债务人突染风寒或政府出台外汇禁止支付，导致债务人虽有支付能力却不能支付。另一种情形是债务人虽然不需要支付一个“抽象的”金额总数，但是必须给债权人特定的钞票或硬币。另参见 *Huber* I § 26 I 3 und III.

1097 2. 对租赁物自始瑕疵的责任。另一个担保责任见第 536a 条：租赁物**在合同订立之时就已存在瑕疵**，**承租人**因此遭受损失（第 536 条），即使出租人能够证明他既不知道也不可能知道该瑕疵，也必须赔偿损失。

1098 正如任何一个担保的情形，必须先确定哪一种损害被纳入担保范围内；这里包括承租人自己遭受的损害以及租赁合同保护效果涉及的第三人遭受的损害（第 311 条第 3 款，边码 514 以下）。判例认为这一范围非常宽。被纳入这一范围的尤其是所有的“瑕疵结果损害”，即承租人或者受到保护的第三人因租赁物自始瑕疵而遭受的身体上的损害以及财产损失。例如某人在集市上乘坐一辆不符合安全标准的观光车并伤到了膝盖，那么集市的组织者，无论他是否存在过错，都必须赔偿医疗费用（BGH NJW 1971，424）和精神损失（边码 1048、1049）。同理，如果租赁空间中放置的物品因为该租赁空间自始存在瑕疵而受损，那么不仅是承租人，包括其他作为该物所有权人的第三人都可以主张第 536 条中的请求权（BGH NJW 1970；419）。判例将出租人对自始的物的瑕疵的严格责任视为“一个对于法定责任体系来说的非典型规范”，并且允许出租人——通过一般交易条款以及在出租房屋时——声明免除第 536a 条中的责任（BGH NJW-RR 1991，74；BGH NJW-RR 1993，519）。

1099 3. 陷入迟延后的债务人责任。债务人负担的给付陷入**迟延**（Verzug），债务人的责任就会加重：即使是因为意外阻碍了履行给付，即这一结果既不可归责于债务人也不可归责于债权人（第 287 条第 2 句），债务人仍旧负代替给付的损害赔偿责任。例如租赁的自行车被盗，只要承租人根据具体情况尽到了保护租赁物的必要的注意而不存在任何过失，那么他对出租人不负任何责任。如果在盗窃发生时返还自行车已经陷入迟延（第 286 条；边码 1130 以下），那么这一“意外”就可以归责于他：即使他已经尽到了自行车被盗的必要的注意，他仍旧负有代替给付的损害赔偿责任。

1100 负有交付并转移土地所有权的出卖人陷入债务人迟延，之后建在土地上的房屋因雪崩而损毁，此时的处理结果就不同于上文。买受人虽然可以不支付价款（第 275 条第 1 款、第 326 条第 1 款），但他不能请求代替给付的损害赔偿。虽然雪崩作为意外，发生于债务人陷入迟延之后，但即使债务人及时履行了给付，该房屋还是会被雪崩损毁（第 287 条第 2 句）。只有当买受人可以证明（在出卖人及时履行的情况下）他会在雪崩发生之前将该房屋转卖并且交付，而雪崩的风险和支付价款根据第 446 条第 1 句本应由下一个买受人承担，买受人才可以请求代替给付的损害赔偿。

1101 4. **承担购置风险**（Beschaffungsrisiko）**而引起的责任**。出卖人负有向买受人送交**种类物**（Gattungssachen）的义务（边码 791 以下），那么根据交易习惯通常会存在一个以出卖人承担买卖标的物的**购置风险**的表示，即他无条件地愿意在约定的时间将物安排妥当、以供处分并像约定的那样送交给买受人。如果这一尝试失败了并且买受人因而主张迟延损害赔偿或者代替给付的损害赔偿，那么出卖人不可以以即使在尽到必要的注意的情况下该物仍旧不能按时送交为由予以防御。

1102 这一规则仅适用于因那些属于置办风险范围内的理由而导致送交失败的情形。如果出卖人虽在约定的时间确定了货物，但却因为自己生病而没有像约定的那样将货物准备妥当以供买受人接受，那么就不属于本段第一句中的情形。如果寄送买卖中的出卖人因运输公司雇员罢工而无法将已经确定好的货物发送给买受人，那么也不属于本段第一句中的情形。这是因为，出卖人通过承担购置风险仅担保他能按时地拥有货物，而不担保自己不生病或者货物会被正常发送。即使出卖人不能按时拥有货物，也可能存在导致他无须承担风险的理由。这主要是指从双方当事人的意思、交易类型的习惯或者附随情事中得知，双方约定的仅仅是一个**"限定的种类之债"**（beschränkte Gattungsschuld），即出卖人仅担保可以在**某库存**或者由**某生产商生产的产品**中确定该种类物（参见边码 793、794）。如果整个库存被毁、被扣押或被抢，或者某生产商的产品因罢工、火灾而损毁殆尽，那么此时就不构成出卖人承担的（受限的）购置风险。他承诺的给付根据第 275 条第 1 款而变得不可能，即使出卖人可以通过其他途径弄到这批货物，结果也不会改变。此时，出卖人根据一般规则承担损害赔偿责任，即根据第 276 条、第 278 条；如果他对履行不能有过错，那么他需要赔偿对方的损失。

1103 某农场主负有向牛奶加工厂送交特定数量牛奶的义务，牛群突发疫病而全部暴毙，导致他无法完成送交；根据第 275 条第 1 款的规定，他免于送交义务，即便他可以在其他地方获得短缺的牛奶，结果仍旧如此（参见边码 794）。如果仅仅是牛群中的一部分因为疫病而暴毙，而此时该农场主负有向多个牛奶加工厂送交牛奶的义务，那么他有义务根据诚实信用原则分配剩余的牛奶以供送交（RGZ 84，125）；至于余下的部分，他根据第 275 条第 1 款免于送交。只有当他没有给牛群接种指定的疫苗并进而对送交变得不可能这件事负有过错时，他才需要赔偿损失。

1104 由合同、商业惯例以及其他事实可知出卖人负担的购置风险的时间长到他必须从市场中获得买卖的种类物，那么出卖人的责任就会变得更加严格。位于汉堡的可可进口商向位于亚琛的巧克力工厂卖出了 10 吨加纳产的可可豆（Ernte 2005），那么除非加纳的可可收割在 2005 年因为病虫害而无法顺利进行或者因为出口禁令而无法输出，否则就不能免除出卖人的送交义务。其他种类的送交障碍也无法使他免责。虽然出卖人已经确定了可可并且将其置于汉堡的一处仓库中，但是这一批货物在装箱运输之前——即"特定化"之前（边码 795 以下）——因为火灾或者海啸而损毁殆尽，出卖人此时仍旧必须负责。这是因为，出卖人不仅担保货物的确定，而且还担保在约定时间可以处置该物、在约定时间采取符合约定的送交行为（在此是指装箱并向亚琛运输）。如果出卖人因为货物的价款上涨了十倍而自己无法支付这一金额或获得信贷，导致前一个供货商不将货物交给出卖人，那么出卖人仍旧必须对此负责（边码 797，1095、1096）。在所有这些情形中，一旦出卖人在约定的日期未送交并且没有采取送交行为，那么他就陷入迟延（第 286 条），他必须赔偿迟延损害（第 280 条第 1、2 款，第 286 条）。如果买受人为他指定了再送交可可的期间，该期间经过而无效果，或者他错误地相信自己已经免于送交并且认真并最终地拒绝履行合同，那么根据第 280 条第 1、3 款和第 281 条，他负有代替给付的损害赔偿责任。

1105 商业实践中的双方常常通过合同来约定限制因承担购置风险而引起的严格责任。常用的是"保留正确并且按时地自己运输"条款。如果双方在刚才提到的情形中约定了这样一个条款，可可进口商因为供货商没有送交货物而导致自己无法按时送交，那么他可以主张这一条款。根据判例，只有当他可以证明自己在货物转卖到亚琛之前已经与供货商达成了"一致的隐藏合同"（kongrunenter Deckungskontrakt）时，他才有权抗辩。"一致"指的是供货商送交的可可的质量、数量、送交时间等等全部符合出卖人与亚琛买受人之间达成的合同（参见 BGHZ 49，388；BGHZ 92，396）。类似的目的也可以通过以下条款实现：当送交障碍是由于不可抗力、战争、自然灾害、歉收或者产品运输因能源中断、洪水或罢工而瘫痪时，才免除出卖人的责任。免责条款盛行的事实不但表明商业实践非常认真地对待承担购置风险引起的严格责任，同时也表明了为什么对于拒绝上述条款保护的出卖人，应该尽快钻到法律行为基础障碍规则中去寻找庇护（参见边码 1009 以下）。

1106 5. 担保引起的责任。第 276 条第 1 款明确指出，一旦债务人承担一项**担保**（Garantie），那么就构成合同约定的加重责任。多数情况是对合同标的物的特性所做的担保。这是指出卖人或者承揽人担保买卖标的物或者工作不会存在特定的物的瑕疵或者具备特定的性质（边码 1109 以下）。债务人也可以为出现或者不出现其他结果或状态承担一项担保，例如他担保自己具备合同履行所必需的能力、知识或设备仪器，他担保自己在履行承诺给付的过程中不需要或已经取得或可以请求政府批准，他担保该买卖标的物属于他自己，他担保存在出卖的债权并且债权属于自己，他担保出租的公寓可以在约定时间交付承租人使用，等等。作出担保的人面临合同履行可能失败、合同履行不能实现或未来不能实现的风险。如果债务人不履行给付或者不像所负担的那样履行给付，出现了这一风险并构成义务违反，那么债务人必须赔偿债权人因此遭受的损失；此时，不讨论债务人能否可以通过证明自己不存在过错从而免责。当事人是否作出担保以及担保的范围到底有多广，这一切由合同决定，此外还必须考虑商业习惯、交易习惯以及附随事实。

1107 每一个债务人在订立合同之前都有机会也有动机去考虑自己是否能够履行承诺

的给付。因此，债务人在合同订立时承诺的一项关于合同订立时不存在会引起合同履行不可能或不可期待的障碍（第 275 条）的担保近似于承诺。但是，第 311a 条第 2 款规定了债务人可以通过证明自己不知道该给付障碍并且他无须对其不知道负责任从而免责。然而，由合同可知，债务人担保合同订立时不存在给付障碍，即使他不存在过错，他仍旧需要对不知道负责。

建筑承揽人承诺将在特定的日期将房屋交付竣工，那么他可能因此承担了一项担保，即他在订立合同时具有履行给付承诺所必需的能力、人员、建筑器材以及营运组织。在一个引起广泛讨论、发生在澳大利亚的案件中，政府机构将一艘搁浅的邮轮卖给了打捞公司并表示该油轮搁浅在某点，但事实上人们在这一地点没有发现任何船只残骸。此时，人们乐意接受以下观点：政府对油轮残骸位于某地一事作出了担保，因此，如果该公司可以证明他对这一错误没有任何过失，那么他可以请求政府赔偿自己组织打捞而支出的费用。上文言及的问题总是发生在以下情形中：因为买卖标的物在合同订立之时已经被偷、被扣押或灭失而导致出卖人无法向买受人交付该物，或者出卖人在合同订立之时虽然认识到了自己还不是所有权人但却错误地估计他可以按时取得所有权（事实上他却没有取得）。早先的判例认为，出卖人在合同订立之时担保自己具有履行合同的能力，即如果他不能让买受人成为所有权人，那么他对买受人的损失负有无过错的赔偿责任，这对出卖人来说是一种苛责。在第 311a 条第 2 款生效之后，出卖人无论如何都承担了这样一项担保（参见 BGHZ 174，51，71f.）。毫无疑问，如果他明知但期望合同订立时存在的给付障碍之后被消除，那么就应该肯定出卖人承担了这样一项担保。因此，人们必须少同情那些在 4 月 1 日就期待着出租的公寓合同会在 9 月 30 日被解除并无缝连接地在 10 月 1 日租给新承租人的出租人：如果这一希望最终破灭，那么他必须向新承租人赔偿损失，而无须考虑他对旧承租人继续保留居住是否存在过失。如果买卖标的物在合同订立之时就已损毁，并且合同双方对此毫不知情，那么必须考虑下述事实：出卖小提琴的人，如果他在合同订立之时没有过错地不知道自己的小提琴已经被盗，那么他无须向买受人负责。与此不同，如果出卖人是一个职业咖啡经销商并卖出了一定数量的咖啡，双方在合同订立之时都相信这一批咖啡现在在一艘驶往汉堡的集装箱船上，但事实上，运载这一批咖啡的集装箱已经沉入大海。对于这两个参与咖啡交易的商人来说，“在这一交易行为中可以看到一个有拘束力的合同表示，这一批咖啡已经被运上了相关船只，即存在一项与此相关的担保”（OLG Hamburg SeuffA 65 Nr. 160）。 1108

尤其典型的是出卖人承担了一项**特性担保**（Beschaffenheitsgarantie），即约定保证买卖标的物在风险转移之时具有**特定的性质**或者**免予特定的瑕疵**。如果送交后表明买卖标的物欠缺担保的特性或者存在担保不会出现的瑕疵，那么出卖人就面临一个特别严格的责任。即使出卖人对欠缺所担保的特性不存在任何过错，他仍旧必 1109

须赔偿对方的损失。如果买受人因为瑕疵而主张第 437 条中的请求权和权利，那么出卖人也不能通过主张合同约定了排除或限制瑕疵责任（第 444 条）而进行防御。即使买卖标的物上的瑕疵在订立合同之时已经如此明显，以至于可以认定买受人出于重大过失而无视这一瑕疵（第 442 条第 1 款第 2 句），出卖人仍旧不能主张抗辩。最后，即使瑕疵并“不显著”，因而买受人既不能解除合同也不能请求代替给付的损害赔偿（参见第 323 条第 5 款第 2 句和边码 953、第 281 条第 1 款第 3 句和边码 1187），出卖人也不能主张抗辩。

1110　基于上文所述的这些理由不能草率地认为存在特性担保，尤其是不存在出卖人明确表示而只有通过他的行为和具体情况认定存在“默示”的担保。出卖人描述了买卖标的物的应有特性，即在交易过程中或者在宣传材料中提到了买卖标的物的具体特性或者说明了特定的用途，这也不意味着出卖人已经承担了与此相关的担保。而是必须由合同得出——有时是通过明确的约定，有时是根据第 157 条解释双方当事人的意思——“出卖人在合同中承担了买卖标的物不存在约定的特性的风险，并且能够看出他已经准备好独自面对欠缺这一特性而引起的全部后果。”

1111　BGHZ 170，86，92；BGHZ 59，158；BGH NJW 1968，2238；1983，217；BGH NJW 1985，967；BGHZ 132，55。所有这些判决都在试图回答以下问题：出卖人是否——如旧法第 463 条规定的那样——保证买卖标的物具有某特性；但是也允许他们考虑另一个问题，即出卖人是否根据第 276 条第 1 款担保了这一特性。

1112　只有当出卖人掌握专门知识和经验，而且知道或者可以知道买受人无条件地指望买卖标的物具有特定的性质并且凭借一己之力无法克服与此相关的风险（譬如通过质量控制）或免受该风险引起的损害后果时，才可以认为存在**“默示的担保”**（stillschweigende Garantie）。例如二手车出卖人在合同磋商过程中表示该车已行驶的里程为 30 000 千米，只有当出卖人是一个职业的二手车经销商并且买受人信赖以及可以信赖对方的专业知识时，才会视该表示为承担了一项担保。如果私人订立了买卖合同，那么一般来说从出卖人的这一表示中只能看到单纯的特性说明（BGHZ 170，86）。如果在送交车辆后发现实际已驶里程为 50 000 千米，那么此时虽欠缺合同约定的应有特性但出卖人只需根据一般规则负责。

1113　即使约定了担保，也必须继续确定担保的范围。这首先取决于担保表示授予了买受人哪些请求权和权利。有疑问的是，出卖人是否仅担保买卖标的物在合同订立时不存在瑕疵还是送交时也不存在瑕疵，以及出卖人是否仅担保无瑕疵的事后补充履行，或者出卖人在违反担保时的责任是否还包括所谓的“瑕疵结果损害”（参见 BGHZ 170，86）以及人身损害引起的“精神损害赔偿金”。

（五）责任减轻

1114　从法律规定或者对合同的补充解释中可知，债务人例外地只对**故意**（Vorsatz）

和**重大过失**（Fahrlässigkeit）负责。尤其是根据第 345 条第 3 款第 1 句第 3 项规定，债务人可以通过证明自己虽未尽到“交易中必要的”注意但已尽“其在自己的事务中通常所尽的注意”（er in eigenen Angelegenheiten anzuwenden pflegt）；此时他仍然需要为重大过失负责（第 277 条）。如何区分“重大过失”和其他过失（“一般过失”、“简单过失”或“轻过失”），在个案中可能颇具争议。一般来说，债务人以特别严重的方式违反了交易中必要的注意，即无视对处于相同情况下的理性人所规定的最低要求，那么就构成“重大过失”。

如果根据第 275 条债务人无须履行给付，并且使他免于给付的情事是在他向债权人提出给付而债权人不接受给付并由此陷入受领迟延后才出现，那么债务人只须对故意和重大过失负责。例如，如果送交买卖标的物对于作为债务人的出卖人来说变得不可能，那么根据第 275 条的规定免除他的送交义务，但他也因此失去了价款请求权（第 326 条第 1 款）。如果债务人对引起送交买卖标的物变得不可能的情事不负责并且该情事是在买受人陷入受领迟延后才出现的，那么他例外地保留请求权（第 326 条第 2 款第 1 句）。在此期间，出卖人仅对自己的故意和重大过失“负责”（第 300 条第 1 款）。出卖人像约定的那样于 4 月 17 日交付了二手车，但是买受人没有受领；如果该车于 4 月 18 日在出卖人处被盗，即使是出卖人的简单过失（并非重大！）导致车辆被盗，那么买受人仍旧需要支付价款（参见边码 847）。此时，买受人不仅必须支付价款，而且不能请求损害赔偿。这是因为，根据第 283 条和第 280 条第 1 款的规定，该责任以出卖人对不送交车辆“负责任”为前提。虽然出卖人是过失地行为，但是车辆被盗发生于受领迟延期间，此时发生了有利于出卖人的第 300 条第 1 款所言的责任减轻：据此，他“仅对故意或者重大过失负责”。 *1115*

只对故意和重大过失负责的责任减轻也应该馈赠给那些并非自私自利的债务人，尤其是他们作为**赠与人**或者**使用借贷的贷与人**有义务将某物**无偿地**交给债权人（第 521 条、第 599 条，还可参见第 690 条）。他没有在约定的时间将物交给债权人，那么他陷入债务人迟延；如果他可以证明他或者他的履行辅助人对不履行给付既不存在故意也不存在重大过失，那么他就不需要赔偿迟延损害。那些接受**委托**、有义务无偿为对方管理事务的人也是那些并非自私自利的人（第 662 条以下）。但是在第 662 条以下中却不见第 521 条和第 599 条规定的责任减轻。在这些特殊情形中应当类推适用上述规则。 *1116*

参见 MK-*Seiler* § 662 Rn. 51 ff.。有疑问的是，如何在所有这些情形中确定第 521 条和第 599 条所言的责任减轻的**适用范围**。可以确定的是，如果债务人违反了保护义务，那么他不能主张责任减轻。他向债权人承诺会将自己的汽车无偿地交给债权人使用，以便债权人可以在周末驾车前往柏林，如果债权人在取车的过程中因为债务人没有给通往车库、已经上冻的道路除冰而滑倒并摔断了大腿，那么债务人根据一般规则对此负责。与此不同的是，债务人违反了给付义务并影响到了债权 *1117*

人的给付利益。借用人因刹车缺陷不得不停在半路上，他可以请求对方支付租车费用以作为代替给付的损害赔偿；如果出借人知道刹车存在缺陷并且出于重大过失而没有向借用人指明这一缺陷，那么出借人根据第 599 条对此负责。如果有缺陷的刹车导致了一场事故，借用人的身体受损而出借人应当赔偿借用人因身体受损遭受的“瑕疵结果损害”，那么又该如何判决？根据判例，无论借用人此时主张的是第 280 条第 1 款中的请求权还是第 823 条第 1 款中的请求权，出借人都可以主张第 599 条规定的责任减轻。参见 BGHZ 93，23（对第 521 条），以及 *Medicus/Lorenz* SchR BT Rn. 394 ff.；*Losschelders* BT Rn. 315 ff.，528.。

1118 判例认为，某些情形中需要借助**合同补充解释**才能得出以仅对故意和重大过失负责为内容的默示的责任限制。例如汽车经销商与有意向购买的客户达成了试驾的合意，由此根据第 311 条第 2 款在参与者之间形成了类合同关系；通过对合同的补充解释可知，只有当有意向购买的客户存在故意或者重大过失时，他才对试驾车辆过程中发生的损害负责（BGH NJW 1979，643）。如果汽车的承租人承担了由出租人订立的机动车保险合同的保险费，那么只有当他因故意或重大过失导致车辆受损时，承租人才须赔偿出租人的损失（BGHZ 22，109）。如果承租人根据公寓租赁合同有义务支付由出租人订立了建筑物火灾保险合同的保险费，判例在此得出了相同结论：承租人也仅对因自己故意或者重大过失引起的火灾导致的损害负责，这有时是因为**租赁合同**包含了一项有利于承租人的默示的责任限制（BGHZ 131，288），有时是通过建筑物保险合同的补充解释可知，一旦承租人的“简单”过失引起了损害，保险公司可以拒绝出租人主张的请求权（BGH NJW 2001，1353）。

六、约定的责任排除和责任限制

1119 合同自由是合同法的基本原则。因此，合意不仅原则上有效，而且可使损害赔偿责任的法律规定发生有利于合同一方当事人的改变。受益的一方当事人可以约定他仅对**重大过失**而非“简单”或“一般过失”负责，并且只有履行辅助人的行为存在重大过失时，他才对履行辅助人的过错负责。从合意中还可以得知一方仅对他的雇员的过错负责，而不对那些作为独立承揽人而被委托履行合同义务的那些履行辅助人的过错负责。当事人也可以约定只有当履行辅助人是处于领导岗位的雇员或者——如 BGHZ 103，316 所言——“董事会成员以及……执行经理”时，合同一方当事人才对他们的过错负责，与此相反，如果损害是由“一般的”履行辅助人引起的，即使在具体情形中这些人有重大过失甚至故意，合同一方仍旧无须负责。最后，责任也可以被限制在一定数额内，当损害是“不可预见的”或者纯粹是“结果损害”（Folgeschaden）或者“间接损害”（indirekter Schaden）时，双方也可以约定完全排除损害赔偿责任。

根据第 134 条的规定，只要该约定违反了强制性法律规定，包括第 276 条第 3 款，那么这样的约定无效。据此，如果约定事先排除或者限制了一方因故意而引起的责任，那么该约定无效。其次，某些责任不能被过度限制，例如第 702 条规定的旅店主人的责任（第 701 条；边码 668），第 651h 条规定的旅游经营者的责任，《联邦律师法》（Bundesrecchtsanwaltordnung）第 51a 条规定的律师责任或者《民法典》第 449 条、451h 条、第 466 条和第 475h 条规定的承运人、仓储商的责任。 1120

对限制或者排除责任的其他约定有效，只要这一约定是双方经过深思熟虑后达成的结果，但这种情形少之又少。一般来说，这些约定以受益的一方提前拟定并呈给另一方——客户——以供接受的**一般交易条款**的形式构成合同的内容（第 305 条第 2 款）。双方对这些约定甚少进行“个别磋商”（第 305 条第 1 款第 3 句），多数时候是因为不值得为此付出磋商费用（边码 273 以下），有时则是因为合同双方在磋商过程中力图展现自己的给付能力值得信赖，因此也就不乐意谈及义务违反以及随之而来的责任后果。现实中总是以格式方式（formularmässig）达成关于**“免责条款”**（Freizeichnungsklauseln）；通过这一事实可知，只有当这些条款符合针对一般交易条款内容控制的强制性规定时，它们才会生效。 1121

可使这样一个保留条款变得无效的第一个障碍见第 309 条第 7 项 a：客户因**生命、身体、健康**受到损害而请求损害赔偿，那么有关限制或者排除使用人自己过错或者履行辅助人过错的责任的免责条款无效。合同法中的免责条款常常涉及财产损害赔偿责任，对此第 309 条第 7 项 b 提供了一个非常宽松的空间。据此，只有当免责条款意在限制或者排除使用人对自己或者履行辅助人的故意或者重大过失的责任时，该条款才无效。这是因为，第 309 条第 7 款 b 不适用于商人之间的交易（第 310 条第 1 款第 1 句），并由此造成了一种假象，使用人可以与另一个经营者自由商定排除对重大过失的责任以及至少排除对简单过失的责任。然而，这一观点是错误的。这是因为，无论如何，免责条款必须遵守第 307 条的规定。即使该条款没有违反第 309 条第 7 项 b 的规定，只要该条款“违反诚实信用原则，不适当地使使用人的合同相对人受到不利益”，那么根据第 307 条该条款仍旧无效。 1122

根据判例，如果使用人违反了一项**“主要的义务”**（Kardinalpflicht），从合同目的的角度来看这一义务如此重要，以至于破坏了合理的风险分配或者使客户的法律地位骤然倾塌，那么此时就是不适当地使客户受损。 1123

判例将以下义务视为“主要的义务”：例如船主的义务就是用自己的船运输合同相对人的货物，而有运载能力就可以指有防水的舱盖，它可以保证在运输过程中雨水和海浪不能涌入舱体内（BGHZ 49，356；BGHZ 65，364）；承揽人的义务就是细心地处理交给他以供编织的纺织品（BGH NJW 1985，3016）；燃油供货商的义务就是在罐装燃油的过程中检测买受人提供的油桶容积，看看是否符合买受人订购的数量（BGH NJW 1971，1036；另参见边码 275）。如果免责条款剥夺了当使用 1124

人或履行辅助人违反重要的说明和信息义务时意在保护客户的损害赔偿请求权，那么这样的免责条款也是无效的（BGHZ 95，170；BGH NJW 1985，1165）。与此相反，如果某条款排除或者限制了承揽人对定作人的船只灭失或发生火灾的责任，此时承揽人根据合同必须监视一切或者必须在船坞中维修船只，那么只有在定作人通过保险填补了船只毁损的风险或者全体船员在船停泊船坞以供维修期间留在船上的情况下，保留条款才被视为有效。如果船只的灭失或受损是由于承揽人或者承揽人的领导人员没有尽到必要的组织义务，那么承揽人不能援引保留条款。与此不同，如果损害“是因为承揽人的雇员或者工作人员的疏忽或者大意”，并且双方当事人都是商人，那么该保留条款有效（BGHZ 33，216；BGHZ 103，316）。

1125 很多关于讨论免责条款是否有效的观点都把自己放到一个具有说服力的思维框架中，即人们必须牢记符合强制性内容控制的一般交易条款才有效。因过高的谈判费用而放弃对上述条款进行磋商，客户因此处于被动地位而不得不屈服于这样的条款（边码 273 以下）。正如双方当事人处在一个对协商分配风险无须任何谈判费用的世界中会遇到的那样，使用人会不当地利用客户的被动地位而将不利于客户的一般交易条款纳入合同。上述合意的内容取决于哪一方当事人可以用更少的费用采取避免风险的措施，即避免迫在眉睫的损失。如果避免风险是不可能的或者采取措施对于避免迫在眉睫的风险而言是不经济的，那么接下去就必须问，哪一方当事人相比于对方而言可以通过支付更少的费用以保护自己免受风险的影响，尤其是通过投保的方式。参见 *Kötz/Schäfer*，Judex oeconomicus（2003）181 ff.；MK-*Kieniger* § 307 Rn. 38 ff. 以及此处指出的文献。

七、消灭时效

1126 某人违反了合同义务或者违反了第 311 条第 2、3 款规定的类合同债务关系所产生的保护义务，他根据第 280 条第 1 款的规定负有损害赔偿责任；如果满足了第 195 条、第 199 条规定的条件，那么他可以以消灭时效抗辩权（Verjährungseinrede）来防御对方的请求权。这一点不取决于债权人究竟是根据第 280 条第 1 款请求“简单损害赔偿”或者请求迟延损害赔偿（第 280 条第 2 款、第 286 条），还是请求代替给付的损害赔偿（第 280 条第 3 款、第 280 条到第 283 条、第 311a 条第 2 款）或徒然支出的费用（第 284 条、第 311a 条第 2 款）。在上文提到的所有情形中，从损害赔偿请求权产生并且受害人知悉使请求权成立的情事和债务人本人的或者受害人因重大过失而不知相关情事的那一年年末开始，计算第 195 条规定的 3 年消灭时效（第 199 条）。第 199 条第 2、3 款规定了损害赔偿请求权的最长消灭时效期间，该期间不取决于受害人是否知道或因重大过失而不知道。

1127 对某些损害赔偿请求权适用非常特殊的规则。如果出卖人送交买受人有瑕疵的买卖标的物，买受人根据第 437 条第 3 款请求损害赔偿，定作人从承揽人处接受了有瑕疵的工作，定作人根据第 634 条第 4 项请求损害赔偿；此时，并不是依据第 195 条和第 199 条确定消灭时效的起算和期间，在买卖合同中是第 438 条，而在承揽合同中则是第 634a 条。据此，从送交买卖标的物或者接受工作时开始起算消灭时效期间（第 438 条第 2 款、第 634a 条第 2 款）。在买卖合同中的消灭时效期间原则上为 2 年（第 438 条第 1 款第 3 项）；在承揽合同中则根据第 634a 条第 1 款予以确定（参见边码 1188、1189）。

第二节　迟延给付引起的损害赔偿

一、概述

出卖人没有在约定的时间将汽车交给买受人，或者建筑承揽人没有在约定的时间完成公寓房的建筑工作，那么出卖人和建筑承揽人违反了在约定时间提供给付的合同义务。此时，信赖合同的一方往往因推迟给付而遭受**迟延损害**（Verzögerungsschaden），例如没有被送交车辆的买受人只能搭乘出租车或者租车，而当建筑承揽人没有准时完成工作时定作人无法将房屋出租或者因为定作人无法按时将房屋交付承租人而不得不向后者赔偿损失；信赖合同的一方虽然可以保留指向对方承诺给付的合同请求权。此外，根据第 280 条第 1、2 款以及第 286 条他可以请求迟延损害赔偿，即另一方没有按时提供给付——尤其是因此陷入**迟延**——而造成的损失。对债权人来说，迟延的前提是债权人针对债务人的给付享有**已到期的、可执行的请求权**；另外，催告后债务人仍旧不履行；最后，债务人对引起债务人不给付的情事**负责**。 1128

有疑问的是，债权人请求赔偿的究竟是迟延损害还是简单损害赔偿（第 280 条第 1 款）。例如买受人之所以请求赔偿自己遭受的损失，是因为出卖人送交的混凝土搅拌设备被证明存在瑕疵，由此导致他不能开展工作，此时该如何处理？他在不知道瑕疵的情况下将设备投入生产，之后出产了有瑕疵的混凝土，又当如何？一些人认为，出卖人没有按时送交无瑕疵的设备而违反了义务，他必须赔偿迟延损害，即赔偿买受人在出卖人陷入迟延——原则上是他在催告以后——遭受的损失（边码 1136）。主流观点则认为，此时的义务违反是指出卖人没有履行无瑕疵的给付，以及只要出卖人对该瑕疵负责，那么他就根据第 280 条第 1 款负有简单损害赔偿。参见 BGH NJW 2009，2674；MK-*Ernst* § 280 Rn. 55 ff；*Bamberger/Roth/Unberath* § 280 Rn. 30；*Faust* JuS 2009，863。如果瑕疵不可归责于出卖人，那么他无须根据第 280 条第 1 款负责。但是他很有可能对没有履行买受人要求的事后补充履行负 1129

责。如果事后补充履行陷入迟延，那么出卖人根据第 280 条第 1、2 款和第 286 条负有迟延损害赔偿责任，即买受人在事后补充履行迟延期间因无法使用设备而遭受的损失或者在此期间他承租了另一台替代设备或者必须向另一个承揽人购买无瑕疵的混凝土。

二、迟延的要件

（一）请求权已到期并且可执行

1130 只有当债权人享有给付请求权（Anspruch auf die Leistung）并且该请求权已到期且可执行时，债务人才可能陷入迟延。如果债权人并不享有请求权或者该请求权已经消灭，例如债务人已经根据第 362 条履行了自己的给付或者根据第 387 条抵销了债权人的请求权，那么债务人就不会陷入迟延。如果债务人通过解除终止了合同，债务人可以对债权人的请求权提出抗辩，此时也不会陷入迟延。

1131 其次，债权人的请求权必须到期。只要债权人可以向债务人请求给付，那么从这时开始请求权到期（第 271 条）。如果是一个合同请求权，那么当合同订立并且由此产生请求权时，债权人已经可以请求给付。但是，给付日期往往不是由合同约定就是由法律规定甚至有时是“根据情事”确定的（例如第 614 条第 1 句、第 641 条）。例如买受人知道出卖人现在没有商品的存货，双方在合同中也没有约定送交商品和支付价款的时间，此时就允许人们“根据情事”得知买受人的请求权在购置商品所必需的合理时间经过后到期；买受人一旦收到了商品并且检查了商品是否符合合同约定，买受人的价款请求权随即到期（参见边码 1141）。如果债权人嗣后表示同意债务人迟于原先约定的时间履行，那么在延期结束后债权人的请求权到期。

1132 除请求权已到期之外，债权人的请求权还必须是**可执行的**。请求权不可执行是指，例如债务人的给付根据第 275 条第 1 款是不可能的。

1133 如果债务人因暂时的给付障碍而无法履行，那么他可以根据第 275 条第 1 款的规定，在障碍存续期间无须履行（边码 803、823、932）。此外，他的给付义务一直存在，尤其是人们需要借此成立债权人的迟延赔偿损害请求权（边码 789；Looschelders AT Rn. 470）。

1134 债务人需要债权人的协助（例如履行建筑规划、告知信息、为了接受货物而清理准备仓储空间）而债权人没有提供必要的协助，由此导致债务人无法履行的，此时请求权是不可执行的。请求权不可执行主要是指债务人有权对债权人主张抗辩权，例如留置权的抗辩权（第 273 条；边码 892 以下）、给付不可期待的抗辩权（第 275 条第 2、3 款；边码 809 以下）、合同不履行的抗辩权（第 320 条；边码 897 以下）、不安抗辩权（第 321 条；边码 900；BGH NJW 2010，1272）或者消灭时效的抗辩权（第214条）。

究竟是债务人享有抗辩权即可以排除债务人的迟延还是债务人必须主张抗辩权才可以排除迟延，答案并不统一。根据第214条的规定，债务人必须主张消灭时效的抗辩权，第273条中的留置权的抗辩权和第275条第2、3款中的拒绝给付权也是如此。一旦债务人主张**消灭时效**的抗辩权，那么溯及既往地消灭债务人的迟延，一直到抗辩权产生之时。与此不同的是留置权的抗辩权：它只对未来发生效力。债务人一旦提出留置权的抗辩权，那么在此之前仍旧构成债务人迟延，只是在此之后消除迟延。最后，一旦提出合同不履行的抗辩权，那么在该抗辩权产生之时即不再出现迟延。出卖人没有履行给付，只有当出卖人向买受人交付了符合合同约定的货物时（针对价款支付的同时履行），负有支付价款义务的买受人才会陷入迟延（参见BGHZ 116，244，249）。只要出卖人无所作为，即使买受人没有提出合同不履行的抗辩权，负有支付价款义务的买受人仍旧不会陷入迟延。参见*Huber* I §12，13. 1135

（二）催告后仍不给付

债权人享有已到期且可执行的请求权，当债权人通过一个不需要指定期间也不需要遵守特定形式的催告——可以口头表示或者可以通过行为推知——要求债务人履行后，债务人才会因第286条第1款而陷入迟延。很多时候不经过催告也可能出现迟延（边码1142）。 1136

但第286条第1款指明，催告必须在“清偿期到来后”作出。人们普遍认为，债权人的这一表示使请求权到期并且可以同时包含一个催告。 1137

患者或者委托人只有在收到医生或者律师寄送的账单后才知道酬金的数额；根据第271条的规定可以得知酬金在账单到达时到期。如果账单写着患者或者委托人必须在10月30日之前将账单上的数额汇至特定账户，那么此时就出现了对酬金请求权的延缓。患者或者委托人接受了这一个有利于他的要约（根据第151条的规定，为此不需要作出特定的承诺表示），之后双方达成了“支付目的”的合意，即双方同意将酬金的到期延长到11月1号。另一个问题是寄送含有支付日期的账单的行为是否构成催告，即一个足够*明确的*、*确定的付款要求*；如果是这样，那么当患者或委托人无视这一点时，他们根据第286条第1款在11月1日陷入债务人迟延。联邦普通法院否定了这一结论（BGHZ 174，77；反对观点见*Gsell* NJW 2008，52和观点总结见*Faust* JuS 2008，373）。 1138

除非债务人在催告后**立即**履行，即在一个非常短的时间——对债务人来说为准备履行所必要的时间——内履行，否则催告到达后债务人陷入迟延。只要债务人在这一段时间内实施了根据合同负担的给付所必需的**给付行为**（Leistungshandlungen），那么他就算已经履行了。如果买卖合同约定的是寄送之债，那么只要出卖人在催告到达后立即发送货物，那么出卖人就不会陷入迟延，即使**给付结果**（Leistungserfolg）——即买受人取得货物的占有和所有权——之后才出现也在所不论。 1139

1140 合同双方约定债务人至迟在3月1日将负担的金额汇给债权人，如果他按时实施了为汇款所必需的给付行为，即至迟在3月1日之前将汇款委托通知自己的银行，那么他就不会陷入迟延。至于债权人究竟何时收到汇款金额则无关紧要（边码630、849）。与此不同的是，付款作为“交易中的报酬”被履行，即付款人和收款人都是“经营者”或者具有“公共地位”并且付款的内容是送交货物或者提供服务的报酬。此时，根据欧盟关于支付迟延指令的第3条第1c款，只要债权人“没有按时*收到*约定的金额”，那么负有付款义务的一方随即陷入迟延。因此，必须以“与指令相适宜”地解释第269条和第270条；债务人根据合同的约定在3月1日付款并且将汇款委托按时通知自己的银行，如果这一笔钱在4月1日才汇至债权人账户，那么债务人在3月就已经陷入迟延（参见EuGH NJW 2008，1935）。就这一点来看，金钱债务人不仅承担灭失的风险同时还承担迟延风险。参见*Faust* JuS 2009，81；*Looschelders* AT Rn. 275；其他观点*Schwab* NJW 2011，2833；参见边码1145。金钱债务属于赴偿之债，根据第270条第4款的规定，履行地在债务人的住所（或者营业分支所在地），根据《民事诉讼法》第29条债权人也必须在此提起诉讼。

1141 出卖人已经送交了买卖标的物，但是买卖标的物欠缺约定的**应有特性**（Sollbeschaffenheit），那么此时的迟延损害赔偿适用特殊规则。买受人可以请求事后补充履行，但他必须根据第437条第3款和第280条第1款而不是第280条第2款请求赔偿自己到事后补充履行成功之前遭受的损失，此时无须考虑他是否以及何时就送交无瑕疵之物进行催告并由此使出卖人陷入迟延。判例持以下观点：第437条第3项——正如第634条第4项——仅指引回第280条第1款而不是第2款（BGHZ 181，317和边码1028、1029）。出卖的机器于8月1日送交给买受人后因存在瑕疵而无法正常使用，或者买受人不知道存在瑕疵而使用该机器，由此产出有瑕疵的成品，或者买受人在事后补充履行后仅能以较低的价格将成品卖给第三人；如果买受人在9月1日才将瑕疵告知出卖人并且要求出卖人消除瑕疵，买受人仍旧可以请求出卖人赔偿他因此遭受的损失。买受人可能负有共同过错，他知道存在瑕疵，但他不采取任何措施，此时根据第254条，买受人的损害赔偿请求权将相应地减少。

（三）无须催告

1142 根据第286条第2款的规定，很多情况下——数据统计显示是在大多数情况下——不必进行催告；一旦债权人的请求权已到期并且可执行，债务人随即陷入迟延。无须催告的理由可以是，债权人原本必须先要求债务人履行到期的给付以便使债务人陷入迟延，这时催告就既无意义也没有必要。如果债务人此前已经明确表示“认真地并最终地”拒绝履行给付（第2款第3项），那么催告也是无意义的；如果债权人可以非常轻易地确定有权请求给付的时间，那么催告就是不必要的。例如由合同约定可知，“按日历可以确定给付期间”（第2款第1项；例如“在5月4日”“在第

12 个日历周”“复活节前 3 天”)。第 2 款第 2 项对以下情形做了同样的处理：双方约定在“事件”出现并且从事件发生时起经过一定期间，而该期间“以它自该事件发生时起可**按日历计算**的方式确定”并且它是“**合理的**”。如果双方约定，应该在“交货后的第 10 天”、“账单通知后的 2 周”或者在“建筑工程开始后的一个月”给付，那么就满足上文所言的要件。如果双方约定，应该“在收到货物后立即”支付价款，那么就不满足；因为付款的时间在此不能“按日历计算的方式”确定。如果根据现有约定，自事件发生时起经过的期间短得不合理，那么此时只有在事件经过合理期间后债务人仍不履行给付的，债务人才陷入迟延(参见边码 944)。毕竟，**合同约定**必须确定一个与日历相符的给付时间点；因此，金钱之债的债权人独自确定一个日历上的付款日期无论如何是不够的(参见 BGHZ 174，77)。最后，第 286 条第 4 款准备了兜底规则；据此，如果“通过衡量特别情事下双方当事人的利益”认为不需要催告，例如债务人表示自己将在 8 月 10 日履行给付而他没有这么做(参见 BGH NJW-RR 1997，622)，或者屋顶漏雨了并且修补屋顶的工人已经认识到了事情的紧迫性并答应前来修理，但他爽约了。

如果依照迄今为止的所有规则都无法确定是否陷入迟延，根据第 286 条第 3 款的规定，**有偿债权**(Entgeltforderung)——即为了获得债权人的给付而必须支付金钱——的债务人在请求权已到期并且收到债权人送来的账单后的 30 **天**内没有付款，债务人即陷入迟延。债务人是消费者的，那么债权人必须向他指明 30 天内不付款——即他陷入迟延——引起的后果。债务人不是消费者并且债权人可以向他指明是否以及何时账单会到达债务人，那么 30 天的期间以支付请求权到期并且债务人收到债权人履行的对待给付——多数情况下是商品——时开始起算。 1143

第 286 条第 3 款源于欧盟指令并且旨在实现一个善意的目标——加快付款清偿期的到来。这一目标是否真的实现了则存在疑问。这是因为，第 286 条第 3 款帮助了一个将账单与商品同时送交并由此使价款请求权到期的出卖人，只是非常偶尔地——即他没有与买受人约定付款日期而且根据第 286 条第 2 款第 2 到 4 项又无须催告，并且买受人在账单到达 30 天或仍无所作为——出现无须催告即陷入迟延的情形。 1144

(四) 须负责

根据第 286 条第 4 款的规定，如果债务人可以证明他对使给付陷入迟延的情事不负责，那么他不陷入债务人迟延(第 276 条到第 278 条；参见边码 1072 以下)。当债务人负有支付金钱义务时，他很难完成这一举证责任。这是因为他担保了自己财政上的给付能力(边码 797、1095)，如果付款涉及“交易中的报酬”并且因为自己银行的过错而没能按时汇至债权人账户，那么债务人根据第 278 条对此负责。此时，他必须向债权人赔偿迟延损害并且根据第 675y 条和 675z 条从自己的银行那里获得补偿。 1145

三、迟延的法律后果

（一）概述

1146 一旦债务人给付陷入迟延，他会面临两个不利后果。

1147 第一个后果见第 287 条第 2 句：在迟延期间出现了引起债务人履行不能（第 275 条第 1 款）或者他有权拒绝履行（第 275 条第 2、3 款）的情事，债务人仍旧根据第 280 条第 1、3 款和第 281 条、第 283 条负有代替给付的损害赔偿责任。如果这些情事纯属**意外**，即使是处于与债务人相同情况下的谨慎的人也不能避免这些情事，仍旧不免除债务人的责任。参见边码 1099、1100。

1148 另外，陷入迟延的债务人还需根据第 280 条第 1、2 款和第 286 条赔偿迟延损害。这里的损失是指债权人因债务人在迟延期间扣留给付而遭受的损失，例如在此期间债务人不付款、不提供约定的工作、不告知负担的信息或者不像负担的那样履行给付义务（即不提供符合约定的应有特性的标的物或者没有通过事后补充履行消除瑕疵）。迟延期间是指从迟延开始（边码 1130 以下）到结束的整个期间。一旦债权人再也无法要求履行而债务人再也不需要履行，债务人也就不再处于迟延状态，迟延结束。例如陷入迟延的债务人已经向债权人履行了给付义务并且构成履行（第 362 条）。但是，寄送之债中的给付行为与给付结果相互区分；一旦债务人实施**给付行为**（Leistungshandlung），则迟延结束（参见边码 559）。如果出卖人或承揽人虽然按时给付但并不符合合同，尽管如此，合同相对人还是接受了给付并且愿意将其视为履行，那么迟延亦告结束（参见边码 1141）。债务人即使没有履行所负担的给付，迟延亦告结束的情况也不少见。例如债权人在迟延期间拒绝了债务人履行的给付并由此陷入受领迟延，或者履行在迟延期间变得不可能（第 275 条第 1 款）或者债务人可以根据第 275 条第 2 或 3 款拒绝履行并且实际上拒绝了。另一种情况则是，债权人根据第 323 条解除了合同或者转而要求代替给付的损害赔偿（第 281 条第 4 款）。

1149 债权人无论如何首先享有迟延损害赔偿请求权，之后（待指定期间失败后）才是请求代替给付的损害赔偿。根据通说，债权人此时同时享有两个损害赔偿请求权（参见 MK-*Ernst* § 281 Rn. 110 ff.）。但必须注意的是，债权人在 8 月 1 日请求代替给付的损害赔偿，由此排除了履行请求权（第 281 条第 4 款）并且债务人迟延结束，这导致债权人在 8 月 1 日之后因履行不成功而遭受的损失被纳入代替给付的损害赔偿请求权的范围。

（二）权利追及费用（Rechtsverfolgungskosten）

1150 债权人可以请求债务人赔偿陷入迟延后因委托律师或讨债公司（Inkassobüro）

来为自己实现请求权而支付的全部费用。因为催告后才引起迟延，所以这里不包括第 286 条第 2 款规定因必要的催告而引起的费用。只有当处于与债权人相同情况下的谨慎的人也会支出这一笔费用时，权利追及费用才具可赔偿性。这是因为，第 254 条第 2 款要求受害人不做那些无端扩大自己损害赔偿请求权的事情。债权人安排自己的员工或法务部门来实现自己的请求权，如果他以违反第 254 条第 2 款的方式将这些事务委托给律师并将后者的报酬计入迟延损害赔偿，那么一般来说他就不能把这笔账算到债务人头上。

但人们对这一问题争论颇多。参见 BGHZ 66，112；BGHZ 75，230；BGH NJW 1983，2815；BGHZ 127，348；*Schlechtriem/Schmidt-Kessel* AT Rn. 275；*Huber* II §33 I 2－4。 1151

（三）物的给付的迟延

负有送交商品义务的出卖人或者负有完成工作义务的承揽人陷入迟延，迟延损害的范围包括买受人或定作人因迟延而遭受的全部不利，以及债权人在按时给付情况下本可以获得的收益（第 252 条）。建筑承揽人晚了 3 个月才交付用于出租的房屋，定作人可以向他请求支付本可以收取的 3 个月的房租；定作人既不能将房屋出租，而且承租人可以基于第 275 条第 1 款和第 326 条第 1 款拒绝支付租金。如果定作人“资助”了房屋的建造，即贷款获得建造所需的费用，那么他还可以请求（对方）支付 3 个月的贷款利息。 1152

买受人用 200 欧元购买了商品并且与第二买受人以 300 欧元的价格订立了“后手交易”(Anschlussgeschäft)，如果供销商陷入迟延并且买受人根据第 323 条撤销了与第二买受人的后手交易，那么买受人可以请求供销商赔偿自己失去的 100 欧元的收益。这一规则只适用于该商品的市场价格在迟延期间变动不居的情况。商品的价格在此期间下降，买受人转卖价格仅为 100 欧元，此时的迟延损害数额为 200 欧元；商品价格上升并且买受人以 300 欧元甚至更高的价格进行后手交易，此时的迟延损害数额为零。上述情形中的买受人要求赔偿因后手交易失败而失去的收益，第 252 条第 2 句规定的举证责任减轻则有利于买受人：如果买受人没有办法证明自己已经或者准备通过后手交易转卖迟延送交的商品，那么他只需要证明“按照事务的惯常运行或根据特别情事……能够以极大的可能性期待”买受人会进行后手交易即可。最后必须注意的是，后手交易的价格就是买受人变卖迟延送交的商品的价格，买受人在迟延期间因补偿交易丧失的利息收益或者本可节省的利息也属于迟延损害的范围。 1153

迟延损害还包括债权人因债务人迟延而无法履行后手交易中的义务，由此被客户要求支付的迟延损害赔偿或者代替给付的损害赔偿或支付违约金。 1154

这是指上文中的第二买受人不仅解除了后手交易，还要求代替给付的损害赔 1155

偿。同理，不守约的建筑承揽人还须赔偿定作人因此向承租人负有的损害赔偿责任。例如，承租人因建筑承揽人的迟延而不得不在约定日期的三个月后搬入，在此期间只能租其他房屋，此时他可以根据第280条第2、3款和第283条向出租人请求代替给付的损害赔偿，即租其他房屋所需的租金与出租人房屋的租金之间的差价。

1156 债权人想要独自利用没有按时给付的物，那么他可以向不守约的债务人要求支付他在迟延期间为弄到替代物而支出的费用，前提是费用没有超过第254条第2款的规定。有疑问的是，如果债权人拒绝寻找并利用替代物，也就是说他没有为此支出费用而只是失去了对按时给付的物的使用价值，此时他能否要求赔偿这种财产损失。如果债权人希望将该物用于经营并盈利（“erwerbswirtschaftlich”），而这一意图变得不可能而使债权人失去了这一收益，那么人们就给出肯定回答（第252条）。如果债权人只是以私人的身份利用该物（“eigenwirtschaftlich”），那么答案就会有争议（参见边码1052、1053）。

1157 如果买受人收到了有瑕疵的物并主张**事后补充履行请求权**，出卖人在这一请求权上陷入迟延，此时也适用上文所说的内容。此时的迟延损害包括买受人因负有事后补充履行的出卖人陷入迟延而遭受的全部不利以及失去的利益，例如包括买受人在此期间租赁无瑕疵的替代物而支出的费用，或者迟延期间内无法转卖该物而失去的利益，或者必须向第二买受人履行事后补充履行或赔偿对方损失。此时也包括“瑕疵结果损害”，即买受人因瑕疵而遭受的身体损害或买受人的其他物因此受到损坏或者第三人遭到上述损害而买受人须赔偿的情形。这是因为，如果买受人能够按时地进行事后补充履行，那么就不会发生上述损害。人们认为，这种情形中的买受人还享有针对简单损害的请求权（第280条第1款）；此时无须进行第286条要求的催告（参见 BGH NJW 2009，2674；*Medicus/Lorenz* SchR AT Rn. 469；*Looschelders* AT Rn. 575；*Faust* in *Bamberger/Roth* § 437 Rn. 69 f.）。

（四）支付迟延

1158 负有金钱债务的债务人陷入迟延，债权人可以请求自己在迟延期间因没有收到负担的金额而遭受的**利息损失**（Zinsschaden）。这是因为，债权人在迟延期间内无法用这笔钱收取利息或者从事其他投资，由此导致他失去了存款利息或者其他投资利益，而在按时付款的情况下债权人本可以取得这一部分收益。债权人因迟延期间不能归还之前的贷款导致必须支付贷款利息，而在按时付款的情况下他本可以省下这一笔费用，这一费用也被计入迟延损害。有疑问的是，债务人质疑利息损失的数额，质疑债权人在按时付款的情况下是否实际上可以获得他声称的投资收益以及实际上支付他声称的贷款利息，此时债权人必须提供什么证明？参见例如 *Huber* II § 31 I。

1159 很多情况下债权人都不会被要求证明与迟延损害赔偿有关的事实情况。这是因为，无论如何他可以请求法律规定的**最低利息损失**（Mindestzinsschaden），但是如果双方对更高的利息损失没有争议或者债务人可以证明不存在利息损失或利息损失低于法定的最低利息损失，那么就不适用法定最低利息损失。第 288 条第 1 款规定的最低利息损失为“年利率为基准利率加 5%”；根据第 288 条第 2 款的规定，在支付“有偿债权”——即为债权人的物或者服务给付付款——的情况下并且双方当事人都不是第 13 条意义上的“消费者”时，最低利息损失为“基准利率加 8%”（参见 BGH NJW 2010，1872）。基准利率一直在变；根据第 247 条的规定，它取决于欧洲央行下的一个特别组织指定的利率，并由联邦政府在每年的 1 月 1 日以及 7 月 1 日通过规章的方式公布，例如 2012 年上半年的基准利率为 0.12%。由此可知，这一段时间内的债务人必须支付至少 5.12%的迟延利息，在第 288 条第 2 款规定的情形中必须支付至少 8.12%的迟延利息。这一结果显得非常苛刻，但它却可以合理地促使债务人在支付迟延的情况下想尽一切办法从债权人处获得“目的贷款”，以支付比银行贷款更少的利息。

根据第 288 条第 4 款的规定，债权人有权就“其他损害”主张赔偿。第 288 条 1160
第 1、2 款规定的最低迟延利息如此之高，以至于债权人很少主张“其他损害”。第 288 条第 3 款也鲜有现实意义。如果可以“从其他法律理由中”——尤其是合同约定中——得出其他结论，那么债权人可以在债务人陷入迟延后要求“更高的利息”；即使双方约定了 14%的贷款利息，债务人陷入迟延后也必须支付 14%的迟延利息。判例持不同观点，根据联邦普通法院的观点，第 288 条第 3 款仅指以下情形：双方当事人就迟延请求继续适用贷款利息作出了明确的约定（参见 BGHZ 104，337）。这就意味着并非出于第 288 条第 3 款而是出于双方当事人的约定继续适用贷款利率，而该约定常常受到有关一般交易条款内容控制的法律规定的约束，尤其是该约定在违反第 309 条第 5a、5b 项的情况下无效。如果借款人是消费者，签订的是消费者贷款合同，那么当他陷入支付迟延时适用第 497 条第 1 款的特殊规则。

第三节　代替给付的损害赔偿

一、概述

债权人对债务人享有一个已到期的给付请求权，而债务人没有或者没有像合同 1161
承诺那样履行给付，那么对债权人而言有利的往往是继续遵守合同并且主张给付请求权，此外还可以请求赔偿迟延损害（边码 1128）。这一方式对债权人来说并非没有成本，虽然债权人希望债务人能够在不久的将来履行合同义务，但在双务合同中他必须要为下述情形做准备：他必须准备好对待给付，而此时他并不清楚是否还能实现给付与对待给付之间的交换。例如买受人没有收到商品，只要合同规定出卖人会在某个时间提供商品以及之后买受人必须接受并付款，那么他就必须遵守这个约定。随着时间的流逝，不利会与日俱增；如果此时满足第 323 条规定的条件，买受人可以通过解除以终止合同。

1162 有时，债权人仅通过解除以实现这一目的。在上文提到的例子中，如果商品的价格从合同订立到解除成立之间回落：买受人通过解除消除了于己不利的合同，之后以更低的价格从第三人那里获得相同的商品，而他此时对债务人不享有任何请求权。但是，如果商品价格在此期间上升，那又该如何呢？如果价格没有变动，但是买受人因对方没有交货而无法与第二买受人达成后手交易从而失去了本可赚取的利益，那又该如何？如果买受人虽然与其他人达成了后手交易，但是因为他没有收到商品而无法履行后手交易，由此必须赔偿第二买受人的损失并失去了本可赚取的利益，那又该如何？解除权并不能弥补这些以及其他情形中债权人受损的利益。虽然免除了他的给付义务，但却无法补偿他在正常履行合同情况下本可收取的利益和本可避免的损失。现行法通过以下方式保证了补偿：在满足特别条件的情况下，债权人可以向债务人请求代替给付的损害赔偿。

1163 如果债权人不想继续遵守合同而是清算合同，那么他可以采取不同的措施：他可以解除合同，他可以请求代替给付的损害赔偿，他也可以——第 325 条规定的——同时主张两者。如果他打心眼里想免除自己的给付义务或者他已经全部或者部分履行了给付并且希望根据第 346 条以下请求返还给付，那么他就只能主张解除（参见边码 1190 以下）。如果债权人想要清算合同并且同时补偿自己遭受的不利，即补偿因债务人违反义务而遭受的损失，那么他可以请求代替给付的损害赔偿。但是，债权人也可以先表示解除，然后再请求代替给付的损害赔偿（BGHZ 174，290 Tz. 7 - 10；BGH NJW 2010，2426）。某人买了一辆二手车，因为存在瑕疵而解除了买卖合同，之后他可以请求代替给付的损害赔偿，例如请求“使用不能的损失”——即便他没有寻找代替车辆，他也因无法使用有瑕疵的二手车而遭受了损失（边码 1052、1053）。债权人没有从他的律师那里获得资讯，有时候就会出现他应该通过何种方式清算合同的疑问。人们必须看清楚债权人向债务人请求的到底是什么，之后再考虑是否满足了支持债权人请求的请求权基础。

1164 第 280 条第 1、3 款和第 281 条主要规定了合同债权人可以请求代替给付的损害赔偿的条件。从各种互相联系的规范中得出了以下基本规则：债务人违反合同义务，即不履行或者不像负担的那样履行已到期的给付并且没有把握住债权人为履行或事后补充履行指定的合理期间，只要债务人无法完成免责证明（即没有办法证明自己对义务违反不负责），那么债权人就享有代替给付的损害赔偿请求权。第 281 条对这一基本规则给出了详细说明：第 281 条第 1 款第 2、3 句为债务人仅**部分给**

付或者**不像负担的那样**履行给付并进而违反义务的情形提供了附加条件；另一方面，根据第 281 条第 2 款的规定，指定期间在很多情形中是不必要的并且债权人可以立即请求代替给付的损害赔偿。第 281 条不考虑债务人不给付或者不像负担的那样履行**主义务**还是**从义务**。即使债务人没有违反给付义务，而是违反了第 241 条第 2 款规定的**保护义务**，债权人也可以请求代替给付的损害赔偿。违反保护义务的情形由第 282 条规定：一方面指定期间是不必要的，另一方面违反保护义务必须如此严重，以至于不能期待债权人会继续接受债务人的给付。最后，当给付障碍要么导致给付变得**不可能**（第 275 条第 1 款），要么使债务人有权拒绝接受给付并且实际上这么做了（第 275 条第 2 或 3 款），此时指定期间也是不必要的。前一句中的给付障碍通过第 275 条第 4 款被明确指向其他特别规定：一方面是指第 311a 条规定合同订立时已经存在的给付障碍，另一方面则是指第 283 条规定的嗣后出现的给付障碍。

第 281 条规定了债权人不再享有给付请求权而是享有代替给付的损害赔偿请求权的条件。一旦在某个双务合同中满足了该条件，债权人通过相应的表示或者行为主张代替给付的损害赔偿请求权，那么根据第 281 条第 4 款的规定，从这一刻开始债权人不能再请求对方给付并且债务人也不能再期望通过自己的给付而获得对方的对待给付；此外，从这一刻开始他必须认识到需要自己弥补因准备履行给付而支出的费用。虽然债务人现在还可以向债权人提供给付，但是债权人可以自由决定是否接受；即使他拒绝，也不会因此陷入受领迟延。 1165

通过债权人的解除，债务人发现自己处于与债权人相同的处境，因此他值得同等保护。事实上，第 323 条和第 281 条规定的解除与代替给付的损害赔偿请求权的条件几乎完全相同。由此，如果债权人可以根据第 323 条解除合同，那么他也可根据第 281 条要求代替给付的损害赔偿。但是，第 281 条规定了一个非常重要的附加条件：义务违反必须可归责于债务人。 1166

两者的本质区别还包括：第 323 条仅适用于双务合同，而第 281 条则适用于所有的债务关系（也包括法定债务关系）。实际上，两者很大程度上是平行的，一旦满足了第 281 条规定的代替给付的损害赔偿请求权的条件，其实也就早已满足了解除的条件（边码 926 以下）。 1167

二、完全不给付时的损害赔偿

我们首先只思考——例如解除——一种情形，即债务人完全没有提供给付的情形。 1168

（一）已到期

债务人完全不给付，只有债务在完全不给付时已到期的情况下，才会引起代替 1169

给付的损害赔偿请求权。从更宽泛的意义上来看，已到期还意味着履行请求权在此刻是可执行的。这两点也同样适用于解除。

1170 参见边码 927 以下。如果给付对债务人而言是不可能的（第 275 条第 1 款）或者债务人可以根据第 275 条第 2 或 3 款拒绝履行给付并且事实上他这么做了，那么给付就没有到期。毋庸置疑的还有，如果债务人对导致完全不给付的义务违反负责任，那么债权人完全可以请求代替给付的损害赔偿。现行法通过相当复杂的方式清楚地规定了这一切：首先是通过第 275 条第 4 款确认了债权人在第 275 条、第 283 条和第 311a 规定的情形中的权利，而两者都表示可以适用第 281 条；据此，只要债务人无法完成免责证明（即无法证明自己对完全不给付一事不负责），那么债权人可以无须指定期间并且立即要求代替给付的损害赔偿。这一免责证明指向第 280 条第 1 款第 2 句。但如果对债务人来说，提供负担的给付在合同订立之时就是不可能的或者不可期待的，此时就出现第 311a 条规定的情形；债务人此时必须证明他“在合同订立时既不知道给付障碍也无须对其不知道负责任的”（第 311a 条第 2 款）。出卖人将一幅画转让给了博物馆，一个疯子用硫酸毁了这幅画，出卖人应完成何种免责证明取决于这一行为发生于合同订立之前还是之后：若是发生于之前，他必须证明自己在合同订立时不知道硫酸袭击事件并且无须对不知道负责任，若是发生于之后，他必须证明即使自己尽到了交易上必要的注意也仍旧无法避免这一起硫酸袭击事件。

（二）无须指定期间的损害赔偿

1171 原则上，只有当给付已到期却完全未给付并且债权人为债务人指定了继续履行给付的合理期间、该期间经过而无效果时，才可以请求代替给付的损害赔偿。但是这一期间常常是不必要的，债权人有权立即主张损害赔偿请求权。

1172 首先包括第 281 条第 2 款规定的两种情形：如果债务人“认真并且最终”拒绝履行给付，那么就没有必要指定期间（参见边码 958)。一旦债务人拒绝履行给付，很多人认为债权人可以在给付尚未到期之前（也无须指定期间）请求代替给付的损害赔偿。这是因为，根据第 323 条第 4 款的规定，这种情形中的债权人可以立即解除合同：为什么债权人必须要等到给付已到期后才能主张损害赔偿请求权？其次，如果“存在证明在衡量双方利益的情况下立即主张损害赔偿请求权为正当的特别情事”，那么也没有必要指定期间。例如买受人因为自己购买的宠物生病且情况危急，不得不立即送它到兽医处治疗而没有事先和出卖人商量此事（BGH NJW 2005, 3211)。一般来说，在定期交易中也会存在“特别情事”，但是定期交易受第 323 条第 2 款第 2 项而非第 281 条的规范。

1173 参见边码 938 以下，详细情况可参见 MK-*Ernst* § 281 Rn. 50 ff. ——如果出现了第 275 条规定的情形，并且代替给付的损害赔偿请求权依据第 275 条第 4 款落入

第 283 条以及第 311a 条，那么指定期间就是不必要的。其次，如果债务人违反了保护义务，以至于不能再期待债权人会继续遵守合同并且允许他根据第 282 条立即要求代替给付的损害赔偿，那么指定期间也是不必要的。即使债权人已经有效地解除了合同（可能指定也可能没有指定期间），如果他现在还想请求代替给付的损害赔偿，那么他也无须为此指定期间。

（三）指定期间

如果有必要指定期间，那么根据第 281 条第 1 款第 1 句必须是一段合理的期间并且期间经过而无效果。债权人没有给出时间上非常明确的期间，而是用清晰的语词要求债务人“不迟延地”或“立刻”或“在一段合理的期间内”履行给付，这样做就足够了（BGH NJW 2009，3153）。在一些情形中，催告代替了指定期间（第 281 条第 3 款）。在此，所有这些内容与解除的情形一模一样（参见第 323 条第 1 款第 1 句、第 3 款）。边码 941 以下中的考虑也可适用于此。 1174

（四）须负责

债权人在义务违反时所享有的全部损害赔偿请求权——也包括代替给付的损害赔偿——都必须满足一个条件，即债务人无法实现免责证明，以证明他“对义务违反不负责”或者（在第 311a 条的情形中）他“在合同订立时不知道给付障碍，也无须对其不知道负责”，参见边码 1073。 1175

（五）赔偿请求权的内容

一旦债务人完全不给付，一般来说根据**“差额理论”**（Differenzmethode）计算债权人可以请求的代替给付的损害赔偿，即他保留自己的给付并且要求债务人赔偿债务人的给付与债权人的对待给付之间的差额。债权人在任何情况下都可以使用这一计算损失的方法。此外，他仍旧可以利用**“交换理论”**（Austauschmethode）：据此，债权人可以请求债务人支付与债务人给付的全部价值相当的金钱；但是他必须同时支付与自己负担的对待给付相当的金额。一旦债权人解除了合同，那么就不能适用交换理论；这是因为，解除会免除他的给付义务，他不能通过交换理论计算损害赔偿的方式强迫债务人继续履行自己的给付。与此不同，债权人没有表示解除合同，如果债权人此时希望彻底提供自己负担的给付，那么允许他采用交换理论。 1176

但是，人们会问哪一种理论对债权人有利。买受人没有接受货物也没有付款，那么根据交换理论出卖人会要求对方支付价款的“全部价值”，这与债权人继续主张给付请求权并请求赔偿迟延损害（一般来说是迟延利息）之间没有什么区别；而后一种方式更简单。如果债权人是一个没有收到货物的买受人，根据交换理论他可 1177

以获得商品的全部价值；但是他必须履行自己的给付，即支付合同价款。此时存在两个相互对立的金钱请求权，两个请求权相互抵销后将得到与差额理论相同的结果。只有当双方达成互易合同——即互相交换两个物——时，债权人享有选择交换理论的权利才具有现实意义。参见 *Looschelders* BT Rn. 666 ff.——正常情况下的债权人是否会采用差额理论取决于如何确定债务人给付的价值，尤其是在“具体的损害计算”之外是否还允许“抽象的损害计算”。参见边码 1062 以下。

三、部分不给付时的损害赔偿

1178 债务人仅履行了部分给付，例如出卖人仅交付了约定给付的 24 瓶红酒中的 16 瓶，债权人必须为债务人指定履行剩余给付的合理期间。该期间经过而无效果，只要债务人对部分不给付负责，那么债权人可以请求代替剩余给付的损害赔偿。根据第 281 条第 1 款第 2 句的规定，只有当债权人可以证明他对已经接受的部分给付**“无利益”**时，他才可以例外地请求代替**全部给付**的损害赔偿。在解除中也是一样的（参见第 323 条第 5 款第 1 句；边码 948 以下）。如果剩余给付在合同订立之时就已经是**不可能的**或者之后变得不可能，由此导致债务人无须履行剩余给付，那么根据第 311a 条第 2 款、第 283 条债权人无须为履行剩余给付指定期间（指定期间毫无意义）；但是此时仍旧适用第 281 条第 1 款第 2 句，仅在他对已经接受的部分给付“无利益”的情况下，他才可以请求代替全部给付的损害赔偿。现实中通常指债权人要么没有认识到不履行剩余给付的理由，要么从债务人告知他的理由中无法确定是否真得不可能并且也无法确认债权人在诉讼程序中能否证明这一点。债权人此时应该指定期间；如果从债务人行为可以看出他“认真并最终地”拒绝履行剩余给付，那么债权人无须指定期间（第 281 条第 2 款）。

四、不像合同约定的那样给付时的损害赔偿

1179 债务人违反义务是因为他虽履行了给付但“不像负担的那样”履行给付，即不像合同要求的那样给付，那么债权人首先——通常情况下——需要为债务人事后补充履行指定一个合理的期间。该期间经过而无效果，债权人才可以通过**两种不同的方式**请求代替给付的损害赔偿。他可以保留不足的实然给付并且要求赔偿应然给付与实际给付之间的差额（**小损害赔偿，**kleiner Schadenersatz）。他也可以请求**代替全部给付的损害赔偿**（大损害赔偿，großer Schadenersatz），但之后他必须返还不足的实然给付。此时——类似解除——是对整个合同进行清算，债务人将面对比小损害赔偿更严苛的结果。因此第 281 条第 1 款第 3 句规定，只有在债务人可以证明义务之违反**“不显著”**时，他才可以反驳债权人享有的代替“全部”给付的损害赔

偿请求权。对解除来说也一样。因此根据第 323 条第 5 款的规定，如果义务之违反并“不显著”，就不允许他解除整个合同（边码 952）。

（一）有瑕疵的买卖标的物和有瑕疵的工作

现实中“不像负担的那样”提供给付的最重要情形指的是出卖人送交的买卖标的物或者承揽人完成的工作并非**“没有物的瑕疵和权利瑕疵”**，而根据合同约定以及第 434 条、第 435 条和第 633 条的规定，买卖标的物或者工作本应该没有物的瑕疵和权利瑕疵。根据第 281 条第 1 款第 1 句这一基本规则，买受人或定作人为出卖人或承揽人事后补充履行指定了一个合理的期间（第 439 条、第 635 条）并且该期间经过而无效果，他们才可以请求代替给付的损害赔偿。这一点与解除一样；此时也适用上文提到的规则，据此确定可以要求哪一种事后补充履行方式以及该方式是否不可能、不可期待或失败、是否需要遵守指定“合理期间”的要求。 1180

有时有疑问的是，买受人请求赔偿的损失究竟指“代替给付”还是第 280 条第 1 款规定的“简单”损害赔偿。当受害人是定作人而他从承揽人那里接受了有瑕疵的工作时，也会出现相同的问题。 1181

两个损害赔偿请求权的区别是：买受人可以立即主张简单损害赔偿，但是他必须先为出卖人“指定一个用于事后补充履行的期间，该期间经过而无效果”后（第 281 条第 1 款第 1 句）方可请求代替给付的损害赔偿。出卖人必须保留事后补充履行的机会，如果没有为出卖人指定期间，那么他就不需要赔偿那些只要指定期间就可以避免的损失。买受人知道送交的机器存在瑕疵，但他没有为出卖人指定用于事后补充履行的期间，而是自己修理或委托第三人修理或以较低的价格卖给第三人或从第三人那里获得无瑕疵的代替机器，那么他就不能请求出卖人赔偿因此支出的费用。出卖人将土地送交给买受人，买受人可以向出卖人请求赔偿为消除土地上的瑕疵而支出的费用，这时他是在请求代替给付的损害赔偿，但前提是他首先给出卖人一个事后补充履行的机会；除非从特殊情事得知不需要给出卖人这样一个机会，例如出卖人认为土地不存在瑕疵并且认真和最终地拒绝了任何形式的事后补充履行（第 281 条第 2 款），或者土地面积不符合约定而这一瑕疵是不可修复并且事后补充履行也是不可能的。另一方面，出卖人承诺消除土地瑕疵或者事实上他这么做了，买受人仍旧可能遭受瑕疵消除之前不能使用土地或不能出租土地的损失或者因身体伤害或物品毁坏而遭受的损失：此时构成“简单损害赔偿”或者——正如人们说得那样——“与给付*并行*的损害赔偿”（*Schadensersatz neben der Leistung*）；这一请求权的基础是第 280 条第 1 款。参见边码 1028、1029。 1182

立法者在第 437 条第 3 项中总结了收到有瑕疵的物的**买受人**可以请求代替给付的损害赔偿的条件。与此相关的是第 440 条、第 280 条、第 281 条、第 283 条和第 311a 条。根据第 634 条第 4 项的规定，这一切也适用于承揽合同中**定作人**的损害赔 1183

偿请求权；此时第 636 条取代第 440 条。通过这些规定之间非常复杂的相互作用，对损害赔偿请求权基础的正确选择取决于买卖标的物或工作的瑕疵是否是**可修复**的。

1184　1. 瑕疵不可修复。瑕疵不可修复指的是对出卖人或承揽人而言，任何一种事后补充履行依照第 275 条第 1 款是不可能的或依照第 275 条第 2 款或第 3 款以及第 439 条第 3 款、第 635 条第 3 款是不可期待的。一般来说，瑕疵在**合同订立之时**就已经是不可修复的。此时的损害赔偿请求权基础是**第 311a 条第 2 款**：据此，买受人和定作人无须为事后补充履行指定期间，而是可以直接请求代替给付的损害赔偿，除非合同相对人可以证明他在合同订立之时不知道给付障碍并且他对不知道不负责。

1185　一般来说很难完成这一举证责任。这是因为，出卖的土地面积不符合约定、出卖的油画不是合同约定的画家所画或者出卖的二手车的里程数高于合同约定或该车之后被认定为“事故车辆”，在所有这些情形中，瑕疵在合同订立之时就已经存在，并且不可能通过事后补充履行修复买卖标的物的瑕疵（边码 798、799）。如果出卖人在合同磋商过程中说明的土地面积大于实际面积，或者出卖人将油画的真实作者说成是另一个人或者错误地认为二手车的里程数低于真实的里程数并且没有指明这辆车是一辆“事故车”，那么这些情形一般都构成违反交易中必要的注意。如果出卖人“保证”买卖标的物不存在任何瑕疵，那么他就不能实现免责举证（边码 1109 以下）。

1186　有时引起事后补充履行不可能或不可期待的情事在**合同订立之后**才出现，此时的损害赔偿请求权基础是第 283 条。此时债权人也无须指定事后补充履行期间。除非出卖人和承揽人可以根据第 280 条第 1 款第 2 句完成免责证明，否则他们负有代替给付的损害赔偿责任。

1187　2. 瑕疵可修复。买卖标的物或工作的瑕疵是可修复的，那么根据第 280 条和第 281 条判断买受人和定作人的损害赔偿请求权；买卖合同中引用第 440 条，承揽合同中引用第 636 条。据此得出的结论是：买受人或者定作人请求代替给付的损害赔偿的，那么他必须为事后补充履行指定一个合理的期间，该期间经过而无效果（第 281 条第 1 款第 1 句，边码 1174），但是存在无须指定这一期间的诸多情形。如果满足第 281 条第 2 款中的条件，那么指定期间是不必要的（边码 1171、1172）；如果满足第 440 条中的条件，即出卖人拒绝了两种事后补充履行的方式，或者买受人虽可以主张某一种方式的事后补充履行但已经失败或对出卖人而言是不可期待的，那么也不需要指定期间（边码 961 以下）。如果定作人接受了一个有瑕疵的工作并且他从现在开始就根据第 634 条第 4 项主张代替给付的损害赔偿请求权，那么也可以从第 636 条得出相同的规则。即使满足了所有这些条件，但如果买卖标的物或工作的瑕疵是**“不显著的”**，那么买受人或定作人仍旧不能请求代替履行的损害赔偿

（第 281 条第 1 款第 3 句；第 323 条第 5 款第 2 句和边码 953）。

3. 消灭时效。出卖人可以以消灭时效的抗辩权防御买受人根据第 437 条第 3 项主张的针对买卖标的物瑕疵的损害赔偿请求权。买卖的是动产，那么根据第 438 条第 1 款第 3 项的规定，消灭时效的期间一般为 2 年；这一期间从出卖人将买卖标的物“送交”给买受人时开始起算，即转移占有并以买受人可以检查买卖标的物的方式进入买受人的控制范围。 1188

根据主流观点，第 438 条第 1 款第 3 项中的 2 年期间适用于买受人因买卖标的物瑕疵而享有的*全部种类*的损害赔偿请求权。它也包括买受人请求赔偿“固有利益损害”或者“瑕疵结果损害”的请求权，即现有法益因买卖标的物瑕疵而遭受的损失，例如属于买受人的其他物受损或灭失或者自己的身体受到伤害（例如 *Faust* in *Bamberger/Roth* § 438 Rn. 9；MK-*Westermann* § 438 Rn. 9 f.；*Gsell* JZ 2002，1089）。出卖人送交了有毒的马饲料导致买受人的马死亡，送交的汽车存在瑕疵导致买受人在事故中受伤，送交的鹦鹉有传染病导致买受人也受到感染（参见 OLG Düsseldorf NJW 1975，453）；在所有这些情形中，如果买受人在送交买卖标的物的 2 年后才请求赔偿损失，那么出卖人可以主张消灭时效的抗辩权。其他观点例如 *Wagner* JZ 2002，475 und 902；*Mankowski* JuS 2006，481，484 ff.：据此出卖人——就像任何一个合同相对方——根据第 241 条第 2 款负有“顾及另一方的权利、法益和利益”的义务。出卖人因送交有瑕疵的买卖标的物而违反了照顾义务并导致买受人遭受“固有利益损害”，那么根据第 280 条第 1 款他负有损害赔偿责任；此外，在满足第 195 条、第 199 条规定的条件的情况下可以主张消灭时效的抗辩权，即从买受人知悉损害发生的那一年的年末开始起算 3 年消灭时效期间。买受人一般会根据第 823 条第 1 款主张对“固有利益损害”的赔偿请求权，另外侵权损害赔偿请求权的消灭时效由第 195 条和第 199 条规定；但买受人此时必须证明出卖人存在过错（不同于第 280 条第 1 款第 2 句），并且出卖人不是根据第 278 条对履行辅助人的过错负责，而是根据第 831 条完成免责证明。 1189

（二）“小”损害赔偿和“大”损害赔偿

一旦满足了代替给付的损害赔偿请求权的条件，买受人和定作人无论如何都可以通过以下方式请求赔偿损失：他保留有瑕疵的给付并主张“小损害赔偿”；作为替代方案，只有当义务违反并非“不显著”时，他也可以将有瑕疵的给付返还出卖人或承揽人并请求代替整个给付的损害赔偿，即“大损害赔偿”（第 281 条第 1 款第 3 句）。并非不显著指的是有瑕疵的买卖标的物或工作的实际特性与应有特性之间的差别是如此之大，以至于通过“小损害赔偿”（和减价）以及请求代替全部给付的损害赔偿并清算整个合同的方式已经不能补偿买受人或定作人应受保护的利益。 1190

1191 要么是因为不满足“大损害赔偿”的条件，要么是因为“小损害赔偿”完全可以弥补他遭受的损失，债权人才会保留有瑕疵的给付并满足于“小损害赔偿”。问题是，什么时候出现这一损失以及如何计算？债权人是买受人，那么无论如何他可以请求对方支付有瑕疵买卖标的物的客观价值与无瑕疵买卖标的物的客观价值之间的差额。约定的合同价款并不重要。例如，没有瑕疵的买卖标的物的客观价值为100，有瑕疵的买卖标的物的价值减少了20%，即80，那么“因瑕疵而减少的价值”（mangelbedingte Minderwert）就是20，此时不用考虑约定的合同价款是否对买受人而言更有利（例如70）或者更不利（例如120）。与此不同的是买受人此时也可以减少合同价款；这是因为，如果采取减价，那么案件中的价款就会减少20%（边码975）。合同约定的价款为70，则减少14，合同约定的价款为120，则减少24，这一数额可能大于也可能小于通过“因瑕疵而减少的价值”计算的损害。“因瑕疵而减少的价值”并不取决于买受人是否以及如何继续处理有瑕疵的买卖标的物；买受人转卖买卖标的物，他利用了自己特殊的商业才能或者市场价格发生了变化使他可以以更高的价格卖出有瑕疵的买卖标的物，他仍旧可以请求“小损害赔偿”。买受人也可以根据个案的特别情事具体计算“小损害赔偿”：例如买受人可以自己消除瑕疵或者让第三人消除瑕疵，同时要求赔偿为此支出的费用。但是他不能为此花费奢靡。从第254条第2款得知，他必须像一个处于相同情况下的理性人那样行为，即不通过不必要、不成比例的或者不经济的方式修理有瑕疵的买卖标的物。如果收到有瑕疵二手车的买受人要求的修理费用竟然高于获得一辆无瑕疵、同等型号的代替车所支付的金额，那又该如何处理（边码1051）？如果因为买受人使用了没有接受修理的买卖标的物而没有为此支付任何修理费用，由此导致他请求的修理费用是“假”的，又该如何处理？参见边码1052、1053，1156。

1192 如果“不像负担的那样”履行的给付的实际特性与应有特性之间的差别并非“不显著”（第281条第1款第3句），那么债权人可以请求**代替整个给付的损害赔偿**，即“**大损害赔偿**”。这是因为，他有权并且根据第281条第5款有义务向债务人返还有瑕疵的给付；除此之外，根据第346条以下的规定，如果债权人利用了该物并因此获得了使用消费的价值且只要该物不复存在或减损了，那么他还需要返还物的价值（边码974以下）。买受人为购买公寓而支付了800 000欧元，他为消除瑕疵指定了一个合理的期间，该期间经过而无效果，那么他可以将公寓返还给出卖人并且以以下方式计算“大损害赔偿”：他可以请求返还已经支付的价款并且抵销因使用该公寓而产生的费用。那么如何计算这一价值呢？人们认为公寓的使用年限一般为80年，那么每年的使用价值就是价款的1/80，即10 000欧元，但是，必须从这一金额中扣除公寓因瑕疵而减损的金额（BGHZ 164，235）。

（三）其他不像合同约定的那样给付

1193 债务人虽然履行了主给付义务，但却没有履行或不像负担的那样履行**从给付义**

务，此时仍旧构成义务违反并引起债权人的损害赔偿请求权。虽然构成义务违反，但债权人仍旧希望遵守合同，即他保留了已经接受的主给付；此时只要允许债权人请求履行，那么他的损害赔偿请求权就指向第 280 条第 1 款。如果他希望清算整个合同，那么必须满足额外条件。第 323 条规定了通过解除来清算合同，而第 281 条则规定了通过主张代替给付的损害赔偿来清算合同。第 323 条与第 281 条规定的额外条件基本上是重合的；可以回溯到边码 968 以下。对成立损害赔偿请求权而言，必要的是债务人根据第 276 条到第 278 条、第 311a 条第 2 款第 2 句对违反从义务**负责任**。

五、违反保护义务时的损害赔偿

债务人违反了第 241 条第 2 款意义上的保护义务，那么此时的条件与违反从给付义务时的条件相同（边码 1193）：债权人可以继续遵守合同并根据第 280 条第 1 款请求损害赔偿。如果他希望清算整个合同，他或者根据第 324 条通过解除实现清算或者根据第 282 条通过主张代替给付的损害赔偿实现清算，这一切都取决于一个额外条件：根据情事，继续遵守合同对债权人来说是否是“不能合理期待的”（参见边码 972、973）。当然，只有当债务人对违反保护义务**负责任**时，才成立损害赔偿请求权。 1194

六、偿还徒然支出的费用

因债务人义务违反而使债权人享有代替给付的损害赔偿请求权（第 281 条到第 283 条，第 311a 条第 2 款），债权人可以根据第 284 条选择是否放弃损害赔偿请求权并代之以“请求偿还其因信赖获得给付而支出且合理支出的费用”。如果债权人难以实现损害赔偿请求权，那么他可以选择请求**偿还徒然支出的费用**；这可能是因为债权人根本没有遭受损失，也可能是因为债权人无法证明自己因债务人义务违反而遭受了多少损失或丧失了多少利益。与此相反，债权人此时无须大费周章就可以表明他因信赖债务人正常履行合同而面临的具体境况以及为此支出的费用，既然债务人违反义务导致合同落空，这些费用也就变得毫无用处。例如买受人购买了一台机器，他信赖对方会按时并像合同约定的那样送交机器，于是他为安装机器浇筑了地基或者为操作机器雇佣了工人，或者运载汽车的买受人为运输或为获得官方许可或为安装新马达而支付了费用。同理，买受人为储存购买的货物而自行准备了或租赁了仓库或者为了推销货物而签订了电视广告合同或杂志广告合同。如果不送交或者对有瑕疵的货物进行事后补充履行失败了，由此引起了买受人的代替给付的损害赔偿请求权，那么他经常会被建议放弃这一请求权转而根据第 284 条请求补偿徒然支出的费用；他信赖合同会被正常履行才支出这一费用，而这一切在合同落空后变 1195

得毫无用处。

1196 参见 BGHZ 163，381。债法现代化法新设了第 284 条并于 2002 年 1 月 1 日生效。在此之前，判例借助“收益推定”（Rentabilitätsvermutung）这一人为概念将债权人支出的费用宣告为损失以帮助债权人：它的出发点是债权人正常实现计划交易可以获得的最低收益为这一费用，因此这一费用就具有“收益性”。债权人支出的费用被视为实现交易获取的最低收益，而因债务人没有履行合同导致债权人失去了这部分收益（参见 BGHZ 99，182）。但是，这一思考方式对那些不试图从债务人给付中获取利益而仅仅是为了实现个人目标或满足私人享受的债权人而言并无助益（BGHZ 99，182，198）。债务人承诺承办婚宴，如果债务人毫无理由地拒绝履行合同，债权人不能请求补偿因雇佣小型乐队或婚礼摄影师而支出的费用。第 284 条的新规则填补了这一漏洞并且同时为判例中的“收益推定”提供了法律基础。

1197 第 284 条中的请求权被限定在极窄的范围内。债权人必须信赖债务人会正常履行给付。债权人必须在与债务人订立合同后一直持有这一观念。此外，债权人必须在合同结束或给付依照情事变得不确定而对处于相同情况下的理性人而言不能再信赖合同会正常履行之前一直持有这一观念。债权人信赖合同会被履行，因此拒绝了第三人发出的更为优惠的合同要约，此时就不存在第 284 条意义上的“费用”：此时他失去了收益，那么他必须根据第 281 条、第 252 条请求代替给付的损害赔偿，而不是根据第 284 条主张补偿徒然支出的费用。有疑问的是，第 284 条中的债权人“可以合理支出的”费用才是可补偿的费用到底指什么。债权人为了确保一个知名 DJ 的工作，于是租下了一个迪厅，如果这个 DJ 违反了合同，那么债权人能否请求补偿因 DJ 爽约导致解除并清算租赁合同而支出的费用。那些认为不合理的人可能会说，此时的费用数额高得如此不成比例，并非“可以合理支出的”费用。有时人们会求助于第 254 条第 2 款，债权人必须按时向 DJ 指明“不成比例之高的费用赔偿的风险”，或者债权人应该通过聘请其他 DJ 避免这一费用。与此不同，如果债权人先订立了租赁合同之后才与 DJ 订立雇佣合同；如果出租人违反了合同，那么他必须根据第 284 条补偿承租人因终止与 DJ 的雇佣合同而支出的费用。

1198 最后，即使债务人没有违反义务也不会实现支出费用的目的，此时就不成立第 284 条规定的请求权。这是指债权人的期待并非仅因为债务人违反合同，同时也是出于其他原因而落空：因为新人解除了婚约，所以婚宴总归是要取消的（边码 1196）；承租人因之前的犯罪记录而没有取得必要的营业许可，所以迪厅总归是不能开的（边码 1197）。

第十三章 合同参与者范围的扩大

第一节 为第三人利益的合同

一、概述

一般来说，当事人订立合同只是希望自己享有约定的权利或者负担约定的义务。即使双方约定债务人不向债权人而是向第三人履行约定的给付，例如出卖人不是向买受人送交货物，而是将货物送交给买受人转手的第三人，上述规则也不会改变。出卖人此时仅仅负担向买方送交货物的义务，虽然他可以通过向第三人送交货物以履行自己的义务，但这并不意味着第三人自己享有对出卖人的送交请求权。当双方当事人通过不仅允许第三人接受一方提供的给付并且他有权要求履行给付的方式订立合同时，即构成第 328 条以下所指的**为第三人利益合同**（Vertrag zugunsten Dritter）。 1199

法制史和比较法表明，法学家在很长一段时间内都无法想象与合同无关的第三人在未参与合同订立并且不需要知道合同存在的情况下，何以取得请求合同一方履行的权利（参见 *Kötz* EVR S. 371 ff.）。今天，人们对为第三人利益合同已无任何疑虑，只要当事人明确达成相应的合意或者这一意思可以“由情事，特别是合同的目的”推知即可。 1200

二、第三人获得权利

任何种类的合同——买卖合同、租赁合同、银行合同、抚养合同（Unterhalts- 1201

vertrag）——都可以成为为第三人利益合同。前提是合同一方当事人（承诺人）向另一方（承诺的接受人）承诺向第三人给付并且双方同意第三人自己获得向承诺人要求给付的权利。一旦满足了这一条件，第三人就直接取得权利，且不需要第三人作出同意或者接受的表示，他是否知道这一有利于他的合同也无关紧要。无论如何，根据第 333 条他有权“拒绝”这一权利，此时视为“未取得”这项权利。

1202 由第 328 条第 2 款可知，当事人的意思不仅决定了第三人是否应该取得这一权利，也决定了第三人是否立即或者在了解的情况下——例如在接受承诺的人过世后或者在第三人达到一定的年龄后或者只有在提交特定的证书或者作出特定的表示时——才可以取得相应的权利。这一点旨在回答，根据当事人的意思是否成立有利于第三人的、请求给付的、单独的权利。对第三人取得这一权利来说，他对这件事具有很强烈的利益是不够的。开发商委托建筑承揽人建造有 300 幢公寓的小区，对于在相邻土地上经营购物中心的人来说，虽然他对建筑合同的履行有着切身利益（因为他期待着新居民的入住可以提升销售额），但这并不意味着他取得了对建筑承揽人的履行建筑合同的请求权。同理，出租人委托某公司在出租房内安装暖气和通风系统，这一旨在改善住房的合同虽然关乎承租人的利益，但是承租人并没有取得请求公司安装设施的权利。如果出租人根据租赁合同负有在转让出租房时继续维持租赁关系的义务，那么又该如何处理？房屋的取得人是否享有订立租赁合同的请求权，并且在出租人将房屋改租给其他人时享有损害赔偿请求权？这一切取决于其他事实，例如未来订立的租赁合同的内容在多大程度上被预先确定了下来。

1203 由第 330、331 条可知，如果一方当事人希望确保第三人被扶养而接受另一方当事人向此第三人给付的承诺，那么原则上成立了为第三人利益合同。典型的当属人身保险合同（Lebensversicherungsvertrag），例如丈夫订立的、将妻子指定为受益人的人身保险合同。此时，尚活在人世的妻子在丈夫去世之后作为受益人取得向保险公司请求支付保险金的请求权（参见第 330 条和《保险合同法》第 159 条、第 160 条）。同理，农场主将农场转让给自己的大女儿并且在转让合同中约定，女儿必须向她的兄弟姐妹和她的父母支付一定数额的金钱或者农场产品。此时，不仅农场主可以向他的女儿要求履行她的承诺，并且与合同无关的第三人——即她的兄弟姐妹以及她的母亲——在农场主去世后也可以请求她给付。相同的目的也可见于买受人负有将部分价款作为退休金支付给出卖人的妻子或者后代的义务的合同。相同情形还包括当事人在章程中约定，其他股东在某股东去世或者退出公司后仍旧负有向他的家庭成员支付一定数额的金钱或者允许他的寡妇遗孤成为公司股东的义务。在此还包括以下合同：丈夫与他的妻子同意人工授精并表示这一合同是一份有利于因人工授精出生的孩子的合同，这个孩子取得抚养请求权（BGHZ 129，297）。

1204 更多内容可见判例：BGHZ 93，271（旅游经营者与航空公司之间可以订立为旅游者利益的合同，旅游者此时取得要求航空公司组织运输的请求权）；BGHZ 54，

145（如果承租人根据合同负有使用酿造商的啤酒的义务，那么针对餐饮场地的租赁合同可以是有利于酿造商的合同）；BGH NJW 1994，931；BGH NJW 2005，980（账户所有人与银行之间的合同可以是为第三人利益合同）；BGH NJW 1975，344（如果房屋的买受人负有不改造公寓建筑的义务，那么自有房屋的买卖合同可以是有利于房屋其他所有人的合同）；BGHZ 89，263（父母与医生之间达成的、以为孩子实施手术为内容的合同是有利于孩子的合同）。

有疑问的是，生产商将商品卖给经销商并且保证商品具有某一特性的合同是否是一份有利于顾客的合同。如果顾客因为商品欠缺该特性而遭到了损失，他能否直接向生产商请求损害赔偿。原则上对这一问题持否定回答（BGH NJW 1974，1503）。如果生产商就产品承担了**特性担保**（Beschaffenheitsgarantie），并且在合同中与经销商达成有关他应当承担有利于顾客的担保的合意，那么结果就会有所不同（BGHZ 75，75）。如果由具体情况可知，在生产商与消费者之间直接达成了担保合意，那么结果也有所不同（BGHZ 78，369；BGH NJW 1981，2248；边码 591，边码 1109 以下）。 1205

必须区分为第三人利益合同以及**对第三人具有保护效力的合同**（Vertrag mit Schutzwirkung für Dritte）（边码 514 以下）。在对第三人具有保护效力的合同中，第三人并没有权利要求合同一方当事人给付，而第三人只有当一方违反注意义务时可以请求其承担赔偿损失责任。一般来说，违反第 241 条第 2 款中的保护义务会引起第三人的损害赔偿请求权。这一点也会出现在合同一方对第三人负有正常履行给付义务的情形。这主要是指合同一方负有告知信息、提供鉴定或者照管事物的义务，并且他在合同签订时知道或者可以知道违反义务的行为会牵涉第三人的利益（边码 520 以下）。 1206

三、为第三人利益而限制责任

为第三人利益合同给第三人带来的优势是他享有向合同一方当事人**要求给付**的权利。问题是，第三人能否**以抗辩或抗辩权来防御**合同一方当事人的请求权？ 1207

《民法典》并没有规定也没有禁止上述为第三人利益而作出的责任限制。一旦可以确定双方当事人的意思，那么根据合同自由原则就允许这一责任限制。事实上，判例采用以下观点：如果合同一方当事人为了自己的利益与对方约定限制自己的责任，那么由此可知第三人可以就合同相对人的请求权主张责任限制；前提是这一方就有利于第三人一事具有可以辨识的利益。如果第三人是合同一方当事人的雇员，或者第三人虽是独立的经营者却以履行辅助人的身份行事，那么也满足上文提到的条件。例如某仓储公司在合同中约定为建筑承揽人看管建筑材料并且免于承担某些损失的责任，如果后者就仓储公司雇员的侵权行为主张损害赔偿请求权，那么 1208

该雇员也可以援引责任限制。

1209 参见 BGH NJW 1962，388，另参见 BGH NJW 2010，1592 和 BGHZ 49，278。如果汽车租赁公司根据旧《民法典》第 558 条——新《民法典》第 548 条——主张的请求权已过消灭时效，汽车承租人的雇员因过失造成了汽车损坏，该雇员也可以就租赁公司根据第 823 条第 1 款提出的损害赔偿请求权主张已过消灭时效的抗辩。运输法中为第三人利益而作出的责任限制尤其具有现实意义。承运人负有将货物运送至委托人的义务，如果委托人因为货物受损提起诉讼，那么承运人可以主张责任限制或者已过消灭时效（参见《商法典》第 461 条、第 463 条）；此外，承运人为了履行合同义务而指定的独立的“物流公司”也可以提出上述抗辩（参见 BGHZ 130，223）。

四、为第三人利益合同的效力

1210 在合同中承诺向第三人给付的人虽然是第三人的债务人，但并不是他的合同相对人，合同相对人是接受承诺的人。出卖人向买受人承诺送交买卖标的物并且同时约定第三人有权自己向出卖人请求送交，此时的问题是买受人（接受承诺的人）和第三人对出卖人（承诺人）享有何种请求权以及出卖人如何防御第三人的送交请求权。

1211 从第 335 条中可知，买受人此时可以请求出卖人向第三人而非自己送交货物。如果出卖人迟延向第三人送交或者根本没有送交，那么买受人可以请求损害赔偿：如果买受人自己遭受了损失，那么请求出卖人向自己赔偿；如果第三人遭受了损失，那么请求出卖人向第三人赔偿。只要买受人享有因不向第三人送交而产生的合同不履行抗辩权，那么买受人也可以保留合同价款。有疑问的是，买受人是否可以撤销合同或者因出卖人违约而解除合同，由此消灭第三人的送交请求权。对这一问题原则上应持肯定回答。买受人在合同订立时受到出卖人恶意欺诈或者出卖人认真并最终地拒绝履行合同，那么买受人可以根据第 123 条撤销合同或者根据第 323 条无须指定期间而解除合同，并且根据第 812 条或者第 346 条请求出卖人返还已经支付的价款。第三人在他人没有过问自己意愿的情况下失去了送交请求权。此时仍旧适用合同自由原则，根据第 328 条第 2 款的规定，双方当事人可以（以推知的方式）约定在没有第三人同意的情况下不能消灭他的送交请求权；例如第三人已将尚未送交的货物转卖给其他人，此时他的信赖就值得保护（参见 BGHZ 102，275）。

1212 虽然第三人并非出卖人的合同相对人，但因为他对出卖人享有送交请求权，所以当货物存在瑕疵时他可以向出卖人请求事后补充履行或者迟延损害赔偿。第三人是否可以解除合同或者请求代替给付的损害赔偿则存在争议，因为他的行为将排除买受人的送交请求权（第 281 条第 4 款），而后者因此受到返还已支付价款的约束。当然，最重要的还是考虑案件详情以及合同当事人的意思。

1213 出卖人可以针对送交请求权主张任何种类的、基于合同的抗辩，这一规则出自第 334 条。如果出卖人因没有收到约定的价款并由此可以主张第 320 条中的抗辩权而无须向买受人送交商品，那么也可向第三人主张这一抗辩权。如果出卖人根据第 119 条、第 123 条撤销合同或者因买受人迟延支付价款而根据第 323 条解除合同，那么他可以拒绝向第三人送交货物。

1214 第 334 条只是兜底规则（Auffangregelung），如果能够从当事人的意思中推导出相反结论，那么就不适用这一规则。BGHZ 93，271 指明：航空公司与旅游经营者约定为旅游者在预订的航班上保留座位，旅游者在旅行开始之前支付了全部价款包括机票款。航空公司因为旅游经营者陷入支付不能并以故意截留了机票款为由拒绝运载其中一位旅游者，该旅游者是否有权要求航空公司组织运输？如果航空公司拒绝了，旅游者能否请求代替给付的损害赔偿，即请求航空公司支付他因换乘其他航班而支付的价款？联邦普通法院对这两个问题给出了肯定回答。旅游经营者与航空公司签订的合同是为第三人利益合同，旅游者由此取得组织运输的请求权。虽然存在第 334 条，但是航空公司不能向旅游者主张他根据第 320 条而享有的针对旅游经营者的抗辩权；这是因为，航空公司认识到在旅游合同订立时旅游者“有权向被告主张不受抗辩权约束的组织运输的请求权”（参见边码 522、523）。

第二节　债权让与

一、概述

1215 对于一个以持续不断的金钱交易和信用交易为基础的经济秩序来说，自由让与债权是不证自明的。正如所有权人可以向他人转让自己的物，他也可以让与自己的债权并使他人成为新的债权人。这一切体现在**债权让与**（Abtretung）中，即——如第 398 条第 1 句所示——通过原债权人（让与人，Zedenten）与新债权人（受让人，Zessionar）之间达成的、以“新债权人代替原债权人”为内容的**合同**得以实现。第 398 条没有言及债务人，由此可知，有效的债权让与不需要债务人的同意或者追认；即使让与人与受让人向债务人故意隐瞒了债权让与行为，债权让与仍旧有效。但是，这一**“静默的让与”**（stille Zession）对于新债权人来说终归有风险；因为债务人可能在不知道债权让与的情况下向原债权人清偿，而该清偿对于新债权人而言是有效的（第 407 条第 1 款；边码 1252 以下）。

1216 不可能在没有任何理由的情况下让与债权。让与人多半是将债权卖给或者送给受让人，或者双方约定由受让人向债务人收取款项，然后将收取的数额——通常情况下会扣除手续费——偿还受让人（“Inkassozession”，**托收**）。

1217 与托收相区分的是**授权收款**（Einziehungsermächtigung）。后一种情形不出现债权人的更迭。债权的所有者只是授权合同相对人以自己的名义向债务人主张债权，在紧急情况下可以提起诉讼。一旦债务人向被授权人清偿，那么债务消灭；但是并非根据第 362 条第 1 款——因为此时他向自己的债权人给付——而是根据第 362 条第 2 款，因为他虽向第三人给付，但是该第三人是基于债权人的同意而被授权收取债权（第 185 条第 1 款；参见 MK-*Roth* § 398 Rn. 46）。

1218 尤其具有现实意义的是以担保为目的的债权让与。通过**担保让与**（Sicherungsabtretung），受让人可以在让与人不履行债务——即不向受让人支付合同价款或者归还贷款——的时候从让与的债权中获得清偿。

1219 在所有这些情形中，支持债权让与的经济目的构成了一种特殊的合同约定；这一约定虽然存在于让与人与受让人之间，却区别于债权让与合同。例如双方当事人买卖一项债权，出卖人首先仅**有义务**让与债权；通过债权让与，他**履行了**自己的义务，使受让人成为债权的所有者。如果在买卖合同（即“原因行为”）与作为“履行行为”或者“处分行为”的债权让与之间存在时间差，那么两者的区别就显得非常明显。即使原因行为与债权让与是同一时间作出的，我们也必须注意到二者的区别。因为德国法——不像其他很多域外法律制度——在债权让与的法律中也遵循**“分离原则”**（Trennungsprinzip）以及**“抽象原则”**（Abstraktionsprinzip），即两个行为不仅相互区分（分离）而且在法律上互不依赖。

1220 由此可知，即便买卖合同或者所谓的“原因行为”基于某些原因而无效、不成立或者被撤销，债权让与仍旧生效或者有效。但是，在现实生活中这种情况很少见。原因行为根据第 138 条而无效或者根据第 123 条被撤销，那么一般来说债权让与也无效或者被撤销。被普遍接受的观点还包括，合同双方当事人可以通过明示或者默示的合意使原因行为与债权让与行为相互关联；此时，一个合同的瑕疵将导致另一个合同的瑕疵，两个合同要么同时存在要么同时不存在。例如双方当事人订立了贷款合同，贷款人为了担保自己对债务人的请求权而受让了一项债权，如果贷款人未发放贷款，那么也就不存在贷款返还请求权，债权让与也被视为不生效（参见 BGH NJW 1982，275；*Jauernig* NJW 1982，268；*Bähr* NJW 1983，1473；MK-*Roth* § 398 Rn. 25，109 ff.）。

1221 第 398 条以下中的规则以债权让与或者“原因行为”涉及一项确定的、单独的债权为前提。但是现代社会中的债权让与或者原因行为常常指向“债权包裹”（Forderungspakete），即同时涉及几十项甚至上百项债权，而每一项债权可能指向不同的债务人、不同的数额以及不同的到日期，其中一些可能是现时债权，而另一部分可能是未来债权。

1222 **保理合同**（Factoring-Vertrag）中存在上述情形。生产商或者经销商希望现在就将针对客户的、在未来不同时点到期的价款债权变现。他可以把这些债权卖给保理公司（多数情况下是银行）；因为保理公司必须先行垫付债权的利息并且承担结算费用，并且他必须耐心等待债权清偿期的到来并有可能面对债务人陷入支付不能的风险，因此卖得的价款一般低于债权的账面价值，参见 MK-*Roth* § 398 Rn. 164 ff.。在**担保让与**中常常可以看到整个债权包裹地让与，包括所谓的**"概括让与"**(Globalzession)。此时，银行为他的债务人提供了信贷，通过让与对客户的、现在已经存在或者未来出现的债权以担保利息或者返还贷款的请求权。在此，让与债权的范围根据"概括"的特征予以确定：例如双方约定所有的债权都是针对让与人在一定期间内送交某商品或者未来送交某商品的权利。此种"概括让与"的原因行为是一个担保合意，这一合意则是信贷合同的组成部分，并且根据具体情况确定在符合哪些条件的情况下银行可以"自由施予"并且没有任何限制地返还债权让与；当它有权这样做时，即存在"静默"的债权让与并有权请求债务人向自己支付金钱。担保让与的形式还可以是出卖人以**"延长的所有权保留"**为条件出卖商品，虽然买受人有权将商品通过正常的流通渠道转卖给他的客户，但是出卖人从买受人处受让未来出现的、针对客户的价款债权，参见边码 570、1232 以及 MK-*Roth* § 398 Rn. 135 ff.。在所有为了担保而让与债权的情形中都会出现"静默"的债权让与。客户对此一无所知，此外，担保的受让人给予让与人授权收款（边码 1217）；虽然让与人不再享有债权，但他有权向客户收款。有疑问的是，这种授权收款是否涵盖被授权人可以不向客户收款而是将债权卖给保理公司以变现的情形（参见 BGHZ 72，15；BGHZ 75，391；BGHZ 82，50，283）。保理合同和担保让与是非常复杂的交易类型，往往通过一般交易条款确定合同的内容，它是工具主义法学的研究对象并在判例中受到第 307 条的检验。更多的细节则属于信贷担保法的内容。

二、债权让与的生效

（一）实质生效

和其他任何种类的合同一样，如果债权让与违反了法定禁止或者善良风俗（第 *1223*
134 条、第 138 条），那么债权让与无效。如果根据具体情况可知，让与人通过债权让与丧失了"作出经济以及商业决定的自由"，那么债权让与有违善良风俗(BGHZ 19，12；BGH NJW 1995，1668)。律师、医生、会计师或者其他负有缄默义务的人让与报酬债权是违法的；因为在让与这些报酬债权的时候，让与人必须同时向受让人提供相关信息和事务处理的各种细节，而这一违反缄默义务的行为具有刑事可罚性（参见 BGH NJW 1993，1912；BGHZ 122，115；BGH NJW 2007，1196)。债权让与还可能因为一般交易条款如此不寻常以至于顾客无须了解这一条款（第305c条第1款），或者债权让与条款“违反诚实信用原则而不适当地损害了”相对人的利益（第307条第1款）而无效。这可以是指，出卖人不仅通过所有权保留来担保自己的价款请求权，他还通过一般交易条款让买受人将免于扣押的工资、奖金和抚恤金请求权让与给自己（OLG Karlsruhe NJW 1981，405；BGHZ 108，98，104）。如果因为让与人或者受让人在合同订立时不具有民事行为能力或因无效代理或因恶意欺诈而根据第123条撤销合同，那么债权让与也无效。但必须注意的是，债权让与作为“处分行为”使得债权转移给新债权人，必须将其与原因行为区别开来。当然，在大多数情况下，导致一个合同无效的原因会影响到另一个合同。

（二）善意取得被让与的债权?

1224 如果让与人在债权让与时并非债权的所有者，那么债权让与无效。这可以指债权不存在或者债务人在债权被让与时已经支付并进而消灭了债权，或者这一刻虽存在债权但债权并非属于让与人而是第三人。在所有这些情形中，即使受让人是善意的，即他对认为让与人是权利人没有任何过错，他也不能善意取得债权。人们可以基于善意从非所有权人手中取得物的所有权（第932条、第892条），但是不能取得不存在的债权或者从非权利人处取得债权。这是因为，对物的善意取得以处分人的占有或者土地登记簿的登记为条件，此时的善意取得人与善意的债权受让人相比更值得保护，后者只是单纯地相信让与人是债权的所有者。

1225 如果债权通过证书的形式得到了书面确认并且让与人在受让人面前出具该证书，那么结论就会不同。在此可参见第405条规定的例外情形。如果债权以债券的形式表现为汇票或者支票，那么也存在善意保护。参见第793条以下、《汇票法》（Wechselgesetz）第17条，《支票法》（Scheckgesetz）第22条。

（三）不可让与的债权

1226 即使双方当事人就让与债权达成了合意，但是根据债权的性质或者禁止让与的法律规范或者因为债务人与让与人达成了排除让与的合意而该债权是不可让与的，那么受让人也不能取得该债权。受让人善意与否不会对此产生任何影响。即使受让人无过错地认为债权是可让与的，他也不能取得债权。

1227 1. 工资、奖金和抚恤金请求权。只要是为了保障让与人基本生活所需的债权都是不可让与的。《民事诉讼法》第850条以下服务于上述目的，在此，工资、奖金和抚恤金请求权不能被扣押。《民法典》第400条将这一保护引入债权让与中：拥有不可扣押的债权的人，为了保护他的利益，他不得自由让与该债权。

1228 但是，第400条的字面意思必须结合该规定的保护目的进行理解：受让人向让与人履行了给付，虽然存在第400条的规定，但是让与人可以将自己针对雇主的、与受让人给付具有相同价值的工资请求权让与受让人（BGHZ 59，109，115）。

2. “人身”债权。债权让与导致新债权人取代旧债权人的地位而无须获得债务人的同意。如果债务人仅负有支付金钱的义务，那么对他来说债权人的身份并不重要。但是有时候，向原债权人履行给付对债务人而言意义重大。此时，债务人可以通过和债权人约定债权不可让与来避免债权人的更迭（边码 1233 以下）。即使不存在上述约定，如果该债权——如第 399 条所言——“不变更债权的内容就不能向原债权人以外的人进行给付”，那么该债权也是不可让与的。这尤其指债务人的给付义务为提供特定工作：作家、律师和节目主持人向出版商、委托人和电视台提供给付，在没有经过债务人同意的情况下，债务人无须向另一个出版商提交小说原稿、向另一个委托人提供法律咨询或者在另一个电视台主持节目（参见第 613 条第 2 款、第 664 条第 2 款和第 613a 条）。此外，房屋的出租人也可以根据一些个人因素寻找承租人（参见第 540 条、第 553 条）。买受人或者定作人向他人让与送交买卖标的物的请求权，这时必须考虑让与行为是否会加重出卖人或承揽人的义务或者将使他们面临更大的风险或者因为其他理由导致给付内容不同于原先的约定。（参见 BGHZ 96，146，149：可以让与事后补充履行请求权）。 1229

3. 不确定债权和未来债权。债权让与中——正如其他任何种类的处分行为——的债权必须是“确定的”或者至少是“可以确定的”。如果双方当事人约定让与人让与“他对客户 X 的一项债权”，那么该债权就是不确定的。但是，如果他让与的是“所有对客户 X 的债权”，那么就满足了确定性的条件。但是，如果双方约定他让与对客户 X 的“数额达 5 000 欧元的”债权，那么也不满足确定性的条件；这是因为，此时并不清楚让与的到底是哪一个债权的哪一部分。 1230

债权在债权让与时还不可执行，即该债权还未到期或者数额尚不确定或者条件尚未发生，这些都不影响该债权是可让与的。承揽人负有建造房屋的义务或者出卖人负有送交货物的义务，即使工程尚未开始或者货物尚未送交，承揽人或者出卖人也可以向他人让与报酬或者价款请求权，此时，报酬或者价款请求权的债务人可以主张合同未履行的抗辩权。债务人不会因为债权让与遭受不利；根据第 404 条的规定，他可以用任何对原债权人成立的抗辩权防御新债权人（边码 1246 以下）。 1231

即使债权让与时该债权尚未成立，即让与人“事先”让与任何人都无法确定未来是否会成立的债权，也允许他让与债权。如果该债权不成立，那么债权让与落空；至于让与人是否对此负责，则根据他与受让人之间达成的原因行为而定。如果该债权成立，那么债权让与行为被视为自始有效。当然，此时的债权也必须是“确定的”或者至少是“可以确定的”。但根据判例，在债权成立时（并非债权让与的时刻）满足确定性的条件就足够了。人们可以有效地让与未来债权，正如延长的所有权保留买卖和债权概括让与中的规则所表达的那样，债权在之后的某个时间成立并且在成立时可被确定，而债权的范围到底多大则取决于双方当事人的意思（参见 1232

BGHZ 7，365；BGHZ 70，86；BGHZ 88，206）。

1233 4. 约定让与禁止。如果“让与被与债务人的约定所排除”，那么债权不得让与（第 399 条）。当事人可以明确作出上述约定，也可以从双方的行为中推知存在上述约定；该约定也可以出现在一般交易条款中，只要它能够根据第 305 条成为合同的组成部分。双方当事人也可以约定原则排除、例外允许债权让与，例如债权让与必须获得债务人的同意。一旦出现了约定让与禁止，那么债权让与行为对任何参与者来说都是无效的。债权依旧属于让与人，他可以向债务人主张该债权，也可以将该债权质押给他的债权人；即使受让人无过失地不知道到该约定，他仍旧不能取得该债权。

1234 如果债务人基于一些特殊原因只愿意向原债权人清偿，尤其是这样做可以节省清偿所需的精力时，约定让与禁止对他来说就是有利的。

1235 事实上，在债权人让与或者部分让与债权中，债务人为了避免向错误的人清偿将不得不花费更多的精力，以至于明显加重了他的义务或者责任。一个雇主有 8 000 个雇员，如果这 8 000 个人每人都向他人部分让与自己对雇主的薪金请求权，那么雇主为了清偿将不得不支付一笔巨额费用。法院没有采取以下观点：部分让与薪金请求权对于雇员来说意义重大，以至于需要得到法律的保护；而雇主可以通过劳资协议的方式约定让与禁止（BGHZ 23，53）。

1236 法律需要为允许约定让与禁止付出代价，它使债权丧失了流通性，而债权的所有者既不能通过处分该债权为信贷提供担保也不能通过将债权卖给保理公司以变现。虽然债权的所有者同意让与禁止，但是他在债务人的需求面前别无选择。因此，当人们观察国家分发公共委托或者大型工业企业、连锁百货或连锁超市与供应商签订合同时，常常可以看到约定让与禁止。一直到 1994 年，立法者才终于开始认真对待这个问题，并在《商法典》第 354a 条中设置强制条款：即使双方当事人根据第 399 条约定债权不可让与，金钱债权的让与行为仍旧有效；而这一条款只适用于产生金钱债权的行为对双方来说是商业行为或者金钱债权的债务人是国家的情形。此时，即使出现了约定让与禁止，债权让与仍旧有效。尽管如此，根据《商法典》第 354a 条的规定，即使债务人在清偿时已经知道了债权让与，他仍旧可以“有效地向原债权人清偿”。债务人明知债权让与而仍旧向让与人履行给付，清偿行为有效（不同于《民法典》第 407 条）。债务人也可以用对让与人的债权抵销受让人的债权，即使此时并不满足第 406 条规定的条件（BGH NJW-RR 2005，624）。但是，债务人不能从对债权人负担的债务中减去受让人不能正常主张的那一部分债权（BGH NJW 2009，438；*K. Schmidt* JuS 2009，375）。

1237 5. 优先冲突。现实中经常会出现以下问题：参与人不止一人时，谁的权利优先。当让与人将债权分别让与 A 和 B 时，或者让与人将债权让与他人的同时又为自己的债权人设定权利质权时，就会出现谁的权利优先的问题。此时，债务人只能向法院交出自己负担的数额，而不同的受让人之间、受让人与质押权人之间就会对谁有权优先清偿的问题发生争执（第 372 条；边码 883）。人们该如何解决这个冲突呢？

此时适用**优先原则**（Prioritätsprinzip）。时间在先，效力优先（Prior tempore potior iure）：据此，谁首先取得债权，谁就有权优先获得清偿。这是因为，让与人在有效让与债权后就不再是权利的所有者；因为债权不能善意取得，所以第二受让人不能通过之后的债权让与行为取得该债权（边码 1224）。同理，在质押权人与受让人之间发生争执时，如果质押在前而让与在后，那么结果将不利于受让人；如果让与在前质押在后，那么质押权将落空。 1238

当**未来债权**（künftige Forderung）的受让人不止一个时，也适用优先原则。一旦债权成立，则第一个受让债权的人取得债权。出卖人将未来买卖取得的价款请求权先让与 A 银行后让与 B 银行，那么在买卖合同签订之时——即债权成立之时——A 银行成为债权的所有者。 1239

但是，判例在一个重要案件中拒绝适用优先原则：出卖人为了担保自己的债务事先将价款请求权通过**债权概括让与**（Globalzession）的方式让与某银行，又通过**延长的所有权保留**（verlängerter Eigentumsvorbehalt）方式让与他的供应商。此时，即使供应商与出卖人之间达成的债权让与行为晚于银行与出卖人之间达成的约定，有利于供应商的事先让与行为仍旧优先。根据判例，有利于银行的事先让与行为因违反善良风俗而无效（第 138 条）：如果银行明知或者应知他的客户只有在与供应商达成延长的所有权保留约定的情况下才能获得所需货物，而获得保留所有权的货物是转卖以及银行有效取得价款请求权的前提，因此出卖人与银行之间达成的约定属于故意违反合同的行为。参见例如 BGHZ 30，149；BGHZ 32，261；BGHZ 55，34；BGHZ 72，308；MK-*Roth* § 398 Rn. 147。 1240

三、债权让与的效力

（一）让与人与受让人之间的关系

债权让与使受让人成为债权的所有者，而合同双方当事人之间的权利义务则由原因行为确定（边码 1219）。让与人负有将所有相关证书交给受让人以及告知一切对实现请求权密切相关的信息的义务（第 402 条）。同理，让与人也有权请求受让人承担公证认证所需的费用（第 403 条）。只要双方当事人没有作出相反约定，债权让与将导致第 401 条中的担保权一并让与受让人；一并让与的尤其是抵押权以及为债权设定的担保而产生的请求权，以及为有效实现对债务人的债权至关重要的"辅助权利"（Hilfsrechte），包括为了使支付请求权到期或者根据第 281 条、第 323 1241

条为债务人指定期间、撤销表示或者请求代替给付的损害赔偿等权利。如果让与的债权通过所有权保留、担保让与或者土地债务的方式被担保了，此时就不适用第 401 条。当然，当事人之间达成的原因行为往往会约定让与人负有向受让人让与担保权的义务（参见 BGHZ 80，228）。

1242 由原因行为可以得出以下请求权：当受让人因债权不存在或债权已被质押或根据第 399 条该债权不可让与从而无法取得债权时，受让人可以向让与人主张的请求权；当受让人虽取得债权但因债务人陷入支付不能或债务人根据第 406 条到第 408 条防御受让人致使其无法实现债权时，受让人所享有的请求权（边码 1250 以下）。例如，买卖合同是原因行为，受让人是买受人，那么他可以向作为出卖人的让与人主张边码 1241 所示的权利。此外，如果合同双方当事人违反了原因行为所示的义务，那么他们可以根据第 280 条第 1 款互相请求损害赔偿。

1243 对于让与人而言，由原因行为可知他负有不能使实现债权变得困难的不作为义务。尤其是他不能以债权人的身份请求债务人向自己清偿（参见例外边码 1236）。如果他这样做了并且从债务人处获得清偿，那么根据第 280 条第 1 款的——有时甚至是第 826 条——他应当赔偿受让人遭受的损失。此外，根据第 816 条第 2 款他必须向受让人返还已收取的数额。受让人同时也负有基于原因行为产生的义务，尤其是在担保让与的情形：正如任何其他受让人，担保受让人是债权的所有者，他可以向第三人让与该债权。但根据原因行为，该债权只是为了担保的目的而让与受让人，受让人负有不阻碍担保目的实现的不作为义务，所以此时可能构成故意违反义务。同理，债权概括让与中的债权让与的原因行为为事务照管合同，据此，受让人负有为让与人请求债务人付款的义务，而让与人向受让人支付报酬。如果受让人将债权让与第三人或者他没有从债务人处取得与约定相符的金额，那么受让人违反了事务照管合同所示的义务。

（二）债务人保护

1244 债权让与无须债务人同意或者知情，如果他没有与债权人达成让与禁止的合意，那么新的债权人可以在无视其同意甚至违背债务人意愿的情况下取代原债权人的地位。因此，法律需要制定保护债务人免受债权人更迭之苦的规则。

1245 根据第 412 条的规定，这些保护规则不仅适用于受让人根据第 398 条通过与让与人之间订立合同的方式取得债权的情形，也适用于依照法律规定——通过**“法定让与”**（Legalzession，cessio legis）——让与债权的情形。参见例如第 426 条第 2 款、第 774 条。常见的法定让与包括《保险合同法》第 86 条、《社会法典》第 115 条。汽车保险的保险人遭遇了交通事故，他请求保险公司就汽车毁损支付保险费，保险公司之后“依照法律”从保险人处取得对加害人的赔偿请求权，参见 *Kötz/Wagner* Rn. 761 ff. 。

1. 债务人的抗辩。如果债务人对新债权人是否已经成为权利的所有者存有疑虑，那么他可以根据第 410 条保留给付，一直到新债权人提供“原债权人出具的关于债权让与的证书”。新债权人可以根据第 403 条请求原债权人提供此种证书。此外，债务人可以“用在债权让与时对原债权人成立的抗辩来对抗新债权人”（第 404 条）。 1246

据此，债务人可以援引在债权让与成立时他可以向原债权人主张的抗辩和抗辩权。如果他可以针对让与人的起诉主张债权不成立或者嗣后消灭、延缓、已过消灭时效或者基于其他原因不可执行来防御让与人，那么他也可以在受让人主张请求权时利用上述防御工具。 1247

第 404 条明确指出，债务人只能依据债权让与时已经成立的抗辩以及抗辩权，但这不意味着债务人的抗辩或者抗辩权在这一时刻必须完全成立。根据判例，由引起债权让与的合同可知该抗辩或者抗辩权在未来可能成立即为已足。 1248

例如某建筑承揽人在建筑合同订立后、施工之前为了担保信贷而将报酬请求权让与某银行，该建筑公司破产后银行向定作人请求支付报酬，定作人此时可以因承揽人瑕疵给付——虽然发生在债权让与之后——而终止合同或者减少报酬为由防御银行（BGHZ 25，27；BGH NJW-RR 1994，880；BGH NJW-RR 2004，1347）。受让人此时虽然取得了债权但却负担一项风险，即为了债务人的利益，债务人的抗辩在债权让与后可能成为现实。 1249

如果债务人享有一项对债权人的对抗债权并且他想以此抵销债权人的债权，此时应该如何处理？如果债务人在债权让与之前已经表示抵销，那么债权人的债权因此消灭（第 389 条）；如果债权人此时让与债权，那么债务人可以根据第 404 条主张让与人的债权已不存在以及受让人无法取得债权。如果抵销的条件在债权让与之时已经出现，只是债务人没有明确表示抵销，只要债务人不知道债权让与一事，那么他可以事后向受让人依据第 407 条（边码 1252 以下）主张抵销。根据第 406 条的规定，即使抵销的条件在债权让与之后才出现，债务人仍旧可以主张抵销，但第 406 条同时规定了两种例外。 1250

如果债务人在取得对抗债权时“已经知道债权让与”，那么他不能用该对抗债权行使抵销。例如双方于 2 月 1 日订立买卖合同，出卖人于 3 月 1 日通过“静默让与”将未来价款债权让与银行，银行在 8 月 1 日向买受人“告知”这一债权让与行为，买受人可以用在 8 月 1 日之前取得的、对出卖人的债权进行抵销。如果出卖人送交了有瑕疵的买卖标的物并使买受人于 8 月 15 日遭受了损失，那么买受人也可用该损害赔偿请求权进行抵销。此时，因为银行负担出卖人瑕疵给付以及买受人以损害赔偿请求权进行防御的风险，因此银行对债务人的抵销表示无能为力（参见 BGHZ 58，327；NJW-RR 1980，584；边码 874、1249）。此外，如果买受人的债权在买受人知道债权让与之后才“*变得已到期*”，那么排除买受人的抵销（第 406 条结尾）。 1251

2. 向原债权人给付。债权让与后，债务人不知道让与一事而向原债权人清偿、 1252

用对抗债权进行抵销或者与原债权人达成延缓债权或者有利于债务人地改变了债权的内容，那么就不能让债务人遭受不利益。第407条旨在保护上述情形中的债务人。买受人向出卖人支付了价款，那么受让人就不得不令该清偿“对自己有效”；当然，受让人可以基于原因行为向让与人主张合同约定的其他请求权（边码1219），他也可以根据第816条第2款请求让与人返还无法律理由而受领的给付。

1253 第407条旨在保护债务人，但是不应该违背债务人的意思。债务人可以自行决定是否接受第407条提供的保护。之后他可以根据第812条第1款请求原债权人返还已提供的给付，因为此时属于无法律原因而为给付；但是，他必须向受让人履行承诺的给付。这对于债务人而言可能是一件好事，尤其是因受让人已经陷入支付不能或者被宣告破产清算而使主动债权变得不可执行时，债务人可以用自己的对抗债权进行抵销（BGHZ 52，150，153f；BGH NJW 2001，231，232 ff.）。

1254 如果债务人与原债权人在债权让与后处于未决状态的诉讼并且债务人在诉讼系属发生时不知道债权让与（参见第407条第2款），那么第407条第1款也以有利于债务人的方式适用于此。根据第408条的规定，第407条也适用于“债权双重让与”的情形，即原债权人将债权首先让与A之后让与B，按照优先原则A取得债权，而债务人在不知道先后顺序的情况下向B实施清偿有效。

1255 只有当债务人不知道债权让与并且认为原债权人仍旧是自己的债权人而向他清偿债务时，债务人才可以受到第407条、第408条的保护。如果原债权人或者新债权人将相关事实通知了债务人，而处于相同情况下的理性人认识到债权人已经变更并且他不能再向原债权人清偿债务，那么就可以认为债务人已知道债权让与。通知的内容应当具体到什么程度则视具体情况而定。如果债务人因过失而不知道债权让与，这并不会给他带来损失。

1256 出卖人将价款请求权卖给保理公司，并向他的客户——也就是本案的被告人——寄送了账单，账单上用红色标记写明“我们负责保理”。被告无法理解红色标记想要表达的内容，但他从出卖人处获得了电话答复，即保理事项只针对拖延支付价款的客户，而像他这样守时的客户无须理会该通知。于是，被告将价款支付给出卖人。保理公司的诉讼请求被驳回：被告可以依据第407条的规定，即使存在红色标记所指示的内容，他也不是“不理性”地将出卖人当成了他的债权人（OLG Bremen NJW 1987，912）。参见BGHZ 135，39：某商人如此组织自己的商业活动，以至于他的手下无法收到债权人变更的信息，此时他就不能援引第407条的不知情规则。

1257 债务人从原债权人处知道了债权让与，即让与人告知债权让与一事，那么债务人就只能向受让人给付。根据第409条的规定，即使此时债权让与行为无效而受让人并未成为真正的债权人，债务人的给付仍旧有效。如果债权人把债权让与证书交给受让人，而债务人在受让人出示该证书后向受让人清偿，该清偿行为也有效。只要指示和证书事实上是由债权人出具的（而不是第三人伪造的），债务人就可以无条件地信赖债权让与指示和债权让与证书。即使债务人通过其他渠道了解到没有成立债权让与或者债权让与无效，他仍旧可以援引第409条（BGHZ 29，76，82；有争议）。

第三节　债务承担、债务共同承担和合同承担

一、概述

既然可以通过债权让与变更债权人，那么双方当事人也可以通过达成由新债务人取代原债务人的合意实现债务人变更。在债务人变更的情形中有三个参与人，即债权人、原债务人和新债务人。与债权让与不需要债务人参与不同，**债务承担**（Schuldübernahme）不能简单地通过原债务人与新债务人之间达成的合同来实现。对于债权人而言，债务人的可信度和支付能力因人而异，所以在没有取得债权人同意的情况下无法实现债务人变更。另外，新债务人将承担原债务人的义务，因此债务人变更也必须取得新债务人的同意。而原债务人是否参与则无关紧要；债务承担免除了他的债务，对他来说这是一个只会带来利益的行为。 1258

第414条以下相当详细地规定了债务承担。与此相反，《民法典》对**债务共同承担**（Schuldmitübernahme）却未置一词。债务共同承担中的新债务人并没有取代原债权人，他只是加入到原债务关系中，使债权人可以根据自己的喜好向这一个或者另一个债务人要求清偿。人们也将这种行为称为**债务加入**（Schuldbeitritt）或者**"累积的"**（kumulativ）债务承担。 1259

无论是债务承担还是债务共同承担——正如债权让与一样——都不可能没有原因。原因行为可以是赠与，例如叔叔为侄子承担了一项债务，而他之所以这么做是因为他承诺向侄子赠与。妻子向丈夫的债权人表示，为了避免自己丈夫深陷牢狱之灾或者被宣告破产，她承担或者共同承担丈夫的债务。如果妻子要求丈夫返还她支付给债权人的金额，那么夫妻之间的内部关系就可能是委托（第670条）。在以下情形中经常会出现债务（共同）承担：为了取得某物或者某个企业而买卖该物或该企业，买受人同时承担与买卖标的物相关的债务（从价款中扣除）。例如某人为了取得一块土地而向银行申请贷款，银行为了担保自己的债权而在土地之上设定土地质权；当他出卖该土地时，取得人承担出卖人对银行负有的贷款之债，而他可能在总价款中减去相应的数额。在出卖或者出租餐饮场所中，买受人或者承租人也可能承担或者共同承担出卖人或者出租人向啤酒生产商负担的优先接受啤酒或其他饮料的义务。 1260

1261 某人取得商业经营（Handelsgeschäft）或者继续使用商号时适用特殊规则。根据《商法典》第 25 条的规定，他负担原所有人在实施经营行为过程中产生的所有债务。根据《商法典》第 26 条的规定，原所有人也必须承担这些债务，此时出现法定的债务共同承担。类似规则见《商法典》第 28 条、第 130 条和《民法典》第 2382 条。

1262 必须将**合同承担**（Vertragsübernahme）从债务承担和债务共同承担中区分出来，不存在关于合同承担的任何法律规范。合同承担指的是合同一方当事人从合同关系中完全抽离，其他人作为新的当事人取代原当事人，例如新的出租人取代原出租人在租赁合同中的地位。人们可以将这种情形中的出租人的法律地位拆分为积极的和消极的两部分，积极的部分指的是通过**债权让与**方式取得租金请求权，消极的部分指的是通过**债务承担**新出租人负有维持租赁物的使用状态或者损害赔偿责任（第 535 条、第 536a 条）。然而，因为债权让与或者债务承担的标的原则上只是单独的请求权或者债务，而不是所有与给付相连的权利、义务、撤销权、解除权、通知终止权以及由此引起的一系列责任，所以合同承担的结果可能并不符合当事人的意思并且很难与事实相符。没有人会反对许可当事人达成合同承担的合意，立法者甚至在某些情形中直接规定了合同承担，尤其是第 566 条以下（边码 733、734）和第 613a 条。

二、债务承担

（一）要件

1263 《民法典》为债务承担提供了两种方式。债权人和新债务人可以根据**第 414 条**达成合意实现债务承担，此时原债务人的同意或者事先知情无关紧要。但在现实中几乎不存在上述可能。希望被免除债务的原债务人往往会与新债务人达成原因行为由此形成债务承担的合意，此时根据**第 415 条**需要债权人的**追认**。新旧债务人于 3 月 1 日达成债务承担的合意，两人或者其中一人通知了债权人；只要债务承担获得债权人的追认（第 182 条、第 184 条），那么债务承担于 3 月 1 日生效。为了避免债权人对通知不置可否，他们可以为债权人指定一个作出表示的期间，如果期间经过而债权人还是不作出任何表示，那么视为拒绝追认（第 415 条第 2 款）。此时不构成债务承担，但这并不意味着双方之间的约定没有产生任何效力；“有疑义时”视为**清偿承担**（Erfüllungsübernahme）（第 329 条），就与原债务人的内部关系而言新债务人有义务使债权人及时获得清偿（第 415 条第 3 款）。

1264 通过在债务人的土地之上设定抵押权的方式担保债权人的债权而债务人将该土地转让给他人，债权人一般会同意取得人承担债务；即使取得人没有清偿债务，债权人也可通过强制执行抵押权以满足自己的债权。第 416 条规定了这种情况下债权人对债务承担的追认：如果债权人在取得人通知债务承担之日起 6 个月内未向他拒绝追认，则视为给予追认。如果第三人以在自己的土地上设定有利于债权人的抵押权或者给予其他种类的担保权，以此来担保债权的，那么处理结果有所不同：若此时构成债务承担，则保证和抵押权消灭；第三人也可以请求债权人返还其他担保权。从第 418 条可推导出这一规则；之所以这样规定，是因为债务人不同时第三人的财产面临的风险也会有所不同。因此，对于债权人来说，最好的做法是在第三人同意债务承担并明确表示自己愿意为新债务人负担风险之后再进行追认。

（二）效力

债务承担引起债务人变更，但不会改善债权人的法律地位。根据第 417 条第 1 款第 1 句的规定，债权人必须容忍新债务人会援引原债务人对自己请求权的抗辩进行防御。新债务人承担了买受人的价款支付债务，那么他可以向债权人——出卖人——主张价款债权因买卖合同无效、因买受人表示撤销而无效、因解除而全部消灭或因主张减少价款而部分消灭。即使买受人在债务承担之后作出了撤销、解除或减少价款的表示，只要行使这些权利的理由在债务承担之时就已存在，那么新债务人仍旧可以进行防御。同理，新债务人也可向债权人主张合同不履行的抗辩权以及已过消灭时效的抗辩权。 1265

但是，根据第 417 条第 2 款，新债务人不能援引依据“构成债务承担基础的他与原债务人之间的法律关系”产生的抗辩以及抗辩权。此时也适用**抽象原则**：存在于新债务人与原债务人之间的原因行为上的瑕疵原则上不会影响到债务承担，即“履行行为”。如果两个行为存在同样的瑕疵，例如合同一方当事人无民事行为能力或者双方的约定违反了善良风俗，那么就不适用抽象原则。 1266

某啤酒酿造商向旅店老板提供了一笔贷款，之后根据第 415 条追认了旅店的买受人对贷款债务的承担。即使买受人可以因为他没有从旅店经营中获得出卖人担保的最低销售额由此欠缺约定的应有特性而解除合同，啤酒酿造商仍旧可以向买受人请求返还贷款。从第 417 条第 2 款可以得出这一规则，它基于以下考虑：啤酒酿造商并未参与买卖合同的订立，他不需要知道合同的内容以及该合同被双方当事人实际履行的概率，因此他也无须承担原债务人支付不能的风险，而是仅承担追认后新债务人出现支付不能的风险。合同双方不能根据第 139 条通过约定将两个行为视为一个整体以加重债权人负担的方式——即约定买卖合同的清算将引起债务承担一并无效——来规避这一结论（允许这一方式的 BGHZ 31，321；不同观点 MK-*Bydlinski* § 417 Rn. 14 ff.）。如果买受人因出卖人恶意欺诈而订立了买卖合同并承担债务，那么他可以根据第 123 条同时撤销两个行为。有争议的是，此时是否类推适用第 123 条第 2 款，即以啤酒酿造商明知或应知欺诈作为撤销的条件（*Schlechtriem/Schmidt-Kessel* AT Rn. 818；不同观点 BGHZ 31，321）。 1267

三、债务共同承担

（一）要件

1268 债务共同承担导致除了原债务人之后还多了其他人对债权人负责，此时需要一个由新债务人参与的合同。他可以——与第 414 条规定的方式相似——**与债权人**达成例如为原债务人的贷款债权全部或者部分负责的合意。此时，债权人经常会负有延长贷款期限、增加贷款数额或者暂时中断通过起诉或强制执行程序实现对原债务人的请求权的义务。作为替代方案，新债务人和原债务人也可通过合同实现债务共同承担，此时出现了第 328 条意义上的为第三人利益合同，而该合同的生效——不同于第 415 条——无须债权人的追认。

1269 与债务承担相同，有效的债务共同承担不需要满足合同所需的特别形式，这是基于形式自由原则以及法律没有明文规定债务共同承担因此也并不欠缺“法律规定的形式”的事实（参见第 125 条；边码 165 以下）。另一方面，根据第 766 条的强制性规定，为使保证合同有效，保证人必须作出书面表示。但是，保证与债务共同承担不同：保证引起他人的债务（fremde Schuld），而债务共同承担中的新债务人在原债务人的债务之外承担了自己的债务。债权人在保证中首先向“主债务人”再向保证人要求清偿，而他在债务共同承担中可以根据自己的意愿同时或者向其中一人要求清偿。当然，两者之间的界限并不清晰；然而区分二者却具有现实意义，因为这决定了合同是否需要满足第 766 条规定的形式。

1270 立法者之所以这样规定是因为，保证一般是出于一种利他的理由，保证人希望能够帮助债务人并且这种无私往往不会得到别人的同情。第 766 条可以提醒保证人，在证书上签字时应当认真考虑这一行为的风险。如果提供保证对他来说是一种商业行为，即他作为商人在自己的商业经营范围内提供保证，那么就没有理由给他这种保护（《商法典》第 350 条）。如果某人出于自身经济利益的考虑而承担了对债务的共同责任，那么是否满足第 766 条规定的形式则在所不论。

1271 参见 BGH NJW 1981，47；BGH NJW 1986，580；OLG Hamm NJW 1993，2625：如果建筑承揽人无法向建筑材料供应商支付价款，建筑所有人为了保证房屋建造工程顺利完成会请求供应商向建筑承揽人送交建筑材料并且口头承诺会共同负担价款，此时就构成债务共同承担。如果有人怀疑雇员私下侵吞了雇主的钱，该雇员的父亲向雇主承诺，如果后者不解除劳动合同或者不提起刑事程序，那么他会返还儿子侵吞的数额，这一情况则属于保证（参见 RGZ 90，415）。只有当满足第 766 条规定的形式时父亲的承诺才有效，这是因为他之所以这么做不是出于经济考虑而是出于自己的良心。丈夫为了购买第二辆汽车而从银行获得了贷款，他的妻子事后向银行表示自己愿意承担归还贷款的义务；如果她是为了自己驾驶这辆车、避免银行拿走汽车而作出了上述表示，那么这一行为属于债务共同承担；如果丈夫与银行根据第 491 条以下订立了消费者贷款合同，妻子作为消费者共同承担了合同项下的债务，那么有关债务共同承担的承诺必须以书面形式作出（参见 BGHZ 134，94；BGH NJW 1997，3169）。最后必须考虑的是，如果债务共同承担或者保证根据第 138 条而无效，那么之前是否遵守有关形式要件的规定并不会影响案件结果。这可以指共同债务人或者保证人是原债务人的近亲属，虽然承担债务对他来说是一项“异常过分”的要求，但出于强烈的情感联系他还是这样做了，银行知道这一情况并利用了这一点（参见 BGH NJW 1999，135；BGH NJW 2001，815；边码 223 以下）。

（二）效力

通过债务共同承担，债权人的法律地位将获得改善，这是因为此时有两个而不是一个债务人向他负责。他们两人负担的是同一个债务，由此导致新债务人可以援引另一个债务人享有的防御权。第 417 条第 1 款在此依旧适用（参见边码 1265 以下）。 1272

新债务人能否向债权人援引债权人与原债务人之间达成的原因关系而产生的无须履行给付的理由？如果两个债务人订立了合同并且该合同被视为第 328 条意义上的为第三人利益合同，那么就应该给出——不同于第 417 条第 2 款——肯定回答：此时适用第 334 条。如果新债务人与债权人订立了合同，并且债权人对新债务人共同责任的信赖值得保护，尤其是他放弃了对原债务人实施强制执行的计划，那么无论如何应该（类推）适用第 417 条第 2 款中有利于债权人的规则。 1273

债务共同承担导致两个债务人中的每个人都“有义务履行全部给付，但债权人只有权请求给付一次”（第 421 条）。两个债务人是**连带债务人**（Gesamtschuldner）：债务共同承担后，两个债务人中的其中一个向债权人清偿、陷入迟延或者可以援引第 275 条，那么必须根据第 422 条以下判断这一切会对另一个债务人产生何种效果（参见边码 1286、1287）。 1274

四、合同承担

在合同承担的情形中，原先约定的合同内容不会改变，只是其他人取代了一方当事人而进入合同关系。为了实现这一目的需要三方的参与：可以通过退出一方、新进一方和保留一方达成三方合同实现合同承担，也可以通过两方订立合同而第三人对该合同表示同意的方式。有疑问的是，新的合同一方当事人是否取得特定**权利**取决于根据双方约定和案件事实能否类推适用有关**债权让与**的规定（肯定回答 1275

BGHZ 95，88)；只要新的合同一方当事人承担了**债务**，那么就适用有关**债务承担**的规定。三方中的一方根据第 123 条撤销了意思表示，那么他必须向其他两方当事人作出该表示（BGHZ 96，302)。

第四节　多数债权人、多数债务人

一、可分给付

1276 在“多数债务人和多数债权人”（Mehrheit von Schuldnern und Gläubigern）一章中，第 420 条到第 432 条为多数债权人请求给付或者多数债务人负担给付的情形提供了并不十分明晰的规则。第 420 条首先处理针对给付**可分**（teilbar）的情形：有疑义时，每一个债权人“仅就一个等份享有权利”或者每一个债务人“仅就一个等份负有义务”。

1277 现实中很少出现这种情况。给付常常是不可分的，即根据给付的性质或者不是全部都能分成等份，或者完全不能分成等分。例如买卖合同涉及送交特定物或者租赁合同涉及给予使用特定的房屋。即使给付在技术上是可分的，如请求或者负担一定数额的金钱或者一定数量的种类物，但如果通过与多数债权人或者多数债务人的内部关系可知债务人必须共同提供、债权人必须共同请求全部给付，那么此时也不构成第 420 条意义上的“可分给付”。例如一对新人的父亲们为婚礼雇佣了乐团的五个乐师并承诺了报酬，那么就五位乐师的合奏而言就不适用第 420 条；首先，合奏是不可分的；因为根据合同他们共同负有给付的义务，所以两位父亲的报酬支付债务也是不可分的；此外，根据第 427 条以及 421 条的规定，有疑义时，他们中的每一个应当负担全部报酬。如果乐团成员在合同中允许新郎的父亲负担 40%的报酬，新娘的父亲负担 60%的报酬，那么就不适用上述规则。可以从具体事实中得出这一约定。例如 10 间房屋的未来的所有人委托承揽人在自有土地上建造房屋，那么不是他们中的每一个都负担了全部价款，而是每个人向承揽人负担与自己共同共有份额对应的数额。如果主体建筑已经完成，而全部房屋所有权人共同委托承揽人负责屋顶修缮工作，此时适用第 427 条：每一个房屋所有权人负担承揽人向其请求支付全部价款的风险（BGHZ 75，26)。

二、多数债权人

1278 如果债务人必须向多数债权人提供全部给付，那么就会出现以下结果：多数债权人要么**共同接受**全部给付，要么**每一个债权人**可以向债务人**要求**全部给付（边码1280）。

第一种情形——只向全体债权人共同地提供给付——指给付出于事实上的或者法律上的原因而不可分，以致债务人只能向全体债权人共同地给付并且“各债权人只能请求向全体债权人给付”（第432条）。两个以上的人共同租下了一间度假别墅，他们享有的给予使用的请求权出于事实上的原因指向不可分的给付；因此，他们仅可以向出租人请求向他们全体给付。如果债权人“**共同共有**”（zur gesamten Hand）某财产并且他们的给付请求权被归入这一财产，那么该给付出于法律上的原因而不可分。例如债权人是民事合伙的合伙人（第705条以下）或者是普通合伙（《商法典》第105条以下）的合伙人，如果一个合伙人请求的给付将被归入合伙或者合伙将取得该给付并由此成为“合伙人的**共同财产**”（第718条），那么这一给付就是不可分的。合伙人不可以单独处分这一请求权（第719条）而只能以全体合伙人的名义主张该请求权（第709条）。如果全部债权人共同享有土地所有权，由此在他们之间产生了**按份共有关系**（Bruchteilsgemeinschaft）（第741条以下）并且在管理该土地的过程中产生了债权（例如租金债权），那么此时的处理结果与上文相同（第744条）。 1279

以“**连带债权人**”（Gesamtgläubiger）为名的第428条至第430条对第二种情形——每一个债权人可以要求债务人向自己全部给付——进行了相当详细的规定，但是现实中却几乎用不到这些规定：因为这种情况下的债务人“可以随意向任何一个债权人”给付以清偿债务，而一个理性的债权人原则上不会允许发生这种事情。 1280

三、多数债务人

（一）概述

正如多数债权人的情形那样，多数债务人的情形也分为多数债务人共同向债权人提供所负担的全部给付（边码1282、1283）和债权人可以向每一个债务人请求全部给付（边码1285以下）。 1281

（二）共同债务（Gemeinschaftliche Schuld）

第一种情形——所有债务人只能共同地给付——指的是债务人承诺的给付出于事实上的或者法律上的原因而不可分。 1282

如果两个以上的乐师承诺合奏，那么就构成共同债务。如果债权人购买的土地将纳入合伙财产或者债务人之间的按份共有关系产生了共同财产，此时也构成共同债务；让与土地所需的表示必须由全体合伙人或者按份共有人作出（第719条、第 1283

747 条第 2 句）。如果这些情形中的债务人没有提供给付或者不像负担的那样提供给付，而债权人请求的不是给付而是损害赔偿，那么全体债务人作为连带债务人向债权人负责（第 431 条）。

（三）连带债务

1284 第 421 条规定了第二种情形——每一个债务人对债权人就全部给付负责——称为连带债务（Gesamtschuld）。

1285 1. 要件。只要不存在其他约定，而“两人以上以合同共同”负有给付义务（第 427 条），那么就构成连带债务。两个以上的人共同承租房屋、委托律师维护自己的利益或者为了共同使用而购买游艇，那么他们作为连带债务人负担租金、律师报酬或者价款。同理，配偶双方共同订立租赁合同、申请贷款或者预订旅行，那么二人也是连带债务人。如果仅配偶一方订立合同，但订立该合同“旨在适当满足家庭生活需要”并且根据第 1357 条第 1 款第 2 句在有疑义时认为配偶双方因该事务享有权利并负有义务，那么配偶双方仍旧是连带债务人。某律师或者医生属于一家律所或者一间诊所，如果没有其他约定或者从事实中得不出其他结论，那么所有涉案律师或者医生需对咨询或者手术错误负责（参见 BGHZ 56，355；BGHZ 142，126，136）。如果债权人与每一个债务人订立了同样的合同，只要债权人在订立合同时具有同样的给付利益，那么此时也可能出现连带债务。例如债权人首先与一位债务人订立了贷款合同，之后与另一个人订立了第二个合同，而另一个人通过这一合同共同承担了贷款人的债务，那么这两个人也是连带债务人（边码 1268 以下、边码 1274）。建筑师和建造承揽人共同导致了建筑工程的瑕疵，那么两人作为连带债务人向建筑所有人负有消除建筑瑕疵和损害赔偿的义务（BGHZ 43，227；BGHZ 51，275）。如果出租人委托的建筑承揽人从事的屋顶修缮工作存在瑕疵，由此导致承租人遭受损失，那么处理结果相同：此时，建筑承揽人和出租人作为连带债务人向承租人负责，建筑承揽人根据第 823 条第 1 款负责，而出租人根据第 536a 条负责（BGH NJW 1994，2231）。根据第 840 条的规定，如果两个以上的债务人实施了同一个侵权行为，那么他们作为连带债务人对债权人遭受的损失负责。

1286 2. 外部关系。债权人与连带债务人的外部关系最显著的特征是债权人“可以依照自己的意愿向任何一个债务人”要求负担全部债务（第 421 条第 1 款；BGHZ 184，35 Tz. 30 ff.）。一个连带债务人履行了所负担的给付（第 362 条）或者债权人免除了他的债务并根据当事人的意思该债务被完全终止（第 397 条），那么以有利于其他连带债务人的方式发生效力，此时根据第 422 条至第 424 条的规定出现**“共同效力”**（Gesamtwirkung）。

1287 对于其他影响债权人请求权的事实仍旧适用“个别效力”原则，即原则上只影响该事实针对的个别债务人。A 和 B 是连带债务人，如果债权人只是对 B 而不是 A

根据第 286 条主张权利或者只是为 B 而不是为 A 根据第 281 条指定期间或者只是 B 而不是 A 依照第 280 条第 1 款第 2 句对义务违反负责任，那么只有 A 可以防御债权人的损害赔偿请求权。但是这一切只适用于“有疑义时”，即“从债务关系中不能得出其他结论”（第 425 条第 1 款）。例如从债务关系可知，接受错误资讯的委托人不仅可以向该律师也可以向律所的其他合伙人请求损害赔偿：其他合伙人不能以自己不知道委托人的情况以及对该行为没有过错为由进行防御（BGHZ 70，247）。

3. 内部关系。一个连带债务人向债权人清偿，那么他对于处于内部关系中的其他连带债务人享有**补偿请求权**（Ausgleichsanspruch）。他可以向其他连带债务人——正如有时说的——请求“补偿”（auf Regress），而这一补偿请求权可以基于不同的法律基础。 *1288*

首先基于合同约定，连带债务人——明确地或者从行为推知——可以在内部关系中规定责任分担。例如如果某人受债务人的委托清偿，那么他在向债权人清偿后可以根据第 675 条和第 670 条请求债务人补偿他支付的数额。共同承租人支付了租金，那么根据合同确定他是否可以向其他共同承租人请求补偿以及补偿的具体数额。妻子以贷款的方式购买了割草机并作为生日礼物送给她的丈夫，如果出卖人根据第 1357 条第 1 款第 2 句将丈夫视为连带债务人并请求其支付价款，那么他可以向妻子请求返还自己支付的价款，因为依照情事他是为了妻子的事务而付款（第 670 条）。 *1289*

此外，补偿请求权可以出于**法定基础**（gesetzliche Grundlage），即第 426 条第 1 款。如果连带债务人通过约定确定了内部责任分担，那么这一请求权基础就没有现实意义。但是连带债务常常是在连带债务人尚未建立联系、也没有可能对此作出约定时就已经出现了，所以通常不存在内部责任分担的约定。例如每一个连带债务人在没有互相联络的情况下通过一个侵权行为引起债权人的损失，或者一个连带债务人出于合同而另一个连带债务人是出于侵权行为，或者两个债务人是出于不同的合同对债权人负责。第 426 条第 1 款旨在处理上述情形：据此，连带债务人之间互相负有补偿义务，并且“以不另有规定为限，连带债务人在相互关系中按等份负有义务”。 *1290*

其他连带债务人承担一个连带债务人陷入支付不能的风险。如果陷入支付不能的 A 之外只有一个连带债务人 B，那么 B 必定遭受损失。如果 A 之外还存在两个或者两个以上的连带债务人，那么有疑义时不足之额必须根据内部关系在其他连带债务人之间进行分配（第 426 条第 1 款第 2 句）。如果存在四个连带债务人，A 负担 40%，B 30%，C 和 D 各 15%，而 A 陷入支付不能，那么 B 的份额相应地提高到 50%，而 C 和 D 提高到 25%。B 向债权人支付了 4 000 欧元并由此清偿了全部债务，那么他可以向 C 和 D 每人请求 1 000 欧元。根据一般观点，对于 B 来说，C 和 D 并非连带债务人，而是按份债务人（第 420 条）。细节参见 MK-*Bydlinski* § 462 Rn. 29 ff.。 *1291*

1292 最后，向债权人给付并全部清偿债务的连带债务人可以援引第 426 条第 2 款中的另一种（第三种）请求权基础。虽然债权人获得了向他负担的给付，但是他对债务人的给付请求权却并没有消灭，只要他“可以向其余的债权人请求补偿”，那么该请求权依照法律——即通过“法定让与”——转让给给付的连带债务人。给付的连带债务人可以根据第 412 条、第 401 条取得先前为债权人设定的担保权利，因此这一规则对他而言是有利的。

1293 根据第 426 条第 1 款第 1 句中的基础规则，有疑义时，连带债务人在内部关系中相互“按等份”负有义务。现实中这一规则存在例外。连带债务人经常约定在内部关系中不“按等份”分担责任。如果不存在上述约定，那么有时适用有关“非等额”责任分担的法定规定。其中一个例子是第 840 条第 2 款（参见 *Kötz/Wagner* Rn. 316 ff.）。主要是第 254 条第 1 款，这一条款的基本思想是：一个连带债务人赔偿债权人的全部损失，那么其他连带债务人负责补偿的比例取决于“损害在在多大程度上主要由一方或另一方引起”。

1294 建筑设计师和建筑承揽人作为连带债务人为建筑所有人因建筑瑕疵而遭受的损失负责，建筑设计师赔偿了全部损失，这时有关建筑承揽人是否负责以及补偿多少的问题就取决于建筑瑕疵在多大程度上归因于建筑设计人以及在多大程度上归因于建筑承揽人。衡量的结果可能是建筑设计人不能请求建筑承揽人任何补偿或者可以请求全部补偿。

1295 即使满足了第 421 条就连带债务规定的全部条件，有时也可能出于法定规定、事物的本质或者法政策学的考虑而得出多数债务人相互之间并非处于“同级别的”、“相同程度的”或者“相同等级的”地位，而是因为其中一人对债权人负有“优先的”或者“首先的”义务而必须负担全部损失，此时就不考虑内部关系中的补偿问题。这主要指债权人虽然可以向两个债务人请求损害赔偿，但是立法者出于保护某一债务人的考虑而命令：如果他满足了债权人，那么他就可以依照法律完全取得债权人对另一个债务人的请求权。

1296 例如某人因为交通事故而遭受了身体上的伤害，那么他可以请求加害人但常常是第三人赔偿损失，例如对他来说第三人作为他的医保公司或额外的社会保险承担人而提供因事故发生的给付或者第三人作为他的雇主在他没有工作能力的情况下支付报酬。上述情形中的受害人对加害人享有的损害赔偿请求权依照法律转让给第三人（参见《保险法》第 86 条，《社会法典》第 116 条，《继续支付工资法》（Entgeldfortzahlungsgesetz）第 6 条以下）；立法者将加害人视为负有“优先的”或“首要的”损害赔偿义务的人，并且他的赔偿义务不应因雇主或者保险公司向受害人给付而减少。相似的结果也可见于欠缺依照法律进行的有利于第三人的债权让与的情形，例如第三人之所以给付是因为他对受害人负有抚养义务（第 843 条第 4 款）。文献主要采纳以下观点：即使满足了第 421 条规定的条件，在这些情形中也不存在连带债务。另有一些作者认为只要“首要赔偿义务人”补偿了债权人，那么就出现连带债务并且排除适用第426条。参见例如 *Schlechtriem/Schmidt-Kessel* AT Rn. 839 ff.；MK-*Bydlinski* § 421 Rn. 60 ff.。

最后有疑问的是以下情形：A和B基于一个侵权行为作为连带债务人负有损害赔偿责任，但是A可以向受损害的债权人基于合同约定或者法律规定主张责任排除。在这种情况下，B赔偿了债权人后不能根据第426条和第254条向A要求补偿；这是因为，如果允许B这样做，A就会失去责任排除给他带来的好处。就B因失去补偿请求权而遭受的不利而言，根据判例，他在与债权人的外部关系中无须赔偿全部损失，而仅根据与A的内部关系对债权人的损失负担相应的份额即可。 *1297*

参见BGHZ 51，37；BGHZ 94，173；BGHZ 110，114；相反观点BGHZ 103，338，346 ff.。更多参见MK-*Wagner* § 840 Rn. 30 ff.；*Kötz/Wagner* Rn. 756 ff.，772 ff.；*Schlechtriem/Schmidt-Kessel* AT Rn. 861 ff.。 *1298*

法条索引

（数字为本书边码）

关键词索引

（数字为本书页边码）

A

C

D

F

G

H

I

K

L

M

O

P

R

S

V

Z

译后记

本书是叶玮昱、张焕然根据海因·克茨《合同法》第 2 版（Mohr Siebeck 出版社 2012 年版）翻译的。叶玮昱负责翻译本书第一章到第七章、第十章到第十三章，张焕然负责翻译本书第八、九章。

海因·克茨教授（Prof. Dr. Dr. h. c. mult. Hein D. Kötz）1935 年出生于 Schneidemühl（今波兰皮拉）。1962 年于汉堡获得博士学位，1970 年完成教授资格论文。1971—1978 年执教于德国康斯坦茨大学（Univ. Konstanz），1975—1978 年任卡尔斯鲁厄地方高级法院（OLG Karlsruhe）法官，1981—1998 年执教于汉堡大学（Univ. Hamburg），曾任马科斯·普朗克外国和国际私法研究所所长（1978—2000 年）、汉堡博锐思法学院（Bucerius Law School）院长（2000—2004 年）。克茨教授是德国比较私法学的领军人物。除本书外，他的代表作还有《欧洲合同法》《比较法导论》（与茨威格特合著）。克茨教授孜孜不倦地在其著作中寻找欧洲法律制度的共同原则，而这些共同的法律原则形成了一个既不以国家层面的实在法也不以超国家层面的实在法形式出现的“虚拟的法”（virtuelles Recht）。读者在阅读本书的过程中可以明显地感受到，克茨教授是如何坚持通过方法的多样性——包括法教义学、法经济学、法政策学、法伦理学——和比较法的视角——包括欧洲大陆的私法一体化和来自彼岸的盎格鲁-撒克逊法——来分析德国合同法。诚如克茨教授所言，“现实世界太过复杂，并不存在包治一切的万能良方”（Die Welt ist zu schwierig，als dass sie sich von einem Punkt kurieren ließe）。作为一位在德国法学教育体系中成长起来的法学家，克茨教授虽然并未抛弃传统的教义学分析，但通过这本教科书，读者还是能看到他不同于纯法教义学的思考和教学方式。

必须指出的是，虽然译者已尽自己的努力，但囿于学识浅薄、文笔粗鄙，译文中难免存在错误、鄙陋或词不达意之处，敬请各位读者不吝赐教、批评斧正。

译后二记

本书中译本第 1 次印刷本同读者见面后，囿于译者的学力，存在不少错漏，经程帅、谭姗姗、李祥伟、王镜筌等学友指正，译者对译文作了勘误和修订。勘误分工与翻译分工相同，即叶玮昱负责各版序言，第一章至第七章、第十章至第十三章，张焕然负责缩略语、第八章、第九章以及索引部分。

本书一定还存在其他不足，请读者继续提出批评，使我们能不断完善这一经典教科书的中译本。邮件请发至：kecihetongfa@163. com。